AF597755

Warschauer Punk Pakt

Alexander Pehlemann (Hg.)

Erweiterte Neuauflage

Alexander Pehlemann, geboren 1969 in Berlin-Lichtenberg, aufgewachsen im heutigen Vorpommern. Ringer beim Armeesportklub »Vorwärts« Frankfurt/Oder. Kunstgeschichtsstudium in Greifswald mit anschließendem »Hängenbleiben«. Seit 1993 Herausgeber des Zonic, Magazin bzw. nunmehr Almanach für »Kulturelle Randstandsblicke & Involvierungsmomente« und Selekta des Al-Haca Sound System. Journalist und Autor von Features für den Staatsfunk, Kurator und Kompilierer. Seit 2009 in Leipzig stationiert, wo er Kulturny Dom Lipsk/Salon Similde mitbetreibt und die Neue Sorbische Kunst propagiert. www.zonic-online.de

Gefördert durch die Kulturstiftung des Freistaates Sachsen.

BUNDESSTIFTUNG
AUFARBEITUNG

Gedruckt mit freundlicher Unterstützung der Bundesstiftung zur Aufarbeitung der SED-Diktatur.

Herausgeberische Mitarbeit: Robert Mießner

© Ventil Verlag UG (haftungsbeschränkt) & Co. KG, Mainz 2018
Abdruck, auch in Auszügen, nur mit ausdrücklicher
Erlaubnis des Verlages. Alle Rechte vorbehalten.
Edition Ox
ISBN 978-3-95575-189-0
2. Auflage April 2023
Layout und Satz: Oliver Schmitt und Christian Walter
Covergestaltung unter Bezugnahme auf BRYGADA KRYZYS-Bootleg-LP »s/t«, 1982, Fresh Records, Backcover unter Verwendung eines Fotos von Christiane Eisler
Druck und Bindung: maincontor

Ventil Verlag, Boppstraße 25, 55118 Mainz
www.ventil-verlag.de

Inhalt

POLEN

ČSSR

Warschauer Punk Pakt

Vorwort

»I wanna go over the Berlin Wall«, sang Johnny Rotten, verwirrt von der Konfrontation mit der realen Mauer-Absurdität, im SEX PISTOLS-Song »Holidays In The Sun«, sowie: »I don't understand this bit at all«. Als dieser am 14.10.1977 auf Single erschien, war Punk jedoch längst durch den Iron Curtain gesickert. Nur noch vier Tage sollte es dauern, bis die slowenischen PANKRTI mit ihrer ersten Show den Durchbruch an die sozialistische Öffentlichkeit markierten – wenn auch die des blockfreien Sonderfalls Jugoslawien.

Das 2017 durchgeführte *Zonic*-Projekt *Warschauer Punk Pakt* mit Ausstellung und dazugehöriger Event-Reihe passierte also derart terminiert, dass es sich in die fast schon zwanghaft begangenen runden Popkultur-Jubiläen hätte einreihen können. Was allerdings nicht so konzipiert war. Es bot sich aber nun natürlich zur Verwertung als Markierung oder gar Marke an, wobei es da nur beim Gedanken blieb. Zumal das mythische Ursprungsjahr auch mit der Gründung der Konzept-Kunst-Punkband SPIONS in Ungarn, der wahrscheinlich wirklich ersten Punkband der Warschauer-Pakt-Staaten, sowie in Polen mit der WALEK DZEDZEJ PANK BEND oder KSU aufwartete. Der Geburtstaggruß wurde allerdings sowieso erst im Vorwort zur ersten Auflage formuliert, die im Dezember 2017 zum Grande Finale hätte erscheinen sollen, das in der Betitelung sogar den notwendigen Schritt zum Post Punk transportierte. Begangen mit F.P.B. und DYBBUK/ZUBY NEHTY aus Prag und DIE FREUNDE DER ITALIENISCHEN OPER aus Dresden, jedoch leider ohne die kurzfristig absagenden ARMIA aus Warschau. Im UT Connewitz zu Leipzig, wo der bereits 2012 in einem kürzlich recycelten Text lancierte Begriff Warschauer Punk Pakt erstmals öffentlich mit Leben erfüllt wurde: im Zusammentreffen der Anarcho-Punk-Größen DEZERTER aus Warschau und L'ATTENTAT aus Leipzig. Wobei letztere eigentlich nur einmalig auf die Bühne zurück wollten, dann aber doch erst nach zwei 2022 gespielten wirklich allerletzten Shows zurück in den mythischen Legenden-Status durften. Vorerst, vielleicht.

Der Ostblock-Punk in seiner permanenten Wiederkehr ist also genauso absolut tot wie ewig »not dead«. Vor allem in der Aufarbeitungshölle, an der wir hier permanent nachheizend partizipieren.

Untergegangen ist er einerseits als Konterpart des Systems, mit all den in diesem *Zonic*-Spezial aus verschiedenen Perspektiven und vor allem aus allen Ländern des damaligen Kontexts en Detail geschilderten spezifischen Bedingungen, die die reglementierende realsozialistische Gesellschaft diktierte. Andererseits ist er dialektisch eingegangen, nicht zuletzt mit ästhetischen Sondermomenten, in subkulturelle Strömungen, die bis ins Jetzt fließen, und sei dies als Rinnsal. Zudem ist er Bestandteil privater wie staatlicher Geschichtserzählungen geworden, die von Verfolgung und

Zerschlagungsversuchen beziehungsweise subkulturell-politischer Dissidenz bis hin zu Widerstand künden, was teils aber auch im Dienste nationaler Wiederfindung geschieht (bis zum Einspeisen in nationalistische [Sub]Kulturkonstrukte). All das kann hier nachgelesen werden und ich will gar nicht erst versuchen, das breite Spektrum in einem Vorwortüberflug allzu oberflächlich und formelhaft zusammenzufassen. Denn bei aller Vergleichbarkeit der strengen Rahmenbedingungen gilt es, vor allem die feinen bis wesentlichen Unterschiede zu fokussieren: (sub-)kulturpolitisch handelte es sich nämlich oft ganz und gar nicht um einen monolithischen Block der Bruderländer. Es gab teils äußerst unterschiedliche Bewegungsräume, auch wenn diese vielleicht nur verschieden große und bei allem Auslauf noch immer umzäunte wie bewachte Spielwiesen waren. Was aber sich von einer (inneren) Außenposition als fast schon extreme Freiheit wahrnehmen ließ – beispielsweise das westliche Subkulturwaren offerierende Ungarn aus der Perspektive eines DDR-Punks –, konnte sich dort intern schon wieder ganz anders darstellen, nämlich als durchaus beengend bis ganz real genauso bedrohlich. Umgekehrt waren handlungstaktische Kompromisse, wie man sie beispielsweise in Polen oder der Tschechoslowakei einging, für den harten Kern der frühen DDR-Punkgeneration absolut indiskutable Akte des Verrats. Dass DDR-Undergroundbands wie ROSA EXTRA oder DIE ZUCHT sich umbenannten, weil sie sonst keinen legalen Spielerlaubnis-Status erlangt hätten, ist heute noch manchmal Diskussionen wert. Während andererseits die polnische Szene um eigene und zudem noch gute Platten wie die Debüt-Single von DEZERTER beneidet wurde, für die diese allerdings auch ihren Ursprungsnamen SS 20 ablegen sowie alle Texte der Zensur präsentieren musste. Dass dort dann ein offensives Spottlied auf die Miliz durchgewunken wurde, zählt allerdings zu den bis heute rätselhaften Vorgängen in der um viele weitere begrenzte Freiheiten reicheren, aber auch von ganz anderen politischen Kämpfen gerahmten Szenerie in Polen.

Zwischen Polen und der DDR gab es allerdings auch am ehesten etwas, was das Leitmotiv eines Warschauer Punk Paktes vom Potential in die Realität brachte: wirkliche gegenseitige Wahrnehmung und intensive Kooperation. Sie spielte sich auf zwei Ebenen ab. Während diese in Polen aber kaum voneinander getrennt waren, stellten sie in der DDR sehr unterschiedliche Aktionsfelder dar. Es könnte dabei fast von einem Warschauer Punk Pakt von oben und einem von unten gesprochen werden.

Einerseits organisierte sich das mit einer Einstufung – jener legalen Spielerlaubnis der DDR – ausgestattete Lebensfreude-Kommando FEELING B mit gewitztem Arrangement und unter Ausnutzung persönlicher Beziehungen, u.a. zur Jugendorganisation FDJ, offiziell gleich mehrfach über die Oder-Neiße-Friedensgrenze, wo die Band mit ihrer überbordenden chaotischen Energie auch sehr gut hinpasste und bald freundschaftlich in die Kreise um die großartigen Punk-Bands ARMIA und MOSKWA eingebunden war.

Was, wovon Christian Lorenz aka Flake im Buch berichtet, wohl bis zur ernsthaften Überlegung einer Auswanderung gen Osten führte. Sowie zu Tribut zollenden Cover-Versionen von FEELING B, die aus der Live-Erinnerung ein Riddim der mit ARMIA personell eng verbundenen punky Reggaeband IZRAEL auf aberwitzige Weise nachspielten, und DIE FIRMA, die sich der ARMIA-Bandhymne »Niewidzialna armia« an- und diese als deutsch-englische Variante unter »Anti-Armia« aufnahmen. Nachzuhören auf der ausnahmsweise pünktlich, also vor dem *Zonic*-Spezial erschienenen *Warsaw Punk Pact Vol. 1* EP auf *Major Label*, geritzt in ein 12"-Vinyl. Die sehr schnell ausverkauft war und auch schon seit einer Weile der Wiederveröffentlichung harrt, dann aber auch gleich in Kooperation mit dem polnischen Archivausgrabungslabel *Manufaktura Legenda*. Dass DIE FIRMA zusammen mit ARMIA und der Warschauer Früh-Punk-Legende TILT sowie mit der Budapester Avant-Post-Punk-Formation KAMPEC DOLORES, den eher herkömmlich rockenden VA BANK aus Moskau und den anderen DDR-Abgeordneten DIE SKEPTIKER und DEKADANCE Ende September 1989 in der Berliner Werner-Seelenbinder-Halle spielten, organisiert von der FDJ als Teil der Vorfeierlichkeiten zum 40. Jahrestag der DDR, rundet das Bild des taktische Staatsnähe im Zweifelsfall nicht scheuenden (Ex-)Undergrounds ab. Nicht zuletzt, weil es das letzte vor der Implosion des Staatsgefüges war.

Auf einer unteren Ebene, wo man dem Staat abgewandt agierte, beziehungsweise die Konfrontation mit jenem nicht scheute, begegnete man sich andererseits im Geiste des sich vernetzenden und Materialien tauschenden Globalpunks, der seit den frühen 1980ern durch Magazine wie *Maximumrocknroll* und entsprechende Compilations beschworen wurde und hier von Frank Apunkt Schneider auf faszinierte West-Wahrnehmungen der Ost-Szenen hin untersucht wird. Konkret fanden sich die in der Berliner Erlöserkirche aktive *AlösA*-Gruppe und das Warschauer Fanzine und Tape-Label *QQRYQ*. Beziehungsweise personell, als über Fanzines entstandene Punk-Brieffreundschaft beginnend, Herne und Pieta, die beide hier Einblicke in diese fruchtbare Zusammenarbeit geben. Ein Resultat war die *QQRYQ*-Kassetten-Compilation *We Are The Flowers In The Red Zone Vol. 1* – der einzige mehrere Länder übergreifende Versuch, die Szenen der Bruderländer zu präsentieren, mit Bands aus Polen, Ungarn und der DDR. Wobei ein Teil der DDR-Beiträge sogar direkt in Polen aufgenommen wurde, als die Bands NAMENLOS/KEIN TALENT und WARTBURGS FÜR WALTER dort 1987 auf illegaler Tour waren, organisiert durch *QQRYQ*.

We Are The Flower In The Red Zone Vol. 1, Plakat zur Berliner Release-Party 2019

We Are The Flower In The Red Zone Vol. 1 folgte entsprechend auch in logischer Fortsetzung der vernetzenden *Zonic*-Aktivitäten und erschien als üppig mit Info-Material gespickte Vinyl-Ausgabe in trinationaler Kooperation der Labels *Warsaw Pact Records* (PL), *Trottel Records* (HU) und *Edition Iron Curtain Radio*, einer der Ost-Subkultur gewidmeten und mit *Zonic* verbundenen Substruktur des *Major Label*. Auf der Berliner Release-Party, punktgenau zum 30sten des Mauerfalls am 09.11.2019, wurden nicht nur die extrem energetisch auftretenden DEZERTER mit den L'ATTENTAT-Mitgliedern wieder zusammengebracht, die bei DER SCHWARZE KANAL spielen (die legitimen Nachfolger, die auch 2014 das Vorprogramm lieferten), sondern trafen nicht zuletzt die beiden Alt-Punkhelden hinter dieser intensiven Geschichte internationaler Punk-Freundschaft und Underground-Kooperation erstmalig wieder aufeinander: Piotr »Pietia« Wierzbicki von *QQRYQ* und Herne, dessen Weg als Szenenetzwerker von den *AlösA*-Punks konsequent zum legendären Köpi-Squat führte. Eine Begegnung, die leider zu einer letztmaligen wurde, da Herne 2020 tragisch verstarb. Diese zweite Auflage sei also ihm sowie der Cover-Gestalt aller »Warschauer Punk Pakt«-Veröffentlichungen gewidmet, dem 2018 aus dem babylonischen Dasein gerissenen Gitarristen und Sänger Robert Brylewski von ARMIA und IZRAEL sowie der noch früheren großen Bands KRYZYS und BRYGADA KRYZYS. Stellvertretend für alle Alt-Ostpunks, die seitdem verstorben sind.

Neben dem unübersehbaren Vorrücken der Zeitzeugenszene auf dem gnadenlosen Zeitstrahl ist allerdings positiv zu bemerken, dass offenbar auch für Jüngere das Material und die Bands eine Relevanz haben können. Und sei es zur auratisch aufgeladenen Zeitreise für einen Abend. Wer all die Platten mit historischem Sound kaufte, die seit 2017 erschienen und daher in den Diskografien fehlen, ist ja (noch) nicht per Klientelüberwachung vollends zu klären. Angesichts der Fülle stellt sich allerdings die Frage, ob da nicht auch bald eine Sättigung im spezifischen Marktsegment eintritt. Oder ein Ende des abgebaggerten Ostpunk-Flözes zu erkennen, das Abbaugebiet also absehbar erschöpft ist. Da es sinnlos erschien, dem stetig wachsenden Stand von Discogs nachzurennen, fiel jedenfalls die Entscheidung, den Auswahldiskografien, die auf der Vorarbeit des im Buch auch mit einem Interview präsenten französischen Ostpunk-Liebhabers Lük Haas beruhen, hier nur noch eine sehr eingeschränkte Ergänzung der möglicherweise wichtigsten Platten sowie einiger Filme nachzuliefern.

Die Kooperation der Ostberliner Punks aus der Erlöser-Kirche in Rummelsburg mit dem Warschauer Label und Fanzine *QQRYQ* führte auch noch zu einer zweiten Kassette, der Dokumentation des von Festivalerlebnissen in Polen inspirierten ersten *AlosÄ*-Frühlingsfests 1988, bei dem neben westlichen oder polnischen Gruppen auch ungarische und tschechische Bands gastierten. Dass eine von jenen auch einen antiziganistischen Text hatten, was leider keine Ausnahme im tschechoslowakischen Punk darstellte, wird hier ebenso thematisiert wie die Tatsache, dass die dämliche Idee von Sid Vicious (wenn es nicht eher die von Malcolm McLaren war), sich ein Hakenkreuz-T-Shirt anzuziehen, im Osten noch einmal für ganz andere (Miss-)Verständniswirbel gesorgt hat. Es geht zudem um Nationenfindung und Punk, um Kunst und Punk, um die Gleichzeitigkeit von Punk und Post Punk, um Punk vom europäischen Rand in Bulgarien und Rumänien sowie sogar Albanien, um Poster als potentielle Illustration von Stasi-Berichten (und umgekehrt), um die Nähe von Reggae und Punk in Polen, um Mangelgesellschafts-Zwangs-DIY und auch daraus folgende lokale ästhetische Eigenheiten sowie schließlich natürlich darum, was überhaupt Punk im Rückblick war oder gewesen sein könnte. Bis hin zur Frage, die sich vor allem in Jugoslawien, aber mit der Perestroika in der zweiten Hälfte der 1980er auch in fast allen anderen Ländern stellte: wie viel Punk kann/darf/muss es gar im Sozialismus geben? Wie viel Widerspruch, wie viel radikaler Zweifel ist erlaubt oder gar notwendig? Usw. usf.

Apropos Zweifel: auch am mythischen Ursprungsjahr 1977 darf am Ende gerüttelt werden! Schließlich spielte die später extrem wichtige Band PARAF aus Rijeka bereits am 31. Dezember 1976 öffentlich vor Freunden. Auch die SPIONS-Mitglieder waren schon in den Jahren zuvor mit radikalen Performances auffällig, und ihre Punkband-Werdung stellte nur eine konsequente konzeptionelle Fortschreibung dar, als Weg aus dem dissidentischen Kunstghetto in die potentiell Massen ansprechende Popkultur. Die Skizzierung des Wegs dieser äußerst exzeptionellen Art Punk-Attacke ist auch das

Spezifikum dieser Zweitauflage, ergänzt um das erste Manifest der Budapester Band, die eine Variante für die »Stunde Null« eines Warschauer Pakt Punks darstellt.

Während sie hier aber stärker in den Fokus rücken, bleiben andere Phänomene weiter leicht inadäquat abgebildet, weil es schon in anderen *Zonic*-Spezials ausführliche Darstellungen gab. Wie die schon vor den SPIONS, nämlich bereits 1975 gegründeten VÁGTÀZÒ HALOTTKÈMEK, die RASENDEN LEICHENBESCHAUER oder GALOPPING CORONERS, die im psychedelischen Spacerock-Urkosmos Energie sammelten, um dann aber ab 1978 als neo-schamanistischer Teil der Punkbewegung wahrgenommen zu werden. Oder BEATRICE, die etwa zeitgleich begannen, den RAMONES-Punk'n'Roll in den lumpenproletarischen Csöves-Rock Ungarns zu übersetzen. Beide wurden u. a. im *Zonic*-Spezial *Go Ost! Klang – Zeit – Raum. Reisen in die Subkulturzonen Osteuropas* dargestellt, weswegen sie sich hier nur eingereiht finden, neben all jenen, die erstmalig in dieser geballten und zum Vergleich anregenden Form auftauchen.

Natürlich kann auch dieses Buch letztlich nur ein Einstieg sein, für den es neben den ausgewählten Diskografien noch eine lange Liste an Filmempfehlungen auf den weiteren Weg der Erkundung gibt. Auf dem eine Menge spannendes Material, irre Geschichten und krachende Widerspruche galore warten, auf die sich einzulassen lohnt!

Genug zu tun bleibt noch immer. Seien es Fußnotenaufgaben der Ostpunk-Geschichte wie die Suche nach Ilja und den anderen jugoslawischen Mitwirkenden von KOKS, einer Jugo-DDR-Punklegende, die das wohl erste Punkkonzert in Ostberlin spielte, auf quasi-jugoslawischem Terrain: In der Handelsvertretung des Landes, ermöglicht wahrscheinlich von den Eltern der mitwirkenden Jugo-Kids. Bisher suchten wir vergeblich, aber: *Zonic* bleibt dran!

Eine größere Projekt-Anstrengung ist jedoch auch noch übrig. Denn natürlich muss final der »Warschauer Punk Pakt« (mindestens) noch nach Warschau getragen werden, um die Vertiefung wechselseitiger Ost-Ost-Punk-Aufarbeitung anzustoßen und bei allseitiger detailschärfender Betrachtung das weiterhin großartig widersprüchliche Feld von Punk im realen Sozialismus nach Gemeinsamkeiten und Gegensätzen zu durchforschen. Sowie ihn zudem endlich gebührend gewürdigt in die globale Subkultur-Historienschreibung einzuspeisen. Oder meinetwegen auch deren Verwertung, zumal, wenn es der Wahrnehmung dient.

Alexander Pehlemann, Leipzig 2023

Alexander Pehlemann, Torgelow 1987

Henryk Gericke

Subkultur und Diktatur

Punkrock DDR

Ob in den USA, England, Westdeutschland, in Polen oder in der DDR; auf der Dekaden-Schwelle von den 70ern zu den 80ern öffnete sich eine Tür. Sie bot keinen Einlaß, sondern den Ausstieg aus Gesellschaftsformen, die systemüberlappend vom Kalten Krieg gezeichnet waren. Wenn es keine Zukunft gibt, dann ist man frei von Zukunftsangst. Das No Future der Punks war insofern nicht nur ein Aufschrei des Protestes, sondern auch eine Unabhängigkeitserklärung. Punk zu sein bedeutete frei zu sein, auf dem schmalen Grat zwischen Selbsterhaltungstrieb und kompletter Entgrenzung rannten die Punks Schranken ein und tobten über tradierte Demarkationslinien hinaus. Weder an der Zeitenschwelle noch an den geopolitischen Frontziehungen zwischen Atlantischem Bündnis und Warschauer Pakt machte Punkrock halt. Innerhalb der Systemkoordinaten von West oder Ost entfaltete er sich allerdings unter lokal und national differenten Bedingungen. In New York war Punk zunächst eine künstlerische Bewegung, die letztlich auch aus der Pop Art resultierte, das Umfeld von Andy Warhols *Factory* war amerikanischer Protopunk. In London, überhaupt in Großbritannien, war Punk vor allem Rock und an eine noch aus dem 2. Weltkrieg resultierende soziale Erosion der gesellschaftlichen Fundamente gekoppelt. In den West-Sektoren Deutschlands fand der Drei-Akkorde-Existenzialismus wiederum als experimentelle Spielart in Westberlin, als künstlerische Variante in Düsseldorf und als proletarisch-politische Haltung in Hamburg statt. In dem Provinznest DDR waren Berlin und Leipzig die beiden Punk-Epizentren. Die politische Radikalität der Leipziger Punks sowie die zugleich heroische und dabei entspannt wirkende Entschlossenheit einzelner von ihnen, mit dem System konsequent zu brechen, sorgten für Respekt in der Berliner Punkszene. Die Berliner Punks galten als verhaltensoriginell bis gewalttätig und wurden von den Kollegen anderer Städte beargwöhnt und dennoch unter gelegentlichen Verlusten von Badges und Lederjacken immer wieder angepeilt.

So ausdifferenziert seine jeweiligen Cluster waren, so archetypisch war Punk. Seine Farbenschlacht und Lärmorgie gaben das drastische Rahmenprogramm zu einem Nachkriegsszenario, welches nur das Vorspiel zu einem nächsten Krieg zu sein schien. Das Endzeitgefühl im Angesicht der atomaren Systemschmelze und der totalitären Gesinnungen der politischen Eliten war in Ost wie in West präsent. Doch während im

Karl-Marx-Allee, Berlin 1989. Foto: Robert Conrad

Westen noch die Angst vor Orwells Big Brother umging, waren die Ostblock-Insassen bereits Zeitzeugen einer real existierenden Totalität. Natürlich ließe sich auch von der ehemaligen BRD als einem Überwachungsstaat sprechen. Berufsverbot, Radikalenerlaß und Rasterfahndung eigneten sich nicht zum Gütesiegel einer Demokratie. Doch selbst ein in Schwingung geratener Pluralismus ist noch keine Diktatur. Bei allen gesellschaftlichen Verzerrungen steht das Recht auf zivilem Ungehorsam zumindest im Grundgesetz der Bundesrepublik Deutschland und war im Zweifelsfall stets durch Anwälte einklagbar. In der DDR dagegen war der Kontrollwahn keine Frage parlamentarischer Entgleisungen, er war dem System eingewoben, die Möglichkeiten ihm zu begegnen tendierten gegen null. Verbote durchliefen keine gesetzlich geregelten Prozesse, die Diktatur des Proletariats war vor allem eine Diktatur und deren Natur gemäß ein Verbotsstaat.

Als halber Mensch hat man Lust, Verbote zu übertreten, nicht ihnen zu folgen. Man ist im günstigsten Fall ein Empörer. Nicht Feinstaub, sondern Granulat im Getriebe eines Kontrollsystems zu sein – darin bestand ein einzigartiger Spaß. So gesehen waren die DDR-Renegaten letztendlich wohl privilegiert. Doch die Gefahr war nicht nur Teil des Spaßes, sie war auch der Stoff eines Dramas. Die Halbwüchsigen fanden sich als »Kampfreserve der Partei« von einer ideologisch gerechtfertigten Haltetherapie zwangsumarmt. Zeigte diese nicht die gewünschte Wirkung, reagierte das Gesetz in seiner Willkür verlässlich und brachte das Ministerium des Inneren gegen die verlorenen Kinder in Stellung. Halbstarke, Hippies und Punks wurden von einer elastischen Vielfalt berüchtigter Gummiparagraphen gemaßregelt. Wiederholt aufgeführte Klassiker im Strafregister der Staatsanwaltschaft waren §220 Öffentliche Herabwürdigung, §212 Widerstand gegen staatliche Maßnahmen, §217 Zusammenrottung, §215 Rowdytum, §219 Ungesetzliche Verbindungsaufnahme, §214 Beeinträchtigung staatlicher und gesellschaftlicher Tätigkeit. Den Verurteilungen zu Haftstrafen gingen die »Zersetzungsmaßnahmen« der Staatssicherheit voraus. Sie umfassten das gesamte Spektrum niedrig gesinnten Handelns im Dienste einer höheren Sache. Neben Observation und Förderprogrammen zum Verrat, zählten zum Staats-Stalking Einweisungen in die berüchtigten »Jugendwerkhöfe«, Auflagen wie das Berlin-Verbot, die ebenso gefürchtete Arbeitsplatzbindung oder auch die unmittelbare Einberufung in die NVA nach Erreichen der Volljährigkeit. Heute spricht man von dem Repressionsarsenal eines Unrechtsstaates. Dabei wird eine Form der Repression eher einem allgemeinen Lebensgefühl ostdeutscher Teenager zugeschrieben, obwohl sie ihrem Wesen nach ebenfalls einer Strafe glich – die Rede ist von der grassierenden Langeweile. Das Freizeitangebot war limitiert und im eigentlichen Sinne jugendfrei. Stellvertretend für die Tristesse und für das Unverständnis jugendlicher Obsessionen standen FDJ-Festivals unter dem flotten Motto »Wir lassen 'ne Kuh fliegen« oder die Jugendsendung *Rund* des staatlichen Fernsehens. Unterbrochen von Auftritten abgehalfteter Westbands wie MIDDLE OF THE ROAD wurde per Liveticker in den Stall einer gottverlassenen LPG geschaltet, wo der Moderator im Blauhemd und im Verein mit einem unbedarften Bäuerlein die Kubikliterzahlen seiner Milchproduktion wie den vernichtenden Sieg über die traurige Wahrheit verkündete. Das alles roch sauer. Dieser immer nur durchgerührte Stillstand, die DDR-eigene Melancholie, die auf den Kommunismus-Knick nach dem Bau-auf-Bau-auf-Enthusiasmus der 50er folgte, steigerte sich zur kollektiven Depression. Für Teile der Nachkriegsjugend der 60er, 70er und auch der 80er Jahre war sie der Auslöser, das bessere Gesellschaftssystem sich selbst zu überlassen und sich dünne zu machen. Oder aber den Breiten zu machen und innerhalb des toten Ereignisfeldes DDR republikflüchtig zu werden. In jeder der vier langen Dekaden seines kurzen Daseins, das dem »ersten sozialistischen Staat auf deutschem Boden« beschieden war, entwickelten sich generationseigene Abwehrreaktionen. Als deren Folge zieht sich die Drangsalierung von Jugendkulturen durch die Geschichte der Deutschen Demokratischen Republik. Mit ihr zieht sich ein vier Generationen langer, sich fein verzweigender Riss über die Demokratie-Fassade, ein Stammbaum der Subkulturen. Keine Szene wurde derart intensiv von der Staatssicherheit betreut wie die Punkszene, doch ihrer Verfolgung ging die Drangsalierung anderer Jugendbewegungen voraus. Die Beatgeneration feierte eine Unbeschwertheit, die zwar sich selbst genügte, aber jenen missfiel, denen man nie genügte. Die Hippies und Tramper waren eingezäunt und on the road wie in vier Wänden. Sie verloren ihr blumiges Selbstverständnis und auf den Wachen der Kontrollgremien manchmal ihr langes Haar. Die Punks aber gewannen ihre verlorenen Schlachten, ihre Bühne stand in den kaputten Kulissen eines real gescheiterten Sozialismus.

Mit der Tendenz zur Abweichung fühlte man sich in der DDR wie im eigenen Hause fremd. Dafür hat man einen äußeren Ausdruck gesucht. Anfang der achtziger Jahre war Punk das Gebot der Stunde. Sein nihilistischer Kult, sein Lärm um Nichts, bei dem es ja doch um Alles ging, war der historischen Mission der Altkommunisten wesensfremd. Im Sprachgebrauch der Nomenklatura und ihrer Letzte-Wahrheit-Presse galt Punkrock als Schundmusik oder wahlweise als Primitivrock, der ferngesteuert vom Westen die sozialistisch justierte Jugend verdarb. Jeder Punk wurde zum Entfesselungskünstler, sprengte diffus empfundene Ketten und ließ sich selbst von der Leine. Für jene, die nicht wussten, wohin sie wollten, was sie wollten, barg dieser Intensivkurs in Selbstermächtigung ein verstörendes Erweckungspotential. Man fand sich, indem man sich erfand, einzig war unter vielen und dann auch noch zu den Wenigen unter den Raren zählte. Punkrock blieb ein Höhenflug mit ständigem Strömungsabriss, die Punks waren immer nur in Grenzen frei. Wenn aber erstmal eine Szene von Außenseitern entstanden ist, dann entwickelt sie eine Sogwirkung; und was einen zieht, das schiebt.

Die Legendenschreibung besagt, dass die ersten Punks um 1979 in Ostberlin gesichtet wurden. Von einer Punkbewegung konnte da noch keine Rede sein, es handelte sich um eine mikrokulturelle Szene von vielleicht zwanzig Aktivisten. Der Tumult, der Punkrock war, zog krasse Charaktere an. Am Rande eines rotierenden Gravitationszentrums bewegen sich zudem immer Satelliten und Outsider aller Couleur, auch die frühe Punkgemeinde der achtziger Jahre ist nicht kontextlos zu betrachten. Der DDR-Underground glich einer Szene-Hydra, einer kaum zu kategorisierenden Konstellation aus Musikern, Dichtern, Malern, Fotografen und Filmemachern. Die Künstler haben sich die Energie von Punkrock zu eigen gemacht, die Genres kreuzten sich, die Auflösung der Formen suchte nach Gestalt. Mittendrin tollten die Punks durch die Wohnungen von Lyrikern, Bands lärmten in Ateliers. 1980/'81 entstanden dann in Ostberlin und Leipzig feste Wildwechsel bzw. Hotspots. Die Punkszene wurde erst um '83 zur Bewegung. In der Zeit ihrer Unschuld, noch vor der Konfrontation mit Bürgerschaft und Staatsmacht, applaudierten die Leute auf der Straße gelegentlich zu einem schrillen Ornat, das jenes anämische Kolorit der DDR um Farben bereicherte. Die Staatssicherheit begriff nicht sofort, dass die enthemmten Exoten nicht aus dem Westen kamen, die Funktionäre kannten Wahnsinn nur als festen Klassenstandpunkt bzw. als stalinistische Methode. Und zunächst hatten es die Kinderpunks auch eher mit den konventionellen »Staatsorganen« zu tun, Volkspolizei, Kripo. Dann erst trat die Staatssicherheit in Erscheinung und ging massiv gegen die Punks vor.

Zu Beginn war Punk im Osten nicht mit einem explizit politischen Anspruch gepaart. Politisiert wurden die Punks, indem sie kriminalisiert wurden. Das jedoch war ein absehbarer Effekt mit geringer Laufzeitverzögerung. Ob zunächst nur gefühlt und später bewusst, die Verachtung der Punks richtete sich gegen eine Muster-Utopie, welche die Zukunft für alle Zeiten festschrieb. Ihr No Future hieß Too Much Future. Das sozialistische Heilsversprechen von der zukünftigen Auflösung aller Widersprüche bedeutete das Ende jeden Eigensinns und der mit ihr verbundenen Phantasien, Träume und Perspektiven. Dagegen setzte eine Minderheit der durchnummerierten Jugend ein, was sie hatte; ihre Naivität, die durchaus eine Kraft war und aus der eine Vitalität resultierte, die bald von einer tiefen Skepsis befeuert wurde. Dafür riskierten die Jugendsünder ihre bescheidenen Aussichten, ihre familiären Bindungen, ihre körperliche Unversehrtheit und einen Rest von Freiheit. Der öffentliche Raum war für sie eine geschlossene Gesellschaft. Andererseits waren auch Privatwohnungen für die staatlichen Organe jederzeit öffentliche Räume. Ohne gesetzliche Handhabe luden sie sich selbst in die Wohnungen ein und lösten mit Räumkommandos der Vopo Konzerte oder Parties auf. Da die Punks sich im öffentlichen Raum nicht frei bewegen konnten, haben sie nach Alternativen gesucht und diese auch gefunden. Subkultur ist wie Wasser und sucht sich ihren Weg. Die Staatssicherheit wusste, an welchen Orten sich die »feindlich negativen Elemente« gegenseitig positiv aufluden. Konzerte fanden selten und nie auf volkseigenen Bühnen statt. Die frühe Generation von Punkbands praktizierte durchweg konspirativ. Ihre Texte waren politisch explizit und hochriskant.

Pogo zu WUTANFALL in der Leipziger Nikolaikirche, 1983. Foto: Christiane Eisler

DIY-Punk in England war eine Reaktion auf den befürchteten Ausverkauf von Punk. Die Frage des Ausverkaufs stellte sich in der DDR erst gar nicht. Ab Mitte der 80er Jahre stellte sich die Frage der drohenden Vereinnahmung durch den Staat. Entzog man sich ihr, lag es jenseits jeder Vorstellung, eine Karriere als Popstar zu machen, man spielte im Keller der Startrampe zum DDR-weiten Ruhm. Kamen Punkbands überhaupt einmal aus dem Proberaum heraus, so fanden Konzerte nur in Kirchenräumen statt. Die Kirche war ein exterritoriales Gebiet, auf dass die Staatssicherheit keinen direkten Zugriff hatte. Dort gab es keine Zuführungen, keine Verhaftungen. Die Türen der evangelischen Kirche standen für Leute offen, die ins sozialistische Stadtbild wie hineinmontiert aussahen und somit akut gefährdet waren, daher für Punks, aber auch für Kunden, Freaks und Hippies. Die Punks waren allerdings durch ihre überschäumende Lebensfreude bald die dominanteste Gruppierung innerhalb des Kirchenasyls.

Vor der Staatsmacht bot die Kirche einen räumlich umrissenen Schutz. Natürlich hatte sie keinen Einfluss auf die Dynamik anderer Konflikte. Die Szene verlor schnell ihre Unschuld. Zur Genussmittelproblematik gesellten sich Auseinandersetzungen mit den Eltern, die um den Frieden mit den Politoffizieren und den lieben Nachbarn fürchteten. Die verhohlene Staatskritik hörte für die Biedermänner mit Punk auf, in dieser Frage war man systemkonform. Mit Angriffen war ständig zu rechnen. Übel waren die Massenschlägereien mit Gangs und Fußballfans. Zum Repressionsdruck kam der Druck in der Szene selbst. Gewalt untereinander war weder die Regel noch die Ausnahme von derselben. Als sich von den Punks die Skins abspalteten, gingen dann plötzlich alte Kumpels aufeinander los, ehemalige Ideologie-Verächter prügelten sich nun aus weltanschauungsähnlichen Gründen. Die Stasi spielte Punks und Skins durchaus gegeneinander aus. Damit bekam der sozialistische Wettbewerb eine völlig neue Nuance.

Das alles musste man als Halbwüchsiger aushalten können. Insbesondere die Konfrontationen mit der Staatssicherheit. Es war schwer, sich als 17-Jähriger gegen psychologisch geschulte Fachidioten zu behaupten, die selbst einer Gehirnwäsche unterzogen worden waren und über Mittel zur Manipulation frei verfügten. Das Herz hat Pogo getanzt, aus Angst, aber die Angst war gepaart mit Wut. Durch die staatliche Reaktion gewann Punk in der DDR endgültig eine politische Dimension. Einige Punks trugen das Anarchiezeichen nicht nur als szenetypisches Dekor, sondern wurden politisch aktiv. In der zweiten Hälfte der '80er Jahre gab es zwischen Oppositions- und Punkszene einige Schnittstellen. Parallel vollzog sich ab '83 eine Aufsplitterung. Viele der Alt-Punks waren bei der Armee oder in einer der berüchtigten Strafvollzugsanstalten. Nicht wenige wurden vom Westen freigekauft und gingen aus der Zelle direkt in die weite Welt und waren damit aus der Welt. Dennoch wurde Punk zur Bewegung. Die Staatssicherheit tappte bereits völlig desorientiert durch eine Gegenkultur, die sich längst in Subszenen wie Suffpunks, Anarchopunks, Hardcorepunks und Skins aufgespalten hatte. Metal Kids und Hooligans machten das Ganze noch unübersichtlicher. Dann kam New Romantic. Das haben die Wächter des Systems gar nicht mehr begriffen. Gothic? Da hatten sie bereits komplett den Überblick verloren.

Schließlich haben die Funktionäre dann doch verstanden, dass sie Punkrock nicht verhindern können, dass gerade die Verhinderungsbemühungen seine Radikalisierung befördern. Das Konstrukt der »anderen Bands« wurde initiiert. Es entstand ein Sampler bei dem staatlichen Label *Amiga*, auf dem New Wave Bands veröffentlicht wurden, deren Texte vollkommen entschärft waren. Diese Bands wurden vereinnahmt vom FDJ-Kulturbetrieb bis hin zur staatlichen Förderung, inklusive Zuschüsse für Equipment und Proberäume oder der Produktion eigener Platten. Die »anderen Bands« haben, wie all die anderen Ostrocker auch, vor ahnungsfreien Kulturfunktionären sogenannte Einstufungen gemacht, sich teils in die Texte direkt oder indirekt reindiktieren oder sich bei der Namensgebung korrigieren lassen. Dafür konnten sie legal über die Bretter, die die Republik bedeuteten, tingeln, Eintrittsgelder nehmen und von ihrer Musik leben. Das war eine große, eine verständliche Versuchung. Doch was blieb, war FDJ-Wave, den haben die Punks der ersten Stunde abgelehnt und verachtet. Eine Band wie NAMENLOS ging für ihren Song »MfS«, eine direkte Grußbotschaft an die Adresse des Ministeriums für Staatssicherheit, geschlossen in den Knast. Die Grenzen, die solche Bands einrissen, nutzten dann z. B. punk-touchierte Opportunisten, die sich ausgerechnet DIE SKEPTIKER nannten, nur um ihren Softcore in eine historisierende Widerstandsattitüde umzutopfen und von »Dada in Berlin« zu singen. Doch Dada in Ostberlin, das waren Skandalbands wie BETONROMANTIK, PLANLOS, GRABNOCT, ZERFALL oder ROSA EXTRA. Ihre Illegalität in der Totalität war konsequent. Der Arbeiter- und Bauernstaat hämmerte auf seine missratenen Kinder ein und beschnitt ihre Lust, sich frei zu entfalten. Insofern waren Hammer und Sichel als Symbole einer Weltanschauung noch mit einer speziellen Bedeutung aufgeladen. Und die Utopie der Alten taugte nur noch zum Wetzstein für den Sarkasmus der Punks. Ihr Tumult war die befreiende Störung der sozialistischen Ordnung, ihr Pogo ein ›Tanz den Kommunismus‹.

Bert Papenfuß

Fortgesetzte Abgesänge auf Anfänge unter Umständen

Folge 6: Dezember 1983 bis Ende 1984 (Zonic-Edit von Alexander Pehlemann)

Nach meinen beiden anarchischen Erstlingen *naif* und *till* (1976), die zwar unter Kenntnisnahme der klassischen Moderne geschrieben, aber doch weitgehend selbstausgebrütet waren, und in meinem Freundeskreis irritiert aufgenommen wurden, schrieb ich 1977 mit *harm* ein Pop-Album, das in der damaligen DDR-Subkultur so viel Zuspruch erhielt, daß es mich irritierte. Für das folgende Konzeptalbum *SoJa* kniete ich mich tiefer ins Experiment und bastelte nebenher eine Rechtschreibreform zurecht. Nach der für mich freudvollen Fertigstellung von *SoJa* hatte ich das Gefühl, alles gesagt zu haben, und wußte nicht, was ich dem künftig noch hinzufügen sollte; nicht nur formal hatte ich mich »festgeschrieben«. Unklar, wie es weitergehen sollte, machte ich mir ab 1980 Notizen, die ich auch im Zuge mehrmaliger Überarbeitungen nicht in Form bringen konnte. Ich hatte mich in eine – nicht nur persönliche, natürlich auch zwischenmenschliche, für mich in Unkenntnis der Tragweite allerdings als literarisch angesehene – Krise laviert, vergleichbar derjenigen nach dem Abschluß der sieben Fortsetzungen der eigentlichen *Rumbalotte*, denen vorerst ein Best-of-Album und eine Aufarbeitung folgten.

Die Arbeit an den Post-*SoJa*-Notizen wurde von der Einberufung zur NVA unterbrochen. Einem Grundwehrdienstleistenden in einer Bausoldatenschwadron war es natürlich nicht erlaubt, in seiner klammen Freizeit literarisch zu arbeiten, also entstanden 1982/83 lediglich Kladden und Briefe, teilweise Arbeitsversionen künftiger Texte beinhaltend. Nach der Entlassung aus dem Frondienst Ende Oktober 1983 begann ich Notizen aus drei Jahren aufzuarbeiten. Für den ersten öffentlichen Auftritt, und noch dazu einen äußerst ominösen, zu dem mich Sascha Anderson nach Coswig eingeladen hatte, verfügte ich kaum über neue Texte. Zusammen mit dem Punk-Gitarristen Lutz Heyler stellte ich unter dem Titel *schwulst* ein Programm zusammen, das lediglich einen neueren Text enthielt, das Gros entstammte *SoJa*, gefolgt von drei noch älteren Texten. Der damalige Clubhausleiter Wolfgang Zimmermann beschreibt in seinem Buch *Die Akten Jazz und Show* das Zustandekommen der Veranstaltung:

»Sören ›Egon‹ Naumann tauchte regelmäßig auf und versuchte mir immer wieder aufs Neue, seine ›MUSIKBRIGADE‹ zu verkaufen. Doch ich konnte ja unmöglich jeden Monat einmal diese Band spielen lassen. Das machte ich ihm auch klar. Er schluckte es und erfand dann einen neuen Dreh.

›Ich würde gern meinen Geburtstag bei dir im großen Saal mit einer Veranstaltung feiern‹, eröffnete er mir eines Tages. ›Du gehst kein Risiko ein, ich organisiere alles und die Einnahmen kannst du bei dir hundertprozentig verbuchen. Wenn ganz viele Gäste kommen, kannst du mir ja etwas abgeben.‹

Ich erkundigte mich nach dem Programm, was ablaufen sollte. Natürlich würde seine ›MUSIKBRIGADE‹ spielen – war ja klar – doch dann nannte er noch die Namen Bert Papenfuß und Sascha Anderson.

Letzterer interessierte mich nun brennend. Sascha war die Kultfigur der Szene in jenen Tagen. Er war ein ungeliebtes Kind des Systems, einer, der zwar kein Auftrittsverbot hatte, aber um den die Aura der ›Progressivität‹ lag. Er schrieb Lyrik und Prosa und machte bei verschiedenen Performances mit. Natürlich wollte ich Sascha kennenlernen. Das überzeugte mich letztendlich, ›Egons‹ Vorschlag anzunehmen. [...]

›Egons‹ sogenannte Geburtstagsfeier wurde zu einem einzigen Chaos. An jenem 16. Dezember des Jahres 1983 war der Saal nicht einmal ein Fünftel gefüllt, trotz Sascha Anderson. Die Musik der ›MUSIKBRIGADE‹ brachte nichts Neues. Und die zu einer aggressiv geschlagenen Gitarre vorgetragenen Texte von Papenfuß strotzten vor Symbolismus und Unausgegorenem. Saschas Texte hatte ich mir vorsichtshalber zeigen lassen, in meinem Büro. [...] Ich überflog Saschas Texte, nannte ihm zwei davon, die er besser rauslassen sollte, er fügte sich auch widerspruchslos und die Sache war erledigt. [...]

Zwei Herren des MfS waren Gast in der Veranstaltung. Im Gegensatz zum allgemeinen Publikum waren diese beiden korrekt mit Anzug und Schlips bekleidet, hoben sich also bemerkenswert ab.

Lutz Heyler und Bert Papenfuß, live in Coswig 1983. Rechts mit Videokamera: Sascha Anderson. Foto: Archiv Bert Papenfuß

Ich weiß immer noch nicht, warum mich das damals nicht sofort stutzig gemacht hatte. Bei dem krankhaften Trieb, ständig ›inkognito‹ sein zu wollen, zu müssen – dieses nun so deutliche Bekenntnis zu ihrer Mission. Sie schrieben intensiv mit. Und es passierte noch etwas Merkwürdiges. Papenfuß knüllte einige seiner Zettel zusammen, nachdem er die Texte vorgetragen hatte und warf sie in Richtung dieser beiden Herren. Eifrig nahmen sie diese Hilfe an, hoben die Zettel auf, glätteten sie und schrieben das Daraufstehende ab. Warum aber? Sie hatten doch die Beweisstücke in ihren Händen.«

Ich habe keine nennenswerten Erinnerungen an den Abend, weiß aber, daß mein Bausoldatenkamerad Thomas »Fret« Claus und sein Freund Frank Lanzendörfer, der sich als Dichter, Zeichner und Performer Flanzendörfer (1962–1988) nannte, dort waren und mein weggeworfenes Manuskript »sicherstellten«. Lutz Heyler beschreibt den Abend in seinem Erinnerungsprotokoll *Große Sause in Coswig* folgendermaßen:

»Ein gewisser Jellinek, von dem mir nichts weiter bekannt ist, als daß er tschechisch motorisiert war, brachte Bert und mich in seinem Skoda an den Ort des Geschehens. [...] Die Veranstaltung fand in einem alten Ballhaus statt. Sascha Anderson, der King des Untergrunds vom Prenzlauer Berg, hatte das Ding aufgezogen und war auch mit seiner Band ZWITSCHERMASCHINE, die VELVET UNDERGROUND des Ostens, beteiligt, wobei Anderson gekonnt die Rolle des Andy Warhol mimte. Seine Performance gefiel mir bei weitem am besten von alldem, was an diesem Abend so geboten wurde, ja ich muß zugeben, daß es das erste und einzige Mal in der DDR war, daß eine Band mich wirklich begeistert hat. Anderson machte Spektakel mit Hinterwandprojektionen und Klangcollagen, wozu unter anderem »Lady Jane« von den STONES genotzüchtigt wurde – wirklich beeindruckend. Ich hatte seine Band schon einmal bei einem Kirchenauftritt gesehen, wobei die Musiker nur gelangweilt herumstanden und nichts weiter zur Unterhaltung des Publikums unternahmen, als ihre Lieder zu spielen. Der einzige Gag war, daß Anderson irgendwann seine Schuhe auszog und barfuß weiter vortrug. Wie gesagt, mir gefiel ihr Auftritt in Coswig – Bert hingegen überhaupt nicht. Er sagte wörtlich: ›Kaum ist man mal ein paar Monate nicht da und schon spielt Sascha »Lady Jane«!‹

Als die Reihe an uns kam, trug Bert seine Gedichte vor, während ich die guitarristische Untermalung besorgte. Wir agierten in dem Stil der New Yorker Literaturpunks à la Patti Smith und Tom Verlaine in eigensinniger Symbiose von Lyrik und elektrisch verzerrtem Gitarrenlärm. Wie üblich bei Auftritten, war ich ziemlich nervös und beendete die Lesung ein Gedicht zu früh, indem ich den Stecker zog und – die Gitarre noch um den Hals – von der Bühne sprang. Bert war trotzdem zufrieden und gab mir das anschließend sogar schriftlich. Der Zettel ist leider in dem anschließenden Chaos verlorengegangen. Als Gage gab es 50 Mark pro Person, nie wieder bin ich für öffentlichen Krawall entlohnt worden.

An die Reihenfolge der einzelnen Acts kann ich mich beim besten Willen nicht mehr entsinnen. Es gab jemanden, der dadaeske oder expressionistische Sachen vortrug und sich dabei krampfhaft zuckend am Boden wälzte. Ein paar ›avantgardistische‹ Super-8-Filme wurden gezeigt, wobei mich ärgerte, daß dabei die Musik von BAUHAUS, die ich bis heute sehr schätze, verwertet wurde, aber das tut wohl nichts zur Sache ... Alles in allem ein für DDR-Verhältnisse gelungener Abend.«

Als ich am 1. Juni 1985 als Zuschauer bei dem von Christoph Tannert organisierten zweitägigen Festival *Intermedia I* wieder mal im *Clubhaus Coswig* war, sah alles genauso aus wie einst im Dezember 1983, es traten auch dieselben Leute auf, ROSA EXTRA hatten sich nach einigen Umbesetzungen allerdings in HARD POP umbenannt, Hans Schulze war auch wieder dabei, andere Beteiligte waren vielleicht nur die gleichen.

Nach der Veranstaltung in Coswig begann ich, meine Notizen aus der Armeezeit aufzuarbeiten. Am 13. Januar war eine erste Version des Zyklus *Kanalisation in's Darumsonst* fertig. Fünf Durchschläge verteilte ich an Freunde und Vertraute. In dem Manuskript enthalten war der Text *Der Cklärungen einzelner Sachverhalte 1ter,* den ich auch schon mit Lutz Heyler zusammen in Coswig intoniert hatte.

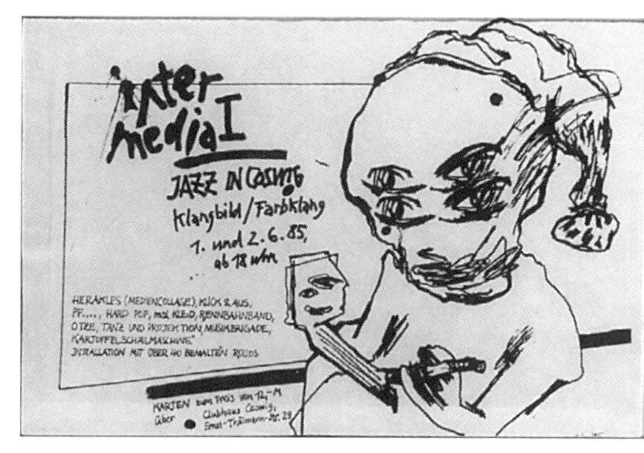

Einladungskarte zum Festival *Intermedia I*

Der Cklärungen einzelner Sachverhalte 1ter

<u>halt mich steil</u> mein obermaat
press die bakken fest zusammen
& gib mir ab fon deinem segen
den du ausgeußt leid- & reichlich
in freuden schmerzen & staunen
fällt der hammer den malochen
& barrabas drekkstekken kristos
auf freierem mit freiestem
hem-ba-ba-hem schwerstarbeit
mit dem schwert dazwischenfährt
auf 'ner sichel hoch zur hölle
in frußt, märz/april & stammeln
wird ich dann geworden sein ach-
wo was ich such das fürchte ich
was ich fürcht das findet mich
& meine pfeile treffen mich
sodaß die sachen sich verhalten
»nichts als der bestand hat wechsel«
& den selbstzerzwiffnen – zápfenzúcht

Die ironisch-halbschwule Stimmung jungmännlichen Zusammengepferchtseins in Kasernen bricht in Selbstzweifel um; ein Wechsel, eine Wende für die DDR wird ersehnt, ebenso wie etwa gleichzeitig in der russischen Subkultur die перемена in der Sowjetunion. Obige Abschrift des Gedichtes stammt aus dem Mai 1990, in allen vorigen Varianten hieß es immer »nichts als der wechsel hat bestand«, nach Shelleys

Gedicht *Wechsel:* »Des Menschen Gestern gleichet nie dem Morgen, / Und nichts als nur der Wechsel hat Bestand.« Diejenigen, die sich aufgegeben haben, sich ans System verkauft haben, werden verwünscht. »Zapfen« ist ein typisches Armeewort: »Nase, insb. große, lange Nase als Zeichen für Mißmut und Verärgerung. Angeblich verlängere sich die Nase infolge Ärgers zu einem langen Zapfen«.

Der Musiker Bernd Jestram und seine Band AUFRUHR ZUR LIEBE vertonten das Gedicht, erstveröffentlicht auf einer Underground-Kassetten-Edition 1984 und in einer anderen Variante 1986. Im Frühjahr 1984 nahmen Bernd Jestram (git) und ich einige Texte aus *Kanalisation in's Darumsonst* im Proberaum der Band auf, wenig später kursierte im Prenzlauer Berg eine Kassette unter dem Titel *bernie & bert allein im keller.*

Kassette *Halt mich steil* von AUFRUHR ZUR LIEBE, 1986, *Assorted Nuts No. VI*

Nach der systematischen Andersschreibung in *SoJa* ist die Rechtschreibung des Zyklus *Kanalisation in's Darumsonst* bewußt chaotisch (v/f, ss/ß/ßß, ck/kk usw., Groß-/Kleinschreibung). Während der Armeezeit hatte ich diverse Rotwelsch-Bücher studiert, was sich natürlich in den Texten niederschlug. Einigen Typoskript-Editionen der nun folgenden Gedichtzyklen fügte ich unter dem Titel *Einige Wörter & ihre Bedeutungen* bzw. *Profanisierung einiger verzückter Wörter* Worterklärungen der zumeist rotwelschen Vokabeln bei. Das Konzept Avant-Barock brach sich Bahn durch opulente Titelei, ironische Verklärung der realen Existenz und Ostkult, unsere spezielle Reaktion auf die Glorifizierung westlicher Konsumprodukte durch breite Schichten der DDR-Bevölkerung. Altertümelnde Phrasierungen und Rotwelsch-Einsprengsel konterkarierten die allgegenwärtige sozialistische Emblematik, derer wir uns sarkastisch bedienten. Anarchoartifizielle und kulturpolitische Provokation war die Tagesordnung, viel eitle Scheiße war auch dabei. Der Underground in seiner Perspektivlosigkeit schien nichts und niemand mehr zu fürchten, wir hatten nichts zu verlieren. Punk, Post Punk, New Wave und No Wave waren ins Land gegangen, Welten hatten sich aufgetan, wenn auch düstere. Wir verabscheuten Unterhaltungskunst und jegliche Anbiederei ans System ebenso wie Geldverdienerei. Die Düsternis hinwiederum bekämpften wir mit einer Mischung aus Lebenslust, Promiskuität und bewußtseinsverändernden Betäubungsmitteln.

Für einen Auftritt zusammen mit der Band ORNAMENT & VERBRECHEN (Ronald und Robert Lippok) entstand die auf den 24.4.1984 datierte Textsammlung *mittenmangst-widerton.* Die Veranstaltung fand in der Wohnung des Diakons (und späteren Kirche von Unten-Aktivisten) Uwe »Kuli« Kulisch und seiner Frau in der Erich-Mühsam-Straße in Friedrichshain statt. Zur Einstimmung wurde ein Mitschnitt der *Rede an den kleinen Mann* von Wilhelm Reich abgespielt. ORNAMENT & VERBRECHEN begleiteten mich zum Teil, spielten aber in erster Linie ihr eigenes Programm. Die Textsammlung *mittenmangst-widerton* bestand zum großen Teil aus älteren Gedichten, enthielt aber auch die neuen Texte *der entzweiflung erste lektion* und *vernunft aus den zukünften,* die später in den Zyklus *Ation-Aganda* eingehen sollten.

Beim Räsonieren über das Notizkonvolut *TrakTat zum ABER* kam immer mehr eins zu noch mehr anderem; letztlich entschloß ich mich, den fragmentarischen Charakter der kruden Sammlung von psychedelischen Notizen, Einkaufszetteln (für den täglichen Einklaubummel), Gesprächsfetzen und »geschriebenen« Gedichten zu wahren, aber akribisch zu nummerieren. Ich schrieb ein erklärendes Vorwort:

Auszüge *aus einem geplanten, jedoch*
verworfenen Vorwort, genannt »eine
dem vermehrten Verständnis dienende

PRÄFAXE

– Provo ~~gegen~~ für lyr. Gemeinverstand &
darüberdarunter Gestaltung erweiterten
(= vernünftigeren) Realitätsbewußtseins
– subvers., psychedel., anarchXxXxXxXxXx
EBENFALLS VERWORFEN !!!!!!!!!!!!!!!!!!
abschl. Bemerkg.: *Zukunft kommt gut an!*

Soviel Verworfenheit mußte sein! Für die erste Typoskript-Edition tippte ich jeweils mehrere Gedichte auf ein Blatt, das ich mit Vignetten bekritzelte und in unegale Fetzen schnitt. Die kleinformatige Sammlung wurde in schwarze NVA-Plastikfolie geheftet und mit Goldbronze beschriftet. Ähnlich gestaltet war die zweite erweiterte »Sekunde Edition« und die dritte »(Milli-) Sekunde Edition«, jedoch versehen mit 2 bzw. 4 Original-Tuschzeichnungen von Ronald Lippok (»Rissunok by R. Lippok«), die mehrere Male gefaltet dem Format (ca. 17 × 17 cm) angepaßt wurden.

Einige der Gedichte aus dem *Traktat* dienten als Texte für Bands, so etwa hatte schon Jahre vor Erstellung der Typoskript-Editionen das Gedicht *23) mithin zugegeben* der Band ROSA EXTRA als Text für ihren Song »Sowjetfrau Für Dich« gedient, den Bernd Jestram dann später auch mit seiner Band AUFRUHR ZUR LIEBE interpretierte, ebenso wie *26) nolo-logismus* unter dem Titel »3 × 3 = Nein«. Auch Bearbeitungen von *15 a) neo-romantikker übeldruß* und *28) Verwarnung (ungültig!)* sowie *31 i) »geidisch!«* dienten ihm – teilweise fragmentarisch und manchmal ins Englische übersetzt – als Songtexte.

Schon 1979 diente eine Urvariante von *31 a) fail this »n«-song*, die vorerst nur aus dem Refrain bestand, als Text für die Band DER SCHWARZE KANAL, bei der ich zum Anfang noch Gitarre und Bass spielte, bevor ich wegen Taktlosigkeit gefeuert wurde und Bernd Jestram meinen Posten übernahm.

31 a) fail this »n«-song

songtextvariante von
»fehlleiste zur method
schrob«

here cometh w. reich
in again, tortured by
»sick sexless souls«;
erkenntnis gleich *un-
eingeschräkte* vernunft

refr.: we are rampant ...
on the rampage
on the rampart
: ant-age-art!

scheinkluge on the run
je klüger desto lügner
je lügner desto leugner
je leugner desto klüger
verendet die verwendung

refr.: we are rampant ...

Auch ROSA EXTRA und ORNAMENT & VERBRECHEN nutzten den Text. Der Refrain des Gedichtes diente ORNAMENT & VERBRECHEN als Text für den Song »Ant-Age-Art«, erstveröffentlicht auf der selbstverlegten Split-Kassette *Assorted Nuts 2*, und zwar ellenlang und krautig, später in einer rockigen Variante auf der LP *On Eyes*.

Mitte 1985 schlug Norbert Tefelski – mein erster offizieller Verleger – vor, in der von ihm in West-Berlin (zwischen 1980 und 1986) herausgegebenen Zeitschrift *KULTuhr* Beiträge von ostdeutschen Autoren zu veröffentlichen, die ich vermutlich kompilierte. Dazu sollten Zeichnungen von Ronald Lippok gestellt werden, darüber hinaus sollte eine Single mit vertonten Texten von mir beigelegt werden. Die flott rekrutierte Combo ETZEL IN MECKLENBURG (Stephan Hachtmann: g, perc/noise; Bernd Jestram: voc, g, perc/noise; Ronald Lippok: voc, casio, perc/noise) nahm die Tracks »Hütet die Mütter« (nach *31 c) Für Provo-Polemik*) und »Ant-Age-Art« (nach *31 a) fail this »n«-song*) sowie den Bonus-Track »Zeit verrinnt« im November 1985 in einem improvisierten Studio von Arnim Bautz in der Lychener Straße auf.

Doch am 3.12.1985 petzte IBM »Gerhard« (Rainer Schedlinski) seinem Oberst Reuter: »Am 10.12.1985 kommt der Herausgeber der Zeitschrift ›Kultuhr‹, Norbert Tefelski, zu Bert Papenfuß und holt von ihm die Texte ab, die Bert Papenfuß unter den DDR-Autoren gesammelt hat für das Heft. [...] Das Heft soll Mitte Februar erscheinen.«

Daraufhin wurden Norbert Tefelski bei der Ausreise nach West-Berlin die Texte, Originalzeichnungen von Ronald Lippok (u. a.) und das ETZEL IN MECKLENBURG-Tape abgenommen – und befinden sich bis auf den heutigen Tag im Abgrund der realen Existenz. Wie gewonnen, so zerronnen. Etzel sei Dank, hatten wir Kopien gezogen ...

Der Titel »Hütet die Mütter« wurde mittlerweile veröffentlicht, die dynamische ETZEL IN MECKLENBURG-Variante von »Ant-Age-Art« bisher leider nicht, ebenso wie die Proberaum-Singeklub-Variante von DER SCHWARZE KANAL von 1979.

31c)
Für Provo-Polemik

gilt der Grundsatz
Merke: Wahrheit stinkt
Bsp.:
Hütet die Mütter
& weidet sie aus
Fazit:
Kultur zu Natur wie
Verstand zu Vernunft
Def.:
Schönheit ist
– unbegreiflich
– unantastbar
– unsäglich
– lieblich
= Liebe

Zu der damals, und seither immer mal wieder, Anstoß erregenden Formulierung »Hütet die Mütter / & weidet sie aus« möchte ich beschwichtigend anmerken, daß in meiner Jugend in Greifswald und Schwerin »Truden« (= Mädchen) u. a. auch als »Mütter« bezeichnet wurden, die man natürlich hüten muß wie das Augenlicht, »weidet sie aus« bedeutet in diesem Zusammenhang »bringt sie auf die Weide« bzw. »geht mit ihnen aus, gebt ihnen einen aus«; dieser Gemeinplatz ist nur etwas »provo-polemisch« formuliert. Harte Zeiten fordern Drastik heraus, schließlich lebten wir in einer …

dauerspitzenbelastungszeit

oh weh wilhelm walter erich
berlikke umkrenzt berlokke
baut nun kinderoffenställe
aussen stall – stahl innen
hier 'ne bank da 'n hokker
auf der 'ne lizzy bestürzt
auf dem 'n pisser betrübt
trauer tränen wasserkraft
sparflammenzweitnutz-ung s. w.
herzblutsturzbach / stromtot
: statisten im trokkenbett
erstikkt an warmen wikkeln

Die pseudosozialistische Demokratur der Nationalen Front unter Führung der SED empfanden wir jungen Leuten damals als Gewaltherrschaft alter Männer, die nicht in der Lage war, die Impulse der Jugend, die der Idee des Sozialismus im Grunde wohlgesonnen gegenüberstand, in ihr rigides System zu integrieren. Kropotkin beschreibt in seinem Text *Der Verfall der Staaten* unsere damalige Situation treffend: »Unfähige Greise mit runzliger Haut und wankenden Füßen, von chronischen Krankheiten zerfressen, unfähig, den Strom der neuen Ideen in sich aufzunehmen, vergeuden sie die geringe Kraft, die ihnen noch bleibt, sie fristen ihr Leben auf Kosten ihrer bereits gezählten Jahre, und sie beschleunigen noch ihren Fall, indem sie sich wie alte Megären untereinander zerfleischen. Eine unheilbare Krankheit verzehrt sie alle: das Alter, der Niedergang. Der *Staat*, diese Organisation, in der man die allgemeine Besorgung *sämtlicher* Angelegenheiten *aller* Menschen in den Händen einiger Menschen läßt, *diese Form der menschlichen Organisation hat sich überlebt.*«

Vom sog. Arbeiter- und Bauernstaat verhätschelt wurden die – von uns aus gesehen – reaktionärsten Kräfte der Proletariats, wie Bau- und Bergarbeiter, Abteilungsleiter und Dispatcher sowie sonstige Planerfüller; geschaßt wurde in erster Linie kritische Intellektuelle, die oft sogar wohlmeinend in die Partei eingetreten waren, um kraft ihrer Wassersuppe den Sozialismus mit jugendlichem Feuergeist zu reformieren. Wir allerdings gehörten nicht (mehr) zu den Wohlmeinenden, sondern zu den Asozialen, waren vorzugsweise Theaterhandwerker, Totengräber, Heizer, Altenpfleger, Schaustellerhandlanger und Hilfskräfte aller Arten, kurz Aussteiger und Kleinkriminelle, Leute also, die vor 200 Jahren noch Rotwelsch »schmussten«.

Bis zum Ende der Dä-Dä-Räh habe ich mich nicht als »DDR-Schriftsteller« verstanden, sondern als Teil einer internationalen Konterkultur, die gegen die Politik »ihrer« jeweiligen Staaten kämpfte. Mein Part hierbei war – neben dem Ausdruck anständiger Probleme – der Angriff auf die verordnete Sprache, die Parteidiktaturen nun mal oktroyieren. Teile der sog. »Prenzlauer Berg-Connection«, besonders auch die Musiker, mit denen ich zusammengearbeitet habe, sahen sich in der Tradition renitenter Subkulturen wie Hippies, Yippies, Spontis, (Anarcho-)Punk und Rave. Ab Mitte der 80er Jahre spielte auch die Контркультура der Perestroika-Zeit eine Rolle; nicht nur die der Sowjetunion, sondern auch die aus Polen, der Tschechoslowakei und aus Ungarn. Unsere Grundhaltung war (mehr oder minder militant) linksradikal.

Die Bevölkerung der DDR wurde von den Regenten der realen Existenz unterdrückt, beherrscht wurde das Land allerdings infolge der Konsumgüterengpässe von den Dämonen der Raffgier, des Konsumneids und oft handgreiflicher Spießigkeit.

Auf unserer Wunschliste standen letztlich Musikinstrumente, aber auch die brauchten wir nicht in dem Zustand, wie sie verkauft wurden. Die Musiker – Bastler, Pfriemler und Löter alle miteinander – modifizierten den Popschrott und schufen so ihre eigenen Instrumente; niemand wollte mit dem gleichen Instrument spielen wie ein schnöder Barmusiker im Lindencorso. Verstärker baute Alaska Bender für fast alle Musiker in Prenzlauer Berg, zumindest bis zu seiner Ausreise nach Westberlin, die dementsprechend betrauert wurde. Alles Vorgegebene, Vorgesetzte, Vorgebetete war uns zuwider, wir wollten der uns zum Hals heraushängenden »Unverbrüchlichkeit« der gespenstischen realen Existenz etwas anderes, nämlich unseren Aberwitz entgegensetzen.

31 o) ab'sonderlicher letzter

ABER ist nicht »gegen«
sondern »wegen« & »für«
: vorwärts!

Bis zum Sommer 1984 entstand nebenher eine überarbeitete zweite Version der *Kanalisation in's Darumsonst*, in erster Linie schrieb ich damals jedoch an dem Zyklus *Ation-Aganda*, wiederum zum großen Teil basierend auf Notizen und Arbeitsversionen, die während der Armeezeit 1982/83 entstanden waren. Der Titel *Ation-Aganda* ist der Rest von »Agit-Prop«, der in der DDR allgegenwärtigen Agitation und Propaganda, die uns bei der Armee noch verschärft um die Ohren gehauen wurde. Besonders in diesen Zyklus habe ich viele Rotwelsch-Wörter eingebaut, die zwar in den Worterklärungen übersetzt waren, der Kurzessay *Kitt'sche Sentenzen zur Selbst-Stefung & merwigem Streichtum; insamt dalled aschkenasen-farbenen Skorne-Fackeleien von B. P.* (Neue Sentenzen zu Selbststrebung und ewiger Jugend; zusammen mit vier deutschsprachigen Kunstschreibereien von B. P.) blieb jedoch unübersetzt, weil er beim Übertragen ins Rotwelsch eine eigene Dynamik entwickelte, der eine Wiedergabe des deutschen Urtextes nicht entsprochen hätte.

Ich sah es damals bei Lesungen als keine Beeinträchtigung an, daß die Leute den Inhalt des Textes nicht verstanden, es ging mir um den Klang, das Zeug sollte rocken und die Freiheit vermitteln, das eine das andere zu nennen. Eine Sprache, die den Spitzeln auf unseren Fersen ein Rätsel blieb. Selbst wenn sie einschlägige Wörterbücher benutzt hätten, wären ihnen Anspielungen und Wortspiele unverständlich geblieben. Eine Szenesprache, die nie eine war. Explizite Stellen zu Staat und Regierung gab es in meinen Texten genug, ich wollte einfach noch einen draufsetzen, ihnen etwas vorwerfen, was sie zwar fressen, aber nicht verdauen konnten.

In Hinblick auf eine am 10. Oktober 1984 anstehende Aufnahmesession im Underground-Studio von Thorsten Philipp in Mahlsdorf, bei dem Bernd Jestram und Ronald Lippok schon Aufnahmen ihrer Bands AUFRUHR ZUR LIEBE und ORNAMENT & VERBRECHEN gemacht hatten, waren Bernd, Ronald und ich wohl ein oder zwei Mal im Proberaum und sammelten Ideen für die Intonierung des gesamten Zyklus *Ation-Aganda*.

Am 10. Oktober sollte uns Aljoscha Rompe mit den Instrumenten, Verstärkern usw. nach dem Aufstehen aus der Kochhannstraße mit seinem Robur LO abholen und in die Kleingartensiedlung nach Mahlsdorf bringen, wo Thorsten Philipp in einem Häuschen sein Studio eingerichtet hatte. Stunden später, wir standen inzwischen Bersarin Ecke Leninallee und versuchten, ein Schwarztaxi zu kriegen, tauchte er gutgelaunt auf und brachte uns tatsächlich nach Mahlsdorf. In dem Film *Poesie des Untergrunds* ist in einer kurzen Einstellung zu sehen, wie Thorsten Philipp und die Band AUFRUHR ZUR LIEBE (Bernd Jestram, Norbert Jackschenties, Martin Leeder) 1984 mit der S-Bahn nach Mahlsdorf fahren, in dem Studio ankommen und dort spielen. Gedreht wurde diese Super 8-Sequenz von Rainer Jestram.

In dem Studio gab es zwar ein 4-Spur-Kassettendeck, das aber nicht richtig funktio-

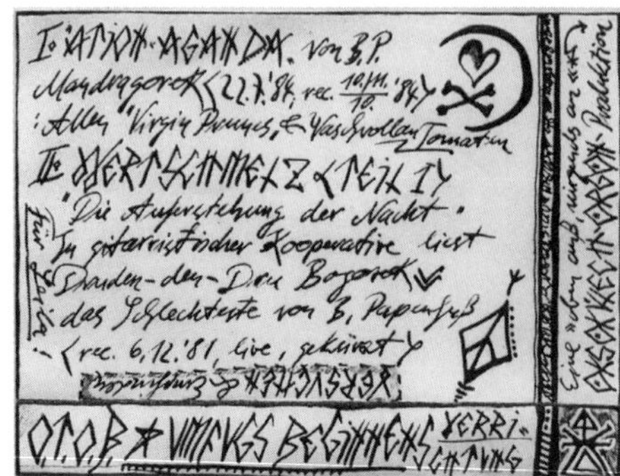

Ation-Aganda, Kassettencover

Ation-Aganda Buch+CD, *Urs Engeler Editor*, 2008

nierte, also nahmen wir alles live ohne weitere Bearbeitung auf. Die meisten Titel standen auf Anhieb, einige nach dem zweiten oder dritten Anlauf. Als Stimulanzien dienten uns Bockbier und Fliegenpilze. Nach einigen Stunden hatten wir die ganze *Ation-Aganda* im Kasten und nahmen noch ein paar Bonustracks auf. So nahmen die Jungs eine herzzerreißende von Bernie gesungene Version meines Gedichts *entliebung* auf, die entweder auf späteren AUFRUHR ZUR LIEBE-Kassetten erschien, oder auch nicht. Eine ebenfalls in dieser Session entstandene Coverversion des BAUHAUS-Songs *Crowds* erschien auf der ersten Split-MC von AUFRUHR ZUR LIEBE und ORNAMENT & VERBRECHEN am Schluß der ORNAMENT & VERBRECHEN-Seite. – Als unser Toningenieur eingeschlafen war, frickelte ich ellenlang zu Bernies und Ronnis motorischer Begleitung auf der Gitarre rum, leider – oder hinwiederum auch nicht – ist diese Aufnahme im Orkus des Sonstigen verschwunden. Am Morgen verließen wir das Studio mit einer fertigen, d.h. kopierbereiten knapp halbstündigen Aufnahme der *Ation-Aganda*.

Ich gestaltete ein handschriftliches Cover für die Kassettenedition. Auf die B-Seite der Kassette kam der Mitschnitt einer älteren Lesung von mir, bei der mich Lutz Heyler begleitet hatte. Da Leerkassetten in der DDR sehr teuer waren, brachte unser amerikanischer Freund Mitch Cohen einen Packen Billigkassetten aus Westberlin mit und ich kopierte die Kassette auf einem von Jan Faktor geborgten Doppeldeck. Die Auflage betrug ca. 20 bis 30 Exemplare, die wir verschenkten.

Der englische Rockmusiker und Schriftsteller Phil Shoenfelt über *Ation-Aganda* (Buch + CD, *Urs Engeler Editor*, 2008): »And many thanks for the *Ation-Aganda* book and CD, it's a wonderful gift. The music is really interesting for me. It's reminiscent of the poetry-music scene I was involved with in New York in the late 70s and early 80s, basically the so-called ›No Wave‹ scene. Bands such as Mars and DNA, Arto Lindsay, Lydia Lunch, James Chance and THE CONTORTIONS, UT, proto versions of SWANS and SONIC YOUTH, among many others. My band KHMER ROUGE was included on the first WHITE COLUMNS *Noise Festival* tape, by the way, a record of a three day festival of ›noise‹ bands curated by Thurston Moore (1981). Later KHMER ROUGE went in a more classic ›post-punk‹ direction, but our roots were in this noise scene. So yes, the *Ation-Aganda* CD reminds me very much of this, and is fascinatingly evocative and atmospheric. Actually, I find it a lot more interesting than most of the stuff that came out of the Lower East Side No Wave scene – there are some really great sonic attacks and experimentations going on here, more extreme and creative, I think, than the New York bands. And the whole collection is beautifully presented, although obviously I can't read the poetry. But as you said, the music gives a very good idea of what was happening in Berlin in the early to mid 80s.«

Chronologischer Themenwechsel! IM »Gerhard« (Rainer Schedlinski) berichtet seinem Führungsoffizier Hauptmann Predel: »Bert Papenfuß organisierte gemeinsam mit dem Pfarrer der Hoffnungsgemeinde in Berlin Pankow in der Brändströmstraße in der Kirche am 12. und 13. Oktober eine Veranstaltung, zu der ungefähr 10 bis 15 Pankbands aus der DDR gespielt haben, die meisten von außerhalb, aus Erfurt und Leipzig sowie Dresden, die mir nicht bekannt waren. Zum anderen organisierten sie in einem Gemeindehaus gegenüber der Kirche Lesungen. Dort lasen am 12. Oktober der Papst Sascha Anderson, Bert Papenfuß, [geschwärzt] und [geschwärzt].« – Ich lege Wert darauf, diese Unterstellung von mir zu weisen, ich habe dieses Konzert nicht organisiert; bei den Lesungen bin nicht so sicher, wahrscheinlich ist, daß Sascha, ich und andere im Wiener Café zusammengesessen haben und auf Anfrage ein Konzept für eine zweitägige Lesung ausgebrezelt haben: vier Leute jeden Abend, kein Problem, sechs weitere Dichter werden garantiert in der Nähe gesessen haben.

»Zu der Veranstaltung in dem Gemeindehaus waren ca. 200–300 Gäste zu der Lesung. In der Kirche waren es weitaus mehr, ungefähr 500. Die Veranstaltung begann mittags schon und ging bis spät in die Nacht rein.« – Freut mich, daß so viele Leute zu den Lesungen gekommen sind, war aber nicht ungewöhnlich. Mehr als 500 hätten bei den Konzerten, die in der Kirche selbst stattfanden, auch nicht reingepaßt, kann mich dunkel erinnern, daß viele auch während der Konzerte vor der Kirche rumhingen.

»[Rainer Schedlinski] konnte bei diesen Veranstaltungen weder in der Kirche noch in dem Gemeindehaus Einfluß von Seiten der Kirchenleitung oder irgendeines Pfarrers erkennen. Es schien so, als sei es freigegeben, diese ganzen [Auslassung des Tonbandabschreibers, wahrscheinlich hat Schedlinski ein Fremdwort benutzt, das der Abschreiber nicht kannte, nachschlagen und später einfügen wollte], zur allgemeinen Nutzung. An den Kirchenwänden war Packpapier aufgehängt, das beschrieben werden konnte. Da befanden sich dann verschiedene Sprüche drauf und Anarchiezeichen und das Übliche. Im Gemeindehaus zu den Lesungen gab es keine Gespräche, keine Diskussionen. Diese Lesungen sind fotografiert worden und mitgeschnitten von einem freien Mitarbeiter beim SFB mit einem Kassettentonband.« – Klingt idyllisch, oft gab es bei Kirchenveranstaltungen Streit mit mehr oder weniger systemkonformen oder spießigen Kirchenbeamten. Am 13. Oktober war zudem der 7. Geburtstag unserer Tochter Leila, wir werden den Tag genossen haben; über eine Dokumentation der Vorgänge aus dem Hause Gauck-Birthler-Jahn und des SFB würde ich mich freuen, könnte bei dem einen oder anderen Altvorderengeburtstagsfest für Heiterkeit sorgen. Dank auch an Rainer Schedlinski, ohne seine Reportage hätte ich dieses spezielle Vorkommnis unter vielen garantiert vergessen.

chA°s

Das Versagen der Ventile oder: Von WUTANFALL zu PFFFT ...!

Am Anfang war Mut. Oder auch Verzweiflung.

Mut zur Wut.

Aber nicht im Verborgenen, nicht bei Partys, Geburtstagen oder anderen Veranstaltungen, wo man unter sich war (oder es zumindest glaubte) und sich in unterschiedlichen Stadien des Verfalls seiner Wut Luft verschaffte.

Mein Plan war ein anderer. Rausgehen, öffentlich, mit Aktivisten gleichen oder ähnlichen Wutlevels, aber auch allein. Ich wollte kaputt machen, zerstören, explodieren, sprengen, schreien, hacken, beißen, springen, fallen, treten.

Immer mehr merkte ich, wie meine Ventile versagten ...

Ich sprengte oder zerhackte alte Radios, zertrümmerte ausrangierte Waschbecken, Kleiderschränke und anderes Interieur. Ich ging nach der Schule in den Keller meines Elternhauses und schrie ...

Ich schrie einfach so laut und lange es ging, bis ich nicht mehr konnte vor Erschöpfung.

Das musste ich aber aufgeben, da mich zweimal ein Nachbar dabei überrascht hatte und das anschließend meinen Alten berichtete. Diese Phase ging etwa von 1979 bis 80.

1981 gründetet ich eine Punkband. WUTANFALL.

Der Name war Programm. Ich war sauer, richtig sauer. Nach wie vor und immer noch.

Das Schönste und Beste für mich war Krach!!! ... Und Erschöpfung durch oder mit Krach.

Laut, sehr laut, extrem laut. Verbiestert, verboten, infernalisch, schmerzhaft, unhörbar.

Meine Erfahrung in Sachen Zerstörung und Explosionen kamen mir bei dem ersten Auftritt von WUTANFALL in einem gemieteten Wäscheraum zugute.

Wir hatten fast ausschließlich selbstgebaute Instrumente, ein Schlagzeug aus Töpfen, ein geborgtes einfaches Mikro, ein altes Röhrenradio zur Sprengung oder Zerlegung in der Arena, eine Wäscheleine zur Absperrung der Gäste, einen Nähgarn zur Befestigung an der Decke, an welchem dann am anderen Ende ein Brötchen befestigt wurde ... und eine Axt.

Es war großartig. Die Sprengung des Radios ging schief, das ich dann aber wie im Rausch und Anfall mit der Axt ebenbürtig pulverisierte. Wir hatten einen »Titel« namens *Hunger*, welcher ohne Sinn und Verstand war, aber es klang gut und ich sprang, schnappte und biss nach dem Brötchen.

Nach etwa 40 Minuten konzentrierten Wahnsinns war dann Schluss. Die Gäste: begeistert, aufgepeitscht durch die Krachorgie. Ich hatte blutige Hände, ein mit Speichel verdrecktes Gesicht, war verklebt und durchgenässt, zerrissenes Hemd und Hose. Ich konnte keinen Ton mehr sagen, mir war schwarz vor Augen. Die Wände waren klitschnass, auf dem Boden ein Schlachtfeld von zertrümmerten Radioteilen, Glas, Blut und Resten vom Brötchen.

Ja, das war's! Mein neues Ventil.

Einen ähnlichen Angriff auf Ohren und Gemüt gab es eine Woche später an gleicher Stelle. Die Veranstaltung jedoch wurde durch die von verängstigten und empörten Bürgern herbeigerufene Polizei vorzeitig beendet.

Wie sich WUTANFALL dann weiter entwickelte und welchen Weg es nahm, ist bereits in verschiedensten Büchern und Artikeln* beschrieben, und deshalb überspringe ich diese Phase.

WUTANFALL beim ersten DDR-Punkfestival in der Christuskirche Halle, 1983. Foto: Christiane Eisler

Inzwischen war es 1983. WUTANFALL hatte sich zu einer klassischen Punkband mit großer Fangemeinde in der ganzen Republik entwickelt. Die größte Schwierigkeit lag immer darin, Auftrittsmöglichkeiten zu bekommen, da wir natürlich keine Spiellizenz o. ä. besaßen und auch nie eine bekommen hätten.

Es war eine sehr intensive Zeit, wir hatten enorm viel Spaß, und überall im Land, insbesondere in den größeren Städten, etablierte sich eine immer größer werdende Punkanhängerschaft. Der Funke war übergesprungen und hatte einen Flächenbrand entfacht.

Auf Seiten der staatlichen Organe, insbesondere der Staatssicherheit, war eine große Verunsicherung und eine schon fast paranoide Angst spürbar. Ich war in den Augen dieser staatlichen Organe der Hauptverantwortliche ... Root of all evil!

Das ließ man mich auch unmissverständlich merken. Ständige Zuführungen, Kontrollen, Verhöre, körperliche Gewalt und Schikanen aller Art. Und meine trotzige und ablehnende Haltung verschärfte die Reaktionen auf der anderen Seite noch erheblich. Zu dieser Zeit hatte man mir schon ganz klar zu verstehen gegeben, dass mir durch diese ganze »staatsfeindlich-dekadente Lebensweise« alle möglichen Annehmlichkeiten in diesem schönen Land verwehrt blieben und ich es durch mein »Verhalten« zu nichts bringen werde. Also keine Neubauwohnung, keine berufliche Karriere

---

* Siehe: Michael Boehlke / Henryk Gericke (Hg.), *ostPunk. Too much future*, Berlin 2006, sowie *Wutanfall. Punk in der DDR 1982–1989. Die Protagonisten damals und heute.* Katalog zur gleichnamigen Ausstellung, Eigenverlag Christiane Eisler, www.transit.de.

oder Funktionen, kein neues Auto, keine Auslandsreisen, kein Führerschein, FDGB-Urlaubsplatz und so weiter ... der ganze Scheiß!

»Ach, wie schade! Ich werde eh keine 30, das würde mit den Wartezeiten dann eh nicht mehr passen ...!«, ließ ich den Vernehmer wissen.

Aber es war eben auch wirklich nicht mehr alles lustig. Da man mich für die Person hielt, von der das ganze Übel kam, welche ständig auch andere Leute manipulierte und auf die »falsche Bahn« brachte, das System stürzen oder mindestens Unruhe stiften wollte, hatten alle Versuche, von meiner Seite dem mit allen möglichen Gegenargumente zu widersprechen, keine Chance. Zudem wurde beim MfS wegen unserer Band eine Sonderkommission »OPK Stern« ins Leben gerufen (sog. »Operative Personenkontrolle«, benannt nach dem Probenort in der Sternstraße), mit dem Ziel, die Band zu zerschlagen und die Szene rund um WUTANFALL zu zersetzen.

WUTANFALL in der Leipziger Nikolaikirche, 1983. Foto: Christiane Eisler

Aber der Spruch mit den 30 Jahren war tatsächlich ernst gemeint. Die Situation war wirklich Scheiße, und ich war erschöpft und ausgebrannt. Mir wurde bewusst: wenn das in dieser Dichte mit den Schikanen so weiter gehen würde, dann wären die magischen 30 schon sehr optimistisch ...

Die Szene war auch immer mehr gespalten und schon teilweise durch Ausreise oder Inhaftierungen zersetzt. Zudem gab es immer mehr Punks, die mit dem Spirit aus den Anfangszeiten nichts mehr zu tun hatten. Man wurde modisch und besuchte Discos, passte sich an und ging durch Kompromisse eventuellen Schwierigkeiten aus dem Weg.

Das war so alles nicht mehr mein Ding, und außerdem war ich schon wieder anderen Richtungen von Musik oder Performance auf der Spur. Mit WUTANFALL hatten wir ja schon richtige Songs, Proberaum und Programm für Auftritte. Und was den Speed der Songs betraf, hatte ich inzwischen auch alles aus den Bandmitgliedern herausgeholt, was ging. Am Anschlag.

Mich faszinierten jetzt Bands wie SPK, THROBBING GRISTLE oder CONTROLLED BLEEDING. Ich wollte wieder mehr Krach, mehr Planlosigkeit, mehr Bewusstseins- und Kontrollverluste. So wie ganz am Anfang. Aber trotzdem anders. Der Kreis sollte sich für mich wieder schließen. My personal circle of noise.

Ich wusste noch nicht genau, was ich wollte, aber ich wusste, was ich *nicht* wollte: Singen, Texten, Proben.

Eines Tages saß ich mit einem Freund in meiner dunklen, schimmligen Wohnung bei Bier und Palinka-Schnaps und wir feierten seinen Geburtstag. Wir redeten nicht, und ich legte immer wieder die gleiche LP auf: SPKs *Information Overload Unit.* Nach etwa fünf weiteren Durchgängen verständigten wir uns auf eine Ortsveränderung. Ein paar Blocks weiter war ein besetztes Haus von Hippies, welche inzwischen Bhagwan-Jünger waren, sonderbare rote Klamotten anhatten und grausame Musik konsumierten. Wozu noch kam, dass sie unheimlich viel redeten ... ausschließlich wirres Zeug. Aber ansonsten machten sie genau dasselbe wie wir: sie tranken und machten Partys.

Auf dem nächtlichen Rückweg kam ich in Richtung meiner Wohnung an einem größeren Schrottplatz vorbei. Man hatte das Zeug dort einfach entsorgt und keiner scherte sich darum, was damit passierte. Das war damals durchaus üblich, Schrott- oder Müllhaufen überall. Erst wenn die Rattenplage zu groß wurde, schritt die Stadtreinigung ein und entfernte das ganze Übel.

Ich torkelte und kroch durch zertrümmerte Regale, haufenweise Kisten mit verrosteten Schrauben und Kleinmetallteilen. An einer alten Zinkwanne blieb ich stehen und begann, mit den Händen und dann immer weiter, härter und schneller mit Fäusten, auf das Teil einzuhämmern. Es war ein Riesenspaß, und da war es wieder ... Kontrollverlust, der Lärm, Schmerz, Freiheit und das Biest in mir. GROSS. GROSS. Ich musste nicht weiter überlegen, was ich zukünftig machen wollte. Es war genau DAS. Ich wankte verdreckt, mit blutigen Händen und seit langem erstmals wieder glücklich, nach Hause. Der Kreis war geschlossen. Und ich wieder optimistischer, was die Zahl 30 anging.

In meiner Vorstellung gab es die Geschichte eines Bergmanns, der Steiger und Glattmacher in einem Stollen in Thüringen war, erfahren in jahrelanger Arbeit im Bergbau. Bei einer seiner vielen Zusatzschichten ereignete sich jedoch ein folgenschwerer Vorfall mit seiner Walze. Diese geriet plötzlich ins Stocken, er wurde von etwas aus der Führerkabine gezogen ... er sah kurz halbhohe Turnschuhe, es knirschte überall und er vernahm, schon halb bewusstlos, ein überall lauter werdendes »Pffft ...!, Pffft ...!, Pfffffffft ...!« Nachdem ich mit Unterstützung verschiedener Aktivisten die Geschichte des ersten Drittels abgeschlossen hatte, war davon ausgehend der Name für mein neues Industrial-Noise-Projekt glasklar in logischer Konsequenz: PFFFT ...!

Die Umsetzung war recht schnell und problemlos zu bewältigen. Nachdem ich mit Freund und Unterstützer Tümpel (R. I. P.) die leeren Flaschen entsorgt hatte, wegen denen mein Zimmer nicht benutzbar war, gingen wir auf die Suche nach bespielbarem Metall. Wir wurden schnell fündig auf Baustellen, Hinterhöfen, diversen Schrotthaufen und in halb eingefallenen Häusern. Das Zimmer füllte sich nun in relativ kurzer Zeit mit dem Fundus.

Alles, was ich mir vorgenommen hatte, setzte ich konsequent um: keine Songs, keine Texte, keine Proben und auch keine feste Besetzung.

Die Besetzung jedoch festigte sich Ende 1984 mit folgenden Kernarbeitern (vgl.: Bestarbeiter): Frank »Zappa« Zappe, Hans-J. »Container-Schulze« Schulze (R. I. P.), Holger »LuXus« Luckas ... und natürlich meine Wenigkeit, Jürgen »chA°s« Gutjahr. Dazu kamen und gingen immer wieder Gastmusiker, Freunde und andere Biomasse.

Unsere Begabungen waren somit wie folgt verteilt: CONTAINER-SCHULZE beschäftigte sich mit Tageszeitungen: lesen, zitieren, die Zeitung schreien, die Zeitung zerreißen, die Zeitung essen ... später auch Indianertänze mit 1,5 m langer Metallstange. ZAPPA spielte Bass: was ihm gerade in den Sinn kam und je nach Tagesform. LUXUS spielte mal Rhythmusgitarre mit Verstärker, dann aber hauptsächlich Störgeräusche/Noise/Loops von Tape mit Live-Scratching. CHAOS: unkontrolliertes Bearbeiten jeglicher Metallobjekte, Kreissäge, Trennschleifer, freilaufende Schleifmaschine, Bohrmaschine, Hämmer, Metallrohre, Industrie-Schraubenschlüssel, Ketten, Megafon, Autotür, Stoßstange, alte Scheinwerfer.

Mit diesem Projekt frästen wir uns durch die Städte, Vernissagen, Jugendklubs

PFFFT…! beim Festival *Intermedia I* in Coswig, 1985. Fotos: Peter Oehlmann und Kulturhäuser der Zone, bis etwa 1987. Es gab viele ereignisreiche Vorstellungen, wie beispielweise bei einer Ausstellungseröffnung von Gundula Schulze, wo ich ein Fass bespielte, welches wir vorher auf einem Schrottplatz geklaut hatten. Ich wunderte mich über das hohe Gewicht dieses Fasses, aber nach etwa 30 Minuten derber Schläge wurde jedem klar, warum dieses Fass so schwer war! Der Deckel platzte ab und heraus ergoss sich eine graue, leicht körnige zähflüssige Masse, direkt auf das Parkett der großen Altbaugalerie. Wie sich herausstellte, handelte es sich dabei um Handwaschpaste. Auch Verletzungen blieben nicht aus. Ich hatte Nägel und Schrauben in Hals und Stirn, Verbrennungen, einen gebrochenen Arm und immer wieder blutige Hände, mit Hautabrieb bis auf den Knochen. Am infernalischsten war sicher der Auftritt beim Festival *Intermedia I* in Coswig, 1985. Tümpel war für das Arretieren des Eisens zuständig, ich verfehlte aber mein Ziel und traf mit dem Hammer unter voller Wucht Tümpels Hand. Schulze, der schreiend las, zog ich vom Stuhl, aber er machte im Liegen weiter, um später seine Zeitung zum Teil zu verspeisen. Aus dem Publikum kamen »Aufhören, Aufhören«-Rufe und Flaschen auf die Bühne. Es endete damit, dass die Undercover-Agenten der Staatssicherheit es nicht mehr aushielten, ihre Deckung aufgaben, Container-Schulze zu viert von der Bühne trugen und in den Arrest sperrten.

1986/87 reisten Zappa und C-Schulze aus und LuXus zog nach Berlin.

Die Repressionen der Staatssicherheit waren mit Beginn dieses Projekts eher von psychologischer Natur. Die tätlichen Übergriffe ließen nach, aber man sorgte dafür, dass ich keine Arbeit mehr bekam und wollte mich sicher so kriminalisieren bzw. psychisch unter Druck setzen. Meinen Antrag auf Ausreise hatte ich 1984 gestellt, und ein Teil der psychologischen Kriegsführung der StaSi war sicher auch, viele Freunde und Bekannte vor mir ausreisen zu lassen. Dazu kamen noch die äußerst rüden und auch konfusen Vernehmungen des Ministerium des Innern in Bezug auf meinen Ausreiseantrag. Im Mai 1989 war es dann endlich auch bei mir soweit, und ich reiste nach Berlin-West aus, ohne zu ahnen, dass ein paar Monate später die Mauer fallen könnte. Das Projekt PFFFT ...! habe ich jedoch nie aufgegeben und erweckte es in Berlin wieder zu neuen Anschlägen. Nach dem Breakdown der »Deutschen Demokratischen Republik« und der Einsicht meiner StaSi-Akten 1992 hatte sich das mit Zappa jedoch leider erledigt, da er IM beim Ministerium für Staatssicherheit der DDR war. Container-Schulze ging nach London für einige Zeit und LuXus arbeitete beim Radio.

Dennoch war PFFFT ...! nicht tot und ich trat 2005 mit einer Performance zur Eröffnung der Berliner *Ostpunk! Too much Future*-Ausstellung auf, allein unter dem Namen PFFFT ...! RELOADED.

Ich war es dem alten Bergmann schuldig. Dem Wackenroder, Heinrich ... alt, krank, verwitwet und verwirrt. Nun ja: solange der Heinrich noch lebt, solange lebt auch PFFFT ...!, in welcher Art oder Konstitution auch immer.

Jetzt liege ich auf einem Bett, mit 53 Jahren, denke über die alten Zeiten nach und habe irgendein seltsames Gefühl oder Unwohlsein ... irgend etwas stimmt hier nicht ....

Glück aufpffft ...!

Heinz Havemeister / Ronald Galenza

Diskografie und Kassettografie DDR

(Auswahl)

Die folgende Materialsammlung beruht auf der bedeutend ausführlicheren Zusammenstellung durch Heinz Havemeister und Ronald Galenza für die letzte Fassung ihres Standardwerks *Wir wollen immer artig sein. Punk, New Wave, HipHop und Independent-Szene in der DDR 1980–1990* (Schwarzkopf & Schwarzkopf, Berlin 2005) und ist für diesen Kontext in selektiver Herausgeber-Willkür auf Punk und nah Anverwandtes reduziert sowie um einige kürzlich erschienene Releases ergänzt worden. Zur Einleitung hier ihre editorischen Anmerkungen:

Wir erheben dabei keinen Anspruch auf Vollständigkeit, denn einige Kassetten wurden nur als Demo-Tapes produziert, manche kursierten nur im engsten Freundeskreis oder lokal begrenzt. Schwerpunkt bilden Kassetten-Editionen: das bedeutet eine Auflage von zehn bis 100 Stück und gestaltete Cover. Bei gesteigerter Nachfrage konnte auch mehr unter die Leute gebracht werden. Diese Kassetten wurden im Eigenverlag hergestellt und bei Konzerten und unter Freunden am Rande der Legalität selbst vertrieben. Die Original-Kassetten wurden unter aufwendigen technischen Gegebenheiten kopiert und vorbei an den staatlichen monopolisierten Strukturen unter der Hand weiterverteilt. Die Musikproduktion musste Anfang der 1980er-Jahre auf die beschränkt vorhandenen technischen Voraussetzungen in der DDR zurückgreifen: keine Tonstudios, Zwei-bis Vier-Spur-Technik, enorme Preise für niveauvolle Technik usw. Mitte der 1980er-Jahre besserte sich die Situation insofern, als dass nun importierte West-Geräte, technisch weiterentwickeltes Equipment und einige semi-professionelle Tonstudios zur Verfügung standen. Die Cover wurden oft original-grafisch gestaltet, z. B. als Siebdrucke, Unikate oder als fototechnische Reproduktionen. Deshalb gibt es manchmal in der Covergestaltung und Titelauswahl mehrere Fassungen. Wir haben nicht alle Unterschiede berücksichtigt und aufgelistet. Manche Erscheinungsdaten der Kassetten-Veröffentlichungen sind nicht mehr eindeutig rekonstruierbar.

Ein Sonderfall sind vereinzelte zu DDR-Zeiten im Westen erschienene Schallplatten mit DDR-Bands. In diesen wenigen Fällen wurden die Bänder mit den Aufnahmen aus der DDR in die Bundesrepublik geschmuggelt und dort auf Vinyl gepresst und in kleiner Auflage veröffentlicht. Dies geschah meist unter der Gefahr der juristischen Verfolgung durch die DDR-Organe.

Seit Ende 1989 sind bis in die 1990er-Jahre Nachveröffentlichungen und Neuauflagen alter Titel als Kassette und LP herausgekommen. Hier sind einige Aufnahmen beispielhaft aufgelistet, die unter DDR-Bedingungen entstanden sind. Manche Veröffentlichungen sind schon Produkte des Übergangs. Es sind ebenfalls Produktionen erwähnt, die altes Material und neues Material kombinieren. Produktionen, die als LP vorliegen, sind oft auch als CD und MC herausgekommen. Dies ist von uns nicht extra aufgeführt. Spätere Veröffentlichungen der Bands unter neuen gesellschaftlichen und Produktionsbedingungen sind nicht mehr berücksichtigt.

Verschiedene Label, wie z. B. *Amöbenklang, höhNIE Records, Hörsturzproduktion* und *Major Label* bieten auch heute noch Produktionen von Bands mit ostdeutschem Bezug und DDR-Raritäten an.

Weitere Quellen:
www.parocktikum.de/wiki
www.tapeattack.blogspot.de/search/label/DDR
www.die-anderen-bands.de

ANDREAS AUSLAUF

Punkband aus Suhl, 1984–1987.

MC: *Schwarzer Humor* (1987)

ANTITROTT

Underground-Band (Hardcore) aus Frankfurt/Oder, später Berlin, 1983–87, Vorläufer BIOX-ULTRA.

MC: *Antitrott (Hinterhofproduction, play loud records, 1986)*

Do-LP: *84–87 (Hörsturzproduktion,* 2015)

ATONAL

Punkband aus Freiberg.

MC: *Proberaum 1988 und Live (Robin Hood Records)*

AUFRUHR ZUR LIEBE

Underground-Band (Avantgarde/Punk-Wave/Experimental) aus Berlin, 1983–86.

Split-MC: *Pair* zusammen mit ORNAMENT & VERBRECHEN (*Assorted Nuts,* 1984)

MC: *Irish-Folk & Andere Schlechtigkeiten (Assorted Nuts,* 1985)

MC: *Halt mich steil (Assorted Nuts,* 1986)

MC: *Sonderausgabe* (zusammen mit ORNAMENT & VERBRECHEN)

Auf den Samplern:

LP: *Live in Paradise (Good Noise Records,* 1985 West-Berlin)

Do-LP/CD: *Ende vom Lied. East German Underground Sound 1979–1990.* (*Play Loud!,* 2017/18)

CD: *Spannung. Leistung. Widerstand. Magnetbanduntergrund. DDR 1979–1990 (ZickZack / Verbrecher Verlag / Zonic,* 2006)

BETONROMANTIK

EP-Beteiligung: *Berlin Punk Rock 1978–1989 – Berlin Frisbee Nr. 03* (*Weird System*)

BRECHREIZ 08/15

Do-EP: *Brechreiz 08/15* (1986–1988) (*Höhnie Records/Nasty Vinyl,* 1995)

D. A. M.

Punk/Indie aus Rathenow.

MC: *Fucking The Babbittry* (1988)

MC: *Refantastique* (1988)

DER DEMOKRATISCHE KONSUM

existierte in Berlin in wechselnder Besetzung Ende 1983 bis 1986 (Noise-, Fun-Wave).

Auf den Samplern:

LP: *Live in Paradise* LP 1985 (*Good Noise Records,* 1985 West-Berlin)

Do-LP/CD: *Ende vom Lied. East German Underground Sound 1979–1990.* (*Play Loud!,* 2017/18)

CD: *Spannung. Leistung. Widerstand. Magnetbanduntergrund. DDR 1979–1990 (ZickZack / Verbrecher Verlag / Zonic,* 2006)

DER REST (KG REST)

Underground-Band (Punk-Wave-Band), existierte in Weimar von 1984 bis 1987.

LP: *panem et circenses* (*Rest-Records*, 1986; Selbstverlag in Westdeutschland)

DIE BEAMTEN

Split-MC: *Völker, hört die Signale!* zusammen mit REAKTION (1988/89)

DIE CHAOTEN

MC: *Die Chaoten / Sperma Combo* MC 1989 (*Hinterhofproduction*, 1989; LP *Major Label*, 2017)

DIE COMBISTEN

MC: *Die Combisten / Sperma Combo* (*Hinterhofproduction*, 1989)

DIE DEUTSCHEN KINDER

MC: *Proberaum 1983–88*

DIE FANATISCHEN FRISÖRE

Underground-Band (Punk-Rock), existierten in Eisenach von 1986 bis 1989.

MC: *Die Fanatischen Frisöre* (*Hinterhofproduction*, 1988), als LP + Live-EP (*Höhnie Records*, 2010)

DIE FIRMA

1983 in Berlin gegründet, wechselnde Besetzung, existierte bis 1992 (Anarcho-Rock).

MC: *Die Firma* MC (1987)

MC: *Kinder der Maschinenrepublik* (1988)

MC: *Die Firma 90* MC (1990)

LP-Sampler: *Die letzten Tage von Pompeji* (*Peking Records*, 1990)

CD: *Kinder der Maschinenrepublik* (*Dead Horse*, 1993; *Buschfunk*, 1993)

DIE LETZTEN RECKEN

Buch + CD-Compilation: *Objekt 5 Texte zu einem Haus* (1987/88) (1998)

Buch + EP-Compilation: *»Matthias« BAADER Holst Materialbuch* (1988) (2011)

DIE SKEPTIKER

1986 gegründete Berliner Punkband, 2000 aufgelöst, seit 2006 wieder aktiv.

Auswahl:

MC: *o. t.* (1988)

MC: *Schreie* (1989)

LP-Sampler: *Parocktikum – die anderen bands* (*Amiga*, 1989)

Quartett-Single: *Die Skeptiker* (*die anderen bands*) (*Amiga*, 1989)

CD/LP/MC: *Harte Zeiten* (*Amiga*, 1990)

CD: *Frühe Werke* (*Rebel Records*, 1996)

DIE ZUCHT

Underground-Band (Punk/New Wave) aus Leipzig, 1982 als TASS gegründet, 1985 umbenannt in DIE ART.

MC: *Die Zucht* (1984)

MC: *Das letzte Konzert* (1985)

Bootleg-LP: *Das letzte Konzert* (*Crutch Records / Majorlabel*, CD *Majorlabel*, 2005)

DIE ZUSAMM-ROTTUNG

MC: *Jetzt erst recht* (1990)

ERNST F. ALL

Underground-Band (Punk-Rock), existierte von 1981 bis 1983 in Weimar. Hervorgegangen aus den 1979 gegründeten CREEPERS.

FEELING B

1983 in Berlin gegründete Fun-Punk-Band, zählt zu den Wegbereitern der sogenannten »anderen Bands«, 1993 aufgelöst. Ende der Neunziger in neuer Besetzung wiederbelebt, 1999 letztes Konzert.

Auswahl:

MC: *Live in der Werner-Seelenbinder-Halle in Berlin, am 2. Juli* (Bootleg, 1988)

LP-Sampler: *Kleeblatt Nr. 23 – die anderen bands* (*Amiga*, 1988),

LP-Sampler: *Parocktikum – die anderen bands* (*Amiga*, 1989)

CD/LP/MC: *Hea Hoa Hoa Hea Hea Hoa* (*Amiga*, 1989 auch *New Rose* und *Pirat-Musik*, 1990; auf CD Bonus Tracks)

CD/LP/MC: *Wir kriegen euch alle* 1991 (*Pirat-Musik*, 1991)

CD + Buch: *Grün & Blau* (*Motor Music*, 2007)

CD-R: *Live 1988* (*Punk Bootleg Records*, 2011)

FREUNDE DER ITALIENISCHEN OPER (FDIO)

1987 als KOT MPI in Dresden gegründet, existierte bis 1992, Neugründung 2009 (Punk, Darkwave und Psychedelic).

Auswahl:

MC: *Live in Dresden (1989)* (*TTR*)

MC: *Mutmaßliche Terroristen in Haft ... / Gott schütze den Innenminister* (*TTR*, 1990)

MC: *Live In Munich* (1990)

Do-CD: *Um Thron und Liebe – Edle Einfalt stille Größe* mit Aufnahmen aus dem Zeitraum 1989–92 (*What's So Funny About* ..., 1997)

GEFAHRENZONE

existierte von 1985 bis 1990 (1993 und 2010 einzelne Konzerte) in Saalfeld (Noisepunk, Avantgarde).

Auswahl:

MC: *Die Erste* (*Hinterhofproduction*, 1987)

MC: *Dein Platz ist nicht an irgendeiner dreckigen Theke!* (*Hinterhofproduction*, 1989)

MC: *The Last Walz* (*Hinterhofproduction*, 1989)

CD: *The Best Of 1987–1989* (1998)

GRABNOCT

MC: *Grabnoct* (*Heimat Kassetten*, 1988)

HARD POP

1984 in Berlin aus der Band ROSA EXTRA hervorgegangen (Punk-Rock/Independent-Gitarren-Pop), existierte bis 1987/1988.

Auswahl:

MC: *Live / Berliner Kongreßhalle 26. November* (*Heimat Kassetten*, 1985)

LP-Sampler: *Kleeblatt Nr. 23 – die anderen bands* (*Amiga*, 1988),

LP-Sampler: *Parocktikum – die anderen bands* (*Amiga*, 1989)

KALABATEK EXZEK

Punk mit Mitgliedern von ANTITROTT und DIE FIRMA.

MC: *Wenn ein Mensch kurze Zeit lebt ...* (*Hinterhofproduction*, 1989)

KALTFRONT

1986 in Dresden gegründete Nachfolgeband von PARANOIA, existierte bis 1990 (Punkrock), seit 2005 wieder aktiv.

Auswahl:

MC: *Zieh dich warm an* (*Zieh dich warm an Tapes*, 1987)

MC: *The Early Tapes Compilation* (1987/88) (*Zieh dich ...*)

MC: *We're The Thirstly Animals* (*Zieh dich ...*,1988)

MC: *Holiday im Niemandsland* (*Zieh dich ...*,1988)

MC: *A Friday Night In San Francisco* (Live in Cottbus, 1988)

MC: *Fünf Männer in der Stadt* (*Zieh dich ...*, 1989)

MC: *Live in Lugau* (1989) (*Heimat Kassetten*)

MC: *The Kaltfront Mini Tape* (*Zieh dich ...*, 1990)

MC: *Von hier bis zur Ewigkeit* (Live, 1989/90) (*Zieh dich ...*)

MC: *Sicher gibt es bessere Bands, doch diese war die unsere – Kaltfront Greatest Hits* (1987–90) (*Zieh dich ...*)

MC: *Kaltfront* (1987 / 1988) (*Blue Mask*, 1991)

LP: *Live '88* LP (*Rundling Records*, 2000, CD 2010),

LP: *Zieh dich warm an* (*Rundling Records*, 2006, CD 2008)

KEKS

1978 in Berlin gegründet, gehörte zu den ersten von Punk und New Wave beeinflussten Bands, 1985 aufgelöst.

Single: *Henriette/Alkohol* (*Amiga*, 1983)

LP: *Keks* (*Amiga*, 1983)

KLICK & AUS

Berliner Underground-Band (Anarcho-Jazz/Free-Style/Punk), 1983–85.

MC: *AIDS delikat* (1984)

KÜCHENSPIONE

MC: *Tour '88, Life, Life ...* (1988)

L'ATTENTAT

Underground-Band (Deutschpunk), Leipzig, aus H. A. U. hervorgegangen, 1984–1989.

MC: *Live in DDR* (Aufnahmen von 1985 und1986) (*SM-Tapes*, Schweiz, 1986)

LP: *Made in GDR* (*X-Mist-Records*, BRD, 1987; MC *TRR*, 1991; CD anderes Cover, *Lost & Found*, 1994; LP *Majorlabel*, 2004, um 7" + Fanzine erweitert, 2014),

LP (Beteiligung): *Tour the Farce III* (*Empty Records*, 1987)

MADMANS

Underground-Band (Punkrock, Ska, Hardcore), 1979 in Weimar gegründet, existiert bis heute.

MC: *Zwischen den Jahren* (1981/82)

MC: *Holiday auf Eis* (*Blumfried Records, 1990*) auch auf CD-R

CD-R: *Es war vor vielen Jahren* (1979–1997) (1998)

LP: *Die Madmans – Zwischen den Jahren 1981* (*Höhnie Records,* 2004)

MAGDALENE KEIBEL COMBO

Dada-Punk-Projekt aus Berlin, parallel zu FEELING B betrieben.

MC: *Das gemeine Reitbein* (1987)

MORE BEER

MC: *More Beer* (1989), als MÖRE BEER

LP + Bonus-EP: *Selection of 87–96* LP (*Plattenbau,* 1996)

MÜLLSTATION

gegründet Anfang 1980, Punk-Band aus Eisleben, wechselnde Besetzung, existiert bis heute.

Auswahl:

MC: *ND* MC (1987)

MC: *Was sie alles machen* (*Christus Records,* 1988)

MC: *Die frühen Jahre: 1980–1986* (*Christus Records,* 1988)

MC: *We Are The Müllstation 1* (Aufnahmen von 1987–1989) (*Christus Records,* 1989)

MC: *We Are The Müllstation 2* (Aufnahmen von 1988–1989) (*Christus Records,* 1989)

MC: *Schwarz Rot Gold* (*Christus Records,* 1990)

MC: *Plunder* (*Rat Tape Records, 1990*)

MC: *Punk lebt!* (*Aggressive Punk Tapes,* 1991)

MC: *Live* (Aufnahmen von 1980–1991) (*Christus Records,* 1991)

MC: *Schrei los!* (Aufnahmen live 1987/88) (*TTR,* 1991)

MC: *Sei dagegen!* (Aufnahmen 1981–1989) (*TTR,* 1991)

MC-Compilation: *Mach mit!* (*TTR,* 1991)

MC: *Alles wurde geplant* (Live, 1980, 1988, 1989, 1991) (*Aggressive Punk Tapes,* 1991)

LP/CD/MC: *Wir sind dabei* (*Höhnie Records/ Nasty Vinyl,* 1993)

MC: *Zeitsprung* (1982/1992) (*TTR,* 1995)

EP: *Gut gekauft, gern gekauft* (1981–89) (*Höhnie Records,* 1999)

NAMENLOS

Berliner Underground-Punkband, 1983–1987, wieder aktiv. 1983 werden drei Mitglieder »wegen öffentlicher Herabwürdigung staatlicher Organe« verhaftet und zu 18 Monaten bzw. 12 Monaten Freiheitsstrafe verurteilt.

Auswahl:

Do-LP/CD: *Wenn kaputt dann wir Spaß – Berlin Punk-Rock (1977–1989)* (*Weird System Records, 2002*)

LP/CD: *Namenlos 1983–1989* (*Höhnie Records,* 2007)

NEU ROT

in Leipzig 1983 aus der Band EGAZELL hervorgegangen (Punk/Dark-Wave/ Experimental).

Auswahl:

MC: *Brot und Spiele* (1987)

MC: *Halt an* (1988)

O.T.Z.E.

existierte von 1983 bis 1986 in Weimar (Dada, Punk, Jazz, Liedgut).

PAPENFUSS, BERT

Auswahl:

MC: *O. T., O. B. Umfugs beginnens Verrichtung* (1984)

MC: *Sternhagel / Umfugs Progresses Verrichtung* (1986)

MC: *Live at de Doelen in Rotterdam* mit Sascha Anderson und der STERNCKOMBO (Bernd Jestram, Lothar Fiedler, Lars Rudolph, Diana Mavroleon), Beilage zur originalgrafischen Zeitschrift Schaden (Heft 17, 1987)

CD: *Ation-Aganda* (mit Bernd Jestram, Ronald Lippok, Stephan Hachtmann) Beilage zum gleichnamigen Buch (Urs Engeler Editor, 2008)

PAPIERKRIEG

existierte von 1987–1989 in Frankfurt/Oder, Deutschpunk.

Auswahl:

MC: *Noch nie hat ein Diktator seine Volksabstimmung verloren. Chile.* (1. und 2. Auflage, 1989), als LP+EP unter *Papierkrieg 1987–89* (*Brundlefly Recordz,* 2010)

PARANOIA
Underground-Band (Punk) Dresden, 1983–85.

Auswahl:

MC: *Here We Are For Everyone Who Needs A Kultband* (1984), als MC: *Paranoia* (*TTR*, 1988)

MC: *Old Shit 1982–84*

EP: *Goodbye Annaki* 1993 (*Nasty Vinyl*, 1993)

LP/CD: *1984* (*Majorlabel / Rundling, 2007*)

PLANLOS
Berliner Underground-Punkband, existierte von 1980 bis 1983.

Auf Samplern:

Do-LP/CD: *Wenn kaputt dann wir Spaß – Berlin Punk-Rock (1977–1989)* (*Weird System*, 2002)

Do-LP/CD: *Ende vom Lied. East German Underground Sound 1979–1990.* (*Play Loud!*, 2017/18)

REAKTION
1985–1990/91, Potsdam, (Deutschpunk/Hardcore).

Split-MC: *Völker, hört die Signale!* zusammen mit DIE BEAMTEN (1988/89)

REASORS EXZESZ
MC: *Ready for Party* (1988)

MC: *Reasors Exzesz*

ROSA EXTRA
Berliner Underground-Band (Intelligent-Punk), 1981–84, ab 1984 in veränderter Besetzung unter dem Namen HARD POP.

Auf Samplern:

Do-LP/CD: *Ende vom Lied. East German Underground Sound 1979–1990.* (*Play Loud!, 2017/2018*)

CD: *Spannung. Leistung. Widerstand. Magnetbanduntergrund. DDR 1979–1990* (*ZickZack / Verbrecher Verlag / Zonic*, 2006)

ROSENGARTEN
Punk/Dark-Wave-Band aus Salzwedel (1985–ca. 1990).

Auswahl:

MC: *No Tale (Demo)* (1987)

MC: *Blut & Liebe* (1987)

MC: *Exorcism & Return* (1988)

MC: *Viva Now* (1989)

MC: *The Funeral of Sores* (1985–1986)

MC: *Demos & Live von 1985/86*

MC: *Live im Eiskeller*

SCHLEIM-KEIM
Underground-Band (Polit-Punk/Hardcore) aus Stotternheim bei Erfurt, 1981 erster Auftritt, existierte bis 1995/96. Unter dem Pseudonym SAU-KERLE ist SCHLEIM-KEIM 1983 als erste DDR-Punk-Band illegal auf Vinyl erschienen.

Auswahl:

Split-LP: *DDR von unten (eNDe)* zusammen mit ZWITSCHERMASCHINE (*Aggressive Rockproduktionen* West-Berlin, 1983 und MC *TTR*, 1991)

LP/CD: *Abfallprodukte der Gesellschaft* (1983–1992) (*Nasty Vinyl/Höhnie Records*, 1992)

EP: *Schwarz Rot Gold – Nie Gewollt* (Aufnahmen ca. 1988) (*Nasty Vinyl/Höhnie Records*, 1992)

LP: *Nichts Gewonnen Nichts Verloren Vol. 1* (1984–87) + Bonus EP: *DDR Von Unten* (*Höhnie Records*, 2000)

LP/CD: *Nichts Gewonnen Nichts Verloren Vol. 2 (Die Gotha-Tapes 1988–90)* (*Höhnie Records*, 2003)

SPERMA COMBO
MC: *Live in Bollberg am 14.05.1988* als QUARTETT ADRETT zus. mit ULRIKE AM NAGEL (1988),

MC: *Ohne Torte*(*Hinterhofproduction*, 1988)

MC: *Benefizkonzert mit* ULRIKE AM NAGEL *(U. A. N.)* (*Hinterhofproduction*, 1988)

MC: *Sperma Combo / Die Combisten* (*Hinterhofproduction*, 1989),

MC: *Sperma Combo & Die Chaoten* (*Hinterhofproduction*, 1989),

MC: *Weihnachtskonzert* zusammen mit ULRIKE AM NAGEL und SAPIENTI SAT (*Hinterhofproduction*, 1990)

STERNCKOMBO
MC: *Live at de doelen in Rotterdam* Beilage der originalgrafischen Zeitschrift Schaden (Heft 17, 1987). Bert Papenfuß (lyrics) und Sascha Anderson (lyrics), Bernd Jestram (g, voc), Lothar Fiedler (g, effects), Lars Rudolph (keyb), Diana Mavroleon (cl)

TOTALSCHADEN

MC: *Synthasia* (1990)

MC: *Never Mind The Müllstation, here's …* (mit Steve Aktiv) (*Rat Tape Records,* 1990)

UGLY HURONS

MC: *Live in Hermsdorf* (Bootleg, 1989),

MC: *Freßt Petersilie gratis und tauscht 2 Fahrscheine gegen 3 Hansa Pils* (1990)

ULRIKE AM NAGEL (U. A. N.)

MC: *Live in Bollberg am 14. 05. 1988* zus. mit QUARTETT ADRETT (SPERMA COMBO) (1988)

MC: *Benefizkonzert* (zusammen mit der Sperma Combo) (*Hinterhofproduction*, 1988)

MC: *Die Schönheit selbst* (*Hinterhofproduction*, 1989)

MC: *Weihnachtskonzert 25. 12. 1989*, zusammen mit SAPIENTI SAT und SPERMA COMBO (*Hinterhofproduction*, 1990)

MC: *Was kommt danach* (1990)

VIRUS X

Punkband aus Rostock.

MC: *Teenage War* (*TTR*, 1987)

VITAMIN A

Magdeburger Underground-Punkband, existierte von 1983 bis 1985. Zwei Mitglieder wurden von Juni 1986 bis Juni 1987 wegen versuchter Zusammenrottung und »Herabwürdigung staatlicher Institutionen und Persönlichkeiten« unter Bezugnahme auf Liedtexte in Haft genommen.

WARTBURGS FÜR WALTER

1987–1989, Berlin (Dark-Punk-Rock).

MC: *Wartburgs für Walter* (1989)

Do-LP: *Complete Works* (*Sick Suck Records/ Hörsturzproduktion*, 2016), auch als Box-Set mit CD: *Live Alöser Kirche-Berlin, Frühlingsfest 1988* und MC: *Live im Tierparkclub 1988*

Auf Samplern:

MC: *We Are The Flowers In The Red Zone Vol. 1* (*QQRYQ Tapes*)

MC: *Frühlingsfest '88* (*QQRYQ Tapes*, 1988)

Samplerbeitrag: *More more anymore* (*Panx Vinyl Zine* 04 Frankreich, 1990)

LP/CD: *Sicher gibt es bessere Zeiten, doch diese war die unsere Vol. I* Ex-DDR-Punksampler (*Höhnie Records*, 1991), Do-LP/CD: *Wenn kaputt dann wir Spaß – Berlin Punk-Rock (1977–1989)* (*Weird System*, 2002)

WUTANFALL

Underground-Band (Punk), existierte 1981 bis 1985 in Leipzig.

Mini-CD: *Wutanfall* als limitierte Beilage für Crowdfunding-Unterstützer des Buchs *Wutanfall. Punk in der DDR 1982–1989* von Christiane Eisler (Eigenverlag, 2017)

ZERFALL

EP (Beteiligung): *Berlin Punk Rock 1978–1989 – Berlin Frisbee Nr. 02* (*Weird System*)

LP/CD: *25 Jahre Zerfall* (Mit Live-Aufnahmen von 1984) (*Brokensilence / PukeMusic*, 2009)

ZORN

1985–1989, Leipzig (Punkrock), 1994 Reunion Liveauftritt.

MC: *Zorn* (1987)

MC: *Zurück zum Krach* (1988)

LP: *Parocktikum – die anderen bands* (*Amiga*, 1989)

CD: *Zurück zum Krach* (*Nora*, 1992)

ZWITSCHERMASCHINE

1979 von den Kunststudenten Ralf Kerbach und Cornelia Schleime in Dresden gegründet (Art-Punk). Ab 1983 als FACTORY HOCH VIER bzw. als FABRIK in Berlin weitergeführt.

Split-LP mit SCHLEIM-KEIM: *DDR von unten (eNDe)* (*Aggressive Rockproduktionen*, West-Berlin 1983 und MC *TTR*, 1991),

Split-CD mit FABRIK: *Alles Geld der Welt kostet Geld* (*qwert zui opü*, 1998)

SAMPLER AUF VINYL UND CD

LP: *Live in Paradise.* Sampler mit HAPPY STRAPS, AUFRUHR ZUR LIEBE, DER DEMOKRATISCHE KONSUM, ORNAMENT & VERBRECHEN (*Good Noise Records* West-Berlin, 1985)

LP: *Kleeblatt Nr. 23 – die anderen bands.* Sampler mit FEELING B, HARD POP, SANDOW und WK 13 (*Amiga*, 1988)

LP: *Parocktikum – die anderen bands.* Sampler mit HARD POP, DIE SKEPTIKER, FEELING B, ZORN, ROSENGARTEN, DIE ART, SANDOW, DIE ANDEREN, AG. GEIGE, DER EXPANDER DES FORTSCHRITTS, CADAVRE EXQUIS (*Amiga*, 1989)

LP: *Die letzten Tage von Pompeji.* Sampler mit DIE FIRMA, ICH-FUNKTION, FREYGANG (*Peking Records*, 1990)

LP/CD: *Sicher gibt es bessere Zeiten, doch diese war die unsere Vol. I.* Ex-DDR-Punksampler mit SCHLEIM-KEIM, PARANOIA, PAPIERKRIEG, MÜLLSTATION, KALTFRONT, WARTBURGS FÜR WALTER, ATONAL, ICH-FUNKTION, ULRIKE AM NAGEL, UGLY HURONS, SONNBRILLE, TOTALSCHADEN, STAATENLOS, HAF (*Höhnie Records*, 1991)

LP/CD: *Sicher gibt es bessere Zeiten, doch diese war die unsere Vol. II.* Ex-DDR-Punksampler u.a. mit SPERMA COMBO, SCHLEIM-KEIM, KEINE HAFTUNG, BRECHREIZ 08/15, ABFALLSOZIALPRODUKT, DRITTE WAHL, FUCKIN' FACES, BUNTE TRÜMMER, ABRAUM, CHARLIE KAPUTT, DIE ZUSAMM-ROTTUNG, FLUCHTWEG, ANORAKS, K.V.D. (*Höhnie Records*, 1992)

CD: *Wir sind der entfesselte Durchschnitt. Musik aus dem »Untergrund«: Weimar 1979–1990.* Mit MADMANS, ERNST F. ALL, MOFN, O.T.Z.E., DER REST, ANTJE & DIE VERLIERER, TIMUR & SEIN TRUPP, DAS PROBLEM, KÜCHENSPIONE, ATA, ROTE NELKEN, SOMETIMES IT SNOWS IN APRIL, PARTISAN, THE NAKED LUNCH, ROLLE VORWÄRTS, GALGENVÖGEL (1998)

EP: *Was geht nach.* Sampler u.a. mit MÜLLSTATION (1988), K.V.D. (1989), TOTALSCHADEN (1990), (*Schlemihl Records*, 1999)

EP: *Was geht rein* EP-Sampler vor 1990 u.a. K.V.D., MÜLLSTATION (*Schlemihl Records*, 1999)

CD/Do-LP: *Wenn kaputt dann wir Spaß – Berlin Punk-Rock (1977–1989).* Sampler u.a. mit PLANLOS, NAMENLOS, WARTBURGS FÜR WALTER (*Weird System*, 2002)

CD: *Zonenpunkprovinz – Punk in Halle (Saale) in den 80er Jahren.* Beilage zum gleichnamigen Buch von Mark W. Westhusen mit MÜLLSTATION, MENSCHENSCHOCK, GRÖSSENWAHN, DIE LETZTEN RECKEN, ERLEDIGT, die ersten Tracks wurden, unterbrochen durch die Moderation von Tim Renner und Thomas Meins, in der Radiosendung *Der Club* am 20.9.1982 auf *NDR* 2 ausgestrahlt. (Eigenproduktion, 2005)

Do-CD: *Spannung. Leistung. Widerstand. Magnetbanduntergrund. DDR 1979–1990.* Beilage zum Buch, u.a. mit DER SCHWARZE KANAL, MAGDALENE KEIBEL COMBO, ETZEL IN MECKLENBURG, ROSA EXTRA, HAPPY STRAPS, KLICK & AUS, IHR ARSCHLÖCHER, ORNAMENT UND VERBRECHEN, FREUNDE DER ITALIENISCHEN OPER, GRABNOCT, AUFRUHR ZUR LIEBE, FRIGITTE HODENHORST MUNDSCHENK, DIE GEHIRNE, DER DEMOKRATISCHE KONSUM (*ZickZack / Verbrecher Verlag / Zonic*, 2006)

CD: *Im Schatten der Großstadt. Punk in Dresden 1982–1989.* Sampler mit GEGENSCHLAG, ROTZJUNGEN, PARANOIA, GARAGENTRIO, HORTEL, SUIZID, LETZTE DIAGNOSE, KALTFRONT, FRÖHLICHER GRIESSBREI (Eigenproduktion, 2007/2008)

CD/Do-LP: *Ende vom Lied. East German Underground Sound 1979–1990.* U.a. mit GRABNOCT, L'ATTENTAT, DER SCHWARZE KANAL, T42, PLANLOS, ANDREAS AUSLAUF, ROSA EXTRA, KLICK & AUS, ZWITSCHERMASCHINE, PFFFT … (*Play Loud!*, 2017/18)

Alexander Pehlemann

»We Are The Flowers In The Red Zone«

Interview mit **Piotr Wierzbicki** (ehemals Fanzine und Label *QQRYQ*, Warschau)

Wie kam es zu diesem intensiven Kontakt zu den *AlösA*-Kreisen in Berlin?
Etwa ab 1985 hatte ich viele Verbindungen zu Punks im Westen geknüpft. Wir tauschten vor allem Platten und Kassetten, aber ich erhielt auch viele Fanzines. In einem sah ich ein paar Adressen von Leuten aus der DDR. Ich schrieb ihnen und der erste, der antwortete, war Herne Pietzker. Der nächste Schritt war ein Besuch in Ostberlin im Frühjahr 1987, und ein paar Monate später kamen sie mit der Crew zum *Jarocin*-Festival.

Was war die Idee hinter *We Are The Flowers In The Red Zone*, und wie kamt ihr an das Material?
Ich startete *QQRYQ* 1985, und schon bald kam die Idee einer Erweiterung auf. Selbst Kassetten zu veröffentlichen, war der nächste logische Schritt. Es kamen immer mehr

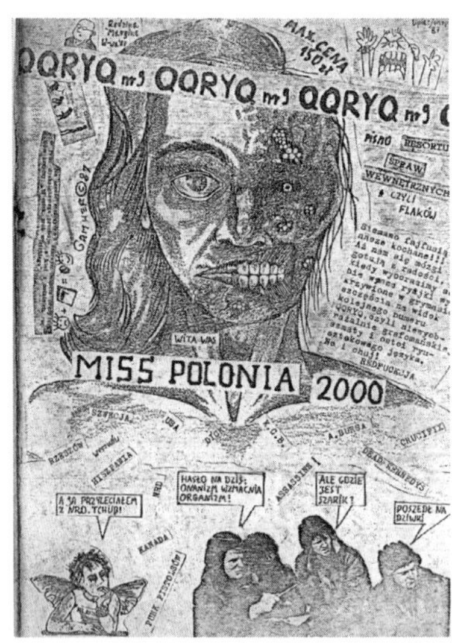

Fanzine QQRYO, No. 5 und 7

Hallo Herne
I got your adress from Lora radiostation ,Switzerland.
I`m 23 punk from Poland,my name is Pietr or Pietia/nickname/ if you
want.A week ago I sent also a letter with my zine to Amid of L`ATTEN-
ENTAT and another punk from DDR I know is Engel-Jens Engelbart/Hufeland-
strasse 21/1055 Berlin.Do you know him too?Please ask him if he got
records I sent to him.I haven`t heard from him for a long time.
I hope you know english,cause mein deutsh ist sehr shlecht.
I try to get much friends in DDR.We are so isolated,although
it`s only one fuckin`border.I need much infos about DDR to my zine,
which is of course illegal,but never mind,fuck censorship.Tell me
what`s going on in DDR? I heard situation over there is really hard
through restrictions.Is it truth that punk gigs are illegal in DDR?
In Poland they are legal,but only little number of clubs is interested
in punk gigs and it`s so hard to organise a concert.They are rather
interested in makeing money on fuckin disco.Good thing is we have
some big festivals,where also punk bands may play.The biggest one is
in Jarocin every summer.There are much good music,but also much sweandles from managemant,cops and poseurs.Actually there are much punx in
Poland.It`s imposible to walk down the street 5 minutes and don`t meet
a guy with spiked hair.There are much fashion punx,stupid,drunk arse-
holes,who start fights without reason,just for stupid fun.Some people
think it`s only way of dress,they can`t say why they concider self
punx.Only slogans,without thinking.That`s really bad,but last time I
notice there are more and more good people and some young guys really
start think for themself when they come in punk.More and more punx
get active and organise gigs,makeing zines,et.c. There are many good
bands in Poland.My fave is DEZERTER.They have meaby best lyrics,they
say all truth about our situation in this soviet ghetto.Very good are
also PROCESS,KARCER,ARMIA,MOSKWA,AGAPULCO,PO PROSTU,TZN XENNA,RE-
JESTRACJA,EGZYSTENCJA.Great friends of mine are guys from TRYBUNA BRU-
DU,it`s not hardcore,but rather compilation of differant styles with
great punk core.There are also some very,very few punk records in Po-
land.New TZN XENNA ep is out,though troubles from censorship.Of course
it`s imposible to start indie record label,like in DDR I think,but
some people created illegal tape labels.For example DEZERTER`s have
their own label "Tank".About political situation I haven`t much to
say.I think you know it from your country,the same sweandles,the same
propaganda,the same communist shit.
I havent heard any DDR band yet,but I try to get L`ATTENTAT tape from
Switzerland.Tell me about DDR.I will send you my zine QQRYQ next time.
Tell me also what music you like.I like a lot engklish bands,like
CRASS,SUBHUMANS,RUDIMENTARY PENI,POISON GIRLS and also american and
scandinavian hardcore.Next thing I like a lot is beer.That`s why I
want to have many friends in Germany,where beer is excellent,ha,ha,ha.
OK,I think that`s all for now.Stay well and write back soon.Cheers.

Pietia

PIOTR WIERZBICKI
PRZASNYSKA 14 M69
01-756 WARSZAWA
POLEN

phone number → 33 25 53

Pietias erster Brief

Leute hinzu, und die so zunehmende Arbeit konnte in verschiedene Hände gelegt werden. Zumindest in drei Paar. Zugang zu Punk oder Underground-Musik in jenen Zeiten hinterm Eisernen Vorhang war unglaublich selten, und um einiges ironischer war der Fakt, dass es viel einfacher war, westliche Musik zu bekommen, als aus den Ländern diesseits des Vorhangs. Daher kam die Idee auf, den Leuten zu zeigen, was so passierte in der DDR, in Ungarn und so weiter. Ich hatte da schon sehr gute Beziehungen mit der DDR-Crew, stand in Kontakt mit Ildiko (der Sängerin) von TROTTEL und jemandem von BIZSTONSAGI TANACS. Und so kamen die ungarischen Bands auf die Compilation.

Kassette *We Are The Flowers In The Red Zone*, *QQRYQ*, 1988

Das »*Vol.1*« verspricht ja, dass es eine zweite Edition hätte geben sollen.

Wir planten das als größeres Projekt, und die nächste Ausgabe hätte eine starke Gewichtung auf tschechische Bands haben sollen, die auf *Vol. 1* komplett fehlten. Was besonders komisch war, da die Szene in der ČSSR ziemlich stark war. Einige Bands waren in Polen auch schon recht bekannt, da unser Freund Mirek Dzięcołowski, genannt »Maken«, der dort eine Menge Leute kannte, auf seinem Kassetten-Label *ZK Tapes* die Compilation *Barikady Nove Fronty* publiziert hatte. Am Ende gab es Probleme, an andere, frischere Aufnahmen zu kommen, und wir konzentrierten uns auf andere Sachen. Daher gab es nur *Vol. 1*.

KARCER und TRYBUNA BRUDU spielten dann als Teil des Austauschs ja auch auf dem *AlösA*-Fest von 1988. Warst du auch bei dem Gig von TRYBUNA BRUDU beim *Total '87*-Festival in Ungarn dabei?

Der fand leider gar nicht statt. Etwa 1986 trafen wir zwei ungarische Punks in Warschau und verbrachten zwei Tage mit Trinken und Reden zusammen, woraus sich ein späterer Briefwechsel entwickelte. Sie versuchten, TRYBUNA BRUDU zu Gigs einzuladen, aber das Projekt scheiterte an irgendwelchen Problemen mit der Reise.

Basierend auf deinen Erfahrungen: was waren die wesentlichen Unterschiede zwischen den Szenen Polens, der DDR oder Ungarns, musikalisch wie politisch-ideologisch?

Damals habe ich nur die DDR regelmäßig besuchen können, insofern kann ich eigentlich nur darüber einigermaßen verantwortlich urteilen. Generell war es so, dass die polnische Situation innerhalb des Blocks der »Volksdemokratien« (dieser absurde Begriff war offiziell) sehr speziell war. Das Maß an Freiheit in unserem Land war aus verschiedenen Gründen größer. Zum Beispiel wegen der Solidarność-Periode (August 1980 bis Dezember 1981), die ein Beispiel ungewöhnlicher Freiheit in den Staaten unter sowjetischer Kontrolle war. Zugegeben: sie endete mit dem Kriegsrecht im Dezember 1981. Aber bald gab es schon wieder eine Lockerung in der Kultur (nicht in der Politik), und so erlaubten die Behörden die Existenz »dekadenter westlicher Rockmusik«. Die Regierung musste irgendwas mit der rebellierenden Jugend

Kassette *Barikady Nove Fronty*, *ZK Tapes*, 1986

machen, musste uns etwas geben, also veranstaltete man zum Beispiel große Rockkonzerte. Im Sommer gab es die Festivals wie *Jarocin* oder *Róbrege* (dt. etwa: »mach Reggae«), mit tausenden Besuchern. Offiziell waren alle unter Kontrolle der Zensur, aber in der Realität kümmerte sich niemand mehr darum. Das System wurde über die 1980er hinweg mehr und mehr zur Fassade. Was die Fanzines angeht, so hat der Geheimdienst die Solidarność bekämpft; die politischen Publikationen, der musikalische Underground kümmerte sie weit weniger. Man kann sagen, sie schafften es eben nicht, weil die Opposition so groß war, denn andererseits wussten sie eine Menge über uns. Die Akten des SB, die jetzt zugänglich sind, zeigen, dass vor allem in kleineren Städten solche wie wir total beobachtet wurden.

Derart große Konzerte waren zum Beispiel kaum vorstellbar in der DDR, die mir vorkam wie eine finstere Festung unter Stasikontrolle. Man hatte da zwar Kontakt zu Punks im Westen und sprach ja die gleiche Sprache, aber die Situation war eine völlig andere. Mir klappte das Kinn runter, als ich sah, wie vorsichtig man agierte, dass man die Vorhänge zuzog, um die eingeschmuggelten Westfanzines zu lesen. Ich glaube, die Situation war nur ein wenig besser in der ČSSR. In Ungarn mit ihrem »Gulaschkommunismus« und den ökonomischen Freiheiten, die man auch für den kulturellen Underground nutzen konnte, war es wohl ähnlich wie in Polen. Bulgarien und Rumänien waren ein Rätsel in Sachen Punk. Die ersten Bands von dort hörte ich erst in den frühen 1990ern. Speziell Rumänien war natürlich ein wirklich totalitärer Staat.

Bis zur Mitte der 80er wussten wir auch fast nichts über den Underground in der UdSSR, was nicht überraschend ist, so paranoid wie dieser Staat war. Aber glücklicherweise brachen mit der Perestroika einige Sachen auf. Zuvor, etwa 1984, hatte aber schon ein mutiges Mädchen eine Kassette durch die polnisch-sowjetische Grenze gebracht, die Aufnahmen diverser total unbekannter Bands enthielt, zumeist eher New-Wave-/Avantgarde-Zeug als Punkrock. Diese Kassette haben DEZERTER auf ihrem Label *Tank Records* veröffentlicht, betitelt mit *Izolacja*. Es stellte sich dann bald heraus, wie groß der natürlich stark unterdrückte Underground dort war, der sich aber anfangs eher gen New Wave oder Psychedelic orientierte.

Kassette *Izolacja, Tank Records,* 1986: DEZERTER und (damals) unbekannte Undergroundbands der Sowjetunion

Man darf dabei ja nicht vergessen, wie schwer es trotz der offiziell deklarierten Ostblock-Freundschaft war, von einem Land ins andere zu reisen. Beispielsweise mussten meine Freunde in der DDR mir stets eine Einladung schicken, die ich dann wiederum in der DDR-Botschaft in Warschau bestätigen lassen musste. Es war eigentlich wie ein Visum. Ich denke, Honeckers Regierung hatte extreme Angst vor dem Solidarność-Virus, der sich von Polen her ausbreitete.

We are the (East-German) flowers in the red zone

Kommentare von Herne

Herne und Piotr in der Kneipe *Mecklenburger Dorf*, Berlin, 1987. Archiv: Piotr Wierzbicki

Pietia hatte meine Adresse von *Radio Lora* aus Zürich, wie ich aus seinem ersten – leider undatierten – Brief gelernt habe. Allerdings läßt die dort erwähnte, gerade erschienene Single *Dciezi z brudne ulicy* von TZN XENNA das Jahr 1985 wahrscheinlich erscheinen. Eigentlich ging nach meiner ersten Antwort auch alles recht schnell, und Pietia kam bald zum ersten Besuch. Unser Englisch war ziemlich saumäßig, trotzdem konnten wir alles besprechen, was wir wollten (und uns dabei einigen Deutungsspielraum erhalten). Ich musste auch vor dem ersten Besuch eine Einladung an ihn schicken. Das war ein Formular, das es beim Meldeamt des Einladenden gab. Kurzerhand erklärte ich Pietia zu meinem Cousin. Woraufhin die Einladung genehmigt wurde. Umgekehrt brauchten auch wir ein offizielles Papier. Das wurde jedenfalls das Muster der Punk-Völkerverständigung. Alle Ostberliner *AlösA*-Punks haben bis Ende 1987, als die Polen offiziell die DDR als Transit nach Westberlin nutzen konnten, unzählige Verwandte x-ten Grades zu Geburtstagen u.ä. eingeladen.

In der DDR ging 1984/85 nix für Punks, viele der »Älteren« waren ab 1983 zur Armee gezogen worden, eingeknastet oder wurden auch mal in den Westen abgeschoben. Kneipen, Discos, öffentliche Räume waren uns verboten. An Punkkonzerte war kaum zu denken. Die Pfingstkirche (Treff von Punk & Untergrund ab 1981) war von der Stasi mit erzwungener Duldung der Kirchenobersten geräumt worden. Eine zurückgebliebene Handvoll Aktivisten konnte dann jedoch Räume der Erlöserkirche in Rummelsburg gewinnen, offiziell als Proberaum für ein Theaterstück. Hier entstand in den folgenden Jahren der Versuch eines selbstverwalteten Punktreffs. In ähnlicher Machart gab es dann nach & nach mehr Orte in der Ostzone.

Dergleichen war in Polen undenkbar. Aber es gab vielfältige andere Möglichkeiten. Im *Hybrydy*-Klub in Warschau stiegen hin und wieder Punkkonzerte. Festivals fanden statt, auf denen auch unangepasste (uneingestufte) Punkbands auftreten konnten, und es fanden sich Möglichkeiten, Tonträger zu vervielfältigen & im kulturellen Untergrund zu vertreiben. Anders als die Stasi in der DDR hatte der SB in Polen wohl deutlich weniger Angestellte für mehr »Arbeit«. Für uns Ostberliner bot Polen jedenfalls Möglichkeiten, von denen wir in der Zone nicht mal träumten. Mit einem Rucksack voller »deutschem Pilsener« und Kaffee nach Warschau war Freiheit … Naja: zumindest eine Idee davon. Zurück ging's dann mit Fanzines, Kassetten, Platten & guter Laune – bis zur Grenzkontrollstelle … Wir waren dann recht oft dort, so dreimal im Jahr. Das war schon ein reges Hin & Her. Die polnischen Freunde kamen auch etwa so oft. Noch schlimmer wurde es, als die Polen ab 1987 nach Westberlin durchreisen konnten. Da haben sie uns oft geärgert, wenn es abends gegen sieben unvermittelt an der Tür klingelte, Pietia und Zbiszek mit großen Rucksäcken davor standen und meinten, sie müssen jetzt mal kurz umladen und kommen nachher vorbei zum Pennen, jetzt müssten sie sich aber erst einmal CONFLICT im SO36 ansehen – Aha, ihr Wichser! Dann haben sie schnell ihr Zeug gepackt, das sie beim Konzert verscherbeln wollten und sind mit ihrer *QQRYQ*-Distro rüber. Das war schon sehr ärgerlich.

Bei der Tour von NAMENLOS & WARTBURGS FÜR WALTER 1987 war ich nicht dabei, denn in so einer Konstellation ist man dann doch eher unter sich. Ich bin lieber mit meiner damaligen Frau hin und hab bei Leuten abgehangen. Oder wir sind in kleiner deutsch-polnischer Reisegruppe durch Polen, so zum Beispiel zum Anarchocamp 1988 an die Ostsee. Am Strand, sehr romantisch. Das hat auch richtig gerockt. Ich wollte eher das Land und die Leute sehen. Kulturelle Unterschiede gab es dabei schon zu bemerken. Wir sind beispielsweise mal zu jener Kirche, wo dieser Priester Popiełuszko gepredigt hatte, den sie 1984 ermordet haben. Das war schon fast ein Wallfahrtsort, da hingen draußen schon die Solidarność-Transparente usw. Die polnischen Punks, mit denen wir dahin sind, waren aber eben alle mehr oder weniger katholisch erzogen worden und konnten eben nicht eine Kirche betreten, ohne sich zu bekreuzigen. Wir fanden das ganz schön absurd … Ostdeutschland war ja total atheistisch.

Aftershow-Foto mit WARTBURGS FÜR WALTER und KEIN TALENT/ NAMENLOS, Szczecin, 1987. Archiv: Piotr Wierzbicki

Die gemeinsamen Aktivitäten der *QQRYQ*- & *AlösA*-Crews waren jedenfalls ausgesprochen fruchtbar: es gab regen Austausch von allem, was »die andere Seite« begehrte. Vor allem viele persönliche Kontakte & Freundschaften. Etliche Bands sind beiderseits der Grenze auf begeistertes Publikum gestoßen. Als Resultat der ersten DDR-Band-Tour entstand *We are the flowers* … Für die Ostdeutschen immerhin ein weit weniger gefährlicher Veröffentlichungsweg für Musik als 'ne Platte im Westen.

Für uns erwuchs aus diesem regen Kontakt zudem die Idee und das Bedürfnis, das erste Frühlingsfest 1988 in der *AlösA* zu veranstalten. Ein D.I.Y.-Festival in Ostberlin

Frühlingsfest 1988: Plan und Pogo, Erlöserkirche, Berlin. Fotos: Robert Conrad

wäre uns vorher gar nicht vorstellbar gewesen und ohne Unterstützung der östlichen Nachbarn wohl zumindest nicht so ein großer Erfolg und Spaß geworden. Als Resultat gab es dann wieder eine Kassette bei *QQRYQ*. Zur zweiten Auflage 1989 wurden dann auch etliche Warschauer nicht über die Grenze gelassen …

Ein ebenso ersprießlicher Nebeneffekt waren neue Kontakte in alle Welt. Vor allem wollten wir ein großes gemeinsames Netzwerk von D. I. Y.-Punks im Ostblock. So lief der Kontakt zu den Ungarn (TROTTEL) über Polen. Umgekehrt haben wir Ossis in die ČSSR vermittelt. Außer nach Jugoslawien gab es sonst meines Wissens aber keine weiteren Kontakte Richtung Osten. Besucher aus dem Westen aber waren auch willkommen & wurden gern weitervermittelt. Die Kontakte zu den Tschechen kamen wirklich auf der Straße zustande. Man ist rübergefahren, wenn sie einen gelassen haben, und traf sich zufällig, ging zusammen saufen, pennte bei denen. Wobei ich gar nicht mehr weiß, ob ich da Adressen oder Telefonnummern hatte. Irgendwie sind aber trotzdem die Bands zu uns gekommen. Die Verständigung mit denen war aber immer schwierig, man konnte sich eigentlich kaum austauschen. Unser Englisch war schon schlecht und deren mindestens auch. Pivo hieß Bier, klar, soweit kam man. Vielleicht

Kassette *Frühlingsfest 88*, *QQRYQ*, 1988

haben wir es sogar auf Russisch versucht, aber das war ja noch schlimmer als mit Englisch. Wenn wir allerdings gewußt hätten, dass SANOV (Band aus Teplice, siehe auch Interview mit Petr Růžička, Anm. Hg.) da einen gypsy-feindlichen Song hatten, hätten wir das sicher hinterfragt. Von ihrem Auftritt beim *Frühlingsfest* müsste ich aber auf jeden Fall noch die Tonaufnahmen auf irgendwelchen Kassetten haben.

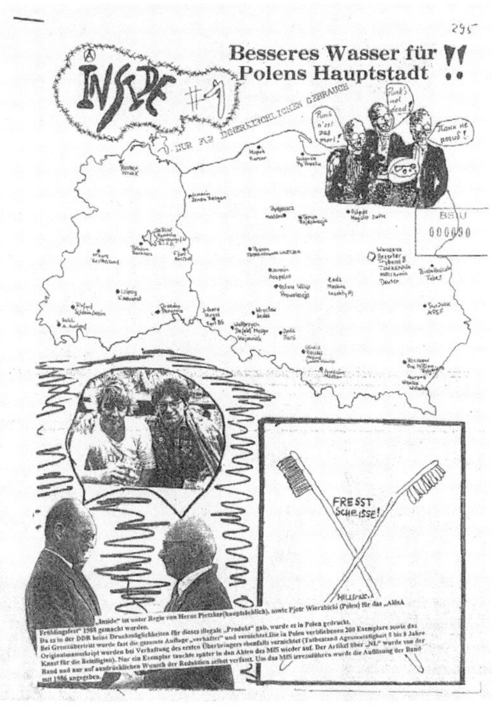

Das *Inside* hab' ich gemacht und Pietia mit *QQRYQ* hat es unterstützt. Es sollte beim ersten *Frühlingsfest* verteilt werden, als erster Versuch, ein Fanzine zu machen. Wir haben das über *QQRYQ* gedruckt, und Micha ist dann nach Warschau gefahren, um es abzuholen. Der hatte etwa 200 bis 300 Exemplare und den Großteil hat er in einem Teddybären versteckt. Aber da hat nicht alles hineingepasst, und so hatte er noch ein paar im Rucksack. So haben sie ihn an der Grenze hochgezogen. Es machte aber auch den Eindruck, als hätten sie schon Bescheid gewusst. Wobei sich das bisher nicht beweisen lässt. Ihn haben sie jedenfalls verhaftet und nach 36 Stunden oder so wieder freigelassen mit der Aussage, dass sie von weiterer Bestrafung absehen, weil nichts direkt DDR-feindliches da drin steht und es ja nicht verteilt wurde bis dahin. Das ist ein bisschen mysteriös. Aber Micha hat ja eine Menge Erfahrungen mit den Leuten in den un/auffälligen Mänteln gesammelt. Ein neues haben wir dann nicht mehr probiert. Das Gleiche noch mal zu machen, wäre langweilig gewesen. Vielleicht hat mir aber auch die Zeit oder der Schneid gefehlt. Noch wahrscheinlicher aber hat Micha eine klare Ansage vor seiner Entlassung gekriegt.

Mehr zu *AlösA* siehe:

Herne, Mecy und Micha: AlösA – Punk in der Erlöserkirche Berlin. In: Ronald Galenza / Heinz Havemeister (Hg.): *Wir wollen immer artig sein. Punk, New Wave, HipHop und Independent-Szene in der DDR 1980–1990*, Schwarzkopf & Schwarzkopf, Berlin 2005, S. 108–119.

Mit FEELING B im Osten

Ein Gesprächsprotokoll der gleichnamigen Veranstaltung am 5.5.2017 in der Leipziger naTo mit **Christian »Flake« Lorenz** (FEELING B/RAMMSTEIN) und seinem Bruder **Peter »Auge« Lorenz** als Zusatzzeitzeuge und Erzeuger visuellen Beweismaterials (Fotos/Comic). Stichwortgeber: Alexander »Pehle« Pehlemann

Über die 1983 in Ostberlin gegründete und als Lebenslust-Kommando durch die kleine DDR rollende Irgendwie-Punkband FEELING B ist schon viel geschrieben worden. Nicht nur wegen der damaligen Popularität, erzeugt bzw. verstärkt durch ihre Mitwirkung im 1988 anlaufenden DDR-Rock-Dokumentarfilm *flüstern & SCHREIEN* sowie beim ersten DDR-Alternative-Sampler *die anderen bands* (*AMIGA*, 1988), und nicht zuletzt ihre Avant-Rolle mit der ersten Irgendwie-Punk-LP der zugleich implodierenden DDR im Herbst 1989: *Hea Hoa Hoa Hea Hea Hoa*, mit einem den Zeitgeist genial einfangenden LP-Cover. Sondern (leider) durchaus auch oft (nur), weil aus ihr ein Großteil der Mitglieder der nicht ganz unbekannten Irgendwie-Rockband RAMMSTEIN stammen (deren Frühphase des Absetzens vom Urgrund man gut im auf TV-Format geschrumpften Fortsetzungsfilm von 1994 betrachten kann).

Verwiesen sei daher vor allem auf *Feeling B – Mix mir einen Drink: Punk im Osten* von Ronald Galenza / Heinz Havemeister (Schwarzkopf & Schwarzkopf, Berlin, 2003), dem wir ein paar ergänzende Zitate entnommen haben, sowie das von Flake, der öffentlichsten Figur von RAMMSTEIN, erstellte Buch & CD-Produkt *Grün & Blau* (*Motor*, 2007) und seinen Buch-Erstling *Der Tastenficker. An was ich mich so erinnern kann* (*Schwarzkopf & Schwarzkopf*, Berlin, 2015).

Für *Warschauer Punk Pakt* relevant ist natürlich die von FEELING B und Umfeld mehrfach kreativ ausgelebte Affinität zum weiteren Ostblock, die einerseits zu Konzert-Ausflügen führte (und zur Fast-Ausreise) sowie zu Verbeugungen vor den Eindrücken und Einflüssen durch Cover-Versionen, sowohl von FEELING B (covern de facto ein Stück der polnischen Punky-Reggae-Helden IZRAEL) als auch von DIE FIRMA (covern ARMIAs Bandhymne »Niewidzialna armia« als »Anti-Armia«), die mehr als nur personelle Überschneidungen mit FEELING B hatten (man höre bitte die *Warsaw Punk Pact Vol. 1. Berlin – Warszawa Tribut*e EP auf *Major Label*).

Zu Polen gab es dabei wohl durchweg positive Bezüge, wie zuletzt auch bezeugt vom bei allen genannten Bands als Gitarrist aktiven Paul Landers im Dokumentarfilm *Jarocin. Po co wolność* (siehe Film-Kapitel im Buch). Das Verhältnis zu Ungarn, für viele DDR-Bürger, ob nun aus der Subkultur oder Normalo-Ostler, ein (Laden-)Fenster zum Westen, war hingegen ein eher ambivalentes, wie hier im dokumentierten O-Ton

V. l. n. r.: Pehle, Flake, Auge in der naTo, Foto: Polnisches Institut Leipzig

nachzulesen, der neben den manchmal unbekümmert skurrilen Survival-Strategien von FEELING B eben auch einige Differenzen der eigentlich block-gleichen Gesellschaften offenbart:

Feeling Lost in Budapest

FLAKE: Beim ersten Mal sind wir mit der Eisenbahn nach Budapest gefahren. Der Zug fuhr die Nacht durch und wir dachten, es ist eine gute Idee, die Nacht hindurch Bier zu trinken. Gerade, wenn man durch die Tschechei fährt, denn da gibt es ja auch tschechisches Bier. Als wir dann im Klub ankamen, hätten wir uns eigentlich ins Bett legen müssen, aber da mussten wir das Konzert aufbauen und als es am Abend losgehen sollte, hatten wir schon überhaupt keine Lust mehr. Das Konzert selbst war nicht gut, das ist aber im Vergleich zu anderen Konzerten, die ich mit FEELING B gemacht habe, gar nicht so schlecht.

Beim nächsten Mal sind wir einfach mit unserem LKW nach Budapest gefahren, weil wir mal wieder im Ausland spielen wollten. Wir haben einen Tag gebraucht, um bis an die Grenze zu kommen und haben da auf einem Parkplatz ein Lagerfeuer gemacht. Dann sind wir den Berg runter gerollt und dachten, wir sparen Benzin, wenn wir den Motor ausmachen. Wir rollten den Berg runter, wollten bremsen und merkten, das geht nicht. Der (Robur) LO war so sechs Tonnen schwer, das war so ein Gas-Wasser-Scheiße-Transporter. Dann ging auch der Gang nicht mehr rein vor lauter Schreck. Wir rasten also schreiend mit geschlossenen Augen in Zinnwald über die Kreuzung und auf die Grenze zu und waren völlig geschockt. An der Grenze ging dann der Motor kaputt. Dann kam aber zum Glück ein befreundeter Grabredner, der sich auch mit Autos auskannte. Der hat das dann repariert. (...) Wir sind dann (in Prag)

FEELING B(udapest), Plakate 1986 und 1987. Archiv Tamás Szönyei Foto: Robert Conrad

noch einen Tag ins *U Fleku* (damalige Kult-Kneipe, Anm. Hg.). Wir haben mitten vorm *U Fleku* geparkt und sind direkt rein. Da sind aber die Müllautos morgens nicht an uns vorbeigekommen und haben uns gegen fünf wieder geweckt. Wir sind also weitergefahren und kamen am übernächsten Tag nachts um vier in Budapest an. Wir sind ans Donauufer gefahren, an der Kettenbrücke, gleich beim Berg, haben uns da hingestellt und dachten: hier ist es aber idyllisch, am fließenden Wasser. Haben uns hingelegt, und fünf Minuten später fuhr eine Straßenbahn einen halben Meter an meinem Ohr vorbei. Ich bin fast aus dem Bett gefallen. Dann kamen über die Brücke die Straßenbahnen, LKWs ... – die Straße wachte auf, und wir waren genau am Kontenpunkt, wo der meiste Krach von Budapest war. Ab um acht kamen dann Schiffe, die mit Lautsprechern ohrenbetäubend auf die Sehenswürdigkeiten hinwiesen in allen Sprachen der Welt. Die haben uns auch noch angeschrien und abends mit Scheinwerfern ins Fenster rein gestrahlt. Da haben wir dann gewohnt und uns auf die Konzerte vorbereitet, die eigentlich stattfinden sollten. Ein einziges Konzert war fest, aber das war schlecht vorbereitet. HAPPY STRAPS waren auch da. Die waren ja fast eine Westband, haben auf Englisch gesungen und versucht, dass niemand drauf kommt, dass sie aus Ostdeutschland kommen. Denn das war im Ostblock nicht gut angesehen. Weder in Polen noch in Ungarn war man als DDR-Bürger hoch angesehen. Deshalb haben wir unsere Sandalen ein bisschen versteckt und Springerstiefel angezogen oder so. Da war es auch gut, wenn man Englisch spricht und singt. HAPPY STRAPS haben das ganz gut gemacht und liefen als Westband durch. Dadurch kamen die auch besser an als wir letztendlich. Dass sie auf dem Plakat als Westberliner standen, war auch ein kluger Schachzug. Es kann aber auch sein, dass sie schon ausgereist waren. Zumindest zum Teil. Sie sind ja alle ausgereist, nacheinander. Als sie dann alle im Westen waren, haben sie keinen Ton Musik mehr gemacht. Aber als nur Einzelne ausgereist waren, war auch die einzige Chance für die schon Ausgereisten und die noch Zurückgebliebenen, sich in Prag oder Budapest zu treffen.

Aljoscha (FEELING B-Sänger und -Leader) hat gesagt, er schafft noch mehr ran, und versuchte, mit Leuten zu sprechen, während er uns immer hingehalten hat und auf die kommenden Konzerte vertröstete, mit denen wir noch Geld verdienen werden. Wir haben uns dann auf die Kettenbrücke gesetzt und Straßenmusik gemacht. Ich hatte den Casio, Paul einen Stern-Recorder, an den er die Gitarre angeschlossen hat, mit einem Verzerrer dazwischen. Das klang ganz gut und wir konnten ein bisschen üben. Wir haben auch auf Englisch gesungen, was nicht so schön war. Aber da war es egal. So haben wir versucht, zu überleben. Was uns am meisten fehlte, war Wasser. Dann sahen wir irgendwann, dass vor dem Regierungsgebäude ein Rasensprenger war. Der schlug acht Meter hohe Fontänen, und wir haben uns mit einem Kanister rangeschlichen, irgendeiner ging mit entschlossenem Sprung ran an den Sprenger, stülpte den Kanister rüber, der erst einmal wegen des gewaltigen Wasserdrucks wegflog ... Aber nach einer Minute hatten wir dann ein bisschen Wasser drin, sind zurück und haben daraus Suppe gekocht. Nach zwei Tagen hatten wir jedoch extremen Durchfall, weil das Wasser wohl aus der Donau hochgepumpt wurde. Das Problem war, dass weit und breit kein Klo war. So sind wir durch die Straßen gerannt, immer schneller, stets auf der Suche nach einer öffentlichen Toilette. Das war schwer. Oder wir mussten in ein Café gehen – aber so haben wir unsere ganze Barschaft verloren, denn wir mussten wenigstens einen Kaffee trinken, was im Umrechnungskurs für uns unverschämt teuer war. Ich hatte für vier Wochen nur 50 Mark, eine Cola hat aber schon fünf gekostet. Pepsi mit Zitronenscheibe. Jedenfalls hab' ich meinen Schlafsack dann nicht mehr benutzen können. Ich hab' dann drei Wochen mit einer alten Decke, die man unter den Wagen bei Reparaturen legte, geschlafen. Da kann man sich meinen Zustand, die Lebenslust, so ungefähr vorstellen.

Feeling PL oder: die potentiellen Polen

FLAKE: Wir wollten nach Polen, und wir wussten auch schon, dass es dort das *Jarocin*-Festival gibt. Aber man konnte nicht fahren, weder privat noch als Band, seitdem 1981 der Kriegszustand verhängt wurde. Der wurde 1983/84 zwar aufgehoben, aber man durfte noch immer nicht. Umso mehr hat uns das gereizt. Nach meinem Wissen hat Aljoscha, unser Sänger, beim Kulturattaché in Warschau angerufen und dem erklärt, dass wir delegiert werden als DDR-Band, um in Polen zu spielen. Er wusste damit nichts anzufangen, aber Aljoscha hat ihm zumindest den Namen eingeschärft: FEELING B. Dann ist er zur FDJ, zu Rainer Börner, und erzählte, wir hätten eine Einladung nach Warschau und sie sollten da anrufen, man würde das bestätigen. Der verblüffte Mann in Warschau, der überhaupt nicht wusste, worum es geht, hat dann wohl auf den Zettel geguckt: ja, FEELING B, stimmt. So haben wir ein Visum gekriegt und eine Einladung sowie Benzincoupons, was das Wichtigste war, denn sonst wären wir gar nicht durchs Land gekommen. Dann sind wir losgefahren, 1986, mit einem einzigen organisierten Konzert im *Remont*-Klub in Warschau. Der war in einem dieser Neubauviertel im Zentrum, Warschau war ja unheimlich zerstört worden, und auf einer dieser weiten Brachen, auf so einer Verkehrsinsel, haben wir unseren Bus hingestellt und sechs Wochen dort gewohnt. Von da aus sind wir dann sternförmig losgezogen. Nach *Jarocin* sind wir auch, aber zuerst nur als Gäste. Wir waren völlig überwältigt. Unser ganzes Weltbild war auf den Kopf gestellt. Alles, von dem wir dachten, dass es unmöglich ist, was in der DDR unvorstellbar war, fand da statt. Da haben die besten Bands gespielt, die man sich vorstellen konnte. Härteste Punkbands wie ARMIA und MOSKWA, lustige Bands wie WANKA WSTANKA oder ernste wie REPUBLIKA. Ich hab' mir alle Bands angesehen, von früh, als die erste spielte, bis nachts zur letzten. Das vergisst man nicht. Die Eindrücke waren unwahrscheinlich. Ich hatte auch noch nie 1.000 Punks auf einem Haufen gesehen. Man konnte den ganzen Tag nur gucken, da sah einer verrückter aus als der andere. Damit die sich nicht prügeln, gab es im Umkreis von 50 Kilometern keinen Alkohol. Geniale Idee. Die haben sich natürlich trotzdem geprügelt, und ich habe selten so viele Besoffene auf einem Haufen gesehen. Das war jedenfalls ganz streng verboten, und wer mit Schnaps erwischt wurde, ist richtig zusammengeschlagen, verhaftet und weggefahren worden. Wir hatten zum Glück einen Kasten Bier im Wagen und auch Schnaps mit, denn Aljoscha war immer gut bei der Sache. Viele werden aber vielleicht auch gar nichts getrunken haben, weil es sehr teuer war, besonders Schnaps. Dafür wurde aber auch viel gekifft. Hier wollten wir auf jeden Fall auch spielen.

AUGE: Mein Bruder hat 1987 gesagt, wir spielen auf so einem Festival, komm doch auch hin. Mit dem Zug bis Poznan und dann umsteigen, zwei Stationen. Das hab' ich auch gemacht. Ich stieg in Poznan aus und wusste nicht so richtig weiter, bin aber einfach den Leuten hinterher, die in schwarz und Leder mit auftoupierten Haaren unterwegs waren. Das waren anfangs vielleicht 30, wurden dann aber immer mehr. Der Zug war auf einmal nur noch voll mit solchen Leuten, und als wir ausstiegen, war der Bahnhof schwarz. Ich bin also mit dieser Invasion mitgelaufen, in ein Nest, das vielleicht 10 bis 15.000 Einwohner hat, in das jedes Jahr mehr als 15.000 Gäste einfielen, davon ein Drittel Punks. So etwas hatte ich noch nicht gesehen. Es gab einen großen Zeltplatz, wo die meisten sich aufgebaut haben, aber in fast jedem Vorgarten standen auch noch zwei Zelte – die hatten wohl ein bisschen Festivalluxus, konnten das Klo mitbenutzen oder so. Eintritt waren etwa 15 Ostmark. Es hat eine Band nach der anderen gespielt, wobei es keine Themenkomplexe gab. Erst hat eine Punkband gespielt, danach eine Bluesband, dann Heavy Metal, dann vielleicht Jazz oder Synthesizer-Kram, oder auch wahrscheinlich gleich wieder Punk. Es kam jedenfalls immer eine andere Sparte als vorher. So haben auch Fans, die sich wegen einer Band nach vorn gekämpft haben, die anderen mitbekommen. Kulturelle Breitenerziehung, sozusagen. Das war eine

Jarocin, 1987. Fotos: Peter »Auge« Lorenz

Art Sportanlage, und der Pogo war so groß wie das ganze Fußballfeld, wobei sich eine Art Strudel entwickelte, der sich gedreht hat, entgegen dem Uhrzeigersinn, aus vielleicht tausend Leuten, mit einer riesigen Staubwolke. Irgendwann hat man nichts mehr gesehen. Dann hat man sich an den Rand gesetzt und gewartet, bis die sich wieder legte.

FLAKE: Das erste Konzert im *Remont* hatte wohl Aljoscha mit dem Kulturattaché organisiert, im Rahmen eines Performance-Festivals. Das war sehr schräg. Performance war im Osten schon so ein Zauberwort. Da durfte jeder machen, was er wollte, und alle sagten: uhhh, nicht schlecht, interessant. Meistens lief es darauf hinaus, dass eine nackte Frau bemalt wurde oder auf den Boden gelegt und Sushi drauf verteilt. Nackte Frau und Farben spritzen, dann war das Performance, und man konnte dazu wunderbar Musik machen. Ein Saxophon spielen und sich immer im Kreis drehen, oder einfach mit einem Echo-Gerät rummachen. Da haben wir gedacht, wir lassen uns auch nicht lumpen, machen wir auch eine Performance. Wir haben uns in der Mitte des Saals aufgestellt mit unseren Instrumenten, dann haben wir weiße Blätter an die Wand gepinnt, Leute herangebeten und ihnen Farbe und Pinsel in die Hände gedrückt. Wir nahmen dazu eine weiße Rose, die wir in ein Fass blaue Tinte stellten, was man nicht sah, auf einem Sockel, Licht drauf. Wir fingen an zu spielen und sagten den Leuten: malt diese Blume. Die geniale Idee von uns war: die fangen an, sie in weiß zu malen, und dann wird die aber blau, weil sie die Tinte hoch saugt. Es passierte aber nichts, weil die Blume acht Stunden braucht, bis sie die Farbe hoch hat. Als Höhepunkt des Konzerts dachten wir uns, da schalten wir das ganze Licht aus. Nach zehn Minuten war uns das aber zu langweilig, und wir haben einfach gleich das Licht ausgeknipst. 15 Minuten Getöse, die Musik hörte auf, weil wir ja auch nichts mehr sahen. Dann haben wir das Licht wieder angemacht und uns die Bescherung angeschaut.

Seiten aus: »Was gibst Du weiter?«, einem 24h-Comic von Auge, entstanden im Künstleraustausch Gdańsk, 2011

Alles war miteinander verwirbelt, zwei hatten Sex, die Rose lag auf dem Boden, die Tinte war verspritzt. Aber das Publikum war damit vollkommen einverstanden. Ja, okay: halt 'ne deutsche Performance … Die Sachen, die wir danach sahen, haben sich davon auch nicht total unterschieden: 'ne tote Ratte als Handspielpuppe, andere hatten Schuhputzmaschinen und haben Spielzeug poliert, mit dem Wortspiel von Polish und to polish. Haben wir auch irgendwann verstanden, den Gag. Aber es fanden auch Konzerte statt und Filme. So hab' ich erstmalig *Stop Making Sense* gesehen, den TALKING HEADS-Film. Da hab' ich das erste Mal einen echten Konzertaufbau gesehen. Wir kannten so etwas ja nicht. Wir haben angefangen, wenn alle auf der Bühne waren, und meist noch gerufen: Aljoscha, wo bist du …? Wir wären nie auf die Idee gekommen, dass ein Konzert so etwas wie eine Dramaturgie haben könnte. Danach saß ich erst einmal wie geplättet und hab auf die leere Leinwand gestarrt. Da musste ich mich sortieren und drüber nachdenken, was ich da Jahre lang mit FEELING B gemacht habe. Nicht, dass sich danach was geändert hätte, aber man konnte wenigstens drüber nachdenken.

Da wir gesagt haben, dass wir kein Geld fürs Spielen wollen, waren wir jedenfalls als Band ziemlich gut dran. Wir spielten einfach immer, bevor es los ging. Egal, ob die Leute noch eingelassen wurde. Manchmal haben wir 4.000 Złoty gekriegt, so viel wie 80 Mark Ost. Das reichte zwei Tage zum Überleben. Eine Gage, über die jeder Veranstalter lachte. So kam ich zum nächsten Schock. Die SWANS spielten in einem Zirkuszelt in Sopot und hatten anscheinend auch keine Vorband. Wir haben also gespielt, alles war ganz normal. Das Publikum hat sich nicht interessiert, wie immer. Es goss in Strömen und tropfte sturzbachartig auf die Bühne. Dann haben wir uns hingesetzt, um uns die richtige Band anzugucken. Ich kannte die SWANS ja gar nicht. Auf einmal brach ein infernalisches Getöse los, ein Feuerwerk, das mir die Ohren weggehauen hat. Ich hatte noch nie so eine laute Band gesehen. Die hatten auch einen Sampler, das kannte ich noch gar nicht. Der Keyboarder hatte sich die Geräusche auf dem Keyboard mit Pflaster markiert und spielte die ab, dass die Zeltwände wackelten. Da dachte ich: geil, da muss man ja gar nicht spielen lernen, keine Tonfolgen oder Melodien. Später, nach der Wende, in so einem Kackclub in Westberlin, ohne das Zelt, Polen, die Gerüche, den Regen, konnte ich die Band gar nicht mehr mit dem Eindruck zusammenbringen. Ich dachte, das sind die gar nicht.

1987 in Jarocin spielten wir im Zeltplatz-Bereich, wo die Busse standen. Wir fragten wohl nur nach Steckdosen, dann konnten wir ja schon spielen. Die Leute waren sehr interessiert und kamen gleich angelaufen. Wie hatten da auch die DIE FIRMA mitgenommen, was die sehr gefreut hat. Die durften sogar auf einer öffentlichen Bühne spielen, wir aus irgendeinem Grund nicht.

»Als wir spielten, kamen manchmal Rufe wie ›Ihr Russenknechte‹, weil wir aus der DDR kamen.« Tatjana Besson (DIE FIRMA)

Die ostdeutschen Profibands waren in Polen nicht gut angesehen. PUHDYS war für die ein Schimpfwort. Als wir dann doch sagen mussten, dass wir aus der DDR sind, kamen die gleich: Ihhh, so was wie die PUHDYS?! Worauf wir dann gleich beteuerten, dass wir damit gar nix zu tun hatten. Die hatten es jedenfalls irgendwie geschafft, sich unbeliebt zu machen bei den Jugendlichen in Polen. Wie KARAT oder CITY, das fanden die alle ganz schlimm. Die haben sie auch als »Russenknechte« beschimpft. Ich finde die PUHDYS ja auch erst jetzt gut – jetzt darf man langsam.

> »Es war so, daβ wir uns überlegten, ob wir in Polen bleiben, denn da war es viel geiler. Was sollten wir uns hier mit den deutschen Idioten rumärgern. Das Leben kann so schön sein.« Flake

Uns hat es da so gut gefallen. Das lag hauptsächlich auch am Essen. So blöd das klingt. Bigos schmeckt wahnsinnig gut; Fasolka, da könnte ich mich den ganzen Tag von ernähren, dazu die Quarkklöße, dann diese Waffeln oder die Röhren, gefüllt mit Schlagsahne. Zapikanki nicht zu vergessen, diese langen Baguettes mit Chili, Käse, Pilzen – das schmeckt so lecker. Wir haben uns jeden Morgen Zapikanki geholt ...

Wir haben eine Unbeschwertheit erlebt, die wir so aus der DDR nicht kannten. Wir hätten wirklich auf der Stelle da wohnen bleiben können. Zumal wir alle auch keinen Job in der DDR hatten. Und auch sonst nichts, was uns da gebunden hätte. Damals war zudem unsere größte Angst, zur Armee eingezogen zu werden. Das war der Hauptgrund. Wir hatten das Gefühl, dass wir dort auch von der Musik leben könnten, dass wir Freunde und Mitmusiker finden würden. Ich hab' mir sogar schon so eine polnische Ausweishülle gekauft, in die ich den DDR-Ausweis rein gefaltet habe. So dass es, wenn ich den rauszog, aussah, als wäre ich aus Polen. Dann kam dazu, dass wir zwei Mädchen kennengelernt haben. Also Paul die eine und ich dann die Freundin, sozusagen. Wir haben uns getroffen, waren auch bei denen in der Wohnung ... Paul hat gerade geduscht, da kommt ein Mann durch die Tür. Das war natürlich der Mann der Frau. Der war Gitarrist von MAANAM, einer der wenigen Bands, die auch in der BRD bekannt waren. Die sind bei *Formel 1* gespielt worden, dieser Videosendung, und hatten auch einen Hit, »Night Patrol«. Der kam erfolgreich erschöpft aus Westberlin von einem Konzert zurück, mit Westgeld ... und Paul stand in seiner Dusche. Aber wir haben das unter Musikern geklärt, ihn ausgefragt, wo er gespielt hat, ob im *Quartier Latin* oder im *SO36*, und so weiter ...

Wir haben die Polen dann mal gefragt, ob sie uns ein bisschen Gras abgeben können, denn die kifften alle, und wir hatten nichts. Die sagten, ja, sie kümmern sich. Und wir durften auch mal am Glasröhrchen ziehen. Dann haben wir uns die selbst gekauft, im Zeitungsladen. So hatten wir die und fragten nochmals, ob wir was haben können. Ja ja – haben wir doch schon. Hatten wir aber wohl nicht mitgekriegt. Wir fragten nochmal, und da sagten die: Jungs, da ist es doch. Da hatten die uns an den Scheibenwischer vom Bus eine ganze Pflanze gehängt. Riesengroß, ein Gebüsch. Das hatten wir aber gar nicht als Gras wahrgenommen, weil wir als Ostler eben nicht wussten, wie die Pflanze aussieht. Das haben wir dann reingenommen und konnten uns etwas abbröseln. Das war unglaublich gut. Ich hab' zeitlebens nicht mehr so gutes Gras bekommen wie in Polen. Dann gab es ein Reggaefestival an der Ostsee. Da stand ich am Strand, war bekifft, hab die Band gehört und dachte: ist das geil! Wie man es von Kiffern kennt. Das Schönste, was ich je gehört hatte. Zwei Stunden, drei ..., die Zeit zieht sich ja auch ein bisschen dann. Ich fragte, wie die Band heißt und es waren IZRAEL. Ein Thema, das besonders hypnotisch war, blieb uns im Kopf hängen. Wir

FEELING B in Jarocin, 1987. Foto: Peter »Auge« Lorenz

brauchten uns nicht einmal eine Platte zu kaufen, um das Lied nachzuspielen. Es war so drin, dass wir es in Berlin einfach wieder hervorriefen, als wir das Gefühl noch einmal für uns aufbauen wollten. Was sehr schwierig war: erstens kein Gras, zweitens Osten. Wir haben trotzdem versucht, dieses Lied nachzuempfinden und dieses Gefühl zu transportieren. So machten wir ein Lied, dass wir der Band zu Ehren dann Izrael genannt haben.

Wir hatten bei FEELING B für Songs, die noch ohne Text waren, etwas, was wir »Arbeitsenglisch« nannten, wo wir englisch klingende Wortfetzen aneinandergefügt haben. Vollkommen sinnlos: das war nicht mal eine echte Sprache. Nicht einmal echte Wörter gab es. Aljoscha, das war dann ein Fortschritt, hatte später das Songbook der ROLLING STONES, aus dem haben wir dann einfach verschiedene Zeilen aneinander getan. Das merkte man gar nicht, wenn man die Lieder nicht kennt. Dieses Lied aber wollten wir auf Polnisch singen, weil IZRAEL auch auf Polnisch sangen. Wir dachten, das fällt nicht weiter auf, wenn Paul das dann so ähnlich macht: »Horní Branná«, so fängt es an, ist ein Ski-Ort. Der ist allerdings in Tschechien, im Riesengebirge. Das kannten wir, weil wir uns da immer mit den Westfreunden zum Ski-Fahren getroffen haben. Die Ausgereisten und die Ostler. Das waren immer schwierige Treffen, denn die Westler haben immer auf cool gemacht, hatten Tetrapack-Saft und kamen im Westauto. Wir haben nie wieder richtig zusammengefunden. So hatten wir jedenfalls schon mal den ersten Text. Dann: »Zakopana«. Zakopane kennt man, polnische Tatra, auch ein Ski-Ort. Da war das Lied schon fast fertig: Ski-Orte und polnisch klingende Silben zusammengesetzt ...

Polnischer Punk, Warschauer Futuristen, Rasta und Mystizismus

Piotr Rypson, Kunsthistoriker, Autor, Journalist und stellvertretender Direktor des Nationalmuseums in Warschau, vor allem aber damaliger Aktivist zwischen Kunst und Punk, im Gespräch mit Aneta Panek

Lass uns von künstlerischer Avantgarde und Subkultur, der Musik- und der Kunstszene Ende der 1970er- und Anfang der 1980er-Jahre in Polen sprechen.

Dieses Durchdringen geschah ganz natürlich. Aber vielleicht zum ersten Mal kam der Impuls von Seiten der Künstler. Denn in der Musikszene gab es damals eine ungeheure Energie, die alle anzog, egal welcher künstlerischen oder philosophischen Orientierung. Das war 1978, als ich gerade anfing, in der *Galeria Remont* zu arbeiten, zusammen mit dem Begründer und Leiter Henryk Gajewski. Ein besonderer Ort – nicht nur *Galeria Remont* übrigens, der ganze Komplex um den studentischen Klub *Riviera Remont* zog interessante Leute an. Es gab dort einen wirklich nicht schlechten Jazzclub, es fanden Discos statt, aber auch politische Diskussionen, man konnte öfters auf Mitglieder der Opposition treffen. Zusammen mit Henryk haben wir dort 1979 eine kleine Revolution veranstaltet, indem wir TILT reingelassen haben – eine Punkband, mit der ich zu der Zeit eng zusammengearbeitet habe und befreundet war.

Plakat für eine TILT-Show im *Remont-Klub*, 1980

So hat das erste Punkkonzert dort stattgefunden; an einem legalen Ort, nicht irgendwo im Keller oder in einem Privathaus in Radość, sondern in einer Galerie. Es war wirklich unglaublich, denn es kamen so viele Leute, dass die Fensterscheiben brachen. Es wurde zu einem riesengroßen Event, wobei überhaupt nichts darauf hingedeutet hatte.

Diese Band kannte doch damals noch niemand, denn sie hatten noch nichts gemacht. Sie hatten noch keine Platten, nicht mal Demoaufnahmen, die haben einfach nur zuhause ein wenig rumgespielt, das war es. Es kamen Punks aus ganz Warschau, aus verschiedenen Stadtteilen. Sowie Leute, die Bescheid wussten, dass es »hot« werden kann, wie in jeder Großstadt, wo sich solche Sachen herumsprechen. Es war ein Ereignis. Bald darauf haben wir ein zweites Konzert veranstaltet, das gleich im *Palast der Kultur* stattfand, ob man es glauben will oder nicht. In der *Galerie Studio*, die zu Józef Szajnas Theaterstudio gehörte. Wir hatten einen guten Draht zu diesen Leuten, die es sich zum Ziel gesetzt hatten, dort experimentierfreudige zeitgenössische Kunst zu präsentieren, z.B. analytische Fotografie, verschiedenste mediale Dekonstruktionen, Malerei. Und wir haben sie auch noch überzeugt, dass wir es so wie in London machen werden, das heißt, dass es dort auch Punkgigs geben soll. Es gab also in der Galerie eine Fotoausstellung zu Punk, aber das wichtigste war das Konzert von TILT, das wir parallel dazu im Theater-Studio veranstalteten. Es war unglaublich. Am Ende mussten selbst die radikalsten Avantgardekünstler aufgeben, uns den Strom ziehen und alles beenden, denn es wurde sehr laut, und das jugendliche Publikum ist vergnügt auf den Plüschsesseln des Theaters herumgesprungen. Alles sehr nette junge Leute. Es passierte auch nichts Schlimmes, es sah nur vielleicht etwas bedrohlich aus und wurde ungewohnt laut. Ich weiß noch, wie der leider bereits verstorbene Józef Szajna herumschrie, gefolgt von Zdzisław Sosnowski, dem Direktor der Galerie, beide erschrocken und empört über die ungezogene Jugend. Und so wurde das Konzert beendet.

Ihr habt damals als Kunstmacher versucht, alle Stereotype zu hinterfragen und jegliche Grenzen aufzubrechen; auch zwischen der hohen Kunst und der populären Kultur.

PR: Ja, bereits ein Jahr zuvor kam ein Großteil dieser Szene zum ersten Mal zusammen – im Rahmen des ersten *Internationalen Performance-Festivals* in der *Galerie Remont*, organisiert von Henryk Gajewski. Zu diesem Festival kamen die größten Performancekünstler aus aller Welt: Alison Knowles, großer Star und eine der wichtigsten Künstlerinnen von Fluxus; damals schon eine legendäre Bewegung, die den Status quo des Kunstwerkes in Frage stellte. Es kamen auch sehr interessante Künstler aus den Niederlanden, unter ihnen eine Gruppe von lateinamerikanischen Intellektuellen aus Amsterdam mit Ulises Carrión, dem Theoretiker und Herausgeber des Magazins *Ephemera,* und eine Gruppe aus Maastricht, darunter Raul Marroquin, und noch ein paar Künstler, die eher am konzeptuellen Aspekt der Kunst sowie an der Position des Künstlers in der Gesellschaft im Allgemeinen interessiert waren. Zum ersten Mal gab es in Polen viel ausgezeichnete Videokunst zu sehen, von der Gruppe VIDEOHEADS aus Amsterdam. Sie haben Cutting-Edge-Videos aus Westeuropa gezeigt, von hochkünstlerischen Filmen bis zu brutalen, erotischen, schwulen Produktionen. Für viele junge Leute in Polen war es »mind-blowing«, denn sie hatten so etwas noch nie gesehen. Peter Bartosz kam aus der Tschechoslowakei, ein sehr interessanter Performer, sowie auch Künstler aus Ungarn. Die Tschechen mussten heimlich anreisen, mit dem Nachtzug, ohne gültige Papiere, und noch am gleichen Tag zurück, damit niemand merkt, dass sie überhaupt Prag verlassen haben. Es kamen auch Leute aus Italien,

Frankreich, Deutschland und aus den USA. Außerdem hatte Henryk die geniale Idee, die britische Band THE RAINCOATS einzuladen, eine Girl-Punkband aus London mit Ana da Silva als Gitarristin und Sängerin, Gina Birch als Sängerin und Bassistin sowie einem Jungen als Drummer, Nick Turner. Wir wurden dicke Freunde mit diesen Mädels, die direkt aus dem Umkreis von Johnny Rotten, aus dem Epizentrum des Londoner Punk kamen. Auch zu diesem Konzert kamen sehr viele Leute; alles passierte parallel und war nicht besonders durchdacht oder geplant. Diese Energien und Synergien waren einfach da und das schien allen zu gefallen und inspirierte alle. Die Punks gingen gerne zu den Ausstellungen und Kunstevents und grübelten über die Kunst nach. Die Künstler wiederum waren sehr zufrieden, dass sie an einer Wirklichkeit teilnehmen durften, die authentisch und dynamisiert durch gute Musik war; durch die ungeheure Energie dieser jungen Leute.

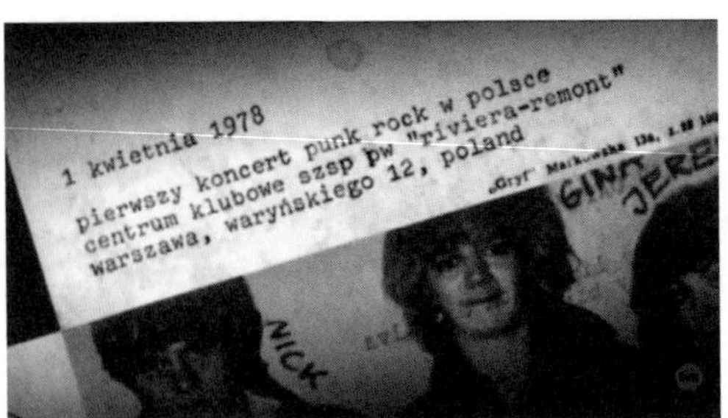

THE RAINCOATS, 1. April 1978, Warschau

War diese Energie, die du zu dieser Zeit in Polen miterleben konntest, vergleichbar mit dem, was zur gleichen Zeit in England, Frankreich oder Deutschland passierte? Ich meine ganz besonders im politischen und historischen Kontext, der ja in Polen ganz speziell war. Oder siehst du da einen bedeutenden Unterschied?

Es gab sicherlich entscheidende Unterschiede. Zuallererst waren in Polen solche künstlerischen Haltungen wie Punk sekundär. Das heißt, dass sie woanders entstanden sind und später hier übernommen wurden. Ein interessanter und eindeutiger Unterschied war z. B., dass der polnische Punk nicht besonders stilisiert war und eigentlich von Anbeginn vor Ort erfunden werden musste. Wir hatten hier z. B. Punks aus den Arbeitervierteln von Warschau, aus Bródno und Szmulki, die wattierte Jacken und Baskenmützen trugen und so auch aufgetreten sind. Sie trugen keine Lederjacken, denn sie hatten keine, und wählten ganz bewusst diesen Arbeiterstil. Das war wirklich cool. Ganze Gruppen von Punks machten Ausflüge zum Bazar Różyckiego oder auf andere Flohmärkte, um dort ihre Outfits aus Schnäppchen und Gefundenem zu kreieren. Es gab damals in Polen keine Modeboutiquen, es gab überhaupt diesen Aspekt der Kommerzialisierung nicht, solche Instrumente waren völlig unbekannt, ja inexistent. Um sich irgendwie zu unterscheiden, musste man sich alles selbst ausdenken und konstruieren. Das war der größte und wichtigste Unterschied. Natürlich war Punk überall zu einem gewissen Punkt »selfmade«, nur hier musste er »selfmade« zu 100 Prozent sein, denn es gab nichts.

Pyza, berühmte frühe Punkfrau Warschaus und Musikerin in diversen Bands, 1980. Foto: mr makowski

Was drang überhaupt durch nach Polen von den westlichen Punkbands? Hattet ihr zu allem Zugang?

Uns erreichten die besten Sachen; sehr viel vom angelsächsischen Punkrock z.B. Ziemlich witzig war die Tatsache, dass in diesem geschlossenen System, sobald eine Information nach innen drängte, sie sehr schnell herumkreiste. Sie hatte eine viel größere Effizienz als in einem offenen System, wo sie mit unzähligen weiteren Informationen konkurrieren würde. Jacek Lenartowicz, der damals in Danzig wohnte und ziemlich gut Englisch sprach, korrespondierte mit verschiedenen Musikredaktionen und bekam von ihnen regelmäßig Platten geschenkt, als Hilfe für die Unterdrückten aus dem Osten (Lacht). Maciek Góralski war in London, knüpfte Kontakte und bekam Platten geschenkt. Kamil Sipowicz wohnte in Berlin und brachte von dort regelmäßig sehr viel gute Musik. Als ich 1980 und 1981 verreiste, hatte ich sogar eher eine bessere Orientierung bis hin zu zweit- oder drittklassigen jamaikanischen Bands, denn Reggae funktionierte hier ähnlich wie Punkrock; als Rebellion und Schrei nach Freiheit. Das zirkulierte anschließend im ganzen Land. Wir hatten einfach einen größeren Fokus und vertieften alles viel intensiver, mit großer Neugier, einem großen Hunger nach Neuem. Vieles kam aus Westdeutschland – das war ja nebenan und im gewissen Sinne Alltag, denn es gab Ehen, irgendjemand fuhr ständig dorthin, es gab Handel, man schmuggelte Drogen und Platten.

Das ist ein interessanter Punkt, da das Experimentieren mit Drogen eine wichtige Rolle im Punk spielte. Welche Drogen hattet ihr hier? Was konnte man kaufen?

Es gab keinen Drogenmarkt sensu stricto in Polen, und wenn es überhaupt etwas an Stoff gab, dann waren es fürchterliche Sachen: selbstgebrannter Schnaps aus Mohn, Klebstoff zum Einatmen, also wirklich Hardcore. Viele Punks haben das auch geatmet und gespritzt, denn es war leicht zugänglich. Aber diejenigen, die Beziehungen zur künstlerischen Boheme oder zu Intellektuellen hatten, hatten immer ziemlich gutes Ganja. Manchmal tauchten sogar irgendwo in Warschau 50 oder 100 Stück Acid auf, das jemand von Reisen mitgebracht hat. Es war vielleicht kein Alltag, aber so rar war es auch wieder nicht. Es gab genug Psychedelika im Umlauf, und der Warschauer Punk hatte einen eindeutig psychedelischen Charakter.

Gab es Kontakte der frühen polnischen Punkszene mit der westdeutschen Subkultur, wie z.B. den Genialen Dilletanten?

Nach meinem Wissen und im Kontext des noch geschlossenen, aber schon gammelnden kommunistischen Systems in Polen, verlief der erste intensive und direkte Austausch zwischen der polnischen und der deutschen Szene auf der Linie Düsseldorf – Kołobrzeg. Im frühen Sommer 1980 kamen nämlich zwei in Düsseldorf lebende österreichische Journalisten des Magazins *Sounds* zum ersten (und letzten) Festival *Nowej Fali* in Kołobrzeg. Das waren Xao Seffcheque und Peter Glaser. Ich moderierte das Festival, bis ich von Kołobrzegs Behörden gefeuert wurde, weil ich Breslau statt Wrocław gesagt hatte. Das Ganze wurde sehr streng von der lokalen Staatssicherheit überwacht. Jedenfalls habe ich mich damals mit Xao Seffcheque und Peter Glaser angefreundet und sie haben für *Sounds* eine Story über das Festival gemacht (Anm. Hg.: Xao Seffcheque schrieb den *Sounds*-Artikel, während Peter Glaser die Erlebnisse in

SOUNDS

einigen Kritikern wurden wir zynisch genannt „The kings of cryptic cool" (steht im PR-Waschzettel zu ARGYBARGY – E.B.), aber das kann ich wirklich nicht finden. Chris sieht einfach die Dinge mit etwas mehr Humor. Zu politischen Texten – da ist sich die ganze Band einig – haben wir keine Lust. Die Gefahr, in den Bereich von Schlagwörtern, Phrasen und Parolen abzugleiten, ist zu groß, deswegen haben wir daran kein Interesse. An Politik schon, aber nicht an politischen Texten."

Polnische Wellen

So leicht ist es: 1. Durch Zufall in Erfahung bringen, daß irgendwo in der Nähe von Gdansk (das reichsdeutsche Danzig, Heimatstadt von Immanuel Kant, Bundesamt f. Statistik) eine Art Nju-Wehf/Punk-Orgie stattfinden soll. 2. daß selbige irgendwann zwischen 8. und 12. August abgezogen würde 3. sich in die Bahn setzen und im Abteil 1 auf einer zufällig rumsegelnden Landkarte den gesuchten Ort *Kolobrzeg* (ehemals Kolberg/Ostsee) 300 km von Danzig entfernt zu entdecken.

Von Xao Seffcheque

Sobota (samstag), 9.8., 24.oo Uhr, von der Fahrt bis zur Unkenntlichkeit entstellt in Kolobrzeg ankommen, vom sagenhaft billigen Taxi aus die letzten gröhlenden Fanmassen beobachten. o.k.

Das „Amifiteatr", eine Sportstadion mit Bühne für etwa 1000 Menschen, läßt den ca. 100 engsten Fans genug Ellbogenfreiheit und das urgemütliche Gefühl familiären Zusammenseins in einer Fabrikhalle aufkommen. Peter Glaser und mir werden die mitgebrachten Rondo-Ata Tak Platten, die Kassette mit dem Schallmauer-Sampler, die letzten SOUNDS und der vorletzte NME überfallsartig entrissen, dafür bekommen wir das Programm des Sonntags: · Kanal, Tilt, Kryzys, Gary Hell und KSU. Kanal, eine drei Tage vor dem Festibal Nowej Fali (Neue Welle...) zusammengetrommelte Session-Band mit dem Amerikaner Mike Board am

Der Sänger und Gitarrist von Kryzys mit unaussprechlichem Namen

Foto: Xao Seffcheque

Sounds-Bericht von Xao Seffcheque, 1980

Ruchwärts verarbeitete, einer Story seines Bands *Schönheit in Waffen*, Kiepenheuer & Witsch, Köln 1985). Sie hatten auch die Idee, die beiden Szenen miteinander zu verbinden, um eine Art Gegenentwurf zum angelsächsischen Musikmarkt zu schaffen. Der deutsche unabhängige Musikmarkt entwickelte sich gerade rasant, dank Independentlabels wie *Gelbe Musik*. Ich habe sie dann anschließend in Düsseldorf besucht. Dort habe ich auch Ursula Block, die Gründerin und Chefin von *Gelbe Musik*, kennengelernt, sowie viele Künstler der Musik- und Performance-Szene von Düsseldorf, wie u.a. Padeluun, Michael Jansen und Mike Hentz, die damals mit dem Künstlerkollektiv MINUS DELTA T aktiv waren. Ich fand das sehr gut, was sie machten. Sie sind u.a. mit dem Zug durch Indien gefahren, haben dort tagsüber Filme gedreht, die dann abends geschnitten und in Dörfern auf Häuserwände projiziert wurden. Oder sie sind nach Polen gekommen, gekleidet wie amerikanische Soldaten, und haben Wałęsa besucht. Sie haben überall fotografiert, das war wie eine Liveperformance. Tolle Leute; wir sind bis heute befreundet. Jedenfalls kam Düsseldorf vor Berlin. In Berlin gab es schon immer viele Polen, weil man dort nach dem Passieren der Grenze einen Monat lang ohne Weiteres bleiben durfte. Später, kurz vor der Ausrufung des Kriegszustands, kamen sehr viele Musiker aus Polen nach Westberlin und sind dort oft auch für immer geblieben.

Gab es polnische Girl-Punk-Bands? Das interessiert mich besonders – ich bin auf der Suche nach weiblichen Punks, und es gestaltet sich gar nicht so einfach.

Das ist ein Problem. Punk hatte eine starke männliche Dominante und war schon früh ziemlich konservativ und prüde. Ich kann mich an keine weibliche Band zwischen 1979 und dem Anfang der 80er-Jahre erinnern. Das kam erst später, in den 90er-Jahren. Es gab aber einen sehr interessanten Moment, als die Band ATAK! Jola Mazur als Frontfrau anheuerte. Wir waren mit Jola sehr gut befreundet. Sie erfüllte diese Rolle wunderbar und hatte ein enormes Potential. Sie hat übrigens auch versucht, als Schauspielerin in Hollywood Fuß zu fassen. Eine unglaublich starke Präsenz, auch wenn sie eine eher kleine Frau war. Ich war bei ihrem Konzert im *Wielki Młyn* in Gdańsk – es war absolut top! Ganze Horden von Punks kamen. Gdańsk war immer eine harte Stadt, ein wenig wie Hamburg, wo alles viel gewalttätiger, brutaler und ernster war. Und diese Danziger Hardcore-Punks waren alle auf den Knien vor Jola, die wie eine Sexgöttin in zerrissenen Netzstrümpfen auftrat. Sie hat in die Menge gespuckt und wild getreten – es war ein Traum!

Gibt es davon Sound- oder Filmaufnahmen?

Ich befürchte, es gibt keine Filmaufnahmen, Tapes aber schon. Henryk Gajewski war auch dort und ich weiß, dass er in Danzig etwas gedreht hat. Es bleibt aber sein Geheimnis, ob er auch Jolas Konzert gefilmt hat, denn er behütet seine Archive sehr streng.

Gab es sonst noch Punkmusikerinnen?

Es gab Pyza, die zu TILT hinzukam, die sich zu dieser Zeit in BRYGADA KRYZYS umformten. Sie spielte Keyboards und brachte eine ganz neue Qualität in ihre Musik und die Bühnenpräsenz. Sie war ebenfalls eine sehr ausdrucksstarke Persönlichkeit. Es gab noch ein paar solcher Mädels in verschiedenen Städten: Wrocław, Kraków, ich weiß nicht mehr genau. Eine mythische Gestalt für alle war sicherlich Nina Hagen. Polens neue Nina Hagen sollte eigentlich Kora werden (Sängerin der New-Wave-Band MAANAM, Anm. Hg.).

Das heißt, dass sie es doch nicht wurde?

Nein, trotz all ihrem großartigen Talent nicht. Sie hat zwar eine sehr interessante musikalische und szenische Qualität kreiert, aber für die Punkwelt war sie nur eine von vielen Interpreten, die auf Erfolg aus waren. Außerdem spielte sie mit bärtigen Kerlen in einer Band, die viel zu sehr an die Hippiezeiten erinnerten. Das war eine gnadenlose und gleichzeitig unschuldige Szene, in der Authentizität und Falschheit sofort erkannt wurden. Echte Anerkennung wurde manchmal Musikern dieser Szene zuteil, die aus der Provinz kamen – wie z.B. KSU aus Ustrzyki Dolne. Aber nicht einer stilisierten, professionellen Künstlerin wie Kora – das passierte nie.

Wie entwickelte sich *Galeria Remont* Anfang der 80er-Jahre? Ihr habt zusammen mit Henryk Gajewski den Ort nach dem Vorbild der Boutique *Sex* in London in einen Laden verwandelt …

Konzert von LD50 im *Remont*, 1981. Foto: mr makowski

Ja, das war gleich Anfang 1981 – wir haben zusammen mit Henryk beschlossen, die von ihm 1975 gegründete *Galeria Remont* zu schließen, überhaupt Schluss zu machen mit der Galerie- und der Kunstwelt, und stattdessen *Post-Remont* aufzumachen. Das war eine Mischung aus Club und Laden, der zur Straße offen war und wo man Tapes, Fanzines, Accessoires und Ausstellungsprojekte austauschen konnte. Wichtig war die Öffnung zur Straße, denn es war die Zeit der größten gesellschaftlichen Euphorie um Solidarność herum. Diese Geste war sehr wichtig für uns – wir wollten, dass es egalitär ist. Die Idee dahinter war, die Grenze zwischen

Nr. 6 des Fanzines *Post*, 1981

professioneller Kunst und dem Do-it-yourself-Ethos aufzuheben. Es gab immer mehr selbst aufgenommene Tapes, Prints, Zines, T-Shirts usw. Und auf einmal saßen Punks in unserem Laden, der sich manchmal in eine Galerie, manchmal in einen Club verwandelte, je nachdem, was gerade im Programm war. Es war ein sehr lebendiger Ort. Ein kleiner Raum: zehn mal vier Meter. Aber es wurde zu einem sehr populären Treffpunkt, dem einzigen Hang-out in Polen zu dieser Zeit, der aber sehr anspruchsvoll war, denn es gab durchaus gute Kunst dort zu sehen, nur wir waren eben auf die Punkszene fokussiert. Wir haben dann angefangen, das Fanzine *Post* herauszugeben – wir haben insgesamt 10 oder 11 Nummern gemacht.

Es gibt einen sehr interessanten Aspekt in der polnischen Punk-Subkultur dieser Zeit, nämlich die fast schon romantisch anmutende, ja freiheitskämpferische Aussage.

Das stimmt, und es hatte mit Solidarność zu tun. Zu der Zeit war alles – Kunst, Subkultur, Musikszene und Politik – auf eine merkwürdige Art und Weise miteinander verbunden. Übrigens hat sich das auch fortgesetzt, bis hin zu solchen Ereignissen wie dem ersten Festival der Solidarność in Gdańsk, mit dem Auftritt von Linton Kwesi Johnson! Das war Ende 1989, also schon nach den freien Wahlen in Polen, als solche Sachen überhaupt erst richtig möglich wurden (*Solidarność Anti-Apartheid* in der Lenin-Werft, am 13.12.1989, dem Jahrestag der Ausrufung des Kriegszustands, Anm. Hg.). Da hat Musik, die aus der Dritten Welt kam und von schwarzen Musikern wie eben Linton vertreten wurde, die polnische Arbeiterklasse bewegt, die deren Anti-System-Botschaft mit der eigenen auf eine Ebene stellte. Dazu Solidarność, die alle Kräfte mobilisierte, um so etwas zu produzieren – das war eine ungeheuerlich interessante Kopplung! Und im Publikum: Arbeiter aus der Werft, Punks und Rastas. Dabei wurde Polen, das unserer Meinung nach eh ein Land der Dritten Welt war – genauso ausgebeutet, unterdrückt und kolonisiert, wie die eigentlichen Länder der Dritten Welt, es gab nur etwas mehr zum Fressen, aber genauso wenig Freiheit – von bedeutenden Reggae-Musikern und jamaikanischen Nationalhelden als ihnen zugehörig anerkannt. Diese führenden Persönlichkeiten des Befreiungskampfes aus der Dritten Welt waren hier Stimmen von höchster Wichtigkeit. Dub-Dichter wie Linton Kwesi Johnson oder der Reggae-Rap-Poet Benjamin Zephaniah, ganz zu schweigen von Künstlern wie Bob Marley, die hierzulande schon längst Ikonen waren. Reggae wurde in Polen sehr früh zu einem sehr wichtigen Pendant zu Punk; seine logische Fortführung und Ergänzung. In den 80er-Jahren kamen Bands wie MISTY IN ROOTS nach Polen! Das waren sehr wichtige Besuche. Diese Leute kamen zu uns nach Hause, lernten unsere Familien kennen, sahen polnische Musiker mit der Bibel in der Hand, die in dieser getrocknetes Gras aufbewahrten und Blättchen, um Joints zu bauen (Lacht). Es war wirklich ein bisschen wie in der Dritten Welt hier. Viele wohnten damals auf dem Dorf. Und wenn man dann aufs Land fuhr, erlebte man barfüßige Musiker am Lagerfeuer, die, statt Würstchen zu braten, dicke Joints rauchten und auf

Trommeln spielten. Wirklich nicht weit von dem entfernt, was man vielleicht auf dem Dorf auf Jamaika so erleben konnte.

Der Punk-Rasta-Schamanismus auf dem polnischen Dorf (Lacht)!
Ja, richtig! Es war eine sehr schamanische Stimmung. Alle waren sehr mit der Metaphysik beschäftigt, sogar mit der Mystik! Nyahbhingi ist ja eine tiefgründige Rasta-Zeremonie, wo alle zusammenkommen und eine gemeinsame mystische innere Kommunion erfahren, begleitet von Trommelmusik und viel Gras. Der polnische Reggae war immer sehr langsam, weil die Jungs hier nicht up-beat spielen konnten, sondern immer nur down-beat spielten. Es war langsamer, schwerer, vom Gras etwas benebelt – sehr schamanisch und trancemäßig. Ich denke, dass es der Einfluss des polnischen Katholizismus war, der hier irgendwie in eine andere Art von Kultur transmutierte: eine merkwürdige, hochinteressante Mischung.

Spannend, diese Spur! Mystik und Tribalismus. Ich denke, dass es sich zwar in anderen Szenen auch wiederfindet, aber in Polen scheint es was ganz Besonderes gewesen zu sein.
Dazu kommt noch die Muttergottes Maria. Also für Leute, die nach Zeichen suchten, gab es davon im Übermaß. Wirklich. Trommelkommunen in Lubelszczyzna, die bis heute noch Gras anbauen usw. Ich weiß noch, wie ich dort einen Journalisten aus Thailand kennenlernte. Der war in Polen auf Studienreise und wusste nicht mehr, auf welchem Planeten er gelandet ist. Man spürte aber gleichzeitig, dass er sich auch sehr wohl fühlte: wie in Thailand auf dem Dorf. Hier stand ein Topf auf dem Feuer, da liefen nackte Kleinkinder herum (Lacht).

Lass uns noch über die kunsthistorischen Bezüge von Punk sprechen, wie Fluxus, Situationistische Internationale und ganz besonders die 1920er-Jahre, die Dadaisten und Futuristen. Waren das bewusste Referenzen für Künstler der polnischen Punkszene?
Für mich persönlich sehr bewusst (Lacht). Ich habe ja selbst die Futuristen zitiert, gleich im ersten Text, den ich für *Post* geschrieben habe! Auch für andere Leute, die neugierig und belesen waren, wie Jacek Lenartowicz z. B., waren es lesbare Verbindungen, und mehr als das: selbstverständliche!

Das heißt, der Dadaismus, der Warschauer Futurismus, die 20er-Jahre und deren Erbe waren in der Punkszene bekannt?
Auf jeden Fall. Obwohl ich denke, dass wir erst jetzt anfangen, die 20er-Jahre zu verstehen. Es war alles noch nicht so deutlich in den 70er- und 80er-Jahren. Auf jeden Fall spielte Fluxus eine wichtige Rolle. Fluxuskünstler waren um eine Generation älter als die Punks und ein cooles, wichtiges Vorbild, denn sie hatten eine sehr offene, kritische Haltung bezüglich der Kunst, des Kunstwerkes und des künstlerischen Schaffens. Sie hatten auch die Fähigkeit, eigene Räume für ihre Kunst zu schaffen, mit eigenen Verlagen und Ausstellungsmöglichkeiten. Es waren, ähnlich wie im Punk, Zines, Flugblätter, besetzte, halb-offizielle Räume. Punk hat diese Strategien 20 Jahre später direkt übernommen. Das waren sehr wichtige, schon damals lesbare Einflüsse.

Kunstmacher wie Henryk Gajewski spielten dabei eine sehr wichtige Rolle als Vermittler, denn sie waren offen und neugierig gegenüber dieser noch unfertigen, oft nur mittelmäßig ausgebildeten Jugend. Eine ähnliche Offenheit wurde nicht nur von der *Galeria Remont* praktiziert, sondern auch von der *Galeria Repassage* und der *Dziekanka* unter der Leitung von Pasikowski. Und die Punks wiederum interessierten sich für die Kunst.

Und welche Rolle spielte das Erbe der 20er-Jahre für den polnischen Punk?
In meinen Augen eine sehr wichtige! Ganz besonders die Warschauer Futuristen. Denn Warschau in den 20er-Jahren war eine neue, junge Stadt, anders als Krakau. Die neue Stadt Warschau! Solche Persönlichkeiten wie Anatol Stern und Aleksander Watt waren unsere Seelenverwandte in Sachen Nonkonformismus und Randale. Denn sie hatten ja richtig randaliert, nichts anderes haben die gemacht! Die haben sich einmal nackt ausgezogen und einander auf der Schubkarre durch Krakowskie Przedmieście kutschiert. Schwierig, diesen Vorfall als Performance zu deuten. Auch der Einsatz des Tons, der Geräusche in ihrer Poesie war wichtig; ihre Experimente mit Tönen waren ästhetisch wie literarisch sehr interessant. Wie auch die Poesie von Kurt Schwitters, von anderen polnischen Futuristen, aber auch von russischen, den Italienern und später der ganzen Bewegung um die sogenannte *poésie sonore*. Später in den 80er Jahren, als ich nicht mehr in der *Galeria Remont* arbeitete, setzte sich dort übrigens diese Tradition der Ton-Performance fort. Mit Besuchen und Auftritten von solchen Künstlern wie Emmet Williams, Gerald Bruns, Bernard Heidsieck, Henri Chopin, es gab Aufführungen von Kurt Schwitters' *Ursonate,* vorgetragen von Eberhard Blum, usw. Diese Sphäre der Tonexperimente und der *poésie sonore* war sehr lebendig, man konnte im gleichen Raum auf Prof. Stefan Morawski aus dem Institut für Künste der Polnischen Akademie der Wissenschaften treffen und auf Punks mit oder ohne Band. Auch Bruno Jasieński war wichtig.

Witkacy, Gombrowicz?
Witkacy sicherlich wegen *Narkotyki– niemyte dusze* (dt. *Narkotika – ungewaschene Gedanken*). Gombrowicz wegen seines grundsätzlichen Individualismus und Nonkonformismus.

Die wichtigste Zeit für den polnischen Punk waren die Jahre 1978 bis 1981. Eine kurze, aber intensive Zeitspanne ...
Diese Jahre 1978 bis 1981 waren wirklich die wichtigste Zeit für den polnischen Punk. Denn danach wurde alles sehr schwierig. Mit dem Kriegszustand in Polen ist praktisch alles zu Ende gegangen. Viele Künstler verschwanden irgendwo; verließen Polen, viele hatten Angst. Es gab keine künstlerische Freiheit mehr, keine Freiheit überhaupt. Viel Wichtigeres, Schwerwiegenderes passierte. Es war eine schwierige Zeit. Man wurde überwacht und abgehört. Die unglaublich spontane Energie und kreative Zeit dieser Jahre 1978 bis 1981 war zu Ende.

Agata Pyzik

MÄDCHEN-Karabiner

Frauen im polnischen (Post)Punk

Das verfickte polnische Patriarchat hat Schuld. Es gab Frauen in Bands, sie wollten spielen, aber es waren die Männer, die die Bühnen eroberten, um dort ihre jämmerlichen Schwänze zu präsentieren. Alles was den Frauen blieb, waren Background-Vocals, aber ohne Ton.

Maciej »Magura« Góralski, Musiker bei KRYZYS und DEADLOCK

Es fällt schwer, die weibliche Präsenz im polnischen Punk klar und eindeutig zu benennen, denn – und da unterscheidet sich Polen kaum von seinen westlichen Gegenstücken – sie war selten und ist lange Zeit verschüttet geblieben. Beim Sortieren meiner Gedanken für diesen Text ging mir auf, dass bei weiblichen Performerinnen im englischsprachigen Raum eine Punk-Traditionslinie bis hin zu Patti Smith oder Rocksängerinnen wie Grace Slick zurückverfolgt werden kann. Um ein umfassendes Bild des polnischen Punk zeichnen zu können, muss man auch hier in die Vergangenheit zurückblicken. Ein bestimmter Typ roher, ursprünglicher Energie, der mit Punk assoziiert wird, ist auch schon bei etlichen Sängerinnen der 1960er und 1970er zu finden. Eine sehr eigenständige, ausdrucksstarke Präsenz in der Rockszene hatte beispielsweise Mira Kubasińska von der Prog- und Bluesrock-Band BREAKOUT, die als Solokünstlerin experimentelleres, bluesigeres Material aufgenommen hat. Charismatisch wie sie war, führte sie mit ihrer tiefen Stimme eine ansonsten nur aus Männern bestehende Band an, und stand für eine kraftvolle, weibliche Präsenz in der Musikwelt der sozialistischen Kultur. Genauso wie ihre Zeitgenossin Maryla Rodowicz, eine populäre Sängerin seit den späten 1960ern, mit heiserer Stimme und einem extrem vielseitigen Repertoire, einschließlich New Wave und Synthpop. Eine weitere wichtige Akteurin war Martyna Jakubowicz, eine Blues- und Folksängerin in einer Singer-Songwriter-Tradition, die mit einem Joan-Baez-Repertoire angefangen und im Laufe ihrer Karriere eine Brücke zwischen Mainstream und der Musik des Underground und der Gegenkultur gebaut hat. Ihr größter Hit hieß »W domach z betonu nie ma wolnej miłości« (Es gibt keine freie Liebe in Betonhäusern). Während ich nicht sicher bin, ob ich diesem Statement zustimmen kann, muss man ihr dennoch Respekt für ihre starke Präsenz in der männerdominierten Welt des Rock und Blues zollen. Sie hat mit unabhängigen Underground-Theatern zusammengearbeitet, war aber parallel dazu auf großen, staatlich geförderten Pop- und Rockfestivals und im Fernsehen zu sehen. Sie arbeitete mit nahezu jedem Machorocker dieses Landes zusammen und wurde von ihnen als ebenbürtig anerkannt.

Punk begann in Polen mit dem Gig einer (fast vollständig) weiblichen Punkband, THE RAINCOATS, die am 1. April 1978 im Galerie-Club *Riviera-Remont* in Warschau auftraten. Der Galeriebesitzer hatte sich erhofft, die ausgestellte Kunst über den Punkkontext etwas populärer zu machen – den er als eine Form von Aktions- oder Performancekunst verstand. In Galerien Konzerte zu veranstalten, war damals sehr verbreitet, da es unkomplizierter war als in den stärker kontrollierten »Kulturhäusern«, von öffentlichen Bühnen ganz zu schweigen. Galerien standen daher immer mal wieder im Mittelpunkt von Musikkulturen. Die Anfänge von Punk in Polen waren aber nicht nur deswegen sehr »künstlerisch«, denn wie überall gründeten sich viele Bands an Kunsthochschulen.

Auch wenn Frauen selten im Mittelpunkt polnischer Punkbands standen, waren sie dennoch häufig Pionierinnen – auch wenn sie ebenso häufig übersehen wurden. Zwar waren sie nicht so oft Sängerin oder Musikerin, aber sie waren Veranstaltungsorganisatorinnen und Promoterinnen, Designerinnen oder Künstlerinnen. Zum Beispiel Anna Dąbrowska-Lyons, eine der besten polnischen Punkfotografinnen und -dokumentaristinnen, die über die Kunsthochschule zu Punk gekommen war. Ihr fotografischer Stil war unglaublich ausdrucksstark, roh und surreal, wirkte aber niemals unvollendet oder wie ein Schnappschuss. Ihre Fotos bildeten eine Dokumentation »von innen«, als Teil der Punkbewegung konnte sie die Szene zu jener Zeit einfangen, als sie blühte. Die Bilder transportieren den ruppigen, aber intimen Charakter des Underground, aber trotz ihres Erfolgs ist ihre Kunst bis heute sträflicherweise zu wenig anerkannt – auch infolge ihres Umzugs nach London in den 1990ern. Dąbrowska-Lyons veröffentlichte 1999 ihr Opus Magnum *Polski punk 1977–1983* (das erste Fotobuch über den polnischen Punk) und unterhält eine Webseite mit einem kleinen Archiv, aber das war's.

Genauso interessant wie die Fotos waren ihre Collagen, die in zahlreichen Fanzines im Umfeld von KRYZYS erschienen. Wie viele andere weibliche Szenemitglieder machte sich Lyons über das Machoverhalten der Band lustig.

Nr. 1 des Fanzines *Szmata* von Anna Dąbrowska-Lyons, 1979

Ihr Fanzine *Szmata* (was »Schlampe« auf eine affirmativ verstandene Weise meint, aber auch ein Kleidungsstück) beinhaltete sexy Bilder von Szenestars wie Robert Brylewski, versehen mit Anmerkungen wie »KRYZYS warten auf ihre weiblichen Fans«. Das Bedürfnis der Männer, von Frauen begehrt zu werden, konnte in dieser ironischen Brechung von Frauen als ein Weg des Empowerments genutzt werden. Das Fanzine beinhaltete auch Zeichnungen und Comics, die sich um die Rückeroberung weiblicher Sexualität von männlichen Blicken drehten.

Da ein Durchbruch in den männlich dominierten und patriarchalen Punkkreisen Polens nicht leicht war, verließ Lyons, wie viele andere Frauen aus der Szene auch, das Land. Sie zog nach London, ging weiter ihrer Kunst nach und machte im Jahr 2000 an der Central St. Martins School of Art einen Abschluss. Eine weitere Frau, die Polen (in diesem Fall in die USA) verließ, war Pola Mazur aka Ryba (»Fish«) von der Warschauer Dada-Punkband BIAŁE WULKANY (Weiße Vulkane), die sie mit ihrem

Lebensgefährten Jacek »Luter« Lenartowicz und Małgorzata Dołżkiewicz aka »Pyza« (die beide auch bei TILT spielten) gegründet hatte. Letztere stellte an den Drums eine an VELVET UNDERGROUND erinnernde Balance innerhalb der Band her. Pola war eine extrem charismatische Sängerin in Siouxsie-Manier, die eine Strenge in den Mittelpunkt stellte und sich bei Gigs oft als Mann verkleidete. Auch sie war Teilzeit-Musikerin bei den populären (Männer-)Punkbands KRYZYS und TILT.

Frauen und Politik

Frauen scheuten sich auch nicht vor politischen Konfrontationen. So zum Beispiel Magda Kalenik, ein bekannter und konfrontativer Charakter der Warschauer Punkzirkel, gefürchtet von ihren männlichen Kollegen. Sie war sehr belesen in anarchistischer Literatur und Fan von THE CLASH, dem damaligen Status quo politisierter Musik. Für Magda Kalenik war Punk vor allem eine Möglichkeit, die eigenen linken, feministischen Gedanken auszudrücken. Sie verlachte das Patriarchat und lehnte die Aneignung der Reggaekultur im polnischen Punk genauso ab, wie die damit verbundene Wertschätzung des autoritären Herrschers Haile Selassie. Ihre Bandparodie BEXA LALA war ein Scherz auf Kosten ihrer männlichen Freunde. Kalenik veröffentlichte zahlreiche Fotos verschiedener sexy Punkgirls, um auf die fiktive Band neugierig zu machen. Als sie tatsächlich für einen Auftritt angefragt wurde, hatte sie die Idee, dass bekannte männliche Protagonisten der Punkszene mit ihr zusammen als Frauen verkleidet auftreten sollten, doch leider kam dieses unglaubliche Beispiel von Crossdressing in der polnischen Musik niemals zustande.

Beata Bala von der Band LD50 mit Freunden vor dem *Riviera-Remont*. Foto: Anna Dąbrowska-Lyons

Erwähnenswert sind außerdem Beata Majcherczyk, die in der Band TRANZYT spielte, Beata Bala, Bassistin bei LD50 und die Halbghanaerin Vivian Quarcoo, Musikerin bei IZRAEL – der bekanntesten mit Reggae experimentierenden Band in der polnischen Punkszene und Partnerin von Robert Brylewski. Sowie Konstancja Uniechowska, eine Grafikdesignerin, die einen wichtigen »Punk-Salon« unterhielt. In *Generacja*, Robert Jarosz' Oral History des polnischen Punk, äußert sich Magda Kalenik lautstark über die fehlende Würdigung von Frauen und betont, wie schwierig es gewesen sei, zum Beispiel eine Girl-Punkband zu gründen: Ein ungeschriebenes Gesetz »erlaubte« es Frauen nicht, in Bands zu spielen oder sie wurden von ihren männlichen Gegenstücken aktiv entmutigt. Wenn sie mal irgendwo dabei sein durften, dann als Sängerinnen – meist in typischen, übersexualisierten Rollen. Lediglich wenn mal ein Musiker ausfiel, wurden Frauen aus dem Publikum gefragt, ob sie einspringen könnten – was für eine Ironie. Teil des Problems war der Konservatismus des Publikums – als Magda Kalenik mit DEZERTER auftrat, die für ihre progressiven Einstellungen bekannt waren, wurde sie von deren Fans mit rohem Fleisch beworfen, und die fluchende Menge vor der Bühne forderte von ihr, sich endlich auszuziehen.

Eine der eigenständigsten Frauen im Punk war »Gertruda«, Maria Beata Szczublinska-Baer, die charismatische Sängerin der Band ZBOMBARDOWANA LALECZKA (Zerbombte Puppe) aus Poznań. Die populärsten Songs der Band waren Protestsongs, die sich um Menschen im Krieg und die nukleare Vernichtung drehten. Ihre sexuellen Fähigkeiten wurden berühmt, als sie bei einem der *Jarocin*-Punkfestivals begann, eine nicht simulierte Fellatio bei einem ihrer Bandkollegen auszuführen. Schließlich zog aber auch sie sich zurück, aus sehr nüchternen Gründen – sie hatte ein zwei Jahre altes Kind, um das sie sich kümmern musste.

Eine der ersten Punkbands mit einer Sängerin waren KONWENT A aus Gdańsk (benannt nach nicht weniger als Konwent Organizacji A, einer 1917 in Deutschland gegründeten Vorform der späteren polnischen Regierung um Jozef Pilsudski, weswegen die kommunistische Zensur den Buchstaben A aus dem Bandnamen verbannte). Żaneta Mikulska kleidete sich im Stil von Poly Styrene von X-RAY SPEX und orientierte ihre Performance an Siouxsie. Aber welcher weibliche Punk war nicht von ihr inspiriert worden?

Man könnte meinen, dass nach der ersten Welle des Old-School-Punk im New Wave mehr Frauen aktiv gewesen wären. Das war zwar nicht wirklich der Fall, aber immerhin ein paar tauchten auf. Zum Beispiel Kasia Kulda von KONTROLA W, einer Band aus der Industriestadt Zduńska Wola, die von 1981 bis 1983 aktiv war und ursprünglich KONTROLA WŁADZY (Kontrolle über die Macht) hieß. Vermutlich, weil die Band keinen Ärger bekommen wollte, entschied sie sich, den Namen zu kürzen. Angeblich rief bei einem Gig jemand aus dem Publikum, als sie angekündigt wurden: »Aber du kannst die Macht nicht kontrollieren!«, worauf die Band mit: »Aber es geht um uns, die wir von der Macht kontrolliert werden«, antwortete. Später gaben sie an, das »W« stehe für »Wrażenia« (dt. Eindrücke). Ihre Texte waren militant und kämpferisch, unterlegt von einer Musik, die Rockabilly-Retro-Eleganz mit Post-Punk-Belesenheit verschmolz, und Themen wie staatliche Kontrolle, kommunistischen Neusprech, die nukleare Krise, das Verstecken in Bunkern, das Ende der Welt, die Angst vor Umweltverschmutzung und Radioaktivität, staatlich kontrollierte Medien, die die Gesellschaft manipulieren, die Ausradierung des Selbst durch die Massenkultur oder Persönlichkeitskrisen aufrief. Dazu passte der verstimmte, kranke, gebrochene Rock'n'Roll, wie in ihrem wohl besten Songs »Bossa Nova«, voll kantigem Stöhnen und heulenden Gitarren, begleitet vom kontrollierten, launischen

KONTROLA W in Poznan, 1983. Foto: mr makowski

Kreischen von Kasia Kulda, die einen hartnäckigen Liebhaber loszuwerden versucht: »When there's nothing to talk about / you persecute me at every step / Crawling upon my feet (...) / and if this doesn't bring effect / you can only sing this old tune: Bossa Nova!« Kasia Kulda singt mit einer Schärfe und Verve, auf die Siouxie Sioux neidisch gewesen wäre, wenn sie die Polin bloß gekannt hätte. Später gründeten einige der Bandmitglieder, einschließlich Kulda, die Coldpunk-Band KOSMETYKI MISS PINKI (Miss Pinkys Kosmetik).

Kasia Kulda mit KOSMETYKI MISS PINKI beim *Jarocin*-Festival, 1986. Foto: mr makowski

Die spätere Welle von Bands und die Rolle der Frau

Während Punk in der Regel immer auch anstrengende Aushandlungsprozesse zwischen Mainstream und Underground bedeutete, war es in einem sozialistischen Land wie Polen anders: die Nähe zwischen beiden war größer, da es strenggenommen keine »kommerzielle« Kultur gab. Das Problem von Punk war allerdings, dass er als potentiell gegen den Staat gerichtete Musik stärker kontrolliert wurde, als die offizielle Kultur. Doch trotz allem hatte der polnische Punk eine politische Kraft.

Die Presse der 1980er nannte die zunehmend prominenten Frauen der alternativen Musikszene oftmals sarkastisch (und sexistisch, wie man ergänzen könnte) »traurige Frauen«. Frauen waren »traurig«, weil sie großteils in Bands aktiv waren, die zur Cold-Wave- oder Goth-Szene gehörten, und ihre Blicke und ihre Erscheinung, nicht zuletzt aufgrund der Unterdrückung, die sie erfahren hatten, rau und sehr existenzialistisch wirkten. Wie etwa bei Kasia Jarosz von WIELKANOC (Ostern). »Virgin Mary does the splits – the world falls in! / The communion of holy white wafers of snow covers her eyes and face/ The world of white altars – cemeteries of paradise.« Das Zitat stammt aus dem Song »Królowa śniegu« dieser polnischen New-Wave-Band aus Lubin in Niederschlesien, die sich 1990 parallel zum System auflöste. Das Album *Dziewczyny Karabiny* (Mädchen-Karabiner) wurde erst 2010 veröffentlicht. WIELKANOC waren live eine umwerfende Kombination aus dem Mürrischen und dem Ungeschliffenen. Aber das Beste an WIELKANOC waren die provokanten Lyrics. Kasia Jarosz war eine wahrlich charismatische Sängerin und Texterin, die in die fast ausschließlich männliche polnische Szene eine seltene, selbstbewusste und nichtsdestotrotz grobe weibliche Präsenz einführte, und den Zensoren viel Arbeit machte. »Regular meals / Warm checked blankets / Speedy sidewalks / Slit-eyed spiders / Rainy alleys / Train station open / public toilets / female male copulate / The promised protein / noman's protein« (»Wolność«, Freiheit). Niemand hatte es zuvor gewagt, auf diese Weise über die trostlose Sexualität im kommunistischen Polen zu singen, und es gibt definitiv in der Musikgeschichte kein traurigeres Klagelied über Sex auf öffentlichen Toiletten.

Der zunehmende Chauvinismus gegen Ende der 1980er zeigte sich noch in einem ganz besonderen Merkmal: der Popularität von Anti-Abtreibungssongs im polnischen

Punk (darunter PROWOKACJA, OKUPACJA '81, MOSKWA und H.C.P., aber auch die Reggae-Band BAKSZYSZ, danke für die Information an Robert / *Warsaw Pact Records*, Anm. Hg.). Angesichts dessen, dass die Volksrepublik Polen Frauen die gleichen Rechte gegeben hatte, war es eine traurige Vorwegnahme der kommenden post-kommunistischen Zeit und eine Bestätigung der traurigen Dominanz der katholischen Kirche.

Punk-Haltungen im kommerziellen Pop

Die späten 1970er waren die wohlhabendsten Jahre des sozialistischen Polen, aber die große Anzahl an Produkten, die zuvor nicht für den Konsum erhältlich waren, riefen bislang unbekannte Sehnsüchte hervor, worauf die Popkultur reagierte. Das falsche Versprechen von Klunkern in einer nach wie vor grauen Betonrealität resultierte in einem Kulturkonflikt und einer plötzlichen Veränderung im polnischen Mainstream-Pop, in dem Träume von Konsumartikeln wichtig wurden, die noch keine Wirklichkeit geworden waren. Der historische, ökonomische und kulturelle Moment war perfekt: Der alte Zynismus der Partei wurde ersetzt, und die alten Wahrheiten interessierten niemanden mehr. Sei es der Mangel an offizieller Kultur oder der Hunger nach Emanzipation – die polnische Musik im Übergang von den 1970ern zu den 1980ern brachte mehr interessante Sängerinnen und andere weibliche Musikpersönlichkeiten hervor als jede andere Zeit.

Izabela Trojanowska war eine polnische Ein-Frauen-New-Wave-Bewegung, deren Songs da weitermachten, wo Punk aufgehört hatte. An die selbstermächtigten femininen und doch harten Frauen des Post- und Pop-Punk anknüpfend – das Räuberische von Siouxie Sioux, den mädchenhafte Charme von Debbie Harry oder das Jungenhafte von Chrissie Hynde – brachte sie eine vollkommen neue, erwachsene Weiblichkeit ins Spiel. Sie war außerdem sehr camp. In Polen verkörperte sie einen völlig neuen Typus der weiblichen Künstlerin: anstößiges Verhalten voller Selbstbewusstsein, Sex und Modernität. Sie trug kurzes Haar, viel Make-up, den obligatorischen blutroten Lippenstift und dazu den Anzug eines Kellners. Androgyne Anzüge mit einer weiblichen, perversen Drehung, Paillettenblusen in blendendem Weiß und keinerlei Sentimentalität. Auf ihren roten Stilettos und mit übertrieben ausstaffierten Schulterpolstern wirkte Trojanowska wie ein kommunistischer David Bowie oder Klaus Nomi, wie ein Thin White Duke oder eine Bauhaus-Puppe, rauer als jeder männliche Performer des Ostblocks – vielleicht, weil sie die Wirkung von Androgynität verstanden hatte und damit zu spielen wusste.

Iza trug männliche und weibliche Klamotten, immer mit einer dominanten Pose: Jacketts mit spitzem Neo-Gothic-Kragen und Oberteile in auffälligen, gesättigten Farben, rote Lederkleider und -jacken, metallene futuristische Mäntel wie ein eleganter Cyborg – ähnlich wie Sean Young in *Blade Runner* –, und riesige futuristische Sonnenbrillen. Ihre ganze Person schien den metallenen Glanz eines sexy Roboters auszustrahlen. Und sie besaß eine Selbstironie, mit der sie lächelnd jedes mögliche Klischee des Lebens als Frau im Ostblock zurückwies. Sie inszenierte sich als angsteinflößende Geschäftsfrau, die nur für die Arbeit lebte, weswegen sie in ihren Videos vor den einzigen modern wirkenden, glänzenden Wolkenkratzern Warschaus posierte. Sie benutzte Männer wie Spielzeuge, wann immer es ihr beliebte, aber meist blieb sie unabhängig, mit starken lesbischen Untertönen à la Dietrich, oder kokettierend mit einem glamourösen Vampirella-Look. Ein verschlagenes Mädchen, die eine Niete von Liebhaber, der ihr nicht alles geben konnte, was sie wollte, nicht ertragen konnte. Kein Wunder, dass eine der ersten Drag-Queen-Shows im Polen der frühen 1990er eine Iza-Trojanowska-Imitation war. Stellt euch den Schock vor, den diese Erscheinung beim typischen polnischen Mann hervorrief, der brave Hausfrauen gewohnt war, die ein warmes Mahl bereiteten und in der heißersehnten Zweizimmerwohnung die Hausschuhe reichten. In ihren Texten sang Iza Trojanowska sarkastisch über die sozialistische Tüchtigkeit, machte sich über Kampagnen zur Steigerung der Arbeitsproduktivität ebenso lustig wie über die nüchterne Realität zahlreicher Materialmängel, die alles andere als glamourös waren.

Damals glaubte niemand mehr an das System, und der Nihilismus des Punk wurde vom kommerziellen Pop aufgegriffen. Als Iza die Idee zurückwies, mit einem Mann zusammenzuleben und zehn Jahre auf eine Sozialwohnung zu warten, machte sie sich auch über den Mangel an finanziellen Mitteln lustig, am prominentesten in »Pieśń o cegle« (Lied über den Mauerstein) – in dem die Zeile »reich mir den Mauerstein« auf einen stalinistischen Slogan, ein kommunistisches Polen aufzubauen, verweist.

Da stand sie also in den 1980ern und erinnerte an die Zeiten, die alle vergessen wollten. Während einer denkwürdigen, auch vom Fernsehen übertragenen, Performance beim *Opole*-Festival 1980, parodierte sie – bekleidet mit einem übertriebenen roten Halstuch eines Mitglieds der kommunistischen Jugendorganisation, umgeben von nackten Muskelmännern, die golden angemalt waren – den positivistischen, in schönen Farben bemalten Boom von Wachstum und Wohlstand des Sozialistischen Realismus:

Pass the brick, pass the brick
Let's build a new house!
Up to our aspirations – a house!
Rain will stop, sun will rise
A new harvest will grow
Through our hearts and our hands!
Our cause is simple, our goal is clear!
You can hear our jolly song everywhere
In a short moment we'll even touch the stars!
Don't stay behind, if you don't want to be left alone!

Spring will come, and immediately
Hundreds of Steelworks will grow
There will be plenty of everything!
There's no paths or ways we couldn't reach!
We know who's our friend or foe!
Soon we'll embrace the whole world in our arms
And who's not with us, is against us!

Iza Trojanowska, 1981. Foto: mr makowski

Ihr Charakter war schon zu desillusioniert, zu zynisch, um an die Versprechen der Autoritäten oder der Männer zu glauben. Sie schaut mit Mitleid auf den Jungen, der von einer strahlenden Zukunft spricht:

> You tell me ›just a bit effort and the world belongs to us‹.
> Well, lets say – in eight years?
> A tower block flat and a small Fiat
> Don't even think you're gonna afford it
> 'Cause you can give me all I need now anyway!
> (»Wszystko czego dziś chcę«, Alles, was ich sofort haben will)

Kora von MAANAM, 1983. Foto: mr makowski

Iza ebnete den Weg für diverse ähnlich verschlagene weibliche Performerinnen, die kurz danach auf den Plan traten, wie die sehr populären Kora und Urszula. Ein französischer Einwanderer, Richard Boulez, bekannt für seine bunte Kleidung, wurde der Chefstylist von Kora, der charismatischen Sängerin von MAANAM.

Boulez und Kora waren wie die Halston und Jerry Hall oder Grace Jones und Jean Paul Goude des polnischen New Wave: der Stylist und Künstler und das It-Girl, das alles erreicht hat. Kora trug an Bowie erinnernde Kimonos und auffälligen Schmuck, auf synthetischen vampirähnlichen Garnituren in hellen Farben, die eigens von Boulez designet wurden. Beim *Opole*-Festival 1980 schockierte sie das Publikum, als sie in neonfarbenen Klamotten »Boskie Buenos« (Göttliches Buenos Aires) sang; mit ihren Performances stimulierte Kora diverse Begehren: zu reisen, Menschen zu treffen, mit Männern zu vögeln, zu entdecken, alles zu bekommen, was man will. Ein weiteres »Hot Chick« war Urzula, eine große, glatte Synthpop-Diva, deren Produktionen an Trevor Horns *ZTT*-Label oder ART OF NOISE erinnerten. Ihre Komponisten zitierten die frühe Synthesizer-Disco von Giorgio Moroder, aber gaben ihr die Frechheit von BLONDIE und die Erhabenheit von »Blue Monday«. In den Songs von Urszula lag das Alltägliche direkt neben dem Fantastischen. Sie träumte auch von Luxusgütern, wie in dem Song »Szał Sezonowej Mody« (Raserei der saisonalen Mode), worin ihre Protagonistin nicht aufhören kann, über den Kauf neuer, glitzernder Kleidung nachzudenken. Aber wo genau sollte sie die in den grauen 1980ern finden? In Urszulas Songs tauchten auch surreale Träumereien oder Märchen von Reisen ins All auf. Leider konnten wir in der Realität weder ins All reisen noch in Computer-Welten flüchten, da die Sowjettechnologie ihre modernsten, zukunftsweisenden Jahre bereits hinter sich hatte. Als wir an die dominante futuristische Mode in der Popkultur, an die Zeitreisen und die Computertechnologie endlich wieder anschließen konnten, wie in der Kindertrilogie *Pan Kleks*, hatten wir paradoxerweise schon lange das Potential verloren, den Westen mit unseren Ideen übernehmen zu können. Nach 1981 hatte die sozialistische Utopie begonnen, sich in einer Dystopie zu verwandeln.

Das Ende

Der politische Wandel ab Ende der 1980er bedeutete eine Veränderung der Einstellungen gegenüber kommerzieller und aus dem Westen übernommener Musik, funktionierte aber auch als eine verspätete, leicht anachronistische »Öffnung« für weibliche Ausdrucksweisen, was eine ganze Menge Crossover-, Semi-Punk- und Semi-Pop-Projekte hervorgebracht hat. Vor allem in den späten 1980ern und frühen 1990ern taten sich Frauen in der Alternative Music in Polen hervor, etwa in der Goth-Szene (Anja Orthodox von CLOSTERKELLER, nach wie vor aktiv, eine extrem charismatische, starke Frau und, was noch seltener ist, politisch sehr weit links) oder im Hardcore-Punk – Dominika »Nika« Domczyk von POST REGIMENT. In der sogenannten Dreistadt, der städtischen Fläche aus den Zentren Gdańsk, Gdynia und Sopot an der Ostsee, entstand die erste experimentelle Frauenband OCZI CZIORNE. Seit den späten 1980ern waren deren Mitglieder Anna Miądowicz, Jowita Cieślikiewicz, Katarzyna Przyjazna und Marta Handschke in Kontakt mir der sogenannten Yass-Szene dieser Städte, einer sehr männlich geprägten Macho-Post-Jazz-Kultur. Sie lösten sich auf, nachdem unter anderem ein Major-Label versucht hatte, sie in eine kommerzielle »Girlband« zu verwandeln. Unter den nachfolgenden starken Frauen war unter anderem Katarzyna Nosowska, seit 1992 aktiv bei der sehr erfolgreichen Rock-Band HEY, aber auch Bands wie BÓM WAKACJE W RZYMIE und PANCERNE ROWERY aus der Dreistadt hatten weibliche Musikerinnen.

Frauen haben sich oft für Mainstream-Musik entschieden, weil sie dort paradoxerweise mehr künstlerische und anderweitige Unterstützung finden konnten als im Punk. Pop ermöglichte es ihnen, die Rolle im Hintergrund verlassen, im Gegensatz zur Punk- und Rock-Szene, was mit der grundsätzlichen moralischen und ökonomischen Rückständigkeit Polens erklärt werden kann. Frauen hatten in der sozialistischen Kultur selten eine Chance, sich selbst als Künstlerinnen zu verwirklichen, da sie zuallererst die traditionellen Rollen als Mütter und Hausfrauen zu erfüllen hatten und selbst wenn bemerkt wurde, dass sie an ihrer unterwürfigen Rolle litten, wurde im streng katholischen Polen dieses Leiden gegen sie verwendet, als etwas, das sie persönlich weiterbringen könne. Frauen fürchteten zudem auch Ausgrenzung, wenn sie Erfolg hatten. Selbst in der Punk-Community wurden sie vor allem über ihr Aussehen bewertet, und wenn sie als Antwort darauf mit einem Bewusstsein für Stil reagierten, machte man sich über sie lustig. Einige Frauen, die sich für ein kreatives Leben entschieden, haben sich daher gleichzeitig für die Unsichtbarkeit entschieden, um nicht einzig über ihr Aussehen beurteilt zu werden.

Besonderer Dank an Xawery Stańczyk. Alle Songtexte sind im Original in Polnisch, die englischen Versionen stammen von Agata Pyzik und wurden belassen, um die Nähe zum Original zu wahren.
Aus dem Englischen übersetzt von Jonas Engelmann

Mirosław »Maken« Dzięciołowski

Meine Punky Reggae Party

Babylon (lag) an der Weichsel

Völlig erbarmungslos, so enterte Punk 1983 mein Leben. Das hatte massive Bedeutung, denn nichts war danach mehr wie bisher. Viele Jahre sind seither vergangen, und doch sind die Erfahrungen dieser Jahre für mich die Schlüsselerlebnisse. Heute stehe ich kulturell an einem etwas anderen Punkt der Musikszene, und von dieser Transformation möchte ich erzählen. Ich nenne es »Meine Punky Reggae Party« (nach dem Punk Tribut zollenden Bob-Marley-Song von 1977, geschrieben in London zusammen mit Lee Scratch Perry).

Hatte ein rebellischer Fünfzehnjähriger, der sich die mit Zuckerwasser aufgestellten Haare zu den damaligen Punk-Hymnen ausriss, eine Vorstellung von Jamaika und der von dort stammenden musikalischen Revolution namens Reggae? Die Antwort lautet: Nein! Damals beschränkten sich meine Assoziationen mit der Karibikinsel auf 70er-Jahre-Discomusik, auf Gruppen wie BONEY M oder ERUPTION. Das jamaikanische Element ihrer Musik war offensichtlich Teil der Pop- und Disko-Kultur und erhielt von mir einen kräftigen Tritt, als W.C., DEZERTER, RAMONES, THE DAMNED, SEX PISTOLS und andere Punkbands auftauchten. In Polen hatte es zudem nie eine jamaikanische oder andere karibische Diaspora gegeben, und selbst über zwanzig Jahre nach der Grenzöffnung leben hier nur einige Dutzend Jamaikaner. Bob Marley war mir komplett fremd – wer sollte das sein?

Wenn man sich die frühen Jahre des polnischen Punk anschaut, kann man allerdings feststellen, dass er von Beginn an Bezüge zur jamaikanischen Kultur herstellte. Ich kann mich gut an die Momente der Verwunderung und Spannung erinnern, als ich die ersten, zwischen beiden Stilen wandernden Titel hörte, da die mit Reggae arbeitenden Nummern im Repertoire der Punkbands durch ihre Andersartigkeit sehr gut in Erinnerung blieben. Leute wie ich waren damals zumeist über das *Schwarze Album* von BRYGADA KRYZYS zur neuen Untergrundmusik-Bewegung geraten. Die Band verfügte über eine starke Strahlkraft, und außerdem war es ihr gelungen, legal ein Album zu veröffentlichen und dieses auch noch so aufzunehmen, wie sie es wollte. BRYGADA klangen auf dieser Platte kosmisch, aber sie ließen sich ohnehin nie einfach als eine Punkband unter vielen klassifizieren. Die großartigen Soundlandschaften, die die Band kreierte, mündeten gewissermaßen im einzigen Reggae-Stück der Platte, dem denkwürdigen »Ganja«. Ich glaube, dass ich in diesem Moment Reggae zum ersten Mal wirklich ernst genommen habe, weil der Beat ein echt undergroundiges Feeling hatte. Obwohl es Reggae war, fügte es sich perfekt in den Rest. Außerdem wurde mit diesem Loblied auf jene Pflanze, die es für mich zu diesem Zeitpunkt noch nicht gab, das Bild der »verbotenen Frucht« geweckt. Mit seinem eingängigen Refrain wurde »Ganja« in Polen zu einer nur noch mit Peter Toshs »Legalize it« vergleichbaren Hymne ...

Wie ich später erfuhr, war dies aber nicht der erste Versuch, die vermeintlich grundsätzlich unterschiedlichen Stile auch in Polen zu verbinden. Die Ende der 1970er-Jahre in Gdańsk entstandene Punkband DEADLOCK eröffnete ihr 1981 illegal in Frankreich veröffentlichtes Album mit »Ambition«, was auch der LP-Titel war. Roher Punk-Reggae, unterstützt von einem Text, der bald zum Manifest der Punk-Generation wurde und jedem Rebell gefiel: »Ambition – it's your fucking religion / Ambition – it's your god [...] Your ambition is killing you, babe«. Auf der B-Seite des nach Polen geschmuggelten Albums hörten wir zudem eine bandeigene Version von »Get up, stand up«, des Songs von Peter Tosh und Bob Marley, gespielt als straighter Punk. An den Aufnahmen des DEADLOCK-Albums waren auch die wahren Pioniere der Reggae-Punk-Revolution in Polen beteiligt: Maciej Góralski und Robert Brylewski, beide aus Warschau. Kurze Zeit später tauchte eine polnische Version von »Ambition« auch im Repertoire ihrer eigentlichen Band KRYZYS auf, die zudem Ska oder Punk-Funk spielte, und aus deren Überresten in Fusion mit Musikern von TILT kurze Zeit später BRYGADA KRYZYS entstehen würde. Ihr ebenfalls illegal und ohne Wissen der Band in Großbritannien veröffentlichter Konzertmitschnitt krönte wiederum wie ein Diamant das wunderbar fließende »To co czujesz – to co wiesz«.

LP DEADLOCK *Ambicja, Blitzkrieg Records*, FR, 1981

LP BRYGADA KRYZYS, S/T, *Fresh Records*, UK, 1982

Es ist also Tatsache, dass Reggae von Beginn an im polnischen Punk präsent war. Aber wie war die jamaikanische Musik zu den jungen Rebellen ins Land hinter dem »Eisernen Vorhang« gelangt? In die Dreistadt Gdańsk-Gdynia-Sopot kamen die ersten Punk- und Reggae-Platten meist durch Matrosen, die die ganze Welt bereisten. Manche hatten auch das Glück, unter den vielen Polen im Ausland Verwandte zu haben, die ihre musikalischen Träume auf der Suche nach neuen, schwer zugänglichen Sounds erfüllten. Nur wenige, darunter Maciej Góralski, hatten selbst die Möglichkeit, ins Ausland zu fahren und LPs oder Konzertaufnahmen nach Polen mitzubringen. Der allgemeine Kassettenumlauf, das gegenseitige Überspielen von Musik, verbreitete diese dann an weitere »Eingeweihte«. Bis heute füllen einige Tausend Kassetten aus jener Zeit meinen Dachboden.

Ich war jedenfalls am Anfang meiner Punk-Revolution, und es lag es mir noch absolut fern, Dreads oder dreifarbige Perlenketten zu tragen. »Police & Thieves« (eine Cover-Version des Reggae-Hits von Junior Murvin) war eben nicht mein Lieblingstitel auf dem Debüt von THE CLASH. In uns überwogen Energie und Zorn, daher konnte mich zu diesem Zeitpunkt ausschließlich extrem dynamische Musik befriedigen. Jamaika war nach wie vor weit entfernt, auch wenn die Verbindung zum Punk so langsam offensichtlich wurde. Jedoch: Woher kam sie? Weshalb arbeiteten die Londoner Punks mit den Rastas zusammen? Antworten auf diese Fragen kannten wir in unserer Kleinstadt am südwestlichen Ende Polens nicht. Dahin kamen damals tatsächlich so gut wie keine Informationen aus dem Ausland durch. Große Bedeutung für meine weiteren musikalischen Erforschungen hatten daher vereinzelte Sendungen im polnischen Radio, die neue Musik vorstellten. Włodzimierz und Jerzy Kleszcz, Sławomir Gołaszewski und Marek Wiernikto waren die mutigen Radio-DJs jener Zeit, deren Sendungen mit Spannung erwartet und auf mühevoll erworbenen Kassetten festgehalten wurden. Den Brüdern Kleszcz und ihren Shows, die Musik mit Textübersetzungen verbanden, ist zu verdanken, dass ich zum ersten Mal begriff, dass Bob Marley mehr war als irgendein talentierter Musiker. Sławomir Gołaszewski gab mir mit seiner philosophischen Analyse des Underground zu denken, und Marek Wiernik, der größte Punkpropagandist im Äther, offenbarte mir schließlich neben den denkwürdigen Alben anderer auch die Meister des Hardcore-Punk-Reggae – die BAD BRAINS, schwarze Rastafari aus den USA. Wie wahrscheinlich überall auf der Welt beeinflussten diese auch in Polen die Szene stark.

Ich werde nie vergessen, welchen Schock trotzdem 1983 die Gründung von IZRAEL in der orthodoxen Punk-Gemeinde auslöste. Die wichtigsten Bandleader der Szene, Musiker von KRZYZS, BRYGADA KRYZYS und DEUTER, wechselten plötzlich vollends zu Rasta, verkündeten den Fall Babylons (von dem BRYGADA KRYZYS allerdings auch schon mit »Fallen, Fallen is Babylon« sangen) und zitierten aus der Bibel. Die Mehrheit der Punk-Anhängerschaft zeigte sich überrascht von dieser Bewegung und verstand die Botschaft, voll von Bibelbezügen und dem Kampf mit Babylon, eigentlich nicht. Die eher naiven, wie von Neophyten gestreuten Verkündigungen des Erstlingswerks *Biada, biada, biada* (1983), nicht zuletzt der Song »Rastaman nie kłamie« (Rastaman lügt nicht), sorgten für Unmut unter den misstrauischen Punks. Zum ersten Mal hatten wir es mit einer einheimischen Roots-Reggae-Formation zu tun, die sich auf einen spirituellen Kampf und nicht auf sonnige jamaikanische Strände berief. Viele Musiker der dann schnell folgenden weiteren frühen polnischen Reggae-Gruppen haben vorher Punk gespielt, aber diese Transformation war die weitaus spektakulärste. Aus den Resten der Punkband SALT 10 entstand in Warschau KULTURA, ähnliche Wurzeln hatten die für den polnischen Reggae maßgeblichen BAKSHISH aus Kluczbork, R.A.P. (Reggae Against Politics) aus Gliwice mit Ex-Mitgliedern von ŚMIERĆ KLINICZNA oder GEDEON JERUBAAL aus Poznań.

Jarocin-Festival-Ausweis, 1986

Im Sommer 1983 trat auf einem Festival in Wrocław neben IZRAEL zum ersten Mal eine Reggae-Band aus dem Ausland auf, die britisch-jamaikanische Formation MISTY IN ROOTS aus London. Ein Kumpel aus unserer Punk-Clique ging zum Konzert. Als er – total inspiriert – mit grün-gelb-rotem Button am Revers zurückkehrte, betrachteten wir ihn beinah als Verräter der Punk-Ideale!

Izrael, 1984

Aber auch meine Einstellung zu Reggae änderte ein Festival, nämlich das damals wichtigste, das in Jarocin. 1983 war ich dort zum ersten Mal, und mich interessierten vor allem die echten Punkbands. Ein Jahr später jedoch, als ich erstmals IZRAEL live sehen konnte, änderte sich meine Meinung. Es war das Orwell-Jahr 1984, in Polen war gerade erst der Kriegszustand beendet worden, und die Band um Robert Brylewski sang bereits zu mystischen wie militanten Rhythmen Befreiungshymnen wie »Wolność« (Freiheit), »Wolny Naród« (Freies Volk) und »Równe prawo« (Gleiches Recht). Zu diesem Zeitpunkt wurde mir wahrscheinlich bewusst, wie nah sich die Inhalte und wie ähnlich die Forderungen der Iros und der Dreadlocks waren ... Erst später lernte ich die Reggae-Band MIKI MOUSOLEUM aus Wrocław kennen, deren Texte härter waren als die der Mehrheit der polnischen Punkbands. Ihr Bandleader Kaman nahm auf absolut nichts Rücksicht, wenn er Anti-Miliz-Songs vom Schlag des »ZOMO na Legnickiej« sang (ZOMO waren die paramilitärischen Spezialkräfte der Miliz, die vor allem zur Aufstandsbekämpfung eingesetzt wurden, der Song bezieht sich auf eine legendäre Auseinandersetzung zu Beginn des Kriegszustands 1981, Anm. Hg.). Der polnische Reggae begann zu mir mit jener Stimme authentischen Protests zu sprechen, die ich verehrte und mich auch zu Punk gebracht hatte.

Die wichtigste Veranstaltung der Punk'n'Reggae-Vereinigung war in den 80ern das Warschauer *Grand Festival Róbrege,* das im Zelt des Zirkus *Intersalto* stattfand. Im Herbst, frisch nach der Ernte, versammelten sich einige Tausend Menschen aus dem Umfeld des musikalischen Underground – Punk, Reggae, New Wave – und schauten sich die Auftritte ihrer besten Künstler an. Auch ich fuhr jedes Jahr hin. Schon bald kamen zu den polnischen auch ausländische Stars. So sah ich dort zum ersten Mal die jamaikanische Band THE TWINKLE BROTHERS, die später enorm wichtig für die Entwicklung des polnischen Reggae werden sollten (durch Kooperationsalben mit den Tatra-Folk-Musikern TREBUNIE TUTKI, Anm. Hg.). Sie teilten sich die Bühne mit Hardcore-Radicals wie DEZERTER, MOSKWA oder ARMIA. Das gefiel mir sehr, es war eine goldene Zeit, und ich denke gern an sie zurück. Alle »Eingeweihten« waren da und repräsentierten bunt die verschiedenen Schattierungen auf der doch gleichen Seite einer kulturellen Barrikade. Erst kürzlich erinnerte mich Jarex, Kopf der bereits erwähnten BAKSHISH, dass wir uns beim *Róbrege* kennenlernten. Durch BAKSHISH kam ich auch immer mehr an andere jamaikanische Musik, die damals sehr schwer zu finden war. Mein Kopf öffnete sich so stetig für weitere Stilrichtungen jenseits von Punk und Hardcore. Denn von Ausnahmen wie CRASS abgesehen, geriet Punk immer gleichförmiger, die Musik wurde langweilig und verlor gefährlich an kommunikativer Kraft, die mir stets am wichtigsten war. Von wild schreienden Bands bekam ich nun Kopfschmerzen, und ich begann, Ruhigeres oder einfach nur Abwechslung zu suchen. Bis dahin hatte ich als Punk-Aktivist Fanzines herausgegeben, Kassetten produziert und durch eine lange Serie außergewöhnlicher Konzerte meine Heimatstadt Zgorzelec zu einem der Zentren des polnischen Underground gemacht. Widerstän-

Magazin *Non Stop*, 1990, mit einem Bericht zum Anti-Apartheid-Festival

dige Musik und die damit verbundene Promotion-Tätigkeit waren zu meinem Lebensinhalt geworden. Ich suchte nach Kultur, die von der Notwendigkeit der Veränderung sprach und zugleich Hoffnung machte, während sie nüchtern und treffend die graue Realität kommentierte, in der wir lebten. Bevor ich die Musik und die Texte von Linton Kwesi Johnson kennenlernte, war ich aber überzeugt, dass sich Reggae immer in Allgemeinplätze à la »Kampf gegen Babylon« flüchtet, während ich, der wütende Maken, das Konkrete suchte. Es war eben LKJ, der meine bis heute andauernde Liebe zum Reggae vollends erweckte. Denn er ersetzte die Lobpreisung des Jah durch eine politische Poesie von ungewöhnlichem Stil. Sein »Reggae fi Peach« ist einer der schönsten Protestsongs, der je zu mir drang. Dub-Poeten wie Linton oder Benjamin Zephaniah hörte ich noch weit früher als Bob Marley. Damals schienen sie mir einfach näher, und da war es auch egal, dass sie das exotische Patois sprachen, das in Polen niemand verstand. Ein paar Jahre später, am 13.12.1989, zum Jahrestag der Einführung des Kriegszustandes in einem frisch befreiten Polen, hatte ich die Gelegenheit, beide während eines einzigartigen Reggae-Festivals in Polen zu sehen, beim Konzert *Solidarność Anti-Apartheid* in den historischen Hallen der Gdańsker Werft. Dessen Organisatoren, die Brüder Kleszcz, hatten es geschafft, die Solidarność-Gewerkschaft (die mit dem alternativen musikalischen Untergrund durchaus kein gegenseitiges Unterstützungsverhältnis hatte) zu überzeugen, dass das Ziel des Kampfes für die Freiheit der polnischen Arbeiter mit dem der gegen die Apartheid kämpfenden Welt zu vereinen sei. Natürlich war ich immer auf der Seite der Freiheit – und dieses Konzert machte mir endgültig klar, dass Reggae Träger universeller Werte ist.

Die schweren und doch tanzbaren Sounds der LKJ-Produktionen von Dennis Bovell brachten mich auch dazu, wieder im Rhythmus von Protestsongs zu tanzen. Genau zu dem Zeitpunkt, als Punk so schnell geworden war, dass die einzig mögliche Bewegung dazu einem epileptischen Anfall gleichkam. Dank Dennis Bovell, BLACK UHURU, Mad Professor und Adrian Sherwood eröffnete sich mir zudem die Kraft des Dub als einer Musik, die auch die dicksten Mauern Babylons durchbrechen könnte. Die schweren, kompromisslosen und immer für Experimente offenen Strukturen offenbarten ein riesiges Potential und hatten dabei viel mit dem Mut und der Wut der Punk-Bewegung gemeinsam.

In meiner kleinen Heimatstadt Zgorzelec dröhnte also die Musik, wobei zum gesamten Arsenal des Punk und Hardcore, der Rock- und Elektro-Avantgarde sowie von Reggae, Ska oder Dub bald noch weitere Inkarnationen der Musik rebellischer Sklaven-Nachkommen kamen: Soul, Funk, Black Rock und HipHop tauchten auf. Dieser Schmelztiegel brachte eine der spannendsten Black'n'White-Fusion-Projekte in Polen hervor – die Band BUSH DOCTOR. Wir standen einander sehr nahe und stellten gemeinsam unsere »Punky Reggae Party« in Zgorzelec auf die Beine, die später ins ganze Land übergreifen sollte. Hier trafen radikale politische Texte auf eine gen Jamaika orientierte offene musikalische Formel. Die Band trat sogar bei anarchistischen Versammlungen auf und machte 1989 mit einer provokanten Show beim Festival in Jarocin von sich reden. In unserem Bewusstsein war die Bruderschaft mit Menschen anderer Hautfarbe, die unsere Probleme und Faszinationen teilten, selbstverständlich und normal. Dabei hatten wir allerdings nur sehr selten überhaupt einen von ihnen getroffen.

Die dann folgenden 90er bleiben als Zeit der ungewöhnlichen Popularität von Bands in Erinnerung, die Punk, Ska, Folk und Reggae mischten. Internetquellen sprechen sogar von einem spezifisch polnischen Stil namens »Punky Reggae Party«. An der Spitze dieser Bewegung standen ALIANS aus Piła, deren offener Ansatz und konstruktiver Stil mir sehr zusagten. Sie hinterließen viele mitreißende Stücke, und niemand konnte »Guns of Brixton« von THE CLASH besser spielen als ALIANS mit »Bomby domowej roboty«. Damals entstanden viele ähnliche Bands, erwähnenswert davon sind vor allem ŚWIAT CZAROWNIC, PAPRIKA KORPS oder BĘDZIE DOBRZE, die BAD BRAINS Polens. Ihre britischen Entsprechungen wie UNDER THE GUN waren wiederum Stars hiesiger Clubtouren. Mit der Popularität von Hanf wuchs das allgemeine Bewusstsein, und Punk- und Reggae-Bands mischten sich bestens. Die Inspirationen hierzu kamen aus Großbritannien und Frankreich, wodurch der ursprüngliche Reggae aus Jamaika an Aufmerksamkeit einbüßte. Die Dancehall-Explosion blieb in Polen fast unbemerkt und bescherte der Entwicklung der lokalen Reggae-Szene erst im neuen Jahrtausend ein nächstes Kapitel. Davor, im letzten Jahrzehnt des 20. Jahrhunderts, kam allerdings Electronic Dub endlich nach Polen, dessen Erzeuger oftmals ebenfalls aus dem Punk-Umfeld stammten. Die ersten ausländischen Gäste, die diesen neuen Stil aus UK ins Land an der Weichsel brachten, waren THE ROOTSMAN und ZION TRAIN, und zu den Pionieren in Polen gehörten WSZYSTKIE WSCHODY SŁOŃCA und TABU DUBY. Dub wollte ich auch mit jenen Veranstaltungen voranbringen, die das 1988 entstandene DJ-Kollektiv JOINT VENTURE SOUND SYSTEM organisierte, mit dem wir zu den ersten zählten, die in polnischen Clubs Dub und Reggae spielten.

BUSH DOCTOR live in Jarocin, 1989 (Sänger Hipek im T-Shirt mit General Jaruzelski und einem »Wanted Dead or Alive«)
Archiv Maken

DJ Bass Reprodukktor Priest Maken I, 1990er-Jahre
Archiv Maken

Unser Publikum war ein Mix aus allen möglichen Subkulturen des Underground, die zu vertrauten Rhythmen tanzen wollten. Solche Partys gab es sonst nirgends, in Clubs drehte sich alles ausschließlich um Disco-Schund. Niemanden wunderte es dabei, wenn sich in ein Set aus Dub, Reggae oder Ska auch eine Punk-Nummer mischte. Diese kulturelle Verbindung erfuhr nun eine neue Repräsentation – durch den DJ.

Heute, im Jahr 2017, umgibt uns eine völlig andere Realität. Punk-Reggae kommt hauptsächlich aus dem sonnigen Kalifornien und wird von hübschen amerikanischen Jungs gespielt. Die Welt hat sich gewandelt, und Botschaften spielen eine geringere

Rolle in der Musik. Überschwemmt von Informationen haben wir oft Mühe, in die Tiefe zu gehen und den Sinn von Worten zu hinterfragen. Wenn es demjenigen, der überhaupt noch etwas Wesentliches zu sagen hat, überhaupt gelingt, zu uns durchzudringen. Die damalige Zeit aber bleibt für mich ein sehr inspirierender Lebensabschnitt. Dank der Musik haben wir gelernt, dass alle Menschen gleich sind. Ich weiß nicht, wie die polnische Reggae-Musik heute aussehen würde, wenn ihre Wurzeln nicht im Punk lägen. Vielleicht würden alle Bands von Rum, Mädchen und dem Sonnenstrand singen? Nicht nur in Großbritannien, auch in Polen teilten Punk und Reggae die gemeinsame Erfahrung der Frustration vom Leben in einem unterdrückenden System. Die jamaikanische Musik erwies sich dabei als so universelle Formel, dass sie sich einen ständigen Platz in der polnischen Musikszene sichern und hunderte Platten, Bands und Sound Systems inspirieren konnte. Neuntausend Kilometer von der karibischen Insel entfernt haben wir gut gelernt, »Fight Babylon« zu interpretieren und dabei half uns eindeutig »God Save the Queen«!

Aus dem Polnischen von Tina Wünschmann

EMPFOHLENE ALBEN:

DEADLOCK – *AMBICJA*
LP *Blitzkrieg Records,* 1981 (*Manufaktura Legenda,* 2008)

KRYZYS – *KRYZYS*
LP *Blitzkrieg Records,* 1981 (*Manufaktura Legenda,* 2015)

KRYZYS – *KRYZYS* **78–81**
MC *Złota Skała / Gold Rock,* 1994

BRYGADA KRYZYS – *BRYGADA KRYZYS*
LP *Tonpress,* 1982 (*Agencja Artystyczna MTJ,* 2017)

BRYGADA KRYZYS – *BRYGADA KRYZYS* **(LIVE)**
LP *Fresh Records,* 1982 (CD *Pop Noise,* 1999)

ŚMIERĆ KLINICZNA – 1982–1984
CD *Jimmy Jazz Records/ Zima,* 2002

ŚMIERĆ KLINICZNA – *NIENORMALNY ŚWIAT*
LP *Zima,* 2017

IZRAEL (als ISSIAEL) – *BIADA BIADA BIADA*
LP *Pronit* (CD *W Moich Oczach,* 2000)

IZRAEL – *NIKT*
LP *Pronit/Poljazz* (CD *W Moich Oczach,* 1999)

IZRAEL – *DUCHOWA REWOLUCJA CZĘŚĆ I*
LP *Arston,* 1987 (CD inkl. *Część II, W Moich Oczach,* 2003)

IZRAEL – *DLA WSZYSTKICH WOLNOŚĆ ! (LIVE 1984 IN JAROCIN)*
LP *Manufakture Legenda,* 2013

V. A. – *FALA*
LP *Polton,* 1985

BĘDZIE DOBRZE – *HUMAN ENERGY*
MC *Złota Skała / Gold Rock,* 1992 (CD *W Moich Oczach* 2004, LP *Atman-Music,* 2017)

ALIANS – *MEGA YOGA*
MC *THC Records,* 1991 (CD/MC *Pasażer,* 2002)

MIKI MOUSOLEUM – *WIECZÓR WROCŁAWIA*
LP/CD *RitaBaum,* 2015

Robert Matusiak

Straße der Besten

Eine persönliche Top Ten des polnischen Punk

1. DEZERTER *Underground Out Of Poland* LP (1987, *Maximumrocknroll Records*)
DEZERTER sind mehr als nur eine Band in Polen. Institution ist zwar nicht das beste Wort, um etwas zu beschreiben, das mit Punk zu tun hat, aber ihr Einfluss, ihre Reputation, Kreativität und ihr kritischer Standpunkt verleihen ihnen einen besonderen Status. Ihre Texte der letzten 30 Jahre zu lesen, ist wie eine Lektion in polnischer Zeitgeschichte. Eine Lektion, die nach Partizipation und Dialog fragt, ohne ihre Sicht irgendjemandem aufzuzwingen. Wobei es von unschätzbarem Wert ist, dass sie aus der eigenen Erfahrung eines Lebens in zwei Systemen sowie dem dazwischenliegenden Übergangsprozess schöpfen können. Ich hatte meine Zweifel, welche Veröffentlichung allgemein ich als Nummer Eins setzen und welche von DEZERTER dabei Priorität haben sollte. Ihre Debüt-7" von 1983, die man als erste mit Hardcore-Sound in Polen ansehen kann, könnte hier genauso stehen wie *Kolaboracja,* ihre erste, noch zensierte LP in Polen von 1987. Alle hatten einen gleichermaßen großen Einfluss auf mich und meine Weltsicht. Was die *Underground Out Of Poland*-LP allerdings einzigartig macht, ist der Fakt, dass sie vom Label des weltweit größten Fanzines *Maximumrocknroll* aus den USA veröffentlicht wurde, dank der Unterstützung von D.O.A. und des internationalen Hardcore-Punk-Netzwerks. Die LP enthält Songs der Jahre 1983 bis 1985 und ist pure brennende Wut mit pointierten politischen Texten, vorgetragen von einem der charismatischsten Sänger der Ära: Skandal (der die Band danach verließ). Sie sei empfohlen als Ausgangspunkt für jeden, der subversive Punk-Kultur hintern dem Eisernen Vorhang entdecken will.

DEZERTER *Underground Out Of Poland, Maximumrocknroll*, 1987

2. ABADDON *Wet za wet* LP (1986, *New Wave Records*)
Ein weiteres Beispiel für den Support des polnischen Undergrounds durch die internationale Hardcore-Punk-Community. Zu Zeiten, da es extrem schwer war, als Punkband auf LP zu veröffentlichen, da die Musikindustrie von Politik und Zensur kontrolliert wurde und Independent-Labels undenkbar waren. Ursprünglich erschienen auf *New Wave Records* in Frankreich und aufgenommen in Ljubljana auf einer kurzen Jugoslawien-Tour. Nur sehr wenige Punkbands waren damals in der Lage, im Ausland zu spielen, insofern ist dies auch ein ganz besonderer historischer Moment

der Kommunikation und Kooperation zwischen den Szenen und Ländern. Ich kenne eine Menge Leute aus Polen, Europa und den USA, die diese LP sogar für die beste polnische Veröffentlichung der 80er halten. Die Songs balancieren großartig zwischen Aggression und Catchiness. Das Gitarrenspiel und der Sound an sich sind perfekt und auch heute noch einflussreich, nicht nur in Polen. Zudem sind die Texte sehr wichtig, die sich mit einer gewalttätigen Menschheit, autoritären Regimes, Nationalsozialismus und Faschismus auseinandersetzen. Geschrieben von einer Band aus einem Land, das die absolute Hölle des Zweiten Weltkriegs und 40 Jahre Staatssozialismus hinter sich hatte. Wie sie verschiedene Systeme der Unterdrückung miteinander in Verbindung setzen, die des eigenen Landes mit der Apartheid in Südafrika oder dem aufkommenden Neofaschismus der Achtziger, ist schlicht brillant. Das Front-Cover der LP, auf dem die eingravierten Namen jüdischer Opfer des Holocaust zu sehen sind, wirkt dabei wie die passende erste Seite einer Studie jener grausamen Mechanismen, die Menschen gegenüber Menschen anwenden und zum Thema der Platte wurden.

3. SIEKIERA *Demo Sommer 1984* CS (1984)

Es ist vielleicht etwas unfair, ein Bootleg in die Top 10 zu nehmen, zudem soweit vorn, aber das hier ist einfach nicht zu ignorieren, wenn es um polnischen Punk der 80er geht. Es wurde mehrfach als Kassetten-Edition in Umlauf gebracht, wahrscheinlich erstmalig 1989, aber bereits kurz nach der Aufnahme kursierte es schon im ganzen Land unter Tapes tauschenden Punks. Diese Songs von einem Freund zu bekommen, war wie die offene Einladung in eine neue aufregende Welt. SIEKIERA waren damals der brutalste, aggressivste und roheste Hardcore des gesamten Ostblocks. Eine absolut zerstörerische, scharfe, raue Musik, gekrönt von der unglaublichen Stimme des

SIEKIERA live in Jarocin, 1984. Foto: mr makowski

Sängers Tomek Budzyński. Als hätte er einen Atomreaktor in der Kehle, artikulierte er unglaubliche Texte, die auf ihre Art bis heute unübertroffen sind. Ob sich das in Übersetzungen überträgt, sei bezweifelt, aber auf Polnisch wirkt diese abgedrehte, gewalttätige, brutale und hässliche Poesie in ihrem Ausdruck und mit diesem Sound wirklich gefährlich, beängstigend und vor allem: real. Ich hoffe, dieses kostbare Material wird endlich auf Vinyl veröffentlicht, denn kein Reissue wird derartig herbeigesehnt wie dieses!

4. MOSKWA *s/t* LP (1989, *Pronit*)
Das längst fällige erste Release von MOSKWA. Trotzdem ein Klassiker, einer der besten jener Dekade, mit sehr guten Arrangements und viel Power, wenn auch mit Versuchen, dabei catchy und melodisch zu wirken. Die Frage allerdings, wieviel Potential verloren ging, weil sie nicht zwischen 1984 und 1986 aufnehmen konnten, ist nicht von der Hand zu weisen. Wären jene vier Songs, die sie 1984 bei *Radio Łódź* aufnahmen, gleich veröffentlicht worden, wäre das wohl nicht nur einer der besten polnischen Punkreleases gewesen, sondern generell des europäischen Hardcore-Punk. Jegliches MOSKWA-Material zwischen 1984 und 1987 sei also empfohlen, auch ihre Live-Aufnahmen.

5. BRYGADA KRYZYS *s/t* LP (1982, *Tonpress*)
Für jeden, der während des 1981 ausgerufenen Kriegszustands in Polen lebte, gibt es kein anderes Album, das besser für diese traumatische Periode steht. Aufgenommen zu Zeiten, als Gegenwart und Zukunft aufhörten zu existieren. Die Polizeistunde war das reale Zeitmaß. Wann immer ich die Platte höre, bin ich gefühlt zurück im Jahr 1981, besonders bei »Centrala«. Denn die Zentrale der Macht war genau bei mir um die Ecke, bewacht von Soldaten mit Maschinengewehren. Man hört den kalten Dezember 1981 mit seiner Militärpräsenz überall da draußen. Ein absoluter Klassiker und die erste 12" mit Punk (und Reggae) in Polen überhaupt. Gehört in jede Sammlung.

6. SIEKIERA *Nowa Aleksandria* LP (1986, *Tonpress*)

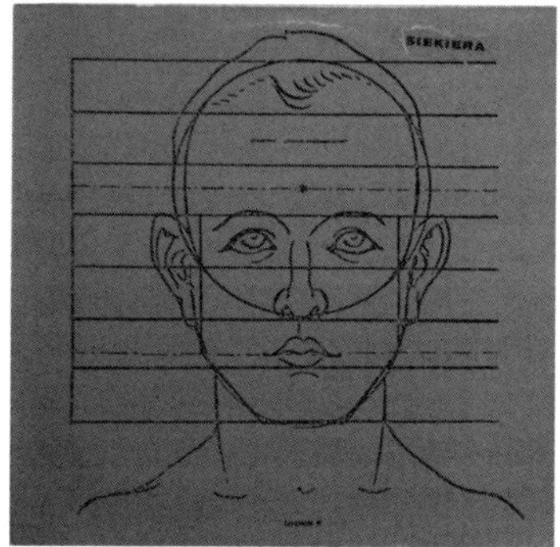

Ich versuchte zwar, zwei Releases von der gleichen Band zu vermeiden, um Platz für andere zu lassen, aber in diesem Fall war es unmöglich. Ein Grund ist, dass SIEKIERA auf dieser Platte sich so deutlich von den frühen SIEKIERA unterscheiden. Als sie anfingen, mit diesem Material aufzutreten, waren alle enttäuscht. Die Punks drehten der Band während der Shows den Rücken zu. Es war wie ein stiller Boykott. Als die LP dann erschien, waren sie zwar bereits wieder akzeptiert, aber den Klassiker-Status bekam sie später. Hier ist pure Genialität am Werk, auch wenn diverse Einflüsse herauszuhören sind. Musik und Texte entsprachen in ihrer Kälte und Klarheit exakt dem Geist von Zeit und Ort, was nicht verhinderte, dass dies offensichtlich in jüngster Vergangenheit zum bekanntesten polnischen Release außerhalb Polens wurde.

7. V/A *Jak Punk To Punk* LP (1987, *Tonpress*)
Die *Fala*-Compilation von 1985 war der erste Versuch, polnischen Punk auf einer LP zu versammeln, aber da dies eher ein Punk&Reggae-Sampler war, wählte ich *Jak punk to punk*. Ein brilliantes Zeitdokument. Alle Bands hier sind großartig: ARMIA, DEZERTER, TZN XENNA, ABADDON, SIEKIERA, REJESTRACJA, PROCESSS. Wir sollten zwar glücklich sein mit dem, was wir haben, aber auch hier gilt: Wie viel ging verloren, weil diese Compilation nicht schon 1984 gemacht wurde?

8. ARMIA *Aguirre* 7" EP (1987, *Tonpress*)
Dass es absolute Spitze werden würde, wenn Ex-Mitglieder von BRYGADA KRYZYS und SIEKIERA zusammen eine neue Band starten, war allen klar. Diese Debüt-7" kommt dabei dem kraftvollen Sound ihrer frühen Live-Auftritte am ehesten nahe. Jedenfalls viel besser als ihre zwar gute, aber ganz schlecht gepresste erste LP aus dem gleichen Jahr, die auch das Waldhorn einführte. Weswegen sie als *Czas I Byt* Anfang der Neunziger mit besserem Sound neu eingespielt wurde. Und dann ist da noch *Legenda*, ihr absolutes Meisterwerk ... das ist jedoch auch schon von 1991.

9. TZN XENNA *Dzieci z brudnej ulicy* 7" EP (1985, *Tonpress*)
Der einzige Vinyl-Release dieser Band aus Warschau/Raszyn (außer den zwei Tracks auf *Jak Punk To Punk*). Großartige, energetische Songs und ein tolles Cover. Eines, das wirklich ungewöhnlich war, denn es gab damals zumeist Standardverpackungen bei Singles. Sie hatten viele gute Songs dieser Qualität und es ist schade, dass sie in der Periode keine volle LP aufnehmen konnten. Aber umso schöner, dass es diese EP gibt!

10. THE CORPSE *Fight against rules demo* CS (1988, Reissue auf LP 2009, *Scream Records/Refuse Records/Warsaw Pact Records*)
Dieses Demo kann man als Beginn eines neuen Kapitels im polnischen Punk ansehen. Als viele Bands der frühen und Mitt-80er ihren Sound veränderten oder auseinanderbrachen, gab es eine neue Welle, die sich nun auch selbst als Hardcore bezeichnete. Mit einem Underground-Netzwerk an Bands, Promotern und Fanzines auf DIY-Basis, internationalen Kontakten und ebensolchem Tape-Handel. Das Demo ist kraftvoll und massiv. Perfekt ausgeführte Riffs mit DISCHARGE-Einfluss treffen auf Thrash und Crossover. Seit ein paar Jahren auch auf Vinyl erhältlich.

Ehrenerwähnungen: Die beiden ŚMIERĆ KLINICZNA-7" (*Nasza Edukacja*, 1983, *Tonpress / A. s. p.* /*Jestem Ziarnkiem Piasku*, 1984, *Tonpress*), ABSURD-7" (*Zżera Mnie Dżuma*, 1987, *Tonpress*), 1984–7" (*Tu Nie Będzie Rewolucji*, 1987, *Tonpress*), H. C. P.-7" (*Anti Drugs*, 1989, *Resistance Productions*).

Robert Matusiak betreibt in Berlin das Label *Warsaw Pact Records*.

DISKOGRAFIE POLEN

ABADDON

Legende mit wütendem Hardcore/Punk.

7": *Walcz o Swoją Wolność*: Koniec Świata / Zamknij Się w Sobie / Walcz o Swoją Wolność / Boimy Się Siebie / Kto / Kukły (*Bydłoszcz*, 1996) Bootleg

7": *Nie Do Poznania*: Intro – Przemoc i Siła / Zostań Bohaterem / Abaddon / Apartheid / System / Żołnierz Tego Świata (*HC PZPR*, 1999)

LP: *Wet Za Wet* (*New Wave* Frankreich, 1986, *Warsaw Pact Records*, 2012) Aufgenommen in Ljubljana während der 1985er-Jugoslawien-Tour, mit einer schönen Dub-Nummer.

ABSURD

Schräges punky Seitenprojekt von Dariusz Dusza (Ex-ŚMIERĆ KLINICZNA).

7": Zżera Mnie Dżuma / Izolacja (*Tonpress*, 1987)

ARMIA

Hardcore mit Folk-, Klassik- und Post Punk-Einflüssen und Waldhorn (!) ... Sehr kraftvoll und originell. Beginnend mit dem Dante-Konzept-Album *Triodante* (1994) werden sie zu einer Art christlichen Propaganda-Hardcore-Band!

7": Aguirre / Trzy Znaki / Saluto (*Tonpress*, 1987)

LP: *S/T* (*Pronit*, 1987)

LP: *Legenda* (*Wifon*, 1991)

CD: *Czas I Byt* (*SPV/Metal Mind*, 1992), Re-Recordings der Songs des falsch gemasterten, ersten Albums + Bonus-Tracks

BĘDZIE DOBRZE

Hardcore meets Dub-Reggae.

MC: *Human Energy* (*Gold Rock*, 1992/ CD *W moich oczach*, 2004/ LP *Atman-Music*, 2017)

CD: *Open Your Mind* (*QQRYQ*, 1995)

»Slowo/ I. F. Y. S.« auf *All Human Rights Reserved Vol.1* Comp. CD (*QQRYQ*, 1995)

BIG CYC

Punkband aus dem Umfeld der neodadaistischen »Orange Alternative«-Bewegung in Wrocław.

LP: *12 Hitow W Stylu Lambada Hardcore* (*Polskie Nagrania*, 1990), auch auf CD

LP: *Nie Wierzcie Elektrykom* (*Polskie Nagrania*, 1991), auch auf CD

BIKINI

7": »S/T« (*HRPP Records*, 2010)

BRYGADA KRYZYS

Ex-KRYZYS und Ex-TILT, die »godfathers« des polnischen (Post) Punk, später auch zwischen Reggae und Punk bei IZRAEL oder ARMIA oder wieder mit TILT aktiv.

7": Centrala / The Real One (*Tonpress*, 1982) im Standard-*Tonpress*-Cover

LP: *S/T* (*Tonpress*, 1982)

LP: *S/T* (*Fresh* UK, 1982) Bootleg des ersten Konzerts, kam 1999 auf CD/MC bei *Popnoise*

CD: *Cosmopolis* (*Mega Czad/Koch*, 1993)

THE CORPSE

LP: *Fight Against Rules* (*Warsaw Pact Records*, 2009), auch auf CD

Walcz / Wasz Świat / Twoja Twarz: auf *Porzucona Generacja* Comp. CD (*Pop Noise*, 1999), alte Aufnahmen.

DEADLOCK

Erste polnische Punkband auf Vinyl. Klassiker im 77er-Gewand, starker Reggae-Einfluss bereits.

Split 7" (mit DRAGONS): *Best Perfumes From The Revolution*: I'm On The Top (*Blitzkrieg* Frankreich, 1982)

7": *S/T* (*Plyta Records*, 1995) Live 1980

LP: *Ambicja* (*Blitzkrieg* – Frankreich, 1981/ *W moich oczach*, 2008) rereleased auf CD in Polen 2001.

Internat. Comp.:

»Psalm nø11« auf *1984 The First Sonic World War* Comp.-LP (*New Wave* Frankreich, 1984)

»Am I Victim Of Safety Pin« auf *Victim Of Safety Pin – Polski Punk Underground 1977–82* Comp.- LP (*Supreme Echo* Kanada, 2003)

DE PRESS

Melodischer und energetischer Punk und Wave-Rock um den polnischen Emigranten Andrzej Dzubiek Nebb in Norwegen in den frühen 1980en. Neben Englisch, Norwegisch und teils Russisch wird auch in einem Dialekt aus Südpolen gesungen.

Das zwischenzeitliche Nachfolger-Projekt HOLY TOY geht dann gen Industrial und Post Punk.

7": *De Press* (*Torpedo* Norwegen, 1980)

LP: *Block To Block* (*Siberia Music* Norwegen, 1981) Rereleased auf CD von *Sonet Grammofon* 1989.

LP: *Product* (*Siberia* Norwegen, 1982), Rereleased auf CD von *Sonet Grammofon* 1990.

LP: *On The Other Side* (*Uniton* Norwegen, 1983)

DEUTER

Großartiger Punk, aber ab Mitte der 1980er auch mit Funk- und Dance-Elementen, auf LP selbst mit dem ersten HipHop-Stück auf Polnisch.

7": Średniowiecze / Zle Mysli (*Tonpress*, 1986)

LP: *1987* (*Polskie Nagrania*, 1988)

LP: *Demos 1981–1984* (*Warsaw Pact Records*, 2017)

DEZERTER

Klassiker des polnischen politischen Punk/HC. Vorher seit 1981 als SS-20 aktiv.

MC: *Jeszcze Żywy Człowiek* (*Tank Records*, 1984/ Do-LP *Pasazer*, 2011) Live in Jarocin.

MC: *Izolacja* (*Tank Records*, 1986) B-Seite mit diversen unbenannten sowjetischen Underground-Bands

7": Ku Przyszłości / Spytaj Milicjanta / Szara Rzeczywistość / Wojna Głupców (*Tonpress*, 1983) im Standard-Tonpress-Cover

7": s/t: Ku Przyszłości / Dla Zysku/ Niewolnik/ Jugosławia (*S/R-Nikt Nic Nie Wie*, 1993) Neuaufnahme alter Tracks mit der HEY-Sängerin Kasia Nosowska und aktualisierten Texten

LP: *Underground Out Of Poland* (*MRR* USA, 1987) Trackliste des US-Release hat zahlreiche Fehler. Auf CD in Polen von *QQRYQ* Mitte der 90er

LP: *s/t* (*Razem*, 1987 / Als *Kolaboracja* bei *Pasażer*, 2015) auf Kassette 1987 bei *Polton* mit anderem Cover. Auf CD bei *Polton* Mitte der 1990er unter *Kolaboracja*

LP: *Kup Te Plyte!!! (Kolaboracja II)* (*Arston*, 1990) die CD-Version enthält 5 Bonustracks, live in Japan 1990, veröffentlicht bei *Polton*

LP: *Wszyscy Przeciwko Wszystkim* (*Arston*, 1990 / Als *Tous Contre Tous* auf *Dissidence* Frankreich, 1990)

Do-LP: *Jak Powstrzymałem III Wojnę Światową Czyli Nieznana Historia Dezertera* (Als CD *Silverton*, 1993/ LP u.a. *Pasazer* 2009)

Internat. Comp.:

»Greetings From Poland« auf *We Don't Want Your Fucking War* Comp. LP (*Fight Back* UK, 1984)

»Spitaj Milicjanta« auf *World Class Punk* Comp. Kassette (*ROIR* USA, 1984) Als »Dezerta«, auf CD 1998 (*ROIR*)

DZEDZEJ, WALEK

Dylanesker Folk-Sänger, der mit der WALEK DZEDZEJ PANK BEND (sic!) 1977 die wohl (wirklich) erste Punk-Show Polens spielte.

»Nie jestem ty« auf *Victim Of Safety Pin – Polski Punk Underground 1977–82* Comp. LP (*Supreme Echo* Kanada, 2003)

FORT B.S.

Punk.

MC: *Próba+Studio 1986* (*ZK Tapes*, 1986)

CD: *Lekcja Historii* (*Lou & Rocked Boys*, 2008)

LP: *1986* (*Pasazer*, 2012)

HCP

»Hardcore Poznan«.

7": *Anti Drugs*: Anti Drugs / Nienawiść / Intro / Motto / Młodzi Faszyści (*Resistance* Schweiz, 1989)

INKWIZYCJA

Metallischer Hardcore. Erste echte Independent-LP Polens.

LP: *Własne Podobieństwo* (*Anatema/Nikt Nic Nie Wie*, 1990)

KARCER

Hardcore.

LP: *S/T* (*Arston*, 1991) auf CD mit verschiedenem Cover

CD: *Anarchiva* (*Jimmy Jazz*, 2007) Aufnahmen der 1980er

KOLABORANCI

Powerpunk aus Szczecin goes Hardcore-Funk.

LP: *A Może To Ja?* (*Arston*, 1990)

KONTROLA W

Nervös-düsterer (Post) Punk mit weiblichem Gesang. Wurden später zu KOSMETYKI MRS PINKI.

Manekiny / Bossa Nova / Ciągle w Ruchu / Centrum Przemysłu / Radioaktiwne / To Będzie Koniec: auf *Porzucona Generacja* Comp. CD (*Pop Noise*, 1999) alte Aufnahmen.

KONWENT A

Punk/Wave mit Frau am Gesang.

LP: *Czerwień I Biel* (*Jimmy Jazz*, 2013)

KRYZYS

»Krise«. Starteten als THE BOORS, agierten teils bei DEADLOCK mit und fusionierten mit TILT-Mitgliedern zu BRYGADA KRYZYS. Absolute Pioniere auf der Höhe der Zeit mit Punk, Ska, Reggae und Punkfunk. 2008 reaktiviert.

LP: *S/T* (*Blitzkrieg* Frankreich, 1981)

MC: *1978–1981* (*Gold Rock*, 1994) Nachträglich mit Dubeffekten versehene Orignal-Aufnahmen.

CD: *Kryzys Komunizmu* (*Songood*, 2010) Alte Songs, erstmalig im Studio aufgenommen.

KSU

Gegründet 1977 im tiefsten Südosten. Klassischer 77er-Powerpunk.

LP: *S/T* (*Pronit*, 1989)

KULT

Starteten als Punkband unter dem Namen POLAND. Angeführt vom charismatischen wie intelligenten Sänger Kazik sind KULT eine außergewöhnliche Mixtur aus Punk, Progressive Rock, Jazz, Kabarett und vielem mehr, mit Bläsern und Sixties-Orgel.

7": Piloci: Do Ani / Piloci (*Tonpress*, 1986)

LP: *S/T* (*Polton*, 1987) auf CD bei *SP Records* 1993

LP: *Posłuchaj, To Do Ciebie* (*Razem*, 1987) auf CD bei *SP Records* 1992

LP: *Spokojnie* (*Polton*, 1988) auf CD bei *SP Records* 1993

LP: *Tan* (*Polton*, 1989) auf CD bei *Polton* 1991, bei *SP Records* 1998

LP: *Kaseta* (*Arston*, 1989) auf CD bei *SP Records* 1995

LP: *45–89* (*Arston*, 1991) auf CD bei *SP Records* 1996

MOSKWA

Meister des rasenden Hardcore, auf der zweiten LP allerdings zu langweiligen Gitarrenhelden mutiert.

MC/CD/LP: *Nigdy!* (*Prwada*, 1986 / CD: *Zima* 2004/ LP: *Warsaw Pact Records* 2016)

7": *Studio '84* (*Warsaw Pact Records*, 2011)

7": *Wiem* (*Warsaw Pact Records*, 2017), Aufnahmen von 1987

LP: *S/T* (*Pronit*, 1989)

LP: *Życie Niezwykłe* (*Polskie Nagrania*, 1990)

CD: *1984 Koncert* (*SNFP*, 2001)

Do-CD: *S/T* (*Dywizja KOT*, 2002) Erstes Album + frühere Tracks + Multimedia mit Videos

PO PROSTU

Skurriler Punk aus Gdańsk.

CD/LP: *Demo '86* (*Olifant*, 2005/2008)

PROCESS

Sehr emotionaler und bassbasierter Punk aus Gliwice. Schreibweisen variieren zwischen einem und drei S.

Do-CD: *1984/86 – 2010/12* (*Zima*, 2013)

»Stroszek« auf *Jak Punk To Punk* Comp. LP (*Tonpress*, 1986)

»Kolejny Krok Cywilizacji« auf *Radio Nieprzemakalnych* Comp. LP (*Wifon*, 1988)

REJESTRACJA

»Registration«. Klassischer polski Hardcore.

LP: *Darmowe wczasy ,83* (*Toronto Records* Kanada, 2017)

Internat. Comp.:

»Dziecko« auf *1984 The Third* Comp. DO-LP (*New Wave* Frankreich, 1987)

»Madman« auf *Tour de Farce Part 2*« Comp. Kassette (*Empty* BRD, 1987) Titel ist Englisch angegeben, aber auf Polnisch.

»Everything Could Be Surrounded By The Fog« auf *Tour de Farce Part 3* Comp. LP (*Empty* BRD, 1989) Titel ist Englisch angegeben, aber auf Polnisch

»Kontrola/ Wariat« auf *Czad Orkiestra 2000* Comp. CD (*Psy Wojny/Galicja Punks*, 2000)

SEX BOMBA

Aggressiver Punk mit Oi-Kante.

LP: *To Niemożliwe* (*Arston*, 1990)

SIEKIERA

»Die Axt«. Klingt zuerst auch so: brutal, schnell, gnadenlos. In der zweiten Phase ohne den ersten Sänger Tomasz Budzynski (zu ARMIA) ab 1985 dann Coldpunk.

7": Jest Bezpecznie / Misiowie Puszysci (*Tonpress*, 1985)

7": *Atak*: Niosąc Wronieserca / Burek Dobry Pies / Atak / Fala / Siekiera / Zabij Ty / Rana Kłuta / Wojowniku Zabij KH (Bootleg, 1999) Aufnahmen von 1984.

LP: *Nowa Aleksandria* (*Tonpress*, 1986)

LP: *1984* (*W moich oczach*, 2008)

CD: *Na Wszystkich Frontach Świat* (*W moich oczach*, 2008)

ŚMIERĆ KLINICZNA

»Klinischer Tod« aus Gliwice. Rotznäsig überdrehter Punk und Reggae.

7": Nasza Edukacja / Nienormalny Świat (*Tonpress*, 1983) Standard *Tonpress*-Cover

7": ASP / Jestem Ziamkiem Piasku (*Tonpress*, 1984) Standard Tonpress-Cover

CD: *1982–1984* (*Jimmy Jazz*, 2002)

LP: *Nienormalny Świat* (*Zima*, 2016)

TILT

Frühe Legenden der Szene, gegründet 1979, teils großartiger Punk, zwischenzeitlich aber teils softe Indie-Gitarren-Musik.

7": *Runął Już Ostatni Mur* (*Tonpress*, 1985)

7": (Mówię ci,) Że / Rzeka Miłości, Morze Radości, Ocean Szczęścia (*Tonpress*, 1986)

LP: *S/T* (*Tonpress*, 1986)

LP: *Czad Kommando* (*Arston*, 1989)

TRYBUNA BRUDU

Punkband aus dem Umfeld des Fanzines und Tape-Labels *QQRYQ*.

LP: *PGNM* (*Jimmy Jazz*, 2016) Aufnahmen von 1986/87

TZN-XENNA

Klassischer Punk.

7": Dzieci z Brudnej Ulicy / Ciemny Pokój (*Tonpress*, 1985)

CD: *Ciemny Pokoj* (*Pop Noise*, 2000?) Posthumer Release.

WC

Punk-Helden aus Szczecin.

CD/LP: *Archivum* (*Jimmy Jazz*, CD: 2005/ LP: 2008)

ZIELONE ŻABKI

»Die grünen Frösche« – Punky Reggae mit Schnittmenge zur Punkband GA-GA, die wiederum Vorreiter des Hare-Krishna-Punk in Polen war.

CD: *Lekcja Historii* (*Lou & Rocked Boys*, 2003)

LP: *Live. Zgorzelec '88* (*Lou & Rocked Boys*, 2013)

COMPILATIONS:

LP: *Fala* (*Polton*, 1985)

Erster Underground-Sampler, zusammengestellt von Slawomir Golaszewski (Reggae-Philosoph und Armia-Begründer), Punk und Reggae: SIEKIERA, DEZERTER, KRYZYS, TILT, BAKSZYSZ, IZRAEL, KULTURA, PROWOKACJA, RIO RAS ...

LP: *Jak Punk to Punk* (*Tonpress*, 1986)

Klassiker: ARMIA, SIEKIERA, DEZERTER, ABADDON, REJESTRACJA, TZN XENNA, PROCESS

LP: *Radio Nieprzemakalnych* (*Wifon*, 1988) Punk- und New-Wave-Sammlung, u. a. mit R. A. P., KOSMETYKI MRS PINKI, PROESS, 1984 und ONE MILLION BULGARIANS

LP: *Jarocin '88* Comp. 3LP (*Polskie Nagrania*, 1989)

Festivaljahrgang mit KOLABORANCI, WIELKANOC, ZIELONE ŻABKI u. v. a.

CD: *Punk Rock Later* (*Sic!*, 2003)

Compilation zum gleichnamigen Buch mit Interviews der alten Helden. Mit BRYGYDA KRYZYS, ARMIA, DEZERTER, KSU, KULT u. a.

LP: *Victim Of Safety Pin – Polski Punk Underground 1977–82* (*Supreme Echo* – Kanada, 2003) Fundiert erstellte Ur-&Früh-Punk-Sammlung mit größtenteils unveröffentlichten Stücken aus den allerersten Punk-Tagen Polens. Entsprechend teils mit geringer Soundkraft, aber viel Energie. Kommt mit entsprechendem Booklet und ist ein guter Einstieg für Punk-Historiker. Mit DEZERTER, KRYZYS, DEADLOCK, POLAND, KSU, POE'ROCKS, BRAK, TILT, REJESTRACJA, DEUTER, TASS u. a.

LP: *Gliwicka Alternatywna Scena* (*Zima*, 2014) Punk- und punky Reggae-Sounds der Früh- und Mitt-80er aus Gliwice, mit ABSURD, PROCESSS, ATTACK, BRZYTWA OJCA! und ŚMIERĆ KLINICZNA

Jan Krýzl

»Neue« Welle mit altem Inhalt

Ausschnitte/Zitate aus: »Nová« vlna se starým obsahem, in: Tribuna 12/1983, veröffentlicht 23.3.1983.

Proletáři všech zemí, spojte se!

tribuna 12

»NOVÁ« VLNA se starým obsahem

blémem bychom se měli více zabývat ve vedení učiliště, ve svazácké i stranické organizaci, a především působit na ty rodiče, kteří to s kapesným svých dětí přehánějí.«

Poslední slovo v diskusi patřilo Milanu Jaškovi: »Stranická organizace průběžně sleduje a pravidelně hodnotí činnost ZO SSM. Ve spolupráci se svazáckou organizací vybíráme také mezi nejlepšími učni kandidáty strany. Ve funkci předsedy ZO KSČ pracuji tři roky. Zatím se nám nestalo, aby učeň-kandidát zklamal.

tek bytů. Proto národní výbor vytváří podmínky pro individuální výstavbu, zejména řadovou. »Připravili jsme území pro devadesát šest domků. Přicházeli lidé, chtěli stavět, každý však něco jiného,« říká předseda MěstNV Cyril Svoboda. »Získali jsme mladého architekta, ten si zájemce o výstavbu svolal, dal jim dotazníky, jejichž prostřednictvím zjistil požadavky a podle toho domek navrhl. My jsme projekt zaplatili: má šest variant podle velikosti, každý si může vybrat. Když se dnes kdokoli přihlásí, stačí uvést projekt, jeho název, zaplatit dva tisíce korun, dostane číslo pozemku, projektovou dokumentaci a může stavět.«

Je to však také trochu jako bumerang. Lidé, kteří mají možnost do věcí mluvit, jsou kritičtější, náročnější, ale i odpovědnější. »Jsme rádi!« zdůrazňuje předseda MěstNV Cyril Svoboda. »Čím více lidí do toho mluví, tím více rozumu se lze dopátrat, tím více se přibližíme k objektivní pravdě. A právě to je ku prospěchu města i jeho obyvatel.«

KAREL KLOUDA

řídili a organizovali, velmi dobře věděli, že hospodářská krize v sedmdesátých letech a rostoucí nespokojenost mladé generace s prohlubujícím se sociálním útlakem kapitalismu by nezbytně vyvolaly v život staré či nové bojové písně.

A právě v této době se objevila »nová« vlna rockové hudby, která svým hudebním i slovním obsahem měla dát této »ztracené« generaci kapitalistického světa životní filozofii vyjádřenou heslem No Future — žádná budoucnost. Mládež se měla ztotožnit s životem, který jí připravil kapitalismus. Buďte lhostejní k životu kolem sebe, nejděte s nikým a proti ničemu! Nic nemá smysl! To se mělo stát krédem mladé generace. K jeho prosazení měl a má sloužit tzv. punk rock, šílený rock anebo také prevít rock.

Primitivní texty spojené s primitivní hudbou, odporné šaty, provokující chování, oplzlá gesta, odmítání všeho normálního, barvení vlasů na zeleno, na

S oblečením si v ničem nezadává úroveň hudby a textů. Jednotvárné, opakující se melodie (pokud se tak dá mnohadecibelový zvuk vůbec nazvat) doprovázejí texty, za jejichž autory by bylo možno považovat spíše chovance psychiatrických léčeben, než lidi, kteří se vydávají za »umělce«. Bohužel, věc je složitější a vážnější. Texty, v nichž se např. mnohokrát opakují »důmyslná« slova »kafa, pafa, hafa (Pražský výběr), nebo se pět minut vyřvává »Bejby, bejby, dej mi kadilak«, či »hipi, hipi, šejk« (Letadlo), nebo vulgární text »má špinavá záda, nepije, nekouří, nesolí, ale má to ráda«, či píseň s názvem Pal vodsuď, hajzle (Jasná páka), nebo »náš pán je král, má jméno heroin« (Bronz), vypadající jako výplod chorého mozku, jsou ve skutečnosti výrazem nihilismu a cynismu, hluboké nekulturnosti a ideologických přístupů, které jsou socialistické společnosti zcela cizí.

Bohužel pracovníci některých kultur-

běhu vystoupení vykřikovala »Du bist Schwein«, a když její členy pořadatelé volali k pořádku a odpovědnosti, obořili se na ně slovy: »Nyní jsme na sále pány situace my a vy běžte do...« Otázku, jak je možné, že se podobná »kultura« produkuje pod jejich hlavičkou, je možno položit i dalším. Např. Obvodnímu domu kultury v Praze 8, Okresnímu kulturnímu středisku Praha-východ, některým klubům SSM apod.

Otázek je samozřejmě více. Jak zřizovatelé pracují se svými hudebními sku-

votu převážné většiny naší mladé generace cizí.

»Hudba«, jíž jsme věnovali pozornost, není v široké škále naší zábavné hudby ani převažující, ani určující. Je okrajovým jevem, ale přesto jevem, který nelze přehlížet a mlčet k němu. Naše mladá generace žije v podmínkách životních a sociálních jistot a ve své většině se také na vytváření těchto podmínek, na výstavbě naší společnosti, aktivně podílí. Proto má také právo, aby její vědomí nebylo otravováno tím, co se za kulturu či umění pouze vydává, ale skutečným kulturním hodnotám je na hony vzdálené.

JAN KRÝZL

tribuna 5
12 / 1983

Tribuna, 12/1983

»Die bourgeoisen Gehirnmanipulatoren, die Zentralen der Ideologie und Diversion, begriffen sehr schnell, dass die Rockmusik – wenn man ihr den »richtigen« Inhalt verleiht (d.h. solchen, der die Jugend von der Politik, vom Klassenkampf und von alltäglichen Problemen ablenkt) – zu einer Droge werden kann, die letzten Endes die gleiche Wirkung hat wie richtige Drogen. Sie treibt die Jugend zur Passivität, zur Flucht vor der Realität in eine Welt der Traumvorstellungen und verzweifelten Ansichten. (...)

Aus der Rockmusik ist ein großes Business geworden, aber auch ein Mittel der ideologischen und kulturellen Diversion nicht nur gegen die Jugend in den eigenen [d.h. kapitalistischen] Ländern, sondern auch gegen die jungen Menschen in den sozialistischen Staaten. (...)

Und eben in dieser Zeit kam die sog. »Neue Welle« der Rockmusik auf, die mit ihrer Musik und mit ihren Texten der neuen »verlorenen« Generation in der kapitalistischen Welt eine neue Philosophie verleihen wollte, die sie mit der Losung »No Future« – Keine Zukunft zum Ausdruck bringt. (...)

Und es ist kein Zufall, dass der sog. Punk Rock und auch die »Neue Welle« durch westliche Sender und andere Wege (z.B.: Schmuggeln von Schallplatten und Kassetten) auch in unserer Republik verbreitet wurden und werden. (...)

Es gibt zweierlei Ziele, die die Zentralen der Diversion damit verfolgen: zum einen wollen sie durch diesen musikalischen Schund direkten Einfluss auf unsere Jugend nehmen, und zum anderen mit den Losungen einer scheinbar »Neuen« musikalischen Welle auch bei uns die Entstehung von Musikgruppen provozieren, die solche, sich allen ästhetischen und moralischen Maßstäben widersetzende, Musik produzieren würden. Das Ziel, das damit verfolgt wird, ist mehr als offensichtlich – durch den ohrenbetäubenden Lärm, die einfältigen Melodien und die primitiven, oft sogar vulgären Texte soll auch unserer Jugend diese bewährte und erprobte Droge serviert werden, die dann auch unseren jungen Menschen die Lebensphilosophie von »No Future« eintrichtern würde sowie solche Einstellungen, Verhaltensweisen und Ansichten, die dem Sozialismus völlig fremd sind. Durch diese Musik soll auch unsere Jugend zur Gleichgültigkeit, Passivität und zur Widerständigkeit gegenüber der Gesellschaft gebracht werden. (...)

Auch wenn diesen »Sirenenklängen« und dem Rufen der vermeintlichen »Internationalität« nur ein paar Dutzend, vor allem junge und unerfahrene, Hobbykünstler und -gruppen verfielen, dürfen wir dennoch nicht ignorieren, dass einige Musikgruppen den sog. Punk Rock oder die »Neue Welle« verbreiten. Um welche »Kultur« und »Kunst« es sich dabei handelt, verraten schon die Namen dieser Gruppen (wie z.B.: PARCHANTI (etwa Bengel), ZKÁROVANÝ PŘEBAL (Hackevoll verpackt), ŽABÍ HLEN (Froschschleim), ŽLUTÝ PES (Gelber Hund), DEVIZOVÝ PŘÍSLIB (Devisenzusage) etc.). (...)

Wie ist es denn überhaupt möglich, dass man im Rahmen von kulturellen Veranstaltungen oder sogar Konzerten Geschmacklosigkeit, Alkoholismus und Drogenkonsum propagiert, die Beziehungen zwischen Jungen und Mädchen vulgarisiert oder Ansichten verbreitet, die der sozialistischen Gesellschaft völlig fremd sind? Ist es denn etwa normal, wenn Musiker und Sänger auf der Bühne in Damenfeinstrumpfhosen (als wesentliche Bekleidung) auftreten, wenn sie sich halb nackt ausziehen, ihre Gesichter mit bunten Streifen beschmieren oder sich mit Ketten und Schlössern verschnüren? (...)

Und das Niveau der Musik und der Texte steht dem der Bekleidung im nichts nach. Einfältige, sich wiederholende Melodien (wenn man diesen dezibellastigen Lärm überhaupt so nennen kann) werden von Texten begleitet, deren Autoren man wohl eher für Zöglinge einer psychiatrischen Anstalt halten könnte, als für Menschen, die sich als »Künstler« bezeichnen. Doch die Angelegenheit ist leider etwas komplizierter und ernsthafter. Die Texte [...], die wie Ergüsse eines kranken Gehirns aussehen, sind in Wirklichkeit ein Ausdruck des Nihilismus und Zynismus, tiefer Unzivilisiertheit und ideologischer Ansichten, die der sozialistischen Gesellschaft völlig fremd sind. (...)

Diejenigen, die öffentlich auftreten wollen und diejenigen, die es ihnen ermöglichen (Veranstalter und Trägerorganisationen), müssen sich dessen bewusst werden, dass derjenige, der zu hunderten oder tausenden jungen Menschen (auch wenn nur mittels Musik und Texte) sprechen darf, extrem viel Vertrauen bekommen hat und jeder, der öffentlich auftritt, muss auch in jeder Hinsicht – politisch, moralisch, ästhetisch, durch seine Intelligenz und sein Verhalten – dieses Vertrauen verdient haben. Und diejenigen, die [...] solchen »Quasikünstlern« ihre Auftritte ermöglichen, müssen sich dessen bewusst werden, dass sie mit ihrer Tätigkeit grob die Regeln der sozialistischen Kulturpolitik verletzen und bewusst oder unbewusst den Zielen dienen, die unser Klassenfeind verfolgt.«

Anmerkung: Wer (und eventuell: wie viele) hinter dem Namen des Verfasser stand, scheint noch nicht geklärt zu sein. Übersetzung aus dem Tschechischen von Martina Lisa

Petr »Hraboš« Hrabalík

Schutz durch Schmutz

Wie aus braven Jungs doch noch böse wurden. Tschechoslowakischer Punk 1978–1989

Einladung zum Punk-Vortrag am 19.05.1978

Die Anfänge (1978–1980)

»Bei Rock geht es ja immer um den Aufstand, die unten gegen die oben, die Schwachen gegen die Starken, die Outsider gegen die schon vorher bestimmten Sieger, die Jungen gegen die Alten«, schrieb 1978 der Publizist Josef »Zub« Vlček. Zu keiner anderen Musikrichtung passen seine Worte besser als zu Punk, den er zuerst im Mai 1978 im Prager Theater *Divadlo hudby* mit einem Vortrag und dann im Bulletin der 6. Prager Jazztage mit dem Text »Worum es beim Punk eigentlich geht« vorstellte.

In die Tschechoslowakei kam Punk auf unterschiedlichen Wegen etwa zwei Jahre nach dem Punk-Durchbruch in Großbritannien. Musikpublizisten erfuhren von Punk aus unterschiedlichen ausländischen Magazinen und Zeitschriften (*Melody Maker, New Musical Express*), die sie sich aus dem westlichen Ausland zuschicken ließen, die Teenager dann aus der deutschen *Bravo*, in der nach und nach auch Bilder von Punks erschienen.

Interessant dabei ist, dass die ersten richtigen Punk-Fans nicht der ganz jungen Generation angehörten – schließlich war es damals nicht einfach, überhaupt an Punk-Aufnahmen zu kommen, so dass anfangs kaum Jugendliche Punk kannten –, sondern sie kamen aus der »alten Schule« des tschechischen Underground und der Alternativszene. Diese damals etwa 25-Jährigen hatten erstens mehr Möglichkeiten, an Musik heranzukommen, und zweitens brannten sie für alles, was nur ein bisschen den damaligen engen musikalischen Rahmen von Hard- oder Jazzrock sprengte. So verbreitete der damals sehr aktive Karel Habal, zu jener Zeit Manager der CLASSIC ROCK'N'ROLL BAND, in der auch Mikoláš Chadima spielte, mit Begeisterung die kostbaren Punk-Platten, die er aus England mitgebracht hatte, und wurde somit zum wichtigsten Punk-Propagandisten überhaupt. Pepa »Vaťák« Vondruška wiederum, der bei der Underground-Combo UMĚLÁ HMOTA (etwa Plaste-Elaste) spielte, hat sich sogar von seinen langen Haaren getrennt und DOM gegründet, eine krude Mischung aus

VELVET UNDERGROUND und Punk. Mikoláš Chadima hingegen nutzte die von der Armee erzwungene Frisur gleich, setzte sich eine schwarze Sonnenbrille auf, zog eine schwarze Lederjacke mit Buttons an und konzipierte mit seiner Band EXTEMPORE ein Punk-Programm, das Songs von WIRE, GENERATION X, MAGAZINE, STRANGLERS oder DR. FEELGOOD enthielt, allesamt mit neuen tschechischen Texten, und zum ersten Mal am 23.2.1979 in der legendären Kneipe *U Zábranských* in Karlín vorgestellt wurde.

Mikoláš Chadima mit EXTEMPORE, live 1979
Archiv: Popmuseum Prag

Es gab natürlich auch andere Wege, wie man an Punk kommen konnte, beliebt waren etwa die Radiosendungen von Josef Vlček oder Jan Rejžek. Petr Růžička, als Manager der Band F.P.B. aus Teplice (Nordböhmen) eine der entscheidenden Persönlichkeiten der tschechischen Punkszene, hörte beispielsweise 1977 im Musikprogramm von Miloš Čuřík eine Single von THE DAMNED. Während Milan Jonšt zur Gründung der wohl allerersten tschechischen Punkband HLAVY 2000 (Köpfe 2000) beim Ferienaufenthalt mit seinen Eltern in Jugoslawien inspiriert wurde, wo ihm eine *Bravo* mit Bildern der SEX PISTOLS, DAMNED und CLASH in die Hände gekommen war. Vor allem der neue Stil beeindruckte ihn, denn der war so ganz anders als die damalige Mode – alle trugen kurze Haare!

Diese ersten vorsichtigen Impulse riefen zwar ein Interesse an einer komplett anderen Musikrichtung hervor, aber ein ebenso komplett anderer Lebensstil sprach weniger diese ältere Generation, sondern doch eher die Teenager an. Sie verstanden Punk nicht nur als eine Variante der Rockmusik, sondern übernahmen neben der Musik auch die Attribute: das Outfit, den Talk und die Verhaltensmuster – und versuchten, im Rahmen der sozialistischen Möglichkeiten »echte, authentische Punks« zu sein.

David Cajthaml (ENERGIE G) brachte die Stimmung eines Teenager in der Realität des konservierten Sozialismus so zum Ausdruck: »Punk war für uns damals das Einzige, was irgendwie mit der Welt um uns herum etwas zu tun hatte.« Und Lou Fanánek Hagen (von der etwas späteren Band TŘI SESTRY / Drei Schwestern) kommentierte die damalige musikalische Situation wie folgt: »Artrock oder Jazzrock und überhaupt die Musik damals war schwer und kompliziert, für uns war es unvorstellbar, sie zu spielen. Mit Punk kam auf einmal einfache Musik, die auch wir – zwar etwas scheußlicher, aber dennoch auf unsere Art – spielen konnten.«

Die ersten tschechischen Punkbands (1978–1980)

Die meisten Bands der ersten Stunde waren also keine Punkbands im engeren Sinne, sie nahmen lediglich einige Punksongs ins Programm, um das Repertoire ein wenig zu erweitern. Hier wäre an erster Stelle nochmals die damals schon legendäre Alternative-Band EXTEMPORE um Mikoláš Chadima zu nennen, aber auch die Band ZIKKURAT (Jiří Křivka, Vilém Čok, Tomáš Havrda). ZIKKURAT, deren Mitglieder zwar

ZIKKURAT, 1980
Archiv: Popmuseum Prag

deutlich jünger, aber bereits durch Avantgarde-Rock und Jazz beeinflusst waren klangen schon wesentlich punkiger. Auch ZIKKURAT coverten live größtenteils ausländische Punk-Hits, hatten aber auch ein Repertoire an eigenen Stücken, die teils experimentelle Gefilde streiften. Überliefert sind sogar lange Improvisationsparts mit punkiger Energie. Die hatte auch die Band F.P.B. aus Teplice (Miroslav Wanek, Milan Nový, Romek Hanzlík und Manager Petr Růžička), die teils auch coverte, dabei aber nicht nur Punk-Vorbilder auf ganz eigene Weise nachspielte, sondern z.B. Songs von KILLING JOKE, PERE UBU oder sogar den RESIDENTS, stets versehen mit neuen, oft poetischen Texten, die auch ihre eigenen Stücke kennzeichneten. Während bei F.P.B. schnell auch die musikalische Könnerschaft eine große Rolle spielte, war für die bereits erwähnten DOM um Pepa Vondruška aus Uherské Hradiště die größte Verbindung zum Punk ihr musikalisches Nicht-Können. Aber auch Bands, die eher der tschechoslowakischen Neuen Welle zugeordnet werden, trugen durch wilde Auftritte und einfache, harte Texte sehr viel von der Punk-Energie in die Öffentlichkeit, zum Beispiel JASNÁ PÁKA oder LETADLO. Auch die später sehr populäre Band GARAŽ sah sich in ihren Anfängen als Punkband, im Nachhinein würde man sie jedoch eher als Mischung aus Punk, New Wave und Rock'n'Roll bezeichnen. Starke Einflüsse von Punk lassen sich zudem bei der RUMOUR EMISE GROUP IN EUROPE finden.

Josef »Zub« Vlček allerdings schreibt in seinem Buch *Alternativa* (Die Alternative), dass die allererste Band, die in der Tschechoslowakei Punk gespielt habe, vermutlich ein Seitenprojekt von THE PLASTIC PEOPLE OF THE UNIVERSE um Pepa Janíček gewesen sei, das zu Silvester 1977/78 ein paar Songs von THE CLASH gespielt haben soll.

Punk, Punk und nichts als Punk (ca. 1978–1982)

ENERGIE G live bei den Prager Jazztagen 1979
Archiv: Popmuseum Prag

Die ersten »eindeutigen« Punkbands waren dann die Prager Teenager-Combos ENERGIE G, ANTITMA 16 und HLAVY 2000 aus Havířov, zu denen später noch SUCHÝ MOZKY (Trockene Gehirne), KEČUP und A 64 hinzukamen. Zwischen 1982 und 1984 entstanden in Prag auch andere Gruppen, die sich – ob ernsthaft oder aus Spaß – als Punkband bezeichneten, deren »große« Zeit aber zumeist etwas später kam. Zu nennen wären da vor allem VISACÍ ZÁMEK (Vorhängeschloss), PLEXIS, MRTVÝ MIMINKA (Tote Babys) und V3S, sowie die sich langsam findenden und später berühmten Kneipenpunks TŘI SESTRY. Etwa zur gleichen Zeit tauchten auch außerhalb von Prag erste Punkbands auf, so zum Beispiel in

Bratislava EXTIP und PARADOX (die später zu der slowakischen Legende ZÓNA A wurden), in Havířov RADEGAST, IQ:60 und KLEC (Käfig), in Liberec OI OI HUBERT MACHÁNĚ, in Pilsen ZASTÁVKA MILEČ (Haltestelle Mileč) und PETR MACH, sowie DURAL und NOVODUR in Südböhmen oder FRANTA MAST in Mittelböhmen.

Das Outfit

Die ersten tschechischen Punks schöpften vor allem aus den Bildern in Teenie-Zeitschriften wie der *Bravo* oder eben aus jenen Bildern, die in den sozialistischen Blättern abgedruckt wurden, in *Svět v obrazech* (Die Welt der Bilder), *Svět socialismu* (Die Welt des Sozialismus), *Vlasta* oder *Signál*. Diese schrieben zwar sehr abfällig über Punk, doch als (wenn auch nur sehr lückenhafte) Informations- oder Bildquelle haben sie ihre Dienste geleistet, denn nach London zu fahren und sich die »echten« Punks in London anzugucken, war kaum denkbar. Ohne die sogenannte Ausreiseklausel (eine Erlaubnis seitens der Tschechoslowakei, dass man ausreisen darf) war eine Reise nach England nicht möglich, und um sie zu bekommen, brauchte man entweder die »richtigen« Verwandten oder aber den Auftrag seitens des Kaders. Aber zurück zu dem Outfit der tschechischen Punks: Das Grundprinzip waren kurze Haare, daneben trug man billige Sakkos, Buttons mit Punkmotiven oder Bands und möglichst viele Sicherheitsnadeln, die man sich später auch durch die Ohren stach, sowie auf jeden Fall schwarze Sonnenbrillen. Der Rest war ziemlich klassisch: (zerrissene) T-Shirts, Jeans, Turnschuhe ..., später kamen noch Hemden mit extra dünnen Krawatten dazu, und irgendwann tauchten auch die ersten Lederjacken auf. Mit der Zeit wurde es dann eindeutiger: abgewetzte Lederjacken mit Punk-Sprüchen, zerrissene (teils gebatikte) T-Shirts, Ketten und statt Turnschuhen mindestens knöchelhohe Schuhe. Die ersten Punkfrisuren a lá »mohawk«, in der Tschechoslowakei »čerokýz«, »číro« (für »Irokese«, »Iro«) oder einfach »kohout« (»Hahn«) genannt, tauchten etwa 1982/83 zum ersten Mal auf (man verwendete dafür Zuckerwasser). Später kamen grell gefärbte Haare und Sicherheitsnadel-Piercings dazu.

Die am meisten verbreitete Punkdroge war in der Tschechoslowakei selbstverständlich das Bier, nur selten gab es etwas zu kiffen, denn Gras hat sich erst Ende der 1980er-Jahre verbreitet. Interessanterweise gehörte bereits die erste Punk-Generation zu den großen Skateboard-Propagandisten.

Punk und Macht

Das sozialistische Regime hat ziemlich lange gebraucht, bis Punk als »Bedrohung« angesehen wurde. In den 1970er- und frühen 1980er-Jahren gab es erstens nur sehr wenige Punks in der Tschechoslowakei, und zweitens war das Regime hauptsächlich darauf konzentriert, den Underground zu zerschlagen: Bands wie THE PLASTIC PEOPLE OF THE UNIVERSE, DG 307 oder die mit ihnen sympathisierenden Liedermacher. Nachdem der Underground fast gebrochen war (durch Knast, Ausbürgerungen und ständige Repressionen), konzentrierte sich das Regime auf die sog. alternative Szene (Bands wie z.B. EXTEMPORE) und die sogenannte Jazz-Sektion, die Auftritte solcher Bands ermöglichte. Die meisten Musiker dieser Szene trugen aber lange Haare, verhielten sich in jeder Hinsicht etwas unkonventionell und versuchten, im Rahmen der Möglichkeiten ihre Freiheit auszuleben – was für das Regime automatisch eine Bedrohung bedeutete. Die Punks mit ihrem kurzen Haarschnitt waren daher vorerst uninteressant, zumal ihr Outfit in der Anfangsphase auch noch nicht sonderlich auffällig war. Der F.P.B.-Manager Petr Růžička erzählte, dass die Band anfangs sogar für ihr Aussehen gelobt wurde, weil sie keine langen Haaren trugen und wie »brave Jungs« aussahen. Eine große Veränderung kam Anfang der 1980er-Jahre mit der sogenannten Neuen Welle, die auch Punk deutlich sichtbarer machte. Der legendäre Prager Klub *Na Chmelnici* entstand, sowie etliche neue Bands mit skurrilen Namen. Die Musiker trugen bei den Auftritten eigenwillige Kostüme, schminkten sich und wurden insgesamt exzentrischer. Die Musik wurde einfacher, die Texte direkter. Vor allem gab es viel Humor. Josef »Zub« Vlček schrieb dazu: »Alle haben gemerkt, dass in einer Gesellschaft, die keinen Sinn für Humor hat und nicht fähig ist, über sich selbst zu lachen, Humor und Parodie die besten Mittel sind, um positiv auf sie einzuwirken.« Das war dann natürlich auch bestes Wasser auf die Punkmühlen.

Doch da hatte der allgegenwärtige Machtapparat (»Big brother is watching you«) schon längst am berüchtigten Verzeichnis verbotener Bands gearbeitet und den Kreuzzug gegen New Wave und Punk längst begonnen. Im sozialistischen Blatt *Tribuna* erschien im März 1983 der Artikel »Neue Welle mit altem Inhalt«, mit dem ein Jahr der Attacken gegen Rockmusik begann, und der das symbolische Ende der ersten Punkwelle bedeutete.

Doch komplett vernichten konnte man Punk nicht mehr. Er atmete weiter in den Untiefen der Keller (wo er eh hingehörte) und wartete nur darauf, bis die erste Generation das Übel der Wehrpflicht überstanden hatte. Aber dann schlug er, unter einer gewissen Kräfteverlagerung, mit noch mehr Intensität erneut zu.

»Am Punk störte die damalige Macht vermutlich alles – vor allem war es nicht gelungen, ihn zu ›kultivieren‹ und zensiert für den problemlosen, für die sozialistische Jugend geeigneten Konsum zu bearbeiten (wie zum Beispiel bei Heavy Metal). Das Problem lag nicht nur im provokanten Look der Protagonisten, sondern vor allem in der noch schwerer als Metal verdaulichen Musik und in den direkten Texten ohne schwierige Metaphern, die das reale Leben im Hier und Jetzt beschrieben. Punk war schon immer die Musik der Menschen, die sich von der Gesellschaft ausgeschlossen fühlten oder gar nicht erst dazu gehören wollten, es war und bleibt ein Raum, wo jeder die Möglichkeit hat, sich ohne Rücksicht auf Konventionen und Normen auszudrücken. Man muss also nicht betonen, dass so etwas Spontanes und Authentisches für das Regime zumindest verdächtig bis gefährlich war«, schrieb der Publizist Filip Fuchs 2002 in seinem Buch *Kytary a řev aneb co bylo za zdí* (Gitarren und Gebrüll oder was hinter der Mauer war).

Zwischenphase (1985–1987)

Der Beginn der zweiten Hälfte der 1980er-Jahre bedeutete für die tschechische Punkszene eine Zeit der Neuorientierung. Von der ersten Generation mussten viele ihren Wehrdienst antreten (beziehungsweise sich stattdessen lieber in der Psychiatrie verstecken), oder sie verschwanden in der Emigration. Für einige Bands waren es chaotische Jahre, für andere wiederum erst der Anfang. Manche überstanden diese Zeit nur mit einer komplett neuen Besetzung. Irgendwann ab 1987 war die Situation aber etwas klarer, und ab diesem Zeitpunkt kann man von einer zweiten Welle reden.

HRDINOVE NOVE FRONTY, kurz HNF, live 1988

Doch auch in dieser »Zwischenphase« sind einige wichtige Momente und Bandgründungen zu erwähnen: HRDINOVÉ NOVÉ FRONTY (Helden der Neuen Front) aus Jihlava, die weitaus härtere Musik spielten, und die etwas melodischeren ZNOZENCTNOST (Tugendausnot) aus Pilsen.

Zu den wichtigsten Ereignissen dieser Zeit gehörten auch einige mittlerweile legendäre Konzerte, so der »Punk-Dampfer« im Juli 1985 mit den Bands UŽ JSME DOMA, PLEXIS und F.P.B., oder ein Konzert im Städtchen Stará Lysá im September 1985, bei dem PLEXIS, MRTVÝ MIMINKA, RADEGAST und F.P.B. spielten. Beide Veranstaltungen waren natürlich von etlichen Störmaßnahmen seitens der Staatssicherheit und Polizei begleitet, und man musste sich einige beinahe konspirative Tricks ausdenken, damit sie überhaupt stattfinden konnten. Beim Prager »Punk-Dampfer« wurden schon vor dem Konzert etwa 60 Punks am Moldau-Ufer verhaftet (wobei zufällig aus jeder Band, die spielen sollte, mindestens eine Person dabei war), doch dann konnte der Dampfer tatsächlich abfahren, mitsamt der Anlage und allen Musikinstrumenten. Nach einigen Verhören wurden die Punks aber wieder freigelassenen und erfuhren sogar, wo der Dampfer gerade war – nämlich weiter weg vom Zentrum, in Bráník. Also fuhren sie mit der Straßenbahn hinterher. Die Zuschauer blieben am Ufer, die Musiker gingen an Bord, und das Konzert fand wirklich statt. Worüber sich die Staatssicherheit mächtig geärgert hat, da sie es viel zu spät mitbekam.

Außergewöhnlich war noch ein ganz anderes Event, von dem Petr »Sid« Hošek, Sänger von PLEXIS, wie folgt berichtete: »1985 haben Amis in Prag einen Film gedreht, *Howling II: ... Your Sister Is a Werewolf*, einen nicht mal C-, sondern D-Horrorfilm. Auf jeden Fall haben sie dafür etwa 200 Punks gebraucht, die im Klub hart tanzen sollten. Die Produktion hat sogar mit den Bullen abgesprochen, dass sie uns während der Dreharbeiten, das waren zwei Tage, in Ruhe ließen. Die Amis haben uns damals Klamotten und Haarfarbe gegeben, wir sahen sofort wie die letzten Schweine aus. Zum Teil haben sie sogar für unseren Suff bezahlt. Es hat natürlich enormen Spaß gemacht.«

Zweite Welle (1986–1989)

Hinterließ die erste Welle des tschechischen Punk tiefe Spuren in der Musikgeschichte mit Bands wie ZIKKURAT, ENERGIE G, F.P.B., KEČUP und anderen, zog die zweite Welle eine Verbreiterung der Bewegung nach sich. Gab es in der ersten Welle Bands, die für ein sehr diverses Publikum spielten – denn es gab damals einfach noch nicht viele Punks –, änderte sich die Situation nach 1986 massiv. Neben den Punk-Kämpfern, die die schweren, dunklen Zeiten überstanden hatten (F. P. B., VISACÍ ZÁMEK), waren auf einmal etliche neue Bands entstanden und mit ihnen auch ein neues, größeres Publikum. Der Stil und die Mode erreichten schließlich die Teenager, und das zur richtigen Zeit. Denn 1987 lebte die unzufriedene Jugend ihren Zorn und ihren Frust über die Gesellschaft viel eher auf einem lauten Punk-Konzert aus, statt sie in Depressionen und dem etwas langsamen und düsteren Underground-Sound zu ertränken. Ein Generationswechsel also, der Wunsch nach Abgrenzung: keine Langhaarigen (»Máničkas«, wie sie in der Tschechoslowakei genannt wurden) mehr, die ihren Zenit in den 1970er-Jahren hatten, nein, man wollte eher wie komplett Verrückte aussehen, mit Iro, in zerrissener Jacke und greller Hose, die Füße in hohen Militärstiefeln versteckt. Schutz vor der Außenwelt durch das abstoßende, scheußliche Äußere – das funktioniert immer, wie man auch von der Natur lernen kann.

Man kam nun auch einfacher an die Platten aus dem Westen heran, wobei damals zum Beispiel das Polnische Kulturzentrum eine wichtige Rolle spielte, wo man neben polnischem Punk auch Platten der DEAD KENNEDYS kaufen konnte. Es entstanden Hardcore-Bands, die einen neueren, tougheren und aggressiveren Stil in die Szene brachten, und in den Printmedien bekam Punk immer mehr Raum. Nach dem vernichtenden Artikel gegen die Neue Welle Anfang 1983 war Punk in den Medien zwar drei Jahre so gut wie gar nicht vorgekommen, doch in der nun folgenden Tauwetterperiode erschienen sogar in dem damals meistgelesenen Tagesblatt *Mladá Fronta* Artikel über Punkbands wie HRDINOVÉ NOVÉ FRONTY, VISACÍ ZÁMEK oder ŠANOV 1. Zudem gab es natürlich Texte über Punk in Musikzeitschriften wie *Melodie* oder *Gramorevue*, und manchmal auch in *Mladý svět* (Junge Welt). Außerdem sind auch etliche Samizdat-Fanzines entstanden, die sich über Bekannte und Freunde in Kneipen und bei Konzerten verbreiteten.

Zu den vielen Bands dieser neuen Generation gehörten u. a.: S. P. S. (Prag), ZPUPNÝ POTOMEK (etwa: Arroganter Nachwuchs, Prag), DO ŘADY! (etwa: Einreihen, Praha – Bílina), ŠANOV 1 (Teplice), DIVIZE T (Divison T, Teplice), KUDY KAM (Wohin denn, Pilsen), POŽÁR MLÝNA (Mühlenbrand, Pilsen), E!E (Příbram), FABRIKA (Fabrik, Kladno) und viele andere.

Konzerte und Platten

In der ersten Hälfte der 1980er-Jahre waren Veranstaltungen, auf denen ausschließlich Punkbands aufgetreten sind, noch eine ziemliche Ausnahme. Das änderte sich nun. Der Publizist Filip Fuchs schreibt dazu: »Schon die Tatsache, dass man, um Punkrock zu machen, keine besondere musikalische Begabung braucht, dass es wirklich die Musik der Straße ist, die wirklich jeder machen kann, und dass man zum Beispiel, um Konzerte zu organisieren, keine teure Apparatur oder große Säle braucht, führte dann dazu, dass bei uns Punk quasi überall gespielt wurde, oft bei Veranstaltungen, die die Punkfans selbst organisiert haben.« Und weiter: »Dass die Punks nicht groß nach Erlaubnis gefragt haben, ihre Konzerte halb legal organisierten, mit Anwendung von etlichen Tricks, brachte die offiziellen Organe zur Weißglut. So war der Hauptgrund für die Repressalien gegen Punk nicht die Unerträglichkeit der Musik oder das

Aussehen der Punks, sondern viel mehr ihre spontanen, inoffiziell organisierten und nicht wirklich kontrollierbaren Aktivitäten.« Allerdings fanden selbst in dieser Zeit die meisten Konzerte im Rahmen von Veranstaltungen statt, die von Underground-Matadoren aus der PLASTIC PEOPLE-Szene organisiert wurden und nicht aus der Punk-Szene heraus.

Dennoch hat in der zweiten Hälfte der 1980er-Jahre auch Punk einen »offiziellen Status« im Rahmen von staatlichen Musikveranstaltungen bekommen. Zu erwähnen wären hier ein Punkblock beim Rockfest 1988 mit dem Titel *Harter Kern*, der *Punkdampfer* 1988 oder das größte Punk-HC-Festival, das vor der Wende stattgefunden hat, das *Punk-Eden* im Prager *Palais Žofín* im Oktober 1989, zu dem zweieinhalb bis dreitausend Besucher kamen. Eine wichtige Rolle fiel in dieser Zeit den Prager Clubs zu: vor allem dem sogenannten Juniorklub *Na Chmelnici*, aber auch *Opatov* oder *Jahodnice*, sowie Ende der 1980er-Jahre dann dem *Klub 007*. Auch außerhalb von Prag gab es nun wichtige Punkorte, etwa in Brno (*Křenová*), Ostrava (*Žalák*) und in Bratislava (*Muko klub Družba* und *Lamač*).

Die Musik des tschechoslowakischen Punk verbreitete sich anders als die Aufnahmen aus dem Underground zuvor. Dort war meist bei Konzerten direkt auf Magnetophonbänder aufgenommen worden, und die Aufnahmen zirkulierten dann überspielt weiter. Bei den Punks wurde die Audio-Kassette zum Hauptmedium. Die Kassetten haben die Bands meist selbst produziert – oft ausgeschmückt mit wundervoller DIY-Ästhetik –, und auch um die Verbreitung haben sie sich selbst gekümmert. Dies geschah meist bei Veranstaltungen im Tauschgeschäftmodus. Von neuen Aufnahmen erfuhr man meist über Mund-zu-Mund-Propaganda, doch auch einige der Samizdat-Fanzines druckten Rezensionen und andere nützliche Infos ab. Begeisterte Fans

Magnetizdat ČSSR

stellten zudem Kassetten-Sampler zusammen. Zu nennen wären hier: *Razie* (Razzie), *Bohemia Punk Vol. 1*, *Nepříčet* (etwa: Unzurechnungsfähig), *Co bylo za zdí* (Was hinter der Mauer war) oder aber *Stále stejné oběti* (Ständig dieselben Opfer). Die Kassette als ein unabhängiges Punk- bzw. HC-Medium hat sich ziemlich lange gehalten, praktisch noch die ganzen 1990er-Jahre, erst danach kam der Wechsel von analog zu digital.

Samizdat-Punkfanzines

Im tschechoslowakischen Underground gab es seit Anfang der 1980er-Jahre einige Samizdat-Zeitschriften wie *Vokno*, *Revolver Revue* oder *Mašurkovské podzemné*, die sich auch stellenweise mit der – hauptsächlich alternativen – Musikszene beschäftigten, doch ihr Schwerpunkt waren eher philosophische, politische oder literarische Texte und kritische Studien, und sie gaben verbotenen oder neuen Autoren einen Raum. Rein musikalische Samizdat-Zeitschriften sind im Prinzip erst mit Punk und HC gekommen, in der zweiten Hälfte der 1980er-Jahre. So hat zum Beispiel Rosťa »Osel« Bezděk aus dem mährischen Lipník nad Bečvou drei Ausgaben des wohl besten Vorwende-Fanzines *Oslí uši* (Eselsohren) zu Punk und HC produziert (mit sehr guter Grafik und Informationen auch zur Szene im Ausland). In der Hinsicht war auch Luboš Vlach aus Brno aktiv, sein Fanzine *Šot*, das zuerst hauptsächlich über die anglo-amerikanische Szene berichtete (Nick Cave, Patti Smith, Iggy Pop), wandelte sich später zu einem hauptsächlichen Punk-und HC-Fanzine, auch wenn die Berichte aus dem Ausland immer noch dominierten. Ein gutes Punkfanzine war außerdem *10 Years Flexi Disc* (Prag/Pilsen), das Václav Žufan und Pepino Maracz produzierten, und in Olomouc wurde von den Brüdern Aleš und Jaroslav Ježek ein Punkzine mit dem passenden Namen *Sračka* (Scheiße) gemacht. Doch das wohl erste Punkzine war *Punkmaglajz*, das schon 1985 in Jihlava im Umfeld der Band HRDINOVÉ NOVÉ FRONTY entstanden war. In Bratislava gab es ab 1987 das Schreibmaschinen-Zine *In Flagranti*, aus den Kreisen um die Band ZONÁ A, das sich jedoch hauptsächlich mit ausländischem Punk im 77er-Stil beschäftigte.

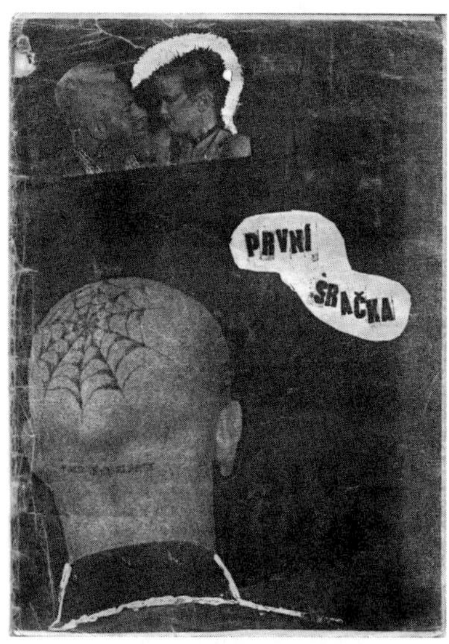

Fanzine *Sračka*

Nach 1989 sind noch einmal unzählige Fanzines aus dem Boden gestampft worden, deren Macher plötzlich Zugang zu viel besseren Technologien hatten, und das anmutige DIY-Design wurde schnell durch klassischen Druck ersetzt. Gedruckte Punkfanzines existierten aber nur noch bis in die zweite Hälfte der 1990er-Jahre, als die Punk- und HC-Szene einen ziemlichen Rückgang erlebte, so dass es nicht zu viel gab, worüber man hätte schreiben können. Auch sind eine ganze Reihe von spezialisierten Musikzeitschriften entstanden, die sehr viel abdecken konnten, und dann kam auch noch das Internet, mit dem sich viele solcher DIY-Aktivitäten in die digitale Welt verlagerten.

Punk im Verhältnis zu anderen Subkulturen

Auch wenn gegen Ende der 1980er-Jahre Polizei und Staatssicherheit mit etlichen regimekritischen Tätigkeiten alle Hände voll zu tun hatten, gab es dennoch genug Kapazitäten, um hin und wieder ein Untergrundkonzert zu stürmen. Was die fast eine Generation älteren Langhaarigen, die »Máničkas« aus dem Underground, an Repressalien erdulden mussten, betraf nun auch die Punks: Geldstrafen, Verhöre, aber auch Knast- oder Psychiatrieaufenthalte, und das quasi durchgehend bis zur Wende 1989. Dieses Gefühl der »kollektiven Bedrohung«, das sich aus einem von der Mehrheitsgesellschaft abweichenden Lebensstil speiste, war aber im Prinzip das Einzige, was diese beiden Subkulturen verband. Andererseits war diese Verbindung durch den gemeinsamen Feind wiederum so stark und dieser so klar definiert, dass die beiden Subkulturen sehr gut miteinander auskamen. Häufig kam es daher dazu, dass Punkbands bei Underground-Shows spielten oder man bei Punk-Konzerten viele Langhaarige antreffen konnte. Was die beiden Subkulturen zudem verband, waren die Versuche der jungen Männer, unbedingt dem Wehrdienst zu entgehen. Dazu bot sich damals im Prinzip nur eine einzige Möglichkeit – eine Bestätigung vom Psychiater, verbunden mit zumindest zeitweiligem Psychiatrieaufenthalt. Doch das nahmen sehr viele gern in Kauf, denn in der Psychiatrie war man damals in bester Gesellschaft von freiwillig oder unfreiwillig internierten Intellektuellen, Philosophen, Dichtern, Autoren oder Ökologen.

Zu anderen jugendlichen Subgruppen hatten die Punks dann eine ziemliche klare Position. Für die sogenannte Disco-Jugend hatten sie nicht viel mehr als Verachtung und Desinteresse übrig. Offene Konflikte gab es mit der Metal-Szene, da die Punks vielen Metalbands, die eine stillschweigende Abmachung mit dem sozialistischen Jugendverband getroffen haben (nach dem Motto: »Ihr macht keine Probleme und dafür könnt ihr ungestört spielen«), ihre Doppelmoral und Kollaboration vorwarfen. Außerdem fanden sie ihre Texte oft viel zu lächerlich, denn die Stärke der Metal-Szene lag eher im musikalischen Können. Den Punks wurde von jener wiederum vorgeworfen, sie würden keine Instrumente beherrschen – was in vielen Fällen sicherlich auch stimmte, aber dafür waren Authentizität und Energie eben immer viel wichtiger. Aber natürlich kann man dieses Verhältnis nicht verallgemeinern, denn es gab auf beiden Seiten Bands, die sich gegenseitig schätzten und respektierten. Interessanterweise wandten sich beide Gruppe gemeinsam gegen die sogenannten »depešáky«, die Depeche Mode-Fans, auch wenn die ihre Ursprünge eigentlich im Punk hatten. Doch in der Tschechoslowakei wurden sie irgendwann für die Disco-Jugend interessant, was wohl für Punks wie Metaller gleichermaßen nicht tolerierbar wurde.

Ende der 1980er-Jahre kam in der Tschechoslowakei noch eine Subkultur zum Vorschein, die den Punks feindselig gegenüber stand – die Skinheads. Die erste Skin-Generation waren ehemalige Punks mit abrasierten Haaren, die jedoch von Anfang an durch militantes Verhalten im entsprechend typischen Outfit auf sich aufmerksam machten. Aus dem fröhlichen Pogo wurde ein Kampf um Leben und Tod, und die größte Motivation dabei war, jemandem die Fresse zu polieren. So wurde plötzlich für die Kahlköpfigen, im Unterschied zu den Punks, ihre physische Kondition von Bedeutung. Die einzige erlaubte Droge war tschechisches Bier, das jedoch wiederum in Unmengen floss. Ihre nationalistische Bier-Philosophie, die sie gern auf weißen

T-Shirts zur Schau trugen, haben die Skins hauptsächlich in den 1990er-Jahren ausgelebt. Schon vor der Wende gab es einige Scharmützel mit Punks, die allerdings nach 1989 zum offenen Kampf gerieten. Das einfache Denken der Skins, ihr ziemlich klarer Schwarz-Weiß-Blick auf die Welt (rechts, national, rassistisch, Ordnung vor Chaos), ihre Symbole und ihr in das einfache Motto »Wurst, Bier und Hass« gepresstes Weltbild unterschied sie in ihrer totalitären Einstellung nur unwesentlich von dem bolschewistischen Kommunismus, gegen den sie sich positionierten.

Punk – auch nichts für Feiglinge

Doch auch unter den Punks fanden sich Heuchler, Poser oder Halbkriminelle. Filip Fuchs bringt es auf den Punkt, wenn er schreibt: »Man darf jedoch den Punkrock vor der Wende nicht allzu idealisieren. Zwar hatte er viel schwierigere Bedingungen als im Westen, doch er war keinesfalls ein Pfadfinderverein. Dass sie alle scheinbar in einem Boot saßen, bedeutete noch lange nicht, dass sie sich auf Konzerten nicht geprügelt hätten, sich nicht selbst mit Drogen und Alkohol vernichtet, sich nicht für die Elite des tschechischen Punk gehalten hätten oder aber, dass in ihren Texte kein rassistischer Dreck vorgekommen wäre und die Bands keine Zugeständnisse an die offiziellen Institutionen gemacht hätten, wenn sie die Möglichkeit hatten.«

Es gab also durchaus Punkbands, die unterm Dach des Sozialistischen Jugendverbands existierten (wie zum Beispiel HRDINOVÉ NOVÉ FRONTY) oder bei anderen offiziellen Organisation (wie VISACÍ ZÁMEK oder NOVODUR), solche, die nach großem Ruhm strebten (PLEXIS) oder einige Bands mit eindeutig rassistischen Tendenzen (OI OI HUBERT MACHÁNĚ, ŠANOV 1, SUICIDAL COMMANDO). Auch die Selbstzerstörung durch Drogen (MICHAEL'S UNCLE, PLEXIS) oder Alkohol (TŘI SESTRY, VISACÍ ZÁMEK, NAŠROT) war nichts Unbekanntes.

Dennoch spielten die Punks der zweiten Hälfte der 1980er-Jahre eine sehr wichtige Rolle: sie knüpften an die Underground-Bewegung der 1970er-Jahre an, die mit ihrem Lebensstil und ihren Aktivitäten außerhalb offizieller Strukturen eine gewisse Parallelgesellschaft bildete, die jedem der sich ausdrücken wollte, eine »unabhängige« Sphäre mit all ihren positiven wie negativen Seiten bot, einen Raum für freies und spontanes Schaffen. Außerdem brachten die Punks einen neuen Geist, neue Musik, neues Outfit und nicht zuletzt eine andere Reaktion auf die damalige muffige Gesellschaft. Sie haben somit auch einen Nährboden geschaffen, eine Basis für alle möglichen alternativen Stile und Aktivitäten, die sich dann in den 1990er-Jahren entfalten konnten.

Insofern: Punk sei Dank!

Gekürzt nach: *Kristova léta českého punku. 33 let průšvihů i výher tuzemského punk rocku. 33 let od prvního punkového koncertu v Praze* (Die Christusjahre des tschechischen Punks. 33 Jahre voll Ärger und Gewinn des tschechischen Punkrocks. 33 Jahre seit dem ersten Punkkonzert in Prag), Popmuseum, Praha 2012.

Aus dem Tschechischen von Martina Lisa. Minimal ergänzt von Alexander Pehlemann

Jan Charvát

Weiße Rayons

Punks, Skins und Rassismus in der ČSSR

Die Wurzeln der tschechischen Neonazi-Szene reichen in die 1980er-Jahre. Was allerdings nicht heißt, dass man diesem Phänomen in der tschechischen, bzw. tschechoslowakischen Geschichte nicht schon eher begegnet wäre. Während der sog. Ersten Tschechoslowakischen Republik (1918–1938) gab es einige politische Parteien und Gruppierungen, die ganz offen für eine tschechoslowakische Variante des Faschismus eintraten. Die bekannteste von ihnen war die *Národní obec fašistická* (NOF, deutsch: Nationale Faschistische Gemeinde) unter der Führung von Radola Gajda. Während des Protektorats Böhmen und Mähren (eine formal autonome Verwaltungseinheit unter deutscher Herrschaft, vom 16.März 1939 bis zum 8.Mai 1945, Anm. d. Ü.) war die Organisation *Vlajka* (deutsch: Flagge) besonders berüchtigt, vor allem aufgrund ihrer offenkundigen Kollaboration mit dem nationalsozialistischen Herrschaftsregime. Solche Gruppierungen waren jedoch nie wirklich von großer Bedeutung, und ihre Existenz erlosch mit dem Ende des Zweiten Weltkrieges, wobei ihre Vertreter entweder im Gefängnis oder, wie im Falle von *Vlajka*, auf dem Scheiterhaufen landeten. Mit der Machtübernahme der Kommunisten 1948 zerriss dann definitiv jede historische Verbindung zu diesen früheren Gruppierungen und Organisationen. Als sich dann also in den 1980er-Jahren der Nährboden für den tschechischen Neofaschismus und Neonazismus gebildet hat, mussten sich die Gruppierungen quasi neu erfinden.

Skinheads in der Tschechoslowakei

Ein Milieu, in dem solche Gedanken auf einen sehr fruchtbaren Boden fielen, war die neue Subkultur der Skinheads. Auch wenn die ursprüngliche Skinhead-Szene der 1960er-Jahre nichts mit Rassismus am Hut hatte, geschweige denn mit dem Neonazismus, verbreitete sich in den 1980er-Jahren in ganz Europa eben jener rassistische Zweig dieser Bewegung, der auch gleich ziemlich viel mediale Präsenz bekam. Auch in der kommunistischen Tschechoslowakei erschien bereits 1985 in dem Unterhaltungsmagazin *100+1 zahraničních zajímavostí* (100+1 Interessantes aus dem Ausland) ein Artikel mit der Überschrift: »Holohlavci, to jsou, pane chlapci« (Was für Burschen, diese Glatzen), in dem die westliche Skinhead-Szene beschrieben wurde. In späteren Interviews mit einigen der tschechischen Skinheads der 1990er-Jahre kam oft heraus, dass es eben dieser Artikel war, der damals ihr Interesse für diese Bewegung erst geweckt hatte.

Skinheads sind in der Tschechoslowakei etwa ab Mitte der 1980er-Jahre aufgetaucht, und es handelte sich vornehmlich um ehemalige Punks. Die ersten Skinheads waren also eng mit der Punkszene verbunden und haben sich auch nicht großartig von ihr abgegrenzt. Die gesamte alternative Szene in der Tschechoslowakei war damals so klein, dass es wohl keinen Sinn gemacht hätte, sich da noch zu spalten. Den gemeinsamen Feind sah man im kommunistischen Regime, und das verbindende Element wiederum waren Kneipen und Konzerte. Man kann davon ausgehen, dass es in Prag Mitte der 1980er-Jahre etwa 20 Skinheads gab und vielleicht um die 200 Punks.

Zu dieser Zeit war der ideologische Hintergrund der tschechischen Skinheads nicht weiter ausdifferenziert und alles andere als klar profiliert. Es gab, wie schon erwähnt, den äußeren Feind – das kommunistische Regime –, doch jede andere tiefere ideologische Basis fehlte. In der Vor-Internet-Epoche war es für die Regierungen der Länder des Ostblocks nicht sonderlich schwierig, die meisten Bürger und Bürgerinnen von den Nachrichten und Informationen aus dem Westen fernzuhalten. Westfernsehen konnte man nur im Böhmerwald empfangen (dank der Nähe zu Westdeutschland), Zeitungen oder Zeitschriften aus dem westlichen Ausland bekam man nur sehr sporadisch und mehr oder weniger zufällig, oft wurden sie von (vor allem Geschäfts-)Reisen aus dem Westen mitgebracht. Als Ergebnis dessen herrschte eher eine Verwirrung darüber, was die Punks und Skinheads im Westen eigentlich dachten und wozu sie sich bekannten. Als die Fotos von Sid Vicious von den SEX PISTOLS in seinem Hakenkreuz-T-Shirt bekannt wurden, dachten zum Beispiel viele, dass Punk eine faschistische Bewegung wäre. Dass Sid Vicious mit diesem T-Shirt vor allem schockieren wollte, erfuhren in Tschechien die meisten quasi erst nach 1989. Gleichzeitig gab es jedoch ein gewisses Bewusstsein darüber, dass westeuropäische Punks meist eher zum Anarchismus tendierten, was im klaren Widerspruch zu Faschismus stand. Damit aber noch nicht genug – es tauchte auch die Info auf, dass im Westen Punk- und Skinheadbands zusammen auftreten würden, was die allgemeine Verwirrung noch weiter verstärkte. Dass es in der Skinhead-Szene rassistische, nicht-rassistische und klar antirassistische Strömungen gab, ahnte in der damaligen Tschechoslowakei niemand.

Rassismus im Punk

Man muss der Vollständigkeit halber jedoch erwähnen, dass sich auch die tschechoslowakischen Punks vor 1989 manchmal rassistischer Rhetorik bedienten, aus welchen Gründen auch immer. Schon 1984 ist zum Beispiel im nordböhmischen Liberec die Band OI OI HUBERT MACHÁNĚ entstanden, die in ihrem Repertoire auch eindeutig rassistische Lieder hatte; »Práskni negra do hlavy« (»Hau dem Neger auf den Kopf« – als das Lied Ende der 1990er-Jahre in der TV-Serie *Bigbít* des Tschechischen Fernsehens lief, wurde es vorsichtshalber mit »Práskni Petra do hlavy«, also »Hau dem Peter auf dem Kopf« betitelt. Diesen Titel nutze manchmal sogar die Band selbst). oder »Bílej rajón« (Weißer Rayon). Aus diesem Grund wurde die Band oft für die erste tschechische Skinheadband gehalten. Interessanterweise hatten die Mitglieder der Band nach eigenen Aussagen von den Skinheads damals überhaupt keine Ahnung (auch wenn ihnen einige Oi-Bands bekannt waren) und hielten sich selbst für eine Punkband. Der Rassismus in ihren Texten sollte, so die Band, vor allem schockieren, und es habe keinerlei Verbindungen zu irgendeiner politischen Ideologie gegeben.

Ähnlich gelagert war es auch bei der Prager Band SUICIDAL COMMANDO, die es zwischen 1987 und 1988 gab. Auf ihrem Demotape *Made in Perestroika* von 1988 gibt es zwei offen rassistische Songs: »Bílá« (Weiß) und »Bijte je« (Haut sie). Doch auch diese Band gehörte nicht der Skinhead-Szene an, sondern eher der sich damals entwickelnden HC-Community, und ihre restlichen Texte waren thematisch hauptsächlich »nihilistisch« oder »asozial«, was darauf hindeutet, dass selbst der Rassismus einfach als eine Art »asoziale« Position wahrgenommen wurde. Ähnliche rassistische »Ausrutscher« gab es auch bei anderen Bands (z.B. ŠANOV 1, BUŘINKY), doch keine von ihnen hat dann nach 1989 »das Lager gewechselt«, und die rassistischen Texte sind aus ihrem Programm verschwunden.

Etwas komplizierter ist die Lage bei der slowakischen Band ZÓNA A, die in den 1980er-Jahren das Lied »Cigánský problém« (Das Zigeuner-Problem) spielte, in dem in etwa alle Vorurteile auftauchten, die es in der Tschechoslowakei gegenüber der Roma-Minderheit gab. Die Band hat das Lied nach 1989 auch aufgenommen, doch nach vielen Kontroversen hat sie es später nicht mehr öffentlich gespielt. Der Frontmann der Band, Peter »Koňýk« Schredl, ist jedoch im Laufe der Jahre immer weiter nach rechts abgedriftet, seit längerem macht er aus seinen xenophoben und homophoben Einstellungen keinen Hehl, und zumindest ein Teil der heutigen Punkszene distanziert sich von ihm.

ORLÍK

Nichtsdestotrotz ist die Zahl der Skinheads immer weiter gestiegen, und vor allem in der zweiten Hälfte der 1980er-Jahre war diese Subkultur in Prag schon ziemlich gewachsen. Einen Anteil daran hatte paradoxerweise auch das kommunistische System selbst, denn die meisten der neuen Skinheads waren ehemalige Punks, die nach dem zweijährigen Wehrdienst kahlgeschoren nach Hause kamen. Mit der wachsenden Zahl der Skinheads begann langsam auch die Abspaltung von der Punkszene. Während sich die Prager Punks meist im *Café Slavia* trafen, wurde vor allem das Weinlokal *Orlík* zum Treffpunkt der Skinheads und bald zu einer No-Go-Area für Punks. Mittlerweile

Compilation *Punk'n'Oi. Rebelie*, 1990, *Monitor* (zusammen mit Punkbands wie ŠANOV, PLEXIS, FABRIKA, NAŠROT, TŘI SESTRY…) und ORLÍK-LP *Oi!*, 1990, *Monitor*

waren auch gewaltsame Angriffe von Skinheads auf Punks nichts Außergewöhnliches, eine einzige Ausnahme bildeten die Skinheads und Punks der ersten Generation, die sich alle persönlich kannten und mehr oder weniger friedlich miteinander auskamen.

Die wachsende Zahl der Skinheads brachte noch ein anderes wichtiges Phänomen hervor: die Band ORLÍK (benannt nach dem eben erwähnten Weinlokal). Ihre Existenz war zwar nicht wirklich von langer Dauer, aber sie hat sich tief und fest in die Geschichte der tschechischen Subkulturszene eingeschrieben. Denn im Unterschied zu allen vorher genannten, bekannte sie sich eindeutig zur Skinhead-Bewegung und war somit die erste wirkliche tschechoslowakische Skinheadband.

ORLÍK war allerdings keine Neonazi-Band, auch wenn sie dem Neonazismus in der Tschechoslowakei – und das muss man klar sagen – alle Türen geöffnet hat. Inhaltlich kreisten die Lieder der Band um einige Themen, die es lohnt zu benennen. An erster Stelle ging es um die Skinheads als solche, was sie sind, wie sie sich kleiden, was sie tun. Der Text des Songs »Skinhead« bringt es auf den Punkt: »Skinhead, Skinhead, grüne Bomberjacke, schwere Stiefel, hoch geschnürt, Skinhead, Skinhead, ist kahlgeschoren und das ist nicht verboten.« Wenn es schon wichtig war, dem Publikum zu erklären, wie so ein Skinhead aussieht, war es noch wichtiger zu erklären, was er denkt und woran er glaubt. Laut ORLÍK ist ein echter Skinhead also ein Patriot (das taucht z.B. in »Čech« /»Der Tscheche« auf und später in vielen weiteren Songs) und ein Rassist (»Bílá liga«/Weiße Liga oder »Bílej jezdec«/Der weiße Reiter), er mag keine Deutschen (in »Faschos« werden Deutsche mit Faschos gleichgesetzt) und keine Punks (»Kykyrýk« – wohl eine Anspielung auf den Iro, der auf Tschechisch »kohout«, also »Hahn« genannt wurde, Anm. d. Ü. –, das Lied wurde allerdings nur bei Konzerten gespielt), er geht zum Fußball (»Viktoria Žižkov«, gewidmet dem Prager Fußballverein aus dem Arbeiterviertel Žižkov, Anm. d. Ü.) und prügelt sich gern (dieses Motiv findet sich in sehr vielen Liedern). Es war eben diese Kombination aus Nationalismus, Rassismus und Gewalt, die ORLÍK von allen anderen Bands der tschechoslowakischen alternativen Szene abgegrenzte und den Weg zum offenen Neonazismus bahnte, auch wenn die Band nie antisemitische Positionen vertreten oder sich auf Adolf Hitler etc. bezogen hat.

Nach der Wende 1989 wurde die Band kurzzeitig zu einer Sensation. Sie eröffnete für viele junge Menschen die Tür zu einer Subkultur, die nicht so aggressiv war wie zum Beispiel die Metal-Szene und auch nicht so »asozial« wie der Punk, vor allem aber Positionen verkörperte, die in der Nachwende einen breiten Widerhall fanden: Antikommunismus und Nationalismus. 1990 bis 1992 erlebte die Tschechoslowakei einen regelrechten Skinhead-Boom, tausende junge Menschen schlossen sich der Szene an. Die Band beendete ihre Karriere bereits 1991, nach zwei sehr erfolgreichen Alben, die bis heute in Tschechien gespielt werden, und keine spätere tschechische Skinheadband konnte je an die Erfolge und Bedeutung von ORLÍK anknüpfen. Die Szene wandte sich da jedoch schon von ORLÍK ab, hin zu klarem und offenem Neonazismus, was nicht zuletzt mit den offenen Grenzen und dem Ende der Informationsbarriere zusammenhing.

Alexander Pehlemann

Die Kneipen haben immer gut Umsatz gemacht

Interview mit dem »Punkmanager« **Petr Růžička**

Petr Růžička war einer der frühesten und wichtigsten Organisatoren des tschechischen Punk, nicht zuletzt auch im kooperativen Wechselwirken über die Grenzen der Staaten des Warschauer Pakts. Wir sprachen ihn im Frühsommer 2017 in seiner Heimatstadt Dubí, und sammelten neben interessanten Einblicken in die Entwicklung gen Ende auch schwer verdauliche Beispiele für die Kontinuität einiger extrem problematischer Aspekte des tschechischen Punk, die aber, wenn schon so offensichtlich hemmungslos exponiert, trotzdem abgebildet werden sollen und sogar müssen.

Die Anfänge ...

Ich kam etwa 1977/78 das erste Mal mit Punk in Berührung. Wie aus heiterem Himmel. Das war die erste Platte von THE DAMNED, die Single *New Rose*. Das war so eine Extra-Single, im samtenen Umschlag. Die brachte ein Radio-DJ aus Prag, der eigentlich kommerzielle Musik spielte, und er hat als Bonus die DAMNED aufgelegt. So hab ich es kennengelernt. Es gab auch sonst nichts dergleichen hier. Das war zu einer Zeit, als ich noch FRANK ZAPPA, YES, GENESIS, MILES DAVIS, also das Klassische gehört habe. Aber irgendwann wurde es langweilig, es kam nichts Neues. Da hab ich also DAMNED gehört und beim allerersten Mal gedacht, das ist doch viel zu schnell, zu schrecklich, so etwas kann man nicht hören. Aber es hat mich doch interessiert. So hab ich mir dann von DAMNED auch die erste LP schicken lassen, die *Damned Damned Damned*. Die musste ich mir immer allein anhören, denn das mochte sonst niemand hier in Dubí. Nur in Prag entwickelte sich zu dem Zeitpunkt schon etwas, Mikoláš Chadima fing an, mit EXTEMPORE von Punk beeinflusste, jedoch etwas langsamere Sachen als DAMNED zu spielen. Eher wie DR. FEELGOOD und so. Aber man kannte insgesamt nicht so viel, denn der Zugang zu neuen Sachen war hierzulande sehr eingeschränkt. Ab und zu kam mal 'ne *Bravo* rüber, in der war dann Sid Vicious mit dem Hakenkreuz abgebildet, und auch in der BRD schrieb man, er sei ein Nazi.

Als die Platte kam, musste ich sie beim Zoll abholen, wo sie ausgepackt wurde und ich auch was zahlen musste. Ich bin danach von Kneipe zu Kneipe, um sie stolz zu zeigen, aber es hat eigentlich keinen interessiert. Aber dann bin ich so gegen zehn mit dem Bus nach Hause, es war gerade Ende der Spätschicht, und die ganzen Arbeiter sind auch heimgefahren. Ich saß da mit der Platte auf dem Schoß und bekam fast auf die Fresse, weil die Arbeiter von dem Cover extrem irritiert waren – was für Arschlöcher das seien, die sich gegenseitig Schlagsahne vom Kopf ablecken. Als ich das später Dave Vanian (Sänger von THE DAMNED, Anm. Hg.) erzählte, war er schwer begeistert, dass das Cover nicht nur die Idioten in England auf die Palme brachte, sondern überall.

Ging das denn so problemlos, sich solche Platten in die Tschechoslowakei schicken zu lassen?
Das ging ziemlich problemlos, da sie es einfach nicht kannten. Mein Bruder lebte ab 1984 in Frankfurt/Main und schickte mir immer Platten rüber. Das einzige Mal, als es Probleme gab, war mit der RESIDENTS-Platte *The Third Reich'n'Roll*, wo auf dem Cover ein Nazi war und ganz viele kleine Hitlerbilder in unterschiedlichen Sexstellungen. Das haben sie als faschistische Propaganda eingestuft, aber ich konnte sie wenigstens überzeugen, dass sie die Platte an meinen Bruder zurückschickten. Der hat dann die Platte in einem anderen Cover noch einmal geschickt und das Cover hab' ich mir viel später, als ich ihn besucht habe, abgeholt.

Ab 1988 wurde es dann sowieso alles etwas lockerer, und da hatte ich zudem längst einen Weg gefunden, wie man Dinge in die Tschechoslowakei bringen konnte. Ziemlich anstrengend, über die DDR. Doch tschechische Bücher aus dem Ausland oder englische Platten haben die DDR-Zöllner sowieso nicht interessiert. Man musste damit nach Dresden, und in der Neustadt gab es eine Gepäckaufbewahrung, wo man für wenig Geld die Sachen drei Tage abgeben konnte. Da wurden sie zwischengelagert, und ich fuhr dann mit dem Schlüssel vom Schließfach nach Hause. Ein paar Tage später bin ich dann mit den Eltern zum Einkaufen rüber und hab es dort alles abgeholt, die wurden ja nie kontrolliert.

Wie ging es denn von diesen ersten Inspirationen bis zur Gründung von F. P. B.?
1979 fing es an, dass ich mit Miroslav Wanek über eine Bandgründung nachdachte. Aber es war noch nicht klar, in welche Richtung das gehen könnte, von Punk war da noch nicht die Rede.

Damals, 1979, spielten hier in Dubí EXTEMPORE in einem Kulturhaus. Wir haben es als Maskenball angekündigt und über den Jugendverband angemeldet. Kurz vorm Ende des Konzerts wurden wir aber vom Direktor rausgeworfen. Wir waren erst extrem sauer, doch dann sagte er uns, dass wir nur 15 Minuten hätten, dann wären die Bullen aus Prag da. Wir verschwanden schlagartig, und tatsächlich kamen kurz darauf, ich hab es von einer Straßenecke beobachtet, zwei Polizeibusse und noch etliche Autos. Das Kulturhaus war da aber schon zu, und sie haben nur noch zwei Besoffene mitgenommen, die nicht mehr in der Lage waren, abzuhauen.

Für mich hatte es aber ein Nachspiel. Ich wurde etwa eine Woche später vorgeladen, und ein Polizist, so ein väterlicher Typ, redete mir zu, solche Sachen doch bitte zu lassen. Man hatte rausbekommen, dass ich es angemeldet hatte. Bei meiner Ankunft zu Hause wartete zudem schon ein Brief von der Armee mit der sofortigen Einberufung auf mich. Das war am 1. April. Ein sehr schlechter Aprilscherz ...

Bei diesem Konzert hatte ich zwar für Wanek die Mitglieder der Band gefunden, konnte sie aber in der Besetzung nie erleben. Ich war ein Jahr in der Armee und kam von dort direkt in den Knast wegen politischer Sachen. Freigelassen wurde ich dann etwa zehn Tage später, als ich aus der Armee entlassen worden wäre. Noch am gleichen Tag traf ich Wanek, der mir erzählte, dass es die Band nicht mehr gäbe, weil der Bassist jetzt bei einer Tanzkapelle gelandet sei und der Schlagzeuger professionell Country spiele. Aber er hätte Lust auf eine neue. Da haben wir uns verabredet, und ich habe ihm die einzige Punkplatte vorgespielt, die ich hatte, eben THE DAMNED. Alles an einem Tag. Morgens war ich noch im Knast, in Bory bei Pilsen, zusammen mit 10.000 anderen, davon 8.000 Zigeuner [*sic*!] und abends hörten wir dann bei mir Punk und dachten über die nächste Band nach. Das war im März 1980.

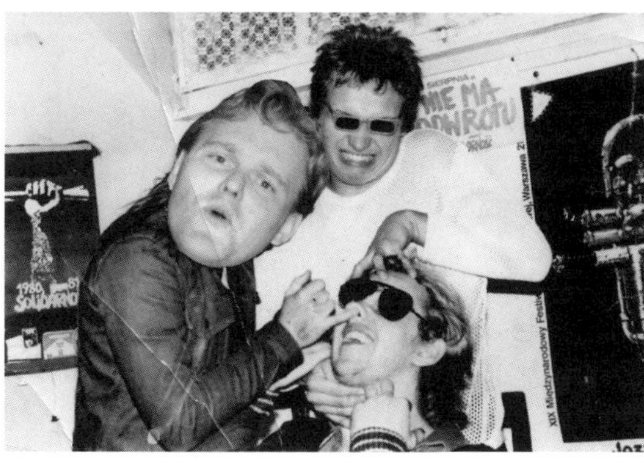

F. P. B.-Collage 1981

Was war denn genau deine Rolle bei F. P. B.? Man hört oft den Begriff »Manager« im Zusammenhang mit deinem Namen. Wie soll man sich das vorstellen in der damaligen Tschechoslowakei?

Ich habe anfangs selbst probiert, Musik zu machen, da uns eine lange Zeit der Schlagzeuger fehlte. Aber ich musste feststellen, dass ich zwar ein gutes Gehör habe, aber nicht wirklich spielen kann. Also mussten wir uns weiter um einen Schlagzeuger kümmern …

1980 jedenfalls hat sich die Band F. P. B. gegründet, und anfangs wechselte die Besetzung sehr schnell. Kurz davor ist aber noch mal richtiger Scheiß passiert. Wanek hatte Probleme mit dem Abi, und vielleicht kamen bei ihm auch noch andere Dinge dazu, wer weiß. Jedenfalls hat er sich am Bahnhof mit so was wie ALPA (Franzbranntwein) übergossen und angezündet und landete in der Psychiatrie. Womit er aber aus dem Schneider war, denn er ist nicht von der Schule geflogen und durfte das Abijahr noch mal wiederholen. So hatten wir dann richtig viel Zeit für die Bandgründung. Ihm fiel die Schule ziemlich leicht, er ist also nicht allzu oft hingegangen, und wir konzentrierten uns auf die Band. Ende 1980 konnte sie dann tatsächlich auch schon etwas spielen. Es war vermutlich ziemlich schrecklich, aber es gibt leider keine Aufnahmen mehr aus dieser Zeit. Doch offenbar war es nicht ganz uninteressant, denn es sind immer ziemlich viele Leute gekommen. Was jedoch nicht unbedingt etwas über die Qualität aussagte, denn die Leute haben damals quasi alles verschlungen, was nicht zur offiziellen Kultur gehörte. Uns bescherte dieser Erfolg gleichzeitig aber auch eine bestimmte Popularität bei den offiziellen Organen. Die haben dann so ein Pamphlet verfasst, wo stand, dass das, was wir machen, keine Musik sei und die ganzen Bands hier, etwa 76, haben sie dazu gebracht, es zu unterschreiben. Dann konnten wir aber zusammen mit ZIKKURAT in Teplice spielen, wir bekamen etwa 20 Minuten … und die ganzen Musiker aus dem Umkreis waren dabei und konnten hören, dass wir sehr wohl Musik machen konnten. Die sind danach noch mal hin und haben ihre Unterschriften wieder zurückgenommen. Was die entsprechenden Organe natürlich massiv angekotzt hat, und wir haben daraufhin ein Verbot für den ganzen Kreis Teplice bekommen.

Damals haben uns dann Leute um EXTEMPORE und die Jazz-Sektion geholfen. Wir sind daher nach Prag gefahren, um dort vorzuspielen, damit wir dort eine Genehmigung bekamen. Das Tolle war, dass wir bei diesem Vorspiel zwei, drei weitere Bands getroffen haben, die in den darauffolgenden Jahren quasi tonangebend waren. Das waren GARÁŽ, JASNÁ PÁKA (später HUDBA PRAHA), die waren großartig, und dann noch LETADLO, die haben im New-Wave-Stil gespielt, was zu der Zeit ziemlich progressiv war. Jedenfalls haben wir das Vorspielen hinter uns gebracht. Zwar in der niedrigsten Kategorie, was bedeutete, dass wir maximal 10 Kronen Eintritt oder so verlangen durften. Aber das war uns alles egal, Hauptsache, wir hatten den Stempel und konnten spielen. Ich habe dann sofort etwa fünf Verträge geschlossen und da so eine Klausel eingebaut, dass der Veranstalter im Falle, dass er abspringt, alle Kosten tragen muss, die ich mit etwa 20.000 Kronen berechnet habe. Was für damalige Verhältnisse extrem viel Geld war. Nach dem ersten Konzert wurden wir vorgeladen, zum Nationalausschuss [Organ der staatlichen administrativen Verwaltung bis 1990, Anm. d. Ü.] und es wurde uns gesagt, diese Musik gehe nicht, die Konzerte müssten abgesagt werden. Aber ich habe mich da wie ein Manager verhalten und meinte: gut, dann greift halt die Klausel aus dem Vertrag, die Konzerte finden nicht statt, aber wir werden ausbezahlt ... So konnten wir die Konzerte dann alle spielen. Wir hatten zwar bei jedem eine polizeiliche Begleitung, doch die Veranstalter waren zufrieden: es kamen viele Leute, die Kneipen haben immer guten Umsatz gemacht. Wir hatten den Stempel vom Prager *Svaz Hudebníků* [Verband der Musiker, Amn. d. Ü.] und galten als eine Band aus Prag. Doch dann wurde dem Verband die Lizenz entzogen, und das hieß auch für uns Schluss. So standen wir wieder am Anfang. Wir haben es nochmals hier in der Region versucht, aber das ging schlicht und einfach nicht.

Růžička, 2. v. r., umringt von Jungpunks, Archiv Růžička

Welche Auswirkungen hatte der berüchtigte Artikel von 1983, in dem die sogenannte Neue Welle diffamiert wurde, denn hier in der Region Teplice?

1983 hat sich für uns als Band alles total gut entwickelt. Auch wenn wir natürlich unter Dingen wie dem Wehrdienst gelitten haben, Romek musste zum Beispiel für zwei Jahre weg. Aber wir haben immer geschafft, es irgendwie zu überbrücken. Wir haben zu der Zeit viel in Prag gespielt, und es kamen immer mehr Leute. Wir wurden bekannt. Es reisten auch Leute aus dem Ausland an, aus Frankreich oder England, die haben Interviews mit uns gemacht, wollten mit uns Platten machen und so. Wir haben bei einem Festival in Ostrov nad Ohří gespielt und wurden zu den inoffiziellen Stars – eigentlich war die Band ABRAXAS der Hauptact, doch das hat die Leute nicht interessiert. Danach haben wir nochmals in Prag gespielt, und gleich wurden uns die nächsten Auftritte angeboten. Aber am nächsten Tag ist dieser Artikel erschienen: *Nová vlna se starým obsahem* (Neue Welle mit altem Inhalt). Ich denke mal, da kam einfach sofort ein Befehl »von oben«, denn danach gab es fast ein ganzes Jahr, von Frühjahr bis Winter, kein einziges Konzert. Niemand hat gespielt. Aber wirklich niemand. Egal, wo man angerufen hat, überall hieß es: geht nicht. Helena Vondráčková und Karel Gott haben gespielt, aber sonst wirklich niemand.

Wir haben es dann so gemacht, dass wir uns zum Beispiel hier in Dubí in so eine kleinere Vereinskneipe eingemietet haben, Freunden und Bekannten Bescheid sagten und ein Konzert für so 100 Leute gaben. Erst kurz vor Weihnachten ist es Franta Wolf, dem Veranstalter in Ostrov nad Ohří, gelungen, wieder ein solches Festival zu organisieren. Das war ziemlich großartig. Wir waren die einzige Punkband, und es kamen an die 200 Punks, die nur wegen uns angereist waren. Ende 1983 hat sich die Situation also wieder ein wenig gelockert. Doch wir hatten immer noch das Problem, dass wir keine Lizenz hatten. Da hat uns jemand geraten, dass wir es doch über den Jugendverband in Stránčice (östlich von Prag) versuchen sollten. Wir sind also nach Prag gefahren, in den Jugendklub *Na Chmelnici,* und haben dort vorgespielt. Wir hätten es wohl nicht geschafft – die Bedingungen waren da nämlich ziemlich hart – wäre da nicht die OK BAND gewesen. Ein ziemlich kommerzielles New-Wave-Projekt, von Kindern mit Eltern, die am Hebel saßen. Die hatten aber tolles Equipment, von Marshall und so, und haben uns angeboten, dass wir es nutzen können, als sie unseres sahen. So klang die Band aber plötzlich tausendmal besser. Am Ende, obwohl es wohl einen ziemlichen Druck gegen uns gab, haben wir die Lizenz bekommen. Aber auch hier war das Glück nicht von langer Dauer. Denn es kam bald die Anordnung, dass wir zwar beim Sozialistischen Jugendverband Stránčice angemeldet sein dürften, doch wir hätten da auch wohnen müssen. Außerdem waren bei diesem Verband schon etwa 20 Bands gemeldet. Es war also ziemlich klar, dass es nur dazu diente, damit diese spielen konnten. So wurde uns wieder verboten, zu spielen. Wir haben es also noch einmal in Teplice versucht, dort aber wieder keine Lizenz bekommen. Ich war dann echt ziemlich sauer, bin unter einem anderen Vorwand zu einem Jugendverband und hab dort ganz dreist den Stempel vom Tisch geklaut. Mit dem haben wir dann ziemlich lange gespielt, etwa fünfzig Konzerte. Es hat niemand gemerkt – bis uns wohl jemand angezeigt hat.

Miroslav Wanek, F.P.B., live
Archiv: Popmuseum Prag

Mit der Band ging es also fast nur bergauf. Es kamen noch ein paar so ziemlich legendäre Sachen dazu. Wie der Prager Punkdampfer 1985 zum Beispiel. Dort haben wir zusammen mit PLEXIS gespielt und UŽ JSME DOMA, die ihr allererstes Konzert gaben. Es kamen an die 3.000 Leute. Ich habe dem Kapitän 2.000 Kronen in die Hand gedrückt, fürs Bier – das entsprach damals einem Monatsgehalt. Er ist dann mit dem Schiff nach Braník gefahren, die Bands haben vom Schiff aus gespielt, und die Zuschauer waren am Ufer auf der Wiese. Es war ein großartiges Konzert. Die Bullen haben es ziemlich vermasselt, sie haben das Konzert erst viel zu spät aufspüren können. Es gab natürlich massiv Ärger. Sie wollten mich sogar einlochen wegen unerlaubter Unternehmertätigkeit.

Růžička deutete umständlich an, es wäre ihr Drummer Milan Nový gewesen, der die Geschichte mit dem gestohlenen Stempel den Behörden verraten hätte, schließlich wäre jener Informant der tschechischen Stasi gewesen. Allerdings war, wovon er natürlich schwieg, auch er selbst ein solcher. Seit seinem Aufenthalt im Knast, wo man ihn unter Druck gesetzt und ihm, so Růžička in einem anderen Interview, weitere fünf Jahre Haft angedroht hatte. Da er sich mit all seinen Aktivitäten am Rande oder bereits in der Illegalität bewegte, war er leicht erpressbar, zumal in jener Situation. Er erhielt allerdings anfangs Aufwandsentschädigungen sowie ab 1982 auch Honorar für seine Informationen, und dies bis zum Systemzusammenbruch 1989. Ob er seinen auch aus den Opfer-Akten von F.P.B.-Sänger Miroslav Wanek hervorgehenden Auftrag, die eigene Band zu zersetzen, nicht umsetzten konnte oder nicht wollte, ist dabei fraglich. Auf jeden Fall reiht er sich ein bei jenen prominenten »Verrätern« im Ostblock-Punk, die aus der Position des wichtigen Szeneaktivisten dem Regime dienten. Die Tatsache ist in Tschechien öffentlich bekannt, und Růžička gab zum Thema schon TV-Interviews. Zudem wurde der Vorgang aber auch akademisch aufgearbeitet. Siehe: Daniel Andelt, *Punková kultura na Teplicku v období »normalizace« a po roce 1989* [Die Punkkultur in der Region Teplice während der sog. »Normalisierung« und nach 1989], Bachelor-Arbeit an der Jan-Evangelista-Purkyně-Universität in Ústí nad Labem, 2017, S. 48–49. Dort finden sich die entsprechenden Aktenverweise.

In der DDR war die sogenannte Einstufung, also die Erlangung einer solchen Lizenz zum offiziellen Spielen, in der frühen Punkszene extrem verpönt, da man damit die Regeln des unterdrückenden Staates akzeptieren würde. Wie waren denn die Positionen in der tschechoslowakischen Szene dazu?
Vielleicht war es bei THE PLASTIC PEOPLE OF THE UNIVERSE so, dass sie solche Positionen dem Staat gegenüber vertraten. Doch die meisten anderen Bands haben wie wir versucht, irgendwie eine Lizenz zu bekommen. Es war halt eine Notwendigkeit, um spielen zu dürfen. Punk war eben nicht Underground, wo es solche Positionen, also eine komplette Ablehnung, mit dem Staat überhaupt irgendwie zu kooperieren, eher gab. Punk war anders, vor allem jünger. Die Leute wollten ihren eigenen Weg gehen. Sie sahen darin auch nicht so den politischen Kampf, das war ihnen nicht so wichtig, sie wollten Musik machen. Sie wollten spielen. Aber die meisten Punkbands, so weit ich weiß, vielleicht mit der Ausnahme von VISACÍ ZÁMEK, haben nie so krasse Zugeständnisse gemacht, dass sie zum Beispiel etwas aufnehmen würden, was überhaupt nicht ihre Musik, ihr Stil war, nur um dann spielen zu können. Das haben VISACÍ ZÁMEK durchaus gemacht. Man hat versucht, im Rahmen der Möglichkeiten autonom, unabhängig zu bleiben. Aber man brauchte immer eine Dachorganisation. Am besten war dann eine zugängliche Person in irgendeinem Jugendverband.

Wie kam es eigentlich zum Auftritt von F.P.B. auf dem legendären, aber genauso offiziellen Festival im polnischen Jarocin?
Ich bin einmal mit dem Zug nach Warschau zum Miles-Davis-Konzert gefahren und traf dort zufällig einen jungen Mann aus Zgorzelec, Maken, der mir von Jarocin erzählt hat. Doch es hat noch etwas gedauert, bis wir genug Energie für Jarocin hatten. 1984 war es soweit. Wobei ich da schon wusste, dass man sich am besten vorher in Dresden noch mit Fleisch, Wurst und Wodka eindecken sollte. Weil es dort einfach nichts gab, die Punks haben dort aus absolutem Mangel sogar *Pitralon* (deutsche Aftershave-Marke, Anm. Hg.) getrunken. Das war richtig scheußlich. Wir waren dann natürlich sehr beliebt, weil wir mit vollen Taschen kamen. Wir hatten Bier, Wurst, was zu Rauchen dabei ... und so um uns genug Leute, die halfen und unterstützten. In dem Jahr haben zum Beispiel SIEKIERA gespielt, und ganz viele andere tolle Bands. Dort habe ich also ausgemacht, dass wir nächstes Jahr auf einer der Bühnen spielen dürfen. So ist es auch gekommen. 1985 sind wir nach Jarocin gefahren, haben dort auf einer der kleinen Bühnen gespielt, vor etwa 3.000 Leuten. Das war für uns wie ein Traum. Vor so vielen Leuten hatten wir bis dahin noch nie gespielt! Das war 1985. Ein sehr fruchtbares Jahr, in dem einfach alles lief: Jarocin, der Punkdampfer, das Festival in Stará Lysá. Drei großartige Sachen für F.P.B.

F.P.B. live in Jarocin, 1985.
Archiv: Petr Růžička / Miroslav Wanek

In Jarocin kam die Band ziemlich gut an, es kamen Leute aus Ostberlin auf uns zu und haben uns eingeladen. Auch aus Warschau hatten wir ein Angebot, und es sah alles ziemlich interessant aus. Doch es war damals auch sehr anstrengend, so etwas wirklich zu realisieren. So dass ich mit Míra Wanek leider nie mehr ins Ausland gefahren bin, sondern erst mit der zweiten F.P.B.-Besetzung, mit der ich dann später ziemlich viel unterwegs war. Das waren auch alles sehr junge Leute, die sind noch in die Schule gegangen, mussten nicht arbeiten, so ging es ziemlich einfach. Wir haben uns in den Zug gesetzt, sind nach Berlin oder Dresden gefahren und haben dort in einem Club oder auch in einer Kirche gespielt. In die DDR gab es also gute Kontakte, was dann

Petr Růžička in Ostberlin, Mitte 1980er

1988 in gewisser Weise den Höhepunkt hatte, mit dem Konzert der Band ŠANOV 1 (gemeint ist das *AlösA*-Frühlingsfest 1988, Anm. Hg.), da waren F.P.B. aber schon nicht mehr so aktiv.

Insgesamt war 1985 das beste Jahr in der Karriere von F.P.B. Ein Jahr später ging es dann schon bergab. Für Míra Wanek wurden dann UŽ JSME DOMA immer wichtiger (Wanek, Sänger, Texter und Bassist, sowie der Gitarrist Romek Hanzlik verließen beide die Band und traten den experimentelleren UŽ JSME DOMA bei, die ebenfalls aus Teplice kamen, Anm Hg.). Ich kam mit den Leuten nicht klar, fand sie richtig scheiße. Sie waren anders – es waren keine Punks. Míra hat mir dann Arroganz vorgeworfen. Doch daran lag es nicht, es war keine Arroganz meinerseits. Míra hat einfach aufgehört, Punk zu sein.

Wie hast du die denn DDR-Szene im Vergleich wahrgenommen?

Ich habe das natürlich alles durch die F.P.B.-Brille gesehen ... Aber es kam mir schon so vor, dass es keine herausragenden Bands gab. Sowie, dass sie dort vielleicht auch nicht allzu viele Gelegenheiten zum Spielen hatten. Aber ich hatte ja enormes Glück mit F.P.B., auch mit den zweiten, und zum Schluss mit ŠANOV 1. Es lag sicherlich auch an der Sprache, und außerdem kannten wir damals nicht allzu viel, das muss man noch dazu sagen.

Wovon ich aber schwer beeindruckt war, war die Rolle der Kirche. Bei dem ersten Konzert in einer Kirche war ich komplett baff. Der Schlagzeuger saß vorm Altar, und das Schlagzeug rutschte immer weg. Da kam der Pfarrer und hat es angenagelt! Am Altar! Das alles war in der Tschechoslowakei absolut unvorstellbar. Dass es überhaupt in der Kirche stattfand. Aber auch, dass zudem die Stasi einfach draußen blieb und sich nicht traute, hineinzugehen. Wir warteten die ganze Zeit, wann die Bullen die Kirche räumen würden. Aber das passierte einfach nicht, wir spielten und konnten nach Hause gehen. Da war zu merken, dass die Kirche da doch eine andere Rolle hatte und zudem einen anderen Freiraum bot.

Zur gleichen Zeit etwa, 1987, gab es auch den ersten großen und zudem medial wahrgenommenen Überfall von rechten Skinheads auf ein Punkkonzert in einer Berliner Kirche. Wie gestaltete sich dieses Verhältnis denn in der Tschechoslowakei, wo stand der Punk politisch, auch angesichts einiger antiziganistischer Texte?

In Deutschland ist alles etwas anders gelagert als hier, allein durch die Geschichte. Da sind die Lager klar geteilt, man ist entweder links oder ein Nazi. Das ist hier schon sehr anders. Es gibt auch viele Leute, die Zigeuner [*sic*!] nicht mögen, und dennoch keine Rassisten sind. Außerdem: wie viele Zigeuner gab es denn in der DDR? Vermutlich keinen einzigen. Denn immer, wenn die DDR-Punks in die Tschechoslowakei kamen, wollten sie eine »Zigeunerbraut« haben. Was wir alle verabscheut haben, denn mit einer Zigeunerin zu schlafen, wäre uns nie in den Sinn gekommen. Mich hat es dann beschäftigt, warum sie das unbedingt wollten. Vielleicht ist es auch eine Mentalitätssache. Denn in Hitlerdeutschland war so was ja nicht nur verboten, mit einer Zigeunerin oder einer Jüdin zu schlafen, das war eine »Rassenschändung«, dafür gab's das Beil. Vielleicht sahen sie darin eine Form des Protests, wenn sie mit einer Zigeunerin schliefen. Aber es ist ja eh nie gelungen, für die DDR-Punks eine Zigeunerin zu »organisieren«. Das waren hier in Teplice damals ziemlich verfeindete Lager, die Punks und die Zigeuner. Da gab es häufig Schlägereien. ŠANOV 1 haben auch ein Lied drüber geschrieben, das von radikalen Linken hier wiederum als rassistisch gewertet wurde, in dem heißt es in etwa: »Wir besaufen uns auf der Terrasse und hauen dann den Schwarzen auf die Fresse ...« Was aber auch irgendwie den Alltag abbildete. Die Zigeuner haben mal die Punks angegriffen, die Punks haben dann wieder, mit ein paar Bieren gestärkt, den Zigeunern die Fresse poliert. Aber das war kein Rassismus, das waren einfach nur so dumme Schlägereien. Die Situation ist hier eben ein bisschen anders. Auch OI OI HUBERT MACHÁNĚ – das war keine rassistische Band, auch keine Oi!-Band, das war eine ganz normale Punkband. HUBERT sang zwar mal dieses Lied »Hau dem Neger auf den Kopf ...«, was ja ein Cover war, aber das hat damals niemand als rassistischen Text verstanden. Wir fanden es vielleicht ein bisschen doof, haben darüber gelacht, aber als rassistisch haben wir es auf jeden Fall nicht empfunden.

Zwischen den Skins und den Punks hat es sich dann irgendwann mehr und mehr polarisiert, das war auch die Zeit. Es gibt da sogar Filmaufnahmen von einem Konzert mit ŠANOV 1 in Prag, 1989 in Opatov, das von einer kleinen Gruppe von Skins attackiert wurde – unter ihnen war auch der Sänger von PLEXIS, Petr Hošek, der damals bei den Skinheads war. Ich bin dort dazwischen gegangen und hab versucht, den Skins klar zu machen, dass sie das Punkpublikum in Ruhe lassen sollten. Interessant war, dass es jemand für so ein *BBC*-Format gedreht hat, das *Tschechisches Videojournal* hieß. Ich habe mich damals zufällig mit irgendwelchen Leuten in London getroffen und einer meinte: »Es kommt grad was von euch drüben, aus der Tschechoslowakei ...« – und das war diese Aufnahme. Ich bin dann noch zur *BBC* und hab ein paar Kommentare dazu abgegeben, zur Musik und zu Punk in der Tschechoslowakei.

Aus dem Tschechischen von Martina Lisa

Pavla Jonssonová

Baudelaires fröhliche Geister

Die Geschichte der drei Frauenbands PLYN, DYBBUK und ZUBY NEHTY

Die Liebe meines Lebens (abgesehen von den Kindern), waren meine Bands. Zuerst, 1980, PLYN (Gas). Marka, Hanka und Pavla. Eine grenzenlose Freundschaft, zu der nur 20-Jährige fähig sind, eine Freundschaft, nach der sich jeder sehnt. Bewunderung und Respekt waren die Basis. Wir wollten rund um die Uhr zusammen sein, und alles wurde als Ausrede benutzt, Zeit miteinander zu verbringen. Ich reiste mit Marka nach Hradec Králové, wo sie eine Stelle am Theater gefunden hatte, ich verkaufte die Zeitung *Evening Prague* mit ihr, und wir besuchten Hanka an der Karls-Universität, weil wir keine Woche ohne die anderen verbringen konnten. Großartige Geburtstagsüberraschungen, eine wundervolle Art, unsere Freundschaft zu feiern.

Waren wir Feministinnen? Ich schon, Marka and Hanka waren allerdings enttäuscht vom Feminismus. Als wir die Band gründeten, ging es nur um Freundschaft; dass wir Mädchen waren, spielte dabei überhaupt keine Rolle. Als die 1980er voranschritten, begann ich mich mit feministischen Themen auseinanderzusetzen und projizierte meinen neu entdeckten Feminismus auf die Band. Ich hielt uns für den Beweis dafür, dass die Zeiten sich geändert hatten, und ich glaubte daran, dass wir das Stereotyp der Rivalität zwischen Frauen und ihrer Unfähigkeit, zusammenzuarbeiten, erschüttern könnten. Nichtsdestotrotz, niemand in der Band teilte meine feministischen Überzeugungen. Trotzdem sehe ich die Tatsache, dass wir nur Frauen waren, rückblickend als feministischen Akt, als Proto-Riot-Grrrl. Wenn Riot Grrrl aber bedeuten sollte, als Kind misshandelt worden zu sein und eine Welt zu verachten, die Frauen hasst, dann traf das auf uns nicht zu: Wir hatten keine Misshandlungserfahrungen und zudem das Privileg, an einer Universität studieren zu können. Wir waren sauer auf das Regime, in dem wir lebten, aber nicht auf die Welt an sich. Mein Vorbild war Patti Smith, und ich mochte SIOUXSIE, THE RAINCOATS und THE SLITS waren bei uns unbekannt.

Gemeinsam mit Hanka habe ich schon seit der dritten Klasse der weiterführenden Schule versucht, unsere Songs auf der Gitarre zu spielen, und wir haben von einer Band geträumt. Unter den Kirschbäumen in Petřiny zu sitzen, Gitarre zu spielen und zu singen, das war schön. Marka stieß 1980 zu uns, und wir waren fasziniert von der Kraft ihrer Fantasie, ihrem Klavierspiel und ihrer Stimme. All die Songtexte, die sich in unseren Köpfen geformt hatten, erschienen uns wie kleine Offenbarungen. »Sen« (Traum): »Ich will schlafen, ich weiß, es wird ein harter Traum …« – musikalisch schwindelerregend schön. Oder ein anderer Song, über Kilgore Trout! Und dann die erste richtige Probe bei Hankas Familie in Karlin im Sommer 1981: Für ein paar Tage

Pavla Jonssonová, 1986. Archiv Pavla Jonssonová

übernahmen wir das Haus und probten und probten. Wir übten neue Kompositionen wie »Tygr« (Der Tiger). Und dann kam Renata mit den Lyrics zu »Paní I« (Dame I) über eine Dame mit schweren Ohrringen und gleich darauf über die einsame Frau in »Paní II (Dame II)« – sie hatten eine soziologische Tiefe und waren dabei lustig und dadaistisch. Und Marka schrieb den Song »Smrt« über den Tod, so authentisch! Wir studierten ein Repertoire für ein Konzert ein und traten im Studentenclub *Euridika* in Petřiny auf. Alle unsere Freunde waren da, auch Oldřich Janota, mein damaliger Gitarrenlehrer und Jarmila Emmerová, meine geliebte Lehrerin aus dem Fachbereich Übersetzung. Im Vorprogramm spielte Misha Glenny, die spätere BBC-Starreporterin und Autorin. Marka wechselte zwischen Piano und Bass, Hanka spielte Schlagzeug, und ich E-Gitarre.

Das zweite Konzert fand auf Einladung von Ivo Pospíšil statt, wir sollten seine Band GARAZ beim Auftritt im Studentenwohnheim *007 Strahov* supporten. Wir hatten keine Ahnung, dass man, um öffentlich aufzutreten, eine behördliche Genehmigung brauchte. Und wir wussten nicht, dass GARAZ eine Menge Ärger bekommen könnten, wenn sie uns ohne eine solche Genehmigung auftreten ließen. Kurz darauf wurden wir in einen Studentenclub in Ústí nad Labem eingeladen, dann auf ein Festival in Ostrov nad Ohří, und so weiter. Irgendwann im Jahr 1982 entdeckten wir in einer Zeitung eine Anzeige, in der eine Girlgroup für Auftritte in österreichischen Bars gesucht wurde. Wir wurden ganz aufgeregt, denn genauso hatten ja auch die BEATLES angefangen, in Hamburger Bars. Wir gingen zum Vorspiel und waren bereit für den großen Sprung. Aber bevor es losging, teilte Marka mit, dass sie ein Baby erwartet, und so kam das nicht zustande. Aber wir spielten weiter zuhause. Auf dem letzten Konzert vor der Entbindung in Petynka trat Marka umhüllt von einem Kasten aus

Pappe auf – unvergesslich. Unsere Leben schritten voran, Markas Baby Sara war so ein liebenswertes Kind und kein Hindernis, weiter Musik zu machen. Plötzlich erwartete Marka ihr zweites Kind, ich heiratete und bekam ebenfalls ein Baby, genauso wie Hanka. Wir brachten die Kinder zu den Proben und Konzerten mit, und wunderbarerweise funktionierte es. Irgendwann stieß Kateřina Nejepsová zu uns, die mit ihrem Saxophon und der Flöte perfekt zu uns passte und mit Hanka ein starkes, witziges Duo bildete. Als Quartett traten wir beim *Vokalíza*-Festival im Club *Lucerna* auf, organisiert von der charismatischen Jana Koubková. Das Verlangen nach einer Band, die auf Freundschaft basiert, war noch immer da, und so besuchte ich Kateřina, wir spielten zusammen und begaben uns auf einen abenteuerlichen Trip in die Transsilvanischen Alpen. Uns war klar, dass wir eine sozialistische Organisation brauchten, die uns unterstützte, um legal auftreten zu können. Und wir bekamen sogar ein Angebot: vom Sozialistischen Jugendverband in Kladno.

Der nächste Schritt zur Legalisierung war es, dort vor dem Komitee der Kulturarbeiter aufzutreten. Also machten wir das, und zunächst sah es auch gut aus, aber dann bekam ich einen Anruf von einer der Damen aus dem Distrikt-Komitee, die sagte, unsere Texte seien zu pessimistisch. Nachdem sie einige davon gelesen habe, hätte sie das Gefühl gehabt, eine Flasche Wein trinken und von der nächsten Brücke springen zu müssen. Es sei nicht möglich, eine solche Ideologie unter der Jugend von Kladno zu verbreiten. Es stimmte schon, wir hatten einen Song über den Tod, aber eigentlich war es ein kämpferischer, kein pessimistischer. Die meisten unserer Songs waren fröhlich, hoffnungsvoll, erzählten von Träumen, vom Fliegen, vom Sinn des Lebens. Daher war ich schockiert und argumentierte vergeblich, dass Schönheit seit Baudelaire ein komplizierter Begriff sei. Sie antwortete, sie verstehe durchaus, dass es schwieriger sei, lustige Songs zu schreiben, wir aber nicht in Kladno auftreten könnten, bis wir solche im Repertoire hätten. Wir kamen also auf die Liste der unerwünschten Bands. Daher entschieden wir, unseren Bandnamen zu ändern, wie all die anderen Bands auf der Schwarzen Liste es auch taten, und weil wir während dieser Zeit Vendula Kašpárková trafen, eine großartige Keyboarderin und Komponistin, die später mit STROMBOLI berühmt wurde, übernahmen wir ihren Vorschlag DYBBUK, nach dem aberwitzigen Geist, den sie in einem Buch von Joseph Heller entdeckt hatte. Weil Optimismus erwünscht war, kam Marka mit ihrem Song »Radujme se a buďme šťastni« (Lasst uns froh und glücklich sein), der zwar ironisch gemeint war, aber auch anders, ernsthafter verstanden werden konnte.

Pavla Jonssonova mit DYBBUK, live 1985, Screenshot aus dem Film *Hudba 85*

DYBBUK Debüt-7", *Panton*, 1987

Danach trafen wir Eva Trnková, eine wunderbare Gitarristin, die sagte, sie habe immer schon in einer Frauenband spielen wollen. Von nun an waren wir zu fünft, und es war toll. Ja, Es war so kraftvoll, wenn wir fünf auf der Bühne standen und zu spielen begannen; die zwei Gitarren waren sagenhaft. Wir spielten relativ regelmäßig, oft in Chmelnice und Opatov, und gingen auch auf Tour in Mähren, mit einigen unserer Babys. 1985 wurden wir, zusammen mit zwölf weiteren Alternative-Bands, für den Film *Hudba 85* (Musik 85) aufgezeichnet, eine Underground-Veröffentlichung, die erst 2005 offiziell auf den Markt kam und davor nur unter Freunden kursierte. 1987 begann andererseits das staatliche *Panton*-Label mit seiner Reihe *Rock-Debüt* und wir wurden eingeladen, fünf Songs in einem Studio aufzunehmen, die dann auf einer EP veröffentlicht wurden. Wir waren sehr glücklich, auch weil wir aus uns unbekannten Gründen als Erste aus einer langen Liste an Bands ausgesucht worden waren. Der größte Hit der EP war »Petr a Jan« über die Apostel, die Jesus' leeres Grab entdeckt hatten. Eigentlich hieß der Song »Hrob byl prázdný« (Das Grab war leer), aber diesen Titel konnten wir erst ab 1990 benutzen.

Nach diesem Höhepunkt der Bandgeschichte von DYBBUK standen die Zeichen auf Veränderung. Eine andere Frauenband namens PANIKA trat auf den Plan und bot drei unserer Mitglieder professionelle Bezahlung, Equipment, große Hallen, Reisen nach Spanien und Kuba an. Kateřina, Hanka und Eva verließen DYBBUK. Für eine kurze Zeit dachten sie, beide Bands unter einen Hut zu bekommen, aber Marka hasste diese Idee und entschied, das Projekt DYBBUK endgültig zu beenden. Und damit war es vorbei.

Kurz darauf begannen Marka und ich wieder Musik zu machen, zusammen mit Naďa Bilincová, einer Lyrikerin. Ich übernahm den Bass, und Marka konnte sich auf das Piano konzentrieren, während Naďa Gitarre spielte. Markas Mann Tomáš und Michal Pokorný spielten Saxophon, und Honza Lorenc Schlagzeug. Tomáš hatte die Idee, die neue Band ZUBY NEHTY (Zähne und Nägel) zu nennen. Zuerst probten wir in einem Keller im Einkaufszentrum unter der Národní-Straße, dann in der Theater-Akademie in Řetězová, später in Markas Wohnung. Bald hatten wir Auftritte, unter anderem bei einem großen Festival des Filmmagazins *Kavárna AFFA* in der *Lucerna*. Die Mädchen in der Band entschieden, sich zu diesem Anlass als alte, fette Frauen zurechtzumachen. Wir hielten das für eine originelle und lustige Idee. Aber damit verlassen wir die 1980er und begeben uns in die 90er, als DYBBUK für eine kurze Zeit wieder zusammenkamen, um alte Songs neu aufzunehmen und als LP zu veröffentlichen. Während der Aufnahmen wurde klar, dass unsere PANIKA-Frauen wieder zurück zu DYBBUK wollten. Und so kam es auch. 1991 begannen das Abenteuer von vorne, diesmal unter den neuen Bedingungen von Freiheit und offenen Grenzen. Aber das ist eine andere Geschichte.

Aus dem Englischen von Jonas Engelmann

DISKOGRAFIE ČSSR/TSCHECHIEN

A 64

Tschechoslowakischer Punk der alten Schule mit Hymnengarantie.

»Ja Nemam Sajn« auf *Czech! Till Now You Were Alone* Comp. LP (*Old Europa Café*, 1984)

»Moment« auf *World Class Punk* Comp. Kassette (*ROIR*, 1984)

Die Titelangabe ist irrtümlich. Tatsächlich ist es abermals »Ja Nemam Sajn«. Auf CD wiederveröffentlicht (*ROIR*, 1998).

DO ŘADY!

Pogo-Punk. Das sollte reichen.

LP: *Join The Army?!* (*ArtSon*, 1991)

E!E

Pogo-Punk. Siehe oben. Hals- und Beinbruch!

LP (auch CD): *E!E* (Eigenveröffentlichung, 1992)

EXTEMPORE

Eine der besten Undergroundbands aus den späten Siebzigern der ČSSR. Gegründet und geleitet von Mikolas Chadima. Abgedrehtes Experimentalzeugs und einige Punkklassiker.

2LPs: *Velkomesto / The City* (*Globus*, 1991) Tapeveröffentlichungen der Jahre 1979, 1980 und 1981.

CD: *Zabijacka* (*Black Point*, 1999) Wiederveröffentlichung ihrer klammen und heimlichen Aufnahmen des Jahres 1979, inkl. tschechische Anverwandlungen der STRANGLERS, von WIRE, GENERTION X und DR. FEELGOOD.

F.P.B.

»Fourth Price Band«. Großartiger, sehr hymnischer Punk der Veteranen, die jetzt bei UŽ JSME DOMA spielen. Das Album ist ein posthumes.

LP+7": *Kdo z Koho, Ten Toho* (auch auf CD, aber ohne die 7") (*N.A.R.*, 1991)

3CDs: *Kniha Prani a Stiznosti* (*Malarie Records*). Das »Buch der Wünsche und Beschwerden«. Ohne Katalognummer. Dafür mit 52seitigem Buch und Stift!

»Egoista« auf *1984 The Third* Comp. DO-LP (*New Wave*, 1987)

HRDINOVÉ NOVÉ FRONTY

»Helden der neuen Front«; Pogo-Punk-Veteranen;, LP und CD sind posthume Veröffentlichungen.

Kassette: *The War* (Eigenveröffentlichung, 1986)

Kassette: *Obyčejní Hrdinové* (Eigenveröffentlichung, 1987)

Kassette: *Dům Na Demolici* (Eigenveröffentlichung, 1987)

LP: *Válečný Území* (*Monitor*, 1991)

3CDs: *Na Barikádách Z Popelnic 1985–1988* (*Monitor*, 2008)

HUBERT MACHÁNĚ

Großartiger Pogo-Punk und Oi. Songs über Bier und andere schöne Sachen.

LP: *Zazdili Nam WC!!* (*Globus*, 1991)

KLADNO

Großartig! Oi gegen faschistische Skinheads, einmaliges Projekt diverser Underground-Musiker (ex-EXTEMPORE u.a.)

7": »Holoblb«/»Tahnete« (Eigenveröffentlichung, 1991)

MICHAEL'S UNCLE (MAJKLŮV STRYČEK)

Empfehlenswerter Experimental-Hardcore mit antiautoritären Texten. Kraftvoll!

LP: *The End Of Dark Psychedelia* (*R.A.T.*, 1990). Titelangaben in Englisch, Gesang in Tschechisch.

LP (auch CD): *Svine!!* (*Black Point*, 1992). Wiederveröffentlichung eines alten, unter dem Namen M.O. veröffentlichten Demo-Tapes.

NAŠROT

Chaotischer Punk, Hard- und Grindcore. Beginnend mit dem zweiten Album englischsprachiger NYHC.

LP (auch CD): *Destructive Tour* (*Monitor*, 1991)

PLEXIS

Ex-PLEXIS P.M., von Pogo-Punk zu Hard- und Gähnrock. Über das dritte Album sei geschwiegen. Haben mit Punk nix mehr zu tun. Ein weiteres Beispiel dafür, dass der

Markt nach dem Ende des Kommunismus nicht allen gutgetan hat.

LP (auch CD): *Pulnocni Rebel* (*Monitor*, 1990)

ŠANOV 1

Pogo-Punk. Gespielt von Langweilern, die Rockstars sein wollen. Überzeugt nicht. Der Gesang geht auf die Ketten.

LP: *Konec Sveta* (*Globus*, 1990)

TELEX

Punkrock, Ex-NOVODUR (gegründet 1984).

CD: *Punk Radio (Best Of)* (*Kukisaka*, 1996)

TŘI SESTRY

»Drei Schwestern«. Hymnischer Punk und Oi. Akkordeoneinsatz! Thematischer Schwerpunkt: Mädels und Bier.

LP (auch CD): *Na Kovarne ... To Je Narez* (*Monitor*, 1990) 1997 auf *Monitor-EMI* digital verschönert und wiederveröffentlicht.

UŽ JSME DOMA

Abgefahrener Experimentalkram. Bläserattacken! Gelegentlich rasant, scheinen bei den frühen BUTTHOLE SURFERS in die Schule gegangen zu sein. Ehemalige Mitglieder von F. B. P.

7": »Vylov Rybnika« / »Mu Je Ha« / »Jo Nebo Nebo« (*Panton*, 1989) Die EP war die Nummer 7 in der Rock-Debüt-Reihe von *Panton*.

7": »Parník 1985« (*Papagájův Hlasatel Records*, 2016)

LP (auch CD): *Uprostred Slov* (*Globus*, 1990)

LP (auch CD): *Nemilovany Svet* (CD englischsprachig: *Unloved World*, *Panton*, 1991)

VISACÍ ZÁMEK

»Die Vorhängeschlösser«. Veteranen des böhmischen Primitiv-Punk. Altpunks mit eingängigen Songs über nichtgängige Themen. Waren 1988 die erste tschechische Punkband mit einer Vinylveröffentlichung in der ČSSR. Kappten mit dem sechsten Album leider ihre Punkwurzeln und dockten bei EMI an. Die gealterten Punks wurden zu langatmigen Rockern.

7": »Hymna Sibenicnich Bratri« / »Podvedeni Kameloti« (*Supraphon*, 1988). Veröffentlicht unter dem Namen VZ in der *Poslouchate Vetrnik*-Reihe.

LP: *Visací Zámek* (*Punc*, 1990). 1996 mit der ersten 7" und ihrem Compilationtrack von der *Punk's Not Dead*-LP wiederveröffentlicht.

ZEMĚŽLUČ

Polit-Pogo-Punk aus Brno.

LP: *Fajn, Bezva, Prima* (Eigenveröffentlichung, 1990)

ZIKKURAT

Von Punk über experimentellen Post Punk zu irrem Impro-Noise.

2LPs: *1979–82* (*AG Kult*, 1991). Liveaufnahmen.

CD: *Zikkurat* (*Black Point*, 1997). Liveaufnahmen 1979–80.

ZNOUZECTNOST

Tolle Band, die Punk auf eine Vielzahl anderer Stile, darunter Mittelaltermusik, treffen lässt. Großartiger, männlich-weiblicher Wechselgesang. Hinreißend!

LP (und CD): *Ukolebavky Pro Nevhodne Loutky* (*Globus*, 1992)

Übertragung aus dem Englischen: Robert Mießner

SLOWAKEI

Miroslav Michela

Rauchen verboten

Die Slowakei im Rhythmus '77

»Du willst dein Leben leben,
tun nur das, was du willst
Doch mit deinem Warten,
erreichst du's nicht
erreichst du's nicht
erreichst du's nicht
Also hör mir mal zu.«

(ZÓNA A)

Punk zu sein, bedeutete überall in der ČSSR mehr oder weniger das Gleiche, sei es die Suche nach dem richtigen Punk-Stil oder seien es die Probleme, die dieser Lebensentwurf zwangsläufig mit sich brachte. Doch in den lokalen Gegebenheiten und Möglichkeiten gab es auch gewisse Unterschiede.

Irgendwann 1986 oder 1987 quietschten in der Pekná cesta (z. dt.: »Schöner Weg«) in Bratislava die Bremsen eines gelben Polizei-Ladas. Drei ältere Uniformierte sprangen heraus. Ohne ein Wort stürzten sie sich auf einen etwa 16-jährigen, 1 Meter 60 großen, knapp 50 Kilogramm wiegenden Punk, der gerade die Straße entlang lief … Der Junge trug eine schwarze Jacke mit Nieten, eine schwarze Jeans, eine Umhängetasche über der Schulter und einen violett gefärbten Iro als Frisur.

Ohne Ankündigung zerrten sie ihn zu Boden. Einer der Bullen, er wog bestimmt mindestens 100 Kilogramm, warf sich auf seinen Rücken. Dann prügelten sie auf ihn ein. Mit sehr wohl überlegten Schlägen, die kaum blaue Flecken hinterlassen, nämlich mit dem unteren Teil der Faust oder mit flacher Hand – und es waren sehr viele Schläge: 30, 40 oder 50.

Der Mann, der auf dem Rücken des Jungen thronte, zerrte die ganze Zeit an dessen Iro, seine Hände waren voll von violetten Haaren. Der Junge konnte unter diesem

Gewicht kaum noch Luft holen, er weinte und schrie aus letzter Kraft: »Ich hab' doch gar nichts getan, bitte. Ich hab' doch gar nichts getan.«

Der Mann, offenbar der Einsatzleiter, beugte sich herab und brüllte in das Ohr des Delinquenten: »Hast du wohl! Du bist eine Kreatur. Ein abartiger Schmarotzer und menschlicher Abfall! Also hast du wohl eine ordentliche Tracht Prügel verdient!« Dann holte einer der Bullen aus dem Auto eine kleine Schere, mit dieser schnitt, oder viel mehr rupfte er dem Jungen seinen Iro aus. Der Junge hatte zum Schreien keine Kraft mehr, unter dem grün uniformierten Schwergewicht konnte er nur schluchzen und röcheln. Das Ganze dauerte gerade einige wenige Minuten. Dann standen die Bullen wortlos auf, zogen ihre Uniform zurecht, setzten sich wieder ins Auto und fuhren davon.

(*https://www.facebook.com/miro.kern/posts/1659222630779351*)

In der ČSSR haben sich Punkmusik und Punkkultur vor allem dank der Initiative der sogenannten Jazz-Sektion und des Undergrounds verbreitet. Die Jazz-Sektion organisierte schon 1978 einen Vortrag zum Thema Punk und widmete ihm auch ein fünfzehnseitiges Heft mit dem Titel *Punkrock*. Und das wohl wichtigste Undergroundmagazin *Vokno* beschäftigte sich 1979 auf sechs Seiten mit dem Punk-Phänomen und akzentuierte dabei die Wechselwirkungen beider Subkulturen. Man kann also davon ausgehen, dass es in Böhmen und Mähren schon eine gewisse kulturelle Basis für Punk gab. So sind auch viele Szenegänger aus dem Undergroundgeflecht gekommen.

In der Slowakei gab es allerdings etwas Vergleichbares so gut wie gar nicht. Schon deswegen war die Situation dort etwas anders. Lediglich in Bratislava waren die Einflüsse von Punk stärker spürbar: 1979 begann hier die Band TIP zu spielen, die sich bald in EXTIP umbenennen sollte. 1980 formierte sich dann die Band PARADOX. Ihre Mitglieder lebten allesamt in einem Plattenbau, in dem sie anfangs auch geprobt haben. Und wie es bei vielen Punkbands der Fall war, beherrschten sie anfangs kaum ihre Musikinstrumente, ja, zuerst besaßen sie fast keine. Ihr offizielles Bühnendebüt sollte die Band auch erst 1983 absolvieren. Ein Jahr später gab es sie schon nicht mehr, doch aus den Trümmern von PARADOX formierte sich dann die heute legendäre Band ZÓNA A. Anfänglich übernahmen ZÓNA A auch das PARADOX-Repertoire und gaben damit 1984 ihr erstes öffentliches Konzert. Ihre Mitglieder avancierten zu bekannten Punkfiguren, und ein Jahr später wurde mit ihnen der circa zwanzigminütige Film *Zóna A* gedreht (Regie: Martin Hanzlíček). Freilich landete er im Tresor, wurde der Streifen doch als für die sozialistische Jugend unpassend eingestuft.

Dennoch erfuhr die Szene in Bratislava in den Jahren 1983 und 1984 einen deutlichen Aufschwung. Und im Unterschied zum westlichen Teil der Republik wurden die Konzerte in der Slowakei größtenteils offiziell organisiert. Ab der zweiten Hälfte der 1980er-Jahre lässt sich bereits von der zweiten Punkgeneration sprechen, zu den Konzerten wurde da schon durch die gesamte Republik gefahren. Auch wenn es in Bratislava nicht allzu viele Möglichkeiten zum Auftreten gab, ist es dennoch ab und an gelungen, einen Auftritt zum Beispiel im universitären Umfeld zu organisieren. Die einzige andere Bühne in Bratislava, auf der eine Punkband auftreten konnte, bot der *Muko Klub* in Lamač (ein Stadtteil im Norden von Bratislava). Weitere Punkbands aus den 1980er-Jahren der slowakischen Hauptstadt waren: TRAVEX, später zu PROBLÉM 5 geworden, TLAK, KRACH und BARBUS; Ende der 80er kamen dann LORD ALEX, MLADÉ ROZLETY, KOSA Z NOSA, DAVOVÁ PSYCHÓZA sowie die berühmt-berüchtigte rassistische Skinheadband KRÁTKÝ PROCES hinzu. Damals verband Punks und Skins noch der gemeinsame Feind, den beide Subkulturen im kommunistischen Regime sahen, und so kamen sie noch relativ problemlos miteinander klar.

Abgesehen von der Hauptstadt gab es in der damaligen Slowakei noch in ein paar anderen Städten Punkbands, zu nennen wären aus Trenčín die Post-Punk-Combo CHÓR VÁŽSKYCH MUZIKANTOV, aus Malacky stammten SPRAY, aus Nitra DITURVIT und NEW KIDS ON THE BOLLOCK oder aus Zlaté MORAVCE CONTAINER. Wenn hier von einer Punkgeneration gesprochen wird, meint das – mit der Ausnahme Bratislava – keine im herkömmlichen Sinne existierende Punkszene. Auch bot der westliche Teil der ČSSR die besseren Auftrittsmöglichkeiten. So sind zum Beispiel ZÓNA A bereits 1985 in Prag aufgetreten. Ebenso war im selben Jahr auch ein Konzert von CHÓR VÁŽSKYCH MUZIKANTOV angesetzt gewesen, das dann allerdings durch die Staatssicherheit verhindert wurde.

Ein weiteres Spezifikum der slowakischen Szene war der Hang zum eher melodischen 77er-Punk, wogegen es in Böhmen etwas härter zuging. Dies zeigte sich auch im Outfit. Der Look à la London 1982 war in der Slowakei sehr lang eine ziemliche Rarität, beziehungsweise konnte er sich kaum etablieren. Hardcore kam in der Slowakei wesentlich später auf als im westlichen Teil der Republik.

Bravo Bravó?

»Die Anfänge waren so ziemlich peinlich,
ich wohnte damals in einem Einfamilienhaus,
das ich in Hemd und Kordhose verließ,
um mich dann in der Bierstube in die zerrissene Jeans zu werfen,
mit Ketten und anderen Punkrequisiten;
und auf dem Heimweg ging ich wieder in die Bierstube
und zog mich noch mal um, hehe.«
(BRAŇO ALEX)

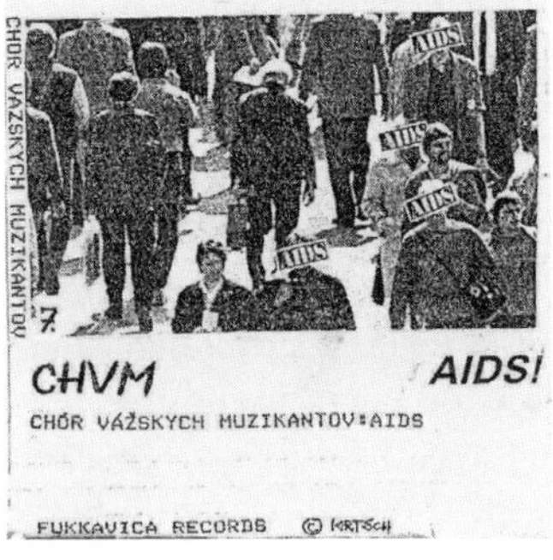

Kassetten von CHÓR VÁŽSKYCH MUZIKANTOV auf ihrem Label *Fukkavica Records*: *Zelné Gitary*, 1986, und *AIDS*, 1987

Popmusik aus dem Westen war in der Tschechoslowakei nur schwer zu bekommen. Sie verbreitete sich hauptsächlich über das österreichische Fernsehen und Radio, und natürlich mittels Platten. Diese gehörten zu den sehr begehrten Gütern und wurden später meist auf Magnetbänder kopiert. Es war praktisch unmöglich, auf offiziellem Wege an so eine Platte heranzukommen, von daher gehörte ihre Weitergabe und Streuung durch Kopien zu den wichtigen Tätigkeiten subkultureller Netzwerke. Ein wichtiger Treffpunkt für Händler, Musikfans sowie alternative Jugend waren die Flohmärkte im Bratislavaer Park Medická záhrada. Eine weitere Möglichkeit, neue Musik zu bekommen, boten Anzeigen in Jugendzeitschriften sowie Musiktauschbörsen.

Aber auch in der Slowakei gab es den sogenannten Kassetten-Samizdat. 1985 begann Ľuboš Dzúrik, Mitglied von CHÓR VÁŽSKYCH MUZIKANTOV, auf dem Label *Fukkavica Records* Kassetten alternativer Bands aus der Stadt Trenčín zu produzieren. Über das Treiben in seiner Heimatstadt veröffentlichte er auch zwei Nummern der Samisdat-Zeitschrift *CHVM Informátor.* Aufnahmen einiger Bands aus Bratislava verbreiteten sich durch das Label *Inflagranti Records* des ZÓNA A-Frontmanns Peter Schredl, genannt Koňýk, der ab 1987 auch die Zeitschrift *In Flagranti* produzierte. In ihr veröffentlichte Schredl vor allem Übersetzungen von Artikeln über diverse ausländische Bands. Die ersten Nummern der Zeitschrift hat er heimlich auf der Arbeit an der Schreibmaschine über Durchschlagpapier getippt. So sind nur einige wenige Kopien entstanden, die sich anschließend im kleineren Kreis verbreiteten; einige haben davon Fotokopien angefertigt und die Texte abgeschrieben. In Bratislava gab es ab 1988 noch ein weiteres Fanzine, *Pogo Journal,* das Vlado »Lamo« Lamoš produzierte.

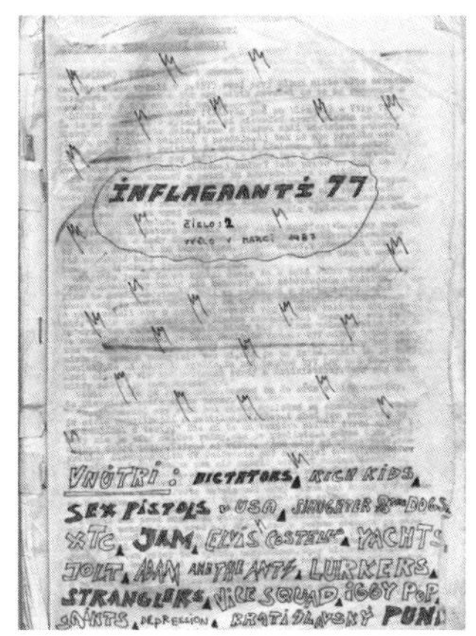

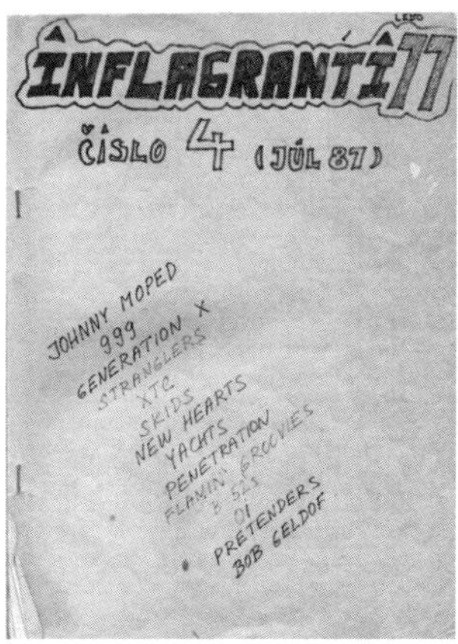

Fanzine *In Flagranti* (anfangs noch *In Flagranti* 77), No. 2, 3 und 4

Neben dem österreichischen Sender *Ö3* fixten vor allem Texte und Bilder aus der *Bravo* an, die bis 1989 zu den wertvollsten Schwarzmarktwaren der alternativen Jugend gehörte. An die starke visuelle Anziehungskraft der *Bravo* erinnert sich auch einer der ältesten slowakischen Punks, Braňo Alex: »Es gab eine *Bravo*-Ausgabe mit einer Doppelseite zu den SEX PISTOLS, dann noch eine Seite zu den RUNAWAYS (...). Das hab' ich mir dann durchgelesen und verstanden, dass wohl in Großbritannien eine neue Musikrichtung entstanden war, die sich Punkrock nannte. Später kam ich dann über Freunde an die ersten SEX PISTOLS-Aufnahmen. Die haben bei mir von der ersten Sekunde an wie ein Blitz eingeschlagen, und ich konnte sie mir auch mal fünf Stunden am Stück in Dauerschleife hören.«

Allerdings verursachten die *Bravo*-Bilder auch ein ziemliches Desaster. Irgendwann Mitte der 1980er-Jahre entschied sich eine circa zehnköpfige Punkcrew aus Bratislava, in der Stadt ein paar schmissige Bilder à la *Bravo* zu schießen. Neben jeder Menge Sicherheitsnadeln und anderen typischen Punk-Utensilien hatten sie ebenfalls ein paar Bilder vor einer gesprayten Platte gemacht, auf der auch Swastikas zu sehen waren. Die ganze Aktion hatten zufällig ein paar Touristen aus der BRD gesehen und festgehalten. So wurde den Punks aus Bratislava anschließend eine ganze *Bravo*-Doppelseite gewidmet. Das hat dann natürlich auch die Staatssicherheit mitbekommen und dementsprechend ausnutzen können.

Mit der Hakenkreuzsymbolik haben auch einige westliche Punkbands gespielt, man erinnere hier an das berühmt-berüchtigte T-Shirt des SEX PISTOLS-Bassisten Sid Vicious. Die Provokation ist ja des Punks Kern. Den Punks in der Tschechoslowakei war die Nazisymbolik einerseits ein willkommener, brauchbarer Stachel, andererseits verkörperte sie in gewisser Weise ihre antikommunistischen Einstellungen. Doch ab Mitte der 1980er-Jahre gab es dann bei mehreren Bands auch zunehmend offen rassistische Texte, und vor allem verbreitete sich der Antiziganismus. Bezeichnend dafür ist unter anderem die große Beliebtheit, welcher sich der ZÓNA A-Song »Cigánsky problém« (Zigeunerproblem) erfreute. Eine gewisse Reaktion boten im Rahmen der damals noch gemeinsamen Szene die o.g. MLADÉ ROZLETY 1988 mit dem Titel »Zkurvený Skinhead« (also etwa: »Scheißskin«).

Der Mann im Pelzkragen

Lange Jahre spielt er schon mit mir
das Wahnsinnsspiel des Schattens,
schaut sich das Album meiner Träume an
der Mann im Pelzkragen,
der Mann im Pelzkragen.

Ständig wacht er über mein Leben,
beschützt mich von allem Bösen,
ist wohl zu meinem Sklaven geworden,
der Mann im Pelzkragen,
der Mann im Pelzkragen.
(ZÓNA A)

Bis Anfang der Anfang 1980er-Jahre war die Staatssicherheit hauptsächlich mit den sogenannten Langhaarigen beschäftigt, jetzt sollte die New-Wave- und Punkjugend in ihr Visier geraten. Ihre Vertreter wurden von den staatlichen Organen als anpassungsunfähige, arbeitsscheue Individuen mit Hang zum Drogenmissbrauch und Alkoholismus charakterisiert. Nicht selten wurden sie auch als Nazi-Anhänger gebrandmarkt. Der große Angriff auf Punk und New Wave begann 1983 mit dem nicht namentlich gekennzeichneten Artikel »Neue Welle mit altem Inhalt«. Er behauptete, die kapitalistische Ideologie und die sogenannten Zentren der Diversion würden die Rockmusik als Mittel im Kultur- und Ideologiekampf nutzen; Punk und New Wave somit die Basis der sozialistischen Moral und Werte untergraben.

Nach der Veröffentlichung wurden die Repressionsorgane um einiges aktiver. Zu einer sehr beliebten Methode der offiziellen wie der Geheimpolizei gehörte Einschüchterung. So wurde versucht, Leute an Konzertbesuchen zu hindern oder auch schlichtweg daran, sich zu treffen. Haare wurden geschnitten, Ohrringe herausgerissen, Aufnäher, Anstecker oder Nietengürtel weggenommen. Auch Anrufe bei Schulen, Gaststätten oder beim Arbeitgeber, oder aber Gespräche mit den Eltern gehörten zu den beliebten Arbeitsmethoden. Vlado »Lamo« Lamoš erinnerte sich an eine Punk-Ausstellung, welche die Polizei 1981 für Eltern veranstaltete und zwar in der Polizeiwache U dvoch levov (Zu den zwei Löwen), einem Ort, an dem meist Regimegegner Verhöre über sich ergehen lassen mussten.

Mitte der 1980er-Jahre wurde der Druck in Bratislava besonders spürbar, die Punkbands mussten ihre Aktivitäten deutlich herunterfahren. Erst mit der Perestroika sollte sich die Situation langsam etwas entspannen; die weitere Entwicklung konnte dann nicht mehr gestoppt werden. Nicht einmal durch den Einsatz der Staatssicherheit, die die sogenannte öffentliche Probe von ZÓNA A, BARBUS und TLAK auf dem Gelände des Studentenwohnheims Horský park unterbrach. Die Veranstaltung wurde von Menschen aus allen Ecken der Republik besucht, doch ziemlich schnell durch die Sirenen der Staatssicherheit abgebrochen. Anschließend wurde 34 Besucher zum Verhör gebracht.

Zum Friseur nach Bratislava

… Als Petr, Láďa, Mirek und ich nach Bratislava kamen, sind wir zuerst in die Kneipe namens *Funus* rein, dort trafen wir gleich Drška und Robin. Ansonsten saßen hier nur Einheimische. Es wurde eine Zeitlang gesoffen, und Robin und ich amüsierten uns darüber, wie uns alles angestarrt hat. Mit einem Iro auf dem Kopf wurden wir hier fast für Punks aus London gehalten, dann haben wir auch erfahren, warum. Die slowakischen Punks, vor allem die aus Bratislava, hatten ja immer eine Tasche mit Wechselklamotten dabei, um sich nach Bedarf umziehen zu können, und sie trugen auch eine ordentliche Frisur. Angeblich wegen Bullen. Wir fanden es irgendwie witzig. Doch unser London-Feeling war nur von kurzer Dauer.

Etwa um halb sieben sind wir dann in den Club gegangen, die erste Band hat gerade angefangen zu spielen … Und etwa zwanzig Minuten später kamen schon die Bullen, wir sollten den Club verlassen. Wir haben uns kurz geweigert, sahen dann aber, dass die Einheimischen sich lieber auf den Weg machten und so gingen dann auch wir wieder zurück in die Kneipe. Drška und Robin sind gleich zum Bahnhof und wollten nach Hause fahren – das hätten wir am besten auch gemacht. Denn das, was danach kam, hatte ich bis dahin noch nicht erlebt.

Innerhalb von zehn Minuten war die Kneipe quasi belagert, von etwa 30 Bullen in fünf Autos und zwei Sixpacks. Sie zerrten uns ohne jede Rücksicht in die Autos und schleppten uns aufs Revier. Dort mussten wir an der Wand stehen, mit den Händen überm Kopf, jede auch nur Minibewegung wurde mit einem ordentlichen Schlag mit der Faust oder dem Knüppel belohnt. Ein Junge aus Bratislava fragte, ob er eine rauchen gehen dürfe. Woraufhin ihm ein kleinerer Bulle antwortete: »Aber sicher, wir haben hier für euch extra einen Raucherraum eingerichtet. Komm mit.« Ein paar Minuten später kam der Junge zurück, die Fresse blutig zerschlagen und der Bulle brüllte nur: »Na, will noch jemand eine rauchen gehen?« Danach wurden wir einzeln ins Zimmer gerufen, wo sie uns einfach alles abgenommen haben, was sie konnten. Dass sie uns die Nietengürtel wegnahmen, damit haben wir gerechnet, aber dass sie auch Goldkettchen und Ohrringe nahmen, das war einfach nur noch Diebstahl. Als ich gefragt habe, ob ich nicht mal einen Zettel über die beschlagnahmten Dinge bekäme, wurde ich gefragt, ob ich auch nicht zufällig Lust hätte, eine zu rauchen. Als ich dann wieder im Flur stand, gab es schon drei blutige Gesichter. Der kleine Bulle sprang herum und schwang mit dem Knüppel wild um sich. Er kam zu einem und meinte: »Du blutest aus der Nase und verdreckst uns hier den Fußboden!« – und zack, auf die Fresse. Der Junge wischte sich über die Nase und zack. »Hände hoch, hab' ich gesagt!« Er hat einfach seine Komplexe verarbeitet, der Zwerg. Als Jožo den Jungen in Schutz nahm, waren im Nu zwei weitere Bullen bei ihm und Jožo war es in dem Moment wohl leid, überhaupt geboren worden zu sein. Nach all den Vorführungen, bei denen uns die Herren Bullen gezeigt haben, wer hier an der Macht war, haben wir dann dummerweise gedacht, jetzt lassen sie uns aber wieder gehen. Nach der »Entlassung« kamen wir alle wieder in den Sixpack und ab zu den *Zwei Löwen*.

Auf dem Flur mussten wir wieder mit den Händen überm Kopf an die Wand, ein paar Jungen wurden ins Zimmer geholt, mich wollte man zuerst ablichten. Vermutlich hab' ich denen gefallen, denn sie haben sogar farbige Bilder von mir gemacht. Danach wurden mir noch Fingerabdrücke abgenommen, dabei haben die sich dann völlig mit der Farbe versaut, was selbstverständlich meine Schuld war. Also musste auch ich eine »rauchen gehen«. Nach der Kippe, die mir ja gar nicht geschmeckt hatte, wurde ich ins Zimmer verfrachtet – und da ging's ja erst richtig los. Gleich in der Tür wurden mir ein paar gescheuert, damit ich besser reden kann, wie mir erklärt wurde. Dann haben die eine Zeitlang über irgendwas gestritten, ob ich ein »Hahn«, ein »Krokodil« oder ein »Igel« wäre, dann sind sie zu der Schlussfolgerung gekommen, dass ich ein verschissener Tscheche bin und als solcher ein paar auf die Fresse verdient hätte. Letztes war für sie nicht schwer zu beweisen (für mich wird es allerdings ein Problem sein, wenn ich es irgendwann beweisen wollen würde). Dann haben die sich die Sprüche auf meiner Jacke durchgelesen und geschlussfolgert, dass ich wohl noch zu wenig Prügel abbekommen hätte … und dann sah ich in einer Hand die Schere. Als ich dann wieder im Flur gelandet bin, fror ich ein wenig am Kopf und durch den Flur flog Hošeks Gemurmel: »Ich wusste gar nicht, dass es hier auch Skins gibt …« In der Zwischenzeit wurde das andere Ende des Flurs interessant, wo ein Bulle Jožo sein Geld abgenommen hatte und der forderte es zurück. Natürlich bekam er nur auf die Fresse, dafür aber ordentlich … Als wir morgens gegen sechs Bratislava verließen (reicher an Erfahrungen, ärmer an Haaren), im Auto, das vorher auch ordentlich durchforstet geworden war, wurde ein neuer Jackenspruch geboren: NEVER AGAIN BRATISLAVA.

(in: *Voknoviny*, Nr. 3, Januar 1988)

Ende der 1980er-Jahre hatten sich die Zügel gelockert. In dieser Zeit identifizierten sich immer mehr Menschen mit unterschiedlichen Subkulturen. Es wurde klar, dass die einfache Repression nicht mehr ausreicht, um die Situation einzudämmen, und so veränderte auch der Sicherheitsapparat seine Strategie. Er versuchte hauptsächlich, alles noch irgendwie unter Kontrolle zu behalten. Ein deutliches Zeichen dieser Veränderung war das offizielle Rockfest, ein Musikwettbewerb, dessen Finale in Prager Kulturpalast stattfand. Hier feierten ausgerechnet ZÓNA A 1988 ihren großen Erfolg.

»Heute ist alles O.K., alles all right,
es geht uns allen gut, ganz fein.
Heute lacht jeder, viel Spaß, ganz klar,
die Sonne wärmt, die Laune 1A.
Wir rebellieren nicht, es geht uns gut,
arbeiten wie sich's gehört und versaufen dann den Hut.«
(ZÓNA A)

Der Text entstand im Rahmen des Forschungsprojekts *GAČR 17-09539S: Budováni scény: česká a slovenská kultura fanzinů od státního socialismu k post-socialismu* [Der Aufbau der Szene: Tschechische und slowakische Fanzine-Kultur vom staatlichen Sozialismus bis zum Postsozialismus].

Aus dem Slowakischen von Martina Lisa

DISKOGRAFIE ČSSR/SLOWAKEI

BEZ LADU A SKLADU
Slowakische Szene-Legenden. In der Mixtur diverser Stilistiken provokant.
LP: *Bez Ladu A Skladu* (*Opus*, 1990)

CHÓR VÁŽSKYCH MUZIKANTOV
Kurz CHVM. Weirdo-Punk aus Trencin.
Kassette: *Dedina Spieva* (*Fukkavica Records*, 1984 / CDr 2000). Live in Bratislava. Beginn einer Serie von Konzertmitschnitten.

DAVOVÁ PSYCHÓZA
Straffer und schneller Hardcore. Dass es sowas noch gibt! Die beste slowakische Band.
LP (auch CD): *Antropofobia* (*Opus*, 1991)

EX-TIP
Klassischer Punkrock.
LP: *Ex-Tip* (*Vydala Unia Mladej Slovenskej Kultury*, 1991)

SLOBODNÁ EURÓPA
Pogo-Punk.
LP (auch CD): *Pakaren* (*Opus*, 1991)

ZÓNA A
Melodischer '77er-Punk. Nicht gerade P.C., siehe die weiterführenden Beiträge in diesem Buch.
LP: *Potopa* (*Opus*, 1990)

Übertragung aus dem Englischen: Robert Mießner

Martin Suicide / Alexander Pehlemann

Aus dem Trott: TROTTEL

Ein Interview zu Band und Label und Ungarns Punk allgemein

TROTTEL, Anfang 1990er, rechts Tamás Rupaszov. Archiv: Tamás Rupaszov

Tamás Rupaszov aus Budapest, Bassist und Gründer der wohl bekanntesten ungarischen DIY-(Progressive-) Punkband TROTTEL und Betreiber von *Trottel Records*, das 1985 als illegales Samizdat-Tapelabel und Fanzine-Herausgeber startete und seit 1992 als im auch stilistisch weitesten Sinne alternatives Label agiert, ist ohne Frage ein Aktivist hoher Rastlosigkeit. Anfang der 1980er ausgehend von Punk, dessen widerspenstiger Geist seine Aktivitäten sicher heute noch durchzieht, aber dann fortlaufend stets auf Veränderung und Entwicklung bedacht, nicht zuletzt auch stilistisch, wie sich sowohl an der Band als auch im Portfolio des Labels abbildet. Während TROTTEL derzeit aber ruhen, weil er einerseits nicht mehr mit den Musikern der Vergangenheit arbeiten, und sich schon gar nicht wiederholen will, andererseits sich aber die Frage stellt, ob man das TROTTEL-Gefühl mit noch einer weiteren jüngeren Generation aufrufen kann, stellt das Label gerade in einem massiven Schub an Releases diverse Brücken zur Vergangenheit her. Sowohl der eigenen Vergangenheit als Tape-Label als auch generell zu der von Punk und Hardcore in Ungarn. Denn in relativ kurzer Folge kamen auf *Trottel Records* unter Wiederaufnahme einer Tape-Serie der Mitt-Achtziger namens *Pajtas Daloljunk* gleich dreimal Punk und einmal Hardcore als Vinyl-Compilations, gefolgt von einer Frühwerkschau der Budapester Punk-Legende ETA heraus. Genug gewichtige Gründe, um ihn nach dem Stand der (Eigen-)Geschichtsschreibung zu befragen.

Wie und wann startete Punk in Ungarn?
Es begann am Ende der 1970er, als ich noch viel zu jung war, mit der Band SPIONS. Die große Explosion aber passierte Anfang der 80er. Plötzlich formierten sich unzählige Bands. Hauptsächlich in Budapest, aber es gab auch ein paar in anderen Städten.

Gab es von Anfang an Druck von den Behörden oder starke Unterdrückung von Seiten der Polizei? Wie waren deine persönlichen Erfahrungen als Punk im »totalitären« Ungarn?
Soweit ich weiß, wurden die paar Konzerte der SPIONS alle abgebrochen, und die Band verließ Ungarn bald danach. Als ich zu Punk kam, waren sie also längst im Ausland. Ich denke, die Polizei wie auch die Jugendbehörden wussten anfangs überhaupt nicht, was das sein soll und wie man damit umgehen könnte. Es gab Konzerte sowie mehr und mehr junge Punks, es gab Skandale und auch bald junge Undercover-Polizisten im Publikum. Ich fing 1981 an, in einer Band namens ROTTENS zu spielen, da war ich 15. Gleich unser zweites Konzert wurde von einem Journalisten gefilmt und sogar im TV ausgestrahlt, in irgendeinem Jugendprogramm. Aber die Polizei hatte das wohl auch gesehen, und so waren wir schon mit dem zweiten Konzert überhaupt ein Skandal. Kurz danach wurden wir vorgeladen und wegen der Lyrics und unseren Aktivitäten gegen den Staat befragt. Die Bandmitglieder waren aber alle zu jung, um sie zu belangen, mit Ausnahme des Sängers. Der war 19 und wurde entsprechend verhaftet. Ähnliches passierte allen Bands damals, alle landeten irgendwann bei Verhören, wurden gelistet und überwacht. Zum Zusammenbruch kam es aber, als 1983 die Band CPG von Szeged nach Budapest zog und ein paar extrem skandalöse Konzerte gab, 1984 schließlich ihren Prozess hatte und wirklich für länger im Gefängnis landete. Danach gab es erst einmal eine ziemlich ruhige Phase, in der viele aus der Szene Ungarn verließen oder es zumindest versuchten, andere wiederum zur Armee mussten. Die zweite Hälfte der 1980er war dann bedeutend softer, aber auch, weil die Lyrics nicht mehr so direkt politisch waren. Ich vermute, weil wir alle ein wenig älter geworden waren, und niemand im Knast enden wollte. Neben der Punkszene meiner Generation gab es auch noch eine eher der Kunst und New Wave zugeneigte, mit diversen interessanten, ja objektiv besseren Bands wie KONTROLL, URH oder BIZOTTSÁG, die auf ihre Weise intellektuell und zudem etwas älter waren, von der Polizei aber genauso verfolgt wurden wie die jüngeren Punks.

URH 13.9.1980. Foto: Atilla Pácser, Archiv Artpool Art Research Center

1983 drehte Lucile Chafour, ein Mädchen aus Frankreich, den kurzen Underground-Dokumentarfilm *T'34 – Le Râle Des Genets*, komplett illegal. Aber das ist auch die einzige Dokumentation dieser Ära. Vor ein paar Jahren machte sie mit *East Punk Memories* noch einen zweiten Film, mit all den Leuten, die damals Teenager waren. Sie sang übrigens auch auf dem TROTTEL-Album *The Same Story Goes On* von 1992.

Du bist ja auch im Film, hast aber bisher vermieden, ihn dir anzusehen. Vergangenheitsaufbereitung ist natürlich eine schwierige und hier auch sehr persönliche Sache. Aber du veröffentlichst andererseits gerade Vinyl-Compilations mit einer Unmenge an ausgegrabenem Material. Was ist die Geschichte dahinter?

»Pajtas Daloljunk« ist ein altes kommunistisches Jugendlied, und wir starteten Mitte der 80er eine Serie mit ungarischem Punk auf illegal vertriebenen Kassetten mit dem Titel. Zu jener Zeit hatte ich keinen Pass, ich konnte das Land bis 1989 nicht verlassen, und begann daher zusammen mit der damaligen TROTTEL-Sängerin Ildikó Korrespondenzen mit Leuten auf der ganzen Welt. Wir wurden Teil der internationalen DIY-Punkszene, und all das weckte in uns eine extreme Leidenschaft – zu sehen, dass Punks weltweit etwas taten, kleine Radios, Fanzines, Underground-Labels usw. Das wollten wir auch! Wir bekamen riesige Mengen von Magazinen und Musik, Pakete von überall. Natürlich stets vorher geöffnet durch die Staatsmacht. Also entschieden wir, diese Compilations zu machen und sie außerhalb Ungarns zu verbreiten. Wir duplizierten die Kassetten zuhause mit einem Hitachi-Doppel-Kassettendeck, machten die Cover von Hand und dann Photokopien davon. In den 80ern war die Vervielfältigung per Druck verboten, also gingen wir zu verschiedenen Kopierläden und machten jeweils nur ein paar Blätter. So entstanden zwischen 1985 und 1994 vier Tapes, wobei das letzte schon offiziell auf *Trottel Records* erschien.

Kassette *Pajtas Daloljunk II*

Die Vinyl-Serie geht zwar auf diese Compilations zurück, ist aber keine Vinyl-Version der alten. Damals haben wir die gerade existierenden Bands der Zeit abgebildet. Auf den ersten beiden LPs, *Pajtas Daloljunk* X bzw. Y, sind aber auch viele Bands der frühen 80er, von denen nie etwas erschienen ist. Bands wie T'34, KOORDINACIO B oder INVAZIO 84, aber auch Tracks vom allerersten Konzert des ersten Line-ups von TROTTEL, im Frühjahr 1982. In sehr schlechter Qualität ... Aber natürlich ist das auch eine Dokumentation davon, was nach 35 Jahren auf alten Bändern übrig ist, zumal von Bands, die damals schon einen schlechten Live-Sound hatten. *Pajtas Daloljunk Y* bringt beispielsweise frühe Aufnahmen von wichtigen Bands wie QSS oder KRETENS neben RIZIKÒ FUCKTOR, KAISER UND KÖNIG oder HERPESZ. *Pajtas Daloljunk HC. Magyar Hardcore 1984–1988* versammelt hingegen die frühe Hardcore-Szene, darunter auch MARINA REVUE, bei denen ich in der Zeit zwischen der ersten und zweiten Besetzung von TROTTEL spielte (also zwischen DER TROTTEL und DIE TROTTEL, Anm. Hg.). Sowie u. a. LEUKÉMIA, BANDANAS, PSYCHO oder AMD. Die vierte LP spannt den Bogen von 1981 bis 1988 und bringt glücklicherweise neben Bands aus der Hauptstadt auch solche aus Eger, Nyiregyháza oder Szombathel. Mit ETA veröffentliche ich zudem eine der legendären frühen Punkbands. Gegründet 1980, spielten sie bald mehr oder weniger regelmäßig in Budapest und waren schon ziemlich populär, als sie wegen der permanenten Polizei-

LP-Serie *Pajtas Daloljunk*, 2017, *Trottel Records*

probleme 1982 vorerst aufgaben. Seither haben Generationen von Punks die gleichen schlechten Live-Mitschnitte gehört, die vom Publikum selbst gemacht wurden. Wir haben nun einen Original-Mitschnitt von der Band, restauriert im Studio des Gitarristen, der nicht nur das erste ETA-Release ist, sondern wahrscheinlich auch das einzige mit Punk in guter Qualität überhaupt aus den frühen 80ern in Ungarn.

ETA waren ja auch auf der französischen Compilation *Vilag Lazadoi Harcra Fel!* – gab es in den 1980ern weitere ungarische Punk-Platten neben dieser?
Diese EP, erstellt von Lucile, ist das einzige offizielle Sound-Dokument aus den frühen 1980ern. Die Bands hatten damals entweder schon Aufnahmen, oder wir gingen zu ihren Proben und nahmen dort etwas auf. TROTTEL zum Beispiel sind weder im Film noch auf der Compilation, weil unser Drummer zu der Zeit, der zweiten Hälfte von 1983, gerade Ungarn gen Österreich verlassen hatte und dort im Flüchtlingslager saß. Wir fanden aber so schnell keinen neuen. Es gab ein paar ungarische Bands, die auf internationalen Compilations waren, wie VHK (VÁGTÁZÓ HALOTTKÉMEK, auf *Fix Planet* bei *Atatak*, 1981, Anm. Hg.), falls man die zu Punk zählen will, aber auch TROTTEL (z.B. *1984. The Third*, 1987 auf *New Wave Records*, deren *1984*-Serie auch andere ungarische Bands wie MARINA REVUE, QSS oder ETA bot sowie Weiteres aus Osteuropa ..., Anm. Hg.). Aber es gab ansonsten Nichts, bis zum Ende der 1980er, als die erste VHK-LP in Deutschland erschien. Oder 1989 TROTTELs *Borderline Syndrôme* in Frankreich und AURORAS erste EP, ebenfalls in Westdeutschland, und ihre erste LP (*Viszlát Iván, Aurora Records*).

EP *Vilag Lazadoi Harcra Fel!*, 1985, *Primitiv Cozak*

BIKINI-LPs *Hova Lett ...*, 1983, *Start*

Für viele war die erste Entdeckung einer ungarischen Band der BIKINI-Track auf dem berühmten *World Class Punk* (*ROIR* 1984) ... Waren sie wirklich Teil der Punk-Szene?
Ach, die BIKINI-Platten ... Eigentlich ganz gute Alben. BIKINI wurde von 40 Jahre alten Rockern gegründet, die vorher in diversen klassischen Hardrock-Bands gespielt und schon eine

Karriere hinter sich hatten. Da Punk für mich nie nur Musik war und auch noch ist, kann ich das nicht Punk nennen. Besonders, wenn zur gleichen Zeit ein paar Punks meiner Generation im Gefängnis saßen. Ich würde nie sagen, dass diese BIKINI-Alben uninteressant wären, aber sie wurden eben offiziell aufgenommen und veröffentlicht auf einem Staatslabel ... (Bezieht sich ausschließlich auf die ersten zwei LPs: *Hova Lett ...*, 1983, und *XX. Századi Híradó*, 1984, aufgenommen in der Phase mit Nagy Feró, zuvor und kurz darauf wieder Sänger von BEATRICE. Danach wurden BIKINI eine unerträgliche Mainstream-Rockband. Anm. Hg.)

BIKINI gab es übrigens auch im Ungarischen Kulturzentrum in Ost-Berlin zu kaufen. Für Punks aus anderen Ostblock-Ländern erschien Budapest in den 1980ern ja wie ein Punk-Paradies, mit Shops, in denen man Punk-Zeug kaufen konnte, und internationalen Shows. Erinnerst du dich an westliche Bands, die Ungarn damals besuchten?
Nur ein paar. 1985, wen ich mich recht erinnere, kam eine schräge österreichische Kunstpunk-Band namens DRADIWABEHRL, die wirklich vor 2000 Leuten spielten. Alle waren da ... Auch mein erstes BLURT-Konzert in einem kleinen Studenten-Club ist mir gut in Erinnerung. Was wieder eher Avantgarde-Punk ist. Auf jeden Fall spielten DIE TOTEN HOSEN. Wir hatten ein großes Konzert mit den deutschen NORMAHL und ab 1987 fingen wir auch an, Bands für kleine Shows einzuladen. Wie GENOSSEN aus Westdeutschland. Deren Konzert endete für uns allerdings nicht so gut, denn etwa 50 Nazis warteten auf mich und meine Band, wir mussten fliehen und sie verfolgten uns, bis wir doch noch in einem Trabant entkamen, diesem kleinen ostdeutschen Gefährt aus Pappe. 1988 eröffnete dann der legendäre Klub *Fekete Lyuk* (Schwarzes Loch), der erste osteuropäische Underground-Klub. Für uns war es eine Art Heimat, wir probten dort und ich organisierte Shows mit ausländischen Bands von 1988 bis 1993. Die ersten waren PARABELLUM und HAINE BRIGADE aus Frankreich, mit denen wir noch in drei anderen ungarischen Städten spielten, danach wurden es mehr und mehr.

Gab es auch Kontakte zu Punks aus anderen Ostblock-Ländern?
Wie gesagt, korrespondierte ich ab 1985 mit der ganzen Welt. Ich konnte zwar niemand persönlich treffen, war aber in Kontakt mit Leuten, Fanzine-Machern usw. aus dem Osten. Später, als ich meinen Pass bekam und wir mit TROTTEL ab 1989 tourten, traf ich manche, weil sie Konzerte für uns in Polen oder der Tschechoslowakei organisierten. Mit einigen bin ich heute noch in Kontakt, wie Michał Hałabura vom Label *Nikt Nic Nie Wie* aus Polen oder Martin Valášek aus der ČSSR, der *Malárie Records* macht. Martin organisierte damals die erste TROTTEL-Tour dort, aber auch letztes Jahr noch ein paar Konzerte meines Folk-Punk-Projekts PAPRIKAPAPRIKA.

Apropos Paprika: wie war eigentlich die Situation mit Drogen in Ungarn?
Gleich nach Alkohol ging ich mit 16 für ein paar Jahre zu Klebstoff über. Ich erinnere mich noch, wie ein Freund einen 25-Liter-Kanister voll Klebstoff stahl: großartig, wir hatten alle Stoff für ein paar Wochen! Das war nicht ohne Risiko, denn manche verloren echt den Verstand und stülpten sich die Tüte mit dem Klebstoff über den Kopf. Der war aber extrem stark, eigentlich für Schuster, um die Sohlen zu kleben, also schwer

zu entfernen, und so verloren sie ihren Iro. Wir haben dann natürlich alles probiert, was sonst noch schädlich sein könnte. Alle Arten von Tabletten, auch zusammen mit Alkohol. Dann kam Mohn-Tee. Du hast Sträuße im Blumenladen gekauft, die Mohnblüten enthielten. Das war unverdächtig, denn du hättest sie ja verschenken können. Dann die getrockneten Mohnblüten zerrieben und Tee draus gekocht. Stank ekelhaft und schmeckte schrecklich, hatte aber gute Effekte. In der zweiten Hälfte der 80er sind mehr und mehr Leute gleich aufs Land gefahren und haben den frischen Mohn geerntet. Man presste diesen weißen Saft aus, trocknete ihn, versetzte es mit Wasser und injizierte das Gemisch. Das war eine Spur härter, und ich hab' das nie probiert. Viele wurden so von Opium abhängig, starben gleich oder gingen später zu Heroin über. Parallel hat meine Generation aber auch Gras für sich entdeckt. Es gab Hanffelder überall im Land, Nutzhanf zu industriellen Zwecken vor allem. Aber manche brachten doch die gewünschte Wirkung. Wenn so ein Feld entdeckt wurde, strömte man mit Bus oder Bahn oder sonst womit herbei und konnte mit riesigen Säcken Gras zurückkommen, genug für Wochen. Wenn es nicht so gut war, musste man eben viel rauchen und es stank wie verbrannter Gulasch. Aber es war kostenlos. Die Polizei ahnte anfangs nichts, und wir hatten ein paar schöne Jahre. Dann aber stoppten sie das mit den Feldern, auch mit dem Mohn. Aber es wuchs auch eine Menge wilder Hanf, den wir auf Touren einfach am Wegesrand ernteten und zuhause testeten. Manchmal mit Glück. Andere in meiner Generation haben über Verwandte oder Freunde Rezepte bezogen und sich mit Medikamenten aller Art versorgt, teils mit Amphetaminen. Oder man ist gleich in Apotheken eingebrochen und hat die Morphium-Ampullen geklaut. LSD und Speed lernte ich aber erst in den Neunzigern kennen. Ich kannte allerdings auch jemand, der hat sich Wodka gespritzt!

Du hast in einer Diskussion zur *Warschauer Punk Pakt*-Ausstellung zum unübersehbaren Erstaunen Vieler gesagt, dass das Auftauchen der ersten Skinheads, was ja nicht zuletzt auch eine neue (alte) Mode war, vorerst kein sich absetzendes politisches Statement war, sondern sie im Gegenteil mit Teilen der Punkbewegung den Nationalismus und Rassismus teilten. Versuche doch bitte, das noch einmal zu erläutern.
Da wir in den Sowjetblock eingefügt und Teil der internationalen sozialistischen Gemeinschaft waren, durfte es keinen Platz für nationale Gefühle geben. Genau deswegen hatte wiederum fast jede Bewegung dieser Zeit in gewisser Weise auch einen »nationalen Aspekt«. Von der Tanzhaus-Bewegung der 70er über die Rocker bzw. Csöves und vom Anfang der 80er an auch Punk. Sich »ungarisch« zu fühlen und zu einem Folktanz-Abend zu gehen, war bereits eine Position gegen die Sowjet-Unterdrückung. Die ersten Skinheads von 1982/83 kamen von den allerersten Punks und hatten genug davon, dass mehr und mehr Kids zu Punks wurden. Um sich zu unterscheiden, schnitten sie sich die Haare ab, wurden zu Skins und fingen zugleich an, die gerade ankommenden jüngeren Punks zu verprügeln. Im *T'34*-Film wurden Skins und Punks noch zusammen gefilmt, weil sie da noch gemeinsam ihrer Wege gingen. Erst 1985 bis 1986 bewegten sich die Skinheads einerseits zur extremen Rechten und Teile der Punks gen Anarchismus. In den späten 80ern wurde es dann mit den Skinheads mehr und mehr kriminell, sie attackierten Araber oder Schwarze usw., einige landeten auch im Knast deswegen.

Danach entwickelte sich aus der Skin-Bewegung das, was sie heute »nationalen Rock« nennen. Das nahm seinen großen legalen Aufschwung mit der ersten christlich-rechten Regierung Ende der 90er und später vor allem durch die Zusammenarbeit mit der extrem rechten Partei Jobbik. Es gibt zwar auch heute noch Hardcore-Nazi-Skins, die mit Gewehren in den Wäldern trainieren, aber das ist wegen der legalen Präsenz die absolute Minderheit. Auch Punk war in den 1980ern ziemlich rechts, teils als Antwort auf die kommunistische Repression, und in den 1990ern bewegte er sich ins Unpolitische. Die heutige Punk-Generation hat sich von dieser Anti-Links-Ideologie aber größtenteils verabschiedet und orientiert sich an eher linken DIY-Ideen.

Wie habt ihr – aus einer Punk-Perspektive – den Systemwechsel 1989 gesehen?
Ich kann das nur aus meiner Perspektive beantworten, ich weiß auch nicht, ob es so etwas wie eine generelle Punk-Perspektive gibt. Von der Mitte des Jahrzehnts an war es, wie gesagt, sehr viel leichter, und ab 1987 hatte man schon das Gefühl, dass das System nicht mehr lange hält. Ich versuchte weiter jedes Jahr, einen Pass zu bekommen, und es wurde immer abgelehnt. Ansonsten aber, obwohl wir all diese illegalen Aktivitäten machten, Fanzines, politische Pamphlete, Musik usw., hatten wir nie direkt Ärger. Wir lebten dann sogar außerhalb von Budapest in einem großen Haus der Demokratischen Opposition. Der Eigentümer betrieb einen illegalen und trotzdem sehr bekannten Verlag sowie eine alternative Theatergruppe. Vor jedem Nationalfeiertag: Tag der Befreiung am 4. April oder am 15. März, Tag der Revolution, oder am 23. Oktober, dem Tag des Aufstands von 1956, stand die Geheimpolizei gegenüber und hörte uns ab. Wir sprachen dann ein paar Tage eine Art blumige Geheimsprache, das war alles. Es war keine harte Diktatur, aber trotzdem wollten wir, dass es endlich vorbei ist, denn es war so heuchlerisch und lächerlich. Außerdem wurde die Nachfrage nach den Tapes immer größer und es war schwer, das weiterhin illegal zu bedienen. Allerdings kannte ich den Westen schon ein wenig und wusste, dass der Wechsel kein großartig neues und verdammt gutes System bringen würde. (Er reiste 1984 mit Touristenvisum nach Paris und versuchte, dort zu bleiben, verlor aber den Pass und konnte so, da zudem noch minderjährig, kein Asyl beantragen oder, was er ebenfalls probierte, auch nicht heiraten. Nach einigen Monaten musste er aufgeben und zurückkehren – daher sicher auch die Verweigerung des Passes, Anm. Hg.)

Kassette von DIE TROTTEL, 1986

Für mich hatten Reisen und eine freie Presse die Hauptbedeutung. Die demokratische Opposition, hauptsächlich Intellektuelle, und die Leute um sie herum waren aktiv, aber ansonsten kann man nicht sagen, dass die Gesellschaft so stark für Systemveränderung war. Klar, jeder mochte die Idee, anstelle von Trabant und Skoda gute westliche Autos zu kriegen oder wie der Westen konsumieren zu können, aber politisch waren sie inaktiv. Ende der Achtziger starteten ein paar Bewegungen, aus denen dann die ersten Parteien wurden. Wie die Jugendbewegung, aus der die regierende Fidesz mit Orban entstammt. Eine ziemliche große Studentenbewegung damals, in ganz Ungarn.

Da waren sie noch nicht rechts, sondern hatten sogar eine anarchistische Strömung. Aber das System wechselte, weil die Kommunisten aufgaben und einen Deal mit der Opposition machten. Zu der Zeit, 1989, konnten wir dann schon touren mit TROTTEL. Eines Tages kamen wir aus Richtung Österreich zurück, und da war das Landesschild plötzlich anders: von der Volksrepublik Ungarn war »Volks-« übermalt worden.

TROTTEL waren da schon relativ bekannt – skizziere doch mal den langen Weg der Band ...

Das erste Konzert des ersten Line-ups von TROTTEL war, wie dokumentiert, im Frühling 1982. Wir gründeten die Band, nachdem der Sänger meiner ersten Band Ende 1981 verhaftet wurde. Nach einem längeren Break (MARINA REVUE, Emigrationsversuch nach Paris, Anm. Hg.) formierte sich die Band 1985 erneut. Das war der Anfang der DIY-Periode und sowohl musikalisch als auch ideologisch weitaus interessanter als das, was wir mit 15/16 machten. Unser erstes Demo-Tape haben wir 1986 veröffentlicht, das war bereits etwas komplexerer Punk, so Richtung SUBHUMANS. Dann machten wir 1989 unsere Europa-Tour und die erste LP in Frankreich. Die Musik wurde immer komischer, ab 1992 dann nur noch instrumental, und auch noch abgedrehter mit allen möglichen Progressive- und Psychedelic-Einflüssen. Über die 90er wurde es mehr und mehr experimentell. Ab 1999 sogar mit Keyboards, und von da an in alle möglichen Richtungen, bis heute. Die Presse und die Leute gaben uns stets neue Bezeichnungen, aber ich denke, TROTTEL ist einfach eine eklektische Band. Mit einer Punkhaltung, die heutige Punks vielleicht nicht Punk nennen würden, aber das ist egal. Wir hatten eine Menge Line-ups und 11 sehr unterschiedliche Alben, aber ich hoffe, immer mit der gleichen Kraft, Energie und Motivation.

Wie war das, als ihr auf der anderen Seite des Iron Curtain gespielt habt und wie seid ihr dann zu den Labels *X-Mist* und *Gougnaf* gekommen, die eure ersten LPs machten?

Wir hatten ja schon eine Menge Kontakte und warteten nur auf meinen Pass. Ende 1988 befreundete ich mich mit jemand, der das Label *Bondage Records* machte, Heimat für legendäre französische Bands wie BERURIER NOIR, und ich stellte ihm TROTTEL

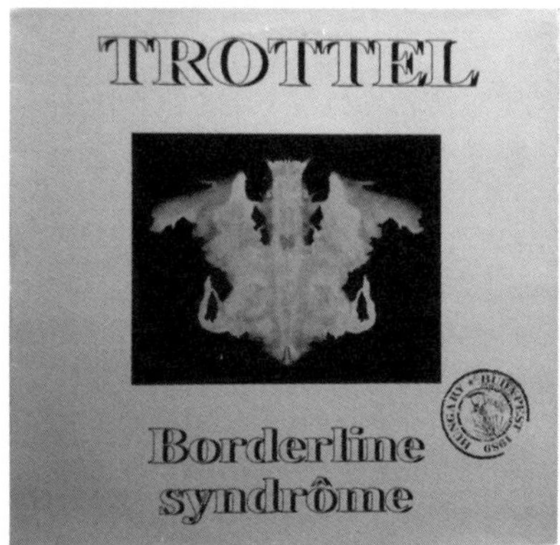

LPs *Borderline Syndrôme*, 1989, *Gougnaf Mouvement* und *The Same Story Goes On*, *Trottel Records*, 1992.

vor, wissend, dass er eher lustige, simplere Sachen mag. Er sagte denn auch, er wäre nicht interessiert, aber er hätte einen Freund, der das Label *Gougnaf Mouvement* machen würde und verrückt genug wäre … Und so war es. Sie machten unsere erste Platte, *Borderline Syndrôme*. *Gougnaf* war damals das zweitgrößte alternative Label dort, wir hatten also ein wenig Promotion und schließlich Konzerte in Vorbereitung für 1989. Unser erster Gig war am 4. Februar 1989 in Berlin. Als Beginn einer drei Monate langen Tour durch ganz Westeuropa. Wir kamen in Ostberlin mit dem Zug an, denn unser Van, ein (ostdeutscher) Barkas, brach schon in Budapest zusammen. Vom Bahnhof in Ostberlin holte uns ein Westberliner Freund des Drummers ab, und wir fuhren durch den berühmten Checkpoint Charlie, durch die Berliner Mauer über die Grenze von Ost und West. Um es kurz zu machen: es war dunkel und sehr, sehr eigenartig. Der Tour folgte im gleichen Jahr eine nächste über zwei Monate, und wir nahmen die EP *Your Sincere Innocence* in Frankreich auf. Aber zu dem Zeitpunkt brach *Gougnaf* zusammen und wir mussten ein neues sympathisches Label finden. So kamen wir zu X-Mist in Deutschland, die dann auch noch 1991 die Doppel-LP *The Final Salute In The Name Of Human Misery* veröffentlichten. 1992 gründete ich *Trottel Records* und machte seitdem die TROTTEL-Alben selbst, manchmal in Kooperation mit *NNNW* aus Polen, *Malárie Records* aus Tschechien oder *Amanita Records* aus Frankreich.

Spielt ihr noch und gibt es Pläne für neue Releases?
Im letzten Jahr spielten wir nur zwei größere Shows. Vor allem, weil ich vor ein paar Jahren eben PAPRIKAPAPRIKA gründete, ein Power-Folk-Punk-Trio, mit dem zu touren bedeutend einfacher ist, vor allem wegen des kleinen Equipments. Ich habe zudem zu viele andere Projekte im Kopf, um an ein neues TROTTEL-Album zu denken. Der letzte Release war allerdings 2013 die *Psychedelic Sound Exploration-Live*-DVD, es wäre also langsam Zeit für eine neue Platte.

Wie ist, um den Bogen zu schließen, dein Verhältnis zur heutigen Punk-Szene in Ungarn?
Da meine Band und das Label mit klassischem Punk seit langem nichts mehr zu tun hatten, habe ich auch mit der aktuellen Szene als aktives Mitglied nichts mehr zu tun. Irgendwie hat sich da auch über die letzten 20 Jahre musikalisch nichts mehr entwickelt, während ich mit meinem eklektischen Geschmack weiter und weiter ging. Damals wie heute: musikalische Klischees, mit Spaß und ohne viel Bedeutung. Da ist nichts falsch dran, aber das langweilte mich schon vor Ewigkeiten. Da Punk für mich nicht nur Musik, sondern eine Haltung ist, fühle ich mich den Underground-Szenen in Polen, Tschechien, Kroatien oder Frankreich viel näher. Es gab natürlich auch hier kleine interessante Initiativen, wie die junge Noise-Szene. Oder ein bis zwei Punk-Orte wie *Dürer Pence*, ein illegaler Klub und Proberaum, gemacht vom ersten TIZEDES-Gitarristen. Sowie eine kleine, aber sympathische Hardcore-Szene mit Bands wie LIBERAL YOUTH oder TISZTAN A CEL FELE aus Eger, die ich auch auf *Trottel Records* gemacht habe. Aber all das interessiert viele Punks nicht.

Basierend auf einem Interview für das tschechische Punk-Online-Magazin *www.kidsandheroes.com*, das überarbeitet und erweitert wurde.

Tamás Szőnyei

Botschaften, an die Wand geklebt

Wie die visuell wertvollen Konzertplakate der 1980er auch die Arbeit der Staatssicherheit illustrieren können

»Aus operativer Hinsicht ist folgender Umstand sehr bemerkenswert: die Bands, die in dem Bericht vorkommen, sind seit ca. einem Jahr in unserem Visier, trotzdem bekommen sie immer mehr Auftrittsmöglichkeiten in Kulturhäusern und Jugendklubs, die ihrerseits zu unseren Abwehrfeld gehören.« – So bewertete Leutnant Róbert Gábor die Informationen des Geheimagenten mit dem Decknamen »Dalos« über das »Problemverhalten« einiger »Beat-Bands, die nicht über eine Erlaubnis verfügen«, auf der Bühne, das sozusagen zur Publikumsgewinnung diente. Der Offizier des Budapester Polizeipräsidiums stellte deswegen in Aussicht, »die Leiter der Budapester Kulturhäuser über die ›Problembands‹ zu informieren« und vorzuschlagen, diesen keine Auftrittsmöglichkeiten mehr zu geben.

In dem von Róbert Gábor verfassten Bericht werden die sogenannten problematischen und daher abzuwehrenden sowie mit dem Attribut »Beat« versehenen Bands durch BIZOTTSÁG, BEATRICE, VÁGTÁZÓ HALOTTKÉMEK, URH, KONTROLL CSOPORT, BALATON, NEUROTIC, PUNKRÁCIÓ, László »Gazember« Waszlavik sowie Jenő Menyhárt repräsentiert. Der Begriff »Beat« ist ein Überbleibsel aus den 60ern, denn eigentlich geht es hier um die erste Welle der ungarischen »New Wave«.

Wäre alles den geplanten Maßnahmen entsprechend gelaufen, und hätte die politische Polizei tatsächlich erreicht, dass solche Bands nicht öffentlich auftreten dürfen, dann wären niemals abertausende von Plakaten – in unterschiedlichen Größen und verschiedensten Verfahren – produziert worden und überall an den wichtigen Knotenpunkten der Hauptstadt an die Wände der Unterführungen, die Bretter der Bauabsperrungen oder sogar die Schaufenster geklebt worden. Meist ohne Erlaubnis, wie auch die Bands zum größten Teil keine Erlaubnis hatten (nicht professionelle Bands brauchten allerdings auch kein abgestempeltes Dokument, nur die Profis, genauer: offiziell wurde ein Auftrittsvertrag erst, wenn in ihm auch die Höhe der Gage vermerkt wurde). Tatsache ist aber: in den 1980er-Jahren fanden hunderte Punk-, New-Wave-, Underground- und Industrial-Konzerte statt, die man auch unter dem Begriff »alternativ« zusammenfassen kann. Um diese Konzerte veranstalten zu können, bedurfte es aber tatsächlich der Erlaubnis des Bezirksamts und der Polizei.

Diese Konzertplakate illustrieren – über ihren visuellen Wert und die popgeschichtliche Bedeutung hinaus – aber auch die Arbeit der Staatssicherheit. Die bloße Existenz dieser Plakate zeigt, dass trotz Verdacht und Abneigung, die die Institutionen des offiziellen Kulturapparats (die einzige Plattenfirma im Land, die selbstverständlich unter der Kontrolle der Partei stand, das Fernsehen und die Presse) in den 1980ern gegen diese Bands hegten, die Mehrzahl der geplanten Konzerte doch stattfinden durfte. Denn das Ziel des Innenministeriums war nicht das totale Verbot, sondern vielmehr die Wahrung der Kontrolle über die Ereignisse und ihre Beobachtung. Seine Kräfte mussten Informationen sammeln, um eingreifen zu können, wenn der »Skandal« die Grenze des Geduldeten überschritt und in Versuche der Zerstörung politischer Tabus ausartete. In solchen Fällen schritten sie auch zur Tat: sie rieten den Leitern der Kulturhäuser von dem Auftritt gewisser Bands ab (weitaus nicht immer mit Erfolg), und es gab auch Beispiele für Eingriffe im Nachhinein. Die in extremen Fällen verheerende Folgen hatten, nämlich Gefängnisstrafen, wie bei einigen der bekanntesten Punkbands.

Anfang 1984 wurden drei der Mitglieder von CPG aus Szeged zu zwei Jahren Gefängnis und ein noch jugendliches Mitglied zu anderthalb Jahren auf Bewährung verurteilt – für wiederholte Auftritte mit Songs »gegen die verfassungsmäßige Ordnung der Volksrepublik Ungarn und deren internationaler Verbündeter« sowie die Kommunisten allgemein. Sie wurden nach anderthalb Jahren entlassen. Die Mitglieder von SZABOTÁSZ (später KÖZELLENSÉG, Staatsfeind) aus Veszprém bekamen im gleichen Jahr zwischen acht Monaten und zwei Jahren, teils auf Bewährung, wegen antikommunistischer Texte und tätlichen Angriffen. Drei Mitglieder von AURÓRA CIRKÁLÓ aus Győr kamen mit einer schriftlichen Ermahnung der Polizei davon, während ihr Sänger – den sie aber sowieso schon rausgeworfen hatten – wegen der Songinhalte angeklagt wurde und eine Gefängnisstrafe auf Bewährung erhielt. Bei den Ende 1983 zu Strafen zwischen einem Jahr und anderthalb Jahren auf Bewährung verurteilten Mitgliedern von MOS-OI, einer der ersten Skinhead-Gruppen in Budapest, kam allerdings neben dem üblichen Antikommunismus noch Rassismus hinzu.

Stellt man einige Plakate den Berichten über dieselben Veranstaltungen gegenüber, dokumentieren sie in eigenartiger Symbiose die Abwehr der Subkultur und speziell der jeweiligen Bands, die ins Visier der Staatssicherheit geraten waren. Auf den Plakaten können wir sehen, wer aufgetreten ist (manchmal: wer auftreten wollte), und in den Dokumenten der Archive können wir lesen, wie die Staatssicherheit sich auf die Konzerte vorbereitete, was sie von diesen berichtete, sowie in einigen Fällen sogar, welche Maßnahme der Bericht zur Folge hatte. Paradoxerweise kann das alles dabei helfen, den Auftritt entweder erneut zu erleben, oder sich ihn vorzustellen (wenn man den bei weitem nicht immer genauen Berichten glauben will) – ähnlich wie beim Lesen eines Artikels über ein vergangenes Fußballspiel: entweder bereut man, das Spiel nicht gesehen zu haben, oder man ärgert sich über den Journalisten, weil im eigenen Empfinden etwas ganz anderes auf dem Spielfeld geschehen ist, als das, was in der Zeitung steht.

Die populäre Musik als staatssicherheitliches Problem erschien in Ungarn natürlich nicht erst in den 1980er-Jahren. Nach der Revolution von 1956 meldeten die Jugendlichen immer entschlossener den Bedarf an, verschiedene Formen der Unterhaltung, die ihren Zeitgenossen auf der anderen Seite des Eisernen Vorhanges selbstverständlich zugänglich waren, selbst in Anspruch nehmen zu wollen: Modische Klamotten, zu modischer Musik tanzen. Dank der westlichen Radiosender und der Westverwandten und -bekannten sickerte immer mehr durch die Risse: Musik mit wechselhafter Tonqualität aus dem Radio, LPs aus den Koffern der Gäste, Jeanshosen aus den Weihnachtspaketen. Das alles begeisterte die Jugend, die anfing, eine eigene Lebensweise zum Rhythmus des Rock'n' Roll, Jazz und Beat zu gestalten. Es bildeten sich Bands, es tönte immer lautere Musik aus den Unis, den Sälen der Betriebe und Kulturhäuser. Die Erwachsenen, die Eltern, schauten wegen der Generationsunterschiede verständnislos auf die Veränderung, die ihre Kinder durchmachten, und die Institutionen, Schule, Partei und Polizei, stellten argwöhnisch Zeichen des Widerstands fest, hinter denen sie die Wirkung der aufrührerischen Ideologie der kapitalistischen Länder wähnten – mit Recht übrigens. Davon waren auch ihre Reaktionen bestimmt.

Im Mai 1963, im Rahmen der Endrunde des Wettbewerbs für nichtprofessionelle Musikgruppen, der vom Budapester Komitee des Kommunistischen Jugendbundes (KISZ) veranstaltet wurde, traten in der Sporthalle in Budapest die Bands BENKÓ DIXIELAND BAND, ILLÉS, METRO, OMEGA und SCAMPOLO auf. Das Publikum, das den Tumult, der auf westlichen Beatkonzerten üblich war, übernahm, zerstörte Türen und warf mit Eiern. Es gab Personen, die vor Ort festgenommen und für 30 Tage eingesperrt worden sind. Laut den Zuständigen waren die Fans der Band ILLÉS die Verursacher der Ordnungsstörung, und so wurde dieser Gruppe ein einjähriges Verbot auf den Veranstaltungen des Budapester KISZ erteilt.

Es bestand aber auch die Möglichkeit härterer Vergeltungsmaßnahmen. Im August 1963 berichtete György Aczél, der einflussreichste Kulturpolitiker der Jahrzehnte nach 1956, auf der Sitzung des Komitees für Agitation und Propaganda der Ungarischen Sozialistischen Arbeiterpartei (MSZMP, die kommunistische Partei, die das Land regierte) über den sogenannten »Fall Jazz«. Denn derart ungenau wurde das skandalöse Ereignis vom Mai bezeichnet. Laut Sitzungsprotokoll schlug das Komitee vor, dass die AgitProp-Abteilung der Partei, die KISZ und die Zuständigen aus dem Innenministerium sowie dem Kultusministerium den Fall untersuchen und, »wenn nötig, einige Jazz-Gruppen auflösen« sollten. Desweiteren wurde vorgeschlagen, die Tanzmusik in Fernseh- und Radiosendungen zu reduzieren.

Das waren aber doch etwas zu kurzsichtige Empfehlungen, und entsprechend wurde nichts aus ihnen. Keine einzige Band des Skandalabends wurde mit staatlichen Machtinstrumenten aufgelöst, sondern ganz im Gegenteil: sie alle spielten eine entscheidende Rolle in der zweiten Hälfte der 60er-Jahre. Fernsehen und Radio durften der Tanzmusik sogar mehr Sendezeiten widmen. Es wurde anscheinend erkannt, dass das Interesse nicht mit Verboten zu beseitigen war und es sich vielmehr lohnt, die jungen Hörer des *Senders Freies Europa* mit eigenen Angeboten wieder auf heimische Wellenlängen zu locken. Darüber hinaus wurden bereits 1960/61 auf Initiative der KISZ zwei Lokalitäten in Budapest eröffnet, die in den folgenden Jahrzehnten eine führende Rolle für die Jugendkultur spielten. *Fiatal Művészek Klubja*, der *Klub der Jungen Künstler*, bot als Lokal für geschlossene Gesellschaften eine Möglichkeit für künstlerische Experimente oder offene Diskussionen – und hatte zudem Öffnungszeiten bis zum Morgengrauen. Der *Budaer Jugendpark* (Budai Ifjúsági Park) andererseits hatte vom Frühjahr bis zum Herbst geöffnet und war mit einer Kapazität von mehreren Tausend Zuschauern der größte Konzertort der Hauptstadt, der auch durchgehend in Betrieb war.

In jenem *Budaer Jugendpark* hatten auch zwei legendäre – und aus Blick der Staatssicherheit problematische – Bands der Zeit um 1968 ihre größten und lautesten Erfolge. Die Band KEX eroberte das Publikum, das zum größten Teil aus jungen Intellektuellen bestand, mit dem Humor und den unberechenbaren Improvisationen des Sängers

János Baksa Soós. Die Gruppe SAKK-MATT hingegen verdankte ihre Popularität dem virtuosen Gitarrenspiel von Béla Radics, ihr Publikum setzte sich vor allem aus jungen Arbeitern der Budapester Vororte zusammen. Beide Hippiebands waren ein Dorn im Auge der Macht, und beide genannten Musiker wurden zu Zielscheiben der Staatssicherheit. Die Karrieren von KEX und SAKK-MATT ließ man daran scheitern, dass sie keine Möglichkeit zur Aufnahme einer LP bekamen.

Die dritte wichtige Zielperson der Jahre 1968 bis 1973 war János Bródy, Mitglied und Texter der Band ILLÉS, die Stimme seiner Generation. ILLÉS, der wichtigste Akteur bei der Entstehung des ungarischsprachigen Beat, war aber schon im ganzen Land so beliebt, dass die Staatssicherheit ihm nicht wirklich schaden konnte – versucht haben sie es aber trotzdem ...

Ein interessantes Phänomen der Mitte der 1970er-Jahre war, dass die Staatssicherheit dem Revival der ungarischen Volksmusik eine große Aufmerksamkeit schenkte, da sie am Interesse der außerhalb der Landesgrenzen – vor allem in Rumänien – wohnenden ungarischen Minderheit das Potential von Musik und Kultur für den wieder erwachenden Nationalismus erkannt hatten. Gegen Ende der 70er-Jahre wurden Bands, die Jugendliche mit sozialen und familiären Problemen mittels Hard Rock und Blues ansprechen konnten, immer erfolgreicher. Unter ihnen bekam BEATRICE, die auch früh mit Punkelementen spielten, eine besondere Aufmerksamkeit der Staatssicherheit. Gegen sie wurde unter dem Decknamen »die Verrottenden« vertraulich ermittelt. Auch sie durften keine LP veröffentlichen und lösten sich zwischenzeitlich für mehrere Jahre auf.

Vor diesem Hintergrund kamen also Punk und New Wave in Ungarn an, und die Staatssicherheit bekundete sofort ein besonderes Interesse, wie es auch der Bericht zu Beginn dieses Artikels zeigt. Nicht ohne Grund. Denn obwohl nicht alle Bands sich offen politisch äußerten, war doch eine Abneigung gegenüber allem Herkömmlichen für die ganze Szene bezeichnend. Ihre Attitüde zeigte an, dass sie Gegner des Systems waren, was sich auch schon in den Namen vieler Bands andeutete: das Englisch-Deutsche der SPIONS ließ eine geheime Diversion erahnen, von BIZOTTSÁG (Komitee) war nicht schwer auf politische Körperschaften zu assoziieren, URH (Ultrakurzwelle) war gleichzeitig eine Anspielung auf die Radiofrequenz der Polizei wie auf über Rock hinausgehende informierende Tätigkeiten, also die freie Nutzung der Öffentlichkeit. Mit der KONTROLL CSOPORT (Kontrollgruppe) kam eine verdeckte Drohung: wir werden euch auch kontrollieren! EUROPA KIADÓ (Europa zu vermieten/ aber auch *Europa Verlag*) konnte bedeuten, dass auf dem Kontinent eine Veränderung zu erwarten ist, denn es könnte bald ein neuer Mieter kommen. ELHÁRITÁS (Abwehr) wählte sich ausgerechnet einen Namen aus der Vokabular der Staatssicherheit; ETA lieh sich den Namen der baskischen Terrororganisation; AURÓRA provozierte mit dem Namen des Kreuzers, der den Kanonenschuss für den Beginn der Oktoberrevolution abgab. Aus dem Namen der VÁGTÁZÓ HALOTTKÉMEK (kurz VHK, Rasende Leichenbeschauer) strömte schockierende Wildheit; in KRETENS und NEUROTIC zeigten sich Selbstironie und eine Diagnose der mentalen Situation des Landes; die fast schon apathische Gruppe TRABANT konfrontierte mit der Welt, in der wir lebten.

Über die Veranstaltungen dieser alternativen Szene sind sehr wenige Dokumente überliefert, vor allem Konzertfotos. Daher ist umso wichtiger, dass in einigen Zeitzeugen-Filmen, die inzwischen längst Kultfilme wurden, die Bands BIZOTTSÁG, VÁGTÁZÓ HALOTTKÉMEK, TRABANT und EUROPA KIADÓ auf der Bühne zu sehen sind: *Kutya éji dala*, (Das Nachtlied des Hundes, Regie Gábor Bódy, 1983),: *Eszkimó asszony fázik*, (Die Eskimofrau friert, Regie: János Xantus, 1984), *Városbújócska*, (Versteckspiel in der Stadt, Regie: Mária Sós, 1985). Es gibt nur wenige Ton- und Videoaufnahmen von den Konzerten, und die sind eher von schlechter Qualität. Daher stellen die Konzertplakate und die Berichte der Staatssicherheit einen besonderen dokumentarischen Wert dar. Auch für meine Forschungsarbeit: seit 1978 sammele ich Plakate und erforsche seit dem Jahr 2000 die Akten der Staatssicherheit.

Im Folgenden zeige ich anhand dreier Beispiele die zahlreichen Variationsmöglichkeiten in der Gegenüberstellung von Staatssicherheitsakten, Plakaten und realem Geschehen.

SPIONS war die erste ungarische Art-Punk-Band. Sie existierte 1977/78 und gab lediglich drei Konzerte, danach verließen die beiden Frontmänner das Land. Sie gingen zusammen nach Frankreich, wo sich kurz darauf ihre Wege trennten. In Ungarn aber war ihr Einfluss auf nachfolgende Bands noch lange zu spüren.

Das erste Exponat meiner Sammlung war das Plakat des ersten richtigen SPIONS-Konzerts. Der Direktor des Universitätstheaters fand den dortigen Auftritt so skandalös, dass er auf die Bühne ging und das Konzert abbrach. Diesen Moment verewigte der Fotograf János Vető – und der Mann mit der ausholenden Handbewegung wurde zur Plakatmotiv des nächsten Konzerts der SPIONS. Über dieses verfasste ein IM mit dem Decknahmen »Zoltán Pécsi« einen Bericht, der als Dichter und Schriftsteller regelmäßig der Staatssicherheit über Ereignisse der Underground-Avantgarde-Kunstszene berichtete. Eine seiner Hauptaufgaben war die Beobachtung Gergely Molnárs, des Sängers der SPIONS:

»Am 08.02. um 19h fand in der Forschungszentrale für Massenmedien ein ›Konzert‹ statt, es spielte die gleiche Gruppe, die auch am 15.01. auf der Universitätsbühne unter dem Namen ›SPIONS‹ auftrat. In dem ersten Teil zeigte László Najmányi eine so genannte ›Pere Lachaise show‹ vor einem Publikum von ca. 400 Menschen. Mit Hilfe eines Overhead-Projektors und eines Glasrahmens führte er ›Szenen‹ vor, mit der Absicht, Ekel und Abnei-

SPIONS-Plakat vom 15.01.1978

Abbruch der SPIONS-Show durch den Direktor des Universitätstheaters Foto: János Vető, Archiv Artpool Art Research Center

Plakat der zweiten SPIONS-Show

gung zu erregen (er quälte Schabenkäfer, steckte Nägel in sie, riss ihre Beine aus und spritzte eine rote, an Blut erinnernde Flüssigkeit in sie hinein, u. s. w.). In dem zweiten Teil trat Gergely Molnár auf, mit dem gleichen Programm wie am 15.01. Es waren Filmemacher anwesend, die den ersten Teil aufgenommen haben. Es erfolgten mehrere Auseinandersetzungen und skandalöse Szenen (zum Beispiel verlangte Gergely Molnár im zweiten Teil in aggressiver Weise Geld von dem Publikum). Ungefähr 20 % der Zuschauer verließen das Konzert nach dem zweiten oder dritten Song.«

»Zoltán Pécsi« traf Gergely Molnár oft, er gab ihm Englischunterricht, 1976 bekam er sogar die Aufgabe, ihn »mit Arbeit zu versorgen, möglichst so, dass er dadurch abgelenkt wird und ihm wenig Freizeit übrig bleibt«. »Zoltán Pécsi« berichtete auch darüber, dass die beiden Musiker (neben Molnár noch der Gitarist Peter Hegedüs, zudem der erwähnte Performer und Kooperationspartner Laszlo Najmanyi) das Land verlassen hatten – Gergely Molnár kehrte nie wieder nach Ungarn zurück, zurzeit lebt er in Kanada und angeblich weigert er sich, seine Muttersprache Ungarisch zu sprechen.

Eine der Aufgaben der IM war es, der Staatssicherheit Ort, Datum und auftretende Künstler im Voraus zu melden. So konnte diese ihre Beobachter dorthin schicken, die Veranstalter zur Aufmerksamkeit ermahnen oder sogar die Veranstaltung verhindern.

Attila Grandpierre, Sänger von VÁGTÁZÓ HALOTTKÉMEK, ist von Beruf Astronom. Wahrscheinlich deswegen, vielleicht aber auch wegen der Anfangsbuchstaben seines Namens, bekam er in den Akten der Staatssicherheit den Decknamen »Gamma«. Die Liedtexte von VHK waren in dem Lärm vollkommen unverständlich, und eine unmittelbare politische Botschaft hatten sie auch nicht. Trotzdem wurden sie als gefährlich eingestuft, wahrscheinlich, weil sie die Stimmung aufpeitschten.

VÁGTÁZÓ HALOTTKÉMEK live 1985. Foto: Tamás Szőnyei

Als die Staatssicherheit erfuhr, dass VHK eine Prüfung bei der *Országos Rendező Iroda* (ORI, das Zentrale Veranstaltungsbüro des Landes, eine kulturelle Monopolmacht, die unter anderem Auftritts- und Aufnahmegenehmigungen für Bands erteilte) ablegen wollte, übernahm es ein unter dem Decknahmen »Víg« aktiver älterer Musiker, Einfluss auf den Prüfungsprozess und die Prüfungskommission auszuüben, mit dem Ziel, »dass die VHK die Prüfung nicht bestehen soll«. VHK erschienen aber gar nicht zur Prüfung, und so konnten sie auch nicht durchfallen. Die Musikbehörde konnte also die Genehmigung für die VHK weder verweigern noch erteilen, um später wiederum als Disziplinarmaßnahme mit deren Einzug drohen zu können. VHK entgingen so einer Falle. Ein für die damaligen Verhältnisse typisches Phänomen stellt die folgende Geschichte dar: Während im Film *Egy kicsit én, egy kicsit te* (Ein bisschen von mir, ein bisschen von dir, 1985) von Lívia Gyarmathy VHK mit Publikum auftauchen konnten, durfte die Band am Drehort, im Kulturhaus der Eisenbahngesellschaft, eigentlich gar nicht auftreten – worauf eine offizielle Kontaktperson der Staatssicherheit in einem Bericht Anfang Dezember 1984 hinwies.

Nach einem Operativen Tagesbericht aus dem Jahr 1985 »wurde über die Wirkung der Gruppe VHK im Jahr 1984 ein zusammenfassender Bericht für den Genosse Vizeminister erstellt, der daraufhin eine Anordnung erteilte, die Auftritte der Band zu verhindern oder einzuschränken«. Es ist also kein Zufall, dass die IM mit dem Decknamen »Krisztina« darüber berichtete, dass sich Attila Grandpierre im Kreis seiner Freunde sich über das wiederholte Verbot seiner Konzerte beschwerte und erzählte, dass sie versuchen, es zu unterlaufen, indem sie »auf den neuen Konzertplakaten den Namen ›Svihák‹ benutzen«. Tatsächlich stand auf den neuen Plakaten sViHáK, mit den später per Hand ausgemalten, verdickten Buchstaben V, H und K und einer Figur, die einen Baum fällt. So konnte die politische Polizei mithilfe des Berichts von »Krisztina« wissen, wer sich hinter diesem Künstlernamen verbarg. Aber es hätte sowieso nicht lange ein Geheimnis bleiben können, denn für das Rasen der LEICHENBESCHAUER war Zurückhaltung eher untypisch ...

VHK als sViHaK, Design: Atilla Grandpierre

Wir neigen dazu, uns die Staatssicherheit als perfekt und allmächtig vorzustellen, aber zum Glück war sie weder das eine, noch das andere. Natürlich wusste sie viel, viel zu viel, sie konnte viel erreichen, Leben und Karrieren zerstören, menschliche Beziehungen vergiften und Situationen so drehen, dass sie dem großen Ziel dienten, die sozialistische Ordnung aufrechtzuerhalten. Trotzdem gelangte oft Sand in das Getriebe. Besonders zum Ende der 80er-Jahre, kurz vor der Wende, kamen die Dinge oft anders, als es die Staatssicherheit gerne gewollt hätte. Ein gutes Beispiel dafür ist das Plakat, das eine offizielle Veranstaltungsankündigung des Freizeitzentrums auf dem Almássy Platz korrigierte. Angekündigt waren auf den ersten Blick NEUROTIC,

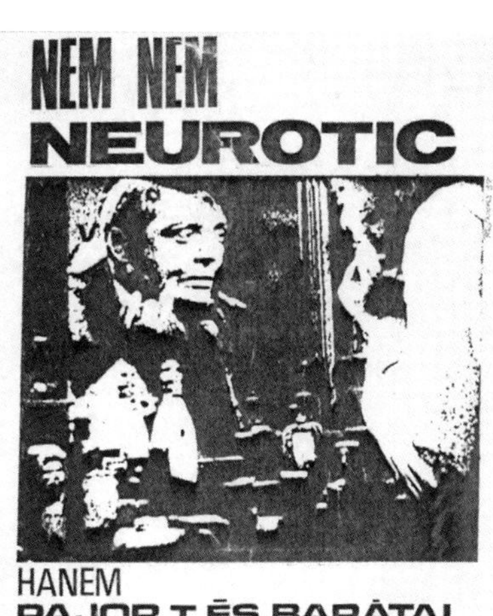

Ursprüngliches Plakat und »Korrektur«: NEUROTIC-Plakate für den 19.12.1987

NEUROTIC live im Ráday Klub

die als Punkband angefangen hatten und schließlich Begründer des ungarischen Underground-Rap wurden. Sieht man genauer hin, lädt das Plakat aber für den 19. Dezember 1987 nicht zum Konzert von NEUROTIC ein, sondern zu einem Auftritt von Tamás Pajor und seinen Freunden, weil »sie etwas verkünden wollen«.

Im Vorfeld dieses Ereignisses landete auf dem Tisch des Vertreters des Innenministers in Staatssicherheitsfragen ein Operativer Tagesbericht über die religiöse Gruppe, die man heute als *Hit Gyülekezete* (Gemeinde des Glaubens) kennt, die damals aber noch als illegal organisierte *Gemeinde des Heiligen Geistes* unter Beobachtung stand. Der Bericht machte darauf aufmerksam, dass immer mehr Mitglieder des *Klubs der Jungen Künstler* in die Gemeinde eintraten, deren Bekehrungsveranstaltungen in einem großen Saal in Budaörs (einem Vorort von Budapest), manchmal sogar mit 500 Teilnehmern, stattfanden und es sogar für diejenigen, die nicht kommen konnten, eine anschließende Fernsehübertragung gab. Im zweiten Teil des Berichtes ging es darum, dass vermutlich Tamás Pajor im Freizeitzentrum auf dem Almássy Platz seine Geschichte des Findens zum Glauben in »bekehrender Absicht« vorzutragen gedenkt und János Xantus darüber einen Film drehen will.

Es entstand eine schizophrene Situation. Aus der Sicht der politischen Polizei war Tamás Pajor mehrfach abweichend: Einerseits ging er durch seinen Umgang mit den gesellschaftlichen Konventionen mit schlechtem Beispiel voran, andererseits aber auch damit, dass er sein eigenes Götzenbild stürzend predigte, dass man Hilfe des Heiligen Geistes und des Glaubens aus der Drogenabhängigkeit und der verdorbenen Lebensweise ausbrechen könne. Die Gedankenpolizei wollte diese klerikale Propaganda, diese moderne Predigt, auf jeden Fall verhindern: »Der Regisseur darf in seinem Film Tamás Pajor nicht zu Wort kommen lassen, und wenn er es tut, darf der Film nicht an die Zuschauer gelangen«, wurde dem Direktor des Filmstudios signalisiert.

Film-Plakat *Rock-térítő*

Diese Warnung erwies sich jedoch als erfolglos. János Xantus ließ Pajor in dem Film zu Wort kommen (es hätte auch nicht anders sein können, da die ganze Geschichte auf ihn baute). Pajor sagte in die Kamera, was er wollte, der Film wurde fertiggestellt, und kam 1988 als *Rock-térítő* in die Kinos, was mit einem Wortspiel die Bekehrung des Hauptdarstellers andeutet.*

Das System stürzte dann zusammen – aber die vieldeutigen Botschaften und die Plakate wurden nicht von seinen Trümmern verschüttet. Tamás Pajor aber ist immer noch eine der wichtigsten Figuren der Glaubensgemeinschaft und der größte Star des ungarischen christlichen Rocks.

Aus dem Ungarischen von Bora Hegyes

* »Ráktérítő« heißt im Ungarischen der nördliche Wendekreis, »térítő« bedeutet Bekehrer.

Alexander Pehlemann

SPIONS

Eine Einführung von Alexander Pehlemann + »Dokumentum«, 1978

Als würde er aus der Tiefe des Äthers heraufsteigen, erklingt der Anfang von »Der heilige Krieg« (Священная война), Weltkriegshit der Sowjetarmee, dem MC Ernst Busch so unnachahmlich eine deutsche Spoken-Word-Version verpasste ... Dann entrollt sich ein minimalistisch beschwingter New-Wave-Boogie, zu dem eine gehetzt jaulende, sich teils fast überschlagende Nichtstimme mit leichtem Akzent u.a. intoniert:

Hey Hey Let's see the jerk / He has his right to work
But he wanna live just from / subventions
Hey Hey Let's see the star / He has his right to cry
But he sings all night long 'bout his / mental health
Hey Hey Let's see the priest / He has his right to believe
But he preaches unceasingly / sexsolution
Let's see The Russian Way Of Life
(...)
Reproduction / After the war
Reproduction / Five years or more
Reproduction / The new wave is over
Reproduction has got the power
Reproduction / Let's sing the march
Reproduction / Let's believe in love
Reproduction / Let's start the work
Reproduction All Over The World
3 x Hey Hey Russian Way Of Life
Five year plan. Let's work and make love.

Die SPIONS-Single »Russian Way Of Life« ist ein vergessener oder eher nie gekannter Klassiker des Konzept-Punk, in Überaffirmation und Ambivalenzen balanciert zwischen Ost und West, wie es kurz später LAIBACH perfektionieren sollten.

Auf der B-Seite ertönt entsprechend »Total Czecho-Slovakia«, in ähnlicher Gehetztheit vorgetragenen Zeilen wie:

The socialism with a human face isn't for your race
The treason remained your only true chance for change
Use your history
You're mortal
You're dependant
You must die
Red demon comes to power in the deserted sky
The ghost of communism in a rock'n'roll style
I come to annihilate your aggressive young souls
I'm almost thirty and I know about nihilism much more

Spions: *Russian Way of Life*, 1979, *Egg*, Frontcover

Spions: *Total Czecho-Slovakia*, 1979, *Egg*, Rückseite der 7"

Erschienen ist sie 1979 in Frankreich beim Label *Egg*. Eingespielt aber von frisch ins Land gekommenen Punk-Exilanten aus Budapest.

Alle Mitglieder der SPIONS, eine absurde und fake-englisch auszusprechende Wortschöpfung, entstammen jüdischen Familien der Boheme Budapests. Ihre Bandgründung im »summer of hate« 1977 war eine konzeptionelle Überschreitung des vom System zugewiesenen Spielraums eines künstlerischen Dissidenten-Ghettos. Angeführt von Gergely Molnár, der den Punknamen Anton Ello ergreift, flankiert von Petér Hegedűs, nun Pierre Violence, einem an Avantgarde geschulten Gitarristen von der Akademie, und unterstützt vom jungen Fotografen Tibor Zátonyi, jetzt genannt Bunny. Zudem begleitet von Molnárs Freund und vorherigem Performance-Partner Laszlo Najmani, der auch bald Pseudonyme sammelt und die in einer brutalen Denkfigur Anna/Anne Frank gewidmete erste SPIONS-Show mit einem elektronischen Louis-Ferdinand-Céline-Programm einleitet, zu dem er live Insekten seziert. Hervorgegangen aus einer Art musikalischer Pop-Lecture, zu deren Ende sich Molnár beim Absingen von »Walk On The Wild Side« durch Hegedűs an der Gitarre begleiten ließ, der darauf die Bandgründung vorschlug, provozierten die SPIONS Anfang 1978 mit nur drei Shows, die allesamt abgebrochen oder gar nicht erst angefangen werden, einen Skandal, der selbst für die angeblich »lustigste Baracke des Ostblocks« mehr als zu viel ist. Musikalisch zwar eher Kammer-Rock als brachial schockierend, denn es fehlt eine Rhythmusgruppe, gehen sie mit radikalem Auftreten, schweren Symbolen und expliziten Themen hemmungslos auf Konfrontationskurs, als Verräter jedes Systems und Spione des Rock'n'Roll: »Spions schaffen sich selber ab, weil sie ihre Umgebung hassen. Sie haben mit niemandem zu tun. Sie haben keine Rasse und kein Land. Sie sind ein internationaler Feind.« So nachzulesen in ihrem ersten Manifest von 1978, das hier zur Vertiefung in Vollständigkeit folgt. Dem später weitere folgen sollten: das kommunistische, das kapitalistische und das faschistische. Die allerdings geschrieben wurden, als der Großteil der Band bereits exiliert war. Aber es zeigt sich klar: hier wird der Nihilismus des frühen Punk auf eine ganz eigene Spitze getrieben. Zumal als Konzeptkunst, die das Kunstfeld konzeptionell weit überschreitet, durch offensiven Übertritt in die Popkultur. Der Reiz lag im Einbruch der Avantgarde ins reale Leben, wie es Hegedűs mir gegenüber einmal formuliert hat.

Zum Eintritt in die internationale Popkultur werden er und Molnár sowie Najmani allerdings gezwungen, denn man legt ihnen staatlicherseits so dringend wie drohend nahe, die Volksrepublik Ungarn sofort zu verlassen. Gelandet in Paris, ursprünglich wollten sie natürlich nach London, treiben sie das SPIONS-Konzept allseitigen Verrats jedoch sofort konsequent weiter. Die Kontaktaufnahme mit französischen Neonazis scheitert zwar und ihr Angebot an die ungarische Botschaft, wirklich als Spione zu arbeiten, wird ignoriert. Aber am Ende geben sie sich relativ erfolgreich als KGB-Agenten im Punk-Pop-Biz aus, die es auf die Moral der westlichen Jugend abgesehen haben, und proklamieren halt den »Russian Way Of Life«. Sie inszenieren also das ganze Gegenteil eines Dissidenten-Flüchtlings, der die gewonnene Freiheit preist. Produziert wird die Single von Robin Scott, der sich mit Molnár anfreundet und ihn für einen kommunistischen Intellektuellen hält, und vermittelt von einem anderen Punk-Exilanten, der zur Überraschung von Molnár gleich um die Ecke wohnt: Malcolm McLaren.

Spions: EP *The Party*, 1979, *Dorian/Celluloid*

Spions-Werkschau-CD, u.a. mit Demo-Aufnahmen der Budapester Zeit, aber auch zwei Peter-Ogi-Solo-Stücken, 2009, *1G Records*

Die Single ist allerdings auch die letzte gemeinsame Aktion der Ausgewanderten. Hegedűs geht im Streit, nennt sich nun Ogi und veröffentlicht eine Solo-LP mit elektronischen New-Wave-Pop, die teils McLaren-Texten verarbeitet. Die anderen wechseln ebenfalls und nicht letztmalig die Namen, Najmani zu Boris Popoff und Molnár zu Sergei Pravda sowie Gregor Davidoff (wahlweise statt mit ff oder v auch mit w geschrieben), und nehmen als SPIONS INC. mit der Synthie-Wave-Band ARTEFACT und dem Produzenten Jean-Marie Salaun die Statements wie »Never Trust a Punk« oder »Just A Machine – Marlene Dietrich« deklamierende »The Party«-EP auf. Was darauf verweist, was sie später als konzeptionelle Verlängerung die OVERNATIONAL SOCIALIST PARTY gründen werden. Oder zumindest davon künden. Hier wie bei anderen überlieferten Angaben und Artefakten gilt jedoch höchste Vorsicht: Inszenierung schlägt Verifizierung. Vieles stammt von der Webpräsenz, die Najmani als selbsternannter SPIONS-Erbewalter betreut hat.

Das Cover der bei Dorian/Celluloid erscheinenden »The Party«-EP ziert jedenfalls die Angabe 1979–1984: ein Fünfjahrplan, der im Orwell-Jahr enden soll. Aber da sind die SPIONS als aktive Einheit schon Geschichte. Eine abseits Ungarns, wo sie die folgende Punk- und Post-Punk-Generation prägen sollten, ohne dass ihr Radikalitätsniveau je wieder erreicht wurde, aber leider noch weitgehend unentdeckte. Sowie eine natürlich äußerst schwer verdauliche.

Dokumentum/Dokument (1978)

Spions-Rock'n'Roll

Spions bestehen aus Künstlern, die Rock and Roll nicht als Vergnügung betreiben, sondern weil sie sich dazu gezwungen fühlen. Er ist für sie kein Showbusiness, sondern Ausbildung.

Spions bestehen nicht aus Stars, sondern aus Soldaten. Sie sind nicht auf die Show, sondern auf die Handlung aus. Sie sind keine Individualisten, sie sind aktuell. Nicht der Rock and Roll ist ihr Medium, sondern sie sind Medium des Rock and Rolls. Sie sind bereit, eine Botschaft auszurichten, die sie hassen. Die Mode ist für sie wichtiger als die Ethik. Sie beachten nur die Gesetze des Rock and Rolls und diese Gesetze beziehen sich ausschließlich auf die Form. Diese Gesetze sind, wie alle Kodes der Ästhetik, Gesetze der Vision.

Spions wollen nicht aus seinem eigenen Alptraum ausbrechen. Der Bericht, den sie über die Grenzen senden, ist für den Feind gedacht. Die Botschaft ist nicht geheimkodiert, ganz im Gegenteil, sie besteht aus vereinbarten Zeichen. Sie ist für jedermann nachvollziehbar. Sie ist eine Synthese von Rock and Roll, Geschichte und Kunst, sie ist gleichzeitig Sub- und Massenkultur. Ein sehr riskantes Unternehmen. Wie alle Entscheidungen, die aus Zeitmangel nicht gut überlegt werden können. Der Titel des ersten Rock and Rolls war: Rock Around The Clock. Also ist die Geschichte besonders wichtig. Und die Geschichte ist eine Frage der Sensibilität.

Spions lieben die Geschichte und verraten sie. Sie gehören nirgends hin.

Spions bestehen aus intellektuellen Söldnern. Sie sind nicht emotional, sondern von der Logik gesteuert. Und die Logik ist keine Reise der Liebe. Die Logik ist selbstverliebt, egoistisch und grausam. Die Logik ist das Gerät des Hasses. Ein geschichtliches Gebilde, kein Kunstwerk. Sie funktioniert mechanisch, ohne Spontaneität.

Spions arbeiten mit der Denkhaltung, ein Programm zu vollziehen. Der Vollzug ist auch Voraussetzung des persönlichen Überlebens. Sie nehmen also nicht das Martyrium auf sich, sondern den Sieg. Sie sind Medien, die ihrer Situation vollkommen bewusst sind. Sie verstehen den Befehl, den sie befolgen. Sie sind also Maschinen und keine Menschen. Demzufolge schaffen sie keine Kunstwerke. Was sie zustande bringen, geht zusammen mit ihnen unter. Was übrig bleibt, ist höchstens Nostalgie. Wie nach bestimmten geschichtlichen Ereignissen.

Spions produzieren Vergangenheit, keine Zukunft. Ihre Intensität sprengt die Materialisierung. Sie leben in der Aktion, und die Aktion ist nicht zu reproduzieren und nicht zu vielfältigen. Das Museum, in dem sie platziert werden: die Vision (wie auch ihre Dokumentation). Die Aktion ist ein körperliches, und kein geistiges Produkt, ist also nicht beständig, nur lebendig. Da sie ihre eigene Vernichtung anstreben: die Macht. Die Ausdehnung ihrer Grenzen.

Spions schaffen sich selber ab, weil sie ihre Umgebung hassen. Sie haben mit niemandem zu tun. Sie haben keine Rasse und kein Land. Sie sind ein internationaler Feind. Betrügen ihre Freunde, prellen ihren Arbeitsgeber, erniedrigen ihre Geliebten. Sie sind nicht auf Belohnung aus, sondern überzeugte Verräter. Ihre Motivation ist eher sexuell als existenziell. Ihre Aktivität ist Zwangsarbeit und keine Sublimation. Sie sind offensiv, weil sie von ihrem Masochismus allein nicht befriedigt werden.

Spions bestehen aus Transvestiten der Triebe und des Bewusstseins. Sie leugnen jeglichen dekadenten Aufstand.

Spions sind unabhängig und unantastbar, wie der Terror. Sie erledigen ihre Aufgabe selbst. Sie können konsequent bleiben, denn es gibt niemanden, dem sie Rechenschaft ablegen sollen.

Spions sind sich dessen bewusst, dass, wo auch immer sie sich befinden, sie auf feindlichem Gebiet leben. Sie wissen, dass sie auf keine Gnade hoffen können. Demzufolge sind sie frei von moralischen Zwängen. Ihre Aktionen sind Ableitungen: rationale Interpretationen der Angst.

Spions bestehen aus Berichterstattern, die imstande sind, die Katastrophe von Außen zu betrachten. Und zwar dadurch, dass sie das Urteil an sich selbst ausführen. Sie sind imstande, sich zu verteidigen. Sie sind imstande, Krieg zu führen. Der Rock and Roll ist eine Form, die die Aktion aus der Sphäre der Kunst in die geschichtliche Aktivität überführt. In die Fiktion, wo die Anarchie das amüsierende Element ist. Die Show selbst. Wo die Rollen übernommen werden müssen. Weil es der gute Geschmack verlangt. Wer nicht mitmacht, kann leicht wirklich werden: lächerlich. Eine wirklich geschmackvolle Show ist, sei sie noch so geistreich, fremd. Eine Geschichte, die eigentlich nie geschieht. Ein Konzert setzt unter diesen Umständen außergewöhnliche Vorsicht und Sensibilität voraus. Es ist keine Reise für Anfänger. Es ist keine Kunst mehr. Wer die Anarchie ernst nimmt, ist mit dem vergleichbar, der den Rock and Roll als Musik betrachtet. Sie sind die Verlierer.

Spions bestehen nicht aus Outsidern, sondern aus Teilnehmern. Nicht aus Protestierenden und nicht aus Revolutionären. Demzufolge sind sie von Hass umgeben. Dieser Druck führt zu stetiger Spannung. Diese Spannung ist der Rock and Roll: Genauer gesagt: die Transformation dieser Spannung. Die Aggression der Mutanten. Der Rock and Roll ist die einzige Möglichkeit für die Spions. Süße Vitalität des Freitodes anstatt selbstbestimmter Agonie.

Spions wurden im August 1977 gegründet. Die Mitglieder entschieden sich nach zahlreichen Versuchen in verschieden Kunstrichtungen für den Rock and Roll, obwohl sie davon die geringste Ahnung hatten. Denn die Botschaft, die in ihre Hände gelangt ist, lässt sich durch dieses Medium am besten übermitteln: alle andere Kunstarten sind – wie es sich herausstellte – Ersatzbeschäftigungen. Die Gesetze des Rock and Rolls sind geeignet, die Untertanen zu disziplinieren.

Spions unterziehen sich gern dieser harten und nicht ungefährlichen Ausbildung, die nach der künstlerischen Freiheit eine wahre Erfrischung ist. Der Rock and Roll ist eine Synthese all dessen, was die menschliche Vegetation bisher hervorbrachte. Er ist also die Geschichte selbst, und zwar die, die jetzt geschieht.

Spions bestehen aus Teilnehmern, die nicht fähig sind, zuzuschauen. Der Rock and Roll ist die Aktion selbst: ein Ereignis, das nur in seiner aktuellen Minute gilt, jegliche Dokumentation ist nur ein Beweis für seine Unwiederholbarkeit. Der Rock and Roll ist eine Kunst der Gesten, ist Body-Art und Aktionismus; die maximale Steigerung und Entladung der menschlichen Leistungsfähigkeit. Es ist nicht nur ein biologisches, sondern auch ein politisches Ereignis, darüber hinaus gehört es auch der Bildenden Kunst an.

Spions betrachten jedes Konzert als ein vollwertiges Kunstwerk, als ein Einzelstück: – in dieser Hinsicht sind sie Punk, im Gegensatz zu den Facharbeitern der Rockfabriken.

Denn Spions sind Arbeitslose und Schmarotzer. Sie haben nicht viel zu melden, aber auch nichts zu verlieren.

Spions planen die Form ihres Niedergangs. Sie geben sich mit jeder ihrer Vorstellungen auf.

Spions verkünden die amoralische Ethik des Ästhetizismus; gehen über die bisherigen Gesetze der Kunst hinaus. Ihr Konzert ist eine Performance, die nicht die alten, sondern die neuen Werten liquidieren will. Sich selbst liquidieren. Als Performance ist es in dieser Hinsicht traditionell.

Spions sind Feinde des Punks. Verräter der Armee des Alptraums. Mitten im Krieg der Instinkte sind sie die Verbrecher, der Intellekt.

Spions verleugnen nicht und lieben niemanden. Sie betrachten ihre Reise von Außen. Sie sind überall fremd. Sie hassen aber diese Situation. Der Rock and Roll ist eine Gattung, die auch die Dekadenz zu Aktivität umformt.

Für die Spions ist dies die einzige Möglichkeit. Die Gattung, in der auch der Hass exakt ausgedrückt werden kann.

Der Hass der Spions richtet sich gegen sie selbst. Der Rock and Roll ist die Musik dieses Zustands.

Spions sind also selbst ein Medium, ein Medium des Rock and Rolls. Sie vollziehen das Urteil der Umgebung an sich selbst. Sie schaffen ihren Individualismus ab: das ist eine Voraussetzung für ihre Aktualität. Ab dem Punkt entscheiden über ihr Schicksal andere.

DISKOGRAFIE UNGARN

A. E. BIZOTTSÁG

(Albert Einstein) Komitee. Sehr interessante Undergroundband, die eine Menge Stile mixte, darunter Punk. Extem reichhaltig und schräg. Einzige Undergroundband, die in den frühen 1980ern im kommunistischen Ungarn LPs machen konnte.

LP: *Kalandra Fel!!* (*Start* SLPM, 1983)

LP: *Jégkrémbalett* (*Start* SLPM, 1984)

LP: *Amor Guru* (*Eksakt* -Holland, 1986) Ohne den Tarnvorsatz A. E. nur als BIZOTTSAG, also Komitee, veröffentlicht, *Best Of* ihrer zwei LPs

AURORA

Veteranen des Pogo-Punk.

7": S/T: Rock'n'Roll / A Cheap Anarchy / Feld Up/ Messanger / Dead Alive (*Empty* Westdeutschland, 1989) Titel auf English, aber gesungen auf Ungarisch, limitiert auf 500 Exemplare, auch auf CD.

LP: *Viszlat Ivan* (S/R, 1989)

BEATRICE

Band der späten 1970er, die vom Hardrock zu proletarischem Punk kam, vor allem inspiriert von den RAMONES (u. a. mit Nagy Ferö, der dann zu BIKINI geht, und dem Rock-Schamanen Laszlo Waszlawik, der auch A. E.BIZOTTSÁG und VHK beeinflusste), später (wieder) Mainstream-Rocker.

2LPs: *1978–1988* (*Ring*, 1988) Punkige Aufnahmen von 1978 auf der ersten und rockige von 1988 auf der zweiten LP.

BIKINI

»Offizielle« Punkband im Kommunismus, mit älteren Rockern auf Erneuerungskurs. Aber mit unglaublich guter Musik, immer schnell und in einer großen Bandbreite an Stilen. Nach dem Weggang von Sänger Nagy Fero zur langweiligen Rockband verkommen.

7": Kicsinal Szodat? / A Zenekar Üzenete (*Start*, 1983)

7": Carnival/ I'm not afraid (*Pepita International*, 1984) Promo, verteilt auf der *MIDEM* in Cannes, Frankreich, limitiert auf ca. 300.

LP: *Hova Lett ...* (*Start*, 1983)

LP: *XX. Szazadi Hirado* (*Start*, 1984)

CPG

Radikaler und mit Haftstrafen geahndeter Pogo-Punk aus Szeged.

7": *Umcacca* (*Moiras Records*, 2010)

Kassette: *Mindent Megeszünk* (*Trottel*, 1993) Aufnahmen von 1980–83.

CD: *Embör Vigyázz!* (*Aurora Records*, 2003) Mixtur aus alten und neueren Aufnahmen.

»Primitiv Bunko« auf »Vilag Lazadoi Harcra Fel!!« Comp.-EP (*Primitiv Cozak/New Wave* Frankreich, 1985)

ETA

Eine der ersten Budapester Punkbands.

LP: *LIVE-1982-DEAD* (Trottel Records, 2017)

Intern. Comp.:

»ETA« auf »Vilag Lazadoi Harcra Fel!!«Comp.-EP (*Primitiv Cozak/New Wave* Frankreich, 1985)

»Travail et pain« auf *1984 The Second* Comp.-Do-LP (*New Wave* Frankreich, 1985) Titel auf französisch, gesungen aber auf Ungarisch.

FELGYELEM

Pogo-Punk.

» A Cel Szentesit Az Eszközt« auf »Vilag Lazadoi Harcra Fel!!« Comp.-EP (*Primitiv Cozak/New Wave* Frankreich, 1985) Fälschlich als TIZEDES MEG A TÖBBIK bezeichnet, eine andere Budapester Punkband

KONTROLL CSOPORT

Kontrollgruppe. Eine der besten ungarischen Undergroundbands der frühen 1980er. Zuerst punky, dann arty zwischen Avantgarde und Wave Pop.

Kassette/CD: *A Kontroll Csoport 1981. januárjában, Ős-Kontroll* (*Bahia*, 1993/ CD: *1G Records* 2009)

Do-CD: *Archiv 1983* (*Bahia*, 1993)

CD: *Élő Felvételek* (*Bahia*, 1997) Live-Aufnahmen von 1983 bis 1991

KRETENS

Pogo-Punk.

Kassette: *Ez Még Itt Nem Amerika* (S/R, 1988)

Kassette: *Kretens* (*Fekete Lyuk Hangja*, 1991)

»Burokracia« auf »Vilag Lazadoi Harcra Fel!!« Comp.-EP (*Primitiv Cozak/New Wave* Frankreich, 1985)

»Ez Még Itt Nem Amerika« auf »Garaz Vol.2« Comp.-LP (Hungaroton SLPM, 1991)

MARINA REVUE

Pogo-Punk/früher Hardcore mit TROTTEL- und späteren VHK-Mitgliedern.

Kassette: *Sikoly a Mabol* (*Trottel*, 1993) Release der 1985er-Kassette.

»Régi Multad« auf *1984 THE SECOND* Comp.-Do-LP (*New Wave* -Frankreich, 1985)

QSS

Pogo-Punk.

»Propaganda« auf »Vilag Lazadoi Harcra Fel!!« Comp.-EP (*Primitiv Cozak/New Wave* Frankreich, 1985)

»Tetues Szutu Vavosunkban« auf *1984 THE SECOND* Comp.-Do-LP (*New Wave* Frankreich, 1985)

SPIONS

Konzeptkunst-Punkband, gegründet 1977, nach drei Shows 1978 nach Paris ins Exil gezwungen.

7": Russian Way Of Life / Total Czecho-Slovakia (*Egg* Frankreich, 1979)

EP: *Party. 1979–1984* (*Dorian*, 1979) Als SPIONS INC., mit der französischen Synth-Wave-Band ARTEFACT

CD: *Menekülj Végre* (*1G Records*, 2009) Compilation mit Demos aus der Budapester Zeit und den Pariser Aufnahmen.

TROTTEL

Von DIY-Hardcore zu experimentellem Punk und atmosphärisch-epischem Hardcore mit klassischem NOMEANSNO-Feeling, später und bis heute sogar psychedelisch.

Kassette: *Demo 1986* (S/R: 1987) als DIE TROTTEL

LP: *Borderline Syndrôme* (*Gougnaf Mouvement* Frankreich, 1989)

12": Your Sincere Innocence / It's Cold Around Us (*X-Mist* Westdeutschland, 1990) Rotes Vinyl.

Do-LP: *The Final Salute In The Name Of Human Misery* (*X-Mist* Westdeutschland XM-028, 1991) auch auf CD (*Malarie* Tschechien/*Trottel Records* TR000CD)

LP: *The Same Story Goes On* (*Trottel*, 1992) auch auf CD

Kassette: *Archiv 85–87* (*Trottel*) Compilation.

VÁGTÁZÓ HALOTTKÉMEK

RASENDE LEICHENBESCHAUER aka GALLOPING CORONERS. Schamanistische Hunnen-Punks mit tödlichen psychedelischen Momenten. Wundervoll ungarisch.

Kassette: *S/T* (*Artpool Rádió*, 1985)

Kassette: *Galloping Coroners* (S/R, 1986) Live-Aufnahmen von 1985/86

7": Hallo Universe / Get It Out, For God's Sake! (*Alternative Tentacles* USA, 1991)

LP: *»A Halal Moresre Tanitasa«* (*Von Unten/ Sonic Boom* Westdeutschland, *Ring*, 1988) Veröffentlicht in vier verschiedenen Versionen

LP: *»A Vilagösztön Kiugrasztasa!«* (*Sonic Boom*, 1990/ *Alternative Tentacles* 1991) auch auf CD, zusammen mit der ersten LP, bei *Alternative Tentacles*

LP+7": *A Semmi Kapuin Dörömbölve* (*Sonic Boom/Alternative Tentacles* USA, 1992) auch auf CD

COMPILATIONS

EP: *Vilag Lazadoi Harcra Fel!* (*Primitiv Cozak/ New Wave* Frankreich, 1985)

QSS, ETA, KRETENS, CPG, FEGYELEM

LP: *Pajtás Daloljunk X (Magyar Punk 1982–1986)* (*Trottel Records*, 2017)

AURÓRA CIRKÁLÓ, BIZTONSÁGI TANÁCS, DIE TROTTEL, INVÁZIÓ 84, KOORDINÁCIÓ B, MARINA REVUE,TIZEDES MEG A TÖBBIEK, T'34

LP: *Pajtás Daloljunk Y (Magyar Punk 1983–1987)* (*Trottel Records*, 2017)

KRETENS, TEMETKEZÉSI VÁLLALAT, HERPESZ, RIZIKÓ FUCKTOR, KAISER UND KÖNIG, PINK PANTHERS, QSS, DIE TROTTEL

LP: *Pajtás Daloljunk HC (Magyar Hardcore 1984–1988)* (*Trottel Records*, 2017)

MARINA REVUE, LEUKÉMIA, BANDANAS, PSYCHO, AMD, KAZANYI, ÚJ ÉLET, UTOLSÓ ÍTÉLET

LP: *Pajtás Daloljunk Z (Magyar Punk 1981–1989)* (*Trottel Records*, 2017)

AGYDAGANAT, RAZZIA, ETA, LAVINA, KONIGH ES CIRKUSZA, HISZTERIA, KISANGYAL, LENIN KORUT, SEDUXEN

Sowjetunion

Ewgeniy Kasakow

Genossenschaft High-Sein

Der sowjetische Punk zwischen gefährlichen Images und stilistischen Verwirrungen

Am 7. September 1986 antwortete Wiktor Mironenko, der neue Erste Sekretär des Jugendverbands Komsomol, auf Fragen der Leser der Zeitung *Komsomolskaja Prawda*. Die besorgten Leser wollten wissen, wie es sein könne, dass es in der Sowjetunion Punks gibt und selbst in Familien, wo die Großeltern im Großen Vaterländischen Krieg gekämpft haben, die Enkelkinder zu Punks werden. Dem neuen Geist der Perestroika folgend, wusste Mironenko die alarmistischen Stimmungen zu dämpfen: Es gäbe in der Sowjetunion gar keine richtigen Punks, so die Antwort des Funktionärs, sondern lediglich Jugendliche, die diesen Stil nachahmen würden, um zu provozieren.

Dieser Dialog illustriert äußerst zutreffend, wie die Subkultur Punk, die im Westen zu diesem Zeitpunkt schon auf eine mehr als zehnjährige Geschichte zurückblicken konnte, in der UdSSR wahrgenommen wurde. Punks galten allgemein als gefährlich und zudem in einem ungeklärten, aber nahen Verhältnis zu Neonazis stehend, auf jeden Fall jedoch als schlimmer als »normale« Rocker, an die sich die sowjetische Öffentlichkeit langsam, aber beständig gewöhnte. In Rockkreisen wurde das Wort »Punk« zudem gelegentlich als Synonym für alles Extreme und Ungewöhnliche benutzt und nicht selten hatten die so bezeichneten Interpreten musikalisch wie stilistisch mit westlichem Punk nur wenig zu tun. Außerdem war es in der Sowjetunion kaum möglich, jenseits von Konzerten Attribute dieser Subkultur wie Irokesen-Haarschnitte in der Öffentlichkeit zu tragen – die Reaktion von (oft gleichaltrigen) Mitbürgern und der Miliz folgte schnell und gnadenlos.

Der sowjetische Punk entstand parallel an mehreren Enden des »ersten Arbeiter- und Bauernstaates der Weltgeschichte«. Jene Punkbands, die vor 1987 aktiv wurden, waren dabei mit wesentlich größeren Problemen konfrontiert als ihre Nachfolger. Im Verlauf der Perestroika kamen »mutige«, aber eben auch nicht mehr als gefährlich wahrgenommene Anspielungen auf die politische Situation in der gesamten Rockszene inflationär zum Einsatz, während die sowjetischen Punks sich zuvor durch wesentlich deutlichere Statements von den sich unpolitisch und harmlos gebenden »normalen Rockern« unterschieden. Das Verständnis davon, was Punk bedeute, variierte allerdings von Ort zu Ort erheblich.

Zu den Pionieren zählte auf jeden Fall der estnische Punk, der aber aufgrund der Sprachbarriere jenseits der baltischen Republik wenig rezipiert wurde. PROPELLER, PÄRATRUST (später umbenannt in TURIST und folgend SINGER VINGER), VELIKIJE LUKI oder VENNASKOND starteten weit vor der Liberalisierung der Kulturpolitik während der Perestroika, und auch dann war Estland mit Bands wie J. M. K.E eine Hochburg der Bewegung.

AWTOMATITCHESKIE UDLETWORITELI aka 600, *Pesenniki i pjosenniki*, 1988

Als erste russischsprachige Punkband gelten die 1979 gegründeten AWTOMATITCHESKIE UDLETWORITELI (AU, Automatische Befriediger) aus Leningrad um Andrei »Swin« (Schwein) Panow (1960–1998). Panow, Sohn eines in den Westen ausgewanderten russischen Balletttänzers, war dafür berüchtigt, seine Exkremente zu essen oder ins Publikum zu urinieren. Seine Lieder, darunter solche über das Trinken von Gurkenlotion (als billige Alternative zu alkoholischen Getränken), aber auch über den angeblichen Kannibalismus des zentralafrikanischen Diktators Bokassa oder die Oktoberrevolution in Moskau, schrieb er allerdings nicht ohne dichterische Virtuosität. Das Asoziale in Panows Werk war eher das Schauspiel eines Intellektuellen, als eine Ausdrucksform der Unterschicht.

AU (veröffentlicht unter dem Alias 600]: »Fahnenjunker«
(Offiziersschüler, die im Oktober 1917 auf der Seite der Provisorischen Regierung kämpften)
Album: *Pesenniki i pjosenniki* (1988)

Heller Tag, weißer Tag, weißes Eis,
Das Volk jubelt und frohlockt!
Schau nur, da stehen die Fahnenjunker!
Wo? Dort, am Nikitski-Tor! [Ort in Moskau, 1917 heftig umkämpft]
[...]
Die Sonne scheint auf die roten Fahnen,
Auf die Junker und die Ziegelsteine.
Das empörte Volk, der neue Hegemon, stößt einen Kampfschrei heraus!
Weiße Flagge, na und, ist egal – der Proletarier stellt das Maschinengewehr auf.
Schau nur, da fliehen die Fahnenjunker!
Quer vom Nikitski-Tor dahin ...
Vom Nikitski-Tor ...

Weniger bekannt, aber deutlich politischer, waren die eng miteinander verbundenen Leningrader Bands OTDEL SAMOISKORENENIJA (Abteilung für Selbstauslöschung), 1982 gegründet und 1984 zwangsaufgelöst durch die Intervention der Behörden, die parallel entstandenen NARODNOE OPOLTSCHENIE (Volkssturm), sowie die 1985 dazugekommene JUGO-SAPAD (Süd-West). Stark beeinflusst von diesen Bands war auch

GRASCHDANSKAJA OBORONA, live bei *Vilnius Punk 88*. Foto: LOS Centras Archiv

die 1985 gegründete BRIGADNYI PODRJAD, die sich jedoch von politischen Inhalten zunehmend löste. Einige Leningrader Bands büßten ihre Popularität rasch ein, als gegen Ende der Perestroika Texte zu den tagespolitischen Themen aus der Mode kamen, so wie die 1985 gegründeten OBJEKT NASMESCHEK, deren »rebellische« Texte über Komsomol-Bürokraten oder Neonazis von einer eher braven Musik begleitet waren.

Auf ganz andere Weise verstörend wirkte der sibirische Punk, entstanden in Omsk, Tjumen und Nowosibirsk. Bands wie GRASCHDANSKAJA OBORONA (Zivilverteidigung, auch kurz GrOb genannt, was »Sarg« bedeutet) um Jegor Letow (1964–2008) und INSTRUKZIJA PO WYSCHIWANIJU (Anleitung zum Überleben) um Roman Neumojew (geb. 1963) und Miroslaw Nemirow (1961–2016) prägten seit Anfang der 1980er-Jahre einen Stil mit assoziativer Lyrik, die voller versteckter Zitate und Anspielungen, andererseits aber auch auf die direkte Konfrontation mit den offiziell propagierten Werten ausgerichtet war. Neben ihnen zählten zahlreiche Bands wie BOMSCH, PIK KLAKSON, PUTTI, KOOPERATIV NISCHTJAK (Genossenschaft High-Sein), KULTURNAJA REVOLJUTZIJA, TSCHERNYJ LUKITSCH (Schwarzer Lenin), P.O.G.O., SPINKI MENTA (Bullenrücken) oder SAZONOWA PROPRVA (später TSCHERNOZJOM) zur dortigen Szene. Die sibirischen Punks provozierten mit ihren »extremistisch« politischen Bandnamen (POSEV, nach einem antikommunistischen Exil-Verlag, ARMIJA WLASSOWA, ANARCHIJA und das fast schon suizidal benannte Ein-Tages-Projekt ADOLF HITLER) sowie kryptischen Texten; sie wollten das gefährlichen Image des Punk auf die Spitze treiben. Zu ihrem Mythos der Gefährlichkeit gehörte auch die Zwangseinweisung Letows in die Psychiatrie von Dezember 1985 bis März 1986, die nach und nach mit immer neuen Details ausgeschmückt wurde, aber auch allgemein die Aufmerksamkeit, die der KGB den Punks in Omsk und Tjumen schenkte. So wurde

JANKA I WELIKIJE OKTJABRI (aka GRASCHDANSKAJA OBORONA). CD/MC, *Otdelenie VYHOD*, 1999

noch 1986 das erste Album der INSTRUKZIJA PO WYSCHIWANIJU beschlagnahmt. Die sibirischen Punks waren stolz darauf, dass der Staat sie als Feinde ernst zu nehmen schien. Waren ihre Texte anfänglich antisowjetisch, antifaschistisch und anarchistisch geprägt, wandten sich allerdings fast alle Protagonisten nach dem Zusammenbruch der Sowjetunion dem Nationalismus in verschiedenen Facetten zu: nationalbolschewistisch-sowjetnostalgischem, christlich-monarchistischem oder okkult-neoheidnischem. Einige Akteure hatten sich zudem schon bald in andere musikalische Richtungen bewegt, wobei die »Sibirische Schule« des Punk mit den akustischen Varianten der Folkpunk-Sängerin Janka (Janka Djagilewa, 1966–1991), oder dem aus SPINKI MENTA entstandenen Ein-Mann-Projekt TSCHERNYJ LUKITSCH von Dmitrij Kuzmin (1964–2012) auch Liedermacher umfasste, oder mit teils avantgardistischen Studioprojekten wie KOMMUNISM den entstehenden Industrial-Noise im (post-)sowjetischen Raum beeinflusste. Trotz deutlicher Einflüsse der sehr professionell aufgestellten Moskauer Band DK (siehe weiter unten), waren die sibirischen Punks am Anfang weder Profis noch Perfektionisten. Auf den dreckigen Sound waren sie eher stolz. Dennoch hat sich Letow eine beeindruckende Breite an musikalischen Stilen zu Eigen gemacht, in seinem Werk hört man Reggae, düstersten Post Punk, psychedelische Klänge, Shoegaze, Garagenrock. Für andere Entwicklungen im späten westlichen Punk zeigte die sibirische Schule wiederum kein großes Interesse. Nicht zuletzt dank ihrer stark glorifizierten Repressionserfahrungen sowie durch die Propagierung ihrer Werke durch das Moskauer Fanzine *Konter kult UR'a* des Kritikers Sergei Gurjew (geb. 1961) erlangten die sibirischen Musiker schnell landesweite Bekanntheit.

Im Westen weniger bekannt, dafür musikalisch näher an den westlichen Vorbildern waren TSCHUDO-JUDO, die nach einem Ungeheuer aus den russischen Märchen benannte Band der Gebrüder Sergei und Dmitri Kuropjatnikow, gegründet 1983 in Moskau. Als erste sowjetische Punkband durfte sie 1989 in einem Spielfilm gezeigt werden (*Awarija – dotsch menta*/ Awaria – Tochter eines Bullen). Von anderen Moskauer Punkprojekten der ersten Stunde blieb hingegen kaum etwas überliefert, so von FUTBOL, ZEBRY oder ZOLOTAJA OSEN. Eine Abgrenzung zwischen Punk und der restlichen Szene wurde hier allerdings nicht gesucht. Die Musiker von FUTBOL wirkten später bei der 1987 gegründete Band NEBO I ZEMLJA (Himmel und Erde) mit, bei der die Einflüsse von Punk nur noch rudimentär eine Rolle spielten, und ähnlich stand es um die 1986 gegründete Band NATE!, bei der Swjatoslaw Saderij (1960–2011), der Gründer der zeitweilig sehr populären Rockband ALISA, Pate stand, unter Mitwirkung der Leningrader Band TAJNOE GOLOSOWANIE (Geheimabstimmung).

Musikalisch auch nur sehr bedingt dem Punk zuzuordnen ist die 1980 von Sergei Scharikow gegründete Band DK (zur Sowjetzeit eine gebräuchliche Abkürzung für »Haus der Kultur«, manchmal aber auch gedeutet als Diwan-Krowat, dt. Sofa-Bett, oder auch Dewitschij kal, dt. Mädchenkot). Aber die absurden Texte sowie Coverversionen von urbaner Folklore und sowjetischer Massenkultur brachten wenn nicht den

Sound, so doch den Geist von Punk an die Zuhörer. Die Band, in der Jegor Letows älterer Bruder, der Free-Jazz-Saxophonist Sergei Letow (geb. 1956) mitwirkte, erfüllte zugleich eine Art Scharnierfunktion zwischen AWTOMATITCHESKIE UDLETWORITELI und dem sibirischen Punk. Die Musiker der DK hatten allerdings mehrheitlich eine solide musikalische Ausbildung, und ihr Sänger Jewgeni Morosow, der Lieder über Alkohol und Exkremente performte, war eigentlich Spezialist für russische Romanzen. 1984 wurde er wegen »Spekulation« zu fünf Jahren Haft verurteilt.

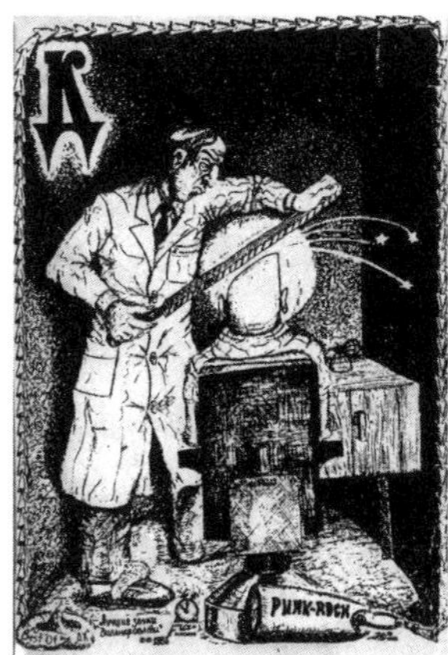

Kassette DK, 1983

DK »Rasierwasser«
Album: *Lirika* (1983)

Elm verliert Blätter, Herbst ist wieder da
Du bist stramm wie ein Laternenmast, wie eine 0,75-Flasche.
Du träumst deinen eigenen Traum, den Baumstumpf der Hoffnung genießend,
Du trinkst Rasierwasser und wartest auf den richtigen Tag.

Im Grunde hast du nichts: keine Alte, keine Hose!
Und bist nicht mehr jung, um genüsslich »Seid bereit« zu schreien!
Entschuldige, deine faszinierende Welt hast du schon verpasst.
Du bist alter verschimmelter Käse, schmackhaft für die, die mal lebten.

»Doch wer einmal lebte«, sprachst du, »der wird ewig leben«
Freund! Gib die Fläschchen her – zu zweit zu trinken ist fröhlicher.
Vorne ist nichts, in der Vergangenheit – auch nur Trauer!
Siehst du, plötzlich schmeckt das Rasierwasser wie Muskatwein!

Die augenzwinkernde Ironie der früheren DK verschwand mit der Zeit zwar nicht ganz, wurde aber immer weniger bemerkbar. Die Alben wurden zunehmend langatmiger, eigene Musik wurde durch »spoken word« und Collagen verdrängt. 1990 schließlich stellte Scharikow seine musikalischen Aktivitäten ein und widmete sich bald der rechtsradikalen Politik, wobei er u.a. Übersetzungen der französischen »Nouvelle Droite« und konspirologische Schriften herausgab. Die Liberal-Demokratische Partei Russlands (LDPR) des Populisten Wladimir Schirinowski ernannte ihn sogar zum Kulturminister ihres »Schattenkabinetts«. Doch bald überwarf sich Scharikow auch mit seinen neuen Verbündeten und widmete sich dem Schreiben über Rockmusik.

Die ebenfalls aus Moskau stammenden PURGEN verkörperten hingegen schon die Hinwendung zu den westlichen Vorbildern. Die 1989 gegründete Band um Ruslan Gwosdjew (geb. 1973) verankerte »zeitgemäßen« Hardcore- und Streetpunk, sang auf Englisch und durfte auch bald im Westen spielen. Die depressive Schwere der sibirischen Kollegen wurde hier zugunsten tanzbarer Klänge verworfen.

Die 1988 in der New-Wave-Hochburg Swerdlowsk (heute Jekaterinenburg) entstandenen PANKI PO PJANKI suchten zwar nach Abgrenzung zur Rockszene, aber das war eher Attitüde. Obwohl der Band der Zutritt zum renommierten Swerdlowsker Rock-Club verwehrt blieb, standen die Musiker im regen Austausch mit den von ihnen verspotteten Rockern. VODOPAD IM. WACHTANG KIKABIDSE (Wasserfälle, benannt nach Wachtang Kikabidse), gegründet 1985 in der Ural-Kleinstadt Werchoturje, verspotteten hingegen sowohl die offizielle Sprache, als auch die Versuche der Rocker, sich als konstruktive Kraft zu verkaufen. Ihre Alben waren immer als Hörspiele konzipiert. Auf dem Album *Perwyj wsesojuznyj pank-sjezd ili beregite zink* aus dem Jahr 1987 beispielsweise treffen sich Punks zum »Ersten unionsweiten Punk-Kongress« und wählen den »Generalpunk«, während der Kongressvorsitzende sie dazu aufruft, aus Loyalität zur Perestroika in der Schule zumindest die Note »Drei« anzustreben und nicht mehr »Tabletten zu schnüffeln«. Zudem nahmen die »Wasserfälle« alle Alben mit verzerrten »Helium-Stimmen« auf, was angeblich der Konspiration diente.

Eher nominell dem Punk zugehörig, dafür aber sehr bekannt, waren die 1987 in Woronesch gegründeten SEKTOR GAZA um Juri »Choi« Klinskich (1964–2000). Juri, Sohn eines rockbegeisterten Ingenieurs, arbeitete mal als Verkehrspolizist, dann wieder als Fabrikarbeiter, und betonte die Authentizität seiner Version von Punk. Mit der Lyrik der Intellektuellen aus Moskau oder Sibirien hatten seine ungehobelt-obszönen Texte nichts zu tun. Hier stand Punk vor allem für provinziell-proletarischen Protest gegen alle Regeln – und seien es die der Subkultur. Zu eher konventioneller Rockmusik wurden Themen wie die Rückkehr aus der Armee oder der triste Provinzalltag verhandelt, und dieses Konzept wurde mit wahrer »Volkspopularität« belohnt, vor allem jenseits der großen Zentren, wobei halt eher Wehrpflichtige und Berufsschüler als Jugendliche auf subkultureller Suche das Zielauditorium bildeten. In dieselbe Richtung, allerdings mit wesentlich weniger Bezug auf soziale Realität, entwickelte sich auch das Werk der Simfiropoler Band KRASNAJA PLESEN, die seit 1989 Hörspiel-Versionen von in obszöner Sprache nachgedichteten Märchen und andere Parodien veröffentlicht. Die verbreitete Vorstellung, dass Punk sich primär über die tabuisierte Lexik definiert, trug zudem dazu bei, dass ihm auch musikalisch mit Punk kaum verwandte Bands wie die 1989 von zwei Moskauer Schülern gegründeten CHUJ ZABEJ zugeordnet wurden. Obwohl schon der Name der Band (Schwanz drauf) als nicht zitierbar galt, erntete sie später durchaus die Anerkennung etablierter Rockstars.

Die Tendenz, Punk von der intellektuellen Schwere und politischen Statements zu befreien und ihm dadurch zu kommerziellem Erfolg zu verhelfen, verkörperte wie keine andere die Leningrader Band KOROL I SCHUT (König und Narr). Der Band haftete der Ruf an, Musik für Schüler und diejenigen zu machen, die den Schulabschluss nie geschafft haben, und sang seit 1988 in epischen Texten über Vampire, Piraten, Ritter und Hexen zu einem Sound irgendwo zwischen Hardcore und Folkpunk. Erst der Tod des Bandleaders Michail »Gorschok« Gorschenjow (1973–2013) setzte ihrer Geschichte als einer der erfolgreichsten, wenn auch sicherlich nicht ambitioniertesten russischen Punkbands ein (vorläufiges) Ende. Aber nicht alle Versuche, den Punk »massentauglicher« zu machen, bedeuteten automatisch Entpolitisierung. So sind die 1988 in Moskau entstandenen MONGOL SHUUDAN zwar ähnlich KOROL I SCHUT eine Ein-Thema-Band. Aber anstatt Fantasy bildete die anarchistische Bauernbewegung unter der Führung von Nestor Machno den Stoff ihrer Songs. Die Redundanz der Texte von KOROL I SCHUT und MONGOL SHUUDAN lässt sich vielleicht mit deutschem Mittelalter-Metal vergleichen, wobei MONGOL SHUUDAN auf ihren späteren Alben immerhin eine kritische Reflexion der bisher besungenen Revolutionsromantik auszeichnet.

> MONGOL SCHUUA »Lied eines schwarzes Anarchisten«
> Album: *Parawos-Anarchija* (1989)
>
> Hauptsache Schlacht,
> Das ist es, mein Leben!
> Stehenbleiben, hab ich gesagt, stehen,
> Was hast du da auf deiner Mütze?
> Du trägst ein Offiziersportepee.
>
> Steig schon vom Pferd,
> Du Fratze!
> Du bist ein Diversant,
> An die Wand stellen wir dich,
> Dein rotes Band wird eine Kugel zerreißen.
>
> Hej Mütterchen-Wahrheit
> Schmutziger Lappen,
> Schneid ihn entzwei!
> [...]
> Alles wird mir gehören,
> Das hier ist Revolution!
> Lass deine Krallen davon,
> Es ist nicht deins!
> Hältst du dich wohl für was Schlaueres?

Als erfolgreich, wenn auch nicht gerade dem Sound westlichen Punks ähnlich, erwies sich die 1989 gegründete Band BACHYT-KAMPOT um den Dichter Wadim Stepanzow (geb. 1960), der zugleich als Songtexter für etliche Pop-Interpreten agierte. Stepanzows »Punk-Chansons« sind eher anzüglich als obszön und wurden mit Musik aller Richtungen unterlegt. Punk war hier höchstens noch ein Einfluss unter vielen. Ebenfalls als »Punks in name only« kann die 1988 gegründete Moskauer Band NOGU SVELO! (Fuß eingeschlafen!) um Maksim Porkowski (geb. 1968) gesehen werden, die bis heute ein für Russland seltenes Beispiel für die Präsenz »alternativer Musik« im großen Showbiz darstellt. Auch andere noch in der Sowjetunion gegründete Punkbands konnten relativ erfolgreich den westlichen Pop-Punk-Stil adaptieren und durchaus mainstreamkompatibel werden, ohne den kritischen Gestus abzulegen, so die 1988 gegründeten NAIV des in New York geborenen Diplomatensohns Alexander »Tschatscha« Iwanow (geb. 1968) oder die im letzten Existenzjahr der Sowjetunion entstandene Band TSCHETYRE TARAKANA (später TARAKANY!) um Dmitri »Sid« Spirin (geb. 1975). Einige noch kurz vor Ende der Sowjetunion entstandene Punkbands haben sich außerdem schnell spezifischen Subgenres zugewandt, so wie DISTEMPER dem Ska-Punk oder THE MEANTRAITORS dem Psychobilly.

In der den 1980er-Jahren entstanden auch etliche später in Vergessenheit geratene Bands, die die Transformation von Punk zu Post Punk vollzogen, eine Entwicklung, die schon in einzelnen Stücken des sibirischen Punk zu hören war. Dazu gehörten Bands wie die 1980 entstandenen TUPYE (die Stumpfen), laut Selbstbezeichnung das »inadäquate Ballett des muslimischen Jazz«, die 1986 gegründeten NII KOSmETIKI (Forschungsinstitut für Kosmetik) aus Moskau oder MATROSSKAJA TISCHINA aus Rostow. Die Alben der ersten beiden Bands sind durch lange Tracks gekennzeichnet, in denen androgyne Stimmen Texte voller politischer und sexueller Anspielungen vortragen, während die dritte sich sowohl im Nachahmen der RAMONES als auch in Art-Rock versuchte. Große Erfolge blieben diesem Spektrum jedoch versagt. Der sowjetische Post Punk besitzt mit weiteren Bands wie DURNOE WLIJANIE, PETLJA NESTEROWA, ELEN, MLDASCHIE BRATJA zudem eine eigene Geschichte, die von der des Punk getrennt erzählt werden müsste.

Nicht wenige Bands der sowjetischen Peripherie haben niemals den Schritt über die regionale Bekanntschaft vollzogen. So konnten beispielsweise FRANTZUS I OBORMOTY (Der Franzose und die Taugenichtse) aus Tjumen nicht vom Ruhm des sibirischen Punk profitieren. Geradezu dramatisch gestaltete sich das Schicksal von NOTSCHNAJA TROST (Nachtstock) aus Orel. Zuerst wollten sie Heavy Metal spielen, aber da die damaligen Schüler die Instrumente nicht ausreichend beherrschten, kam eine Art düsterer Punk raus. Ihr Bandleader Konstantin Stupin (1972–2017), Enkelsohn eines sowjetischen Kriegshelden, wurde dann mehrfach wegen Drogenbesitz und Diebstahl verurteilt und verbrachte insgesamt neun Jahre im Gefängnis – ein Fünftel seines Lebens. Während Stupin seine Strafen verbüßte, zerfiel seine Band. Inzwischen zahnlos und an Tuberkulose erkrankt, kehrte er nach Orel zurück, begann seine Lieder zur akustischen Gitarre vor der Kamera zu singen und die Videos ins Netz zu stellen. Prompt wurde der halb obdachlose Stupin ein Internetstar. Gefeiert als »letzter authentischer Punk« und für ein erfolgreiches Underground-Filmprojekt engagiert, verstarb er jedoch bald darauf mit lediglich 44 Jahren.

Über die Existenz von Punkbands in den Sowjetrepubliken jenseits von Russland, Baltikum und Ukraine ist zudem leider wenig überliefert. Die georgischen Bands beispielsweise, wie die gen Post Punk orientierten RETSEPTI, blieben jenseits ihrer Republik unbekannt. Eine Besonderheit außerhalb Russlands bilden WORONY KLJUJUT TWOI POSEWY, DSCHUZEPPE (Die Raben fressen deine Ernte, Giuseppe), ein sowjet-nostalgisches und russophones Punkprojekt aus dem ostukrainischen Lugansk. Igor Odintzow (geb. 1965), der die Band 1988 gründete, ist inzwischen Lokalpolitiker der Kommunistischen Partei der Ukraine. Der ungewöhnliche Bandname ist angeblich von einem Funkpasswort Che Guevaras abgeleitet.

GRASCHDANSKAJA OBORONA, LP/CD *Wsjo idjot po planu* (Compilation), *BO'N'DA Records*, 1992

Die 1990er-Jahre brachten eine Gründungswelle mit sich. Es bildete sich eine neue Szene heraus, die sich weitaus deutlicher an den ästhetischen und politischen Prinzipien der westlichen

DIY-Bewegung ausrichtete. Die frühen sowjetischen Punkbands taugten für diese Generation nur noch sehr bedingt als Vorbilder. Vom Standpunkt dieser neuen Generation waren sie entweder zu unpolitisch oder zu politisch inkorrekt, musikalisch zu abwegig oder hoffnungslos kommerzialisiert. Dennoch sind etliche Akteure der sowjetischen Punk-Subkultur bis heute aktiv. Zumindest im Fall der »Sibirischen Schule« kann man auch tatsächlich von Traditionsbildung sprechen, da sich etliche Bands auf sie berufen. Etwas vom sowjetischen Punk scheint also den Staat, in dem er entstand, überlebt zu haben.

Alle Textübersetzungen aus dem Russischen von Ewgeniy Kasakow
Übersetzung der folgenden zwei Songtexte: Armin Siebert (aus *Zonic* #14–17)

Texte von GRASCHDANSKAJA OBORONA

»Alles läuft nach Plan« (1987)

Der Schlüssel zur Grenze ist entzwei gebrochen.
Und unser Väterchen Lenin ist schon ganz verrottet.
Er liegt ausgebreitet auf Schimmel und Lindenhonig.
Und die Perestroika läuft und läuft nach Plan.
Und der ganze Schmutz hat sich in nacktes Eis verwandelt.

Und alles läuft nach Plan

Meine Seele will endlich Ruhe.
Ich hatte ihr versprochen, nicht an dem Kriegsspiel teilzunehmen.
Aber auf meiner Armeemütze sind Hammer, Sichel und Stern.
Wie rührend – Hammer, Sichel und Stern.
Die flackernde Lampe der Erwartung baumelt

Und alles läuft nach Plan.
Alles läuft nach Plan.

Sie haben meine Frau der Meute zum Fraß vorgeworfen.
Mit der Faust der Welt auf ihre Brust eingehämmert.
Sie mit der Freiheit des Volkes zerfleischt.
So begrabt sie doch in Christus! Weil

Es läuft doch alles nach Plan.
Alles läuft nach Plan.

Nur allein Großvater Lenin war ein guter Führer.
Alle anderen solch ein Abschaum.
Alle anderen sind Feinde und Dummköpfe.
Über die Heimat, unser Vaterland fegt ein rasender Schneesturm.
Ich hab mir eine Zeitschrift aus Nordkorea gekauft; dort ist es auch gut.
Dort ist Genosse Kim er Sen, dort ist es auch wie bei uns.
Ich bin sicher, bei ihnen ist es auch so.

Und alles läuft nach Plan.
Alles läuft nach Plan.

Aber im Kommunismus wird alles super sein.
Er kommt bestimmt bald, man muss nur noch ein wenig warten.
Dort wird dann alles kostenlos sein, dort ist alles geil.
Da wird man wahrscheinlich nicht mal mehr sterben müssen.
Ich wachte mitten in der Nacht auf und verstand:

Alles läuft nach Plan.
Alles läuft nach Plan.

»Russkoe Polje Experimentow« (1989)
(in Auszügen übersetzt)

Bis aufs Blut die freiwillige Hände ausquetschen
Sich zielstrebig die Taschen voll schlagen
Auf dem patriarchalischen Hügel veralteter Ideen,
benutzter Muster und höflicher Worte.
Wenn du dich umbringst, tötest du die ganze Welt.
Die Ewigkeit riecht nach Erdöl
Auf dem russischen Feld der Experimente.
Die Geographie des Gemeinen, die Orthographie des Hasses, die Mythologie des Optimismus
Kindermund tut Wahrheit kund. Kindermund tut Kugel kund.
Die Kunst sich rechtzeitig abzuseilen.
Das neueste Mittel zur Reinigung der Seelen der
Am eigenen Willen Erstickten.
Das neueste Mittel zur Reinigung der Schlingen vom
Gestank ungewaschener Hälse.
Das neueste Mittel, um den Schuldigen zu finden.
Auf dem russischen Feld der Experimente.
Hinter der geöffneten Tür – Leere.
Und der Schnee fällt weiter.
Die anderen wurden in Zeitung eingewickelt begraben.
Allgemeine Freude, allgemeiner Stolz.
Allgemeiner Glaube, allgemeiner Wille.
Das Wort Menschen wird mit Großbuchstaben geschrieben.
Die Grube als Weg zur Sonne.
Die Suppe versalzt du nicht mit Tränen.
Die Ewigkeit riecht nach Erdöl.

Konstanty Usenko

Mit den Augen eines Sowjetspielzeugs

Die Vinyl-Halbwelt von Leningrad (Auszüge)

Pitra, also Leningrad, Ende der 1970er-Jahre, zu Breschnews Zeiten: Ein Flohmarkt mit dem inoffiziellen Namen »Toltschok« wird zur Kultstätte. Das Wort »tolknut« bedeutet im Russischen »verramschen«. Das Verramschen spielt sich hinter dem Laden *Der junge Techniker* ab. Musik aus dem Westen gibt es ausschließlich dort, wo eine gut erhaltene Platte um die 50 Rubel kostet. Zum Vergleich: Ein Ingenieur verdient in dieser Zeit monatlich um die 120 Rubel. Die Märkte finden immer samstags statt. Die billigsten Platten sind die sogenannten »demokratischen« aus Polen, der DDR, der Tschechoslowakei, Ungarn und Jugoslawien. Sie kosten zwischen 15 und 20 Rubel und sind ebenfalls sehr gefragt. Aber wer interessiert sich für die polnischen SKALDOWIE, wenn man stattdessen LED ZEPPELIN oder THE DOORS bekommen kann?

Die Platten werden von sowjetischen Geschäftemachern verkauft, keinesfalls von Musikliebhabern. Die ersten Leningrader Punks handeln auf dem »Toltschok« mit Jeans, Parfüm, Kaugummis und Zigaretten. Man muss permanent aufpassen – es herrscht auf dem Markt zwar keine totale Überwachung, aber für diese Art von Handel gibt es rigorose Paragrafen. Je teurer die Ware ist, desto größer das Risiko. Die besser Eingeweihten handeln mit technischen Gerätschaften, also Kassetten- und Plattenspielern, was auch mit höheren Strafen geahndet wird. Am schlimmsten ergeht es aber denjenigen, die beim Handel mit Devisen erwischt werden – ihnen droht der Tod durch Erschießen. In den Zeitungen steht davon nichts, aber alle wissen, dass ein Urteil das andere jagt.

Einer der Könige des Plattenhandels auf dem »Toltschok« ist ein Typ mit dem angelsächsischen Spitznamen Lake. Unter seinen Kumpels genießt er den Ruf, von seinen reichen Eltern verhätschelt zu werden und einer der besten Kenner der Materie zu sein. Lake trägt abgewetzte Jeans mit Schlag – in der damaligen UdSSR totales Geprotze und gleichzeitig eine Mega-Rarität. Lakes Lieblingsbeschäftigung ist es, Schallplatten mithilfe von Lösungsmittel mit neuen Etiketten zu versehen. Er kauft für zweieinhalb Rubel irgendeine sowjetische Platte eines Bühnenkünstlers der Firma Melodija, packt einen handbemalten Aufkleber mit der Aufschrift PINK FLOYD drauf und verkauft sie für 40 Rubel. Auf dem »Toltschok« gibt es keine Plattenspieler zum Probehören, es muss einfach die Anzahl der Lieder auf beiden Seiten stimmen. Man sucht sich also immer eine passende Platte, um sie dem Käufer unterzuschieben. Und man muss aufpassen, denn die Musikfans in Leningrad kennen die Diskografien und Songlisten aller westlichen Musiker der letzten zwanzig Jahre auswendig! Hätschelkind Lake und seine Kumpels gehen auf Nummer sicher und packen die Aufkleber auf Platten, die keine Pausen zwischen den Tracks haben. Ihre Lieblingsplatte ist *Breschnews Reden* – man bekommt sie überall und jederzeit, sie kostet nur einen Rubel und lässt sich ideal zu *Wish You Were Here* von PINK FLOYD »umbauen«. Die Jungs haben nicht wenig Spaß damit, sich vorzustellen, was der Käufer, das Beutetier, für ein Gesicht macht, wenn er seine geliebten Rocker auflegt und stattdessen die zischelnde Stimme des großen Generalsekretärs Leonid Iljitsch vernimmt.

Hätschelkind Lake eilt im Milieu der Ruf voraus, von allen die größte Plattensammlung zu besitzen – mit echten Raritäten. Er wohnt in einem Block in der Siedlung Kuptschino, am Kosmonauten-Prospekt. Er hat lange Haare und den Gesichtsausdruck eines Schlitzohrs, er ist fett und trägt ein Jeanshemd. Sein Spitzname ist beim Gitarristen von EMERSON, LAKE & PALMER ausgeliehen – er ähnelt ihm ein wenig. Die besser eingeweihten Plattenverticker benutzen untereinander einen eigenartigen Slang, den nur sie verstehen. Lake ist ein Pedant, seine Platten behandelt er mit größter Sorgfalt, er verpackt die Hüllen sogar in Polyethylen. Aber an Polyethylen kommt man schlecht ran – im Laden ist es nicht zu kriegen, man muss es direkt aus einer Fabrik beziehen. Manche Berufsschüler haben dort Zutritt, wenn sie ein Praktikum machen. Solche wie beispielsweise Wiktor Zoi und Alexej »Ryba« Rybin – später Sänger und zweiter Gitarrist der Gruppe KINO. Eben jener Rybin macht sich bei Lake unsterblich, indem er eines Tages vom Praktikum einen Stapel Polyethylen mitbringt und sich damit das Anrecht auf einen Platz im Kreis seiner Vertrauten erwirbt.

Lakes Wohnung sieht vor dem Hintergrund der sowjetrussischen Realität unter Breschnew außergewöhnlich aus. Gigantische 35AC-Lautsprecher stehen da und ein Verstärker der Marke *Odissej*. Großes Prestige verleiht ihm ebenfalls der Kassettenspieler *Majak* – man darf nicht vergessen, dass in der UdSSR immer noch die Ära der Tonbandgeräte andauert. Sein Zimmer ist vollgestopft mit Tonbändern, Kassetten und Schallplatten beispielsweise von Iggy Pop, SEX PISTOLS, RUSH, GENESIS, CREEDENCE CLEARWATER REVIVAL, STRANGLERS, BLACK SABBATH ... Das macht wirklich Eindruck. Im Alltag arbeitet Lake als Verkäufer von Audiogeräten. Daher stammt auch sein Equipment – Verkäufer haben es in diesen Zeiten am besten, weil sie unterm Ladentisch an sonst schwer erhältliche Ware herankommen. In ihrer Freizeit spielen die jungen Musik-Weiterverkäufer Tischhockey – das Spiel haben Freunde mitgebracht, die in einer Spielzeugabteilung arbeiten.

In den Jahren 1970 bis 1980 erlebt die sowjetische Audiotechnik einen regelrechten Boom, die ersten Stereokassettenrekorder tauchen auf. Nach den großen Tonbandgeräten ist das geradezu eine Revolution. In den Regalen der Musik- und Technikläden sind sie zwar praktisch nie zu sehen, aber Lake kann unter dem Ladentisch immer etwas besorgen. Am meisten kaufen immer die Georgier, die in diesen Zeiten jede Menge Bargeld haben und ganze LKW-Ladungen mit Geräten aus den Läden tragen. Lakes Bekanntenkreis ist also groß – von Schwarzmarkthändlern bis zu Musikliebhabern, die schnell »informell« werden, also in die Subkultur abwandern. In eben diesem Umfeld tauchen Punks wie Hua Gofen, Jufa, Alkon, Pinochet, Pankier, Ryba und schließlich auch Zoi auf. Und der informelle Chef der ganzen Truppe ist der von

Haus aus verwöhnte Lake, der sich im Eiltempo zum ersten Punk der UdSSR mausert und fortan auf den Spitznamen »Swin« hört – also »Schwein«.

Hätschelkind Lake wird zum Schwein

Alexej »Ryba« Rybin erinnert sich: »Niemand hat damals einen Gedanken an solche Sachen wie die Sowjetmacht oder Politik verschwendet. Wir waren Musiknerds und Nihilisten, wir haben pausenlos Blödsinn gemacht. Das Geldverdienen auf dem Schwarzmarkt war für uns eher ein Sport, er hat uns Adrenalinstöße verpasst. Man hat krumme Dinger gedreht, wo man konnte. Stumpfsinnige Arbeiter haben wir ebenso verachtet wie die alten Tanten in den O-Bussen, die Säufer vor dem Getränkestützpunkt oder die Verkäuferinnen in den Läden. Das alles war für uns ein riesiges absurdes Theater.«

Swin heißt in Wirklichkeit Andrej Panow. Sein Vater ist der berühmte Ballettmeister Walerij Panow vom Leningrader *Mariinski*-Theater, der 1973 nach Israel emigrierte und dann in die USA zog, um Solist am Theater in Boston zu werden. Seitdem hat er keinen Kontakt mehr zu seinem Sohn, schickt ihm aber regelmäßig Klamotten. Klein-Andrej bekommt ständig neue Jeans, freut sich darüber aber nicht im Geringsten – er sagt, dass er davon schon genug hat und alles an seine Kumpels weitergibt. Er selbst trägt stets die immer gleiche Lieblingshose.

Als Kind hatte er viel gelesen, vor allem Märchen. Seine Mutter Lia Petrowna war Primaballerina am *Kleinen Theater* und hatte ihn oft zu Proben mitgenommen, wo er die klassische Musik kennenlernte. Sie versuchte, Klein-Andrej einen Platz in der Englischschule zu besorgen, wo auch sein bester Kumpel lernte, der Filmemacher Jufa. Das klappte nicht, weshalb er in der normalen Regionalschule Nr. 448 landete. Diese Schule war für ihn ein Albtraum, er wurde von seinen Klassenkameraden schrecklich gepiesackt. Andrej war dick, er ähnelte vom Äußeren her einem Mädchen, außerdem hatte er einen Vater in den Vereinigten Staaten und eine jüdische Abstammung. Eine Lehrerin zitierte ihn einmal an die Tafel und verkündete vor der ganzen Klasse, dass sein Vater ein Vaterlandsverräter sei. Später sang er in seiner Punkband: »Ich sitze in der Grube, stecke die Beine durch das Gitter / und singe ein Lied – kommt mir besser nicht zu nahe! / Ich bin ein etwas nervöser Junge und war nie ein Musterschüler [...] / In der Pause sind sie über mich hergefallen wie in der Arena auf Hirschjagd / Auf der Schultoilette mit der Fresse im Klo, alle Kinder haben mir in den Arsch getreten / Im Speisesaal hat mich Wowa mit Kascha beschmissen und in der Turnhalle hat mir Wasja die Knochen gebrochen [...].«

Der drangsalierte Andrej hasst die Schule und fängt an zu schwänzen. Er ist sanftmütig und geht Konflikten aus dem Weg, deshalb muss er stets viel einstecken. Schlussendlich zieht er sich in sich selbst zurück. Seine Mutter versucht, bei ihm Interesse für das Theater zu wecken, und schickt ihn in Theatercamps, aber Andrej fühlt sich auch dort nicht wohl. Er hasst das Theater – er assoziiert es mit »keifenden, gequälten, verschwitzten Frauen«. Er landet in der Medizinischen Fachschule – dort fängt er an, Spiritus zu trinken, obwohl er vorher nicht einmal Wein angefasst hatte. Dann macht er einen Kurs für Verkäufer technischer Geräte und fängt an, im Laden zu arbeiten ... und hier kommen Schallplatten und Musik ins Spiel. Der verhätschelte Andrej Panow wird zum Snob aus Notwehr namens Lake, lernt Gitarre, malt Plakate, handelt auf dem »Toltschok« und rennt bei Hetzjagden vor den Brigaden der Komsomolzen-Druschina weg. Als die Einberufung bedrohlich naht, beschließt er jedoch, sich am Theaterinstitut zu bewerben. Beim Vorstellungsgespräch liest er eine Ballade des französischen Dichters François Villon über Spitzbuben und Dirnen – die Kommission wundert sich, warum Andrej ein solch »düsteres Repertoire« ausgewählt hat. Letztendlich wird er aufgenommen, muss sich aber dazu verpflichten, nicht wie sein Vater auswandern zu wollen. Und tatsächlich zieht ihn nichts ins Ausland. Hier ein anderes Lied von Swins späterer Band: »Eines Sonntagmorgens ging ich mit meiner Schwester auf den Hof / Wir fliegen nach Israel, sagte meine Schwester / Wir gingen über einen großen Platz und stiegen in ein schönes Flugzeug / In diesem Moment habe ich verstanden – aus, Ende, verkackt«. Sein Vater schickt ihm aus den USA für die Ausbildung 1.500 Rubel, davon kauft er drei Gitarren, einen Verstärker und ein Schlagzeug. Die Theaterschule schmeißt er hin und beschließt, eine Band zu gründen.

Das für die Musikgeschichte bedeutsame Jahr 1977 zieht herauf. In der Siedlung Kuptschino sind alle auf dem Laufenden, neben dem Plattenspieler läuft das Radio auf Mittelwelle, manchmal spielt ein »feindlicher« Sender wie *Radio Swoboda* oder *Voice of America* gute Musik. Die Wohnung ist groß, und der Fußboden bietet genügend Platz zum Übernachten für alle – Swin selbst schläft ausschließlich auf dem Boden. Aber die Atmosphäre erinnert nicht im Geringsten an die Hippie-Wohnungen, die als ewige Schlafstätten dienen. Lia Petrowna, Swins geliebte Mutter, sorgt für Ordnung, es ist also sauber und geht gesittet zu. Und jetzt fallen die Typen mit den eigenartigen Spitznamen hier ein – Pankier, Pinochet, Monozub (Monozahn), Jufa, auch »Ryba« Rybin und Zoi. Sie sitzen herum und hören T. REX, Elvis Costello, XTC oder die TOM ROBINSON BAND, dabei träumen sie von einer eigenen Band. Sie alle sagen über sich selbst: Wir sind Faulpelze.

Zoi sitzt immer in schwarzer Kleidung und einer mit Sicherheitsnadeln aufgehübschten Lederweste auf dem Boden und legt seine Beine auf einen Stuhl – oder er sitzt auf dem Stuhl und legt seine Beine auf den Tisch. Er raucht Zigaretten, trinkt weniger Portwein als die anderen, dafür mehr Kaffee. Er ist schon Berufsschüler, im Bereich Denkmalpflege. Swin witzelt, dass »der Beatnik Zoi inmitten der Hippies in dieser nach Gras stinkenden Bude nicht lernen kann«. Das Gerücht von einer sagenumwobenen Band namens PALATA NR. 6 war schon früher zu den Musikliebhabern aus Kuptschino durchgedrungen, der schüchterne, introvertierte Zoi genießt also von Anfang an die Hochachtung der Truppe. Sie sagen, sie seien Beatniks – sie laufen gebückt mit den Händen in den Hosentaschen und nach vorn gereckten Köpfen, sie begrüßen sich mit einer Reihe komplizierter Bewegungen und mit einem aus tiefster Kehle gebrüllten »Aaaarghhhh!« Sie schminken sich – Zoi am wenigsten von allen, nur Mund und Augen – natürlich schwarz. Er liebt es, die sowjetischen Bühnenstars zu parodieren. Er interessiert sich zunehmend für Bruce Lee und ahmt ihn nach. Swin handelt mit Platten und hat Kohle, es ist also immer was zu trinken da. Und Zoi bekommt jeden Tag von seinen Eltern Taschengeld in Form eines Rubels – daran haben sich schon alle gewöhnt und rufen bei seinem Anblick: »Rück deinen Rubel raus!« Sie trinken trockenen Portwein und stecken die Flaschen in den Ofen – es geht die Legende um, dass aufgewärmter Portwein mehr Prozente hat. Die Flaschen platzen ihnen ständig im Ofen, also muss jemand in der Küche sitzen und sie bewachen.

Irgendwann sind Wiktor Zoi, der Bassist von PALATA NR. 6, und der angehende Gitarrist »Ryba« Rybin an der Reihe. Auf diese Weise lernen sich die zukünftigen Mitglieder der Gründungsbesetzung der Gruppe KINO kennen.

Die Nekrorealisten – Regisseure mit Filmriss

Eines Wintertages gehen Swin, Jufa und andere Verrückte aus Kuptschino ins Kino. Der Eingang ist von Schneemassen blockiert. Der Verwalter drückt ihnen Schaufeln in die Hand und sagt, wenn sie ins Kino wollten, müssten sie erst mal den Schnee wegräumen. Die Truppe macht sich an die Arbeit und beginnt dabei, sich auszuziehen. Kurz darauf sind alle nackt. Die Passanten starren fassungslos auf diese Performance. Erst nach zehn Minuten kommt jemand auf die Idee, die Miliz zu rufen. Die Jungs verdrücken sich in alle vier Himmelsrichtungen, ihre Klamotten unter die Arme geklemmt. Mit den Staatsorganen haben es die ersten Leningrader Punk-Performer nicht leicht. Swin höchstselbst wird immer wieder in Handschellen aufs Kommissariat gebracht. Die Milizionäre aus dem Viertel kennen ihn bereits bestens: »Oh, da läuft Panow, den schnappen wir uns!« Swins Mutter hilft ihm oft aus der Klemme, indem sie ihn von Kommissariaten abholt oder vor Geheimdienstlern versteckt.

Genau genommen war Swins bester Kumpel Jewgieni Jufit, »Jufa« genannt, der erste Punk-Ideologe der UdSSR. Ende der Siebziger rennt Jufa mit einem Binokel und einer Sanitäterkappe mit Rotem Kreuz durch das Viertel, in der Hand stets eine 16-mm-Kamera. Er sagt über sich selbst, dass er der Vorreiter einer neuen Filmkunstgattung sei – des Nekrorealismus. Swin sagt später über Jufa: »Nicht irgendein Malcolm McLaren oder Johnny Rotten, sondern Jufa! Er ist so konspirativ wie Lenin!«

1981, als auch die erste Besetzung von Swins Punkband zusammenkommt, richtet Jufa sein kleines Heim-Filmstudio *Mschala Film* ein. Die jungen Beatniks aus Kuptschino drehen auf den Straßen der Leningrader Wohnblock-Siedlung ihre Filme, zum Beispiel inszenieren sie eine riesige Schlägerei bei den Mülltonnen. Die Hauptrolle spielt eine Schaufensterpuppe mit dem Spitznamen »Zurab«. Zwanzig Minuten nach Beginn der Dreharbeiten landen die Mitglieder des Drehstabs in der Regel auf dem nächstgelegenen Kommissariat. Jufa erinnert sich: »Schaufensterpuppe Zurab hat regelmäßig für Ärger gesorgt. Wir haben später dann aus Sicherheitsgründen angefangen, die Filme am Stadtrand zu drehen. Wir sind mit der Elektrischen gefahren und hatten Zurab dabei auseinandergeschraubt in unseren Taschen verstaut. Die Performance begann schon im Waggon, als die Passagiere eine Hand oder ein Stück Brustkorb aus der Tasche ragen sahen. Die Schauspieler führten dann extra Dialoge wie: ›In wie viele Teile hast du ihn zerteilt? Wann drehen wir das nächste Ding?‹ Einmal haben wir eine Szene gedreht, in der Zurab von einem Bahnviadukt geworfen wurde. Danach sind wir alle verhaftet worden – die Beamten hatten von Weitem gedacht, wir schmeißen da einen lebenden Menschen runter. Am Ende haben sie uns dann in die Psychiatrie geschafft.« Jeder Einsatz von *Mschala Film* ist untrennbar mit dem unvermeidlichen Konsum großer Mengen Portwein verbunden. Wenn der Stab mit der Tram von einem Dreh heimkehrt, wartet die Miliz oft schon an der Haltestelle und schafft alle direkt in die Ausnüchterungszelle. Zu dem Zeitpunkt haben die Cineasten in der Regel schon einen Filmriss.

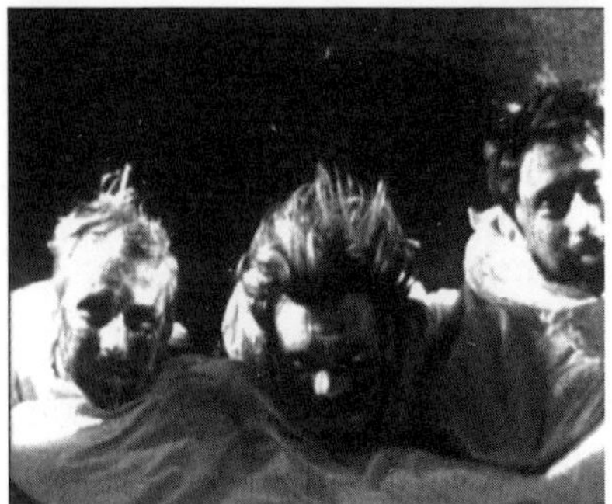

Nekrorealistische Filmstills aus *Frühling*, 1987, und *Die Sanitäter-Werwölfe*, 1984

Heute ist Jewgeni Jufit ein bekannter Avantgarde-Regisseur. Nonstop ist er im Ausland unterwegs, hat ein eigenes Studio in der größten Petersburger Filmproduktion *Lenfilm* und ist Schützling von Aleksandr Sokurow (der von *Russian Ark*) höchstselbst. (Jufit verstarb 2016, Usenkos Buch erschien 2012, Anm. Hg.).

Jufa, der Punk und Nekrorealist, erinnert sich an die 1980er: »Als unsere Filme endlich bei Festivals auftauchten, endete das immer mit Skandalen. In Restaurants flogen Teller und Gläser, es war wie bei einem Fußballspiel. Einmal sind wir nach Kirow gefahren, um dort im Haus des Komponisten die Filme *Die Urinmörder* und *Die Sanitäter-Werwölfe* zu zeigen. Die jungen Komponisten im Saal regten sich fürchterlich auf – was für ein Unfug! Sie wollten uns sogar verprügeln, aber ein Freund mit der Statur eines Türstehers ging dazwischen, und sie kriegten sich wieder ein. Auf einmal rückte die Miliz in den Saal ein, und die Vorstellung wurde abgebrochen. Wir sollten unsere Beschäftigungsbücher zeigen. Keiner von uns hatte eins dabei, eine Freundin zeigte ihres, in dem stand: Nachtputzfrau in der Sauna. Wir hatten Dusel, dass sie uns nicht gleich in der Geschlossenen eingelocht haben.«

Da er auf eine englische Schule geht, bekommt Jufa schon Ende der 1970er regelmäßig englische Platten und die Musikzeitschrift *Melody Maker* von Matrosen, die von Europareisen zurückkehren. Er hört auch *BBC* auf Kurzwelle. Irgendwann im Jahr 1977 kommt er Swin besuchen und erzählt: »Habt ihr gehört? Im Westen sind welche aufgetaucht, die sind so bekloppt wie wir. Sie heißen SEX PISTOLS. In England sind sie jetzt die Nummer eins.« Swin fragt: »Und was für Musik machen die?« Jufa: »Ein bisschen härtere SLADE.« Darauf Swin: »Also, was scheren die uns?« Aber auf einmal reden alle über Punk, sogar das sowjetische Fernsehen zeigt die SEX PISTOLS als Symbol der degenerierten westlichen Jugend in Krisenzeiten. Die abnormalen Beatniks aus Kuptschino haben also gar keine andere Wahl, als die ersten Punks der Sowjetrepublik zu werden.

Swin trägt bisweilen Zylinder und Frack, Pinochet eine weiße Jacke mit einem Boogie-Woogie tanzenden Beatnik auf dem Rücken. Zoi ist natürlich ganz in schwarz gewandet, in engen Hosen und der ewig gleichen, unkaputtbaren Weste voller Sicherheitsnadeln und Abzeichen. Es kommt vor, dass sie mitten im Winter nur in Unterhosen und mit Lötkolben behängt die Straße entlang laufen. Ein anderes Mal tragen sie zu große und zu kleine Klamotten gleichzeitig, schminken sich wie alte Weiber, tragen Broschen und Mohair-Mützen. Jemand trägt Militär-Breeches – Hauptsache, es sieht maximal idiotisch aus. Säufer, Arbeiter und Knastis sind beim Anblick der Truppe aus Kuptschino dermaßen irritiert, dass sie kein Wort herausbringen. Ihnen fallen fast die Augen aus den Höhlen – wie ist es möglich, dass solche Vollpfosten in der Welt rumlaufen? Der Miliz geht es ähnlich. Erst später, als die Kunde vom »gefährlichen Element« namens Punk die Runde macht, beginnt sie die Jungs systematisch einzulochen, so wie sie es schon lange mit den Hippies macht.

Dann geht in Kuptschino die Sicherheitsnadel-Mode los. In der Stadt gehen Gerüchte über die ersten sowjetischen Punks um. Unter Persönlichkeiten der Bohème gilt es als Ehrensache, einen »echten Punk« zu einer ihrer Privatparties einzuladen, der mit kostenlosem Alkohol abgefüllt wird – und dann wartet man auf »etwas Punkiges«. Die Gesellschaft erwartet einen kleinen Schock. Vielleicht sagt jemand ein schmutziges Wort oder legt seinen Hintern frei? Das Publikum lechzt nach Abenteuern – aber auf das, was es erwartet, ist es nicht vorbereitet. Eines Tages geht Swin bei einem Künstlerempfang aufs Klo, bringt eine Untertasse voller Exkremente mit zurück, setzt sich damit zwischen die Gäste an den Tisch, legt sie auf einen Teller mit Serviette und schneidet sie elegant mit Messer und Gabel in kleine Scheiben.

Die Zeit des verhätschelten Snobs Lake ist da längst vorbei, die von Swin gekommen. Andere Beatniks aus Kuptschino sind ebenfalls Punks geworden, und falls sich irgendwer immer noch mit Hippies abgibt, für den ist es höchste Zeit für Veränderungen. »Ryba« Rybin hat noch lange Haare und trifft sich mit Gena Sajtzew, dem größten Hippie-Guru von ganz Leningrad. Swin sagt zu Ryba: »Wir wetten um eine Kiste Schampanskoje, dass du in einem halben Jahr mit dem Mist aufhörst.« Swin verachtet auch die Leningrader Kult-Band AKWARIUM. Er krümmt sich vor Schmerzen, wenn Zoi und Ryba auf der Gitarre Lieder des Bandleaders Boris Grebenschtschikow spielen. Swins Plattensammlung bekommt Zuwachs – er hat schon Alben von PIL, den STRANGLERS, THE CLASH, Patti Smith, XTC, THE FALL und den RAMONES. Währenddessen werden die Händler auf dem Schwarzmarkt hinterm *Jungen Techniker* immer noch von der Polizei gejagt und von jugendlichen Rowdys aus der Siedlung beklaut. Die Punks aus Kuptschino begreifen, dass es höchste Zeit ist, eine eigene Band zu gründen. Wiktor Zoi hat schon eine Gitarre – eine Zwölfsaitige. Er selbst denkt sich bis 1980 keine Lieder aus, er hat Komplexe. Der erste Punktext, an dem er sich auf Swins Anweisung hin versucht, handelt von »Metallkonstruktionen«.

Pelzmanteltanten sehnen sich nach Punk

Herbst 1980: Zur sowjetischen Rock'n'Roll-Elite dringen Legenden von geheimnisvollen Punks in Leningrad durch. »Die müssen wir unbedingt nach Moskau holen!«, gerät der Journalist Artemy Troitsky in freudige Erregung. Majk von der Blues-Kapelle ZOOPARK gibt Troitsky Swins Nummer, und eines schönen Tages klingelt in dessen Blockwohnung in Kuptschino das Telefon. »Hört mal, Jungs«, erklärt Swin dem Rest der Truppe, »Troitsky zahlt uns die Getränke, wir sollen die ganze Nacht spielen.« Aber die Gruppe ist erst in der Embryo-Phase und hat noch nicht mal einen Namen! In Eile entsteht etwas, das an die SEX PISTOLS anknüpfen soll – AWTOMATITSCHESKIE UDOWLJETWORITJELI (Automatischer Selbstbefriediger). Das ist etwas lang geraten – aber abgekürzt heißt es AU. Und dabei bleibt es dann auch.

Artemy Troitsky ist nicht irgendwer. Schon Anfang der 1970er versuchte er, die Moskauer Intelligentsia für Rock'n'Roll zu interessieren, er hat Kontakte zum Zentrum der Nachrichtenagentur TASS, zum Journalistenverband, zum Radio und zum Fernsehen. Er organisiert Undergroundkonzerte in Salons, also in großen Moskauer Künstlerwohnungen oder in Ateliers. Außerdem hat Artemy keinen alltäglichen Geschmack und ist stets auf dem Laufenden. Aus Leningrad kommen regelmäßig AKWARIUM und ZOOPARK zu ihm. Aber Troitsky interessiert sich vor allem für Neues, vor allem für Punk ... Die soeben entstandene Supergroup AU hat nicht ganz zwei Wochen, um ihr Material vorzubereiten. Sie macht sich also an die intensive alkoholisch-schöpferische Arbeit. Das erste Line-up entsteht, bei dem Wiktor Zoi den Bass zupft. Außerdem tummeln sich in der Besetzung noch über zehn andere Personen, denn alle Bekannten wollen bei dem Ausflug mitmischen. Swin teilt Troitsky mit: »Zu AU gehören zehn Leute!« Troitsky reibt sich lediglich die Hände: »Macht mal!« Man sollte noch dazu sagen, dass Telefongespräche über solche Ereignisse in chiffriertem Slang geführt werden. Schließlich will niemand für »illegale kommerzielle Tätigkeiten« blechen müssen. Während der von Portwein durchtränkten Proben entstehen eine Menge neuer Lieder und eine Kassette namens *Schwachköpfe auf Tour* – die erste Einspielung von AU. Direkt vor dem Start beschließen alle, sich endlich vollständig punkig zu stylen: »Schluss mit den Hippie-Zotteln!«

> »Ich bin ein Niemand und ich will einer bleiben / Und das ist vielleicht mein Ziel / Sich niemals zu titulieren / Und keinem eine Szene machen / Ich habe keinen Bock, Preisträger zu werden / Ich habe keinen Bock, im Astoria zu wohnen / Ich scheiß darauf, ich werde niemals / in Nummer Lux Champagner trinken« (AU)

Der Moskauer Bahnhof in Leningrad: Die ersten Punks der UdSSR sammeln sich auf dem Bahnsteig, dann steigen sie in einen Platzkartenwaggon (einen Liegewagen ohne Abteile). Natürlich fahren sie schwarz, die Schaffner werden bestochen. Manche haben nicht mal Schmiergeld und müssen sich die ganze Nacht lang auf dem Zugklo verstecken. Morgens kommen sie endlich auf dem Leningrader Bahnhof in Moskau an. Swin wird später in einem Interview für ein Samizdat-Fanzine berichten: »Tagsüber haben wir uns das Revolutionsmuseum und den Roten Platz angesehen – keine Ahnung, was der KGB daran auszusetzen haben konnte.« Abends bringt Artemy Troitsky die Truppe mit der Metro zu einer Wohnung in der Nähe des Komsomolskaja-Platzes, des Platzes der drei Bahnhöfe, in einen riesigen sozrealistischen Bau. Die Moskauer sind den Anblick von Punks noch nicht gewohnt. Troitsky dazu: »Welche Mienen die anständigen sowjetischen Staatsbürger machten – zwischen ihnen sahen AU und ihre Kumpel aus wie aus London eingeflogen. Aber eigentlich doch eher wie aus dem Irrenhaus.«

Gastgeber in der »konspirativen« Wohnung ist eine gewisser bärtiger Mann namens Lew Roschal, ein konzeptueller Maler. Seine Arbeiten sind Anzeigen von diversen Zäunen und Haltestellen mit Telefonnummern zum Abreißen (»Tausche mich gegen Menschen ein!« oder »Ich brauche nichts.«). »Das ist unser Mann!«, sagt Swin. In der Wohnung stehen eine Gitarre, ein Bass, eine einzelne Trommel, ein Tom-Tom, ein Verstärker und zwei Boxen – alles zusammengetragen von den Moskauer Punkrock-

Verehrern. Bis zum Konzert bleibt noch eine Stunde, genügend Zeit also für einen Ausflug zum Weinladen – Artemy lässt sich nicht lumpen und ordert gleich ganze Kisten. Die ersten Zuschauer trudeln ein – es sind rotwangige Männer in Lederjacketts und teuren Jeans mit goldenen Uhren, Damen im Pelz und Seidenkleidern, reich mit Schmuck behängt. Swin fragt den schon leicht nervösen Artemy: »Ziehen die sich für Punkkonzerte immer so an?« Die Punks aus Kuptschino reiben sich erfreut die Hände im Wissen darum, was sich hier gleich ereignen wird.

> »Wodka ist ein schmackhaftes Getränk / Wodka ist ein gesundes Getränk / Aber wenn ich Saft trinke / Wird mir ziemlich übel / Und allen drumherum wird ebenfalls schlecht / Saft wird aus verfaulten Fäkalien hergestellt / Saft wird aus ekliger Scheiße hergestellt / Aber Wodka enthält Ginseng-Wurzeln / Deshalb trinke ich Wodka / Und deshalb lebe ich schon so lange auf dieser Welt.«

Als erste betreten Wiktor Zoi und »Ryba« Rybin die Bühne. Zoi spielt zum ersten Mal öffentlich seine Lieder – »Wasja liebt die Disco / Disco und Würstchen« und den rauen Big-Beat-Song »Idiot«. Dann stellt Ryba seinen »Preisträger« vor, in dem die Worte »ich scheiß drauf« vorkommen. Die hässlichen Wörter und Rybins mit Schere frisierter Kopf beleben das Publikum langsam. Endlich beginnt das, worauf sie gewartet haben – der geheimnisvolle, verbotene Punkrock. Dafür waren sie mit ihren Colliers und Perlenketten hergekommen. Schließlich entert die richtige Band AU die Bühne, schon bis zur Besinnungslosigkeit besoffen. Der erste Song heißt »Die Stadt mieft wie ein altes Scheißhaus«. Alle Musiker liegen daneben, spielen schief, wackeln. AU ähneln ein wenig den älteren THE FALL, ihre monotone, kakophonische Garagenmusik hat einen ähnlichen apathisch-faseligen Stil. Es ist auch nicht ganz sicher, welche der beiden Bands mehr Promille hat, sie sind einander ebenbürtig.

> »Ich möchte eine Wanze sein, an der Decke hängen / Nachts rausgehen und die Leute beißen / Ich möchte Scheiße sein, die vor dem Fenster liegt / Auf den Gehweg trieft und den Leuten unter die Füße kriecht / Ich möchte eine Bahnhofsnutte sein und die Kerle mit Tripper infizieren / Ich möchte ein Knoten in der Blase sein / die Leute nicht pinkeln lassen [...] / Eins zwei drei vier fünf – der Hase geht spazieren.«

Swin keift im Mat-Slang (eine Parallelsprache – ein Königreich voller Vulgarismen), steht mit dem Rücken zum Publikum oder liegt, zieht seine Hosen runter – die Zuschauer sind begeistert und bedanken sich bei Artemy Troitsky für »diesen wunderschönen Abend«. »Man kann nie ahnen, wer gerade was nötig hat«, sagt Troitsky. Die Herren im Anzug und die Damen im Pelz bechern ebenfalls Billigwein, und ihr Zustand gleicht sich zunehmend dem der Musiker an. »Hey, mein schwarzes Pferd / Hey, meine stählerne, abgesägte Flinte« – Swin singt mitten im Filmriss eine umgedichtete Version des anarchistischen, antibolschewistischen Liedes »Väterchen Ataman« über Nestor Machno, aus sowjetischen Bürgerkriegszeiten. Er dreht so auf, dass manche Angst bekommen: »Gleich werden wir alle eingelocht!« Ein Teil der Musiker fällt schon auf die Bretter, andere schleichen sich still und leise zum Leningrader Bahnhof wie Ratten von einem sinkenden Schiff. Das letzte Stück von AU ist eine über 20-minütige Komposition aus zwei Akkorden: »Auf dem Newsky schlichen sich die Junkies rum« – eine große Improvisation im Stil von »The End« von THE DOORS. Sie endet mit Swins Sologesang – die restlichen Musiker sind schon auf der Bühne eingepennt. Am nächsten Tag schafft ein beflügelter Artemy Troitsky die Punks aus Kuptschino zur nächsten konspirativen Wohnung ...

Die Kunde von den AU-Konzerten geht durch Moskau wie Donnerhall, und schon kurz darauf entstehen die ersten Punkprojekte – als leichtfüßigere Version bei den kabarettistischen FUTBOL und konzeptuell-avantgardistisch bei DK. Später, im Jahr 1983 spielen AU mit der »russischen Nina Hagen« Terry ihr erstes Studioalbum *Terry Cherry Swin* ein: »Du bist Scheiße, ich bin Scheiße, wir haben keine Zukunft« oder »Wenn du dir das Hassen abgewöhnt hast, komm zu uns nach New York«. Randnotiz: Stücke von eben diesem Album, zusammen mit Songs der Moskauer DK, wurden von einer sagenumwobenen Russistikstudentin nach Polen geschmuggelt und tauchten zusammen mit einem DEZERTER-Konzertmitschnitt auf dem Kasettensampler *Izolacja* des Labels *Tank Records* auf. Niemand in Polen hatte allerdings eine Ahnung, davon, welche Gruppen da zu hören waren und wie sie hießen, also stand für die B-Seite lediglich die Notiz »Kamandy« bzw. »Kapele C. C. C. P.«.

Die Truppenteile aus Kuptschino kommen also als Initiatoren des Punkrock ruhmreich von ihrem Feldzug nach Pitra zurück, und jeder will sich mit ihnen anfreunden. Sogar Boris Grebenschtschikow, der mit AKWARIUM eine Punkplatte einspielen will, meldet sich bei Swin und seinen Kompagnons. Swin hat immer noch eine schwere BG-Allergie, aber Zoi und Ryba sind hochgradig erfreut. Sie haben schon einige Songs im Köcher und wollen sie dem legendären Großmeister vorstellen. BG weiß, dass der Kontakt mit den »Rowdys, die kamen, um ihn von der Erdoberfläche zu wischen«, schwierig wird. Als er bei einer der Privatpartys in Kuptschino auftaucht, gestehen ihm nach anfänglichem Zögern und einigen Gläsern Portwein einige AU-Jünger, dass ihnen manche seiner Stücke gefallen. Aber Swin taucht wiederum bei einer Feier bei BG mit einem Geschenk auf – Hundekot im Einweckglas. Beim nächsten AU-Konzert brüllt jemand Unflätiges über Boris Grebenschtschikow von der Bühne. Der AKWARIUM-Chef bleibt jedoch gelassen, weil er kapiert hat, wie Punk funktioniert. Also lässt er Swin und AU künftig in Ruhe.

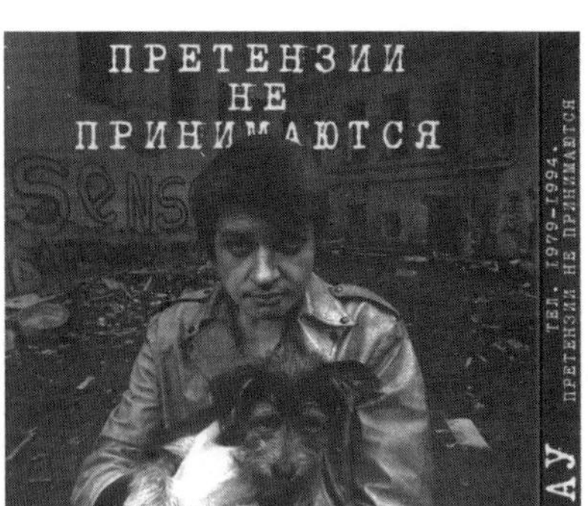

Andrei »Swin« Panow, CD-Inlay von AWTOMATITSCHESKIE UDLETWORITJELI

[...]

Punk in der Version von AU ist durchzogen von einem tiefen, geradezu philosophischen Nihilismus, und Politik wird darin bis an die Grenzen des Absurden verhöhnt. Beispielsweise bleibt unklar, inwiefern »Reagan, der Provokateur« wirklich ein pazifistischer Protestsong oder nicht eher eine Verballhornung der sowjetischen Propaganda ist: »Reagan hat aus dem Planeten einen riesigen Truppenübungsplatz gemacht [...] / In Washington, im Weißen Haus diskutieren sie, wie viele Kinder sie ermorden wollen«. Swin, der sich schon zu seinen Schulzeiten an die Rolle des Staatsfeindes gewöhnt hat, erinnert gerne an seine Abstammung: »Die Schwarzen haben bei euch wohl mit der Jagd auf Weiße begonnen / Was geht mich das an? Ich bin eh Jude.« Manchmal baut er ironische Anmerkungen über die große Emigrationswelle nach Israel ein – er selbst ließ sich nicht zur Ausreise aus der UdSSR überreden, obwohl es dafür Gelegenheiten gegeben hätte. Er überrascht auch mit Kenntnissen der Politik afrikanischer Länder – als die ersten Privatunternehmen aufblühen, schlägt er vor, doch eine »Fleischkooperative« mit dem zentralafrikanischen Kaiser Bokassa zu gründen, der bekannt ist für seine Neigung zu ... Kannibalismus!

[...]

Der ursprüngliche Punk '77 – das ist vor allem Provokation. AU kann man also als Quintessenz des '77er-Punk bezeichnen. »Wir wollten nie ein bestimmtes Muster bedienen und wie die SEX PISTOLS spielen«, sagt Swin in einem Interview. »Punk richtet sich gegen alle Schemata. Wir sind nicht nur auf der Bühne Punks, sondern auch daneben. Die Show dauert 24 Stunden. Wir wollen nur uns selbst befriedigen – daher auch unser Name: AUTOMATISCHE SELBSTBEFRIEDIGER.« Ein gutes Beispiel dafür, wie Andrej Panow Klischees zerlegt, sind seine Discotracks. »Früher waren wir alle gegen Disco – heute finde ich, dass das sehr hübsche Musik ist«, stellt Swin fest. AUs bekanntester Discohit ist ein Loblied auf ein populäres sowjetisches Rasierwasser, in weiten Kreisen auch als »Trank der Götter« bekannt.

[...]

Bei Konzerten singt Swin gern auf dem Boden, hingehockt, manchmal sogar liegend, mit dem Rücken zum Publikum. Er ist eine klassische Rampensau, die keine Hemmungen kennt – genau wie GG ALLIN, die schlimmste Bestie der amerikanischen Punkszene. Allerdings mit dem feinen Unterschied, dass Swin keine Spur von Aggression in sich trägt, dafür ist er viel zu faul und zu großherzig. Er will die Leute nicht erschrecken, sie sind ihm schlicht scheißegal.

Von Beginn an treten AU über lange Zeiträume überhaupt nicht öffentlich auf. Die heldenhafte Ära der Konzerte in Privatwohnungen für Konzeptkünstler und Pelzmanteltanten, mit Wiktor Zoi am Bass, ist unwiederbringlich vorbei. In den Jahren 1987 und 1988 stellt Swin die Besetzung neu zusammen – die Band trägt sich beim Rock Klub ein, wird auch tatsächlich aufgenommen und tritt bei einem Festival auf, was gleich wieder einen Skandal auslöst. Und das nur, weil eine Saite reißt, die Musiker das Mikro in das Rudel der gröhlenden Punks vor der Bühne werfen und somit zehn Minuten lang Worte wie »Pimmel« und »Fotzen« direkt in die empfindlichen Ohren der Komsomolzen in der Jury sickern. AU bekommen ein einjähriges Auftrittsverbot aufgebrummt und machen damit in der Leningrader Partyszene ordentlich Zusatzpunkte – und zum ersten Mal tönt von der Bühne die rasselnde russische Gaunersprache!

In die Geschichte geht vor allem ein Konzert in Kiew ein: Als der Vorhang sich öffnet, steht auf der Bühne ein Tisch, gedeckt mit Wodka, Häppchen und randvollen Aschenbechern. Die Mikros stehen neben dem Tisch, so dass man das dumme Geschwätz der essenden und trinkenden Musiker hören kann. Die Jungs von AU lassen es sich gut gehen und das konsternierte Publikum geht ihnen meterweit am Arsch vorbei. »Ja ja, gleich«, beschwichtigen sie, wenn jemand sie dazu antreiben will, doch endlich etwas zu spielen. Dann spielt der Gitarrist solo mit maximaler Lustlosigkeit irgendeinen Bühnenstandard runter, woraufhin das Gelage munter weitergeht. Die

Leute im Saal sind schon ernsthaft stinksauer, als die Zecher dann doch endlich versuchen, etwas zu spielen, natürlich im Sitzen. Aber sie brechen die Songs nach der Hälfte ab und wenden sich wieder den Getränken zu. Dann setzen sich die ersten Zuhörer zu ihnen ...

[...]

Trotz aller Aufnahmen und Konzerte wird sich Swin nie richtig entfalten. Sein Lebenswandel, den er nicht ändern will, erlaubt es ihm nicht, sich voll und ganz auf die Musik zu konzentrieren. Die letzte verkackte Chance für AU ist ein Konzert im Moskauer *Gorbuschka* im Jahr 1997, wo sie als Väter des russischen Punk vor ausländischen Stars wie den TOY DOLLS und THE STRANGLERS spielen sollen. Swin wäre nicht Swin, wenn alles glatt laufen würde. Natürlich liegt ihm viel an dem Gig – er ist so nervös, dass er, als die Zeit für seinen Auftritt gekommen ist, schon bewusstlos in einer Abstellkammer liegt. Seine Kumpels erwecken ihn mit Spiritus wieder zum Leben, so dass er für eine halbe Stunde Wiederauferstehung feiert, aber sonst auf ganzer Linie versagt und nicht einmal irgendeine Performance auf die Reihe kriegt.

Seine letzten Monate verbringt Andrej Panow in Moskau bei Bekannten. Man schreibt das Jahr 1998, und AU spielen nur noch sehr selten. Punkrock steckt wie der Rock insgesamt in einer tiefen Krise – überall hört man nur noch wummernden Techno. Eines Tages legt sich Swin bei einem Besäufnis auf eine Couch und steht nicht wieder auf. Als Todesursache werden die Ärzte Komplikationen nach einer Bauchfellentzündung diagnostizieren. Swins Trauerfeier findet in einem Krematorium an einem der Petersburger Friedhöfe statt, wo er verbrannt werden soll. Als die Dame, welche die Zeremonie durchführt, nach Protokoll davon zu sprechen beginnt, dass »ein großartiger Mensch von uns gegangen sei«, kommen aus der Tiefe des Raumes Zwischenrufe: »Was soll das denn? Er war doch nicht irgendwer, sondern die Ober-Pietruschka der Russischen Föderation!« (Pietruschka ist eine Puppenfigur vom Jahrmarkttheater, ein volkstümlicher russischer Hofnarr und gleichzeitig Hauptfigur in Igor Strawinskys gleichnamigem Ballett.) Einer seiner Kumpels stellt sich an den offenen Sarg, in dem Swin liegt, und beginnt, an ihm zu rütteln: »Andrejek, steh auf! Mach keinen Blödsinn!«

Aus dem Polnischen von Rainer Mende; Orginal: Usenko, Konstanty: Oczami Radzieckiej Zabawki, Wolowiece/Warszawa, 2012

Mit freundlicher Genehmigung des Verlags.

DISKOGRAFIE SOWJETUNION

von Ewgeniy Kasakow

Anmerkung: Bis 1991 gab es in der UdSSR kaum Labels im westlichen Sinne (mit wenigen späten Ausnahmen: *AnTrop, Fee Lee, Studija Kolokol, SNC*), fast alle Alben erschienen im Selbstverlag auf Kassetten. Erst in den folgenden Jahrzehnten begann die Edition der früheren und neuen Werke durch Labels wie *GrOb Records, TAU Product, Otdelenie VYCHOD, Hobgoblin Records, UR-Realist, AiB-Records, Moroz Records, Caravan Records, WYRGOROD, HOR* und unzähligen anderen, bei oft ungeklärter Rechtelage. Die Auswahl beschränkt sich daher im Wesentlichen auf die Originalveröffentlichungen. Zur Erleichterung weiterer Recherche sind die Bandnamen auch in Kyrillisch und zudem Homepages aufgeführt, so vorhanden (Stand Ende 2017).

ANARCHIJA / АНАРХИЯ

CD: *Paralitsch* (1988) (*Rebel Records Russia,* 2008)

CD: *Armija Wlassowa* (1989) *(Rebel Records Russia,* 2008)

AWTOMATISCHESKIE UDLETWORITELI / АВТОМАТИЧЕСКИЕ УДЛЕТВОРИТЕЛИ

Aliase: Аркестр АУ, фАУ oder **600**

www.svinpanov.ru

Kassette: *Nadristat!* (S/R, 1984)

BACHYT-KOMPOT / БАХЫТ-КОМПОТ

http://stepantsov.ru

CD: *Kislo* (1991) (*Moroz Records,* 1997/ *RDM,* 2002)

BRIGADNYJ PODRJAD / БРИГАДНЫЙ ПОДРЯД

http://bpodryad.ru

Kassette: *Brigadnyj podrjad* (1986) auf CD als: *1986* (*Nikitin,* 2006)

Kassette: *Wse – pank-rok* (1988),CD (*KDK Records,* 1998 / *Nikitin,* 2004)

Kassette: *Tschlenskij wsnos* (1989)

DK / ДК

CD: *Lirika* (1982) (*SS Records,* 1995)

CD: *Boga net* (1984) (*SS Records,* 2002)

GRASCHDANSKAJA OBORONA / ГРАЖДАНСКАЯ ОБОРОНА

www.gr-oborona.ru

alle Kassette:

Poganja molodesch (1985)

Optimism (1985)

Igra w biser perese swinjami (1986)

Myschelowka (1987)

Choroscho! (1987)

Totalitarism (1987)

Nekrofilija (1987)

Wse idet po planu (1988)

Tak sakaljalas stal (1988)

Pesni radosti i stschastja (1989)

Alle unter *GrOb Records* veröffentlicht und viele beim Label *XOP* auf CD wiederveröffentlicht. Discogs listet 40 Alben und 13 Compilations plus 34 inoffizielle Releases!

INSTRUKTZIJA PO WYSCHIWANIJU / ИНСТРУКЦИЯ ПО ВЫЖИВАНИЮ

http://www.neumoev.ru

Kassette: *Notschnoi Bit* (1986) (*Neuro Empire,* 2002), CD (*Latimeria Records,* Ukraine, 2013)

Kassette: *Instruktzija po Oborone* (1987)

Kassette: *Konfrontatzija w Moskwe* (1988) (*Neuro Empire,* 2002), CD (*Bull Terrier Records,* 2016)

Wnimanie (1991)

Kassette: *Pamjat* (1991) (*Minus Dewjat Kelwina, Neuro Empire, Crazy Cat's Records,* 1995)

KOOPERATIW NISCHTJAK / КООПЕРАТИВ НИШТЯК

http://kn.lenin.ru

Kassette: *Krjuk* (1986)

KULTURNAJA REVOLJUTZLIJA / КУЛЬТУРНАЯ РЕВОЛЮЦИЯ

http://cultrev.lenin.ru

Kassette: *Podzemka na Prikupe* (1984)

Kassette: *Kulturnaja Revoljutzija* (1987)

Kassette: *W Tjumene 80-ch* (1988)

MONGOL-SHUUDAN / МОНГОЛ-ШУУДАН

http://www.mongolshuudan.ru

CD: *Paravoz-Anarchija* (1989) (M*aster Sound Records,* 2000)

CD: *Gulaj-Pole* (1991) (*AuБ Records,* 2003)

NAIV / НАИВ

www.naive.ru

LP: *Switch-Blade Knaife* (*Maximumrocknroll,* 1990), CD (*Feelee,* 2002)

NARODNOE OPOLTSCHENIE / НАРОДНОЕ ОПОЛЧЕНИЕ

Kassette: *Rekwiem na L. I. Breschnewa* (1982)

Kassette: *Trupnyj sapach* (1983)

NATE! / НАТЕ!

CD: *Ne boisja!* (1989) (*Extraphone,* 2001)

Kassette: *Etologija* (1990)

Kassette: *Dschasus Krest* (1991)

NII KOSMETIKI / НИИ КОСМЕТИКИ

www.doctormefody.ru

Kassette: *Istorija bolezni* (1986)

Kassette: *Wojenno-polowoj roman* (1987)

Kassette: *Geroi pornobasen* (1990)

NEBO I SEMLJA / НЕБО И ЗЕМЛЯ

Kassette: *Panki po schisni* (1989)

NOGU SWELO! / НОГУ СВЕЛО!

http://nogu-svelo.ru/en

CD: *1:0 w polsu dewotschek* (1988) (*TAU-PRODUCT,* 1993)

OTDEL SAMOISKORENENIJA / ОТДЕЛ САМОИСКОРЕНЕНИЯ

Kassette: *Losungi manifestanitzij* (1983)

Kassette: *Ot i do* (1984)

7": *Woina dla wonow* (rec. 1984) (*VDV Records,* 2014)

SASONOWA PRORWA / САЗОНОВА ПРОРВА

http://chernoziom.narod.ru

Kassette: *Biblioteka molodogo desertira* (1989)

SEKTOR GAZA / СЕКТОР ГАЗА

http://sektorgaza.net

Kassette: *Plugi-wugi* (1989)

LP: *Kolchosnyj pank* (1989) (*Gala Records,* 1992),

TAINOJE GOLOSOWANIE / ТАЙНОЕ ГОЛОСОВАНИЕ

Kassette: *Kto tam?* (1989)

TSCHERNYJ LUKITSCH / ЧЕРНЫЙ ЛУКИЧ

www.lukich.info

CD: *Kontschilis patrony* (1988) (*Wyrgorod,* 2017)

TSCHUDO-JUDO / ЧУДО-ЮДО

LP: *Seks-Terror* (1989) (*Russki Disk,* 1993)
Split-LP, B-Seite: NAIV *Tanki-panki*

TUPYE / ТУПЫЕ

alle Kassette:

Tupye 1 (Golos is kanalisatzii) (1984)

Tupye 2 (La Bamba) (1986)

Notschnoi Travesti (1987)

Anestesia Dolorosa (1989)

Batiskaff (1990)

Sdelano w durke (1991)

Joonas Vangonen (Berlin) / Lauri Leis (Tallinn)

Ich bin nur ein Übel

Punk in Estland – Aufstieg und Niedergang

»Als Punk war meine Reaktion auf meine Umgebung grundsätzliche keine andere als schon als kleines Kind. Im Kindergarten wurde ich gezwungen, fettige Sauerkrautsuppe zu essen. In der Suppe schwammen wabblige, haarige Stücke Schweineschwarte – das war extrem widerlich. Mir wurde natürlich gesagt, dass das ausgezeichnetes Essen ist, dass es gar nichts Besseres gibt. Damals reagierte ich mit Schreien und Kotzen. Am nächsten Tag warf ich aus Rache alle Mülleimer des Kindergartens um. Als ich älter wurde, war es Punkmusik, die mir half, alles was mir aufgezwungen wurde, wieder auszukotzen.«

In den frühen 1970er Jahren – aus dieser Zeit stammt Ivo Uukkivis* Geschichte über die ranzige Sauerkrautsuppe – hatte in der ESSR, der Estnischen Sozialistischen Sowjetrepublik, keiner auch nur von Punk gehört. Mehr als 40 Jahre im Schnelldurchlauf, und wir erreichen das heutige Estland. Ein Land, das Gastgeber des weltweit einzigen Punksong-Festivals ist, wo professionelle (Massen-)Chöre und grauhaarige Punklegenden die bekanntesten estnischen Punkhits aufführen – manchmal taucht dort sogar der Präsident auf. Ein Land, wo Punkhymnen wie »Tere Perestroika« und »Insener Garini Hüperboloid« mindestens genauso bekannt sind wie die Lieder der Singenden Revolution. Ein Land, wo 1989 eine Jury von Musikexperten das Album *Külmaale Maale* von J. M. K. E. zum besten estnischen Musikalbum aller Zeiten erklärte. Ein Land, wo Villu Tamme**, der große alte Mann der estnischen Punkmusik, beim Estnischen Musikpreis im Januar 2017 für sein Lebenswerk geehrt wurde.

LP J. M. K. E. *Külmaale malle*, Stupido Twins, 1989

Auch wenn Punk in der Erinnerung vieler Esten heute einen besonderen Platz einnimmt, ist die Geschichte dieser Subkultur etwas exotisch. Zum ersten Mal tauchte das Wort

* Ivo Uukkivi, geb. 1965 und hauptsächlich in Tallinns Punkszene aktiv, schloß sich Anfang der 1980er der Subkultur an und wurde Mitglied von KOPLI OTELL und VELIKIJE LUKI. Uukkivi distanzierte sich Anfang der 1990er von der aktiven Punkszene, spielt allerdings bis heute gelegentlich noch mit VELIKIJE LUKI.

** Villu Tamme, wahrscheinlich der bekannteste estnische Punkmusiker, wurde 1963 geboren. Schon in den späten 1970ern wurde er Teil der estnischen Subkultur. Heute ist er eine bekannte Persönlichkeit. 1992 veröffentlichte er unter dem Titel *Tuvi oli Tihane* ein Buch mit Punkgedichten. Er spielte bei VÜRST TRUBETSKY JA J. M. K. E, VELIKIJE LUKI und J. M. K. E..

Ivo Uukkivi mit VELIKIJE LUKI live in Tartu, 1987. Foto: Urmas Lange

»Punk« in Estland 1985 in einem Zeitschriftenartikel auf. Es dauerte jedoch noch bis zum Ende des Jahrtausends, bis erste semi-akademische Artikel über den estnischen Punk publiziert wurden. Erst 2009 erschien ein Buch über die Geschichte der Subkultur: Tõnu Trubetskys* persönliche Memoiren mit dem Titel *Eesti punk 1976–1990. Anarhia ENSVs*, 400 Seiten stark mit 222 Photographien. Drei Jahre später veröffentliche Troubetsky ein weiteres Buch zur Geschichte des Punk: *Haaknõela külm helk*. Auch wenn beide Bücher viele Informationen über die Entwicklung der estnischen Punkszene enthalten, sind sie doch aufgrund ihrer chaotischen Struktur und der Tendenz, sich lediglich auf persönliche Erinnerungen und Perspektiven des Autoren zu stützen, ein Albtraum für einen Historiker.

Tõnu Trubetsky, VENNASKOND, 1980er

Nach Trubetskys Büchern erschienen kaum akademische Artikel zum Thema und estnischer Punk blieb Terra incognita, nur belegt durch die Erinnerungen und persönlichen Erfahrungen derjenigen, die selbst Zeugen der Ereignisse waren. Die Seltenheit schriftlicher Quellen macht also eigene Recherchen unverzichtbar, will man die Entwicklung des estnischen Punk darstellen. Daher beruft sich der vorliegende Artikel hauptsächlich auf 23 Interviews, die zwischen 2014 und 2017 geführt wurden.

* Tõnu Trubetsky, geb. 1962, ist einer der bekanntesten Punkmusiker Estlands. Trubetsky wurde Ende der 1970er Teil der Punkbewegung in Tallinn und gehört zu jenen der ersten Generation estnischer Punks, die bis heute in der Subkultur aktiv sind. Trubetsky publizierte verschiedene Bücher mit Punkgedichten und war Sänger bei VENNASKOND und dem kurzlebigen Projekt VÜRST TRUBETSKY JA J.M.K.E..

Die Bedeutung des finnischen Fernsehens

Es ist sehr schwierig, die Entstehung der Punkbewegung in Estland zeitlich genau festzulegen. Die Wurzeln der Subkultur der ESSR sind nach wie vor Diskussionsthema; bisher haben alle Autoren den Beginn unterschiedlich datiert. Das Auftreten von Punk hinter dem Eisernen Vorhang war eher kein bestimmtes Ereignis, sondern vielmehr ein schrittweiser Prozess. Eine wichtige Rolle spielte die damalige Unzufriedenheit mit dem sowjetischen Regime. Für viele Jugendliche fügte Punk dem Unmut, den ihre Eltern gegenüber der UdSSR (natürlich hinter verschlossenen Türen) ausdrückten, den ersehnten Aspekt jugendlicher Rebellion hinzu. Andererseits berichteten viele unserer Gesprächspartner auch, dass sie Punks wurden, weil ihre Eltern selbst Vertreter des Regimes waren, gefangen in den Eingeweiden des Sowjetsystems. Villu Tamme erzählte, dass ihn ein Geschenk seiner Schwester – ein Sticker mit Sid Vicious' Porträt – dazu inspirierte, zum nächsten Friseur zu gehen, um sich die Haare nach dessen Vorbild schneiden zu lassen.

Zusätzlich zur bereits vorhandenen Geringschätzung gegenüber der älteren Generation entfachten Musikvideos und Nachrichtensendungen des finnischen Fernsehens die Kreativität der Jugend. In der UdSSR war es allerdings nicht jedem möglich, dieses zu sehen. Zudem war es verboten, und die sowjetischen Behörden versuchten, technisch zu blockieren, was als schwaches Signal über den 80 Kilometer breiten Finnischen Meerbusen herüber schwappte – mit wenig Erfolg. Bewohner des nördlichen Teils von Estland, wo auch die Hauptstadt Tallinn liegt, konnten also finnisches Fernsehens empfangen und sich ein verschwommenes Bild vom Leben im Westen machen. Am südlichen Ufer des finnischen Meerbusens verfolgten junge Enthusiasten so Bilder der Konzertauftritte der SEX PISTOLS und biertrinkender finnischer Punks. Ein anderer Einfluss waren Vinylplatten, die sich ihren Weg durch den Eisernen Vorhang bahnten – mit natürlich von der UdSSR verbotenen Aufnahmen. Sie wurden als »pornographisch«, »antikommunistisch«, »degeneriert« (und jedem anderen Schimpfwort) betitelt. Sie zu besitzen, hieß eine Gefängnisstrafe zu riskieren. Trotzdem waren viele Esten, die Verwandte im Ausland hatten (insbesondere in Schweden, wohin viele während des Zweiten Weltkriegs flüchteten) ab und an in der Lage, westliche Musik in die ESSR zu schmuggeln.

PROPELLER

Ein Beispiel der unorthodoxen Entwicklung der Punkbewegung Estlands ist eine Band, die gar nicht als Punkband wahrgenommen wurde. PROPELLER, gegründet 1978, bestand nicht aus jungen Rebellen, sondern aus bekannten und respektierten professionellen Musikern. PROPELLERs Ziel war nicht, irgend jemand zu schockieren oder die Grundfesten der Sowjetunion zu erschüttern. Sie wollten nur ein bisschen »rumblödeln«, wie es ein Mitglied ausdrückte. Die Idee hatten sie aber eben von Punkbands, die sie im finnischen Fernsehen gesehen hatten. PROPELLER wurden nicht als Punkband angesehen, weil ihnen die üblichen Attribute fehlten, die traditionell mit Punk assoziiert werden: ungehobelter Sound, schlechtes Equipment, talentlose Musiker, Irokesen, rüpelhaftes Benehmen etc. Aber auch wenn die Musiker recht normal

aussahen, und ihre Musik größtenteils als Poprock bezeichnet werden kann – bei genauerem Hinhören kann man mehr entdecken. Beispielsweise in ihren Texten, insbesondere aber auch in der Art und Weise, wie sie ihre Songs spielten. Da ist vor allem »Die Woche« zu erwähnen, eine Parodie auf den »Calendar Song« von BONEY M. Der Frontmann Peeter Volkonski* haßte diesen Song wegen des uninspirierten Aufzählens der Monatsnamen. Die PROPELLER-Version des Titels kann man auf YouTube sehen (wie auch beinahe das gesamte Repertoire), hier sind es Wochentage, und zwar in deutsch, und der Refrain lautet: »Das ist die Woche«.

Aber auch wenn der Titel recht zahm erscheint, zu dieser Zeit an diesem Ort war er das definitiv nicht. Für Menschen, die nicht in der UdSSR gelebt haben, mag es schwierig sein, den Subtext zu verstehen. Oder zu verstehen, wie einfach es war, die Staatsmacht gegen sich aufzubringen. Kritik an der UdSSR, der Regierung, der Gesellschaft war streng verboten. Nicht zu handeln wie jedermann, sich nicht zu kleiden wie jedermann, waren Grund genug für die Entlassung von der Arbeit, für Ausgrenzung oder sogar eine Gefängnisstrafe. Regimekritische Ideen mussten verschwiegen oder so subtil ausgedrückt werden, dass die Behörden nicht auf die Idee kamen, sie als solche zu verstehen. Explizit »falsch« in diesem Sinne war an »Die Woche« insbesondere die Sprache, in der er gesungen wurde. Alles musste entweder estnisch oder besser noch russisch sein – geschuldet der Russifizierungspolitik der UdSSR. Sich in der Sprache des größten Feindes des Zweiten Weltkriegs auszudrücken, entsprach nicht der Etikette. Im Nonsens des Textes versteckte sich zudem möglicherweise eine antisowjetische Nachricht. Aber auch die Darbietung konnte nicht geduldet werden – Volkonski spuckte die Wochentage wie Drohungen aus, er erhob live seine Stimme zum Chorus »Die« und das Publikum antwortete mit »Woche«. »Guter« sowjetischer Tradition entsprach das nicht.

Der Vorfall im Dünamo Staadion

Wichtig für den Punk in Estland ist PROPELLER aber vor allem wegen der Ereignisse am 22. September 1980 im Dünamo Staadion von Tallinn. Was eigentlich ein ganz normales Konzert werden sollte, resultierte in einem Jugendaufstand, Verhaftungen und dem Verbot der Band. Aus vielen Gründen kann der Beginn des Punk in Estland also auf den September 1980 festgelegt werden. Was aber geschah an diesem schicksalsträchtigen Tag?

PROPELLER waren für das jährliche Freundschaftsspiel zwischen den Fußballmannschaften des estnischen Radios und Fernsehens gebucht. Geplant waren drei Auftritte – vor dem Spiel, in der Halbzeit und nach dem Spiel. Mehr als 5000 Leute

* Peeter Volkonski, geb. 1954, ist als Sänger, Schauspieler und Regisseur bekannt. Seine Gesangskarriere begann er bei RUJA. Er war Sänger bei PROPELLER, $E=MC^2$, HõIM und ROSTA AKNAD.

strömten ins Stadion, auch aufgrund der Popularität der Band. Einige Fans beschlossen, gleich das Spielfeld zu stürmen, um die Band zu feiern – darunter auch einige junge Punks. Nach dem ersten Konzertpart bat Volkonski sie, zu ihren Plätzen zurückzukehren, was diese auch taten. Denn er versprach ihnen, PROPELLER würden nach dem Spiel noch einen Auftritt haben.

Die Behörden aber fühlten sich durch die einhellige Stimmung im Fanblock der estnischen Jugend und das Feiern der Band vor dem Spiel bedroht. Raimond Penu, Vorsitzender des Rundfunkbeirats, erteilte also ein Auftrittsverbot und ließ die Band ihr Equipment einpacken. Als aber nach dem Spiel den Fans von PROPELLER klar wurde, dass sie nicht mehr spielen wird, wurden sie wütend. Sprechchöre wie »Lang lebe Punk!« wurden intoniert und die Miliz und ihre Fahrzeuge mit verschiedenen Gegenständen beworfen. Als die Behörden PROPELLER daraufhin baten, doch noch zu spielen, um zu beruhigen, war es bereits zu spät. Die Musiker hatten ihre Instrumente schon eingepackt und es hätte zu lange gedauert, bis die Bühne wieder eingerichtet werden konnte.

Ein aufgebrachter Mob verließ das Stadion und bewegte sich in Richtung Stadtzentrum. An einer Straßenbahnstation begann die Menge, unter »Wirf sie um!«-Rufen an einer dort stehenden Straßenbahn zu rütteln. Dann bewegten sich die Massen in Richtung *Viru Hotel* (das einzige Hotel, in dem Ausländer übernachten durften). Allan Vainolo* dazu: »Wir wollten den Ausländern zeigen, dass in der UdSSR nichts mehr zum Besten stand«. Auf dem Weg dahin begann die Menge, sich spontan zu gruppieren und diverse Slogans zu rufen, was aussah, als wären sie von *San Babila ore 20: un delitto inutile* (1976, R: Carlo Lizzani) inspiriert, einem antifaschistischen Film aus Italien. Das Problem war nur, dass sie eher antisowjetische als antifaschistische Slogans skandierten: »Tod den Russen!« »Russen raus aus Estland!« und »Hoch lebe das freie Estland!«.

Kurz vor dem *Viru Hotel* wurde der Pulk allerdings aufgehalten. Die Miliz hatte wohl ihre anfängliche Panik überwunden und begann, mit Autos in die marschierende Menge vorzustoßen. So konnten sie die Menschenmenge schließlich zerstreuen. Einige waren in der Lage zu entkommen, andere hatten weniger Glück und wurden verhaftet. In den nächsten Tagen durchsuchte das KGB alle Schulen Tallinns, um die Jugendlichen aufzuspüren, die sich an dem Aufruhr beteiligt hatten. Offizielle Stellen sprachen von 24 Verhaftungen.

Die Bedeutung dieses Vorfalls erklärt sich aus der Tatsache, dass dies die erste öffentliche Demonstration gegen die sowjetische Besatzungsmacht seit 1944 war. Aufgrund der strengen Zensur wurde kein einziges Wort über den Vorfall in den estnischen Zeitungen verloren. Nach dem Aufruhr verfassten und unterzeichneten allerdings vierzig estnische Intellektuelle ein Schriftstück, das unter dem Namen *40 Kiri* (40 Briefe) bekannt wurde. Sie brachten vor allem ihre Besorgnis bezüglich der erdrückenden Russifizierung und der enormen Zuwanderung zum Ausdruck. Das Dokument wurde an alle großen estnischen Zeitungen geschickt, allerdings veröffent-

* Allan Vainola, geb 1965, war seit den frühen 1980ern im Talliner Punk aktiv und blieb ihm mit einigen Jahren Unterbrechung bis Mitte der 1990er treu. Er spielte Gitarre bei AJUTINE VALITSUS, VELIKIJE LUKI und VENNASKOND.

lichte keines der Blätter den Brief, er wurde nicht einmal erwähnt. Die Menschen in der ESSR gingen zum ersten Mal das Risiko ein, sich gegen die UdSSR zu stellen.

Aus dem Blickwinkel der Punkbewegung ergab sich die besondere Bedeutung der Ereignisse aus der Tatsache, dass der Aufruhr mit Punk in Verbindung gebracht wurde. PROPELLER waren offensichtlich Katalysator der Vorfälle. Sowohl der Aufstand, als auch die Slogans waren von ihnen inspiriert. Allan Vainola, der selbst dabei war, ist allerdings nicht der Ansicht, dass es sich um eine Punkrevolte an sich handelte. Aber die Ausschreitungen waren eine Grundlage für das Aufkommen der Punkszene in Estland. Sie trugen zum schlechten Ruf von Punk bei, womit das Interesse der Jugendlichen geweckt war. Sich an der Punkbewegung zu beteiligen, seinen antisowjetischen Gefühlen Ausdruck zu verleihen, wurde attraktiv. Volkonski äußerte sich über den Einfluss von PROPELLER folgendermaßen:

Propeller *S/T*, CD, *Fugate*, 1995 (mit zwei Songs von 1980)

»PROPELLER waren eben zur richtigen Zeit da, das war der Grund für die Popularität der Band. PROPELLER waren präzise und taten weh, wie ein Finger im Auge. Die jungen Leute haben das verstanden. (…) PROPELLER waren Verfechter der Selbstbefreiung, Verfechter eigenständigen Denkens.«

Die Ausbreitung der Subkultur

Langsam, aber sicher bahnte sich Punk den Weg ins Herz der jungen Estländer. Peep Männil[*] erinnert sich, wie sich Anfang der 1980er die 10. Oberschule zu Tallinns Punkschule entwickelte. Bekannte Bands wie GENERATOR M und AJUTINE VALITSUS wurden von Schülern dieser Schule gegründet, dortige Happenings beziehungsweise Events wie Punk Mardi Gras oder der Punkdonnerstag sind zwei weitere Beispiele. Zu Punk Mardi Gras warfen sich die Schüler in ihr bestes Punkoutfit, rasten beispielsweise die nahegelegene Skipiste hinunter, verbrannten *Das Kapital* von Marx oder warfen eine lebensgroße Puppe von der Sprungschanze. Am Punkdonnerstag trugen selbst Schüler, die mit Punk nichts zu tun hatten Accessoires der Punkbewegung und aßen, was sie von zu Hause mitgebracht hatten. Sie protestierten damit öffentlich gegen das ihrer Meinung nach widerliche Schulessen, das ihnen vorgesetzt wurde. All das war nur möglich, weil einerseits so viele Punks genau diese Schule besuchten und andererseits liberale Lehrer die Vorgänge vor den Behörden geheim hielten.

Wenn es um das Äußere ging, waren Punks in den 80er Jahren besonders erfindungsreich. Estnische Punks hatten natürlich keine extravaganten Lederjacken, Stiefel oder bunt gefärbte Haare wie ihre Pendants im Westen. Also wurde improvisiert. Inspiriert von finnischen Fernsehsendungen und dank der absurden Idee, auf

* Peep Männil, geb. 1965, war Schüler der 10. Oberschule in Tallinn und daher dem Einfluß von Punk schon in den 1970ern ausgesetzt. Er war einer der Gründer der Band AJUTINE VALITSUS. Mitte der 80er zog er nach Tartu um. Er distanzierte sich von der Punkbewegung, um sich auf sein Studium konzentrieren zu können.

den Kleiderschrank der Großeltern zurückzugreifen, entstand ein einzigartiger Stil. Alte Schuhe, von links auf rechts gekehrte Anzugjacken und hautenge Hosen (die eigentlich in den 80ern völlig aus der Mode waren) fanden Verwendung. Peep Männil erinnert sich, dass Punks der 10. OS für den Transport ihrer Schulbücher Eimer benutzten und geklaute Blinklichter an ihren Schultaschen montierten. Die Frisur erforderte noch mehr Kreativität. In der UdSSR produziertes Haarspray war permanent ausverkauft oder von so schlechter Qualität, dass die Adepten der Bewegung gezwungen waren, Zucker- oder Seifenwasser und Eiweiß zu verwenden, um die traditionellen »Iros« zum aufrechten Stand zu bewegen. Es soll Enthusiasten gegeben haben, die ein Produkt namens *Kramakh* verwendeten. Die Chemikalie wurde ursprünglich zur Stärkung von Hemdkragen erfunden. Rote Tusche, vermischt mit Blondierungsmittel, wurde für einen rosa Farbton verwendet. Angeblich hielt die Farbe über Monate. Andere benutzten eine pharmazeutische Mixtur namens *Nitrofungin*, um ihr Haar zu färben. Abhängig von der Dosis wurde das Haar neongelb oder »hühnerkackegrün«.

Um sich mit anderen Punks zu treffen, waren die bevorzugten Plätze Hinterhöfe, die Elternhäuser anderer Punks oder einfach die Wälder um Tallinn. In der Innenstadt Tallinns gab es allerdings auch drei Kaffeehäuser, die als Zentren künstlerischen Austauschs galten: *Varblane*, *Moskva* und *Pegasus*, Lokale, die Treffpunkt für Punks, Künstler, Hippies, Touristen und sogar Homosexuelle waren. Natürlich war dort auch die Miliz anzutreffen, immer nach Gründen Ausschau haltend, Anwesende verhaften zu können. In Kohtla-Järve dagegen, einer Industriestadt im Norden Estland, in der hauptsächlich russisch sprechende Immigranten lebten, trafen sich die wenigen Punks in den Kirchen: eine eigentümliche Form des Protestes gegen das Sowjetregime. Die UdSSR war ein ausgesprochen areligiöser Staat, schon das Sprechen über Gott wurde als Tabu erachtet. Anlass genug für die örtlichen Punks, die ebenso wenig religiös waren, sich über die vom Staat vorgegebenen Regeln hinwegzusetzen und regelmäßig Gotteshäuser zu besuchen. In Tartu, der inoffiziellen Hauptstadt der Künstler und Studenten Estlands, waren die meisten frühen Punks mit der Kunsthochschule Tartu verbunden. Eine ganze Punkband absolvierte dort ihr Studium.

Absolute Höhepunkte waren allerdings die Treffen auf illegalen Punkkonzerten. Illegal, weil alle Musikgruppen in der UdSSR eine staatliche Genehmigung brauchten, um auftreten zu dürfen. In einem jährlich stattfindenden Einstufungsverfahren, genannt *tarifitseerimine*, wurden diese Genehmigungen an ausgewählte Bands und Musiker vergeben. Die Künstler wurden dabei bestimmten Kategorien zugeordnet, abhängig von der Höhe der Gage, die sie pro Auftritt verlangen durften. Natürlich wurden staatskonforme Künstler der höchsten Kategorie zugeordnet, während es anderen, d. h. natürlich auch allen Punkbands, nicht gestattet war, überhaupt aufzutreten. Die Konzerte mussten heimlich organisiert werden oder die Bands auf geschlossenen Veranstaltungen wie beispielsweise Schulparties spielen. Das erklärt auch, warum viele Punkbands eng mit bestimmten Schulen verbunden waren. Mundpropaganda war demnach auch die einzige Möglichkeit, die Nachricht über einen bevorstehenden Auftritt zu verbreiten. Öffentlich bewerben konnte man diese illegalen Konzerte natürlich nicht.

Foto: Urmas Lange

Konflikte

Auch wenn es bereits in der ersten Hälfte der 80er eine sehr lebendige Punkszene in Estland gab – zahlenmäßig viele Punks gab es nicht. Unsere Gesprächspartner schätzten, dass in Tallinn unter den insgesamt 400 000 Einwohnern nur ein paar hundert Punks waren, in anderen Städten war das Verhältnis sogar noch deutlich schlechter. Punk zu sein, war mit diversen Problemen verbunden. Man riskierte täglich, verhaftet oder verprügelt zu werden. Punks wurden von der Schule verwiesen und eine Arbeit zu finden war beinahe unmöglich. Es gab zudem Schwierigkeiten mit Freunden und Verwandten, auch wenn dieser »gesellschaftliche Makel« ignoriert und totgeschwiegen wurde.

Die Gesellschaft als Ganzes war Punks und ihrem Verhalten feindlich gesinnt. Weil keine öffentliche Debatte über diese Subkultur stattfand, konnten die Menschen die Beweggründe der Punks nicht nachvollziehen. Wobei aus anderer Perspektive der Hass, der Punks entgegenschlug, auch durchaus nachvollziehbar ist, wenn man ihr Auftreten bedenkt. Raul Saaremets*, der in der Punkszene von Kohtla-Järve aktiv war, berichtete, dass zum Beispiel der Hitlergruß benutzt wurde, um ältere Leute zu irritieren und schockieren, ohne allerdings die Weltanschauung der Nazis zu teilen. Es brauchte damals allerdings auch nicht viel, um die Leute gegen sich aufzubringen.

* Raul Saaremets, geb. 1967 in Kohtla-Järve, war eines der aktivsten Mitglieder in Kohltla-Järves kleiner Punkgemeinde. Er kam in den frühen 1980ern zur Subkultur und wechselte gegen Ende des Jahrzehnts in die Indieszene. Er spielte bei RÖÖVEL ÖÖBIK und UNABOMBA und ist heute DJ und Radiomacher.

Saaremets, von Herzen ein Pazifist, erzählte auch, dass er das Peace-Zeichen an seiner Jacke trug. Damit es nicht konfisziert wurde, entfernte er es immer, bevor er zur Schule ging. Ein Großteil der Lehrer, alle schon über 60, verstand aber sowieso nicht den Sinn des Symbols. Erst ein jüngerer Lehrer erwischte Saaremets mit dem Anstecker und berichtete dem Schuldirektor von dessen pazifistischer Bedeutung. Zitiert zum Direktor und scharf gerügt, fragte jener ihn: »Was würdest du tun, wenn die Deutschen angreifen?« In der offiziellen Sowjetpropaganda waren auch 40 Jahre nach Ende des 2. Weltkrieges noch die Deutschen der potentielle Gegner, und die Ablehnung von Gewalt in den Augen loyaler Bürger ein feindlicher Akt gegenüber der UdSSR.

Saaremets war jedoch nicht der Einzige, der von willkürlichen Anfeindungen berichtete. Tõnu Trubetsky erinnerte sich, dass ein Fremder ihn auf der Straße ansprach mit »Du bist eine Schande für die Menschen in Estland!«, und Anti Nõmmsalu* erzählte von einem unbekannten älteren Herren, der aus lauter Wut auf offener Straße begann, ihm die Kleider vom Leib zu reißen. Grund für die Attacke war wohl, dass er zusätzlich zum üblichen Punkoutfit auch Abzeichen trug, die an den Sieg der Sowjets im 2. Weltkrieg erinnerten. In den Augen des alten Mannes offensichtlich eine Verunglimpfung.

Aber das sind eher harmlose Beispiele. Physische Gewalt war gängige Praxis, um die »gesellschaftliche Krankheit« Punk zu bekämpfen. Punks wurden von der Miliz allein schon aufgrund ihres Aussehens verhaftet und eingesperrt. Anti Nõmmsalu erzählte, dass er an einem Tag 11 Mal von der Polizei angehalten wurde, als er versuchte, von einem Ende der Viru-Straße zum anderen zu gelangen (eine zentrale Straße in die Altstadt). Man konnte sich darauf einstellen, mindestens einmal pro Woche verhaftet zu werden, aber genauso waren längere, teilweise Monate andauernde Haftstrafen gängige Praxis. Merle Jääger** erinnert sich, dass sie ihren 18. Geburtstag in einer Klinik für Haut- und Geschlechtskrankheiten verbrachte, ohne dass irgendein medizinisches Problem vorlag. Denn der Miliz war es möglich, unter Zuhilfenahme medizinischer Einrichtungen »unerwünschte« Personen wie Dissidenten und Punks über längere Zeiträume dort einzusperren. Sie berichtete auch, wie sie lernte, mit den Offizieren der Miliz umzugehen. Bei Verhören lächelte sie, nahm eine nonchalante Haltung ein und behauptete, sie wolle nur »nahe Verwandte besuchen«. Die Miliz war solches Verhalten nicht gewohnt, ihre Opfer waren in der Regel entweder verbissen oder ängstlich. Jääger erinnerte sich, wie einer der höheren Offiziere aufgrund ihres Benehmens die Haltung verlor und ihr ins Gesicht schlug. Sie allerdings hörte nicht auf zu lächeln und dankte ihm. Er verließ darauf fluchtartig den Verhörraum, völlig ratlos, wie er mit der Situation umgehen sollte.

Merle Jääger
Foto: Urmas Lange

* Anti Nõmmsalu, geb. 1966, war ab 1985 Leadgitarrist bei VENNASKOND, heute spielt er Bass. Er gestaltete Plattencover für viele estnische Punkbands und schrieb gemeinsam mit Tõnu Trubetsky Punkerzählungen.

** Merle Jääger, geb. 1965, stieß Anfang der 1980er zu Punkbewegung und war in Tallinn und Tartu aktiv. Anfang der 90er distanzierte sie sich dann von der Szene. Sie hat mehrere Gedichtbände veröffentlicht und war Mitglied der Band VERINE PÜHAPÄEV.

Verhörräume waren aber nicht die einzigen Orte, an denen Punks physische Gewalt erdulden mussten. Jääger erzählte auch, wie sie an einer Bushaltestelle in Tallin von eine Gruppe russisch sprechender Jugendlicher attackiert wurde. Sie wurde in eine Schneewehe gestoßen und die Jugendlichen begannen, auf sie einzutreten. Auch Freddy Grenzmann* berichtete von Vorfällen, bei denen er in aller Öffentlichkeit angegriffen wurde. Eine Geschichte ähnelt der von Jääger, denn Ort der Attacke war ebenfalls eine Bushaltestelle, nur war hier das Ziel, seinen Irokesen abzuschneiden. Solche Angriffe waren derart normal, dass Grenzmann sogar einen Song darüber schrieb:

Mind Peksti (»Ich wurde verprügelt«)

Mind peksti tänaval, ma sain vastu lõugu
Kolmelt diskomehelt, kes olid slaavi tõugu
Ma sain neilt peksa, sest ma pole nagu nemad
Mina olen vastik, aga nemad on kenad
Ja möödakäijad minust välja ei teind
Nagu poleks kuulnud, nagu poleks näind
Mõni jäi seisma, vaatas lõbuga
Kuidas kenad poisid lolli punki peksavad

Englische Übersetzung von Joonas Vangonen:

Three disco-guys of slavic race
Came up to me and beat my face
I got my ass kicked 'cause I'm not nice
They're full of virtues but I'm filled with vice
The bypassers didn't care about me
As if they didn't care and didn't see
Some even stopped to enjoy the fun
Of seeing a stupid punk getting trampled on

Übertragung ins Deutsche von Silvia Koerbl, basierend auf der englischen Übersetzung:

Drei Popper slawischer Rasse
Poliern mir die Fresse auf offener Straße
Ich bin der Sündenbock und bezieh Prügel
Die sind die Engel und ich nur ein Übel
Passanten kümmerts 'nen Scheiß
Die stell'n sich blind, ich zahl den Preis
Ein paar bleiben stehn, genießen die Messe
Der dumme Punk kriegt auf die Fresse

---

* Freddy Grenzmann, geb. 1972 in Tallinn, wurde Mitte der 80er Punk und ist bis heute aktiv. Ursprünglich spielte er bei ANONÜÜMNE AK. Seit nunmehr über 25 Jahren ist er auf Platten der Band PSYCHOTERROR zu hören.

Russische Jugendliche und sogenannte Disco-Macker waren es, die besonders gewalttätig gegenüber Punks waren, wobei es zwischen beiden Gruppen offensichtlich Überschneidungen gab. Die Punks selbst bezeichneten die Disco-Macker als »Anti-Punks«: Jugendliche, die die zu dieser Zeit populäre Diskomusik hörten, die auch von den Behörden bevorzugt wurde, da sie offensichtlich keinerlei politische Botschaft enthielt. Sie schätzen Kleidung, Plastiktüten und andere Waren, die sie von Ausländern, die die ESSR besuchten, kaufen konnten, legten viel Wert auf Äußeres und vor allem hassten sie Punks wie die Pest, als unästhetisch und schmutzig. Sie verstanden grundsätzlich nicht, warum Punks sich so anzogen und verhielten. Freddy Grenzmann erinnerte sich:

> »Einmal saß ich mit einem der Disko-Macker in derselben Zelle, der nutze die Gelegenheit, mich anzugehen: ›Scheiße, was sind das für Fetzen, die du da anhast?‹ Dann erklärte er mir, was ihm wichtig ist: ›In Finnland, weißt du, da haben sie all diese Sachen aus Katalogen. Hast Du eine Ahnung, was diese Jacketts und Gürtel und so kosten …‹ Ihm war ein bestimmtes Prestige wichtig: Markenklamotten, die gut aussehen – meine Sachen waren alle selbstgeschneidert.«

Der Konflikt wurde noch verstärkt dadurch, dass Anfang der 80er viele Punkbands direkt vor oder nach einer Disco spielten. So waren beide Gruppen einander ständig direkt ausgesetzt, was oft in Massenschlägereien endete.

Die Spannungen zwischen Russen und Punks bestanden einerseits aus ganz ähnlichen Gründen: Eine Gruppe achtete auf Konformität mit den Gruppenwerten und dem Mainstream, während die andere Gruppe genau dagegen ankämpfte. Aber es gab auch andere Faktoren, die bei den gewalttätigen Zusammenstößen eine Rolle spielten. Die Punks äußerten in unseren Gesprächen, dass die Russen um einiges temperamentvoller waren und eher dazu neigten, Konflikte tätlich auszutragen. Hinzu kam, dass Punks in Estland fast ausschließlich Esten waren. Nach Meinung unserer Interviewpartner hinderte die relativ konservative Haltung russischer Jugendlicher diese daran, sich der Punkbewegung anzuschließen. Zudem gerieten beide Nationalitäten – Esten und Russen – aufgrund der massenhaften, unkontrollierten Immigration aus der RSFSR und die dadurch immer rapidere Russifizierung der estnischen Gesellschaft, und grundsätzlich wegen der illegalen Besatzung durch die Sowjets, immer wieder in Konflikt. Diese Spannungen übertrugen sich auf die Beziehung zwischen Russen und Punks.

Die eifrige Propaganda des KGB gegen die Punks trug ebenso zu Missverständnissen zwischen den Gruppen bei. Grenzmann erinnerte sich, dass Offiziere des KGB vorwiegend russischsprachige Schulen besuchten, um den Schülern zu erklären, dass Punks »böse Burschen, Drogenabhängige, Kriminelle und Faschisten« seien. Die Annahme, Punks seien Nazis oder Faschisten, war besonders weit verbreitet, was die solcherart Gezeichneten automatisch zum Feind machte. Punks, die gelegentlich Nazi-Memorabilia trugen oder den Hitlergruß zeigten, »um alte Damen, die vor Lebensmittelläden saßen, zu schockieren«, waren sicherlich nicht hilfreich bei der Auflösung dieses Missverständnisses. Zudem reichten manchmal kleine Details aus, um Reibereien auszulösen: Grenzmann berichtete, dass den Russen der Irokesenschnitt

Tallinner Punks, 1986. Foto: Urmas Lange

besonders missfiel, denn sie fühlten sich an Hähne erinnert. Man fragt sich natürlich, was die Russen gegen Hähne hatten. Die Antwort ist einfach: im russischen Gefängnisjargon ist ein »петух« (russisch für Hahn) ein Mann, der sich als passiver Part für Analsex anbietet (womit sich der Bogen zur ursprünglichen Bedeutung von Punk im amerikanischen Gefängnisslang schließt, Anm. Hg.). Da in der UdSSR Homosexualität zudem noch als psychische Erkrankung galt, hatte diese Assoziation sicher keinen günstigen Einfluss.

Andererseits stellte sich heraus, dass es durchaus Ausnahmen gab. Viele erklärten, dass sie sehr gute Beziehungen zu russischen Punks pflegten, die in der RSFSR lebten. Es gab sogar gegenseitige Besuche: Esten besuchten russische Punks in Leningrad und Moskau oder beherbergten russische Gäste, die in die ESSR kamen. Bei diesen Gelegenheiten waren nationale Spannungen vollkommen nebensächlich, da beide dieselbe Weltanschauung teilten: Punk.

Unsere Gesprächspartner berichteten, dass die russischen Punks allerdings viel chaotischer waren und eher dazu neigten, als Akt der Rebellion Staatseigentum zu zerstören sowie dazu, ihre eigene Gesundheit durch exzessiven Drogen- und Alkoholmissbrauch aufs Spiel zu setzen. Zudem fanden sie es bemerkenswert, dass russische Punks sich teils eher wie Rockabillies kleideten und statt Punk Elvis Presley hörten. Sie führten das auf den Umstand zurück, dass der westliche Einfluss auf die Menschen in der RSFSR deutlich geringer war (und so auch die Anzahl der erhältlichen westlichen Schallplatten), und daher eventuell alles, was aus dem Westen kam, für »Punk« gehalten wurde.

Aber auch der Hass zwischen Punks und Russen in der ESSR war nicht einhellig. Selbst wenn die Erfahrungen bei zufälligen Begegnungen mit anonymen russischen

Gangs auf der Straße überwiegend negativ waren, hatten doch alle auf persönlicher Ebene einige russische Freunde. Es war wohl vor allem die Staatspropaganda gegen den anonymen Punk, die für die negative Einstellung gegenüber dieser Subkultur verantwortlich war, während nähere Kontakte und ausführliche Gespräche schließlich doch private Freundschaften ermöglichten.

»Tere Perestroika« (Hallo Perestroika, J. M. K. E.)

Bei aller gesellschaftlichen Verachtung gab es aber auch eine kleine Gruppe Menschen, die Punks (heimlich) mochten. So sahen die Eltern einiger Punks das Treiben ihrer Kinder als Möglichkeit an, die UdSSR zu verhöhnen und die strikten Regeln ihrer Gesellschaft zu unterlaufen. Ebenso gab es einige Intellektuelle, Künstler oder andere Bohèmiens, und selbst einige mit nationalistischer Haltung, die die Praktiken der Punks billigten. Doch erst durch Michail Gorbatschows liberale Politik von Glasnost und Perestroika wurden Änderungen in größerem Umfang möglich.

Tere Perestroika-7", 1989, *Stupido Twins*

Die ersten Zeitungsbeiträge zum Phänomen Punk wurden Mitte der 1980er veröffentlicht und verurteilten die neue Subkultur noch aufs schärfste. Diese Meinungen von Journalisten, aber auch von Juristen, Schülern, Jugendleitern, Politikern und Lesern hatten eines gemeinsam: sie verachteten die Punks, nur aus unterschiedlichen Gründen. Die folgenden Ausschnitte aus den Jahren 1985–1986 verdeutlichen dies:

> »Macht Eure Augen auf, schaut Euch um und Ihr werdet sehen, dass Ihr allein seid, allein mit Euren Clownskostümen und Euren lebensfremden Ideen (…) Ihr seid nur ein Fremdkörper in einem ansonsten gesunden Organismus.«

> »Ich denke, dass diese jungen Leute bestraft werden sollten. Es sollten Sonderschulen – Kolonien – eingerichtet werden. Dort sollen sie studieren und ihren Lebenssinn entdecken.«

> »Ich denke, Punks passen aufgrund ihres Lebensstils nicht in unsere Gesellschaft. Sie tun nichts, was rechtfertigen würde, dass sie am Leben sind.«

> »Deren Worte und Handlungen stimmen oft nicht überein. Sie denken, sie stünden außerhalb der Gesellschaft, im gleichen Atemzug zerstören sie Staatseigentum, indem sie irgendwelche Symbole drauf schmieren. Sie behaupten, sie wollen nichts von der Gesellschaft, gleichzeitig genießen sie alle gesellschaftlichen Vergünstigungen.«

Das außergewöhnliche Verhalten der Punks und ihre Respektlosigkeit den Autoritäten gegenüber war eine Schocktherapie für die Gesellschaft. Wohlverdient, da sie sich weigerte, den Jugendlichen Gehör zu schenken. Allan Vainola zu den Missverständnissen zwischen jungen Punks und ihren Eltern:

> »Punk zu sein bedeutete vor allem, durch ein äußeres Erscheinungsbild und Auftreten zu zeigen, dass man mit bestimmten Dingen nicht einverstanden war – sonst hätte keiner dir zugehört. Du musstest die Aufmerksamkeit der Leute dadurch erregen, dass du sonderbar und anders bist. (…) Es war damals für die ältere Generation ganz normal, der jüngeren Generation nicht zuzuhören. Die Eltern stammten aus den 50er und 60er Jahren, sie hielten sich für wichtig und schenkten daher der Meinung ihrer Kinder keinerlei Beachtung. Die Jugendlichen wurden alle für einen Haufen Frischlinge und Jungspunde gehalten. Keiner hörte dir zu, solange du nicht 30 warst.«

J. M. K. E., ca. 1987. Foto: Herkki Erich Merila

VÜRST TRUBETSKY JA J.M.K.E, 1987.
Foto: Urmas Lange

Mitte der 80er tauchten auch neue Punkbands wie J. M. K. E., VENNASKOND und VELIKIJE LUKI auf, als Prolog für die »Goldenen Zeiten des estnischen Punk« Ende des Jahrzehnts. Einige davon sollten später zu den bekanntesten (Punk)Bands aller Zeiten in Estland werden.

1987 erreichten Perestroika und Glasnost schließlich auch die ESSR und Punk, gerade noch harsch kritisiert, wurde nun als Ausdruck des Protestes »gegen die Laster und Unfähigkeiten unserer kranken Gesellschaft« wahrgenommen. Im Laufe nur eines Jahres wechselte das Bild der Medien von extrem negativ zu extrem positiv. Anfang 1987 hörte auch die Miliz auf, Punks allein aufgrund ihres Erscheinungsbildes zu verhaften.

Eine interessante Frage ist in diesem Zusammenhang, ob der plötzliche Wandel in der öffentlichen Meinung Ausdruck dafür war, dass die Menschen jetzt endlich in der Lage waren, ihre eigentliche Meinung über Punks zu äußern, oder ob alle sich nur der liberalen Politik anschlossen, die gerade im Trend war – ein faszinierender Punkt in der andauernden Debatte über die Geschichte des Punk in Estland.

Sicher ist, dass mit der Änderung der öffentlichen Meinung und allgemein der Politik der UdSSR die Punkszene in Estland aufblühte. Sie gewann zunehmend an Popularität und konnte Ende der 1980er allein wegen der unglaublichen Anzahl von Punks schon nicht mehr als Subkultur bezeichnet werden. Es war eher eine gesellschaftliche Bewegung. Die Bands konnten nun jederzeit und überall Konzerte geben, einige reisten sogar ins Ausland.

Dieses Mehr an Freiheit führte auch zu einer vielfältigeren Punkkultur. Ab 1987 begannen Literaturmagazine Punkgedichte zu veröffentlichen, beispielsweise von Tõnu Trubetsky und Merle Jääger. In Viljandi kam es zur Gründung eine Künstlergruppe namens IMI, kurz für Ilusad Moodsad Idioodid (Schöne Modische Idioten), die sich in surrealistischen Schriften, Happenings, Performances und Malerei ausdrückte, aber auch Filme und Tonaufnahmen produzierte. Valner Valme*, ein Mitglied von IMI, sagte, dass ihnen Spontaneität besonders wichtig war, weswegen fast keine Aufzeichnungen über die Arbeiten der Gruppe existieren. Die einzige Veröffentlichung war die Gedichtsammlung *Alternatiivne Luulerull,* die 1990 in einer Auflage von nur 50 Stück erschien.

1987 fand auch *Jaanika Paanika* statt, das größte illegale Punkkonzert Estlands. Organisiert wurde es von Venno Vanamölder, dem Schlagzeuger von J.M.K.E.. Wie es schon Tradition war, verbreitete sich die Information über das eintägige Festival nur per Mundpropaganda, ohne öffentliche Werbung. Ort des Geschehens war Jaanika, ein kleines Dorf mitten in den Wäldern etwa 40 km südwestlich von Tallinn, wohin sämtliche Teilnehmer mit dem Zug kamen. Auf einer Lichtung, etwa 200 m vom nächsten Haus entfernt, wurde die Bühne aufgebaut, zur Stromversorgung diente ein einfaches Stromkabel. Alles wurde von den Punks selbst gemacht, Aufbau und Ausstattung. Am Ende spielten mehr als 10 Bands, vor gerade etwas mehr als 100 Zuschauern. Viele betonen, dass *Jaanika Paanika* ein besonderes Ereignis für die frühe Punkbewegung war, vor allem wegen der erstaunlichen Do-it-yourself-Mentalität.

Aber nicht nur in Tallinn, sondern auch in Tartu florierte die Punkszene. Von 1988 bis 1992 fanden dort eine ganze Reihe punkiger Kunstausstellungen unter dem Namen *Defekt* statt. Eero Tamm**, einer der Organisatoren, erklärte, dass er sie vor allem aus Frustration über die Exklusivität der offiziellen Kunstszene ins Leben rief, um auch unbekannten Künstler die Gelegenheit zu geben, auszustellen. Mit über 5000 verkauften Eintrittskarten war *Defekt* ein großer Erfolg, wobei jeder, der Punkoutfit trug, ohne Ticket eingelassen wurde. Die meisten Arbeiten konnten sogar im Anschluss in einer Auktion verkauft werden.

Eine andere Erscheinungsform des Aufblühens von Punk waren erste besetzte Häuser. *Segasumma Suvila,* ein verlassenes Gebäude in Tartu war wohl das bekannteste. Zuerst ein Atelier, verwandelten die Punks es in einen multifunktionalen Treffpunkt für alle Subkulturen: Metalheads, Punks, Künstler, Bohèmiens, Hippies etc.

---

* Valner Valme, geb. 1970, war von 1985–1995 vor allem in Vijandis Punkszene aktiv.

** Eero Tamm, geb. 1965, war von Anfang der 1980er bis Ende der 90er in der Punkszene aktiv und besuchte die Kunsthochschule in Tartu.

Jaanika Paanika 87. Oben: Tarmo Kruusimägi von ABS, OSAKOND 79 und Publikum. Unten links: RÖÖVEL ÖÖBIK mit dem ersten Sänger Uno Laur. Fotos: Urmas Lange

Während der zwei bis drei Jahre der Besetzung wurde *Segasumma Suvila* Gegenstand verschiedener urbaner Legenden und so zur Landmarke im kulturellen Gedächtnis von Tartu.

Harte Zeiten – die 1990er

Auch wenn das Erstarken der Szene vielfältigere Möglichkeiten brachte, befürchteten einige Punks der älteren Generation, dass die Bewegung zu einer unterhaltsamen Laune für »Sonntags-Punks« wird. Villu Tamme äußerte schon 1987 seine Bedenken bezüglich der schwindelerregenden Popularität, befürchtend, dass Punk zu einer verwässerten und inhaltsleeren Modeerscheinung verkommt, mit einer neuen Generation von Punks ohne tieferen Sinn. Er hatte nicht ganz unrecht. Nach Meinung vieler Esten, die jetzt offen über die Unabhängigkeit Estlands diskutierten, war Punk lediglich Ausdruck einer nationalen Bewegung. Punks wurden vor allem als anti-sowjetisch wahrgenommen und galten daher als Mitstreiter im Kampf um Estlands Selbständigkeit. Aber auch wenn es den Tatsachen entsprach, dass die Punks die Sowjetunion hassten, sahen nur wenige ihr Ziel in der Wiederherstellung estnischer Unabhängigkeit. Viele Punks wünschten sich mehr Freiheit (oder Anarchie), ausgesprochen politisch waren sie eher in dem Sinn, dass sie sich gegen jegliche Unterdrückung durch Autoritäten wandten. Trotzdem wurden sie in einer Ära des romantischen Nationalismus zu jungen Freiheitskämpfern stilisiert, deren Aufgabe es war, Estlands Unabhängigkeit zu erstreiten.

Diese Umstände führten dazu, dass viele Punks sich von der Bewegung distanzierten. Einige hörten ganz auf, Punk zu sein, manche wanderten aus, andere wurden einfach älter und wollten sich eher um Ausbildung oder Familie kümmern. Ein Großteil jener Punks der neuen Generation, die gar kein echtes Interesse an der Bewegung hatten, waren nun gelangweilt und wandten sich anderen Subkulturen oder gänzlich anderen Aktivitäten zu. Anfang der 1990er, nur wenige Monate, bevor Estland seine Unabhängigkeit wiedererlangte, erreichte die Szene ihren Tiefpunkt. Viele der übriggebliebenen Punks verfielen in Alkoholismus und Selbstzerstörung oder wurden kriminell, was in den 1980ern keineswegs ein übliches Verhalten war. Die UdSSR, von vielen älteren Punks als Erzfeind angesehen, hörte schlicht auf, zu existieren und in einer Zeit neuer Unsicherheit verschwand die Einigkeit unter den Punks. Alte soziale Strukturen lösten sich auf, neue waren bisher nicht etabliert worden. Armut und Kriminalität allgemein stiegen stark an: Aus einer Gesellschaft, in der alles Gemeineigentum war, wurde eine, in der jeder nur noch für sich selbst kämpfte.

Zudem füllten die Punks ihre Rolle, die ihnen von der Gesellschaft zugedacht worden war, nicht mehr aus. Die Szene verlor ihr Ansehen, die ehemaligen Freiheitskämpfer wurden nun (wieder) als lärmende Rowdies, Kriminelle und Straftäter gesehen. In Interviews mit führenden Persönlichkeiten, die ein oder zweimal im Jahr von den Massenmedien veröffentlicht wurden, wurde zwar ab und an an die Blütezeit der Bewegung erinnert. Aber die Regenbogenpresse hatte kein Interesse daran, die Ideen der Subkultur zu diskutieren, sondern richtete vielmehr die Aufmerksamkeit auf das vermeintlich unterhaltsame Privatleben der Protagonisten.

Brutalität und Gewalttätigkeit gewannen zunehmend an Bedeutung. In der ersten Hälfte der 1980er Jahre war eins der erklärten Ziele der Punkbewegung, eine bessere Bildung zu erlangen als der Durchschnittsbürger. In den 1990ern wurde nun Alkohol zum sozialen Leim, der die Szene zusammenhielt. Jaanus Kivaste* berichtete, dass die Punks aus Tartu sich an der Tankstelle trafen, und alle Kanister, die sie hatten auftreiben können, mit Benzin füllten. Zurück im besetzten Haus wurden die Dämpfe inhaliert. Eine andere beliebte Methode, sich zu betäuben, war das Schnüffeln von billigem Kautschukkleber. Kivaste erinnert sich auch, dass ältere Punks nun regelmäßig jüngere zusammenschlugen, um ihre dominante Rolle und Privilegien zu sichern, oder jüngere Punks bestahlen, um mehr Alkohol kaufen zu können. Aber natürlich

---

* Jaanus Kivaste, geb. 1975, kommt aus dem Süden Estlands und ging in dem Dorf Taagepera zur Schule. Als er in den späten 1990ern an die Kunsthochschule in Tartu wechselte, hatte er auch erste Kontakte zur Punkszene. Er spielte Bass bei NYROK CITY und ist heute ein bekannter Künstler.

kamen die Feinde der Punks nicht nur aus den eigenen Reihen. Auch alte Bekannte, mit zunehmendem Alter brutaler geworden, stellten noch immer ein Problem dar, wie es Raul Sillaste* erlebte:

> »Ich erinnere mich besonders an dieses eine Mal, als wir von den Disco-Mackern übel zugerichtet wurden. Da gab es dieses besetzte Haus in der Nähe des Bahnhofs, könnte auf der Kastani-Straße gewesen sein. Die kamen mitten am Tag durch die Fenster und haben uns brutal zusammengeschlagen. Da war dieser eine Punk, Rebane; die haben ihm das halbe Ohr mit einem Messer abgeschnitten. Mir ist am Ende nicht allzu viel passiert, die haben mir nur die Nase gebrochen …«

Inmitten des Chaos geschah etwas sehr Merkwürdiges: VENNASKOND wurde plötzlich berühmt. Die Musiker waren 1991 nach Finnland emigriert und kehrten 1993 zurück, veröffentlichten aber während ihrer Abwesenheit ihr erstes Studioalbum *Ltn. Schmidt'i pojad.* Als die Musiker zurück nach Estland kamen, sah man die Band fast als eine aus dem Ausland.

Ein Grund dafür, dass sie mit den Mitte der 90er veröffentlichten Alben zu Lokalhelden wurden, war, dass sie auch Aufnahmen ihrer alten Songs veröffentlichten, die schon eine ganze Weile bekannt waren, aber nie produziert worden waren. Nun bekamen sie einen glatteren, eher pop-orientierten Sound, der allgemein zugänglicher war, was allerdings einigen Punks gar nicht gefiel, die den alten Kellercharme vermissten. VENNASKOND, denen Ausverkauf vorgeworfen wurde, war jedenfalls trotz der Invasion von Euro-Pop und synthetischen Technobeats als einzige Rockband hoch in den Charts.

Ihre Popularität, aber auch der allgemeine, internationale Aufstieg von Pop-Punk und eine Generation junger Leute, die Lust auf Rockmusik hatten, trugen zur Wiederbelebung der Punkmusik in Estland bei. Während ältere Bands wie VELIKIJE LUKI und PROPELLER noch immer in gewissem Maße aktiv waren, begannen neue Bands wie PSYCHOTERROR, OPERATSIOON Õ und NYROK CITY gerade ihre Laufbahn. 1995 wurden insgesamt sieben Punkalben veröffentlicht, ein bisher ungebrochener Rekord in Estland.

Aber die Erfolge brachten die »Goldenen 80er« nicht zurück. Es waren andere Zeiten. Statt auf Gemeinschaft wurde deutlich mehr Wert auf Individualität gelegt. In den 1990ern war der estnische Punk erst auf dem Weg zu dem Punkt, den Punk im Westen schon Anfang der 80er erreicht hatte – Kritik am Kapitalismus neben extremer Kommerzialisierung. Man musste einen neuen Grund dafür finden, Punk zu sein, und bei diesem Versuch tauchten auch die ersten rechten und Skinhead-Bands auf. Die Punkbewegung aber musste sich von den starren Denkschemata der UdSSR befreien – mit neuen Bands, die weniger auf politische Inhalte fixiert waren, sondern eher Wert auf die persönliche Entwicklung, Selbstkritik und Sarkasmus legten. Womit der estnische Punk wieder dort war, wo alles angefangen hatte: im Untergrund.

*Raul Sillaste, geb. 1974, kam ursprünglich aus Põlva. Ab den späten 1990ern war er in der Punkszene von Tartu aktiv. Er spielte Gitarre bei VENNASKOND.

Die Bands (Versuch einer Chronologie)

Der letzte Teil befasst sich mit den Bands, die in Estland populär waren – oder es immer noch sind. Natürlich sind die musikalischen und lyrischen Eigenheiten der Bands schwer in Worte zu fassen. Stilistisch haben sich die ersten estnischen Punkbands meist von den SEX PISTOLS, den RAMONES und klassischem finnischem Punk beeinflussen lassen, während es bei den späteren eher britischer 82-Punk a la THE EXPLOITED oder früher finnischer Hardcore war, die prägend wirkten.

Die in etwa am Zeitstrahl angelegte Aufzählung ist vor allem als Inspiration anzusehen, um beispielsweise online auf Entdeckungsreise zu gehen. Erstaunlich viele alte estnische Punkbands, sogar ganze Alben, z.B. das legendäre *Külmale Maale* von J.M.K.E., sind auf YouTube zu finden (man kann sich diese Alben aber durchaus auch noch kaufen – Empfehlung des Herausgebers).

PELIKAN, gegründet 1977, war eine der ersten Bands, von der man behauptet, dass sie Punkmusik machte. Ihr Leader Henri Laks wurde später ein bekannter Popsänger. Auch SEX TELEGRAMM und CHEESE, die beiden Bands von Andrus Lomp, wurden Ende der 1970er gegründet. Leider ist von keiner dieser Bands eine Aufnahme auffindbar.

PÄRATRUST, gegründet 1979 von Studenten des Staatlichen Instituts der Künste Estland, war eine »Neuro-Punk«-Band. Als ihr Drummer Hardi Volmer zum Sänger wurde, änderten sie den Namen in TURIST. Seit 1987 heißt die Band SINGER VINGER und spielt bis heute ihren »Neuro-Punk« mit Elementen von Hardrock und Ethno.

GENERATOR M war möglicherweise die bekannteste und einflussreichste Punkband der frühen 1980er. Musikalisch orientierten sie sich stark an den RAMONES. Sie spielten von 1980 bis 1984, hatten aber 1987 einen einmaligen Comeback-Auftritt, nun mehr von Metal als von Punk geprägt. Der Frontmann Hendrik Sal-Saller ist heute für seine Poprockband SMILERS bekannt.

PUNK T war eine andere bekannte Band der frühen 80er. Ihr Gitarrist und Sänger Artur Poola war stark von Rockabilly beeinflußt, ihr Sound war daher etwas softer als der von GENERATOR M. Ende der 80er kam die Band wieder zusammen, spielte zu diesem Zeitpunkt aber bereits Impro-Rock mit englischen Texten.

ILLEGAALNE BÜRO und KOPLI OTELL waren weitere wichtige frühe Bands. Sänger der letzteren war Ivo Uukkivi, der später der Sänger von VELIKIJE LUKI werden sollte.

VELIKIJE LUKI (russisch für große Zwiebeln) wurden 1982 gegründet. Der Name spielt allerdings auf die Schlacht von Великие Луки während des 2. Weltkriegs an, bei der viele Esten unfreiwillig auf sowjetischer Seite kämpften. Ende der 80er zählte VELIKIJE LUKI, bei denen Villu Tamme Gitarre spielte, mit VENNASKOND und J.M.K.E. zu den bekanntesten Punkbands Estlands. In letzter Zeit tritt die Band nur noch alle fünf Jahre auf, um Jubiläumskonzerte zu geben.

VENNASKOND formierten sich 1984 und spielten ursprünglich Anarcho-Punk. Über die Jahre haben mindestens 50 Musiker in der Band um Tõnu Trubetsky agiert, der als Sänger und zumeist auch Autor der Texte einziges permanentes Mitglied ist. 1986 waren die meisten aus der Band bei der Sowjetarmee, und Trubetsky gründete gemeinsam mit Mitgliedern von J.M.K.E. ein kurzlebiges Musikprojekt – VÜRST TRU-

BETSKY & J. M. K. E.. Als 1990 Allan Vainola, vorher Gitarrist bei AJUTINE VALITUS und Sänger von METRO LUMINAL, zu VENNASKOND stießen, wurde der Sound deutlich vielfältiger. Zwischen 1993 und 1995 stürmten sie die Charts in Estland. Die Band existiert noch immer und veröffentlicht regelmäßig neue Stücke. Einige frühere Alben, die inzwischen Kultstatus erlangt haben, wurden von *Mumm Records* noch einmal auf Vinyl gepresst.

OSAKOND 79 spielte von 1986 bis 1988. Sänger Ülari Ollik, als ursprünglicher Chorsänger ein Mann mit einer starken Stimme, hatte vorher seine Talente bei VERINE PÜHAPÄEV zur Wirkung gebracht. 1993 ging er zu VENNASKOND, um dort Akkordeon zu spielen.

ANONÜÜMMNE AK wurden ebenfalls 1986 gegründet. Zu den Mitgliedern gehörten einige Musiker von OSAKOND 79 und der damals 15jährige Freddy Grenzmann. Er sollte später Frontmann von PSYCHOTERROR werden. 1989 löste die Band sich auf. Ihr Opus magnum bleibt die Doom-Punk Hymne »Ebanormaalne«.

J. M. K. E., die Band um Gitarrist und Sänger Villu Tamme, spielte ihr erstes Konzert am 18. Januar 1986 in dem Dorf Vinni als Vorband von TURIST. Anfänglich war J. M. K. E. stark von den DEAD KENNEDYS, Villu Tammes Lieblingsband, beeinflusst, entwickelte dann aber einen eigenen melodischen Hardcore-Stil. Sie spielte 1987 als einzige nicht-russische Band auf dem ersten sowjetischen Underground-Festival in Podolsk nahe Moskau. Ihr ironisches »Tere Perestroika« war ein Hit in Finnland, wo sie schon 1989 bei *Stupido Twins* veröffentlichte und auf Einladung der finnischen kommunistischen Partei spielte. Ihr erster Bassist Tarvo Hanno Varres schloss sich später RÖÖVEL ÖÖBIK an, und Lembit Krull, der auf den ersten zwei Studioalben *Külmale Maale* (1989) und *Gringode Kultuur* (1993) Bass spielte, verließ J. M. K. E., um seine eigene Band HOT KOMMUNIST zu gründen. Fast schon ironischerweise verließ auch der nächste Bassist, Sten Šeripov, die Band nach drei Alben, um zu RÖÖVEL ÖÖBIK zu wechseln. J. M. K. E. nahmen 1994 das russische Album *Sputniks In Pectopah* auf, mit zaristischen, revolutionären und Sowjetpop-Songs und coverten später sogar die Nationalhymne der DDR, inklusive des Johannes-R.-Becher-Texts. Das letzte Album *Kirves, Haamer, Kühvel ja Saag* erschien 2016 und ist nur auf Kassette erhältlich. Die aktuelle Besetzung besteht aus Villu Tamme, Reimo Va und Roland Sutt.

AVE LUNA, eine reine Mädchenband, war eine der wenigen Bands Estlands, die Ende der 80er Post Punk spielten. Sie waren stark von X-MAL DEUTSCHLAND beeinflußt. Zwei weitere Mädchenbands waren SAUDI-ARAABIA und ANTI, wobei letztere hauptsächlich Coversongs spielte.

PAHAD PÄEVAD, gegründet in den späten 80ern, mischte Elemente aus Punk und Metal. Der Sound der Band war extrem dreckig, auch wenn die Musiker ihre Instrumente perfekt beherrschten.

ONU BELLA war eine interessante Figur der späten 80er und 90er Jahre. Er spielte zwar hauptsächlich Coversongs, schrieb aber auch eigene Musik. Während der 80er wurde er wegen seines arroganten und skandalösen Auftretens oft mit der Punkszene assoziiert. Im Laufe der Jahre wurde ONU BELLA zu so etwas wie einer Kultfigur der estnischen Musik.

RÖÖVEL ÖÖBIK war wahrscheinlich die experimentellste Untergrundband der estnischen Musikszene in den 80ern. Ihre Mischung verschiedener Musikstile und Genres war unverwechselbar. Besonders ihr Drummer Raul Saaremets war als aufmerksamer Hörer von John Peels Radiosendungen beeinflusst, weswegen der frühe Sound von RÖÖVEL ÖÖBIK beispielsweise an SONIC YOUTH und THE FALL erinnerte. Die Mitglieder waren allesamt passionierte Sammler von Schallplatten und gaben Raubkopien an Freunde und Verwandte weiter. RÖÖVEL ÖÖBIK teilten sich zwar oft die Bühne mit Punkbands, betrachteten sich aber selbst nicht als Punks. Ihr erstes Album *Ilu* wurde 1989 veröffentlicht. Mit ihrem progressiven Stil waren sie einzigartig in der estnischen Musikszene und definitiv Auslöser für die spätere Entwicklung der lokalen Indie- und dann auch Dance-Szene. RÖÖVEL ÖÖBIK ist auch die einzige estnische Band, die Aufnahmen für eine *John Peel Sessio*n machte (1993) und beim *New York New Music Seminar* spielte (1990). Bis heute gelingt es RÖÖVEL ÖÖBIK, die Fans bei ihren seltenen Konzerten zu überraschen.

ALICE TISLER war eine Punkband aus Kohtla-Järve, die zwischen 1988 und 1990 aktiv war. Der Name geht auf eine junge estnische Kommunistin zurück, die Mitglied der Roten Garde war und in der Schlacht von 1918 getötet wurde. Musikalisch eher von britischem 82-Punk beeinflusst, hinterließen zumindest die Photos der Irokesen und ihres speziellen Kleidungsstils ihre Spuren in der Geschichte des estnischen Punk.

PSYCHOTERROR entstand 1991, als Margus Müil*, ehemaliger Gitarrist von ALICE TISLER, Freddy Grenzmann vorschlug, ANONÜÜMNE AK einer Frischzellenkur zu unterziehen. Gemeinsam mit den neuen Mitgliedern Lauri Leis** und Andres Aru, ehemals bei der Post Punk-Band WIDE OPEN, gründeten sie PSYCHOTERROR, die anfänglich ANONÜÜMNE AK-Songs spielten, bald jedoch auch neues Material produzierten. Von Hardcore aus- und zu Grindcore übergehend, entwickelten PSYCHOTERROR dann einen eher traditionellen und melodischen Psychobilly-Punkrock. Die Band tritt noch immer auf, ihr Sound ist aber nun zudem von Progressive Rock beeinflusst.

NYROK CITY wurden 1993 von Schlagzeuger Roll und Gitarrist Edy in Tallinn gegründet, Sänger Peeter Pask und Bassist Kiwa stießen hinzu. Musikalisch zwischen THE EXPLOITED und MINISTRY, waren NYROK CITY für die aggressive Atmosphäre bei ihren Konzerten bekannt, was insbesondere rechte Skinheads anzog (auch wenn die Band selbst sich nicht im rechten Punkspektrum sah). Der Sänger Peeter Pask zog bald darauf nach Berlin, wo er noch immer als Streetpunk lebt, während Bassist Kiwa heute ein bekannter Konzeptkünstler und Gründer des experimentellen Verlages *;paranoia publishing group ltd.* ist. NYROK CITY veröffentlichte 2017 ihr aktuell letztes Album *Loojangule Vastu.*

OPERATSIOON Õ wurden 1994 von Kaspar Jancis gegründet. Die Band kombinierte guten alten Punkrock mit musikalischen und visuellen Elementen sowjetischer Filmkomödien aus den 60er Jahren. Die Band weckte das Interesse der Medien, als Maie Parrik, eine etwa 50jährige Amateursängerin, hinzustieß, deren selbst geschriebene Titel die Band seither auch spielt.

---

* Margus Müil, geb. 1971, war Gitarrist bei ALICE TISLER und wurde dann Bassist bei PSYCHOTERROR. Seit 2000 ist er auch Sänger seiner eigenen Band ZLO.

** Lauri Leis, geb. 1971, Ko-Autor dieses Artikels, war seit den späten 80ern in der Punkszene von Tallinn aktiv und ist Gründungsmitglied von PSYCHOTERROR.

Erste Studio-Aufnahmen von NE ZHDALI von 1988, aber erst 1991 veröffentlicht als zweite LP *She-Ye-Ye* beim russischen Label *Erio*

Der russische Sound

An den Untergrundbewegungen anderer Sowjetrepubliken zeigten die estnischen Punks wenig Interesse. Ende der 80er besuchten einige russische Untergrundbands wie НОЧНОЙ ПРОСПЕКТ (NOTCHNOI PROSPEKT) und ДУРНОЕ ВЛИЯНИЕ (DURNOJE WLIJANIJE) die ESSR, und 1990 gaben die legendären ГРАЖДАНСКАЯ ОБОРОНА (GRASCHDANSKAJA OBORONA) das letzte Konzert ihrer frühen Karriere-Phase in der Stadthalle von Tallinn. Aber weder war das estnische Publikum sonderlich beeindruckt von diesen Bands, noch hatten sie Interesse an lokalen Bands, die in russischer Sprache sangen. Die Avantgarde-Rock Band НЕ ЖДАЛИ (Ne Zhdali), die sich 1987 in Tallinn gründete, gab nur selten Konzerte in ihrer Heimatstadt und hatte außerhalb des Landes deutlich mehr Fans. Neben J. M. K. E. ist sie international die wohl bekannteste Untergrundband Estlands.

Heute

Einige der ehemaligen Punkbands kehrten nach 25 Jahren auf die Bühne zurück. Da sie in den 1980ern oft nur kurze Zeit von Bedeutung waren, erscheinen sie jetzt als seltsamer Anachronismus. Insbesondere, wenn immer noch antisowjetische Protestsongs aufgeführt werden. Als ein Beispiel wären SÜÜTU VANAEMA zu nennen, deren Gitarrist Andres Jaadla zur Zeit des Comebacks gerade Bürgermeister von Rakvere wurde, der Heimatstadt des oben genannten Punksong-Festivals (*Punk Laulupidu*).

Leider gibt es bis heute keine Dokumentarfilme über Punk in Estland. Lediglich VENNASKOND veröffentlichten eine DVD, die hauptsächlich Liveauftritte und Videoclips zeigt, aber auch ein paar Schnipsel, die in den 80ern auf 8-mm gedreht wurden.

Auf DVD erschienen sind auch die surrealistischen 8-mm-Filme von Mitgliedern der Band PÄRATRUST.

Zbanski Kino arbeitet an zwei Dokumentationen über estnischen Punk, die Ende 2017 erscheinen sollen (*Zbanski Kino* auf *Vimeo*). Der erste Film behandelt die Geschichte von Peeter Pask, dem ehemaligen Sänger von NYROK CITY, während der zweite von PSYCHOTERROR und ihrem Sänger Freddy Grenzmann erzählt.

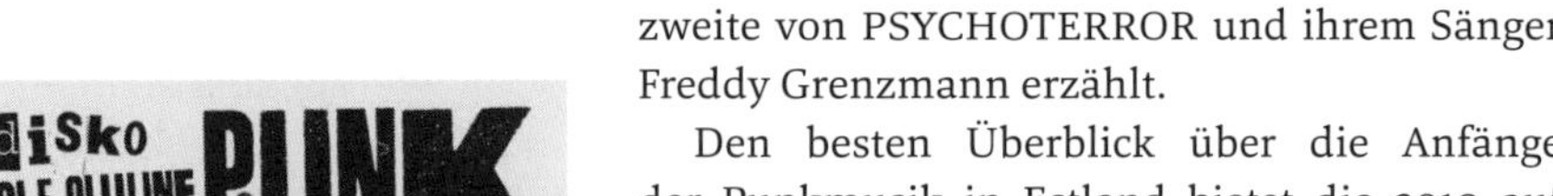

Den besten Überblick über die Anfänge der Punkmusik in Estland bietet die 2010 auf *Bulldozer Records* veröffentlichte, dreiteilige CD-Compilation *Disko pole oluline, punk on põhiline. Eesti pungi varajased aastad.*

DISKOGRAFIE ESTLAND

GENERATOR M

Legende der Szene.

Kassette: *S/T* (*Leif Leif Meelelahutus*, 1997)

J. M. K. E.

DIE estnische Punk-Band!

7": *Tere Perestroika*: Tere Perestroika I / Tere Perestroika II / Lahendus On Ratkaisu (*Stupido Twins* Finnland, 1989)

7": S/T: Pieni Mies, Iso Tuoppi / Internatsid / Magamistoa Aknast Paistab Keemiakombinaat (*Stupido Twins* – Finnland, 1990)

7": Maailmalöpp Koju Kätte / Öljylähde Keittiössämme I / Öljylähde Keittiössämme II (*Stupido Twins* Finnland 025, 1993)

LP: *Külmale Maale* (auf CD mit anderem Cover und den ersten 2 EPs als Bonus) (*Stupido Twins* Finnland, 1990)

12": *Savist Saar*: Savist Saar / Mingil Maal / Südames Oleme Migrandid / »Jesus Maria!« Karjatas Eit (*Stupido Twins* Finnland, 1991)

LP: *Gringode Kultuur* (*Stupido Twins* – Finnland, 1993) auch auf CD: in Finnland bei *Stupido Twins*, in Deutschland 1994 bei *Cuacha!* mit der *Savist Saar*-12" als Bonus

CD: *Sputniks in PECTOPAH … 14 Evergreen Russian Melodies* (*Stupido Twins* Finnland, 1995) Komplett auf Russisch.

CD: *Totally Estoned* (*Tug* Deutschland, 1997) Best of.

CD: *Rotipüüdja* (*Kaljukotkas*, 2000) Als VÜRST TRUBETSKY & J. M. K. E., Projekt mit dem VENNASKOND-Sänger, auch auf Kassette.

NE ZHDALI (НЕ ЖДАЛИ)

Total verrückter, sehr lauter, extrem schneller und irrsinnig gut gespielter Experimental-Rock/Punk mit Bläsern (und Didgeridoos!). Gegründet von Russen, teils mit jüdischem Background. Ihre folgenden Studio-Alben sind genauso verrückt, aber weniger schnell.

LP: *Rhinoceroses And Other Forms Of Life* (*ADM* – Niederlande, 1990), Aufn. von 1989.

LP: *She-Ye-Ye* (*Erio* Russland, 1991) Aufnahmen von 1988.

PÄRATRUST / TURIST / SINGER VINGER

»Neuro-Rock« der durch drei Namensstufen gegangenen Band.

CD: *TROI NOI* Comp.-CD (*TopTen*, 2000)

PROPELLER

Unglaublich verrückter Punkrock, man imaginiere einen Mix aus den ungarischen BIKINI und JETHRO TULL. Eine der ersten Punkbands Estlands.

CD: *S/T* (*Fugata Ltd*, 1995) Teils klandestine Aufnahmen von 1980.

RÖÖVEL ÖÖBIK

Erinnert an 7 SECONDS nach der Entdeckung von Pop, oder auch an SONIC YOUTH. Alternative Music, die mehr und mehr zu Indie Pop wird.

7": *History Of The U. S. S. R.* (*Stupido Twins* Finnland, 1989)

7": Mamma Mia / Outta Myself (*Stupido Twins* – Finnland, 1990)

Kassette: *Ilu* (*Kooperatiiv »Kuldnokk«*, 1989)

CD: *Popsubterranea* (*Stupido Twins* Finnland, 1992)

»Inner Sun« / »Everyman Manners« auf *Eesti Rock No.11/ Elagu Igavene Suvi!* Comp. LP (*Melodija C60 29843 000*, 1990)

»Whatever Makes Me Happy« auf *Balts Bite Back* Comp. CD (*Stupido Twins* Finnland / *Zona* – Litauen, 1993)

SINGER VINGER

»Neuro-Rock«

Kassette: *S/T* (*Kooperatiiv Laser*, 1988)

LP: *Jää Jumalaga Puberteet!* (*Melodija*, 1989)

Mehrere Songs auf *Troi Noi* Comp.-CD (*TopTen*, 2000)

VELIKIJE LUKI

Punkrock.

Kassette: *Jouluks Koju/ Home For X'mas* (*Levimuusikute Klubi*, 1988) auch auf LP (*Mumm Records*, 2016)

CD: *Tallinn Põleb* (*hyper.records*, 2002)

VENNASKOND

Von verschiedenartigem Punkrock in der Frühzeit zu noisy Pop.

Kassette: *Lin Schmidi Pojad* (*S/R*, 1992) auch auf LP (*Mumm Records*, 2015)

Kassette: *Rockipiraadid* (*Theka 92 09 2*, 1992) auch auf LP (*Mumm Records*, 2014)

Jānis Daugavietis

Vom Ende der Estraden

Die späten Anfänge des Punk in Lettland

In der damaligen Lettischen Sozialistischen Sowjetrepublik (LSSR), einer der 15 Republiken der UdSSR, hielt der Punk später Einzug und breitete sich sehr viel langsamer aus, als in einigen anderen westlichen Sowjetrepubliken und -städten, beispielsweise in der Estnischen SSR oder in Leningrad, wo man bereits seit den 1970er-Jahren von Punks und Punkgruppen sprechen kann. Erst etwa 15 Jahre nach der ursprünglichen Punkwelle im Westen, also in der ersten Hälfte der 1990er-Jahre, trat in Lettland etwas in Erscheinung, das man als Punkszene bezeichnen könnte. Dennoch tauchten Mitte der 1980er-Jahre einzelne dem Stil und der Ideologie des Punk (in ihrer eigenen Interpretation) nahestehende Gruppen auf, und einige Jugendliche identifizierten sich bereits früher, Anfang der 1980er-Jahre, mit Punk und übernahmen dessen Stilelemente.

Warum hielt der Punk so spät und zaghaft Einzug in die LSSR? Anzunehmen ist, dass hier die Schuld bei der reaktionären sowjetischen Kulturpolitik zu suchen ist, die bis hin zur Zeit von Gorbatschows Reformen restriktiver und konservativer war, als beispielsweise in der Estnischen SSR. Sie beeinflusste besonders stark die offizielle Popmusik, aber mehr noch die Rockmusik, auch die Halbuntergrund- und Untergrundszene. Die Kulturschaffenden im Lettland der Sowjetzeit, beispielsweise die sehr populären Dichter, deren Gedichtbände in gigantischen Auflagen veröffentlicht und auch bis zum letzten Exemplar verkauft wurden, waren sehr versiert im Umgang mit dem Subtext zwischen den Zeilen bzw. in der sogenannten Äsop-Sprache, und konnten sich im Allgemeinen gut mit dem System arrangieren, wenn sie es nicht unverhohlen kritisierten. Ähnlich war das Zusammenspiel der Macht- wie Kulturleute und Künstler auf dem Gebiet der akademischen, der Unterhaltungs- und der bei der Bevölkerung beliebten Chormusik. Professionelle Künstler und Musiker waren die ganze Zeit der Kontrolle und Zensur unterstellt, aber gleichzeitig sorgte der Staat für sie – er gab Arbeiten in Auftrag und zahlte Honorare, und insgesamt fühlten sie sich gut in der Position einer solchen gemäßigten Opposition und Doppelmoral.

Schwieriger verhielt es sich mit der Pop- und insbesondere der Rockmusik; in sie symbolische und mehrdeutige, zugleich jedoch scheinbar unsichtbare Zeichen von Widerstand einzuarbeiten, war viel schwerer. Diese Genres waren allzu direkt und unmaskiert. Eine zusätzliche Schwierigkeit stellte das schwer zu zügelnde, de facto unkontrollierbare Publikum der Popmusik dar. Eine der größten Bedrohungen für das System war just jenes Verhalten der Konzertbesucher, das heutzutage selbstverständlich scheint: (aufzu-)stehen, zum Bühnenrand zu drängen, zu schreien und toben, sich auf eine spezifische Art zu bewegen und tanzen. Das Ideal und der Standard der sowjetischen Popmusik, »Estradenmusik« genannt, waren Solosänger im Anzug, die von professionellen Komponisten und Dichtern komponierte bzw. getextete Lieder in Begleitung eines Estraden-Orchesters interpretierten, während die Zuhörer brav auf den nummerierten Sitzplätzen eines Saales oder einer Freilichtbühne saßen. Das Maximum, das sich die Emotionalsten unter ihnen erlauben durften, war der Ausruf »Bravo! Malači!«.

Mit dem Einzug der Rockmusik in die sowjetische Estrada Ende der 1960er Jahre, bis in die 1970er noch Big Beat genannt, begann dieser Kanon der Konzertrezeption stark in Mitleidenschaft zu geraten. Natürlich reagierten die Jugendlichen auf die ersten einheimischen Rockgruppen anders und freizügiger, als es sich für einen Sowjetmenschen gehört hätte. Dies stellte die Macht (nicht nur die Miliz und den KGB, sondern auch die zentralisierte und totalitäre Kulturverwaltung) und die Rockfans in eine ständige Opposition bzw. Konfrontation. Zusätzlich zu dieser für die Jugend natürlichen Renitenz gegen die bestehende Ordnung und die ältere Generation kamen noch Elemente des Widerstands als Nation hinzu, wodurch die Rockmusik in Lettland noch stärker belastet wurde.

Blickt man auf die 1970er-Jahre zurück, so darf sicher behauptet werden, dass die Kulturpolitik der LSSR die Rockmusik vollständig besiegt hatte: gab es Ende der 1960er-Jahre noch Big Beat-Gruppen, die regelmäßig Konzerte gaben und eine große Anhängerschaft unter den Jugendlichen hatten, trat nach deren Verbot und Abwicklung eine Dekade der Finsternis ein. In dieser Zeit gab es in Lettland keine einzige beachtenswerte Rockgruppe und keine einzige Rockaufnahme bzw. -LP. Es gab die eine oder andere geleckte Pop-Rock-Gruppe, aber das war auch alles. Die ersten härteren Rockgruppen, tauchten erst in der ersten Hälfte der 1980er-Jahre auf, und der höchste Gipfel der Beherztheit war noch Mitte und selbst gegen Ende der 1980er-Jahre das Spielen von Hard Rock oder Heavy Metal. Zur letzten großen Kampagne gegen Rockmusik kam es in der Sowjetunion noch 1983/84. Zu der Zeit, als es in Lettland auch die ersten Versuche gab, Punkrock zu spielen.

(Hinter-)Zimmerpunks

Anfangs blickte die Sowjetmacht nicht nur voller Ironie auf den Punk im Westen, sondern auch mit einer gewissen Sympathie, weil die Punks als logisches Resultat des von Widersprüchen zerrissenen und verfaulten Kapitalismus gesehen wurden – die Reaktion von Arbeitslosen und Jugendlichen des Lumpenproletariats auf Unterdrückung und Zukunftslosigkeit. Dies waren auch die typischsten Synonyme, mit denen sie charakterisiert wurden: Übervorteilung, Unzufriedenheit, Hoffnungslosigkeit. Später, als die Punks auch im eigenen Staat in Erscheinung traten, änderte sich die offizielle Haltung ihnen gegenüber, weil Punk weder der Ideologie entsprach noch der zensierten und plakativen Widerspiegelung sowjetischer Wirklichkeit: in den Verhältnissen des »entwickelten Sozialismus« gab es keinen Platz für eine Unzufriedenheit des Proletariats. Die westlichen Punks wurden nun immer häufiger als schmutzig, aggressiv, geistesgestört, drogenabhängig und kriminell bezeichnet; bestenfalls handelte es sich um eine »verkrüppelte Form des Protests«. Auf ähnliche

Art wurde die einheimische punkige Jugend beschrieben – als pathologisch und kriminell.

Abgesehen von der negativen Haltung der Macht gegenüber der Rockmusik und ihrer unablässigen Diskreditierung des Punk, hatte dieses Genre zudem praktisch keine Möglichkeit, die damals beliebte Kunst der politischen Mimikry zu pflegen, also sich der Macht anzupassen, indem man »durch die Blume spricht«, und gleichzeitig sein Wesen zu bewahren. Die Stilelemente des Punk waren dafür zu eindeutig auszumachen und zu interpretieren, insbesondere diejenigen, die die Jugendlichen in Sowjetlettland für solche hielten: Drogen und Hakenkreuz, Aggression und Dekadenz. Weil hinter dem Eisernen Vorhang die Kontakt- und Kommunikationsmöglichkeiten mit der Außenwelt stark eingeschränkt waren, glaubten die meisten der hiesigen jungen Punks bis zum Zusammenbruch der UdSSR hoch und heilig, dass die zentralen Losungen des Punk *anarchy, destroy* und *violence* lauteten. Häufig lebten und verhielten sie sich auch dementsprechend, wobei sie in erster Linie sich selbst zerstörten.

Die Geschichte dieser Subkultur ist in Lettland weiterhin praktisch unerforscht, doch nach bisherigem Stand der Forschung waren die ersten, die den Punkstil oder dessen Elemente adaptierten, Schüler der Rigaer Kunst-Mittelschulen. Es ist interessant, dass es eine andere Geschichte über die Geburt des Punk erzählt als die klassische britische Theorie der Subkultur bzw. die Birmingham School. Tatsächlich ist es ja weniger eine Geburt als vielmehr die einer Adaption bzw. der Glokalisierung in einer anderen Kultur, in einem anderen politischen System und sogar in einer etwas anderen (sprich späteren) Zeit. Eine Geschichte darüber, dass die ersten sowjetischen Punks eher Kinder der Mittelschicht oder Intelligenzija waren und keine Proletarier. Sie übernahmen den Stil und einzelne seiner Elemente, indem sie ihnen einen etwas anderen Sinn beimaßen, obgleich die Idee grundsätzlich dieselbe blieb: zu protestieren, sich zu unterscheiden und zu schockieren.

Wie nutzlos und gefährlich dies in dem undemokratischen und totalitären sowjetischen Regime war, muss man nicht betonen. Ich selbst war in den 1980er-Jahren ein Teenager und erinnere mich sehr gut daran, welche Haltung die Macht (in meinem Fall die Schulleitung) gegenüber Andersartigem hatte. Damals war es bei den Jungs in Mode, sich vorne eine Haarsträhne zu blondieren, und auch ich experimentierte mit meinen Haaren. Das gefiel einer der Schulleiterinnen nicht, und sie hetzte einfach die Jungs der höheren Klassen gegen mich auf.

Was bedeutete da der viel spektakuläre Punkstil oder die Verwendung von dessen Elementen in Kleidung oder Frisur im Alltag? Ganz einfach – dass man ein unmittelbares Objekt, ein Gegenstand des Interesses der Miliz war. Das Abschneiden von langen Haaren durch Ordnungshüter (die sogenannten *Druschiniki*, eine Art Bürgerwehr) oder der Miliz war zwar nicht mehr alltägliche Praxis, trotzdem waren lange Haare und Jeans auch Mitte der 1980er-Jahre noch ein deutliches *Licence to arrest*-Signal. Juris Kulakovs, Leader der damals noch reinen Hard Rock spielenden Gruppe PĒRKONS, erzählt von den skandalösen Konzerten Anfang 1983, als die Miliz das Konzertgebäude umstellte: »Die Verdächtigsten sollen schon am Eingang abgefangen worden sein. Wer beispielsweise nach einem Punk aussah, der wurde sofort in einen Wagen [der Miliz] gesteckt.« (Ruks, Māris: *No zemes un debesīm Pērkons*. Rīga, 2015: Antava, S. 8)

Deshalb vermieden es die wenigen frühen Rigaer Punks, sich als solche im öffentlichen Raum zu zeigen; eine Ausnahme waren verschiedene Karnevale oder die legendären »Tage der Kunst« (Mākslas dienas), an denen mehr erlaubt war als üblich und man sich damit herausreden konnte, dass man lediglich die Jugendlichen des dekadenten Westens parodiere.

Wie die Rigaer Punks jener Zeit ausgesehen haben, wissen wir nur von ihren Fotos, die der KGB konfisziert hat. In der Presse traten sie natürlich nicht in Erscheinung. In ihre Punkklamotten gekleidete und mit Punkaccessoires ausgestattete Jugendliche posierten lediglich voreinander – bei Hausfeten oder in den Innenhöfen von Privathäusern. Wer in einem solchem Outfit durch die Straßen spazierte, riskierte nicht nur seine Verhaftung, sondern auch, von »normalen« Jugendlichen zusammengeschlagen zu werden.

Hinterhof-Punks mit Hakenkreuz. Foto: Igor Žuravski

Aija Simsone [Jounalistin]: Du hast dich früher einmal Punk genannt. Erzähl' ein wenig aus dieser Lebensphase.
Ritvars Dižkačs [Musiker, Fanzine-Macher]: Das war Anfang der 80er-Jahre. Schau dir die Jungs von den SEX PISTOLS an, und du weißt, wie wir damals drauf waren. Wenn ich mir jetzt die Fotografien anschaue, komme ich mir grauenhaft vor. Hinzuzufügen ist lediglich, dass wir, die wir zusammen in den Straßen herumliefen, nicht völlige Punks waren, weil jeder von uns auch andere Sachen gemacht hat.
Ein Sonntagspunk?
Schwer zu sagen, denn auch im Alltag versuchte ich, ein wenig und manchmal auch sehr anders zu sein als die anderen.
Diese Zeit ist vergangen. Mit welchen Gefühlen erinnerst du dich heute an sie?
Wenn man älter wird, verändern sich die Gedanken und auch die Art des Denkens selbst, die Art sich auszudrücken. Damals war die Miliz mein zweites Zuhause. Ich hatte viel Ärger, doch damals damit klarzukommen war nicht schwer, weil sie uns hauptsächlich wegen unseres Aussehens festnahmen, und sei es, weil Vilnis [Linužs] rote Hosen anhatte. An der Mittelschule für angewandte Kunst, die ich damals besuchte, sammelten sich am Schwarzen Brett, das die Funktion eines Prangers hatte, haufenweise Mitteilungen von der Miliz, bis man mich bat, die Schule zu verlassen ... Die Abschlussklasse musste ich an einer Abendschule wiederholen, obwohl ich sie an der »Angewandten« bereits fast absolviert hatte.
(Simsone, Aija: *Pieļauju varbūtību, ka varu tūliņ nomirt ... Liesma*, (12), 1990, S. 36.)

Die erste Punkband Lettlands

DZELZS CEĻŠ (Eisen Bahn, das Wort wird auch im Lettischen zusammengeschrieben, Riga 1982 bis 1986, ursprünglicher Bandname: JŪRAS MĒSLI = Meeres Auswurf) wurde von lettischen Teenagern aus Riga gegründet, die Kunst- oder Berufsschulen besuchten.

> »Gints, ich habe mir einen Namen ausgedacht!« verkündet Igors ein wenig außer Atem, nachdem er zu Gints in den vierten Stock hinaufgestürmt ist und gerade die Schwelle der Wohnungstür übertreten hat.
> »Wirklich? Schieß los!«
> »Meeres Auswurf!«
> »O Mann, Alter! Was soll denn das für ein Name sein?«
> »Verstehst du, das ist wie im Punkrock. Da gibt es auch allerlei Scheiße, irgendwas Verrottendes oder Schmutziges ... so wie Johnny Rotten.«
> »Gut, und warum das Meer?«
> »Begreif' doch, Gintscha! Es wird uns doch keiner erlauben, unsere Gruppe einfach ›Auswurf‹ zu nennen, darum dachte ich mir, dass es so ein Auswurf sein könnte, den man eigentlich zur Bodendüngung verwendet – Meeresauswurf. Alles ganz legal. Niemand kann dir was anhängen.«

(Žilde, Jānis: »Jūras mēsli« un »Dzelzs ceļš«. In: *Piekūns skrien debesīs: autorizēta biogrāfija: »Jauns Mēness« – rokgrupas stāsts*. Rīga, 2015: Dienas Grāmata, S. 43–49)

Die Band erlebte lediglich einige Untergrundkonzerte und hat keine öffentlich zugänglichen Demo- oder Konzertaufnahmen hinterlassen. Einige Zeitzeugen berichten, dass die Musik eher an Heavy Metal erinnerte als an Punk; dennoch sind auch einige begeisterte Feedbacks veröffentlicht worden, beispielsweise in dem berühmten Buch von Artemy Troitsky über die Rockmusik in der UdSSR:

> »Die Gruppe Eisenbahn gab etwas Hoffnung – Siebzehnjährige, sehr laut, aggressiv, gekleidet in Metallketten und Hundehalsbänder. Die Sängerin, eine nordisch-natürliche Blonde, schrie andauernd, das Publikum solle eine Mittelgasse frei machen, da dort noch die Eisenbahn durch müsse. Sie waren originell, schafften es aber nie, mehr als fünf Songs zu komponieren.«

(Troitsky, Artemy: *Back in the USSR: The True Story of Rock in Russia*. London and Boston, 1988: Faber & Faber, S. 87)

Der Hauptgrund für die spärliche Aktivität der Gruppe hatte mit der repressiven Kulturpolitik zu tun und der bewussten Ablehnung der Band, sich in das offizielle System der sowjetischen Popmusik zu integrieren, was logischerweise zu regelmäßigen Unterhaltungen mit dem KGB führte. Öffentliche Auftritte durften in der Sowjetunion nicht ohne offizielle Genehmigung stattfinden, und damit eine Rockgruppe eine solche erhielt, mussten ihre Texte und die Musik offiziell genehmigt sein. Noch bis Mitte der 1980er-Jahre verwendeten praktisch sämtliche offiziell legalen Pop- und Rockgruppen Gedichte professioneller Dichter, die durch eine mehrfache Zensur gegangen waren, und auch die Musik hatte möglichst von einem akademisch ausgebildeten Komponisten oder zumindest einem solchen Musiker zu stammen. Bis dahin wäre es für die anfangs fünfzehnjährigen Bandmitglieder von DZELZS CEĻŠ noch ein weiter Weg gewesen, selbst wenn sie es gewollt hätten.

> »Zum KGB wurde ich kein einziges Mal vorgeladen. Natürlich hatte ich Angst davor, denn gruselige Berichte machten die Runde. Fast alle meine Bekannten, die etwas mit Untergrundmusik zu tun hatten, wurden dorthin zitiert. Wenn ich es mir heute mit kühlem Verstand überlege, ist mir klar, dass wohl ein Bekannter meiner Verwandten auf einem hohen Posten alles über mich wusste und mich möglicherweise geschont hat. Anders kann ich es mir nicht erklären. Diejenigen, die Drogen nahmen, konnten nicht entwischen. Nach dem Gesetz drohte ihnen der Knast, allein für den Konsum. Ringsherum gab es auch Spitzel, die den KGB informierten. In der Organisation wusste man im Prinzip alles über alle. Man lädt jemanden vor und sagt: ›Wir wissen ja sowieso, dass du dann und dann dort und dort etwas genommen hast. Such' es dir aus: entweder du wanderst ins Gefängnis – oder wir treffen uns hin und wieder, und du erzählst ganz einfach, wenn du etwas in Erfahrung bringst!‹ Das war ein Gespräch in freundlicher Atmosphäre bei einer Tasse Kaffee. Einem Kollegen, der auch Musik machte, dämmerte nach so einem Kaffeekränzchen, dass er plötzlich derart gesprächig geworden ist, dass er dem KGB-Mann alles zu erzählen begann, was er wusste, als wäre er sein bester Freund. Mit solchen Tricks war es nicht schwer, die Szene komplett auseinanderzunehmen.«

(Žilde, Jānis: »Jūras mēsli« un »Dzelzs ceļš«. In: *Piekūns skrien debesīs: autorizēta biogrāfija: »Jauns Mēness« – rokgrupas stāsts*. Rīga, 2015: Dienas Grāmata, S. 47)

Ein zweiter Grund für die geringe Aktivität könnte (selbstgemachtes) Heroin gewesen sein. Der Gebrauch von Heroin kam Ende der 1970er-Jahre in den Reihen der alternativen bzw. informellen Jugend der Sowjetunion auf, in erster Linie natürlich in der sowjetischen Hippiekommune, die sich »System« nannte. An Schlafmohn war relativ leicht heranzukommen – man fand ihn sowohl in den Gärten von Privathäusern als auch auf den größeren Feldern der südlichen Sowjetrepubliken. Dieses Thema ist praktisch noch unerforscht, doch es ist möglich, dass der KGB diese Substanz benutzte, um aus dem Rahmen fallende Jugendliche zu kontrollieren. Vilnis Linužs, Frontmann der Gruppe und später Sänger der klassischen New-Wave-Band K. REMONTS, erhängte sich 2005, ohne zuvor von seiner Heroinsucht losgekommen zu sein. Auch einige andere Musiker von DZELZS CEĻŠ wurden später bekannte Protagonisten in Lettlands Popmusik und Showbusiness: Igors Linga als Video- bzw. Filmregisseur und Gints Sola als Gitarrist und Produzent.

Eine der zentralen Persönlichkeiten der damaligen Rigaer Punkszene war der oben schon befragte Ritvars Dižkačs, ein Schüler der Rigaer Mittelschule für Angewandte Kunst und glühender Fan von Punk-, Post-Punk- und Indie-Musik. Sein erstes Musikprojekt war die vom Punk inspirierte Gruppe DEPO, die es nicht weiter brachte als bis zu ein paar Proben. Sein Wohnzimmerstudioprojekt A. SEKTORS (Assoziationssektor) nahm 1985/86 das elektronisch-experimentelle Tonbandalbum *Populāras asociācijas* (Beliebte Assoziationen) auf, das als »Magnitizdat« in Umlauf kam. Von 1985 bis 89, als Ritvars nach Kanada emigrierte, gab er eines der ersten Fanzines in Lettland heraus, den *Stieple* ([Stachel-]Draht). In der Sowjetunion wurde von jeder Schreibmaschine eine Schriftprobe beim KGB aufbewahrt, und natürlich waren sämtliche Vervielfältigungsgeräte bei den Behörden registriert. Um drucktechnisch etwas zu vervielfältigen, bedurfte es der Genehmigung von mindestens zwei oder drei Zensoren. *Stieple* wurde absolut illegal vervielfältigt, und seine Auflage war winzig (schätzungsweise ein halbes bis höchstens zwei Dutzend Exemplare, die von Hand zu Hand weitergereicht wurden), doch das reichte vollkommen, um Interesse seitens des KGB zu wecken. Eine der Methoden der Tarnung war eine falsche Nummerierung: die dritte von vermeintlich vier *Stieple*-Ausgaben ist nie erschienen.

Die letzten Punkgruppen der LSSR

Um 1985 begann sich in der Politik etwas zu verändern, was in direkter Verbindung mit dem Führungswechsel der UdSSR stand – im Frühling jenes Jahres war Michail Gorbatschow Generalsekretär der Kommunistischen Partei geworden und somit zur Nummer Eins des gesamten Staates. Er startete drastische Umbaureformen des öffentlichen Lebens, die unter Bezeichnungen wie Perestroika und Glasnost bekannt wurden. Das Regime demokratisierte sich, auch die Kultur- und Jugendpolitik wurde lockerer. Die Punks wurden weiterhin kritisiert, doch allein die Tatsache, dass sie immer häufiger in der inländischen Presse erwähnt wurden, zeugte davon, dass rund zehn Jahre nach Beginn der ursprünglichen Punkwelle im Westen die UdSSR einen solchen Stil der Jugend auch im eigenen Hause widerwillig anzuerkennen begann.

Der weitere politische Wandel vollzog sich außerordentlich rasch, und ich würde sagen, dass 1987 das letzte echte sowjetische Jahr in Lettland gewesen ist; die folgenden Jahre waren bereits eine Übergangsphase zur Wiederherstellung der staatlichen Unabhängigkeit, die schließlich im August 1991 erreicht wurde, in dem die UdSSR formal zu bestehen aufhörte.

Im folgenden Einiges über die drei wichtigsten und praktisch auch einzigen Punk-Gruppen Lettlands jener Zeit: ZIG ZAG (Zickzack), INOKENTIJS MĀRPLS (Innokenty Marple) und КАРТ БЛАНШ (Carte Blanche). Bands, die sich zumindest teilweise als Punks identifzierten, eigene Songs hatten und wenigstens ein- oder zweimal auch live auftraten.

Bereits 1987 hatte sich das System so weit verändert, dass es Punk teilweise sogar in seine Kultur inkorporierte. Damit begann der Aufstieg der Rigaer Gruppe ZIG ZAG (gegründet 1985, erster Bandname: ĀRPRĀC, etwa »Waansinn«, weil *ārprāts* eigentlich mit ts am Ende geschrieben wird, was phonetisch dem lettischen c gleichkommt, grammatisch aber nicht korrekt ist, Anm. d.Übers.). Auch sie waren Teenager, und auch sie hatten anfangs gewisse Probleme mit dem KGB, der mit ihrem ersten Namen nicht einverstanden war – und mehr noch mit der Beliebtheit unter den Rigaer Jugendlichen, von dem das auf Hauswänden recht häufig anzutreffende Graffiti »Ārprāc« zeugt. Trotzdem gelang es ZIG ZAG nach einiger Zeit, einen halblegalen Status zu erlangen (das sowjetische System der Kontrolle über die Estraden- bzw. Popmusik funktionierte zu diesem Zeitpunkt faktisch nicht mehr), und die sowjetische Jugendpresse schrieb über die Gruppe, die nun an großen Events und Festivals teilnahm.

Die Jungs von ZIG ZAG kleideten sich für jene Zeit schockierend mit auf kunstvolle Art zerrissener und dekorierter Kleidung und bunten Mädchenstrumpfhosen, sie hatten Schminke im Gesicht und hochgekämmte Haare: »Zerfetzte Strumpfhosen an Männerbeinen und Klamotten in den undenklichsten Farben waren damals etwas noch nie Dagewesenes.« Sie spielten ausschließlich eigene Stücke, in denen es hauptsächlich und gerade heraus um das Leben von Teenagern ging: Beziehungen mit Mädchen, zwischen den Generationen und auf dem Asphalt (auf der Straße) ausgetragene Konflikte, einschließlich gewalttätige. Häufig klang eine Note des Ausgestoßenseins und Outsidertums an, gleichzeitig tauchten auch belehrende und moralisierende Lieder auf:

> Alle, die beschreiben, bemalen die Zäune,
> schlagen der Stadt Narben ins Gesicht;
> alle, die etwas auf Wände schreiben,
> erniedrigen ihre Stadt.
>
> Aus »Vai tev ir naids« (Fühlst du Hass), ZIG ZAG 1988, Text: Igors Linga
> Interlinearübersetzung

War das eine Schutzreaktion der Gruppe gegenüber der Kritik seitens des KGB? Gut möglich.

Nach einem Auftritt der Hard-Rock-Gruppe PĒRKONS in Ogre im Juli 1985 randalierten die zurück nach Riga fahrenden jugendlichen Konzertbesucher und demolierten zwei Eisenbahnwaggons. Der KGB soll dies als »Punker-Treffen« klassifiziert haben. Danach wurde ein öffentlicher Schauprozess veranstaltet und einer der verhafteten Jugendlichen, der schon volljährig war, zu einer Gefängnisstrafe verurteilt. Der Prozess wurde auch zentraler Bestandteil des Dokumentarfilms *Vai viegli būt jaunam?* (Ist es leicht, jung zu sein?, 1986, R: Juris Podnieks), des ersten Films, der sich wirklich frei und offen nach der Wahrheit suchend mit der Jugend beschäftigte, inklusive sogenannter Nonkonformisten. Was sogar einige frühe Rigaer Punks aufbot, wenn auch arg überinszeniert.

Ist es leicht, jung zu sein? (1986, R: Juris Podnieks), Screenshots

PĒRKONS, deren Auftritt ebenfalls im Film zu sehen ist, bekamen danach natürlich ein Verbot jeglicher weiterer Betätigung. Ich denke, ZIG ZAG rechneten mit ähnlichen Folgen, weil sie tatsächlich bereits eine gewisse Popularität erlangt hatten, und der KGB rief ihnen das auch ins Gedächtnis.

ZIG ZAG, Do-CD *Singe Melo* mit den Aufnahmen von 1987/88

1987 und 1988 nahm ZIG ZAG im Heimstudio zwei Magnetizdat-Tonbandalben auf (*Es neesmu nervozs, bet manas problēmas ir normālas / Ich bin nervös, aber meine Probleme sind normal* und *Zig Zag*), die 25 Jahre später ihre offizielle Veröffentlichung erleben (als Doppel-CD *Signe melo*, 2013). Musikalisch handelt es sich um eine eigenartige Mischung aus Punk und New Wave, in der Schlagzeug und Synthesizer dominieren (eine von ZIG ZAGs Schwächen sollen DEPECHE MODE gewesen sein, die in der zweiten Hälfte der 1980er-Jahre unter den progressiveren Rigaer Jugendlichen bereits Kultstatus erlangt hatten). 1988 kehrte Juris Lasinskis, eines der Gründungsmitglieder der Gruppe, aus dem zweijährigen Militärdienst in der Sowjetarmee zurück, Gvido Linga wiederum verließ ZIG ZAG, um seine eigene Hardrock-Schlager-Punkband LINGA zu gründen. ZIG ZAG machten weiter, doch ihre Musik war jetzt nur noch Indierock, allerdings ebenfalls sehr guter.

Anders verlief die Geschichte einer weiteren Rigaer Teenagerband, der 1985 gegründeten INOKENTIJS MĀRPLS, die sich zunächst RAGANA (Hexe) und AKLĀ ZARNA (Blinddarm) nannten. Diese Jungs kamen aus Proletarierkreisen, und ihre Musik klang sehr viel aggressiver. Ihr Motto lautete: »Die Hauptsache ist, den Knopf zum Lauterstellen zu finden!«

Auch sie waren nicht nur von Punkrock, sondern zudem von der Neuen Deutschen Welle und Metal beeinflusst, und was sie selber zustande brachten, war Hardcore. Ich denke, man kann INOKENTIJS MĀRPLS sogar als erste Gruppe dieses Genres in der ganzen UdSSR betrachten. Ein weiterer Unterschied zwischen ihnen und ZIG ZAG war die politische Thematik mehrerer ihrer Lieder. Harte und dreckige Musik in Kombination mit politisch aufgeladenen Texten (einige waren ganz direkt und unverblümt gegen das noch herrschende Sowjetregime gerichtet) – das war keine Mischung, die es der Gruppe erlaubt hätte, sich in die neue (bzw. transformierte alte) Pop-Rock-Szene zu integrieren. MĀRPLS begannen aber erst 1987, regelmäßig Konzerte zu geben, als KGB und Zensur dem Rock fast keine Aufmerksamkeit mehr schenkten, wobei andere Institutionen der UdSSR weiterhin formal und real existierten – einschließlich der Sowjetarmee. Der Pflichtwehrdienst war Horror für die informelle Jugend. Er war bekannt für die erniedrigenden Umgangsformen gegenüber den Neulingen, sowohl seitens der Offiziere als auch der älteren Jahrgänge der Kameraden, und außerdem: welcher Jugendliche von 18 Jahren ist bereit, seine Rockband und sein Privatleben für zwei Jahre komplett an den Nagel zu hängen? Zudem kämpfte die UdSSR zu jener Zeit in Afghanistan, und wir wussten von den Zinksärgen, die zu den Eltern nach Hause geschickt wurden – und die zu öffnen verboten war. Der bevorstehende Wehrdienst stellte auch für die Jungs von INOKENTIJS MĀRPLS ein Problem dar. Eine der Arten, sich dem Wehrdienst zu entziehen, war, sich ein sogenanntes »weißes Blatt« zu besorgen, das einem bescheinigt, geisteskrank zu sein. Diese Diagnose konnte man entweder bekommen, indem man Ärzte schmierte – oder aber, indem man einen Selbstmord vortäuschte. Denn ein Mensch, der seinem Leben in einem Staat des entwickelten und wohlhabenden Sozialismus ein Ende machen will, musste wirklich schwer gestört sein im Kopf. Als der Bandleader Raimonds »Dambis« Lagimovs plötzlich ein halbes Jahr vor den anderen Mitschülern sein Berufsschuldiplom erhielt, verbunden mit der Mitteilung, dass er in vier Tagen zur Armee müsse, entschied er sich entsprechend, einen Suizidversuch vorzutäuschen, indem er sich die Venen aufschnitt. Ein anderes Bandmitglied, Nils Īle, schaffte es trotz allem nicht, sich der Armee zu entziehen, hielt es nach einer Weile nicht mehr aus und türmte. Als Deserteur – er wurde natürlich geschnappt – wurde er 1987 zu einer vierjährigen Gefängnisstrafe verurteilt, von der er dreieinhalb Jahre absaß.

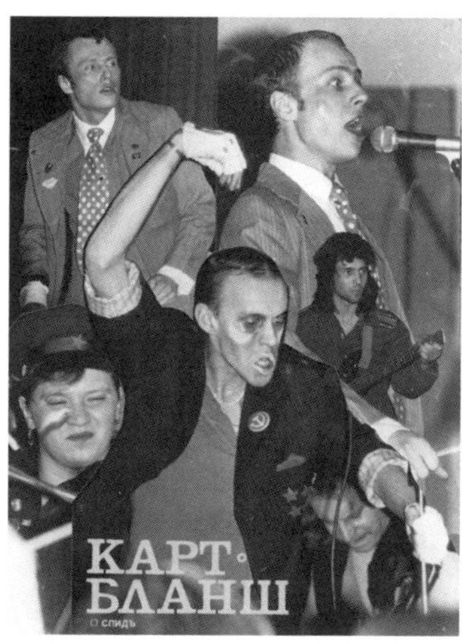

КАРТ-БЛАНШ, Promo-Karte

Die ersten Aufnahmen in einem professionellen Studio machten INOKENTIJS MĀRPLS erst Anfang der 1990er-Jahre, und ihre Debüt-CD erschien weitere zehn Jahre später (*Spēks no tētiem* [Kraft von den Vätern], 2000), doch dies war bereits eine andere Zeit und auch eine etwas andere Musik. Im Laufe der Jahre geriet der Sound der Gruppe immer eklektischer und nahm Elemente von Reggae, Ska, Hard Rock und Psychedelic Rock auf. Bis auf den heutigen Tag gibt die Band aktiv Konzerte, schreibt neue Songs und wird berechtigterweise als wichtigste Punkgruppe Lettlands (und inzwischen auch als Vertreterin des klassischen lettischen Rockpantheons in Gold) betrachtet und gewürdigt. Dambis, einziges kontinuierliches Mitglied von INOKENTIJS MĀRPLS und Bandleader, prägt seit vielen Jahren die Undergroundmusik Lettlands, indem er Compilations herausgibt, Konzerte organisiert und eine wöchentliche Sendung im lokalen UKW-Radiosender *NABA* moderiert.

Eine noch andere Geschichte hat die Band КАРТ БЛАНШ (Carte blanche, 1987 bis 1990). Im Unterschied zu den oben beschriebenen Punks, die praktisch allesamt Letten aus der Rigaer City waren, stammte diese Gruppe aus einem Vorort von Riga oder genauer gesagt aus einer Enklave – aus der russischen Underground-Rockszene von Bolderāja. КАРТ БЛАНШ machten sarkastischen Politrock, bei dem die Bewunderung für THE STRANGLERS unverkennbar ist, und der regelrecht verzweifelt wurde, als sich im Alltag nicht nur Anzeichen einer politischen, sondern auch einer wirtschaftlichen Krise abzuzeichnen begannen und sich der Zusammenbruch der UdSSR näherte. Im Wohnzimmerstudio nehmen КАРТ БЛАНШ zwei Tonbandalben auf, die sie in winziger Auflage herausgaben: *КАЛ-ХОЗ* (*Kal-chos*, 1988) und *ПО'КОЛЕНИЕ* (*Po'kolenje*, 1989).

КАРТ-БЛАНШ-LP-Werbung aus dem Rīgaer Fanzine спидъ 1989, Nr 3.

In der Lettischen SSR trat die Band nur bei Untergrundkonzerten auf, in deren Publikum russischsprachige Besucher dominierten, doch dafür eröffnete die Demokratisierung der Rockmusiksphäre Möglichkeiten, in Moskau zu spielen und durch andere russische Städte zu touren, wo sie einigermaßen Erfolg hatten und gut verdienten. Die Mitglieder der Band, die im offiziellen Rahmen des Rigaer Rock Klubs agierten, könnte man allerdings als »Bühnenpunks« bezeichnen, da sie außerhalb der Auftritte eher wie normale Rocktypen aussahen, und erfuhren daher auch keine Akzeptanz, als sie 1989 neben GRASCHDANSKAJA OBORONA und anderen sibirischen Punkgrößen in Nowosibirsk auftraten. КАРТ БЛАНШ löste sich noch vor dem Wechsel des politischen Regimes auf, doch ihre Mitglieder machten in anderen russischen Underground-Rockgruppen Rigas weiter.

Gleich zu Anfang der 1990er-Jahre entstand eine neue Generation der lettischen Undergroundszene, es bildeten sich neue Punk- und Hardcorebands, doch dies war bereits eine andere Zeit, ein anderes politisches System mit anderen Formen der Massenkommunikation.

Blickt man auf den lettischen Punk der 1980er-Jahre zurück, so überrascht ein wenig die zahlenmäßige Geringfügigkeit der Subkultur, die man kaum als solche bezeichnen kann; auch Szene ist kaum das richtige Wort. Es scheint, dass die ersten Punks in Lettland vor allem eine Handvoll lettischer Teenager aus der Sphäre der Rigaer Kunst-Mittelschulen waren. Lettland selbst ist ja nicht klein (es ist anderthalbmal so groß wie Holland), gering ist nur seine Einwohnerzahl (damals waren es rund 2,7 Millionen), allerdings ist die Hauptstadt Riga die größte Stadt innerhalb der baltischen Staaten (mit damals rund einer Million Einwohnern). Doch vielleicht ist es immer so: ähnliche Ideen entstehen nur in den Köpfen einiger Menschen – es ist lediglich interessant, warum dies nicht gleichzeitig auch bei ein paar Jugendlichen anderer Städte geschah. Offensichtlich waren die vom Regime nicht gänzlich kontrollierten Informationskanäle zu spärlich, als dass sich Punk schon Anfang der 1980er-Jahre innerhalb Sowjetlettlands hätte rasch verbreiten können.

Ein weiterer Faktor, der die Rock- und Subkulturszenen Lettlands stets gestört und fragmentiert hat, ist die »nationale Frage« – mit wenigen Ausnahmen hat sich unsere gesamte Musik stets in lettische bzw. russische Gruppen, Gruppierungen, Verlage, Clubs usw. aufgeteilt. Zieht man in Betracht, dass die russischsprachige Community während der Sowjetzeit nahezu die Hälfte der Einwohnerschaft der LSSR ausmachte, in allen größeren Städten jedoch die Letten bereits in der Minderheit waren, so ist die Existenz zweier paralleler Szenen ein normales Phänomen – auch im Hinblick auf den in Lettland aufkommenden Punk. Sämtliche frühen Punk-Gruppen Lettlands sangen praktisch ausschließlich in ihrer Muttersprache (also entweder auf Russisch oder auf Lettisch) und richteten sich bewusst nicht an ein globales Publikum (was während der Sowjetzeit sowieso undenkbar war), sondern an das lokale: die Letten an die Letten und die Russen an die Russen (sowohl innerhalb Lettlands als auch in der gesamten UdSSR). Selbst wenn man die sich auf ihre nationale Identität beziehende, teils sogar nationalistische Haltung der lettischen Musiker außer acht lässt, vermochte die russische Zuhörerschaft deren Lieder aufgrund ihrer Unkenntnis der lettischen Sprache und der kulturellen Codes nicht zu rezipieren, während sich die Letten bewusst von den Fremdländischen abgrenzten.

Es ist fast überflüssig zu wiederholen, dass einer der Hauptgründe für den mikroskopischen Umfang von Punk in Lettland das repressive sowjetische System war, das im Falle der Kulturverwaltung der LSSR noch einschränkender war als in anderen Republiken des europäischen Teils der UdSSR. In Lettland galt es zudem noch in der ersten Hälfte der 1980er-Jahre als cool, Blues oder Folkrock zu spielen, und viele Untergrundbands gaben sich damit auch zufrieden. Rock war an und für sich schon ein Protest gegen die sowjetische Estrada und Moral, weshalb jede Abweichung in differenziertere Subgenres den Verdacht aufkommen ließen, dass dies einfach Oberschicht-Jugendliche waren, die auf das Spielen von Free Jazz, Experimentellem oder New Age verfallen waren.

Interessant ist die Frage des Stils. Musikalisch spielte keine der vier beschriebenen Gruppen aus Lettland »reinen Punk«, man könnte sie wahrscheinlich annähernd mit dem Begriff Post Punk charakterisieren. Auch ihre Kleidung und Accessoires unterschieden sich merklich von dem, wie wir uns Punk anno '76 oder '82 vorstellen. Ohne darüber diskutieren zu wollen, ob Punk nach den New Yorker und Londoner Pionierbands von 1975/76 überhaupt noch möglich war – abgesehen freilich vom Retro-Vintage-Punk. Aber dies war eine Adaption in einer konkreten Zeit an einem konkreten Ort. So wie auch die ersten westlichen Punks von Bowies Musik oder der seiner Nachbarn, der Migranten aus Jamaika, beeinflusst wurden, so wurden die ersten Punks in Lettland eben nicht nur vom Punk selbst, sondern auch von anderen, seinerzeit sogar schon aktuelleren Genres beeinflusst, beispielsweise vom Thrash Metal oder den New Romantics. Hier sollte vielleicht auch erwähnt werden, dass es vor diesen »echten« Punkbands bereits lettische Post-Punk-Bands gab: z. B. DZELTENIE PASTNIEKI und N. S. R. D.. Die waren genauso Underground, hatten nur ein paar inoffizielle Auftritte und veröffentlichten illegal im »Magnetizdat«, also auf selbst erstellten Tonbändern. Ihr Hintergrund war aber ein eher poetisch-künstlerischer, manchmal auch blödelnd-kindischer, und der Sound eklektischer, softer, weswegen sie im Vergleich zu den Punkbands als weniger gefährlich eingestuft wurden. All das verwässerte den Punk natürlich, machte ihn jedoch auch ein wenig eigentümlicher bzw. individueller. Ein passendes Beispiel ist die Rigaer Teenagerband BEDRE (Grube, 1987 bis 1989), die praktisch ausschließlich auf Synthesizern spielte. Weniger vielleicht ihre Musik (waren SUICIDE Punk?), aber ihre Performance und Haltung waren ausgesprochen punkig – nihilistisch, provokativ, dekadent und sogar niederträchtig. Sie haben nie behauptet, Punks zu sein, doch der Einfluss war absolut unverkennbar.

Es muss allerdings erneut betont werden, dass Punk und überhaupt die Subkultur in Lettland praktisch unerforscht sind. Es wurden zwar einige Bücher über populäre und halb verbotene Rockgruppen sowie Interviews mit Musikern oder Memoiren veröffentlicht, doch es gibt keine ernsthafte Forschungsarbeit. Anzunehmen ist, dass beispielsweise die Sichtung der Archive des KGB und anderer Institutionen viele brandheiße Details offenbaren und vielleicht die eine oder andere bisher unbekannte Seite in der Geschichte des Punk in Lettland aufgeschlagen würde.

Obgleich die ersten Punks in Lettland nur so wenige waren, ist ihr Einfluss noch immer spürbar, denn Spuren haben sie hinterlassen in der Kultur Lettlands. In erster Linie sind dies die klassischen Aufnahmen der beschriebenen Bands. Zudem aber machten einige von ihnen auch nach ihren Punk-Jahren noch sehr gute Musik.

Nicht zuletzt jedoch ist all dies auch eine Geschichte darüber, dass ein totalitäres Regime schlussendlich nicht in der Lage ist, vollständig totalitär zu sein, dass es Nischen und Ritzen gibt, durch die das Fremde hereingelangt, und Köpfe, die es aufsaugen und sich dann in Form eines Stils zur Wehr setzen ... Aber war denn der Punk etwas Fremdes? Obgleich es der sozialistische Block war, war dieser doch ein Teil der europäischen Zivilisation, und auch in den Verhältnissen eines »entwickelten Sozialismus« hatte sich wie in den westlichen Staaten eine Konsumgesellschaft entwickelt, gegen die junge Menschen manchmal etwas einzuwenden hatten – auch dafür war der Punkrock sehr gut geeignet.

Aus dem Lettischen von Matthias Knoll

MUSIK

ZIG ZAG
Doppel-CD: *Signe Melo* (*Melo Records/Naba Music,* 2013 [Aufnahmen 1987; 1988]),

INOKENTIJS MĀRPLS
CD/MC: *Ārmuris un sirpis* (*IM/HUBB,* Ende 2017/Anfang 2018 [Aufnahmen 1987–90]),

КАРТ БЛАНШ
Tonband: Кал-хоз (1988)
Tonband: Поколение (1989)
beide auf www.rockclubriga.bandcamp.com

Jonas G. Oškinis

Kahl vom Peroxid

Pankavimas in Litauen

Zwischen der Litauischen SSR und der Außenwelt verkehrte kein Sonderzug. Die sozialistische Republik war bekannt für ihre »Waldbrüder«, antisowjetische Partisanen der Nachkriegszeit. Sie trugen Namen wie »Grüner Teufel«, »Totenschädel« oder »Tiger«. Später wurde Litauen zu einem Land mit vielen Kolchosen und geheimen Militärfabriken. Ein grünes Paradies, perfektes Ziel für einen Wochenendausflug der Offiziere der Sowjetarmee ... und ihrer Huren.

In der Juni-Ausgabe der »Jugendzeitschrift« *Nemunas* aus dem Jahr 1978 wurden die Einwohner der Litauischen SSR erstmalig über die Existenz von Punk informiert:

> »Die neue Welle der Schlagermusik ist ein Schrei – ein Schrei der jungen Generation, einer Generation ohne Zukunft. Die aktuelle Modeerscheinung hat ihren Ursprung in England und überflutet jetzt sogar das gesittete, bürgerliche Westdeutschland. Die Musikgruppen nennen sich STINKY TOYS, STRANGLERS und THE DAMNED (sowjetische Journalisten legten dabei besonderen Wert darauf, die Namen der Bands möglichst drastisch zu übersetzen, so dass sie lächerlich und verschroben klangen. Anm. JO). Ihre Schallplatten erscheinen bei kleinen Musikverlagen wie *Stiff Records*. Das ist Punk Rock, ein soziales Phänomen, das einen großen Teil der westlichen Jugend erfasst hat. Ein Phänomen, das mit Musik nichts zu tun hat.«

Soviel dazu.

Entscheidungen über die offizielle Interpretation dieses »Phänomens« oblagen offensichtlich dem KGB oder vergleichbaren Institutionen in Moskau. Ein T-Shirt mit dem Hakenkreuz zu tragen, war wahrscheinlich nicht die beste Idee von Sid Vicious. Denn Punk wurde in der UdSSR anfangs vor allem als »neue Welle des Faschismus« interpretiert. Schlager- oder Diskomusik war eine ganz andere Baustelle – eine Art antirassistisches Phänomen. Die »jamaikanische« Band BONEY M. wurde sogar zum Konzert in den Moskauer Kreml geladen.

Die Stadt, von der die litauische Punkbewegung Anfang der 80er Jahre ausging, war Vilnius. In den Jahren nach den Olympischen Sommerspielen in Moskau eroberte nicht nur der FK Žalgiris die höchste Liga des Fußball in der UdSSR – sein Fanklub *Pietų-IV* versammelte auch Proto-Ultras, oder besser gesagt Repräsentanten aller Subkulturen im respektvollen Kampf gegen ihre russischen Kollegen. Aber es gab auch andere Straßenkämpfe, zwischen den Punks und ihren Feinden, den materialistisch orientierten »Montanas«. Die »Montanas« (benannt nach einer populären Jeansmarke, die von Schwarzmarkthändlern, den »fartsowtschiki«, verkauft wurde) waren später die Banditen der 90er, und einige machten in den 2000ern sogar politisch Karriere.

Inoffizielle Treffpunkte für Jugendliche gab es in jeder Stadt. In Vilnius waren das der Černiuspark an der Lenino-Straße (benannt nach dem Sowjet-General Iwan Tschernjachowski, der 1944 in Ostpreußen übertriebene Tapferkeit bewies und sich so seine Grabstätte im Stadtzentrum verdiente), die *Steine*, wie die Betonsitze in der Nähe der Kathedrale genannt wurden, später auch das Sommercafe *Rotonda*, die Kaffeehäuser *Žibutė* und *Stikliai* (heute ein Nobelrestaurant) in der Altstadt, *Bačka*, eine Kneipe in der Nähe der Universität, und *Vaiva*, *Ledainė* und *Čiobrelis* im Stadtteil Pilies. Nicht zu vergessen die Diskotheken, und natürlich am Wochenende der Umschlagplatz für Musikaufnahmen aller Art – ein Wald in der Nähe der Vorstadt Antakalnis, dort, wo der Bus endete.

Punks zeigten sich vor allem in der Pilies-Straße, wo sie die Passanten nach ein paar Kopeken fragten. Doch sie konnten auch anders auffällig werden: in einem Frühjahr in den 1980ern organisierten sie einen »Kreuzzug« gegen die Hippies, die anlässlich des *Kaziukas*-Festivals aus der gesamten UdSSR nach Vilnius strömten. *Kaziukas* findet traditionell am St. Kasimir-Tag, dem 4. März, statt. Sowjetische Hippies liebten Vilnius wegen der relativ gemäßigten Miliz und wegen der sehr gastfreundlichen Mädchen. Manchmal genossen sie ihre weibliche Gesellschaft etwas länger und blieben bis zum Beginn des nächsten Festivals in Tallinn. Die Punks trugen wohl zum Bruch mit dieser idyllischen Tradition bei.

Kaunas, die eher nationalistisch ausgerichtete zweitgrößte Stadt Litauens, hatte ihre eigenen Treffpunkte – den Tanzsaal *Trestas*, die Fußgängerzone in der Laisvės alėja (nicht einmal die Sowjets wagten es, die Allee der Freiheit umzubenennen) und das *Café Laumės*. Betrieben von der Süßwarenfabrik in Kaunas, bot es endlose Vorräte an billigem Kaffee. Später wurden auch die Künstlerviertel (*Menininkai*, *Prie meno*) populär. Hinzu kam, dass dort auch die polnischen Radiosender II und III empfangen werden konnten, die in den 80ern viel cooler waren als das typische Kultobjekt der sowjetischen Jugend – *Radio Luxemburg*. Das oben erwähnte Magazin *Nemunas* erschien übrigens ebenfalls in Kaunas.

В городе продолжает иметь место распространение видеофильмов западного производства, оказывающее негативное политическое воздействие, в первую очередь, на учащуюся молодежь средних учебных заведений, особенно на лиц, подражающих образу жизни т.н. "панков". В результате чего отдельные из них стали называть себя последователями "новой волны" профашистского движения молодежи Запада. Некоторую активность стали проявлять и отдельные т.н. последователи сознания Кришны.

KGB-Bericht über Punks in Kaunas

Auf der Internetseite www.kgbveikla.lt kann man inzwischen unter anderem die KGB-Berichte aus den Jahren 1983 bis 1985 einsehen. Aus Kaunas wurde 1983 noch von lediglich gelegentlichem Auftauchen von Punks berichtet: Sie hörten anti-sowjetische

Westmusik und wären auf der Suche nach bestimmten psychoaktiven Substanzen. 1985 schreibt der verantwortliche Offizier allerdings schon von Personen, die Punk als Lebensstil verstehen. Asozial wie die Jünger der Hare-Krishna-Bewegung seien diese. Obwohl in einem anderen Dokument zudem erwähnt wird, dass bereits Jugendliche sich in Breakdance versuchten, war es nun wohl so, wie die Pop-Rock-Band KARDIOFONAS in ihrem Sommerhit des Jahres 1986 sang, der auf ein idiotisches »Queen, Queen – oh Radio Gaga/Queen, Queen und die Schönheit von Palanga« plötzlich das Statement »atėjo pankų valanda« folgen lässt: »Die Stunde des Punk hat geschlagen.«

Punk und die pompösen QUEEN zu einer antisowjetischen Absurdität zu vermischen, war kein zufälliger Irrtum dieser am Kardiologischen Institut von Kaunas gegründeten Band. Denn laut einer Legende von hohem Wahrscheinlichkeitsgehalt teilten sich selbst die Punks der Hautstadt Vilnius Anfang der 80er in zwei nach Lieblingsmusik geschiedene Richtungen. Auf der einen Seite gab es die »roleriai«, die Platten von Bill Haley und Elvis Presley liebten und BAD MANNERS und MADNESS verehrten. Sowie auf der anderen die »ei-si-di-sistai«, die offensichtlich AC/DC für DIE Punkband hielten. Während letztere Mitte der 80er zu Metal-Fans wurden, entwickelten sich aus der anderen Fraktion die Fans von Elektropop. Wahre Punks aber waren zwangsläufig dazu bestimmt, nicht nur in »Never Mind The Bollocks« ihre Wurzeln zu entdecken, sondern auch bei THE EXPLOITED, THE CLASH oder ANTI PASTI.

Vor allem aber bauten die meisten »pankavimas« an ihrem Erscheinungsbild. Da sie aus offensichtlichen Gründen keine »Irokesen« tragen konnten, rasierten sie sich kahle Streifen und kombinierten das ganze mit hautengen Hosen. Plötzlich wurde es Mode, billige Kleidung zu tragen – im Gegensatz zu den teuren Markenjeans, die von den Montanas gekauft wurden. Dazu gehörten auch Turnschuhe oder Sandalen, die sonst nur von Rentnern getragen wurden. Beliebt waren auch Gasmasken und »grafkė« (Sicherheitsnadeln) – das Punksymbol schlechthin. Sie waren in den Galanterija-Läden für nur 5 Kopeken zu ergattern. Später wurden dann alle Kontakte zur litauischen Textilbranche genutzt, um wirklich eindrucksvolle Klamotten herzustellen, aber das ist eine andere Geschichte.

Andere »pankavimas« waren dem Nationalismus verbunden, und ihre Kleidung oder Haarschnitte erinnerten an die litauische Mode zwischen den Weltkriegen. Gedimino stulpai – die Gediminassäulen, das Wappen der mittelalterlichen Dynastie Litauens, waren dabei ein beliebtes Symbol. Viele Punks kannten die *Tautiška giesmė* (vor 1940 und nach 1989 Litauens Nationalhymne) oder hatten die *Geschichte Litauens* von Adolfas Šapoka gelesen (beide waren verboten). Aus heutiger Sicht mag es kurios wirken, aber damals war es irgendwie auch punkig, sich mit Fremden über litauische Volkskunst und »sutartinės« (Volkslieder) zu unterhalten. Der örtliche KGB wurde da natürlich hellhörig. Die KGB-Männer nannte man in Punkkreisen übrigens manchmal »dėdė« (Onkel).

In einigen Punkten war sich die junge Punkszene jedoch einig: in der Verachtung gegenüber dem sowjetischen System, aber auch von Selbstsucht, Karrieregeilheit und Streben nach »gutem Leben«. Sie lehnten Werte ab, die sowohl vom Sowjetsystem als auch durch das Doppelleben der verschiedenen Schwarzmarkthändler und Glücksritter verkörpert wurden. Erfolg, der allein durch Verbindungen zu einflussreichen Verwandten oder Bekannten zustande kam, war gleichfalls verpönt. Die Punks wählten eher ein eingeschränktes, dafür aber autonomes Dasein. Sie diskutierten über Freiheit: über Schopenhauer und Nietzsche, Kafka und Kerouac, Zappa und Beckett, Opiate und Schwarzgebrannten – ohne den Zwang, etwas davon im täglichen Leben umsetzen zu müssen.

Die erste »echte« litauische Punkband war WC, später auch KOMANDA V genannt. Sieht man einmal von zappaesquen Proto-Punk-Projekten wie MIND's DISORDER oder DINDA POLIMANTIKA ab. WC wurde um 1985 von Varveklis (bürgerlich Vykintas Darius Šimanskas) und Atsuktuvas (bürgerlich Nėrius Pečiūra) gegründet, zu denen zufällige »Session«-Musiker stießen und wieder gingen. Sie hatten eine ordentliche Menge 77er-Punk-Platten gehört und zielten musikalisch selbst in diese Richtung. Heutzutage hört sich das alles recht seltsam an – Punk mit Musikern, die vom Hardrock kamen, und es gewohnt waren, scheußliche Hintergrundsoli zu spielen und dazu Varveklis mit seiner Forderung: »... wir brauchen Jugendclubs und Cafés ohne diese widerliche Discomucke«. Aber sie hatten Songs mit offensichtlichem Hitpotential: »Aš nuplikau nuo peroksido« (Ich wurde kahl vom Peroxid), »Pilnas miestas narkomanų« (Die Stadt ist voll von Süchtigen) oder »Dorų žmonių mažai beliko« (Es gibt nur noch wenige ehrliche Menschen).

Nėrius »Atsuktuvas« Pečiūra 1988
Foto: LOS Centras Archiv

Wenn die Legende stimmt, an deren Verbreitung Atsuktuvas selbst wirkte, fand die Band kurz darauf einen verlassenen Bauernhof mit einem großen leerstehenden Haus. Sie zapften Strom von nahegelegenen Strommasten ab, trugen Equipment zusammen und unterrichteten kurz vor einem Wochenende die engsten Freunde über das Wann und Wo des ersten Konzerts. Die Nachricht verbreitete sich mit Lichtgeschwindigkeit. An jenem Samstagabend sammelten sich mehr und mehr Leute auf dem verlassenen Hof und saßen Bier trinkend auf dem Boden. Die Band brach die mit Brettern vernagelten Fenster auf, und dann nahmen die Dinge ihren Lauf:

»Angetrieben von der beachtlichen Menge von Leuten, begann die Band ihr Konzert. Atsuktuvas griff zur Gitarre und ließ sie heftig dröhnen. Die Menge wollte mehr. Varveklis nahm einen Schluck Spiritus und spuckte ihn gegen ein brennendes Feuerzeug, die Flammen verbrannten seine Lippen, die ganz schwarz wurden und anschwollen. Nach jedem Titel präsentierte Atsuktuvas dem johlenden Publikum seinen nackten Arsch. Einige Zuschauer versuchten, die Bühne aus hölzernen Obstkisten zu stürmen, aber Atsuktuvas konnte sie mit Bier abkühlen. Ein Fan hatte es irgendwie fertiggebracht, sich die Hände aufzuschneiden, und verkleckerte nun überall sein Blut.

Ein paar Punketten aus der Altstadt rissen sich die Kleider vom Leib und warfen ihre Unterwäsche auf die Bühne. Sie schwenkten ihre Brüste und kreischten so laut, dass man meinen konnte, die Apokalypse sei nahe. Das Konzert musste oft unterbrochen werden, weil die Musiker versuchten, ihre Fans von der Bühne zu werfen. Ein Mädchen lümmelte völlig nackt auf einem Boxenturm herum, und in einem Akt spiritueller Befreiung rasierte sie sich die Möse. Varveklis packte das Mädchen, küsste sie und übergab sie dann dem tobenden Publikum. Nackt wie sie war, wurde sie von den Händen der Menge gepackt, herumgewirbelt und über die Köpfe hinweggetragen.

Plötzlich schlug Atsuktuvas mit seiner Gitarre gegen einen Boxenturm, der umfiel und die Verstärker zerschmetterte, dass die Funken flogen. Varveklis nahm noch einen Schluck Spiritus und spie hinein. Die hölzerne Bühne ging sofort in Flammen auf und die brüllende Menge rannte ins Freie. Das Haus stand in Flammen. In der Entfernung heulten die Sirenen der Miliz …«

So jedenfalls stellt es Nėrius Pečiūra alias Atsuktuvas in seinem Roman *Aš ir Atsuktuvas* (Ich und Atsuktuvas, Vilnius: Charibdė, 2002) selbst dar.

Ende 1986 trafen die Mitglieder von WC in der Altstadt von Vilnius auf Margarita Starkevičiūtė, eine Organisatorin von Rockkonzerten. Sie hatte gerade einen halblegalen Auftritt der New Wave-Band ANTIS im Kulturhaus des Ministeriums des Inneren in Žirmūnai arrangiert, später Ort vieler unvergesslicher Rockkonzerte. Nachdem ANTIS dort gespielt hatten, verließ etwa ein Drittel der Zuschauer den Saal, andere aber blieben. Denn es hatte sich herumgesprochen, dass noch eine ganz besondere Band spielen würde. WC versammelten sich auf der Bühne, während Gastschlagzeuger Jonas allerdings auf den Traversen hocken blieb. Atsuktuvas Gitarre hatte keinen Gurt, also schleppte er einen Stuhl zur Bühnenmitte, stellte seinen Fuß darauf und platzierte die Gitarre in seinem Schoß. Nach sieben Titeln – es gab nur zwei Arten: »schnell« und »nicht ganz so schnell« – geriet Varveklis in eine Art Rausch. Er schrie wieder und wieder: »Mein Vater hat eine große Bratpfanne gekauft. Sie ging kaputt. Sie ging kaputt.« Die Organisatoren wollten die Band nun so schnell wie möglich von der Bühne haben, aber das Publikum war hocherfreut über das Zusammentreffen mit einem Phantom der litauischen Popmusik. Eine neue Spezies entstand – der typisch durchgeknallte Besucher von Punkfestivals.

Das nächste WC-Konzert wurde von jungen Wissenschaftlern des Instituts für Physik ausgerichtet und sollte im Konferenzsaal des Institutes *Radiolignė* im Außenbezirk Aukštieji Paneriai stattfinden. Einer der Organisatoren behauptete, Pyrotechniker zu sein. Er brachte je drei selbstgebaute Feuerwerkskörper links und rechts der Bühne an. Später würde ein abgesprengter Splitter der Bühne direkt im Hintern einer Zuschauerin landen, die ins Krankenhaus gefahren wurde – während die Band natürlich weiter spielte:

»Als Atsuktuvas den zweiten Titel ankündigte, wollte der junge Physiker den ersten Sprengsatz zünden, allerdings explodierten alle sechs gleichzeitig. Eine gewaltige Druckwelle breitete sich aus, und Teile der Boxen flogen den Leuten um die Ohren. Sämtliche Sicherungen waren durchgebrannt, und die Leinwand hatte Feuer gefangen. Atsuktuvas war schwer angeschlagen, die extrem teure, geliehene Gitarre war ihm aus den Händen gefallen. Danach saß er völlig erschüttert auf dem Boden. Rauchschwaden wälzten sich durch den Saal, die Leute husteten und versuchten, dem Gestank zu entkommen. Nur Varveklis lachte, schon in seiner Kindheit hatte er nichts gegen ein bisschen Pyrotechnik einzuwenden.« (aus *Ich und Atsuktuvas*)

In der Zwischenzeit hatten litauische Komsomolzen und Konzertorganisatoren eine Lösung für die Hauptprobleme der Rockbands in der UdSSR gefunden: die Zensur und die Abhängigkeit von bestimmten Konzertveranstaltern, insbesondere den Konservatorien. Punk und Konservatorien – schon das klang völlig absurd. Eine Lösung fand sich in der Variante, die 1983 erstmals in Leningrad ausprobiert worden war: der Gründung eines Rock Clubs. Diese Art Interessengemeinschaft mit den Funktionen einer Agentur wurde bald auch in Vilnius, Kaunas und Šiauliai eingeführt. WC wurde also Mitglied im Rock Klub von Vilnius, allerdings mit einem harmloseren Namen: KOMANDA V (gerne als VARVEKLIO KOMANDA interpretiert: Karriere-Kommando).

Dem Rock Club gelang die Organisation einer Reihe halblegaler Konzerte im Innenhof des Alumnats in der Altstadt von Vilnius. 1987 spielten WC dort gemeinsam mit MĖSA, einer anderen Band aus Vilnius, KATASTROFA aus Penevėžys und – typisch für diese Zeit, in der Stilgrenzen oft noch ignoriert wurden – der ebenfalls hauptstädtischen HILDA BLUES BAND. Im gleichen Jahr besuchten zudem viele litauische Punks das *Tartu Punk Festival* in Estland.

Die Szene änderte sich rapide, Vielfalt zog ein. Bereits 1984 hatte Algirdas Kaušpėdas (genannt Pablo), Mitglied der Gewerkschaft der Architekten und zahlreicher anderer Organisationen und zu diesem Zeitpunkt schon Mitte 30, die Band ANTIS gegründet. Ursprünglich trommelte er nur ein paar Kollegen für eine Neujahrsparty der Architekten zusammen. Später kamen jedoch auch professionelle Musiker hinzu, wie Gintautas Rakauskas von der Prog-Band SAULĖS LAIKRODIS oder der klassische Komponist Vaclovas Augustinas. Während aber Kaušpėdas sich optisch Bela Lugosi annäherte, vermischte die Band Ska, New Wave, Art Rock und Post Punk – insbesondere die TALKING HEADS beeinflussten den musikalischen Stil von ANTIS. Ihre ersten Hits waren das ironische »Alyvos« (Flieder), das theatralische »Klasėje mane kalbina« (In der Schule überredeten sie mich, Künstler zu werden) und das dynamische »Kažkas atsitiko« (Etwas ist geschehen), der größte allerdings war »Zombiai«, das offensichtlich von MEN AT WORKs »Down Under« abgekupfert war, sich textlich allerdings weniger auf Hollywood-Zombies bezog: »Laß uns so sauber wie möglich leben / böse Wanzen erwachen in der Tundra / Hör nur – hör nur – hörst du nicht? / Zombies überrollen uns / sie donnern heran.« Wer wollte, konnte hier Anspielungen auf Spitzel und das System an sich heraushören. Die Band war allerdings so beliebt, dass dem sowjetischen Label *Melodija* nichts anderes übrig blieb, als 1987 ihre erste Platte herauszubringen. Auf dem Cover prangten die Buchstaben A, N, T, I und S, frech im Fuckzine-Stil aus Lettern des kommunistischen Parteiorgans *Tiesa* zusammengesetzt.

LP *S/T* von ANTIS, *Melodija*, 1987

Schnell und voller Leidenschaft entwickelte sich nun Rockmusik aller Spielarten. Örtliche Organisatoren reagierten schnell – das Zentralkomitee des Komsomol der Litauischen SSR benannte 1983 seinen *Interklub* in *Lituanika* um. Eine Ehrung der beiden Nationalhelden Darius und Girėnas, die in ihrem Flugzeug *Lituanica* umkamen, als sie 1933 versuchten, von New York direkt nach Kaunas zu fliegen. Zu Sowjetzeiten wurde kolportiert, ihre Flugroute hätte sie über deutsche Konzentrationslager geführt, und sie seien daher abgeschossen worden. 1985 wurde also unter dem Namen *Lituanika* das erste Festival organisiert. Gesangs- und Instrumentalensembles sowie Jazzbands traten auf. 1986 war das Ganze dann schon ein Proto-Rock-Festival mit Bands wie AVIA, BRAVO, ARIJA und ANTIS, FOJE, HILDA, den Hardrockern PLENTAS aus Pasvalys. 1987 machten ANTIS dann gemeinsam mit sowjetischen Rockmonstern wie GUNAR GRAPS aus Estland, JUMPRAVA aus Lettland und NAUTILIUS POMPILIUS Schlagzeilen. KINO waren auch vor Ort, aber Wiktor Zoi blieb sehr zurückhaltend, er sagte der Presse: »Hier gibt es einfach zu viele Metalbands.«

Die Organisatoren wollten sich natürlich so schnell wie möglich der Kontrolle durch den Komsomol entziehen, daher wurde *Lituanika* 1988 auf den Herbst verschoben und eine reguläre Konzertagentur gegründet: *Jaunimo muzikos klubas* (JMK). Daneben gab es verschiedene andere neue offizielle Festivals, wie das *Lietuviško roko šventė* in der großen Sporthalle von Kaunas.

Gleichzeitig bekam die New Wave- und Metal-Szene schnell Zuwachs von neuen Bands. Auch KOMANDA V formierte sich neu, genauer gesagt: Atsuktuvas gründete 1988 eine neue Band – UŽ TĖVYNĘ. Allerdings sollte die das Jahr 1989 nicht erleben. Die Jungs im Rock Club Vilnius sagten, der Name sei in Ordnung, wenn auch etwas patriotisch und/oder nationalistisch. Übersetzt bedeutet er »Für die Heimat« – auch wenn eben nie ganz klar wurde, für welche Heimat. Vytautas Kubilius, ein talentierter Trompeter und ehemaliges Mitglied von ANTIS, spielte Bass, und Rolandas Gaušas übernahm das Schlagzeug. UŽ TĖVYNĘ zeigte deutlich Atsuktuvas' Talent für Eigenwerbung; er nahm dankbar den Titel »Vater des litauischen Punk« an und unterschied sich so von einer Reihe halb anonym bleibender Persönlichkeiten der Szene (Tauras, Kablys, Kurmis, Šatas, Gugis, Londonas usw.). Es ging auch die Legende, Atsuktuvas sei vom Militärdienst befreit worden, weil er sich vor dem Eignungstest mit einem Kugelschreiber Sternchen auf den ganzen Körper gemalt und seinen Schwanz mit Isolierband umwickelt haben soll. Tatsächlich konnten ihm wohl sein Vater, Dozent an der Universität Vilnius, und seine Onkel helfen. In jedem Falle hatte Atsuktuvas seine Auftritte in der Geschichte – angefangen bei der täglich erscheinenden *Komjaunimo tiesa* (Die Wahrheit des Komsomol), über *Jaunimo gretos* (Jugend – Seite an Seite), bis hin zur Erwähnung durch die esoterische Schriftstellerin Jurga Ivanauskaitė. Schließlich wäre da noch das Fanzine *Mūsų ašigalyje*, das er 1986 selbst gründete.

Das im Vergleich zu den Zeiten unter KPdSU-Generalsekretär Andropow günstigere Klima trug auch zur Reaktivierung der Band SA SA bei, einer litauischen Punk- und Post-Punk-Band. Frontmann Ahlyj (bürgerlich Nerijus Rėza) behauptete immer, die Band schon 1981 gegründet zu haben, als er noch in Vilnius Medizin studierte. Dann hätten allerdings seine Mitstudenten die Auftritte erleben müssen. Er nannte seine Band außerdem oft KARNAVALO PRAMONĖS KŪRYBINIS SUSIVIENIJIMAS, was soviel bedeutet wie »Vereinte schöpferische Fabriken der Faschingsindustrie«, eine Art Parodie auf die Fabriknamen in der UdSSR. Und SA SA benutzte auch konsequent ausschließlich in der Sowjetunion hergestellte Instrumente. Gern kündigte er sie auch als »vokales und fäkales, tödliches und instrumentales Ensemble« an, noch so ein ironischer Seitenhieb. Einmal soll sogar eine Performance mit der Nachbildung eines typisch ländlichen Gelages stattgefunden haben. Ahlyj erklärte die künstleri-

SA SA-Bandleader Ahlyj 1984 an der Medizinischen Fakultät der Universität Vilnius. Rechts: SA SA 1989.
Fotos: Archiv SA SA

schen Bestrebungen der Gruppe folgendermaßen: »Wir erzählen eine Geschichte ohne Hoffnung. Wir spielen die Musik zu Samuel Becketts Welt – mit einem Unterschied – wir warten nicht auf Godot, diese Figur ist entweder tot oder noch nicht geboren. Im ethischen Sinne ist es eine gottlose Welt. Weil es Gott nie gegeben hat.«

Die seltenen Auftritte von SA SA waren atemberaubend. Üblicherweise begann ein Konzert mit einem maskierten Ahlyj, der ein gespenstisch klingendes Keyboard bediente, und dem Lied »Mirusiųjų pasaulyje tvarka ir elegancija«, das verkündet: »Im Königreich des Todes / herrschen Ordnung und Eleganz«. Danach spielte die Band, jetzt angeführt von Bassist Laimingas Galas und mit ständig wechselnden Schlagzeugern, einige ältere Titel, darunter die Ode an den Sex auf einer verfallenen Bahnhofsstation »Mes neturime verkti« (Wir sollten nicht weinen), die melancholische Ehrung sinnlosen Zugfahrens »Elektriniai stulpai« (Elektrische Masten) oder die endlos erscheinende Auflistung aller Todesarten in »Man patinka« (Ich mag), die mit dem zynischen Refrain »Ich sterbe / Du stirbst« endet.

Eine zweite Reihe SA SA-Songs, die um 1988 entstand, war im lyrischen Sinne noch besser und hinterließ keinerlei Illusionen über den sowjetischen Geisteszustand. In »Kvailių šalis« (Land der Idioten) heißt es: »Land der dummen Hunde / mit dem Bein den Hals umklammernd / Schwindender Puls / Es ist mir eine Freude, zu spüren / Wie deine lüsternen Schläge verblassen / Land der Idioten / Ich will dein Ende sehen«. Ihr »Lėktuvas« (Das Flugzeug) war zudem im Grunde ein exaktes Rockcover der Nationalhymne der UdSSR, allerdings mit stark abweichendem Text, beginnend mit einer Allegorie: »Das Flugzeug gewinnt an Höhe / Ich hoffe, es ist nur vorübergehend / Das Flugzeug überwindet die Anziehungskraft / Ich hoffe, so bleibt es nicht«. Es endet mit dem Refrain: »Der Duckmäuser muss sich ducken / Eine Reise aus der Vergangenheit / Vorwärts und zurück« anstelle der »Unzerbrechlichen Union«. Man hatte den Eindruck, dass dieses Flugzeug sicher sehr bald abstürzen wird.

Eine andere von den Umständen begünstigte Wiederbelebung war die der Band BIX, die in einer ersten Inkarnation bereits 1982 ein punkiges Demo aufgenommen hatte und von Samas (bürgerlich: Saulius Urbonavičius) reanimiert wurde, als er vom Dienst in der Sowjetarmee nach Šiauliai zurückkehrte. BIX spielte anfangs auf akustischen Amateurinstrumenten in Studentenwohnheimen, bis Aurelijus Silkinis, ein talentierter Organisator des örtlichen Rock Clubs, sie unter seine Fittiche nahm. Später spielte er sogar Bass bei ihr. Samas nannte zwar die SEX PISTOLS und DEAD BOYS als Lieblingsbands, aber es war klar, dass BIX eher vom Rest seiner Favoritenliste (POLICE, ULTRAVOX und vor allem MADNESS) beeinflußt war. Ihre Texte waren eher typisch für russischen Rock, aber gleichzeitig prächtige Hymnen an die »Kinder aus dem Beton«. BIX waren so gut, dass sie beinahe zur Konzertreihe *Roko Maršas* eingeladen wurden, was Auftritte in den Stadien der größeren Städte Litauens bedeutet hätte. Aber erst 1988 sollte *JMK* sie einladen, neben den Letten KRASTS, den Esten KRIMBEL und der Folkband NAMO als Vorband von ANTIS aufzutreten, die schon 1987 Headliner waren.

Wie sehr sich das politische Klima gewandelt hatte, zeigte sich, als UŽ TĖVYNĘ ihren Hit »Lietuva – tai jėga« (Litauen ist Kraft) spielten. Im Juni 1988 war die Reformbewegung *Sąjūdis* gegründet worden und die »samizdat« (Selbstverlage) explodierten geradezu, mit Hunderten neuer, xerokopierter Veröffentlichungen. Es war zudem der Sommer der großen Demonstrationen, zwischen 50 000 und 150 000 Menschen protestierten auf den Straßen. Die litauische Trikolore wurde legalisiert und ein typisches Plakat aus dieser Zeit zeigte einen Punk mit ihr als dreifarbige Haartracht. Tatsächlich schlossen sich die Punks auch radikaleren Protesten an: sie forderten die Freilassung von politischen Gefangenen.

Währenddessen wurde das Punkfestival auf dem Hof des Alumnats in Vilnius' Altstadt zur Tradition und bekam den Namen *Vilnius Punk 88*. Jetzt spielten dort auch

Vilnius Punk 88: Atsuktuvas und Varveklis mit der Band UŽ TĖVYN, Foto: LOS Centras Archiv

Vilnius Punk 88: Varveklis mit G. R. I. sowie Jegor Letow (GrOb). Fotos: LOS Centras Archiv

einige richtige Punkrock-Bands wie S. M. B. (Savas – Maišas – Brudas) und G. R. I. (fast D. R. I., oder?), wobei Kaunas die Band D. A. A. P. entsandte und auch KATASTROFA wieder dabei waren. Beweis für die universellen Freundschaften unter Punks der ganzen UdSSR war zudem die Ankunft von Gästen wie ABS (auch bekannt als KULO) aus Estland und die berühmten GRASCHDANSKAJA OBORONA aus Sibirien, angeführt von Jegor Letow, den man an seinem Markenzeichen erkannte, einer runden Sonnenbrille.

Inzwischen hatte *JMK* es geschafft, diverse Bands für ihre Veranstaltung *Rock Forum*, die im Mai 1988 stattfinden sollte, zu buchen. Darunter russische Top-Bands wie DDT, ALISA, TELEVIZOR, ZVUKI MU und ČAI-F, VOPLI VIDOPLIASSOVA aus der Ukraine, aber auch DAAB und VOO VOO aus Polen, den Meister der punkigen Folkmusik Billy Bragg aus England und JIMI TENOR & HIS SHAMANS aus Finnland. Die Krönung war die Ankunft von POP WILL EAT ITSELF aus den West Midlands, der ersten westlichen Indie-Band, die eingeladen wurde, in der damaligen Sowjetunion zu spielen. Den Konzertveranstaltern ist es sogar gelungen, das Gerücht zu streuen, dass Punk bald von Grebo-Rock abgelöst werden wird, wobei natürlich PWEI die Propheten dieser Weissagung waren. Was man jedoch schließlich nicht vergessen darf – Estland war in diesem Sommer sogar Gastgeber von PUBLIC IMAGE LTD./PIL.

Im September kam als Antwort von *Lituanika* deren erstes internationales Festival, dessen Hauptakt DIE TOTEN HOSEN waren. Die Band stimmte anscheinend zu, für eine sehr kleine Gage zu spielen, weil sie unbedingt die UdSSR besuchen wollten. So bekam Litauen Campino in Schlafanzughosen und er die Gelegenheit, seine Bierdosen über der ersten Reihe auszuleeren. Ein weit weniger bekanntes Trio aus Holland namens KÄDÄVÈRBÄK enthüllte zudem die musikalische Form der Zukunft – eine Art Up-Tempo-Hardcore-Musik, die den 77er Punk-Trend ablösen sollte.

Im Dezember 1988 zog dann die Kaunas-Szene mit einem zweitägigen Punkfestival nach. Das Kulturhaus der riesigen Rundfunkfabrik *Banga*, die in der ganzen UdSSR für den hochwertigen Fernseher *Šilelis* berühmt war, diente als Veranstaltungsort.

Solch eine Fabrik stellte Punks ihren Kino- und Konzertsaal zur Verfügung! Aber es gab auch genug Punks für drei lange Konzertabende. Einige von ihnen trafen sich am ersten Tag des Festivals und traten bereits am zweiten Tag gemeinsam auf. Eine dieser spontan entstandenen Bands waren ERKĖ MAIŠE, benannt nach dem Sänger und Gitarristen Erkė und dem Schlagzeuger Maišas. Sie wurden zu einer der berühmtesten litauischen Punkbands aller Zeiten, auch nach über 20 Jahren spielten sie noch gemeinsam.

Die Bands von Kaunas waren jedenfalls bereit – darunter MORGAS, PIONIERIAUS GARBĖS ŽODIS und SIENA (wobei die eigentlich aus Varėna waren), SMEGDUOBĖ (eigentlich aus Pasvalys) und NĖŠČIOS RUPŪŽĖS, die erste reine Frauenband Litauens.

In der Zeit davor waren auch die schon erwähnten D.A.A.P. entstanden (Degradų armija anarchijos prospekte – Armee der Degenerierten im Angesicht der Anarchie), die beste Punkband, die Kaunas je hervorgebracht hat. Ihre Mitglieder schnappten ein paar musikalische Grundlagen bei Heavy Metal Bands auf und über ihren Gitarristen Kriaušė ging scherzhaft das Gerücht, er sei einfach nicht gut genug gewesen, um in einer »richtigen« Metalband zu spielen. Was wahrscheinlich sogar stimmte.

Zum Zeitpunkt des Festivals war die Band jedoch bereits umbenannt in 33% KIAULIŲ PAKELIUI Į VATIKANĄ (33% der Schweine auf dem Weg zum Vatikan – das Zitat einer kommunistischen Schlagzeile). Manchmal wurde auch nur das kürzere KIAULĖS (Die Schweine) benutzt. Unter der Leitung von Vaidas Iškrypėlis produzierten sie bald die wohl herausragendsten litauischen Punkplatten, mit Liedern wie »Prageriu savo vėliavą« (Ich verkaufe die Fahne und gebe das Geld für Bier aus) und später das sehr treffend benannte Album *The Greatest Love Songs.*

Die Zeiten änderten sich rasant. Im April 1989 kamen SONIC YOUTH nach Vilnius, sie tourten mit dem Album *Daydream Nation,* und beim Festival *Vilnius Rock* spielten später die Isländer THE SUGARCUBES, mit all der verrückten punkigen Energie von Björk. Der Stil von Punk '77 schien überholt, und die Entdeckungsreisen von Varveklis

NĖŠČIOS RUPŪŽĖS beim Purvinoji Žiema-Fest 1988 in Kaunas

33% KIAULIŲ PAKELIUI Į VATIKANĄ 1988. Beide Fotos: Bandarchiv

und seinen Freunden bei G.R.I. oder EMOCINIS KARAS schien man nicht mehr ernst nehmen zu können. Die wohl seriöseste Band des Jahres war DUSTAS NUODAI um Savas (bürgerlich Mindaugas Savičenka). Entstanden aus der Band S.M.B., versuchten sie sich an einer schnelleren und schwereren Version des Punk. Der Name, deutsch etwa Staubrisiko, bezog sich auf Dichlorvos, das damals dem Bier beigefügt wurde, um seine Wirkung stärker werden zu lassen. Die Punkszene aus Vilnius' Stadtteil Antakalnis, zu der neben DUSTAS NUODAI noch ERKĖ MAIŠE und folgend SKAT sowie 16 OBORTOV zählten, gründete später ihren eigenen Klub inklusive Proberaum im ehemaligen Kleintierzoo des örtlichen Pionierhauses.

Selbst das traditionelle Herbstfest im Alumnata Hof trug den Begriff »Punk« bezeichnenderweise nicht mehr im Namen. Die Veranstaltung hieß nun *Vilnius Underground 89*. ŠIAURĖS KRYPTIS debütierte hier als eine der besten romantischen Rockbands der ehemaligen UdSSR. Zumindest war sie nicht schlechter als die Rockromantiker aus Leningrad und Swerdlowsk und vielleicht die beste Band, die je in litauischer Sprache sang. Auf der Bühne erschien auch IR VISA TAI KAS YRA GRAŽU YRA GRAŽU (All das ist wunderbar, ist wunderbar – ein weiterer Name, der aus *Šluota*, der Antwort Litauens auf das sowjetische Satiremagazin *Krokodil*, stammte). Die Band wurde von dem bekannten Filmemacher Baras (bürgerlich Artūras Barysas) und Šlipas (bürgerlich Artūras Šlipavičius) gegründet. Sie konnten zwar ihre Liebe zu THE RESIDENTS oder Fred Frith nicht verbergen, aber ihr berühmtestes Lied »Šunparkis« war reiner Punk-Spirit, eine Hymne an die Party.

Punkige Geräusche dominierten auch die Nacht des Festivals, als mit AUKA einige Jungs debütierten, die vom rechten Ufer des Flusses Neris kamen, aus dem Bezirk Šeškinė. Kastis (bürgerlich Kastytis Minkauskas) an der Gitarre und Kriaučius (bürgerlich Linas Kriaučiūnas) am Schlagzeug wurden dabei durch Dusia ergänzt. Dieser »Bassist« wußte allerdings nicht, wie man das zweite Lied spielt, also setzte er sich einfach auf den Boden und rauchte (exzellentes Krisenmanagement für jemanden, der später eine der größten litauischen Banken leiten sollte). Als AUKA sich 1990 wieder zusammen taten, sollte aus ihnen die Hardcore-Band TURBO REANIMACIJA werden, und damit eine der wichtigsten litauischen Gruppen der 1990er Jahre.

Nachdem INOKENTIJS MÁRPLS aus Riga den Alumnata-Hof mit schweren, brutalen Klängen bespielten, hatten dann 33% KIAULIŲ PAKELIUI Į VATIKANĄ das letzte Wort in dieser Nacht. Ihre »Liebeslieder« waren ein perfekter Ausklang.

Doch abgesehen davon herrschte Chaos, und es sollte das letzte Punkfestival in der Altstadt von Vilnius sein. Denn nicht nur Fans hatten sich im Publikum versammelt. Das Team von *Labirintas* (Labyrinth, eine Sendung des litauischen Fernsehens) wurde beinahe angegriffen. Ein paar Leute fickten unter der Bühne. Biergläser wurden zerbrochen und Besuchern mit Schnittverletzungen gedroht. Aus dem Archiv der Wochenzeitschrift *Literatūra ir menas* wurden Papiere geraubt, die auf die Konzertbesucher nieder regneten, und in der Nacht wurde beim Litauischen Verband der Fotografen eingebrochen und neues Mobiliar zerschlagen.

Am 11. März 1990 erklärte das neue litauische Parlament die Wiedererlangung der Unabhängigkeit des Landes. Das nächste Festival im Frühjahr, eine Fortsetzung von *Purvinoji žiema* in Kaunas, bedeutete bereits den Abschied von SA SA und 33% KIAULIŲ PAKELIUI Į VATIKANĄ. Letztere hatten zuvor das Album *Aleliuja elektrik aleliuja, elektrik aleliuja elektrik* aufgenommen, das eine Hinwendung zum Industrial Rock darstellte, bei der einem MINISTRY in den Sinn kommt. UŽ TÈVYNÈ verkürzten zuvor schon ihren Namen zu UTV, unter dem Atsuktuvas begann, kitschige Disco-Polo-Musik zu spielen.

AUKA / TURBO REANIMACIJA. Foto: Bandarchiv

Aber eine junge Generation, inspiriert von den DEAD KENNEDYS und FUGAZI, begab sich auf die Suche nach neuen Freunden. Die Entwicklung einer neuen Szene begann, die wie schon AUKA aus den jungen Stadtvierteln am rechten Ufer des Flusses Neris kam und Bands wie WC NEWS (später DR. GREEN), MARICHUANA, DEPRESIJA oder SC und Fanzines wie *K. N. K.*, *Jokios prasmės* und *Decibelai Offensive* hervorbrachte. Nachrichten über die aktuelle Punkszene erreichten so auch Vilnius, Alytus und Klaipėda, Švenčionys und Papilė, während Festivals an Orte wie Varėna oder Vievis zogen. Letzteres endete mit zahlreichen Verhaftungen durch die Polizei, wobei Feuerwehrleute aus Trakai versuchten, die Menschenmenge mit Wassergewalt auseinanderzutreiben. Nach der Zerstörung des sowjetischen Systems brach nun ein neues Jahrzehnt des Aufbaus (aber auch des Diebstahls) von neuem Eigentum an, eine neue Art von Materialismus breitete sich aus.

Die Punks von Vilnius hatten jedoch noch einmal ein letztes Wort. Im Januar 1991 begannen Provokateure, sich gegen das litauische Parlament zu wenden, und es war offensichtlich, dass bald ein Angriff auf die »Nationalisten« stattfinden sollte. Dieser begann in der Nacht des 13. Januar, der als Blutsonntag von Vilnius traurige Bekanntheit erlangen sollte. Neben Intellektuellen, Offizieren und Künstlern verbarrikadierten sich auch Punks im Burgturm von Gedimino. Sie schworen zu sterben, aber nicht aufzugeben. Sie trugen alten Drillich und altertümliche Gewehre. Ihr Versprechen war ironisch und doch so wahr – wir ergeben uns nicht!

Übertragung aus dem Englischen: Silvia Koerbl. Endabmischung: Koerbl / Meißner / Pehlemann

Yuriy Gurzhy

Die Geburt einer ukrainischen Schalljugend

Sobald man über die Ursprünge von Punk in der Ukraine nachzudenken beginnt, stellt sich unweigerlich die Frage, wie man Punk überhaupt definiert. Reden wir über Punk als Haltung und Weltanschauung, als (Anti-)Fashion oder doch über Punkrock? Sind wir auf der Suche nach den ukrainischen RAMONES oder SEX PISTOLS? Man sieht, es kann leicht kompliziert werden.

Die Wahrheit ist, dass man, selbst wenn man aufs gründlichste recherchiert, wenn man ausgiebig mit Musikern, Musikexperten und Kulturwissenschaftlern spricht und sich auf Google-Jagd nach den Spuren von Punk begibt, schnell in einer Sackgasse endet. Selbst wenn man es in die Ukraine schaffen sollte; die Suche nach ukrainischen Punkplatten ist pure Zeitverschwendung, da kaum welche zu finden sind. Der Grund dafür ist einfach. Im gesamten Gebiet der fünfzehn Republiken der UDSSR gab es eine einzige Plattenfirma, *Melodija*, und es war ausgeschlossen, dass ein staatlich finanziertes Label jemals etwas herausbringen würde, das auch nur entfernt an Punkrock erinnerte.

Die Rock'n'Roll-Rebellen aus Lwiw, Kiew oder Charkiw verbrachten ihre glorreichen Leben größtenteils im Untergrund. Sie nahmen ihre Songs auf Kassette auf und verbreiteten sie mittels eines Netzwerks aus Enthusiasten; wobei überhaupt nur in ein Studio zu kommen, nahezu unmöglich war, ganz zu schweigen vom Veröffentlichen einer tatsächlichen Schallplatte.

Schon ein Auftritt stellte ein gefährliches Unterfangen dar, das einem Ärger mit den Behörden einhandeln konnte. Ich erinnere mich an das erste Konzert, das ich besuchte. Es war 1989, während der Perestroika-Ära und zwei Jahre vor dem Zerfall der Sowjetunion. Mein älterer Cousin hatte uns zwei Tickets für den Sonntagabend des *Rock gegen Stalinismus*-Festivals besorgt. Ich weiß noch genau, dass KPP, eine lokale Heavy-Metal-Band, sich weigerte, ihr Set zu beginnen. Das Regionalkomitee der Kommunistischen Partei hatte einen ihrer Songtexte, in dem es um den aktuellen Zustand in unserer Stadt, Charkiw ging, nicht bewilligt, was bedeutete, dass es ihnen verboten war, den Song live zu performen. Das Publikum war derart aufgebracht und kurz davor zu randalieren, dass es plötzlich doch recht schnell möglich war, die Genehmigung einzuholen, damit die Band fortfahren konnte.

Dann geschah etwas Außergewöhnliches. Obgleich jeder den Auftritt von RABFUCK, einer experimentellen Band aus der Region, erwartete, wurde die Bühne auf einmal von einer Gruppe langhaariger Irrer in Beschlag genommen. In perfektem Guerilla-

VOPLI VIDOPLIASSOVA. Fotos: Alexej Zaika

Style eroberten sie die Bühne, spielten ein Set aus zwölf brutal lauten Punkrock-Songs in nur fünfzehn Minuten und hinterließen ein geschocktes, sprachloses Publikum. Es war GRASCHDANSKAJA OBORONA, ein verfemtes Bandkollektiv aus Sibirien, angeführt von Jegor Letow, einem erklärten Staatsfeind, der vom KGB gesucht wurde. Jegor war so etwas wie eine Legende seiner Zeit. Per Anhalter tourte er durch die UdSSR, um völlig überraschend an den unwahrscheinlichsten Orten aufzutauchen.

Doch es gab noch eine weitere Band auf der Liste des *Rock gegen Stalinismus*-Festivals, die man aus heutiger Sicht höchstwahrscheinlich als die ersten ukrainischen Punks bezeichnen würde. Die Rede ist von VV (VOPLI VIDOPLIASSOVA), einem Quartett aus Kiew, deren Karriere 1986 begann. Heute gehören VV zu den Rock-Urgesteinen, sie sind quasi die ukrainischen ROLLING STONES, doch damals, vor 30 Jahren, waren sie in vielerlei Hinsicht Pioniere des Punk.

Die sowjetische Strategie der »Russifizierungspolitik« hatte, in Verbindung mit anderen feindseligen Kolonialverordnungen, zur konsequenten Ausrottung jeglicher ukrainischer Volkskultur geführt. Was in den 1930er-Jahren begonnen hatte, war zu diesem Zeitpunkt beinahe vollständig gelungen. Dies galt besonders für die Ostukraine, wo die meisten es bevorzugten, auf Russisch zu lesen und Musik mit russischen Texten zu hören. Infolgedessen wurde die ukrainische Sprache als eine »Quasi-Sprache«, oder gar als Dialekt betrachtet, fast nur noch in ländlichen Regionen und nicht mehr von der gebildeten Bevölkerung gesprochen.

Für viele junge Ukrainer, die in den 1980ern aufwuchsen, klang Ukrainisch altmodisch und uncool. Diese Sichtweise änderte sich jedoch unweigerlich, hatte man einmal Oleh Skrypka und seine Jungs, ausgerüstet mit elektrischen Gitarren und einem Bajan (einem russischen chromatischen Knopfakkordeon) spielen sehen. Sie lieferten die energisch überschäumende Version eines flirrenden Hochgeschwindigkeits-Rock'n'Roll, der von folkloristischen Elementen inspiriert, und zudem auf Ukrainisch gesungen wurde. Heutzutage würde man VV's damaligen Stil wohl als Folk-Punk bezeichnen. Ich bin mir fast sicher, dass sie damals noch nichts gehört hatten von Bands wie THE POGUES oder VIOLENT FEMMES, sondern im Alleingang auf die Idee gekommen waren, Elemente aus dem ukrainischen Folk in ihre Musik einzubinden. Manchmal spielten sie sogar eigene Interpretationen wenig bekannter folkloristischer Lieder inmitten ihrer frenetischen Live-Sets. 1989 traten VV zusammen mit SONIC YOUTH (die damals auf Postern mit »Zvukovaya Molodezh« übersetzt wurden) in

Kiew auf und verursachten das Erscheinen einer ganzen Welle an neuen Post-Punk-Bands innerhalb der ukrainischen Musikszene (SHAKE HI-FI, IVANOV DOWN etc.). Auftritte von VV in den späten 1980ern mitzuerleben war jedes Mal sowohl ein Schock als auch eine Offenbarung. Sie waren in der Lage, Interesse an ukrainischer Kultur in einem zum Leben zu erwecken und regten dazu an, ähnliche Performer aufzuspüren.

1989 fand neben dem in Kiew veranstalteten Festival *Rock gegen Stalinismus* noch ein weiteres wichtiges in der Stadt Czernowitz statt. *Chervona Ruta* sollte die ukrainische Musiklandschaft schon bald völlig verändern und noch in den folgenden Jahren prägen. Das Festival war als Wettbewerb für Bands, die auf Ukrainisch sangen, angedacht. Den Gewinnern winkte der extrem verlockende Preis, professionell ein Album aufnehmen und auf landesweite Tour gehen zu können. Um überhaupt eine Chance zu haben, wechselte deshalb eine ganze Reihe von Bands, die normalerweise auf Russisch sangen, aus rein pragmatischen Gründen ins Ukrainische. Heute, 28 Jahre später, gehören einige von eben diesen Bands zu den berühmtesten des Landes. Das Festival sollte daraufhin alle zwei Jahre in einer jeweils anderen Stadt stattfinden.

VV rockte das Haus beim ersten *Chervona Ruta*, genau wie BRATY GADYUKINI, eine weitere legendäre Band aus Lwiw, die bis heute noch Musik macht. Streng genommen kann BRATY GADYUKINIS Musik eigentlich nicht als Punkrock bezeichnet werden. BRATY GADYUKINI waren stets eine solide Rock'n'Roll-Band, inklusive eines Bläsers und einer weiblichen Background-Sängerin. Ihre Texte jedoch, und das Image, das ihr Frontmann Serhiy Kuzminskiy transportierte, waren definitiv Punk. Kuzminskiy war ein Teilzeit-Junkie mit einem Gesangsstil, der stark an Johnny Rotten oder auch Joey Ramone erinnerte. Er transportierte seine Geschichten über Verlierer auf eine ungerührte, beinahe arrogante Art und Weise, die Augen stets hinter Sonnenbrillen verborgen, und gebrauchte dabei ironisch die Mischsprache Surschyk, eine Kombination aus Russisch und Ukrainisch. Einer ihrer Hits – »Dupa Dzhalizovaya« (The Metal Ass) – ist eine turbulente Liebesgeschichte, in der es um einen Kerl geht, der in Schwierigkeiten gerät, nachdem seine Freundin ihn zurückweist. Schlussendlich landet er im Gefängnis und wird dort vergewaltigt.

BRATY GADYUKINI. Foto: Alexej Zaika

Kuzminskys absoluter Dauerbrenner ist jedoch der Song »Fayne Misto Ternopil«, der ebenfalls eine gewaltsame Liebesgeschichte erzählt. Es geht um einen Jungen, der von zu Hause wegläuft, um der Schule zu entgehen und ein Rock'n'Roller-Leben in Ternopil zu führen. Er nimmt Drogen und schläft mit einem fünfzehnjährigen Mädchen, die er im Anschluss verprügelt und rauswirft, als Strafe für ihren schlechten Musikgeschmack.

Letztendlich machte Kuzminskiy eine Entziehungskur, besiegte die Sucht und zog nach Moskau, wo er zu einem Psytrance-DJ wurde ... BRATY GADYUKINIY feierten 2006 eine erfolgreiche Reunion, doch leider verstarb ihr Sänger bereits 2009.

Je mehr man sich mit denjenigen unterhält, die in den späten 1980ern Teil dieser Musikszene in der Ukraine waren, umso farbenfroher wird das Bild dieser Zeit. Fast jeder, mit dem ich das Glück hatte ein Interview führen zu können, erzählte mir von lokalen Punkbands, von denen es leider so gut wie keine Aufnahmen gibt. Dank dieser Unterhaltungen erfuhr ich erstmals von Bands wie STRATEGICHNI SPERMATOZOIDI (Ivano-Frankivsk), DETI MAYORA TELATNIKOVA (die Punk-Helden des Kiewer Untergrunds, die jedoch sang- und klanglos untergingen), BARDAK, VOICE OF HELL, ALIGATOR SCHOOL, GONZO I BRATY (Novoyavorsk) und vielen weiteren.

Erwähnenswert ist die Qualität der Musikausrüstung, und wie sehr der Sound letztlich davon abhängt. Im Jahr 2017 kann man einfach in einen Laden gehen und eine *Gibson* oder eine *Fender* kaufen, egal ob man in Berlin oder Odessa ist. 1987 hingegen war die beste Gitarre, die man kriegen konnte – wenn man denn Glück und genug Geld hatte – eine in der DDR gebaute *Musima*. Alle anderen, die unbedingt Musik machen wollten, mussten sich mit in der UdSSR gefertigten Gitarren begnügen. Die Schlagzeuge klangen nicht nur furchtbar, sie fielen auseinander, während man auf ihnen spielte. Die selbstgebauten Verstärker vervollständigten nur noch das Gesamtbild ... Wenn man all das bedenkt, ist es nicht mehr allzu überraschend, dass sich über die Hälfte der in den 1980ern aufgenommenen Alben tatsächlich viel mehr nach Punk anhören, als die »richtigen« Punk-Alben. Das Lustige daran ist, dass jene Bands sich selbst niemals als Punk definiert hätten. Es geht die Legende um, dass Thurston Moore und Lee Ranaldo von SONIC YOUTH (die einzige Punkband der westlichen Welt, die schon zu dieser Zeit in Kiew auftrat) derart begeistert waren von diesem Sound, dass sie ihre Gitarren gegen die der ukrainischen Musiker eintauschten.

SONIC YOUTH war nicht die einzige, aber eine der wenigen Punkbands aus dem Ausland, die es in die Ukraine, oder viel mehr die Ukrainisch Sozialistische Sowjetrepublik, wie sie damals noch hieß, schaffte. 1988 begrüßte das in Kiew veranstaltete Festival *Rock im Kampf für den Frieden* zwei Bands aus Polen. DEZERTER und VOO VOO, wobei letztere sich aufgrund technischer Probleme zu spielen weigerte. An das Konzert erinnert man sich noch allzu gut, jedoch nicht aufgrund der Qualität der gespielten Musik, sondern wegen eines legendären Kampfes, der zwischen Punks und Jungkriminellen ausbrach und sowohl das Publikum, als auch die Bands schockierte. Serhiy Myasoedov erinnert sich, dass DEZERTER vom Publikum enttäuscht war, weil nicht gepogt wurde.

Die CD *Novaya Scena – 14 Bands aus Kiew und Charkiw*, die 1993 auf dem Hamburger Label *What's so funny about* ... rauskam, dokumentiert mit am besten die goldene Ära der ukrainischen Untergrundmusik. Ich hatte das große Glück, die meisten dieser Bands live zu sehen. Etwa achtzig Prozent von ihnen waren Teil eines Zusammenschlusses junger Bands, der sich »Novaya Scena« nannte. Angeregt und organisiert wurde sie von Serhiy Myasoedov, einem charismatischen Ideologen und Herzstück des Verbundes (in der CD-Beilage wird »Novaya Scena« als illegale Kulturformation beschrieben). Jedenfalls fühlte sich die Musikwelt Charkiws dank Novaya Scena ein paar Jahre lang an wie New York. Die Stadt kochte über vor verschiedenen Avantgarde-Musikstilen und fantastischen Performern. Zum Beispiel das wahnsinnige Trio TSCHITSCHKA DRITSCHKA, das eine Art ukrainischen Dada-Punk spielte, der wie MOONDOG klang, bloß mit elektronischen Instrumenten und in einem Kindergarten performed.

TSCHITSCHKA nahmen 1990 zwei Alben auf; bis innerhalb nur eines Jahres aus ihnen das einmalig extravagante Psychedelic-Orchester KAZMA-KAZMA hervorging.

TSCHITSCHKA DRITSCHKA. Archiv von Sergey Myasoedov

Sie entwickelten einen Stil, der in seiner Originalität beinahe unmöglich zu beschreiben ist. Ihre Stücke erinnerten zu gleichen Teilen an mittelalterliche Musik und die frühen Aufnahmen der TALKING HEADS. Abgesehen von KAZMA-KAZMAS führendem Kopf Evgen Hodosh, war bei der Erstbesetzung des Orchesters auch Dmytro Kurovskiy vertreten, der zu dieser Zeit noch seine eigene Punkband GNIDA hatte. Deren Song »Gelbe Kotze« ist ebenfalls auf der *Novaya Scena*-CD zu finden. Mittlerweile spielen sowohl Dmytro als auch Eugene bei dem von Dmytro initiierten Projekt FOA HOKA, das seit 1992 aktiv ist.

Aus dem Englischen von Julia Machhausen

DISKOGRAFIE UKRAINE

BRATY GADYUKINIY (БРАТИ ГАДЮКІНИ)

Ukrainische Rocker spielen mit anarcho-kommunistischer Symbolik und unterschiedlichen Stilen.

LP: *Mi-Khloptsi z Bandershtatu* (*Audio Ukraïna*, 1991)

TSCHITSCHKA DRITSCHKA (ЧИЧКА ДРИЧКА)

Irrer Primitiv-Punk.

Kassette: *Grudnaya Zhaba na Eksport* (*S/R*, 1990)

2 Tracks auf Новая Сцена. *Underground From Ukraine! 14 Bands From Kiev & Kharkov* Comp.-CD (*What's So Funny About …* Deutschland, 1993)

IVANOV DOWN (ИВАНОВ ДАУН)

Minimalistischer und experimenteller Noisepunk.

Kassette: Best Urban Technical Noises (*Koka Records* Polen, 1991)

»Outch Putch/ Pieps!« auf *Novaya Stsena – Underground from Ukraine!* Comp.-CD (*What's So Funny About …* Deutschland, 1993)

VOPLI VIDOPLIASSOVA (ВОПЛІ ВІДОПЛЯСОВА)

Auch bekannt als VV. Großartiger und verrückter Folkpunk aus Kiew, mit Akkordeon. Punk-Tangos aus dem Irrenhaus.

Kassette: *Khay Zhive VV!* (*S/R*, 1987)

Kassette: *Tantsi* (*Fonograf*, 1989)

Kassette: *Hey, O.K* / Гей, Любо*!* (*Kobsa*, 1990)

Kassette: *S/T* (*S/R*, 1993)

COMPILATIONS

Kassette: Харьков *Ukraine Underground From »New Stage« Kharkow City* (*S/R*, 1989) Mit IGRA, TSCHITSCHKA DRITSCHKA, TOWARISCH, TSCHUSCHOY

CD: Новая Сцена. *Underground From Ukraine! 14 Bands From Kiev & Kharkov* Comp.-CD (*What's So Funny About …* Deutschland, 1993) Mit IVANOV DOWN, SHEIK HI-FI, TSCHITSCHKA DRITSCHKA, IGRA, FOA-HOKA, KAZMA-KAZMA, TOWARISCH u.a.

Bulgarien

Ivailo Tontschev

Der Horror der Realität: Punk in Bulgarien

Ein sehr persönlicher Szene-Report

Punk kam 1977/78 nach Bulgarien, also fast »in time«, vor allem durch Radiosendungen aus Jugoslawien. Bulgarien war allerdings sonst ziemlich zurück, was alle Formen von kulturellem oder wissenschaftlichem oder sonstigem Fortschritt anging, der gerade in Europa passierte. Die ersten »Punks« waren wohl Glam-Rocker, die von der Aggressivität der Musik angezogen wurden. Musikliebhaber, die damals, Ende der 1970er, keinerlei Möglichkeiten hatten, sich entsprechend auszudrücken, außerhalb ihrer ganz kleinen Kreise. Denn es war de facto illegal, irgendetwas anderes sein zu wollen, als ein hingebungsvoller junger Kommunist, der Tag und Nacht zum Nutzen der sozialistischen Gesellschaft arbeitet. Es ist daher kaum etwas überliefert. Ich aber bin Jahrgang 1973 und so kann mich nur auf die Geschichten der älteren Punks beziehen. Wie man jedoch weiß, ändert die Zeit manche Erinnerung …

Der Zugang zu Punk kam jedenfalls über das freiere jugoslawische Radio, das aber nur von einer kleinen Minderheit nahe der Grenze gehört werden konnte. Von dort kamen auch NOVI ZVETJA, gegründet 1979 in Kjustendil. Eine andere Quelle waren ins Land geschmuggelte Platten oder Kassetten, manchmal auch von Touristen. Man darf dabei nicht vergessen, dass so ziemlich alle westliche Musik bis etwa 1987 de facto offiziell verboten war. Klar, die BEATLES oder ROLLING STONES waren populär, und auch andere große Acts wurden ab und an im Radio gespielt, aber es gab keinerlei westliche Musik auf Schallplatte. Das gleiche gilt für Live-Shows. Als hier 1986 URIAH HEEP spielten, war das wie die Landung eines Ufos. Unglaublich, aber wahr. Die spielten ihre Hits im Playback, während vor der Bühne Leute weinten, die nicht fassen konnten, dass es wirklich passiert und sie überhaupt hier sind. Wie groß die Angst des Staates vor einem Riot oder ähnlichem war, zeigte, dass die Konzerthalle von Polizei und Armee umringt war. Natürlich gab es dann noch den schwarzen Markt, wo du Original-LPs oder T-Shirts, vor allem aber die beliebten Raubkopie-Kassetten bekommen hast – aber das war illegal, also risikoreich, und zudem sehr teuer.

Generell wurden alle Subkulturen wie Kriminelle behandelt und waren Gegenstand der Aktivitäten des Geheimdienstes, der Staatssicherheit. Zumindest bis zur Perestroika. Du konntest von der Schule fliegen, ein Verbot des Erscheinens in der Öffentlichkeit bekommen und von allen Jobmöglichkeiten ausgeschlossen werden, was letztlich zu einem Leben in der Illegalität zwang. Die Miliz hat dir sogar die Haare geschnitten oder deine Jeans in Stücke gefetzt. Allerdings bestand zwischen Sofia und den anderen Städten des Landes ein riesiger Unterschied. In der Hauptstadt wurden vielerlei Dinge toleriert, während in den ländlichen Gegenden jeder abweichende Look sofort Meldungen an die Polizei auslöste, man sich ausweisen und erklären musste ...

Bands, die auftreten wollten, mussten von der kommunistischen Jugendorganisation zugelassen werden. Wer Softrock mit einer Menge Keyboards und politische Songs spielte, der hatte sogar Chancen, live gesehen zu werden. Festivals starteten erst Mitte der 80er, ebenfalls durch den Komsomol. Da war jedoch schon Perestroika, also dachten sie, ihre Offenheit derart demonstrieren zu müssen. Nun konnte man auch erstmalig über Punk oder Heavy Metal reden, wobei auch New/Dark Wave schon präsent war und etwa 1987 bis 1988 auch Hardcore, sogar bis hin zu Grind- und Noisecore, dazu kam. Vor allem aber konnte man endlich live spielen, vor Publikum, oftmals sogar in Stadien. Die Leute waren extrem enthusiastisch – ein Gefühl kommender Freiheit durchzog uns ...

NOVI ZVETJA-CD *РАДИАЦИЯ* 1979–1995 und DDT-CD *Punk Will Never Die 1981–1991*, beide *AON Productions* (2004; 1999)

Musikalisch gab es zwar Fans, aber bis zur Mitte der 80er wurde in Bulgarien (fast) kein Punk gespielt. Anders als in den liberaleren Ländern Jugoslawien, Polen und Ungarn übte hier auch das staatliche Label direkten Druck auf die Bands aus. Die ersten Rockbands auf Vinyl kamen Ende der 1960er, aber das waren eher Einzelbeispiele einer Liberalisierung, als der Beginn einer Tradition. So ging es weiter durch die 1970er bis in die frühen 1980er. Junge Bands hatten keine Chance, wenn sie nicht von bekannten Komponisten oder einer Partei-Connection unterstützt wurden. Schon aufzunehmen war schwierig, wenn man kein Homestudio besaß und sich zudem die Aufnahme traute. Klar konnte man eine Keller-Session machen und all den Krach mit einem Mikrofon aufnehmen. Aber ihn zu verbreiten, war illegal. Bis zur Mitte der 90er waren die Hauptquelle für Musik die sogenannten »Musikstudios«, wo man sich alle möglichen Arten von Musik auf Tapes überspielen lassen konnte. Sie tauchten in den 70ern auf und hatten ihren Höhepunkt in den 80ern. Einerseits sollten die Besitzer eine breite Palette an Musik bieten, andererseits waren ihnen verdächtige Bands untersagt. Der Mainstream war präsent, all die Hard-Rock-Majoracts, Disco und Pop, und das war es. Bulgarische Bands konnten ihre Musik dort nicht verbreiten, denn das war alles strikt reguliert. Auch hier blieb nur, es illegal zu machen oder das Business sicher zu halten, indem man weiter nur AC/DC und LED ZEPPELIN kopierte. Deshalb kam auch bis zur Mitte des Jahrzehnts keine Tape-

Kultur in Bulgarien auf. Es sind kaum (bzw. nur sehr wenige) Spuren der Zeit davor erhalten, so NOVI ZVETJA (oft als erste bulgarische Punkband bezeichnet, die Mitte der 1970er als Glam-/Garageband anfing) oder DDT (eine Oi-/UK 82-Band).

Mit den neuen Zeiten, der Perestroika, änderte sich das. *Balkanton* entschied, nun mehr Bands zu machen und so kam es dazu, dass es auch bulgarischen Punk auf Vinyl gab. Der Dimitroff-Verband der Volksjugend startete die berühmte Reihe *BG ROCK* mit Split-LPs, die die Spitze der aufkommenden Szene abschöpfte. Daneben gab es allerdings immer noch keine legalen Möglichkeiten, da *Balkanton* auch das Monopol für Vertrieb hatte und sämtliche Verkäufe an ihnen vorbei ein krimineller Akt waren. Die Polizei hatte zudem stets noch ein Auge auf die Underground-Bands, um sie schnell daran zu erinnern, dass die neue Freiheit auch eine Illusion sein konnte.

Die Split-LP von CONTROL/NOVA GENERAZIJA LP (1988) bot erstmals eine Punkrockband, CONTROL, und den New-/Dark-Wave-Act NOVA GENERAZIJA, und mit REVIEW/MILENA (1989) kam Milena, unsere eigene Nina Hagen, zum Zug, ein Mädchen, das sich den Standards verweigerte. Sehr melodischer, mit Keyboards arbeitender Punk. Es gibt von ihnen auch eine extrem rare 7" (1987). ERA/CONKOURRENT (1989) bot von Punk getriebenen Thrash Metal vs. Heavy/Speed Metal, während *World, Wonderful People 1 & 2* (1988/89) zwei Live-Sampler vom *Rock in Michurin*-Festival waren, u. a. mit CONTROL, ERA, CLASS, ATLASS, REVIEW oder NOVA GENERAZIJA. Danach kam nur noch die CLASS/ATLASS-LP (1990), zweimal New Wave ... Und Bummmm ... war der 10. November 1989 da und die Demokratie sollte eigentlich nach Bulgarien kommen. Für die Musik zumindest war es wirklich eine Revolution. Es dauerte jedoch nur zwei Jahre, dann ging die ehemals staatliche Firma *Balkanton* bankrott. Nicht ohne zuvor noch die nun megarare MILENA AND ERA-LP (1991) veröffentlicht zu haben, von der es nur 300 bis 400 Exemplare gab. Schneller Punkrock mit weiblichem Gesang. Das war auch das Ende für Vinyl, für mehr als 20 Jahre. Aber plötzlich blühte die Tape-Kultur auf, mit ganz kleinen Firmen als Vertrieben. Die bekanntesten Alben kamen von CONTROL, die die Szene auch dominierten. Nicht, weil sie die besten waren, aber andere Bands hatten halt kein Geld oder keine Unterstützung, um offizielle Releases zu machen und ließen ihre Musik nur auf per Hand beschrifteten Kassetten zirkulieren. Die ersten echten DIY-Tapes mit Cover-Artwork kamen Mitte der 90er, vor allem mit dem Boom der Szene in Varna und deren gen UK-Hardcore orientierten Bands wie CONFRONT, DISSIDENT und anderen.

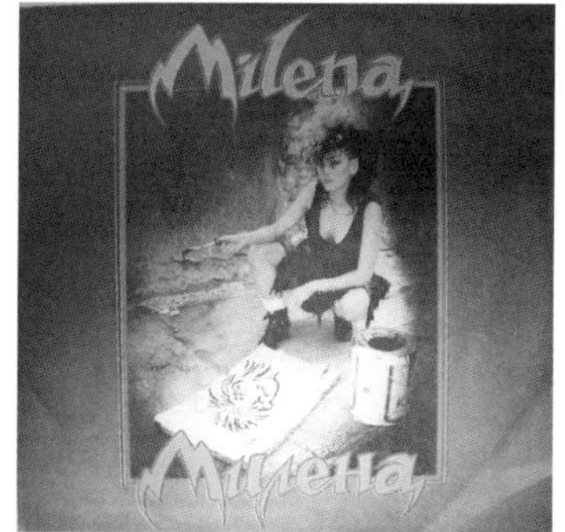

BG Rock-Split-LPs: CONTROL/NOVA GENERAZIJA (1988) und REVIEW/MILENA (1989), beide *Balkanton*

Mit dem derzeitigen Retro-Revival mag noch manches aus den Archiven an die Oberfläche kommen und etwas mehr Licht auf die Geschichte des bulgarischen Punk werfen, aber einen ernsthaften Versuch, ein solches Archiv aufzubauen, gibt es bisher nicht. Lediglich ein paar Ansätze, die alle zwar interessant waren, von denen aber keiner die wirklichen Fragen zu beantworten vermochte: was passiert ist und aus welchen Gründen, aber auch, warum alles verschwunden ist. So großartige Leute, und doch alles weg. Sie hätten dieses Land führen sollen, aber anstelle dessen wurden sie zu Märtyrern der neuen Zeit. Keine Ahnung, warum.

(1984 begann in Bulgarien eine Kampagne der Christianisierung beziehungsweise Bulgarisierung der Namen von Angehörigen der türkisch-muslimischen Minderheit, die sogar auf Verstorbene rückwirkend angewendet wurde und teils auf gewalttätigen Protest bis hin zu terroristischen Anschlägen traf, vor allem aber, was wohl auch gewollt war, den späteren Exodus in die Türkei beförderte, Anm. Hg).

Punk bedeutete damals jedoch einfach Chaos und kulturelle Revolution, oft auch in einem totalen Durcheinander, was denn rechts oder links sei, und war dabei eigentlich überhaupt nicht politisch. Selbst an eine kulturelle Reaktion auf ein gravierendes politisches Ereignis wie die Bulgarisierung kann ich mich nicht erinnern. Ich denke, man hat es einfach hingenommen, als etwas, was eben passieren musste. Wir hatten allerdings auch keine Ahnung, weil kaum zusätzliche Informationen aus den Gebieten der türkischen Minderheit kamen. Von den Anschlägen und Riots hörten wir erst später. Als man dann gefahrlos drüber reden konnte, war es jedoch längst zu spät.

Die ersten wirklich bewusst politischen Bands tauchten in den 1990ern auf, auf der linken Seite. Danach kamen bald auch rechte. Heutzutage ist die bulgarische Szene zwar politisch sehr aktiv und es gibt eine Menge Bands beider Seiten, sowie auch manche, die dazwischen wandern. Aber wirklich klar zu wissen, was links oder rechts ist, scheint man oft immer noch nicht ...

Wir wussten auch nicht wirklich, was in den anderen Ländern des Warschauer Pakts im Underground passierte und es kam auch kaum etwas hier an, abgesehen von russischem Heavy Metal und ein paar polnischen Punk-Platten in ausgewählten Läden in Sofia. Es gab natürlich Geschichten über die großen Festivals in Polen, aber dort ging es eben viel offener zu. Wir waren arm und naiv und ich denke, davon haben wir uns viel erhalten. Wir sind noch immer weit weg von allem ... Von einem kleinen Teil des bösen sozialistischen Reichs haben wir uns in eine surreale Bananenrepublik entwickelt, berühmt für Alkohol-/Sex-/Mach-was-du-willst-Tourismus, regiert von korrupten Politikern, die sich kaum von denen unterscheiden, die wir 30 Jahre zuvor hatten. Wir haben es nie zu dem geschafft, was man eine demokratische Revolution nennen könnte, denn es gab überhaupt gar keine, nur ein Auswechseln von Namen und Orten. Wir hatten die allerfriedlichste Transformation vom Kommunismus zu Was-auch-immer ... Keine Aufstände, keine Politiker im Knast, keine Reformen – ein friedliches und ruhiges Land. Aber wenigstens für ein paar Jahre gab es ein Gefühl möglicher Freiheit, und die waren auch der Höhepunkt subkultureller Aktivitäten. Der Bankrott des Musikbusiness in Bulgarien ließ das alles zudem verschwinden oder zurück ins Hobby sinken, in ein Wochenend-Ding. Subkultur ist hier nie wirklich groß geworden oder gar Mode.

Mir hat Punk jedenfalls die Augen für den Horror der Realität geöffnet, wenn man das so sagen kann. Ich habe großartige Leute getroffen, hatte wilde Träume – aber es ist fast vorbei. Ich hab' zwar noch immer meine Sammlung, besuche Konzerte, unterstütze leidenschaftlich die Szene, aber doch habe ich dieses Gefühl: vorbei! Ich hatte meine Zeit als Manager und dann sogar Besitzer von *AON*, dem langlebigsten Independent-Labels Bulgariens, mit verschiedenen tollen Releases: NOVI ZVETJA, KOKOSHA GLAVA, UZZU, ABORT, TARAN, CONFRONT und anderen. Bands, die die ganze Punk-Sache in Bulgarien schufen und prägten, muss man sagen.

Nach dem Zusammenbruch der Musikindustrie 2006 bis 2007 aber gab ich auf, das allerletzte Release war eine Zusammenstellung von NOVI ZVETJA, KOKOSHA GLAVA, PAUKI und KAOS KOOPERATIV im Jahr 2010. Es war eine schmerzhafte Erfahrung, letztlich einsehen zu müssen, dass niemand mehr Interesse hatte. Oder zumindest nicht, etwas auch zu kaufen.

Ich lebe in Stara Zagora, einer Industriestadt in der Mitte von Bulgarien, weit weg von Sofia und den anderen größeren Städten, wo es immer noch eine Art Szene gibt. Selbst hier gab es Mitte der 1980er mehr als zehn aktive Bands, und es war kein Ende abzusehen. Jetzt ist allen alles egal und ein oder zwei Coverbands, die in Kneipen spielen, sind, was übrigblieb. In der fünftgrößten Stadt des Landes! Moderner Punk interessiert mich außerdem nicht, denn es fehlt das Raue der 1980er und vor allem die Originalität. Natürlich gibt es noch ein paar gute Bands, aber die werden meist von älteren Szeneleuten gemacht, solchen wie mir. Punk aber sollte zubeißen, nicht ziellos die Zunge herausstrecken …

Kassette *Punk Anarchy Nihilism 89-95* von KOKOSHA GLAVA und CD *Няма Бъдеще 1988-1991* von UZZU, beide *AON Productions*

DISKOGRAFIE BULGARIEN

ABORT (АБОРТ)

Punk.

CD: *Abort/Taran* (*AON*, 2000) Split-CD mit TARAN, Aufnahmen von 1989

DDT (ДДТ)

Klassische Punk-Legende.

CD: *We Are DDT – Punk Will Never Die 1981–1991* (*A. O. N./Cabriten Panchen* -Argentinien, 1999)

»Gola Istina« / »Nie Sme DDT« auf *BALGARSKI ARKHIVI 1985–1990* Comp-7EP (*A. O. N. / Break Even* Kanada, 1999)

ERA (EPA)

Metal-Punk.

Split-LP mit CONCURRENT: (*Balkanton*, 1989) Zweiter Teil der *BG Rock*-Serie von Split-LPs.

KOKOSHAGLAVA (КОКОШАГЛАВА)

Punk.

Kassette: *Punk Anarchy Nihilism 89–95:* (*AON*, 1996)

Split-Kassette mit NU POGODI: *Punk Is Not Dead Yet! / Bulgaria 1997:* (*AON*, 1997)

KONTROL (КОНТРОЛ)

Äußerst variabler, schneller und energievoller Punk mit leichtem BIKINI-Feeling (gemeint ist die ungarische Band) Legende der bulgarischen Szene.

Split-LP mit NOVA GENERATSIYA (*Balkanton*, 1989) Erster Teil der BG Rock-Serie von Split-LPs.

Kassette: *Bumm* (*Mega International Rds*, 1990)

Kassette: *Lele Kako!* (RTM/Unison, 1992)

Kassette: *88–92* (*RTM/Unison*, 1993)

»Svobda« auf *BALGARSKI ARKHIVI 1985–1990* Comp-EP (*A. O. N. / Break Even* Kanada, 1999)

MILENA (МИЛЕНА)

Die »bulgarische Nina Hagen«. Aber auf jeden Fall mehr Punk, auch wenn ihre Musik manchmal Ska und New Wave aufgreift.

Split-LP w/REVIEW (*Balkanton*, 1989) Dritter Teil der *BG Rock*-Serie von Split-LPs, es gibt verschiedene Pressungen mit unterschiedlichen Cover-Farben.

LP: *Ha-Ha* (*Balkanton*, 1991) Titel sind auf Englisch, aber gesungen aus Bulgarisch.

»Direktor Na Vodopad« / »Garantsiya« auf *P'RVI ROCK FESTIVAL-MISHURIN* Comp. LP (*Balkanton*, 1988) Unter ROK KOOPERATSIYA MILENA

NOVA GENERAZIJA (НОВА ГЕНЕРАЦИЯ)

New Wave/Post Punk.

Split-LP w/KONTROL (*Balkanton*, 1989) Erster Teil der BG Rock-Serie von Split-LP.

»Samo Dvama!« auf *BALGARSKI ARKHIVI 1985–1990* Comp-7EP (*A. O. N. / Break Even* Kanada, 1999)

NOVI ZVETJA (НОВИ ЦВЕТЯ)

Die »Neuen Blumen«, frühester bulgarischer Punk.

7": »S/T« (*Darbouka* -Frankreich, 2008)

CD: »Radiatsya 1979–1985« (*A. O. N.*, 2004)

REVIEW (РЕВЮ)

Im Grunde Milena mit einer befreundeten Band.

Split LP w/MILENA (*Balkanton*, 1989) Dritter Teil der *BG Rock*-Serie von Split-LPs, es gibt verschiedene Pressungen mit unterschiedlichen Cover-Farben.

»NLO« auf *BALGARSKI ARKHIVI 1985–1990* Comp-EP (*A. O. N. / Break Even* Kanada, 1999)

TANGRA (ТАНГРА)

New Wave.

LP: *Tangra II* (*Balkanton*, 1986)

TARAN (ТАРАН)

Punk.

CDr: *Abort/Taran* (*AON*, 2000) Split-CD mit ABORT, Aufnahmen von 1988

U. Z. Z. U. (У.З.З.У.)

CD: *NyamaBadeshche 1988–1991*: (*A. O. N./ Curve/Kroket* -Niederlande/ *Cabriten Panchen* -Argentinien *Drommusik* -USA, 2000) limitiert auf 500 Stück, CD-R.

»Balgariya« auf *BALGARSKI ARKHIVI 1985–1990* Comp-EP (*A. O. N. / Break Even* Kanada, 1999)

Rumänien

Attila Blága

Rumänien hatte keinen Underground

Ein Text über die halbe Ausnahme PANSAMENT

Ich bin mir bewusst, dass es schwer bis unmöglich ist, sich eine Welt vor dem Internet, vor MP3s, den Torrents, vor Google, G-Mail und Facebook vorzustellen oder gar, sie zu verstehen. Es ist mir auch klar, dass es noch schwerer ist, das Leben vor 1989, zumal auf der falschen Seite des Iron Curtain, zu verstehen. Ganz genau weiß ich allerdings, dass sich niemand vergegenwärtigen kann, wie es war, in jener Zeit in Rumänien oder Albanien zu leben.

Denn auch wenn wir generell vom »Ostblock« reden, gab es doch signifikante Unterschiede zwischen Ostdeutschland und Bulgarien, oder benachbarten Ländern wie Ungarn und Rumänien, oder gar Jugoslawien und Albanien. Obwohl ich nach 1989 viel über Widerstand, Underground-Bewegung und angebliche Dissidenz hörte, sind die harten Fakten zum rumänischen Underground: es gab überhaupt gar keinen. Genau darum wird es im Folgenden gehen.

Ein Underground erfordert ein Netz an Klubs, Fanzines, unabhängigen oder Piraten-Radios, Fans und nicht zuletzt schließlich Bands. Aber auch wenn diverse Einzelfiguren ab 1990 behaupteten, sie hätten »rebellische« Musik vor dem Fall des kommunistischen Regimes gespielt – falls das der Fall war, taten sie es so leise, dass niemand es hörte.

Allerdings gab es eine halbe Ausnahme: PANSAMENT (grob übersetzt: Verband) gegründet 1987 in Brașov (Brassó, Kronstadt) und aktiv bis 1994.

Brașov liegt isoliert in der Mitte des Landes, fernab jeder Grenze, ist aber seit jeher von Rumänen, Ungarn und Deutschen bevölkert, und diese Mischung von Nationalitäten erzeugte eine besondere Kultur, aus der wiederum ein außergewöhnlicher Musikstil entsprang. Den Nukleus der Band versammelte der Gitarrist Ernst Hübner in seinem Wohnzimmer. Ernst war bereits ein erfahrener Musiker, spielte Bass in einer Schulband und in mehreren anderen kleinen Gruppen, die zwischen privaten Orten umherzogen. Das war bereits eine Abkehr von der rumänischen Praxis jener Zeit, denn die überwiegende Mehrheit der Bands spielte ausschließlich in Fabrik- oder Studentenkulturhäusern – zu Hause zu spielen war ungewöhnlich und äußerst selten. Aber in Brașov und besonders im Kreis der deutschen Minderheit, war ein Klavier zu haben und Hausmusik zu machen fast so normal wie Fahrradfahren. Insofern war es zwar mutig und extravagant, eine Band im Wohnzimmer aufzustellen zu gründen o.ä., unter diesen Umständen aber wiederum auch ganz natürlich. Man muss sich dabei jedoch vergegenwärtigen, dass im Rumänien von Ceaușescu alles unter einer strengster Kontrolle war. Die Bands konnten in jenen Kulturhäusern nur unter der Aufsicht von Vertretern der Kommunistischen Partei und der Securitate spielen. Ein öffentlicher Auftritt war nur mit Zustimmung des »Kulturbetreuers« des Instituts möglich. Festival-Shows wurden äußerst streng ausgewählt und zensiert. Aufzunehmen und im Radio gespielt zu werden war nur möglich, nachdem man mehrere Stufen der Zensur und Verifikation durchlaufen hatte. Einen Plattenvertrag zu bekommen, kam praktisch nicht in Frage. Selbst eine der populärsten Heavy-Metal-Bands jener Zeit schrieb Texte wie: »Die Welt will Frieden, also werden wir den Frieden der Welt verteidigen!«

Rumänien war in einer Art totaler Abschottung gefangen und ziemlich isoliert, nicht nur vom Westen, sondern auch von allen anderen kommunistischen Ländern. Es war nicht nur schwierig, irgendwelche Platten von Bands außerhalb Rumäniens zu bekommen, sondern auch eine Jeans oder nur ein einfarbiges, am besten schwarzes T-Shirt. Alles war kompliziert: der Strom wurde bis zu 10 Stunden am Tag abgeschaltet, das Essen wurde, wie sie es nannten, »rationalisiert«, und jede Familie hatte eine Karte, um Grundnahrungsmittel wie Brot, Öl, Zucker, Mehl, Reis und so weiter kaufen zu können. Ging die verloren, war man in riesigen Schwierigkeiten und riskierte, für ein oder sogar zwei Monate das Essensgeld der ganzen Familie zu verlieren, bis man eine neue Karte erhielt. Das Tragen von Jeans, Sicherheitsnadeln, schwarzen T-Shirts, Stiefeln und anderen auffallenden Kleidungsstücken oder Accessoires wurde nicht toleriert. Auch lange Haare oder jede Art von »seltsamen« Frisuren waren ein Problem. Ich erinnere mich noch gut, wie ich 1987 einiges an Bestechung über Bekannte lancierte, um in meinem Ausweis ein Foto mit langen Haaren zu haben. Denn wer »verdächtig« aussah, wurde permanent von der Polizei gestoppt und identifiziert. Wer da ein Bild mit kurzem Haar im Ausweis hatte, aber langes trug, den haben sie sofort zum nächsten Friseur geleitet und ihm die Haare schneiden lassen. Meist folgte dann auch noch eine ordentliche Tracht Prügel im hinteren Teil des Ladens.

Das Line-up der noch unbenannten Band von Ernst war ziemlich schwankend, aber die Schlagzeug- und Gesangsaufgaben teilten sich anfangs zumeist Máthé »Laca« Csaba und Jimi Cionca, während noch ein zweiter Gitarrist, Adrian Tudose, zu den ständigen Mitgliedern zählte. Die Bedingungen waren schwierig: das erste Drumkit war von Ernst und Laca zuhause handgefertigt worden, statt Gitarrenverstärkern und Lautsprechern kamen zur Verstärkung der Gitarren Pick-ups, Tonbandgeräte und selbst gebaute Lautsprecher zum Einsatz. Musikalisch war es eine chaotische Mischung aus Blues, dissonanten Improvisationen und einer Art schrägem (Heavy) Metal. Sie hatten keine Lieder, sondern einige Themen und variierten diese in stundenlangen Jam-Sessions.

Andererseits hatte ich, Attila »Ticke« Blága, damals Möchtegerndichter und -maler, zur selben Zeit angefangen, mit einem Gitarristenfreund namens Radu Pop, zu »singen« und Songs zu skizzieren. Laca und ich kannten uns, nicht nur, weil wir beide Ungarn sind, sondern hauptsächlich durch den Austausch von Schallplatten, und so lud mich Laca 1988 zu Ernst ein, um ihre Proben zu unterstützen. Ein Becher Wein führte zum nächsten, und ich schrie schließlich das Mikrofon an -- nicht irgendein extravagantes Profi-Ding, sondern ein »kastriertes«, selbst gebautes. Ernst nahm heimlich die gesamte Gesangaktion auf, und es klang zwar sehr rau, metallisch und teilweise heftig, hatte aber auch etwas sehr Lebendiges und Einzigartiges. Auch Radu Pop wurde gebeten, als Bassist einzusteigen, aber er lehnte ab, und schließlich wurde Călin Garcea ins Boot geholt, hauptsächlich, weil er eine Bassgitarre und ein professionelles Verstärkersystem besaß. Ernst hatte zudem einige Original-Gitarrenpedale aus Deutschland, einen Overdrive, ein Ultra Metal und ein original Cry Baby, was zusammen einen sehr brutalen Sound ergab. Schon bald gab es die ersten Songs: »Singur« (Allein), »Nu Mai Vreau« (Ich will nicht mehr) und »La Dentist« (Beim Zahnarzt). »Singur« hatte seine Wurzeln noch im Blues, aber »Nu Mai Vreau« war ein rauer, mit Punk gewürzter Anti-Love-Song, während »La Dentist« einen Fuß fest im Punk und den anderen im Metal hatte. Keine andere rumänische Band spielte auch nur entfernt etwas Vergleichbares.

Die Einflüsse waren ziemlich eklektisch: von Free Jazz bis zum Thrash Metal, von Punk bis zu Blues. Jedes Mitglied hatte unterschiedliche musikalische Vorlieben. Ernst liebte Hendrix und Free Jazz; Laca war ein Frank-Zappa- und LED ZEPPELIN-Fan; Adi hörte zumeist Klassik oder Heavy Metal; Călin war mehr daran interessiert, Mädchen aufzureißen, als an irgendeiner Art von Musik, während mein Schrei-Stil hauptsächlich beeinflusst war – und ermutigt wurde – von Lemmy (MOTÖRHEAD), Wattie Buchan (THE EXPLOITED) und Denis »Snake« Bélange (VOIVOD). Ich war der Punk-Rebell in der Band, aber unsere Beziehung zu Punk war mehr von Attitüde und Sound als vom Styling geprägt.

Wir waren uns bereits einig, die Band PANSAMENT zu nennen, als sich die unerwartete Gelegenheit bot, als Support einer Band von lokalen Ungarn aufzutreten, die hauptsächlich EDDA-Cover spielte (einer ungarischen Hardrock-Band, die Ende der 80er- Jahre sehr populär war). Da PANSAMENT auf dem Plakat aber völlig inakzeptabel war, traten wir unter dem Alias DETECTOR auf. Der Gig war ein Desaster, der Sound war furchtbar und das Publikum auch. Es wartete auf EDDA-Cover und war nicht gerade begeistert von der brutal klingenden, unbekannten Band. Aber wir erwarben uns einen Ruf »verrückter Kerle, die völlig verrücktes Zeug spielen«.

Nach diesem Auftritt wurde die Band allerdings auch sofort durch die Behörden verboten, in diesem Fall vom Kulturkomitee der Union der Kommunistischen Jugend. Zudem stand nun permanent ein Polizeiauto an der Ecke von Ernsts Haus, um unsere »verdächtigen wie lärmenden Aktivitäten« genau im Auge zu behalten. Trotzdem kamen erste Fans zu den Proben, und manchmal versammelten sich sogar kleine Gruppen an seinem Zaun, um die aus dem Haus polternde Musik zu hören. Im Herbst 1988 wurde ich dann von der Securitate verhaftet, glücklicherweise nur für drei Tage, und nachdem ich freigelassen wurde, stand ich unter Beobachtung. Die Securitate beschlagnahmte alle meine Songtexte und andere Schriften, dazu die meisten meiner

PANSAMENT 1990, Attila Blága 2 v. r., Archiv Attila Blága

Gemälde, und sogar Kleidung und Accessoires. Die Motive der Verhaftung blieben unklar, aber ich wurde wohl als subversives, gefährliches und antisoziales Individuum betrachtet, das zudem auf andere einen negativen Einfluss ausübt.

Entsprechend änderte die Band noch einmal ihren Namen, und zwar passend in CONTROL (was auch ein Verweis auf KONTROLL CSOPORT war, eine ungarische Undergroundband, die ich damals hörte), und als solche schafften wir es, einen weiteren Gig in der Kleinstadt Zărneşti nahe Braşov zu spielen, als Vorband der Heavy-Metal-Band EXPERIMENTAL. Das Publikum, einschließlich der anwesenden Polizisten, war buchstäblich gesteinigt vom Noise und den unkonventionellen Texten. Am Ende des Gigs sang ich statt der abschließenden Zeilen von »La Dentist«, die normalerweise lauten »Wir werden alle beim Zahnarzt landen« ein fast schon suizidales »Wir werden alle in einer Gefängniszelle landen«.

Irgendwie aus heiterem Himmel, jedenfalls für uns, ist dann 1989 das gesamte kommunistische System zusammengebrochen, und auch in Rumänien fing eine neue Ära an.

Die rumänische Szene aber änderte das nicht grundlegend. Der ultimative Beweis dafür, dass es vor 1990 keine Underground-Bewegung und keinen Widerstand gab, ist wohl, dass zu Beginn der 90er-Jahre keine anderen Bands entstanden. Was Punk anbelangt, so versammelten sich zwar Punkfans in Städten wie Bukarest, Craiova oder Timişoara, aber es gab anfangs keine lokalen Bands, die sie unterstützen konnten. Sie haben hauptsächlich westliche Bands gehört und untereinander geteilt, selten auch mal etwas aus Ungarn, Polen oder Ostdeutschland. Nur eine weitere Band wagte es, vor 1990 einen Punksong live zu spielen: TECTONIC, eine Crossover-Thrash-Metal-Band aus Bukarest, angeführt von Liviu Hoisan, hatten das »Anarchy in the UK« der

SEX PISTOLS als Teil ihrer Sets. Als Lük Haas von *Tian An Men 89 Records* Anfang der 90er-Jahre nach Rumänien kam, um Punkbands zu suchen, fand er nur PANSAMENT und TECTONIC. Und so teilten wir uns die Seiten der EP »Revoluție?« (Revolution?), der ersten Veröffentlichung seines Labels. Andere rumänische Punkbands tauchten erst nach 1992 auf, zum Beispiel URA DE DUPĂ UȘĂ aus Zărnești – die ich ursprünglich produzierte und managte – oder Z.O.B. aus Bukarest.

PANSAMENT war meine erste Band, und obwohl ich rein zufällig am Mikrofon landete, befördert durch große Musikalität und meine höchst organisierte Natur, ergriff ich die Gelegenheit, meinen Ärger und mein Nicht-Einverständnis mit der Gesellschaft und dem »Status quo« auszudrücken. PANSAMENT war keine Punkband im »traditionellen« Sinne, sondern via Haltung und Sound, vor allem im Kontext einer rumänischen Rockszene, die dominiert war von Nachahmern und Bands, die im Allgemeinen einen so genannten »Hard'n'heavy«-Stil mit Texten über Frieden und Liebe oder zu abstrakter Poesie spielten. Wir machten keinerlei Kompromisse, und wenn das kommunistische Regime nicht 1989 gefallen wäre, hätten wir uns aller Wahrscheinlichkeit nach alle in Gefängnissen und Arbeitslagern wiedergefunden.

PANSAMENT wurde im Laufe des Jahres 1990 ziemlich bekannt, und nach der Teilnahme an einigen Festivals, vor allem aber, nachdem wir unseren Song »Punk Ain't Dead« beim Studentenfestival in Craiova gespielt hatten, der einen kleinen Aufstand im Publikum auslöste, wurden wir nach Bukarest eingeladen und nahmen ein paar Songs im Radio sowie Videos im damals einzigen Fernsehsender auf, der da noch immer vom Militär besetzt war. Wir spielten danach Konzerte in ganz Rumänien, waren Headliner auf diversen Festivals und tourten 1992 mit TECTONIC durch Transsilvanien. PANSAMENT, die es geschafft hatten, den rumänischen Mainstream zu erreichen, lebten sich dann aber durch persönliche Konflikte bis zur endgültigen Auflösung 1994 auseinander. Ich verließ die Band bereits 1993 und gründete NATION'S SLUM, deren Bassist Ernst 1997 wurde und die bis 1999 existierte.

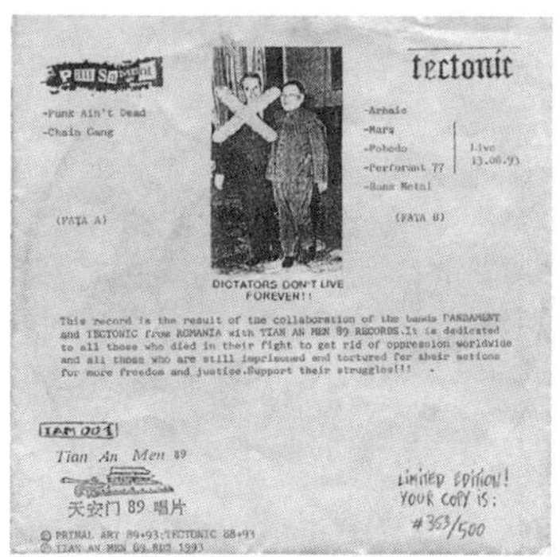

PANSAMENT / TECTONIC-EP *Revoluție?* auf *Tian An Men 89 Records*, 1993

Ich arbeitete danach als Toningenieur sowie in verschiedenen musikalischen Projekten und veröffentlichte mehrere Alben. Mein letztes Projekt BYZANT AT SUNSET hatte einen amerikanischen und einen italienisch-österreichischen Gitarristen sowie einen italienischen Saxophonisten und spielte eine Art Punkjazz. Aber Musik wurde ziemlich sekundär für mich, und ich konzentrierte mich auf esoterische Studien und Forschung, wobei mein Interesse seit 1992 dem Tarot gilt.

Die Musik von PANSAMENT wie auch von NATION'S SLUM oder BYZANT AT SUNSET steht zum kostenlosen Download bereit: *https://mrpanksament.bandcamp.com/*.

Jugoslawien

Christoph Baumgarten / Natalja Herbst

Tanz den Tito!

Blockfreier Punk in Jugoslawien

Der Punk kam früh nach Jugoslawien. Sehr früh. Und wahrscheinlich war es kein Zufall, dass die erste Band aus Slowenien stammte. PANKRTI gründeten sich dort schon 1977, keine zwei Jahre, nachdem die SEX PISTOLS ihren ersten Auftritt hatten. Damit war Jugoslawien sogar dem Nachbarland Österreich voraus. Dort gaben THE CLASH das erste Punkkonzert der Republik im Oktober 1977. Und erst Anfang 1978 wurde über die erste österreichische Punkband namens CHUZPE berichtet. Dass die erste YU-Punk Band sich PANKRTI nannte, verband sie kurioserweise mit dem nördlichen Nachbarn: Pankrt bedeutet im Slowenischen Bastard oder uneheliches Kind, gleichzeitig steckt auch »Punk« in dem Wort. Der Ausdruck kommt vom deutschen Wort Bankert, das heute fast nur noch in Bayern und Österreich gebräuchlich ist. PANKRTI rühmten sich damals schon selbst, die »erste Punkband hinter dem Eisernen Vorhang« zu sein.

Dass der Punk in Jugoslawien relativ früh Einzug hielt, war jedoch kein Zufall. Nach dem Bruch der jugoslawischen KP mit der stalinistischen UdSSR im Jahr 1948 orientierte sich die jugoslawische Kultur und vor allem die Musik stärker nach Westen. In den 1950ern kam Jazz und ab den 1960ern Rock ins Land. Heimische Bands coverten zunächst vor allem ausländische Hits und entwickelten etwas später genuin jugoslawische Varianten der Musikstile mit eigenen Texten und Melodien: den YU-Rock. Von einer Rockszene im Land kann man etwa ab dem Jahr 1960 sprechen. Mit diesem Jahr lässt auch der Musikkritiker und Journalist Petar Janjatović seine legendäre *Ex-YU-Rock enciklopedija* beginnen. Neben der grundsätzlichen Offenheit, zumindest im Vergleich zu den anderen sich sozialistisch nennenden europäischen Staaten, kam der Umstand, dass man frei reisen konnte (die Mitglieder von PANKRTI inspizierten das neue Ding Punk gleich vor Ort in London), aber auch die Politik, Jugoslawen als Gastarbeiter in den Westen zu lassen, womit ein Stück Zugang zur kapitalistischen Welt geschaffen wurde. Außerdem gab es Lizenz-LPs, und es kamen regelmäßig westliche Gruppen auf Tour, was bald auch für eine Vielzahl von Punkbands galt, von SIOUXSIE bis GANG OF FOUR oder THE RUTS.

Der einheimische YU-Rock war bis Mitte der 1970er mehr oder weniger unpolitisch. Die Texte kreisten überwiegend um das Thema Liebe in allen Ausprägungen.

BULDOŽER-LP *Zabranjeno plakatiranje*, 1977, *HELIDON*

1975 erschien das erste Album *Pljuni istini u oči* (Spuck der Wahrheit in die Augen) der an Zappa geschulten slowenischen Band BULDOŽER auf dem Belgrader Label *RGB-RTB*. Da ihr schwarzer Humor Publikum und KPJ-Funktionäre gleichermaßen irritierte, wurde das Album nicht mehr aufgelegt, obwohl die 13.000 Exemplare innerhalb eines Monats ausverkauft waren. So fragt im Lied »Najpogodnije mjesto« beispielsweise ein Tourist, wo der beste Ort wäre, um Selbstmord zu begehen.

Rückblickend können BULDOŽER als Vorläufer der Neuen Welle gelten, die auch den Punk mit sich führte. In späteren Jahren traten BULDOŽER mit Punkbands auf und griffen in ihren Songs Punk-Thematiken wie die Langeweile auf. Als diesbezüglicher Klassiker gilt »Doktore Pomozite« (Helfen Sie, Doktor) aus dem zweiten BULDOŽER-Album *Zabranjeno plakatiranje* (Plakatieren verboten), das 1977 auf dem slowenischen Label *HELIDON* erschien:

Helfen Sie, Doktor (1977)

(...)
Doktor, ich sterbe,
ich sterbe vor Langeweile.
(...)
Helfen Sie, Doktor,
mein Sohn ist diskophil.
Er hat eine Schallplatte,
eine schreckliche Schallplatte,
die unsere Kinder verdirbt.

Die Nummer »Novo Vrijeme« (Neue Zeit) aus dem Album *Izlog jeftinih slatkiša* (Schaufenster billiger Süßigkeiten) war hingegen ein heikler Kommentar zur politischen Situation im Jahr 1980, dem Todesjahr von Präsident Tito. In Imitation von Titos näselndem Tonfall hieß es da:

Neue Zeit (1980)

Genossen!
Unsere Arbeitsaufgabe in der vorübergehenden Zukunft
bewahren wir die Grenze des Möglichen
Genossen und Genossinnen!
Unser gegenseitiger Wunsch
einen Schritt nach vorn zu machen
ins neue Licht
Neue, neue, neue Zeit.
Zweite Halbzeit.
Kräftige Jugendliche brechen den Weltrekord.

Hoch!
Höher! Viel höher!
Viel höher als vor dem Krieg
Neue Zeit – alter Zustand.
Neue Zeit – selbe Scheiße.
(...)

Die Zeile »Neue Zeit – selbe Scheiße« mutierte in Jugoslawien zum Sprichwort. Ab 1984 entwickelte eine Gruppe von Musikern in Sarajevo in Monty-Python-Manier diese Art von absurdem Humor in der Kult-Fernsehsendung *Top Lista Nadrealista* weiter, die aus einer Radiosendung der frühen 1980er entstanden war. Unbeeindruckt vom damals vorherrschenden Punk- und New-Wave-Trend in Jugoslawien, spielte ihre Band ZABRANJENO PUŠENJE mit großem Publikumserfolg unter der Selbstbezeichnung New Primitives weiterhin eher klassischen Satirerock mit Folkloreelementen im Stile des YU-Rocks. Mit ELVIS J. KURTOVIĆ & THE METEORS hatte die Szene in Sarajevo ab 1981 aber auch einen Punk-Ableger. Mirko Srdić alias Elvis J. Kurtovic produzierte nach dem kriegsbedingten Zerfall der Gruppe in den 1990ern auch weitere legendäre Folgen der Fernsehsendung *Top Lista Nadrealista* mit.

Das künstlerische Verfahren der Überaffirmation stellte in den Punk- und New-Wave-Songtexten die Floskelhaftigkeit der sozialistischen Parolen bloß. Das stellte die in Jugoslawien im Vergleich relativ liberale und komplex organisierte Zensur vor Herausforderungen, die nicht wusste, wie sie damit umgehen soll. Dazu kam, dass es keine zentrale Zensurstelle gab und künstlerische Produkte nicht während ihrer Entstehung kontrolliert wurden, sondern, wenn sie fertig waren. Was gesendet werden durfte und was nicht, wurde in der Regel von Redakteuren in Fernsehen und Radio beziehungsweise Verlagen und Produktionsfirmen entschieden. Passierte ein Werk diese Hürde, entschied eine Kommission für Schallplattenvorschläge (im Volksmund: Kommission für Schund), ob das Produkt als Kulturgut von der Mehrwertsteuer befreit wird. Der frühe Jugo-Punk allerdings wurde natürlich zum Schund sortiert, weswegen er teurer und schwerer zu bekommen war. Im Allgemeinen waren die Redakteure dabei stark auf das geschriebene und gesprochene Wort fixiert, der Kontext wurde weniger beachtet. Das konnte Freiräume schaffen, im Einzelfall allerdings auch zum Gegenteil führen. Ergänzt wurde das unorganisierte Zensursystem durch einen starken ökonomischen Druck auf die Verlage und Plattenfirmen. Auch was nicht formal verboten wurde, erschien so mitunter nicht. Für Künstlerinnen und Künstler hatte das System einen Willkürcharakter. Aber anders als in anderen sozialistischen Ländern hatten sie immerhin die Möglichkeit, ins benachbarte Ausland auszuweichen. So nahmen beispielsweise die eingangs erwähnten PANKRTI ihre erste Single in Italien auf.

Die Texte handelten die Bands in der Regel mit den einzelnen Redakteuren aus, was vom Zufall und von persönlichen Beziehungen abhängig machte. Immer wieder gingen dabei offene Kampfansagen an regimetreue Symbole durch, wie auf »Računajte na nas« (Rechnet mit uns) eine von Djordje Balašević. Dieses 1978 entstandene Lied sollte eigentlich die Bedenken der Partei gegenüber der Rockmusik ausräumen, aber nach Titos Tod im Mai 1980 wurde es als eine Art Hymne der jugoslawischen Jugend forciert und im Radio rauf und runter gespielt:

Rechnet mit uns (1978)

Im Namen uns aller in den 1950ern geborenen
habe ich, Tito zum Schwur, einen Vers verfasst.
Ich erwähne nicht die Vergangenheit, noch entfernte Schlachten,
weil ich erst nach ihnen geboren wurde.

Aber das Leben vor uns verbirgt noch Schlachten
und droht uns, droht, wie ein tiefer Strudel.
Ich weiß, dass uns noch hundert Offensiven erwarten,
weil wir den Frieden schützen müssen.

Rechnet mit uns.

Manche zweifeln, ob uns nicht ein falscher Strom mitreißt,
weil wir Platten hören und Rock spielen.
Aber irgendwo in uns ist der Schlachten Feuer,
und ich sage euch, was ich genau weiß:
Rechnet mit uns.

Aus Sicht von PANKRTI war das ein unerträglicher Kotau vor dem Regime. Sie antworteten 1980 auf ihrem Debütalbum *Dolgcajt* (Langeweile) mit »Računite z nami«, das ins Deutsche ebenfalls mit »Rechnet mit uns« übersetzt wird. Zu Beginn des Liedes geben PANKRTI die Erwartungshaltung des Systems an die Jugend wider, nämlich: an Jugendarbeitsaktionen teilzunehmen, Straßen und Eisenbahnstrecken zu bauen, zu den Sitzungen des Jugendverbandes zu gehen und keine Drogen zu nehmen. Der Generationskonflikt zwischen den Jugendlichen und den blassen Parteibürokraten kommt im zweiten Teil des Liedes zum Ausdruck, wobei das »Rechnet mit uns« nun wie eine Drohung klingt:

Djordje Balašević *Računajte Na Nas*, 1978, *PGP RTB*

Računite z nami (1980)

(...)
Rechnet mit uns, rechnet mit uns.
Schließt uns ein, schließt uns aus.
Versteht uns, spuckt uns aus.
Errichtet uns, reißt uns nieder.
Lehrt uns, schafft uns ab.
Habt uns, laßt uns.
(...)
Aber vor allem, aber vor allem,
aber vor allem: rechnet mit uns.

PANKRTI-LP *Dolgcajt*, 1980, *RTV Ljubljana*

Fraglich bleibt, ob das PANKRTI-Debüt-Album ebenso hätte erscheinen können, hätte nicht der Vater des PANKRTI-Sängers Petar Lovšin eine hohe Funktion im Zentralkomitee des Bundes der Kommunisten Sloweniens innegehabt. Das Album wurde schließlich sogar in Kroatien mit einem angesehenen Preis des sozialistischen Jugendverbandes ausgezeichnet. Die Preisverleihung verdeutlichte einmal mehr den Generationskonflikt zwischen verkrusteten Parteikadern und eher progressiven politischen Nachwuchsorganisationen in manchen der jugoslawischen Republiken.

Was in Jugoslawien gesagt oder gesungen werden durfte, hing auch von politischen Ereignissen im In- und Ausland ab. Ein Beispiel war etwa der Song »Radnička Klasa Odlazi U Raj« (Die Arbeiterklasse fährt ins Paradies) der Zagreber Band HAUSTOR. Die Nummer durfte 1981 wegen der Spannungen nach den Studentenunruhen im Kosovo nicht erscheinen. Die Zensur wurde also der jeweiligen politischen Stimmung angepasst. Die subversiven Texte des Punk wurden auch als Unterstützung der teils nationalistisch gefärbten Studierendenproteste in der Autonomen Teilrepublik wahrgenommen. Aus Unwissenheit verstanden Sicherheitsexperten Punkgraffitis sogar als die Abkürzung für: »Pomozite Ustanak naroda Kosova« (Helft dem Aufstand des Volkes im Kosovo).

Was veröffentlicht werden durfte, hing auch stark davon ab, in welcher Teilrepublik die Bands auftraten, beziehungsweise in welcher Republik die Plattenfirmen zuhause waren. Was in Slowenien mit seiner relativ liberalen Zensur durchging, konnte einen in Serbien hinter Gitter bringen. Dort waren politische Texte explizit unerwünscht. Das wußten auch die 1978 gegründeten PEKINŠKA PATKA aus Novi Sad, die sich als »erste Punkband der Orthodoxie« verstanden. Deren Sänger Nebojša »Čonta« Čonkić wollte dem serbischen Nationalheiligen Sveti Sava ein Lied widmen, aber die anderen Bandmitglieder streikten – aus Angst vor Gefängnis. Wie auch im Westen, spielten Punkbands mit tabuisierten Symbolen (wie z. B. Hakenkreuzen), doch in Jugoslawien hatte das Aufgreifen nationaler und/oder religiöser Symbole eine ganz andere politische Brisanz – es bedrohte aufgrund seiner Geschichte den Zusammenhalt des Vielvölkerstaats.

Ein Beispiel für ein solches Spiel mit dem Feuer ist die Zagreber Band PRLJAVO KAZALIŠTE, auf deren Debüt-Single von 1978 erstmals das Wort Punk zu lesen war, obwohl die Musik eher wenig damit zu tun hatte. Sie sangen das verbotene nationalistische kroatische Lied »Ustani, bane« auf Brigadeabenden, auf denen sonst Kolo und Partisanenlieder erklangen. Gleichzeitig provozierte die Band aber auch mit Tabuthemen wie Homosexualität. Bei Punk gelte eben immer die Parole »Fuck the System«, formulierte es Petar Janjatović auf eine entsprechende Frage in einem Interview mit dem Zagreber Musikjournalisten Vid Jeraj. Tatsächlich bewegten sich Bands wie PRLJAVO KAZALIŠTE später klar in Richtung Nationalismus.

PRLJAVO KAZALIŠTE Debüt-Single *Televizori*, 1978

Entsprechend zog die Zensur aber auch Grenzen. Das Lied »Goli otok« von PARAF aus der kroatischen Hafenstadt Rijeka etwa durfte nicht erscheinen und wurde nur live performt. Wie der Titel nahelegt, ging es um jene Insel, auf der unter Tito vorwiegend politische Gefangene eingesperrt wurden. Ein anderer Extremfall war ihr »Narodna pjesma« (Volkslied). Die Zensur ließ keine einzige Zeile des Songs, wie sie war. Zu offen sprach es die Bevormundung und Allmacht der jugoslawischen Polizei an, weswegen sich vor allem Teenager in dem Lied wiederfanden. Auf der PARAF-Debüt-LP *A dan je tako lijepo počeo* (Aber der Tag fing so schön an) von 1980 erschien nur eine deutlich entschärfte zensierte Version. Aber der Originaltext sprach sich dennoch herum, denn er passierte nicht zuletzt die Zensur für den natürlich ebenfalls mit dem Schundstempel versehenen und beim gleichen Label veröffentlichten ersten Jugo-Punk-Sampler *Novi punk val 78–80*. PARAF sangen ihn zudem häufig auf Konzerten – und die Fans sangen mit. Das Lied wurde zur Hymne des jugoslawischen Punk:

PARAF-LP *A dan je tako lijepo počeo*, 1980, *RTV Ljubljana*

Text Originalversion:	Zensierte Version:
Volkslied	Volkslied (1980)
Diebe stehlen nicht Mörder morden nicht Dödel vergewaltigen nicht und sie vergießen kein Blut Es gibt keine bessere als unsere Polizei	So bereitet man Ein Thema vor, das es nicht gibt Aber wir freuen uns Auch über das, was wir haben Es gibt keine bessere als die gute Polizei
Diebe sperren sie ein Mörder bestrafen sie Dödel streicheln sie Und Wunden ertränken sie Es gibt keine bessere als unsere Polizei	Das, was wir sagen wollen kann schwer durchgehen Aber wir verstehen uns Und singen einmütig Es gibt keine bessere als die gute Polizei
Personalausweis hast du Deshalb hast du keine Ohrfeige Wer weiss, warum das leicht schnell so endet Es gibt keine bessere als unsere Polizei	

Auch »Poljska u mome srcu« (Polen in meinem Herzen) von der kroatischen Band AZRA aus dem Jahr 1980 stellte die Zensur vor Herausforderungen. Überraschenderweise durfte es aber erscheinen, trotz der lauten Kritik am gewaltsamen Vorgehen der Kommunistischen Partei Polens gegen die streikenden Arbeiter von Danzig, die zur Keimzelle der Solidarność-Bewegung wurden. Nach den Unruhen im Kosovo konnte es allerdings nicht im Fernsehen gezeigt werden.

Polen in meinem Herzen (1980)

Danzig im Jahr 1980
als der Herbst Nein sagte
(...)
haben wir die Daumen gedrückt
Bergarbeiter, Studenten, Werften, wir alle
(...)
kochende Fabriken
man schickt nicht zweimal
Panzer auf Arbeiter
sie haben sich nicht getraut
gewonnen haben wir alle

Polen in meinem Herzen
Mazurka
Polen ließ nie einen Quisling zu
jeden Tag klingelt die Polonaise
an meiner Tür

1980 – Tito lag in Agonie und starb am 4. Mai – gründeten sich zahlreiche neue kreative Bands, die auch stilistisch das Feld weiteten. Auf der 1981 erschienenen LP *Paket Aranžman* traten erstmals IDOLI, ELEKTRIČNI ORGAZAM sowie ŠARLO AKROBATA in Erscheinung, wobei der Fotograf Dragan Papić bei diesem Auftauchen der eher intellektuellen und sich gen Post-Punk entwickelnden Belgrader Szene eine Schlüsselrolle spielte. Vor allem IDOLI war eine ausgefeilte Konzeptband. Sie begriff Punk als etwas, das weitaus mehr als nur Musik umfasst, wie auch ihr Fernsehstudio-Video »Maljčiki« zeigte, das geradezu ein Gesamtkunstwerk war: Die Band erschien hier im Bürokratenlook neben verkleideten Arbeitern und einer Kolchosbäuerin, die wirkten, als seien sie einem sowjetischen Propagandaplakat entstiegen. Diese Parodie der stalinistischen Ästhetik paraphrasierte vor allem die berühmte Statue des Arbeiters und der Kolchosbäuerin von Vera Ignateva Muchina aus dem Jahr 1937, spielte aber gleichzeitig auf die avantgardistische Ästhetik des russischen Konstruktivisten und Revolutionsdichters Wladimir Majakowski an. Ein Arbeiter, der gelangweilt Kaugummi kaut, konterkariert die sowjetische Propaganda-Idylle, die auch der Text vordergründig affirmativ schildert. Eine Strophe ist sogar auf Russisch. Video und Lied dekonstruierten den sozialistischen Arbeitsethos und sägten so am Fundament des sozialistischen Jugoslawien. Das überforderte einmal mehr die Zensur, die mit Überaffirmation eben nicht umgehen konnte. Von manchen wurde es sogar wirklich als sozrealistisches Werk aufgenommen. Zudem zeigte sich hier auch, wie inkonsequent die jugoslawische Zensur war: *RTB Fernsehen* spielte das Video, *RTB Radio* traute sich nicht, das Lied zu bringen.

IDOLI-Single *Maljčiki*, 1980, *Jugoton*

Gleichzeitig versuchten vor allem die Jugendorganisationen der KPJ, die Bewegung zu umarmen. Punk erhielt breiten Raum in Jugendmagazinen und Jugendsendungen in Radio und Fernsehen, den Bands wurden Probe- und Konzerträume zur Verfügung gestellt. Damit wollte der Jugendverband wieder an seine Zielgruppe herankommen. Ein Beispiel dafür ist die Zeitschrift *Polet*. Ende der 70er galt sie als angestaubt, außerhalb des Jugendverbands las sie niemand. Dann widmete sie sich Punk und Neuen Welle, bekam einen Relaunch und wurde zum beliebten Blatt. Dort las auch Petar Janjatović das erste Mal über die neue Musikrichtung: »In den späten 70ern gab es nur wenig Informationen über Punk. Ich glaube, ich habe das erste Mal in *Polet* darüber gelesen, über PANKRTI aus Ljubljana und PARAF aus Rijeka. Ich habe mich vor allem der Texte wegen für die Musik interessiert: Sie waren neu und frisch. Ich hab damals auch einen Artikel über neue Bands mit stark politischen Texten für das Musik-Magazin *Džuboks* geschrieben.«

Diese Strategie hatte allerdings auch etwas von einem Zu-Tode-Umarmen. Mit Förderung zumindest einiger aufmüpfiger Bands hoffte man, die Unzufriedenheit und mögliches gewalttätiges Potential zu kanalisieren und so einer Jugendrevolte vorzubeugen. Außerdem probierte man es genauso noch mit wirklicher Repression oder zumindest deren Androhung. Der slowenische Soziologe, Kulturtheoretiker und Musikkritiker Igor Vidmar, der aus der Studentenbewegung der Jahre 1968 bis 1974 stammte und 1977 PANKRTI auf deren erster Show entdeckte, die er dann genauso wie die frühen PARAF produzierte, und der fortfolgend als Radio-Journalist, Promoter (*Novi Rock*-Festivals), Compiler (der ersten beiden Jugo-Punk-Compilations) und umtriebiger Netzwerker eine der wichtigsten Figuren für die Punk-Entwicklung wurde (und darüber hinaus: später half er u.a. auch LAIBACH bis zu deren internationalem Durchbruch), ging auch schon mal für drei Wochen in Haft – vorgeblich, weil sein »Nazi Punks Fuck Off«-Button der DEAD KENNEDYS und ein weiterer Button, bei dem Hakenkreuz plus Hammer und Sichel mit dem Kommentar »Crazy Governments« versehen waren, als eine Art Nazi-Propaganda interpretiert wurde. Höhepunkt der Auseinandersetzung um den Umgang mit Punk war allerdings tatsächlich eine »Nazi-Punk-Affäre«, die sich 1981 an einer bis dato vollkommen unbekannten Punkband mit dem Namen 4 R (angeblich Abkürzung für: 4. Reich) entzündete und Punk in einen Generalverdacht brachte. Gegen den aber auch medial angekämpft werden konnte.

Welche teils schräg verknüpfende Argumentation dabei zur Sprache kam, um Punk als zum jugoslawischen Sozialismus und seiner auf dem antifaschistischen Kampf der Partisanen fußenden Kultur dazugehörig zu lancieren, lässt sich wieder am Beispiel der Vorreiter PANKRTI nachvollziehen. Einerseits mit einem Auszug aus dem Jugo-Rock in Gänze vorstellenden Text von Željko Marković, der unter der Headline *Brot, Salz und Punk für Titos Waisen* im Sammelband *EuroRock* (Hg. Klaus Humann/Carl-Ludwig Reichert, Rowohlt, Reinbek bei Hamburg, 1981) erschien und zu PANKRTI wie folgt ausführte:

»Die Arbeiten dieser Gruppe sind außerordentlich politisch gefärbt, aber dennoch nicht antisozialistisch, wie dies viele in Jugoslawien und außerhalb darstellen möchten. Nach der Single *Lepi in prazni* (Schön und leer) hat die Gruppe im Frühling 1980 eines der Meisterwerke jugoslawischer Rockmusik herausgegeben: das Album *Dolgcajt* (Langeweile, *RTJL* 1980). In den politisierten Kompositionen dieses Albums setzt sich Lovšin (er ist Diplom-Politologe) über das Ironisieren bzw. Apologisieren der jugoslawischen politischen Weltanschauung hinweg. (...). Lovšin sucht und evoziert sentimentale Schichten in der politischen Terminologie. Gleich den Liedern der jugoslawischen Partisanen aus der Kriegszeit oder den Liedern von CLASH wie »Spanish Bombs« weisen Lovšins Reime darauf hin, daß die Revolution nicht nur eine marxistische Definition ist, sondern auch ein Gefühl. Da wir nicht gewohnt sind, Politik zu fühlen, sondern sie zu ›denken‹, verbleiben die PANKRTI vielen undurchdringbar, rätselhaft und daher auch politisch verdächtig. (...) Es ist sicher eine der am meisten patriotisch gefärbten Platten, die je in Jugoslawien aufgenommen wurde – deswegen tut es so weh, daß viele nicht bereit waren, dies zu begreifen.«

Sowie andererseits mit einem Text eines heute weitaus prominenteren Autors, nämlich Slavoj Žižek, der 1981 für das von ihm herausgegebene Magazin *Problemi*, eine Zeitschrift des kommunistischen Jugendverbands Kroatiens, im Vorwort der ersten von mehreren Ausgaben zum »Problem Punk« schrieb:

»Es ist eine Tatsache, dass (...) Punk hierzulande ein ›Massenphänomen‹ ist, und keine ›Invasion‹ von etwas ›Fremdem‹ oder ›Ausländischem‹; ein Phänomen, das trotz all seiner ›Provokation‹ lange genug angedauert hat, um sogar die sogenannte ›soziale Anerkennung‹ der KSOJ zu erhalten. (...) Punk setzt die weitgehende Verkommenheit des ›Normalen‹ sprichwörtlich ins Bild, und bereits das ›befreit‹: es erzeugt eine entfremdende Distanz. (...) Punk ist im Ergebnis ein Symptom all dessen, was wir in abstraktem, politisch-ideologischem Jargon als ›Herrschaft technokratischer Kräfte‹ bezeichnen, als »unentwickelte Selbstregulierungsbeziehungen«, die ›klein- und großbürgerliche Ideologie, die unseren Konsumentenalltag bestimmt‹, etc. – er ist ein einzigartiger Indikator für die Konfrontation der Mehrheitsherrschaft bürgerlicher ideologischer Formen mit dem Druck technokratischer Kräfte auf sozioökonomischer Ebene im Bereich der (Massen-)Kultur. Aus diesem Grund – wenn ich mit einer ›Provokation‹ schließen darf – stehe ich hinter dieser Ausgabe, nicht nur als Chefredakteur, sondern auch und vor allem als Mitglied der ZK (der kommunistischen Partei), als ein Kommunist – ein Arbeiter im Bereich der Kultur und Theorie.«

Trotz der Abwehr- wie Vereinnahmungsversuche blieb Punk lebendig, als eine der wenigen Möglichkeiten, sich in Jugoslawien eine Identität zu schaffen, die nicht vom Regime vorgegeben war, und sogar Gesellschaftskritik zu artikulieren. Stilistisch hielten die Jugo-Punk-Protagonisten dabei auch weiterhin Schritt mit den internationalen Entwicklungen, und es kamen sowohl die Post-Punk-Diversität als auch radikaler Hardcore direkt zum Zug, wobei auch hier Ljubljana mit den Aktivitäten des Klubs und Labels *FV* ein wichtiges Zentrum blieb. Erwähnt sei nur die das Themenspektrum auch ins Sexual-Politische weitende Frauen-Hardcore-Band TOŽIBABE. Aber die Welle rollte auch bis in den tiefsten Süden, bis nach Mazedonien, mit sonderbaren Bands wie den ebenfalls mit Orthodoxie hantierenden PADOT NA VIZANTIJA.

Die Polen-Connection

Über die Sympathiebekundungen gen Polen hinaus kam es auch zu einer direkten Verbindung mit der dortigen Punkszene, die vor allem der polnische Gaststudent Grzegorz Brzozowicz herstellte, der Redakteur und Organisator des Auslandsprogramms im Warschauer Jugendkulturzentrum *Riviera Remont* und Mitarbeiter einer Rocksendung im Dritten Programm von *Radio Warschau* war. So konnten ELEKTRIČNI ORGAZAM und ŠARLO AKROBATA 1981 in Polen auftreten. Beim Konzert von ELEKTRIČNI ORGAZAM in Warschau kam es dabei zu einer mysteriösen Stromunterbrechung, und eine Tränengasgranate wurde geworfen, was auf der gleich im Anschluss erschienenen Live-LP *Warszawa '81* auch nachzuhören ist. Wie populär die Band in Polen zu diesem Zeitpunkt schon war, zeigte die Tatsache, dass die Fans sogar die Texte kannten. IDOLI wollten ebenfalls durch Polen touren, aber die Verhängung des Kriegsrechts im Dezember machte die Pläne zunichte. Der Kontakt ging aber in beide Richtungen. BRYGADA KRYZYS, eine der ersten polnischen (Post-)Punkbands, traten 1981 gleich zweimal in Belgrad auf und bekamen sogar einen Vertrag mit *Jugoton*. Leider kam es aber doch nicht zur Veröffentlichung ihres in Belgrad aufgenommenen und sich bald als prophetisch herausstellenden Stücks »Wojna« (Krieg), dessen Belgrader Aufnahme als verschollen gilt. 1985 sollte dann die polnische Hardcore-Band ABADDON die größeren Freiheiten und flexibleren ökonomischen Möglichkeiten Jugoslawiens nutzen und ihre LP *Wet Za Wet* am Rande einer Tour aufnehmen, die anschließend in Frankreich bei *New Wave Records* veröffentlicht wurde.

Plakat für PANKRTI und OTROCI (SOCIALIZMA) in Warschau. Foto: Rico Greese

Zuvor kam es 1984 aber ausgerechnet um die von der KSOJ ausgezeichneten PANKRTI zum Eklat. Auf einer Polen-Tournee sollen sie gemeinsam mit OTROCI SOCIALIZMA (Kinder des Sozialismus, auf zumindest einem der Plakate dort aber nur als OTROCI angekündigt) Kontakt zur Solidarność aufgenommen haben. Ausreisen durften die Bands schließlich nur nach erheblichem diplomatischen Aufwand. Ein spätes Zeugnis dieser jugoslawisch-polnischen Verbindungen ist das *Yugoton*-Projekt, ein ziemlich erfolgreicher Sampler aus dem Jahr 2005, auf dem polnische Musiker jugoslawische Punk- und New Wave-Klassiker aus den frühen 1980ern covern, als Tribut arrangiert von eben jenem Grzegorz Brzozowicz.

Die Szene zerfällt

Auch in der Punk-Szene zeigten sich die zunehmenden Zerfallserscheinungen der jugoslawischen Gesellschaft, und nicht selten taten sie das entlang der ethnischen oder religiösen Trennlinien im Land. Neben den bereits angesprochenen PEKINŠKA PATKA spielten auch IDOLI bereits 1982 mit orthodoxer Symbolik und der serbischen Kulturtradition. Auf dem Cover von *Odbrana i poslednji dani* (Verteidigung und die letzten Tage) wurde ein Detail eines Kleidungsstücks aus einer Nikolaus-Ikone gezeigt, das grafisch auch an eine Swastika erinnert. Zudem war das Cover kyrillisch beschriftet, was damals extrem ungewöhnlich für eine Popproduktion war. Außerhalb Serbiens verkaufte sich die Platte der jugoslawienweit populären Band entsprechend auch deutlich schlechter. Die Punkszene begann, sich in Subszenen der einzelnen Republiken aufzuspalten.

Die professionell gewordenen PRLJAVO KAZALIŠTE agierten zugleich immer eindeutiger nationalistisch. *Mojoj majci* (Meiner Mutter) auf dem 1988er Album *Zaustavite Zemlju*, eigentlich der verstorbenen Mutter des Gitarristen und Texters Jasenko Houra gewidmet, enthielt die entsprechend interpretierte Zeile »Zaspala je zadnja ruža Hrvatska« (etwa: Eingeschlafen ist die letzte kroatische Rose). Als das Lied im Oktober 1989 auf einem Open-Air-Konzert vor 200.000 bis 300.000 Menschen auf dem Trg Republike in Zagreb gespielt wurde, heizte es unübersehbar die nationalistische Stimmung an. Das 1993, also während des Krieges, erschienene Album *Lupi petama* (Stampfe mit den Hacken) enthielt mehrere patriotische Kriegslieder, mit denen die Band auch durch die kroatische Diaspora tourte.

Einen absoluten Sonderfall in vielerlei Hinsicht bildete Ivica Čuljak aus Vinkovci, der sich SATAN PANONSKI nannte und zuvor Teil der Band POGREB X war. 1981 wurde er zu 12 Jahren in einer psychiatrischen Anstalt verurteilt, nachdem er im Streit jemanden mit einem Messer niederstach. Dank der Beziehungen seines Vaters, so munkelt man, blieb ihm Goli Otok erspart, und zu Lesungen und Konzerten durfte er sogar aus der Klinik. Zwischen 1989 und 1992 veröffentlichte er eine LP und zwei Kassetten mit rumpelndem, manchmal aber auch mit Balkan-Folk durchsetztem Garage-Punk und offensiv schwulem Sadomaschochismus, den er auch auf der Bühne exzessiv auslebte. Die letzte Kassette, *Kako Je Panker Branio Hrvatsku* (Wie ein Punk Kroatien verteidigt), wurde allerdings eingespielt, als er bereits für Kroatien in den Krieg gezogen war und ist thematisch entsprechend ausgerichtet. Er wurde schließlich 1992 unter ungeklärten Umständen während eines Waffenstillstands erschossen aufgefunden.

Am deutlichsten verlieh vielleicht die Noiserock-Band GRČ aus Rijeka den nationalistischen Spannungen Ausdruck, die Mitte der 80er überall in Jugoslawien sichtbar wurden. Die Band schrieb ihren Song »Noćas se Berlin pali« (Heute Nacht brennt Berlin) für das Album *Sloboda Narodnu* (Freiheit dem Volk) zu »Noćas se Beograd pali« um: »Heute Nacht brennt Belgrad«. Eine prophetische Version vom gewaltsamen Zerfall des Landes. Mit »Nož u mojoj ruci« (Messer in meiner Hand) greift die Band auf dem gleichen Album zudem die Metapher des Messers auf, die in Ex-Jugoslawien für Krieg, Gewalt und Zerstörung steht. Mit jener hatte auch Vuk Drašković gearbeitet, der mit seinem Roman *Nož* Anfang der 1980er den Völkermord der Ustaša an den bosnischen und kroatischen Serben im Zweiten Weltkrieg thematisierte. Ein Buch, das bis in die 1990er-Jahre verboten war. GRČ unterstrichen ihre düstere Lyrik bei Live-Konzerten dadurch, dass die Band mit Wehrmachtshelmen auf die Bühne ging. Auch die über die 80er von Punk zu Noiserock wandernde Band SCH aus Sarajevo agierte mit ähnlichem Prophetie-Potential, ihre erste LP von 1989 hieß vorahnend sogar *During Wartime*.

SCH-LP *During Wartime*, 1989, Eigenrelease

Solche Auftritte gaben den Kreisen der Nomenklatura steten Auftrieb, die weiter versuchten, Punk ins faschistoide Eck zu stellen. Ein Verbot aber gelang nicht, auch wenn einer der größten Skandale des späten Jugoslawien im Umfeld der Punkszene stattfand: die »Nazi-Plakat-Affäre«. Um die bis heute erfolgreiche und zu jener Zeit mit einem

Auftrittsverbot in Ljubljana belegte Industrial-Band LAIBACH hatte sich 1984 ein Künstlerkollektiv namens Neue Slowenische Kunst, gebildet, kurz NSK. Zum alljährlichen Stafettenlauf zum *Dan Mladostih,* dem Tag der Jugend, einst eingeführt, um Titos offiziellen Geburtstag öffentlich zu feiern, reichte Novi kolektivizem, die Grafik-Abteilung der NSK, für das Jahr 1987 einen Plakatentwurf ein, der die Ausschreibung prompt gewann. Danach wurde allerdings offenbar, dass dieser Entwurf nahezu eine 1:1-Kopie eines NS-Posters war. Lediglich die Symbole waren ausgetauscht worden. Dass das NS-Plakat seinerseits eine Kopie eines Posters für die ersten Olympischen Winterspiele 1932 in Norwegen war, blieb dabei unerwähnt, hätte aber den Eklat keineswegs zu dämpfen vermocht. Die Jury für die Plakatbewerb des *Dan Mladostih* sah sich jedenfalls dem Vorwurf ausgesetzt, Gefallen an faschistischer Ästhetik gefunden zu haben. Nach diesem Eklat fand der Stafettenlauf aus allen Republiken Jugoslawiens nie wieder statt. Eine für Jugoslawien konstitutive Tradition war beendet, und die im jugoslawischen Punk so oft exerzierte Überaffirmation trug ihren größten Sieg davon.

Ex-kommunistischen Kreisen gilt deshalb Punk mit seinen Folgen bis heute oft als künstlerisches Vehikel, um Nationalismus und Kapitalismus zu etablieren – also Jugoslawien zu zerschlagen. Die post-jugoslawische Sicht stellt Punk hingegen eher als Geburtshelfer der Demokratie dar, der eine nachhaltige Entfremdung vom Titoismus eingeleitet habe. Beide Sichtweisen sind komplementär und unvollständig. Eine alternative Sicht – sofern eine solche in künstlerischen Fragen, die Ex-Jugoslawien betreffen, möglich ist – begreift Punk zumindest als Gegenbewegung zum Soundtrack der Jugoslawienkriege: dem aufkommenden Turbofolk der 1980er und 1990er und der Kommerzmusik von Goran Bregović.

Beim Versuch, den Weg mancher Bands zu verstehen, hilft auch der biographische Hintergrund einiger Mitglieder, der die Szene nicht zuletzt stark vom Westen unterscheidet: »Die meisten Musiker waren Studenten aus der Mittelschicht. Manche hatten Väter in der Jugoslawischen Volksarmee (JNA), und ihre Lieder waren eine Art, sich mit den Vätern auseinanderzusetzen und gegen sie aufzustehen. Auf eine komische Art waren sie Linke. Ich denke, sie haben ihr Land geliebt, aber sie wollten ein besseres System. Heute sind die meisten Punk-Musiker gegen die Regierung und Kirche in ihren neuen Ländern«, sagt Petar Janjatović. Für ihn zeigte sich der Einfluss des YU-Punk am deutlichsten nach dem Zerfall Jugoslawiens. Nach seinem Ende speiste er eine neue Generation widerständiger Musiker: »Das Erbe des YU-Punk zeigte sich am meisten in den 90ern. Alle serbischen Post-Punk-Bands waren gegen Slobodan Milošević. Die wichtigste Band aus Kroatien war KUD IDIJOTI aus Pula. Sie waren die Stimme der Vernunft, der Opposition und der Anti-Kriegsbewegung. Auch in anderen, weniger wichtigen Bereichen hat der Punk Spuren hinterlassen, zum Beispiel im Stil und der Bildsprache.«

Punk steht für die urbanistische, moderne Seite (Ex-)Jugoslawiens, auch nach seinem Ende. Das wird sein Erbe bleiben.

Der Text basiert auf: 1. Einem Gespräch von Christoph Baumgarten mit Petar Janjatović (2017); 2. Natalja Herbst: »Rechnet mit uns. Punk und Neue Welle im sozialistischen Jugoslawien.« In: *Südost-Forschungen* 68 (2009), S. 418–438. [fälschlicherweise publiziert unter Friederike Herbst], 3. Einem Interview von Johannes Ullmaier mit Vlada Divljan (*Zonic* # 14–17, Eigenverlag, Greifswald 2008), ins Deutsche übertragen von Natalja Herbst.

Johannes Ullmaier

Die Gedanken sind blockfrei

Ein Stapel (Proto/Post-)Punk-Platten aus Prä-Ex-Jugoslawien

Die folgenden Kurzverweise auf besonders herausragende und auf Tonträgern zirkulierende Momente der Jugo-(Post-)Punk-Geschichte sind in ausgebauter Form bereits im *Zonic*-Spezial *»Go Ost! Klang – Zeit – Raum. Reisen in die Subkulturzonen Osteuropas«* aufgereiht worden, sollen aber hier des passenden Kontexts wegen ihr Recycling erfahren, im Glauben an die Kraft der Wiederholung. Von den dort zu lesenden vier Thesen sei nur die letzte lanciert, da die anderen Themenkomplexe bereits durch den Text »Tanz den Tito!« ausführlich erläutert sind. Wiederholt sei daher nur:

In der fragilen Ambivalenz aus solidarischer Negation und negativistischer Überaffirmation des (Post-)Titoismus eröffnet der Jugo-Punk in seinen größten Momenten den ästhetisch-utopischen Vorschein auf einen so weder im Over- noch im Underground weder des Ost- noch des Westblocks imaginierbaren Dritten Weg jenseits der realkapitalistischen wie der realsozialistischen (Bewusstseins-)Katastrophe. Dieser Weg konnte kaum konkretisiert oder allgemein vermittelt, geschweige denn sub- oder gar gesamtgesellschaftlich im Ernst beschritten werden. Trotzdem liegt hier das geschichtsphilosophisch Signifikante, (zu) Rettende der damaligen Bewegung. Alles andere war in Jugoslawien genauso wie überall sonst auch, bloß (wie überall sonst auch) ein bißchen später und bescheidener als in England oder New York: Rebellion und Eskapismus, Liebe, Tanz, Konzerte, Clubs & Partys, Szene, Mode, Frechheit, Distinktion & Coolness, Spaß, Style, Musik, Sex(ismus) & Drugs & Rock'n'Roll, Ideale, Konsequenz und Wahn, Spekulation und Ausverkauf. Pubertät beherrscht die Stadt.

Die Platten

BULDOŽER: ***Pljuni Istini u Oči*** **(Spuck der Wahrheit in die Augen, '75)** Hatten die überberühmten (mich aber nie so umhauenden) BIJELO DUGME (Weißer Knopf) kurz zuvor schon für nationale Parlaments-Pop/Rock-Debatten gesorgt, wird es in punkto Pop-Subversion materialästhetisch richtig ernst erst mit dem slowenischen BULDOŽER, auf dem der universalparodistische MOTHERS OF INVENTION-Freakismus in Jugoslawien einrollt und sich schon sehr eigensinnig bricht; auf einem Minilabel im Fake-Zeitungscover (inkl. Sprachkurs »Deutsch ohne Mühe«: »Medved – Winter schlafen Animal«, »Grad (tuća) – Kugel Meteorologische Artikel«) erschienen, wird hier mit Songs wie »Yes my Baby, No«, »Yes my Baby Blue« und »No my Baby Blue« die Irritations- und Dissidenz-Basis für alles weitere gelegt – nicht nur, weil

Gitarrist Uroš Lovšin denselben Nachnamen führt wie der erste YU-Punk-Sänger Peter Lovšin bei PANKRITI

PANKRTI: ***Dolgcajt*** **(Langeweile, '80)** nach ihrer epochalen, wire-informierten ersten YU-Punk-Single »Ljubljana je bulana« (Ljubljana ist krank, 1978) das genauso epochale LP-Debüt; Ennui & Energie; Intelligenz & Integrität; dazu Kracher an Kracher: in »Počitnice na Morju« zum Beispiel die stimmig paradoxe Kombination einer totalen Pogo-Strophe und eines locker-ironischen, zugleich irrwitzigen (Nach-Refrain-) Folk-Riffs **ohne** jeden »Turbo«-Stumpfsinn; oder die mehrsinnige Text-Kontrafaktur eines allzu staatstragenden Đorđe-Balašević-Pop-Hits in »Računite z Nami«; die erste YU-Tournee von PANKRTI vergleichbar mit den frühen Sex-Pistols-Konzerten: offene Münder, Ausrast-Pfingsten, massenhafte Punk-Bekehrungen (»Du musst dein Leben ändern!«); Pioniere auch im ernst-burlesken Katz-und-Maus-Spiel mit der Staatsmacht (neben den weit übler sanktionierten PARAF); die späteren LPs auch ok (am besten *Rdeči Album*, 84, mit der Alltime-Düster-Olympia-Anti-Hymne »Sarajevo 84«), aber trotz vieler guter Songs nie mehr ganz so fett.

LEB I SOL: ∞ (Bezkonacno = Unendlich, '81) / Sledovanje (82) Im Analogzeitalter kriechen neue Wellen noch träge durch die Geographie; so auch in YU: vom Norden (Slowenien/PANKRTI) abwärts via Zagreb (Azra, Film, Prljavo Kazalište) und die Küste/ Rijeka (PARAF) bis nach Novi Sad (PEKINŠKA PATKA) und Belgrad (*Paket Aranžman*); und von den Metropolen in die Provinz; bis Mazedonien kommt sie erst sehr spät und vielfach gebrochen (APOREA); die Gischt aber sprüht schon früh über alle Genregrenzen bis nach Skopje, zur seit 1978 besten Jazzrockband der Welt, LEB I SOL (Brot und Salz), die Anfang der 80er mit zwei für ihre Verhältnisse verstörend reduzierten und verschatteten Alben den mazedonischen Fusion-Wave begründen, krönen und beenden.

Beograd: ***Paket Aranžman*** **(Belgrad: Komplettpaket, '81)** Spät erreicht der Punk die Hauptstadt, dafür mit dreifacher Wucht; vom Start weg unverwechselbar und selbst in ihrer frühen Holprigkeit seltsam vollendet, haben alle drei Bands auf diesem legendärsten aller »Novi Talas«(Neue Welle)-Sampler bald ebenso legendäre eigene LPs nachgelegt:

ELEKTRIČNI ORGAZAM: ***s/t*** **(81) /** ***Lišće prekriva Lisabon*** **(Das Laub bedeckt Lissabon, '82)** Auf dem Debüt mit Casio-Elektronik, 60ies-Krätze-Orgel, Panik, Paranoia und Humor, außerdem Hit um Hit; elementar komplex wie die Cover-Collage auf schwarzem Grund (»Pojmove ne vezujem!«); die zweite LP dann das unfassbare Meta-LSD-Punk/Wave-Konzeptalbum, zu dem es keinerlei Vergleichspunkt gibt: Absurdismus und Realismus, Existentialität und Abstraktion, Distanz und Energie, Überbelichtung und Übernächtigung, Klaustrophobie und Psychose, Pop und Avantgarde – alles auf einem Niveau, wie es sonst, außer vielleicht bei DEVO, DAF oder den »No Tears«-TUXEDOMOON, bestenfalls im

Einzelnen zu erreichen war (auch EO selbst kamen/wollten danach nie mehr dorthin zurück); dazu kam aber noch, dass diese Anderswelt einem 1982 in der hinteren Ecke eines Kleidergeschäfts, das in irgendeiner slawonischen Kleinstadt nebenbei als Plattenladen diente, zwischen genauso unmotiviert angelieferten Pappkartons voller Schlagerschrott oder Standardklassik unversehens 50fach entgegenstarren konnte – mit schönem Gruß von Josip Broz (1892–1980).

IDOLI: *Odbrana i Poslednji Dani* (Verteidigung und die letzten Tage, '82) Die bis dahin vor allem überaffirmationsgewitzten »Idole« hier mit einem damals kaum erwartbaren und entsprechend befremdenden Krypto-Serbo-Orthodoxoid-Konzeptwerk; durchweg kyrillisch beschriftet; die (teils sehr schönen) Songs plötzlich »tief« und getragen; wie das damals eigentlich gemeint gewesen sei, ob (meta-)anti-anti- oder doch eher prä-nationalistisch, darüber gehen die Meinungen der Bandmitglieder heute ziemlich auseinander ...

ŠARLO AKROBATA (Charlie Chaplin): *Bistriji ili tuplji čovek biva kad ...* (Klüger oder dümmer wird der Mensch, wenn ..., '81) Die dritte »Paket Aranžman«-Band war eines jener seltenen Feuerräder, die vor übermäßiger kreativer Fliehkraft unvermeidlich auseinanderfliegen müssen, doch während ihrer kurzen Existenz (und noch in den brennend davonwirbelnden Einzelteilen) ein faszinierendes Schauspiel liefern: drei Proto-Genies auf Augenhöhe mit PIL-Stickern vor einem Belgrader Hochhaus, ein Single-Versprechen, dazu zwei exklusive Samplerbeiträge, eine ideen- und powerüberbordende LP-Skizze für die Ewigkeit – dann Split:

KATARINA II: s/t ('84) Bekannter unter ihrem späteren Namen EKATARINA VELIKA, ist eine der beiden Nachfolgebands aus dem Zerfall von ŠARLO AKROBATA, nämlich die von Sänger-Gitarrist Milan Mladenović; für Jugoslawien in den 80ern alles zwischen BAUHAUS und SIMPLE MINDS in einem; keine kühnen Innovationen, aber bis 1993 auf acht Alben massenweise wunderbare Songs, die noch im höchsten Pathos glaubhaft bleiben; tragisch viele frühe (Rock-)Tote, darunter Bassist Bojan Pečar (1990), Mladenović selbst (1994) und die ikonische Margita Stefanović (2002).

DISCIPLINA KIČME (Disziplin des Rückgrats): *Sviđa mi da ti ne bude prijatno* (Es gefällt mir, wenn es dir nicht angenehm ist, 83) / *Ja imam šarenje oči* (Ich habe gesprenkelte Augen, '85) Der zweite ŠARLO AKROBATA-Spin-Off von Beyond-Bassist/Shouter Koja (Dušan Kojić) schießt in neue Dimensionen: analoger Drum & Bass-Avant-Post Punk, teils mit zwei Drummern; absurdistische Reduktion und virtuose Verschärfung, jugoslawien- wie weltweit mit nichts zu vergleichen und mit die visionärste Musik ihrer Zeit; damals leider schon ziemlich allein auf weiter Flur; denn fast alle anderen Pioniere waren inzwischen tot, verstummt, vernischt oder auf Mainstream-Kurs.

84 (Compilation, '84) Öffentlicher Startschuss zur neuen Neuen Welle in Slowenien; Kompilator: Igor Vidmar; erste Seite: »Avantgarde«; zu Beginn zwei verhaltene, mehr elektro-wavige als (wie später meist) EBM-kraftmeiernde Songs von BORGHESIA; dann die zu Unrecht wenig bekannten Bands ABBILDUNGEN VARIETE und 300.000 VERSCHIEDENE KRAWALLE, deren Tracks ihren Namen alle Ehre machen; zum Schluß, nur auf dem Label aufgeführt, die ersten paar Sekunden von LAIBACH auf Vinyl; zweite Seite: (Art-)Punk: ČAO PIČKE, O!KULT, VIA OFENZIVA (deren langer Sänger Esad Babačić mittlerweile als Dichter reussiert hat) und OTROCI SOCIALIZMA mit vielen verlorenen Hits.

Rijeka – Paris – Texas (Compilation, '87) Etwas nachgereicht die wichtigste Dokumentation der damals schon länger aktiven zweiten Rijeka-Welle (nach PARAF): vor allem die brachialen GRČ (Krampf) mit einem einleitenden Dreierpack düsterer Visionen (u. a. »Noćas se Beograd pali«, Heute nacht brennt Belgrad) dafür leider umso vorausschauender; dazu Szenemotor Damir Martinović, hier nicht nur mit seinen bis heute aktiven LET 3 (Flug 3), sondern auch im schrägeren Vorgängerkollektiv STRUKTURNE PTICE (Struktur-Vögel); dazu IDEJNI NEMIRI, FIT, GRAD und OGLEDALA; im Ganzen der letzte markante Punk/Wave-Sampler aus Prä-Ex-Jugoslawien; von fiumischen Küstenbewohnern in Ljubljanaer Studios eingespielt, auf dem slowenischen *Helidon*-Label erschienen und über *Jugoton* in Zagreb im ganzen Land vertrieben – eine durchaus nicht unübliche Konstruktion, mit der alsbald einstweilen Schluß sein sollte.

SATAN PANONSKI: ***Nukleare Olimpijske Igre*** **(Nukleare olympische Spiele, '90)** Der amtlich beglaubigte Mörder, Verrückte, eigenblutüberströmte Bühnennackte, frühe Kriegstote, kurzum: slawonische GG Allin hier stellvertretend als Spät- und Extremausläufer, der seiner Mutter offenbar zeitlebens etwas Dringendes mitzuteilen hatte; musikalisch leider nie so weit draußen wie als Typ.

BOSNIEN UND HERZEGOWINA

ELVIS J. KURTOVIČ

Punk, der wichtigste musikalische Arm der satirischen *New Primitives*-Bewegung

LP: *The Wonderful World Of The Private Business (Čudesan Svet Privatluka) (Diskoton,* 1988)

LP: *During Wartime* (*S/R*, 1989)

Kassette: *White Music – 2 Ways 2 German Art & Work Discipline: ... (SlusajNajglasnije* – Kroatien, 1992)

CD: *Only Cunts Don't Fear The Rain (Samo Se Pizda Ne Boji Kiše) (Polikita Records,* 2006)

OPERA LU

Früher Punk.

7": »Televizori// Ujutro Me Sunce Budi« (*Diskoton*, 1980)

SCH

Zuerst Punk/Post Punk, dann Noiserock, später experimentell schmerzhaft bis zu Industrial, cool.

Kassette: *SCHizophrenia (Otpusnica)* (*S/R*, 1984)

Kassette: *SCH* (*S/R*, 1986)

ZABRANJENO PUŠENJE

Weird Rock mit Punkeinfluss, der andere musikalische Arm der *New Primitives.*

LP: *Das Ist Walter* (*Jugoton*, 1984)

ŽENEVSKI DEKRET

Hardcore. Die Band aus Mostar emigrierte während des Krieges nach Schweden. Ein Bandmitglied betreibt *Ne! Records.*

Necu Da Budem Dio Jebene Mase / Ubijam Te auf *Return of Yugoslavia*, Comp. LP (*Sacro Egoismo* – Österreich, 1989)

KROATIEN

AZRA

Punk, später Rock.

7": *A Sta Da Radim / Balkan* (*Suzy*, 1979)

7": *Lijepe Zene Prolaze Kroz Grad: Lijepe Zene Prolaze Kroz Grad / Poziv Na Ples / Suzy F.* (*Jugoton*, 1980)

LP: *S/T* (*Jugoton*, 1980) Reissued als CD auf *Croatia Records* 1995.

LP: *Singles 1971–1982*

CD: *Singl Ploce 1979–82* (*Croatia Records*, 1995), Compilation ihrer frühen Singles.

A Šta Da Radim / Balkan auf *Novi Val* Comp. LP (*Suzy*, 1980)

Hey Jude / Dve / Sekunda / Instrumental / Neostik Je Za Kurac auf *Return of Yugoslavia* Comp. LP (*Sacro Egoismo* – Österreich, 1989)

Splasena Motornom Pilom (Mega Mix) auf *Son of Bllleeeeeaaauuurrrrgghhh!* Comp. 7" EP (*Slap A Ham* – USA, 1993)

DUO EXTRAWURST

Grindcore.

O. N. V. N. Z. M. N. Z. R. O. O. D. auf *Return of Yugoslavia* Comp. LP (*Sacro Egoismo* – Österreich, 1989)

EUFORIJA

Guter Hardcore.

Moja Mala/ Tvoj Svijet auf *Return of Yugoslavia* Comp. LP (*Sacro Egoismo* – Österreich, 1989)

HALI GALI HALID

Extrem interessante Folkpunk-Erfahrung mit orientalischem Feeling.

7": *Vo-Zdra* (*Slusaj Najglasnije*, 1991)

Kassette: *Samo Za Tebe* (*Slusaj Najglasnije*, 1989)

KAOS

Schriller Orgel-Punk *Orgelpunk* mit weiblichen Vocals.

LP: *Betonska Djeca* (*Ne! Records*, 2013)

KUD IDIJOTI

Pogo- und RAMONES-Punk, gemixt mit leichtem Balkanfolk. Lokale (und internationale) Legende.

7": *Bolje Izdati Plocu Nego Prijatelja: Maja / Kad Sunce Opet Zade / Cirkus / Ratna Pjesma* (*Slovenija*, 1987)

7": *Budimo Solidarni s Bogatima: Lutke Na Koncu / O Bella Ciao / Kako Da Zivim Bez Para* (*Slovenija*, 1987)

7": *Hocemo Cenzuru: Hocemo Cenzuru / Vajk Na Bolje / Prezivjeti (We Remember Marjeto)* (*Slovenija*, 1988)

7": *Fuck* (*Bonaca*, 1996)

LP: *Bolivia R'n'R* (*Incognito* – BRD, 1989)

LP: *Mi Smo Ovdje Samo Zbog Para* (*Helidon*, 1990)

PARAF

Punk, dann New / Dark Wave.

7": *Moj Zivot Je Novi Val / Rijeka* (*Zalozba RTV*, 1979)

7": *Fini Decko / Tuzne Usi* (*Zalozba RTV*, 1981)

LP: *A Dan Je Tako Lijepo Poceo* (*Zalozba RTV*, 1980)

LP: *Izleti* (*Zalozba RTV*)

LP: *Prekinuti Koitus: 1978–1979* (*NE! Records*, 2011)

LP: *Omladinac Postaje Čovjek ... – '77–'79 • Live Menza ŠN Ljubljana 1978*, mit PANKRTI (*Rest In Punk*, 2014)

Narodna Pjesma auf *Novi Punk Val 78–80* Comp. LP (*RTV Ljubljana*, 1981)

Moj Zivot Je Novi Val / Visokotirazni Mir / T Kao Krava auf *Bloodstains Across Yugoslavia* Comp. LP (Bootleg, 1997)

PRLJAVO KAZALISTE

Von Rock (ROLLING STONES!) beeinflusster Punk, später (nationalistischer) Mainstream-Mist.

7": *Maksi Single* (*Jugoton*, 1978)

7": *Televizori: Televizori / Majke / Moje Djetinjstvo* (?, 1978)

7": *Moj Je Otac Bio u Ratu / Noc* (*Suzy*, 1979)

LP: *S/T* (*Suzy*, 1979) Rereleased auf CD 1998.

LP: *Crno Bijeli Svijet* (*Suzy*, 1980)

Nove Cipele / Čovjek Za Sutra auf *Novi Val* Comp. LP (*Suzy*, 1980)

Moj Otac Je Bio u Ratu auf *Novi Punk Val 78–80* Comp. LP (*RTV Ljubljana*, 1981)

Majka / Ja Sam Mladic u Najboljim Gedinama auf *Bloodstains Across Yugoslavia* Comp. LP (Bootleg, 1997)

SATAN PANONSKI

Sadomasochistisch-schwule GG-Allin-Variante mit Garagenpunk und teils Balkanrhythmus.

Kassette: *Ljuljamo Ljubljeni Ljubicasti Ljulj* (*Slusaj Najglasnije*, ?)

LP: »*Nuklearne Olimpijske Igre* (*Slusaj Najglasnije*, 1990)

Kassette: *Kako Je Panker Branio Hrvatsku* (*Slusaj Najglasnije*, 1993)

LP: *Satan Panonski* Live 1990 in Osijek (*Rest in Punk*, 2014)

TERMITI

Frühpunk aus Rijeka mit Orgel.

CD: *LP Ploca Vjeran Pas* (*Dallas*, 1996)

Ja Ne Želim Ništa / Mama S Razlogom Se Brineš auf *Riječki Novi Val* (*Antologija*)

MAZEDONIEN

BLLA-BLLA-BLLA ...

Erste ethnisch albanische Punkband der Welt (ca. 1988), so weit uns bekannt!

Split 7" w/NO NAME NATION: *Unë / Mbretëresha Teuta / Kush Kishte Thanë* (*Tian An Men 89* –Frankreich, 2000) Liveaufnahmen aus dem Archiv, 1988.

FOL JEZIK

Erste Single der ersten mazedonischen Punkband, die zur Veröffentlichung ihre Punkwurzeln aber schon verlassen hatte ...

7": *Mala Super Dana/ Ne, Ne, Ne* (*Jugoton*, 1985)

PADOT NA VIZANTIJA (ПАДОТ НА ВИЗАНТИЈА)

Dark Wave Punk mit christlich-orthodoxer Tendenz.

LP + CD: *Pochetok I Kraj* (*Ne! Records*, 2017)

Istata Sostojba auf *Tour de Farce Part 2* Comp. Kassette (*Empty* – BRD, 1987)

Sepak Istata Sostojba on MAKEDONSKI DOKUMENT STEP 1 Comp. CD (*Trot*, 1994)

SARACENI

Ne Brini on *Makedonski dokument step 2* Comp. CD (*Trot*, 1995)

SERBIEN UND MONTENEGRO

BEZOBRAZNO ZELENO

Bezim Niz Ulicu / Beograd on *Artisticka Radna Akcija* Comp. LP (Jugoton, 1981)

BOYE

All-girl Post Punk/Rockband aus Novi Sad, produziert von Koja (DISCIPLINA KICME)

7": *Ja Hocu Te: Ja Hocu Te / Kralj Dosade* (*PGP/RTB*, 1987)

7": *Fudbal* (*Search And Enjoy*, 1990)

LP: *Dosta, Dosta, Dosta* (*PGP RTB*, 1988)

LP: *78* (*Search And Enjoy*, 1990)

DEFEKTNO EFEKTNI

A/ D auf *Artisticka Radna Akcija* Comp. LP (*Jugoton*, 1981)

DISCIPLINA KIČME

Experimenteller Punk, später Alternative Rock mit Dub- und Blueseinfluss.

LP: *Svida Mi Se Da Ti Ne Bude Prijatno* (*Helidon*, 1983)

LP: *Ja Imam Sarene Oci* (*Dokumentarna*, 1985)

LP: *I Svi Zamnom* (*Helidon*, 1986)

LP: *Najlepsi Hitovi!* (*RTB*, 1986)

LP: *Decija Pesma* (*RTB*, 1987)

LP: *Zeleni Zub Na Planeti Dosade* (*RTB*, 1989)

LP: *Nova Iznenadenja Za Nova Pokolenja* (*PGP/RTB*,1991)

DISTRESS, auch HERPES DISTRESS

Hardcore.

7": *Put u Raj* (*Intermusic/No Time To Be Wasted*, 1996)

LP: *Izdaja Ljudskih Prava • 30th Anniversary Edition* (*Ne! Records*, 2014, Bonus: Live 1984)

Izdaja Ljudskih Prava / Sutra / Rat / Put u Raj auf *Tutti Pazzi Vol.1* Comp. LP (*Falsanja Kol'ko's*, 2001)

Mozak auf *World Class Punk* Comp. Kassette (*ROIR*, 1984) rereleased auf CD 1998

ELEKTRIČNI ORGAZAM

Legendärer surrealer Punk, später gen New Wave und Rock

7": *Konobar / I've Got A Feeling* (*Jugoton*, 1981)

7": *Dokolica/ Dokolica – Dub Verzija* (*Jugoton*, 1982)

7": *Odelo / Afrika* (*Jugoton*, 1982)

7": *Locomotion / Metal Guru* (*Jugoton*, 1983)

LP: *S/T* (*Jugoton*, 1981)

LP: *Warszawa '81 (Live)* (*Jugoton*, 1982) (released unter dem Namen ELEKTRYCZNY ORGAZM)

LP: *Lisce Prekriva Lisabon* (*Jugoton*, 1982)

IDOLI

Konzeptioneller Post Punk / NewWave.

7": *Maljciki / Retko Te Vidam Sa Devojkama* (*Jugoton*, 1980)

LP: *S/T* (*Jugoton*, 1981)

12": *Vis Idoli* (*Jugoton*, 1981)

LP: *Odbrana i Poslednji Dani* (*Jugoton*, 1982)

Schwule Uber Europa / Plastika / Maljciki/ Amerika auf *Paket Aranzman* Comp. LP (*Jugoton*, 1981)

KBO!

Schneller melodischer Punk, aber serbische Nationalisten ...

LP: *Forever Punk* (*Wipe Out* – Griechenland, 1989)

NAPRED U PROŠLOST

Punk und dunkler Alternativesound mit orientalischen Einflüssen.

LP: *S/T* (*Muzicka Omladina Panceva*, 1989)

PARTIBREJKERS

Old-School Garage Punk-Rock, danach purer Rock.

7": *1000 Godina / Veceras* (*Jugoton*, 1984)

LP: *S/T* (*Jugoton*, 1985)

PEKINŠKA PATKA

Legendärer Punk, zweite LP dunkler Post Punk.

7": *Biti Ruzan, Pametan i Mlad / Bela Sljiva* (*Jugoton*, 1980)

7": *Bolje Da Nosim Kratku Kosu / Ori Ori* (*Jugoton*, 1980)

7": *Bila Je Tako Lijepa / Buba Rumba* (*Jugoton*, 1981)

LP: *Plitka Poezija* (*Jugoton*, 1980) rereleased als Bootleg 1999 mit Bonustracks: *Biti Ruzan / Pametan i Mlad / Bela Sljiva / Bila Je Tako Lijepa / Buba-Rumba/ Strah / Krug / Neko.* Rereleased auf CD 1998.

LP: *Strah Od Monotonije* (*Jugoton*, 1981)

PETAR I ZLI VUCI

Ogledalo / Kozaci auf *Artisticka Radna Akcija* Comp. LP (*Jugoton*, 1981)

PROCES

Punk / Hardcore.

Split 7" w/STENGTE DØRER – Norwegen: *Nemojte Misliti Da Se Slazem / Iluzije / Beirut 83* (*X-Port* – Norwegen, 1985)

PROFILI PROFILI

Majke Ih Guraju u Metalnim Korpama / Nemir Zivaca auf *Artisticka Radna Akcija* Comp. LP (*Jugoton*, 1981)

RADNIČKA KONTROLA

Posada / TV u Koloru auf *Artisticka Radna Akcija* Comp. LP (*Jugoton*, 1981)

ŠARLO AKROBATA

Punk und Post Punk mit Ska- und Dubeinflüssen.

7": *Ona Se Budi / Mali Covek* (*Jugoton*, 1980)

LP: *Bistriji Ili Tuplji Covek Biv a Kad* (*Jugoton*, 1981)

Ona Se Budi / Oko Moje Glave / Mali Covek / Niko Kao Ja auf *Paket Aranzman* Comp. LP (*Jugoton*, 1981)

TV MORONI

Moja Borba / Pada Noc auf *Artisticka Radna Akcija* Comp. LP (*Jugoton*, 1981)

URBANA GERILA

Proces / Bez Naslova auf *Artisticka Radna Akcija* Comp. LP (*Jugoton*, 1981)

VIA TALAS

Hawaii (Najljepsi Kraj) / Lilihip (My Boy Lollipop) auf *Artisticka Radna Akcija* Comp. LP (*Jugoton*, 1981)

SLOWENIEN

BERLINSKI ZID

Mozgani Na Sfaltu / Po Cestah Mesta auf *Novi Punk Val 78–80* Comp. LP (*RTV Ljubljana*, 1981)

BULDOGI

To Ni Balet auf *Novi Punk Val 78–80* Comp. LP (*RTV Ljubljana*, 1981)

V Kotu Sveta / Drhal / Doku auf *Lepo je ....* Comp. LP (*RTV Ljubljana*, 1982)

V Kotu Sveta auf *Bloodstains Across Yugoslavia* Comp. LP (Bootleg, 1997)

BULDOŽER

Progressive Rock mit Protopunk-Funktion.

7": *Slovinjak Punk / Muskarci i Zene* (?, ?)

LP: *Pljuni Istini u Oci* (*Alta*, 1975, *Helidon*, 1981)

LP: *Zabranjeno Plakatirati* (*Helidon*, 1977, auch auf CD)

12": *Zivi Bili Pa Vidjeli* (*Helidon*, 1979)

CENTER ZA DEHUMANIZACIJO (CZD)

Origineller Punk, der experimentell anfängt und über die Zeit immer mehr zu Punkrock wird ... Komisch!

7": *Ko Se Zabavam s Teboj* (*Front Rock*, 1989)

LP: *Ajajajajajajajaja* (*Front Rock*, 1995)

CD: *Pokozlane Trate* (*Front Rock*, 1996) Rerelease des frühen Materials.

ČAO PIČKE

Schnittiger Punk / Post Punk.

LP: *Sonce V Očeh* (Ne! *Records*, 2014)

EPIDEMIJA

Wütender Hardcore.

Varazdinec / Kako / Ni Vec Sijaja / Vasi Nismo / Klic v Sili auf *Hardcore Ljubljana* Comp. LP (*FV Zalozba*, 1985)

INDUST BAG

Punk.

Kassette: *V Obdobju Zločina* (*FV Zalozba*, 1987)

LP: *Zavrzena Mladost* (*Ne! Records*, 2013)

100 Db / Ti Si Stroj / Nas Sosed / Mesta Senca auf *Lepo je ...* Comp. LP (*RTV Ljubljana*, 1982)

Ulica Srece / V Obdobju Zlocina auf *Omladina 87 / Najbolji Uzivo* Comp. LP (Stav Magazine NL00079, 1987)

V Imenu Ljudstva on *No Border Jam Pt3* Comp. CD (Front Rock FRCD004, 1994)

100 dB auf *Bloodstains Across Yugoslavia* Comp. LP (Bootleg, 1997)

KUZLE
Punk.
LP: *Archived* (Ne! Records, 2012)
Lepo Je ... (Himna Nase Ml adosti) / Smej Se! / Ostan Idiot! / Vahid / Lepo Je ... (Nadal Jevanje In Konec) auf *Lepo je ...* Comp. LP (*RTV Ljubljana*, 1982)
Smej Sei / Ostan Idiot! / Vahid auf *Bloodstains Across Yugoslavia* Comp. LP (Bootleg, 1997)

LUBANSKI PSI
Neumni, Odpisani In Prazni / Za Boljsi Jutri / Kasta Za Navade / TV (Ečerna Revolucija) / Robro Jutro Mati auf *Lepo je ...* Comp. LP (*RTV Ljubljana*, 1982)
TV (Eterna Revolucija) auf *Bloodstains Across Yugoslavia* Comp. LP (Bootleg, 1997)

NIET
Klassische slowenische Punk-Reissues.
CD: *Lep Dan Za Smrt* (*Vinilmanija*, 1996) Songs von 1984–1994
CD: *S/T* (*Kif Kif*, 1993)
CD: *Live* (*Vinilmanija/Statera*, 1995) Aufgenommen 1985.

O! KULT
Punk und experimentelle, minimalistische Sachen.
7": *Mladi Imajo Moc* (*Ne! Records*, 2012)
LP: *S/T* (*Dossier* – BRD, 1986)
LP: *Mi Smo Drzava* (*Ne! Records*, 2013)
»Za Ljudi« auf *84* Comp. LP (*RTV Ljubljana*, 1984)

OTROCI SOCIALIZMA
Kassette: *Kri* (*FV Zalozba*, 1987)
CD: *S/T* (*Dallas*, 1999)
Pesem St.3/ 3. Vojak auf *84* Comp. LP (*RTV Ljubljana*, 1984)

PANKRTI
Legendäre (»erste«) Jugo-Punkband.
7": *Lepi In Prazni / Lublana Je Bulana* (*Skuc*, 1978)
Double 7": *Namesto Tebe: Namesto Tebe / Gospodar / Se Zmeri Mislim / Jak In Glup* (*RTV Ljubljana*, 1981)
LP: *Dolgcajt* (*Zalozba RTV*, 1980)
LP: *Drzavni Ljubimci* (*Zalozba RTV*, 1982)
LP: *Svoboda 82 (Live)* (*Helidon*, 1983)
LP: *Rdeci Album* (*Zalozba RTV*, 1984)
LP: *Pesmi Sprave* (*Zalozba RTV*, 1985)
LP: *Sexpok* (*RTV Ljubljana*, 1986)
CD: *Zbrana Dela 1977–1988* (*ZKP RTV*, 1992)
LP: *Omladinac Postaje Čovjek ... – '77–'79 • Live Menza ŠN Ljubljana 1978*, mit Paraf (*Rest In Punk*, 2014)

POLSKA MALCA
Experimenteller instrumentaler Hardcore.
LP: *Mojster s Snezinko* (*Front Rock*, 1990)

ŠUND
Gadavic / Bil / Komislja Za Sund / Dvign Roko auf *Lepo je ...* Comp. LP (*RTV Ljubljana*, 1982)

TOŽIBABE
Frauen-Hardcoreband, sehr energetisch.
7": *Dezuje* (*FV Zalozba*, 1986, *NE! Records*, 2015)
Ko Bos Prisel / Bog / Nekega Lepega Dne / Moja Praznina / Nocem Te Vec auf *Hardcore Ljubljana* Comp. LP (*FV Zalozba*, 1985)
Dezuje auf *1984 The Third* Comp. DO-LP (*New Wave* – Frankreich, 1987)

U. B. R.
Uporniki Bez Razloga, Veteranen der slowenischen Hardcorepunk-Szene. Klassiker.
7": *Corpus Delicti: Utrujenost / Od Tod Do Vecnosti / U. B. R./ Harmonija / Corpus Delicti/ Frustracja / Podrazitev* (*Attack Punk*-Italien, 1984, *NE! Records*, 2008)
Split 7" w/PATARENI: *Back From The Dead* (*N. S. E.*, 1990)

III. KATEGORIJA
Unglaublich schneller Hardcore ... Atemberaubend.
LP+CD: *Autoignition* (*Ne! Records*, 2013)
LP (+ STRES D. A. + DEPRESIJA) (*Rest in Punk*, 2014)
Hocem Stran / 100 Stopnic / Brsljan / Za Tebe / Alkoholna Pozaba / Manijak auf *Hardcore Ljubljana* Comp. LP (*FV Zalozba*, 1985)
Sto Stopnic / Brsljan / Alkoholna auf *There Is No Reason to Be Happy* Comp. 7" EP (*Artcore* – BRD, 1986)

92
Frühpunk.
7": *Ob Devetih Do Sest / Tujci* (*ZKP RTVL*, 1980)
7": *Cenzura* (*Ne! Records*, 2015)
LP: *Slike Preteklosti* (*Ne! Records*, 2013)
Videti Jih / Kontroliram Misli auf *Novi Punk Val 78–80* Comp. LP (*RTV Ljubljana*, 1981)

Westblockblicke

Es war rauer, frischer, realer

Vom (System-)Grenzen überschreitenden Punk im Kalten Krieg zum globalen Phänomen Punk. **Lük Haas** im Gespräch mit Alexander Pehlemann

Punk zeigte sich schon sehr früh als internationale Bewegung, die viral in alle Gesellschaftsformationen eindrang und -dringt. Das war jenseits und dann auch schnell diesseits des Iron Curtain so, worum es nicht zuletzt in diesem Band geht. Aber der zersetzende Spirit des Punk wucherte weit über die west-östliche Block-Hemisphäre hinaus, vor allem nach dem Ende der Systemkonfrontation, hinein in von ganz anderen (und dann doch in vielen Aspekten wieder ähnlichen) Konflikten wie Moralvorstellungen geprägt.

Das französische Label *Tian An Men 89* des Globetrotters Lük Haas, der, als Punkforscher, -sammler und -übermittler sowie, davon zumeist getrennt, als weltweit von Krise zu Krise eilender Mitarbeiter des Roten Kreuzes die Grenzen von über 120 Staaten überschritten hat, liefert seit Anfang der 1990er regelmäßig neue Beweise für die scheinbar unaufhaltsame Ausdehnung des Universums Punk hinein in bis dato unvorstellbare Kontexte. Angefangen hatte es 1993 mit Punk- und verwandten Sounds aus Rumänien (siehe den Beitrag von Atilla Blága in diesem Band), danach kamen solche aus den ehemaligen Sowjetrepubliken Litauen und Armenien. Dann Kuba und die Türkei, gefolgt von Thailand, Malaysia, Weißrussland, Indonesien, Georgien, Hongkong, diversen kleineren lateinamerikanischen Staaten, China, Kasachstan, Malta, Moldawien, Brunei, Nepal, Myanmar/Burma, albanischem Punk aus Mazedonien und Punk aus den russischen Teilrepubliken Kabardino-Balkaria, Tatarstan, Burjatien und Karelien, weiter aus Madagaskar, dem Kosovo, Iran, Kirgisien, Tadschikistan, Usbekistan, Algerien, Aserbaidschan und Saudi-Arabien. Getoppt von Syrien, Libanon, Marokko, Indien, Transnistrien, Pakistan, Surinam und Guayana! Tusch! Alles auf Vinyl, von 7" bis 12". Kein Land ohne Punk-Gegenkultur, so scheint es. Von all dem kann Lük Haas viele Geschichten erzählen, wie unschwer vorzustellen ist. Aber folgend soll vor allem die äußerst interessante Vorgeschichte aufscheinen, die nach Osteuropa sowie im Speziellen in die DDR führt, und die als Grundlagenforschung vor Ort zu der Diskographie des Punk aus Osteuropa führte, derer wir uns in diesem Buch teilweise bedient haben.

Wo kam dein Interesse an osteuropäischem Underground und spezifisch Punk her? Gab es da Schlüsselmomente, kam es von frühen internationalen Compilation-Platten wie *World Class Punk* oder *Fix Planet*? Oder aus den Medien?

Es begann als Teenager mit Brieffreundschaften nach Polen und in die UdSSR. Die schickten ein paar LPs mit lokalen Bands (ich erinnere mich noch, wie ich das erste Paket aus der UdSSR bekam, mit LPs von GUNNAR GRAPS und ZODIAC, und das erste aus Polen, mit dem Debüt von PERFECT und der ersten MANAAM-Kassette, das war 1981). Ich fand sie wirklich interessant und es war großartig, Rock zu hören, der nicht auf Englisch, Französisch oder Deutsch war. Ich schickte ihnen französische Rock- und Elektronik-LPs (meine polnischen Freunde waren Fans von Jean-Michel Jarre, SPACE etc). Dann bekam ich 1983 von ihnen eine Einladung, nach Polen zu reisen. Ich war 20 und kam im Juli in Ursus an, einem der Randbezirke von Warschau. Sie stellten mich all ihren Freunden vor und veranstalteten Hörsessions mit einheimischen Platten, darunter Metal (TSA), Reggae (IZRAEL) und Punk (BRYGADA KRYZYS). Sie waren unglaublich nett und erzählten mir viele Geschichten über polnischen Rock und die Kämpfe der Solidarność.

Ich wiederum war bereits ein radikaler Kämpfer für Menschenrechte etc., Mitglied von *Amnesty International* seit dem Alter von 16 sowie bei *Greenpeace*, und hatte gerade erst in Frankreich den Status als Kriegsdienstverweigerer erhalten. Ich war also absolut fasziniert von Polen, den Auseinandersetzungen, den einheimischen Rockbands und der Wechselwirkung zwischen diesen Kämpfen und der Musik. Eine meiner Lieblingsbands war BRYGADA KRYZYS, und meine Freunde gaben mir jeweils ein Exemplar ihrer LP und der 7". Ich besuchte auch eine Menge Plattenläden und kaufte viele Rock-LPs, den Empfehlungen meiner Freunde folgend eigentlich einen Mix aller Genres. Sie spielten mir zudem eine Kassette mit dem 1981er-Konzert von ELEKTRIČNI ORGAZAM aus Jugoslawien vor, sowie DE PRESS aus Norwegen. Beide Bands waren zuvor auf Tour in Polen und musikalisch faszinierend (DE PRESS hatten einen exilierten polnischen Sänger und sangen sowohl polnisch als auch russisch).

Zurück in Frankreich wollte ich mehr erfahren, auch von anderen Szenen in Osteuropa, und versuchte auf jede Art, an mehr Kontakte zu kommen. Ich durchforschte auch die Presse daraufhin und schrieb deswegen sogar an ein paar französische Mainstream-Journalisten (ich erinnere mich, dass ich sowohl an Christophe Nick schrieb, der im *Actuel Magazine* über die tschechoslowakische Undergroundmusik berichtete – erst kürzlich hab ich übrigens entdeckt, dass er auch den französischen

Teil im deutschen Buch *Euro Rock* beisteuerte –, als auch an Noël Mamère – später im französischen Parlament für die Grüne Liste – von dem im Fernsehen eine Reportage über russischen Rock lief).

Ich geriet außerdem mehr und mehr sowohl in die französische, als auch die internationale Punkszene und fuhr nach Paris, um Aktivisten zu treffen. Vor allem Patrice vom französischen Label *New Wave*, der dort gerade seine erste internationale Punk-Compilation veröffentlichte: *1984 – The First Sonic World War*, die auch einen Song von DEADLOCK aus Polen enthielt. Er erzählte mir als Erster von *Maximumrocknroll* und dessen Szenereports aus Polen und vielen anderen Ländern, sowie von Marc Boulets *Blitzkrieg Records*, bei denen die damals bereits ausverkauften KRYZYS-, DEADLOCK- und DRAGONS-LPs herauskamen. Ich kaufte mir die erste *Maximumrocknroll*-Ausgabe in Paris und wurde sofort Abonnent. Die las ich nun wissbegierig monatlich, stellte aber fest, dass trotz der großen Bandbreite manche Länder nie erwähnt wurden, wie etwa die Tschechoslowakei. Patrice stellte mir zudem Lucile Chaufour vor, die gerade aus Ungarn zurück kam und kurz davor war, eine ungarische Punk-Compilation als 7" zu veröffentlichen: *Világ Lázadói Harcra Fel!*. Sie ist heutzutage Filmemacherin und hat einen Dokumentarfilm über den frühen ungarischen Punk fertiggestellt (*East Punk Memories*, siehe Film-Kapitel, Anm. Hg.).

1984 trampte ich durch Schottland und traf deutsche Punks auf der Isle of Skye, die mich mit der Berliner Punkszene verbanden. Ich wurde nahe der deutschen Grenze geboren und hatte stets dort gelebt, meine Kultur war immer sowohl französisch als auch deutsch. Ich liebte den politischen Punk Westdeutschlands! Aber ich fühlte mich mehr und mehr als Teil einer weltweiten Szene und wollte osteuropäische Punks und Aktivisten treffen. Weil nun die Tschechoslowakei immer ein »weißer Fleck« in Sachen Punk war (die Presseartikel verhandelten nur die Undergroundszene um die Jazzová sekce (Jazz Sektion), die PLASTIC PEOPLE usw.), machte ich also Pläne, die Tschechoslowakei zu besuchen, um nach Punks zu suchen und einen Report für *MRR* zu liefern.

Kassette *World Class Punk*, 1984, *ROIR*

Irgendwer zeigte mir die *World Class Punk*-Kassette, und ich notierte mir die Kontaktadresse von A 64. Das war mein einziger Punkkontakt in der Tschechoslowakei. Ich kam also im Juli 1986 in Prag an und ging geradewegs zu jener A 64-Addresse im Hradčany-Bezirk … Klingelte und traf Petr Zygmunt, der doch etwas verblüfft war und vielleicht nicht so ganz wusste, wie er mit mir umgehen sollte. Schließlich erzählte er mir, dass A 64 sich aufgelöst hatten – und das war's. Keine weiteren Kontakte oder Informationen. Nichtsdestotrotz hing ich auf den Straßen von Prag herum und stieß dann auf jemanden, der Bands der Jazz Sektion kannte und mich seinen Freunden vorstellte. So traf ich die É UCHO DEBIL ACCORD BAND (Jiří Zelenka) und Mikolás Chadima von der MCH BAND, und besuchte auch das Büro der Jazz Sektion. Ich erhielt Kassetten von ein paar sehr guten Undergroundbands und versprach, diese im Westen zu verteilen. Aber trotzdem: sie alle hatten keine Ahnung vom derzeitigen Punk. Dann aber sah ich zufällig ein paar skatende Punks nahe des berühmten *Café Slavia* auf der Narodni trida, ging hin, und wir waren sofort auf einer Wellenlänge. Sie konnten mir dann eine Menge Bands und Leute vorstellen, wir gingen zusammen zu ein paar Shows usw.. Darunter waren Marcel Hauptmann von FUCKMACHINE und Petr Bergman von PIVNI MOZOLY, der später, in den 1990ern, das Kulturzentrum *Schwarze Hand* gründete. Ich traf zudem Petr Hošek von PLEXIS, Petr Růzička, den Manager von F. P. B., usw. ... Außerdem auch ein paar junge DDR-Touristen, die mich einluden, Leipzig zu besuchen und mir mit meinem Visum helfen konnten. Denn das war mein Hauptproblem: um als Franzose die DDR zu besuchen, brauchte man eine Einladung von dort oder man kam in einer Touristengruppe – ich konnte mich aber kaum von DDR-Punks einladen lassen. Von Prag aus fuhr ich auch nach Budapest, hatte aber nur eine Adresse (die von Tamás Rupaszov von TROTTEL) und konnte diese nicht finden, traf daher auch keine Bands dort. Ich kaufte jedoch ein paar Platten, darunter die berühmte erste BIKINI. Zurück in Frankreich schrieb ich meinen ersten Szene-Report für *MRR*, der erste über die Tschechoslowakei, der je in MRR gedruckt wurde. Die Schlüsselmomente waren also mein erster Trip nach Polen und der nach Paris, wo ich MRR kennenlernte ... Die Schlüssel-Platten waren die BRYGADA KRYZYS-LP, dann die *World Class Punk*-Kassette, die *1984 – The First* Sonic World War-LP, sowie später die LP-Compilations *Welcome to 1984* von *MRR* und *P. E. A. C. E. / War* auf *R Radical Records*.

Die Platten von KRYZYS und DEADLOCK und die der legendären SPIONS, die alle in Frankreich erschienen waren, kanntest du also gar nicht, bevor du nach Polen fuhrst. Aber hast du diesen Typen namens Marc Boulet je getroffen, der hinter *Blitzkrieg Records* stand? Waren am Ende gar die DRAGONS, diese fake-chinesische Punkband, irgendwie der Blueprint von *TAM89*: im Wunsch, so etwas »real« zu haben?

Nein, diese Platten, die 1981 veröffentlicht wurden, kannte ich nicht. Ich erfuhr erst nach meinem 1983er-Trip davon und konnte sie später Second Hand kaufen, nachdem meine Pariser Freunde von ihnen erzählt hatten. Ich traf auch nie Marc Boulet. Ich glaube, als ich zu Punk und nach Paris kam, war er schon nach China gezogen oder sonst wohin, und raus aus Punk. Die fake-chinesische Band aber war äußerst interessant, und natürlich war das ein Einfluss, für mich wie für viele andere (auch auf die Band BLACKBIRD in Hong Kong). Der Fakt, dass es Fake war (was mir Freunde in Paris erzählten, die Marc Boulet kannten und aus der gleichen Generation von Post-68er-Linken kamen), hat wahrscheinlich zu meinem Wunsch beigetragen, »reale« Bands da draußen zu finden und 1987 in Hong Kong und China nach Bands zu suchen. Ich traf interessante Bands in Hong Kong damals, zum Beispiel LINE OUT, CREEPING JESUS etc. ... – aber keine in China. Ich war zu früh, es war erst der Anfang von Cui Jian, mit seinem »Northwest Style« und dem ersten chinesischen Rockhit »Yi Wo Sui You«. Bands kamen erst ein paar Jahre später in China.

Best Perfumes Of The Revolution: KRYZYS und DEADLOCK / DRAGONS-7" auf *Blitzkrieg Records*, 1982

Was waren denn die Erwartungen vom Osten, oder gar Befürchtungen?
Erwartungen hatte ich viele, Ängste kaum. Allein das Reisen dort war kompliziert, Visa mussten organisiert werden im Vorfeld, eine Menge Papierkrieg war zu bewältigen (und in Polen war der Wechsel von Geld wegen Jaruzelskis Kriegsrecht eingeschränkt). Aber irgendwie war ich auch berauscht davon, all diese Leute zu treffen, die gegen den staatlichen Druck Widerstand leisteten. Also, wenn sie nicht fürchteten, verhaftet oder bestraft zu werden, warum sollte ich es dann, als Ausländer? Ich glaube, ich war auch ziemlich achtlos diesbezüglich damals.

Du hast ja auch einen Beitrag geleistet, damit die LP der Leipziger Punkband L'ATTENTAT im Westen erscheinen konnte. Wie kam es dazu und generell zu Besuchen in der DDR?
Ich war zweimal im Winter 1986/87 in Leipzig, und dann noch einmal im Frühling mit einem »Messevisum«, sowie im Frühjahr 1988 in Ostberlin. In Leipzig blieb ich beim ersten Mal bei einem von den Freunden, die ich in Prag getroffen hatte. Er war LKW-Fahrer und ließ mich sogar mit seinem DDR-Truck fahren: Gemüse-Lieferungen auf dem Land! Aber ich traf mich intensiv mit L'ATTENTAT und deren Freunden. Die Adresse von L'ATTENTAT hatte ich aus einem Fanzine. Sie luden mich auch zu einem Undergroundkonzert im Frühjahr 1987 ein, in einer Kirche. Ich fuhr dahin mit dem »Messevisum«, im Auto, mit ein paar Pariser Freunden, die irgendwas zu DDR-Punk in den Mainstream-Medien publizieren wollten (Freunde von dem *New Wave Records*-Typen). Immer, wenn ich dahin fuhr, das erste Mal im Zug, nahm ich ein paar Fotos, Texte und Aufnahmen von Punkbands mit. So dann auch das Material (Texte und Fotos) für die L'ATTENTAT-LP. Ich machte auch die französische Übersetzung für das Booklet. Armin von *X-Mist Records* war vorher schon seit einer Weile ein Freund. Denn da ich in Strasbourg lebte, fuhr ich regelmäßig zu Punkkonzerten in Nagold und Villingen-Schwenningen. Beim zweiten Besuch in Leipzig blieben wir dann bei L'ATTENTAT, bei all den Punks (in der Dofour-Straße, Anm. Hg.). Ich wollte auch die »normalen« DDR-Freunde, die überhaupt nicht in die Untergrundkultur involviert waren, nicht damit stören. Die Grenzkontrollen bei der Ausreise aus der DDR waren üblicherweise der größte Stressfaktor, da die DDR-Zöllner das Gepäck durchsuchten. Beim ersten Besuch hatte ich das Undergroundmaterial im Schlafsack, den sie nicht öffneten. Beim zweiten Trip hatten wir einfach alles ganz normal auf der Autoablage, all die Kassetten usw., aber sie haben sich eben nicht den offen rumliegenden »Müll« angeschaut, sondern das Gepäck, haha. Ich denke mal, wir hatten echt Glück!!

Neben Eddie in der Wohnung von Imad (L'ATTENTAT), Leipzig, 1987
Foto: Archiv Lük Haas

Wann kam es dann zum Entschluss, all die Sounds von Verzweiflung und Rebellion auf dem eigenen Tape-Label zu veröffentlichen? Wie viele Releases gab es, wie wurden die verteilt und gab es Reaktionen darauf?
Als ich aus der Tschechoslowakei zurückkam, wollte ich die Musik promoten und schuf kurzerhand *Ukrutnost Tapes*. Kopierte Kassetten zuhause auf meinem Kassettenspieler, machte Fotokopien der Cover, die ich meistens selbst malte, da es keine Originale gab. Ich veröffentlichte ein paar tschechoslowakische und auch DDR-Bands. Wenn ich mich recht erinnere, waren das aus der Tschechoslowakei die É UCHO DEBIL ACCORD BAND, F.P.B., SLEPÉ STŘEVO und die MCH BAND sowie eine Punk-Compilation, die ich selbst machte und *Hrubý Punkový Hláska* nannte. Aus der DDR hatte ich eine Live-Kassette von L'ATTENTAT, die zuvor im Original in der Schweiz bei Robbie Forel herausgekommen war, und außerdem natürlich wieder eine Punk-Compilation, die ich selbst zusammenstellte, teils mit Aufnahmen von jenem Konzert im Frühjahr 1987. Darauf waren DEUTSCHE JUNGS (Alias von DEUTSCHE KINDER, Anm. Hg.), KEIN TALENT, L'ATTENTAT und andere.

Ukrutnost Tapes: *Hrubý Punkový Hláska* und *Volksarmee, Volkspolizei, Volksverarschung DDR 21.03.87*

Ich schickte davon ein paar Kopien an Zines, auch an *MRR*. F.P.B. bekamen da eine gute Review, und ich erhielt vielleicht zwanzig Bestellungen daraufhin. Bei den anderen war das weniger. Es war doch ziemlich intim, hahaha. Aber *New Wave* nahmen einen F.P.B.-Song auf die nächste *1984*-Compilation, was wirklich toll war. Diejenigen, die Tapes orderten, waren glücklich damit. Aber wie gesagt: es waren nicht so viele. Irgendwann um 1990 oder 1991 hab ich aufgehört mit *Ukrutnost Tapes*. Um dann 1993 mit *TAM89* anzufangen. Ich hatte genug von Kassetten, das war mir zu unseriös und brauchte vor allem so viel Zeit zum Kopieren. Ich wollte etwas Ernsthaftes machen: Vinyl.

Hast du in der Umkehr auch versucht, diese Tapes zurück in die Ursprungsländer zu schmuggeln?
Nein. Auch, weil das Material dort sowieso meist schon existierte. Außer wahrscheinlich der DDR-Punk-Compilation, deren Titel *Volksarmee, Volkspolizei, Volksverarschung* war. Ich glaube, es wäre wohl doch ein wenig zu riskant gewesen, das in die DDR zu bringen.

Wurdest du dort jemals direkt mit staatlicher Repression in ihrer Alltäglichkeit konfrontiert?
Nein, nicht wirklich ... Wenn ich in den Westen zurück fuhr, hatte ich auch immer ein paar offizielle DDR- oder Tschechoslowakei-Rockplatten dabei und zeigte mich als Musikenthusiast. Zudem sprach ich Deutsch mit der DDR-Grenzpolizei, und die waren darüber fast glücklich, oder zumindest befriedigt, da es von einem Typen mit französischem Pass kam. »Ahhh, das ist eine feine Sache!« Hehe. Vielleicht sah ich auch zu unschuldig oder naiv aus, mit meinem Bart und dem langen Haar, hahaha.

Jedenfalls kein typischer Punk-Look!! Ich fragte vor ein paar Jahren mal an, ob ich eine Akte im Stasi-Archiv habe, aber sie konnten nichts finden. Obwohl ich wahrscheinlich eine hatte, war ich doch mit L'ATTENTAT bekannt (ihr Gitarrist Imad Abdul war langjähriger IM, insofern liegt es nahe, Anm. Hg.)!

Für Ostdeutsche konnte es ja schon ein ziemliches Risiko darstellen, überhaupt in Kontakt zu treten. Dinge aus dem Land zu schmuggeln, um sie im Westen zu publizieren, stellte da natürlich schon einen strafbaren Akt dar. Hast du mitbekommen, ob das aus dem Umfeld, mit dem du zu tun hattest, jemanden betraf?
Die meisten sah ich erst nach der Wende wieder ... Mein DDR-Trucker-Freund (der inzwischen Versicherungsverkäufer geworden war) und Imad von L'ATTENTAT besuchten mich sogar in Frankreich. Und ich war in der Tschechoslowakei, dann der ČR und SR, viele, viele Male danach, vor und nach dem Umbruch. Allen geht's gut. Einige der tschechoslowakischen Punks gingen ein paar mal in den Knast, wegen Drogen oder Ruhestörung, kamen aber frei ... Ich bin auch immer noch in Kontakt mit Bernd Stracke und Maik Reichenbach von L'ATTENTAT (aber nicht mehr mit Imad, der verschwunden ist), genauso wie mit ein paar von den Tschechen.

Musikalisch: was waren deine Favoriten aus dieser Zeit?
Hart zu sagen, aber aus Polen natürlich BRYGADA KRYZYS und DEZERTER, aus der DDR SCHLEIM-KEIM, aus der Tschechoslowakei F.P.B. bzw. später UŽ JSME DOMA sowie VZOR 60 und ZONÁ A, aus Ungarn Punkbands wie ETA, QSS und KRETENS.

Abgesehen vom politischen und sozialen Hintergrund, gab es da etwas Spezielles in der Musik, etwas, was einen Unterschied zum Westen ausmachte?
Ja. Ich denke, es war weitaus rauer, frischer, realer. Es hatte so eine Dringlichkeit und Verzweiflung. Oder war es, dass ich dies empfand, weil ich dort bei ihnen war? Es erinnert mich immer sofort an die Situation und meine Freunde, wenn ich die Musik wieder höre. Es hatte jedenfalls ziemlich oft mehr Originalität, mehr Kreativität.

Was ist davon geblieben? Verfolgst du noch immer, was dort passiert, oder ist es eher so, dass du von einem neuen Territorium zum nächsten springst?
Na, ich versuche, allem überall zu folgen, nicht nur im »Osten«, sondern weltweit. Es ist also ein ziemlich zeitaufwändiges Hobby! Je mehr neue Territorien ich erschließe, desto mehr muss ich zusätzlich verfolgen. Und es ist immer noch so lohnenswert, großartige neue Bands in irgendeinem neuen Land zu entdecken! So wie derzeit Arabic Punk! Großartig! Und manchmal eben auch wieder in sehr schwierigen politischen/sozialen Situationen ...

Es gibt natürlich noch eine Menge unerwähnter Dinge aus der Vor-*TAM89*-Zeit: Lüks Radioshows zur Sache bei *Radio Campus 88.2FM* in Strasbourg zwischen 1986 und 1988 (wo er, nicht zuletzt um engstirnige Punks zu schrecken, auch die chinesische Revolutionsoper *The East Is Red / Dong Fang Hong* vollständig spielte), sein Fanzine *Mala Ewolucja* von 1987, die Reisen nach Litauen und Estland Anfang der 1990er und die dortigen Begegnungen mit der baltischen Punkszene, die Konzerte mit diversen

Bands aus dem Osten, von MICHAEL'S UNCLE bis TROTTEL, die er nach dem Mauerfall in Strasbourg organisierte ... Aber all das und was folgte, sollte sich hoffentlich irgendwann in einem sehr dicken Buch wieder finden. Dem Lük Haas'schen *Global Punk Guide*.

Sein Versuch, dem Ost-Punk eine Würdigung durch die Erstellung einer Diskografie zu geben, hat sich nun in *Warschauer Punk Pakt* direkt niedergeschlagen, wobei Lük Haas in konsequenter Erweiterung dort auch heutigen Punk aus den (vormals) kommunistischen Ländern Asiens aufgenommen hat, aus Vietnam, China oder Laos zum Beispiel. Die Entstehung des Projekts beschreibt er wie folgt:

Gegen Ende der 1990er, nachdem ich bereits eine Art Archiv zu Musik aus Osteuropa hatte, auf Vinyl und Kassette, manchmal aber auch nur als Information, als Daten, dachte ich über eine Ordnung des Ganzen in einer Diskografie nach. Ich tippte alles, was ich wusste, in meinen ersten Computer, und fragte zudem all meine Freunde, ob sie mir Listen von Platten ihrer Länder schicken könnten. So akkumulierte sich langsam das Material. Aus Russland half mir Sergej Tschernow, den ich 1993 in St. Petersburg getroffen hatte und der für die *St. Petersburg Times* arbeitete. Für die ČSSR bekam ich diverse Listen, für Polen von meinem Schweizer Freund Paul Flückiger, der sich da ein wenig auskannte. Aus Jugoslawien half mir Zdenko Franjic, den ich 1992 in Zagreb kennenlernte, sowie mein Freund Goran Perišić aus Sarajewo. Ich schaffte es sogar, während des Krieges über die Nachrichtenwege des Roten Kreuzes mit meinen bosnischen Freunden in Kontakt zu bleiben! László Kovács steuerte aus Ungarn bei. Das bisschen, was ich über Albanien weiß, sammelte ich vor Ort, als ich 1993 das erste Mal dort war und sowohl Metalheads als auch Punks traf. Als ich zufrieden mit dem Umfang war, habe ich das in Copyshops vervielfältigen und binden lassen. Ich machte zuerst etwa 100 Exemplare, die sich relativ schnell auch verkauften. Aber ich habe natürlich weiter gesammelt und 1999 dann eine 500er-Auflage in Offset gedruckt. Die ist nun bald endlich ausverkauft! All das wurde vor *Google* gemacht, und bei der ersten Auflage: vor dem Zugang zum Internet! Extrem intensive Netzwerkarbeit!

Ich habe in der Zwischenzeit mit der Idee der Aktualisierung gespielt, um es dann online zu stellen. Aber es ist Wahnsinn. Es wurden und werden einfach zu viele Punkplatten in Osteuropa und den Ex-Sowjetrepubliken gemacht. Zumal es nun Online-Quellen wie *Discogs* gibt, die eine solche Quelle vielleicht nutzlos machen. Dort teile ich auch weiter mein Wissen mit der großen Öffentlichkeit.

Ein Schlusswort, dem insofern ein wenig zu widersprechen ist, als dass man online nicht zuletzt möglichst fundierte Ansätze braucht, um überhaupt gezielt suchen und finden zu können, wenn man sich nicht nur einfach treiben lassen will. Weshalb wir hier zwar nicht den natürlich vergeblichen Versuch unternommen haben, die Diskografie in *Discogs*-Konkurrenz im Kampf um jedes Detail fortzuschreiben, sondern auf Basis der Vorarbeit von Lük Haas mit eben jenen Recherche-Tools des Jetzt wesentliche (Produkt-)Hinweise zu geben.

Also: macht euch auf den Weg!

Basierend auf einem Interview für *Zonic* #20, das überarbeitet und nachfragend ergänzt wurde.

Frank Apunkt Schneider

They Must Be Russians …

Der Osten als Projektionsfläche im Punk

»What I want to know / Before you say this system 'll crush you / Is how much punk rock / Do you hear in Russia«, brüllten die New Yorker ARTLESS die reale oder doch vielleicht eher imaginierte »Anti America Commie Punk Band« aus ihrer Nachbarschaft an. ARTLESS waren aus der Performance-Gruppe ART THE ONLY BAND IN THE WORLD hervorgegangen, und wie diese das Sprachrohr von Mykel Board, Ex-Yippie, szeneninterner Provo und Individualanarchist US-amerikanischen Zuschnitts, für den der freie Westen das »natürliche« Habitat von Punk war. Und der meinte, wer mit Roten Fahnen wedele, müsse sich der ästhetischen Konsequenzen bewusst sein: »You'll get no hardcore / In the clubs of Bulgaria / Just salt mines and vodka / You'll be a tired old hag / With accordion music / Not BAD BRAINS or BLACK FLAG«. Und noch mal zum Mitschreiben: »You got your freedom / Just don't abuse it / Or you'll find yourself forced / To Listen to Kremlin type music«.

GG ALLIN AND THE SCUMFUCS / ARTLESS-Split, 1985, *Holy War Records*

1983, als der Song erstmals auf einer Splitsingle (mit niemand Geringerem als GG ALLIN & THE SCUMFUCKS) erschien, war derlei Ignoranz knapp noch zu rechtfertigen. Zum einen arbeiteten die popkulturellen Verarbeitungsmühlen Russlands und Bulgariens traditionell etwas langsamer; zum anderen war der subkulturelle Informationsrückfluss von dort noch etwas zäh. Die Tatsache, dass auch die degenerierte Sowjetjugend an Punk und verwandten Äußerungsformen arbeitete, so gut es eben ging, sickerte aber langsam ins Bewusstsein der freiheitlich-demokratischen BAD BRAINS-Hörer ein. Erste Fanzineberichte waren im Umlauf, und Tim Yohannons *Maximumrocknroll* – für das Board (selbstverständlich: umstrittene) Kolumnen verfasste – hatte begonnen, das weltumspannende Punknetzwerk in Szeneberichten und Länderreportagen zu porträtieren. Neben Gegenden wie der Innerschweiz oder Vorderasien, die popkulturell bisher kaum auffällig geworden waren, erschienen auch bald die Provinzen des Sowjetimperiums auf der Weltkarte des Punk.

Schon früher hatten westliche Szene- und Undergroundmagazine gelegentlich über Phänomene wie die PLASTIC PEOPLE OF THE UNIVERSE berichtet, aber erst Punk war (potentiell) in der Lage, die Subkulturen des Osten wirklich einzugemeinden – zumindest *perspektivisch*: de facto beschränkte sich die Eingemeindung natürlich auch weiterhin auf Einzelereignisse und einige wenige individuelle Verbindungen. Im Folgenden sollen (noch völlig unvertieft) einige nicht ganz so nahe liegende Faktoren skizziert werden, die die subkulturellen Ost-West-Beziehungen im letzten Quartal der Sowjetgeschichte (1978–1989) prägten, und die in der Aufarbeitung des Ostundergrounds, die pünktlich zum Niedergang der UdSSR einsetzte, meist zugunsten der eher offensichtlichen Aspekte übersehen wurden. Jedenfalls waren allerspätestens 1980 überall zwischen Saalfeld und Jakutsk Nischenstrukturen entstanden, in denen der allerneueste feindliche Einfluss rezipiert und ausprobiert werden konnte. Er hatte natürlich mit denselben Widrigkeiten zu kämpfen wie jede andere realsozialistische Popmusik auch, die es aber trotzdem in allen nur vorstellbaren Varianten gab: als polnischen Reggae, als (gefühlsecht vom Systemüberläufer Dean Reed dargebotenen) DDR-Country, als tschechischen Discofunk, russischen HipHop, bulgarischen Metal und rumänischen Flowerpower-Pop, die alle irgendwie ihr Ding machen konnten, wenn auch jeweils anders eingeschränkt, behindert, zu Kompromissen verdonnert, verboten und dann doch wieder (mehr oder weniger) erlaubt.

Von all dem bekam der Westen freilich nicht viel mit; und abgesehen von den offiziellen innersozialistischen Austauschbeziehungen, die z. B. den PUHDYS 1977 zu einer russischen LP oder den polnischen CZERWONE GITARY zu DDR-Veröffentlichungen (als ROTE GITARREN und mit deutschen Texten) verhalfen, blieben Ostbands weitgehend sich selbst und dem nationalen Markt überlassen. Im Weltpopzusammenhang waren die ROTEN GITARREN und »Moskau '77« von den PUHDYS bestenfalls unglaublich seltsame Fußnoten für den Trash-Bedarf einer fernen postkommunistischen Zukunft. Nur im Jazzbereich waren die System- und die Rezeptionsgrenzen einigermaßen durchlässig. US-amerikanische Musiker konnten Platten mit DDR-Jazzern einspielen, so z. B. der Trompeter Wadada Leo Smith mit dem Drummer Günter »Baby« Sommer, die im Trio mit dem westdeutschen Bassisten Peter Kowald eine LP sowohl bei *Amiga* in Ostberlin als auch bei *FMP* in Westberlin veröffentlichten. Rockbands des Ostens wurden dagegen kaum wahrgenommen – lediglich die ungarischen OMEGA hatten währen der 1970er einen festen Platz im hinteren Mittelfeld des progressiven Rock. Ihre auf Westlabels veröffentlichten und für den internationalen Markt noch einmal englisch eingesungenen Alben verkauften sich phasenweise ganz manierlich.

Die DDR-Platten, die dagegen auch beim BRD-Publikum ankamen, funktionierten meist eher über den Exotenbonus: KARAT bestätigten die politisch weitgehend konturlose Friedenssehnsucht der westdeutschen Jugend »von drüben« aus; und in CITYs »Am Fenster« konnte ein irgendwie wehleidiges »ostdeutsches Lebensgefühl« genossen werden. Das Eingesperrtsein, von dem der vage Text und die leicht benebelten Sounds zu handeln schienen, wurde in einer Art »Eastploitation« und als Metapher in die eigene diesige Gefühlslandschaft übertragen. Serienreif war weder das eine, noch das andere, weil sich ihr Novelty-Effekt ebenso schnell verbrauchte wie der jener »ostigen« Gemütszustände, die von der Kostümband DSCHINGIS KHAN zu Schlager-Disco-Hits verarbeitet wurden. Nachhaltige popkulturelle Produktivität entfaltete nichts davon.

Die Ökonomie des technischen und sonstigen Mangels, die existenzielle Eingeengtheit, die zahlreichen Einstufungs- und anderen Kompromisse, die westliche Hörer aus Ostrockproduktionen mehr oder weniger unverhohlen anstarrten, vertrugen sich schlecht mit dem Popversprechen auf individuelle Freiheit, Zügellosigkeit und Regelverstoß. Der Ostrock verkörperte nichts davon – jedenfalls nicht in für westliche Sinnesorgane entschlüsselbarer Weise. Kapitalistische Popmusik wurde von ihm – mehr schlecht als recht – imitiert. Und die beinahe mystisch aufgeladene Unerreichbarkeit des Vorbilds manifestierte sich gleich auf mehreren Ebenen: technisch, sprachlich, historisch – als notorisches Zu-Spät-Kommen und getriebenes Hinterherhinken – vor allem aber in den Köpfen der Produzenten. Dort entstand eine Fixierung, die westliche Pophörer befremdete.

Damit blieb die Musik des Ostens in einer Art Zeitparadoxon befangen: Sie wiederholte in den 1970ern eine Form der Sekundarität, die eigentlich eher in die erste Hälfte der 1960er gehörte, sich in der eigenen Gegenwart aber wiederum nur schlecht mit der Selbstverwirklichungs- und Eigenständigkeitsideologie des »progressiven« Rock vertrug, der sie pophistorisch abgelöst hatte. Das insgeheim subversive, weil demokratische Popprogramm (Imitation, produktive Missverständnisse, Künstlichkeit, Identitätsdekonstruktion) wurde von ihm mit Geniekult und prämodernistischen Virtuositätsdarstellungen zugekleistert, die wiederum den Weg für seine gesellschaftliche Akzeptanz und zügige Verbürgerlichung bereiteten.

Auch von den »neuen Linken« wurde der Ostrock (mit der rühmlichen Ausnahme des »Rock in Opposition«-Netzwerks) weitgehend ignoriert. In ihrem Kampf gegen den US-amerikanischen Kulturimperialismus interessierten sie sich zwar für alle möglichen Formen der Landbevölkerung, Stämme, Ethnien und sonstige Minderheiten. Im Gegenzug erwarteten sie von deren Musik aber die möglichst unverfälschte Umsetzung jener alternativen Ideologie, die Ernst Bloch 1979 mit den Worten: »Heile Welt, reine Luft, Blut und Boden, keine Verfälschungen durch jüdische Machenschaften chemischer Art« charakterisiert hatte. All das wurde von gälischen Barden, singenden badischen Winzer_innen und ungewaschenem Anarcho-Dialektrock viel eindeutiger bedient als von südkarpatischen Spacerock-Wannabes in beknackten Umhängen.

Das ethnische Gemisch osteuropäischer Vielvölkerstaaten war außerdem viel zu undurchsichtig und kompliziert für das weitgehend widerspruchsfrei gestrickte Weltbild westlinker Befreiungskampfsolidarität. Und die Musik, die von dort zu hören war, wollte ja gar nicht zu ihren Wurzeln zurück. Verzweifelt versuchte sie, den ekligen Stallgeruch loszuwerden, der an ihr klebte. Und statt die Völker ins letzte Gefecht zu schicken, stimmte sie lieber die Internationale des Pop an: »Move your ass and your mind will follow«, womit der antiimperialistische Positiv-Kulturalismus wiederum gar nichts anfangen konnte. Auch dass osteuropäische Gruppen oft in ihrer Landessprache sangen, überzeugte ihn nicht wirklich, da sie das vermutlich ja nicht freiwillig taten. Die für sie zuständigen antiimperialistischen Staatsorgane hatten die kulturelle Identität zersetzende Popmusik nur unter dieser reterritorialisierenden Bedingung genehmigt. Aus freien Stücken hätten sich mache Ostrocker_innen vielleicht sogar für die Weltsprache der modernen Jugend entschieden: Fantasie-Englisch.

In all ihrer Entscheidungsunfreiheit und Imitationskultur waren tschechische Countrybands und polnische Bluesmusikplatten also sehr viel näher am Wesen von Pop als alle Alan-Stivell-OUGENWEIDE-Geschmacksverirrungen, mit denen die Westlinke den Befreiungskampf der Völker ästhetisch orchestrierte.

Erst Punk griff die Identitätsseligkeit der Alternativen durch eine neue und nicht rückwärtsgewandte Form des Regionalismus an: das DIY-Prinzip, das er feindlich übernommen hatte. Als Schlagwort war »Do It Yourself« Ende der 1960er aufgetaucht. Es propagierte eine privatistische Neuauflage hippiesker Autarkieideen und eine auf den kleinbürgerlichen Alltag zugeschnittene Selbstermächtigung. Selbstgebaute Regale, Töpferkurse, Fernsehsendungen mit »pfiffigen Bastelideen« und niedrigschwellige Produktionsmittel für die ganze Familie (diverse »Sofortkameras« usw.) verwandelten die sinnvoll gestaltet Freizeit in einen Rückzugsort aus der standardisierten entfremdeten Warengesellschaft.

Die Punks kamen wiederum auf die kulturrevolutionäre Idee, diese Strategien wieder mit der Wirklichkeit kurzzuschließen, indem sie z. B. die ihren Eltern längst langweilig gewordenen Super-8-Kameras vom Dachboden holten. Sie dokumentierten damit aber etwas völlig anderes als runde Geburtstage und Kommunionsumzüge: den eigenen Anspruch, *in der Welt* zu sein. DIY setzte die trostlose eigene Umgebung erstmals auf die (pop-)kulturelle Landkarte und verwirklichte jene Popträume einfach selbst, die bisher nur aus jener immer größer werdenden Distanz angegafft werden konnte, die Megabands wie PINK FLOYD zwischen sich und ihren Hörern aushoben. Der Schlachtruf »Do it yourself!« war im frühen Punk eine Aufforderung, endlich selbst aktiv Kulturindustrie zu *spielen* und sie dabei neu und besser zu erfinden.

Dass die Version von Popmusik, die dabei herauskam, meist schrottig, punkig, behelfsmäßig und aus den Ärmeln geschüttelt wirkte, war kein Manko, sondern eine neue Qualität. Im Amateurhaften lag ein besonderer Reiz, weil es die Leidenschaft für Pop viel besser zum Ausdruck brachte als jene professionell agierenden Powerpop-Bands, die etwa zur selben Zeit entstanden und die sich ähnlich manisch auf die große Popvergangenheit bezogen wie DIY-Gruppen, oft aber viel perfekter und damit auch irgendwie abgestanden klangen. Die unzähligen Bands, die ab 1978 in jedem englischen Kaff entstanden, verstanden sich keineswegs als moralisch überlegenes Gegenmodell zu den SEX PISTOLS, DAMNED oder CLASH, die sich an die Industrie verkauft hatten. Viele wollten das historisch neue Modell »Punkband« (von dem sie ja erst dank der Major-Label-Deals ihrer Vorbilder erfahren hatten) nur unter möglichst geringem Aufwand selbst ausprobieren, um dem abgehängte Kleinstadt- oder Vorortleben ein wenig Glamour zu verpassen. Die in dieser Hinsicht wohl wichtigste Band waren die DESPERATE BICYCLES, die 1977 zwei Singles in Eigenregie veröffentlichten, welche sie als Demonstrationsobjekte verstanden wissen wollten: »It was easy, it was cheap, go on do it!«, heißt es auf der zweiten (im Titelsong »The Medium Was Tedium«), deren Coverrückseite alle angefallenen Produktionskosten akribisch auflistete. Und die waren beeindruckend niedrig. Damit sollte Popmusik aber nicht entlarvt, sondern bloß entmystifiziert werden, was tatsächlich dazu führte, dass in wenigen Jahren – allein in Großbritannien – mehrere tausend selbstverlegte Platten (und vor allem: Kassetten) unter programmatischen Selbstüberschätzungsnamen wie TEENAGE FILMSTARS, LOCAL HEROES SW 9 oder BOYWONDERS erschienen. Auf vielen davon standen die DESPERATE BICYCLES ganz oben auf der Thankslist.

Damit war die althergebrachte popkulturelle Ordnung von Peripherie und Zentrum auf den Kopf gestellt. In Stockton-on-Trent und Lemington-Upon-Spa ließ sich mit DIY-Mitteln nämlich der gleiche durch Punk lediglich etwas aufgeraute Poptraum träumen wie in den Squats von London. Um ihn glaubwürdig rüber zu bringen, reichte ein ruppiger Fan-Nachbau der Bands, deren Poster nur wenige Jahre zuvor noch das Kinderzimmer geschmückt hatten (von den KINKS bis T. REX) oder ein paar Experimente, die von den späten BEATLES inspiriert waren. Aber selbst die allerunverdaulichsten avantgardistischen DIY-Werke enthielten gelegentlich noch emphatische Bezüge auf die Idee »Pop«, wie etwa die Single mit leicht verfremdeten Field Recordings vom Flughafen Heathrow, die *Rough Trade* 1979 unter dem Projektnamen FILE UNDER POP in die Läden brachte.

Die protestantische Verzichtsideologie, die heute oft mit »DIY« assoziiert wird, trat erst später auf den Plan. Sie verdankte sich einer Intervention der Hippie-Punk-Konvertiten-Band CRASS. Mit ihnen übernahm um 1981 der Anarchopunk die Deutungshoheit über die jugendliche Selbstermächtigung und machte sie zur Kanzel, von der aus gegen falschen Popglanz gepredigt und zur Umkehr aufgerufen wurde.

Die Mischung aus Popleidenschaft und Dilettantismus, die DIY kennzeichnete, der Versuch, das Lokale popästhetisch zu globalisieren, die offensiv ausgestellte Sekundarität, die unter widrigen Produktionsbedingungen und dank produktiver (Fan-)Missverständnisse zu neuen interessanten Klängen führte usw. – all das passte natürlich nicht nur auf die klassische Situation des Ostrocks, sondern ganz besonders auf dessen allerneueste Spielart: den Ost-Punk und -Post-Punk, der recht schnell in die neu entstehenden weltweiten Netzwerke des »Do it yourself!« eingebunden wurde. Die Produktion von Kassetten, vielleicht das idealtypische DIY-Medium, stellte erstmals sogar eine Situation der Augenhöhengleiche auf beiden Seiten des Eisernen Vorhangs her, weil Tapes auch im Osten verfügbar, wenn auch teuer waren und die Systemgrenzen halbwegs ungehindert passieren konnten. Sie verbanden die Pop-Nicht-Orte des Westens mit denen des Ostens, so dass z. B. die in der BRD selbst kaum beachteten wunderschönen Tapes der CO-MIX (aus Altensteig im finstersten Schwarzwald) bis ins östliche Harzvorland gelangten (wo sich eines ihrer Stücke als Coverversion auf einer Kassette von MÜLLSTATION wiederfand). Auf westlichen Kassettenlabels erschienen erste Ostpunkaufnahmen (z.B. *DDR Punk* mit u.a. WUTANFALL, SCHLEIM-KEIM und L'ATTENTAT auf dem Lübecker *Funafutti*-Label); und in Italien wurde der tschechische Kassettensampler *Czech! Till Now You Were Alone* sogar direkt auf Vinyl verewigt.

Am wichtigsten waren aber vermutlich die *World Class Punk*-Kassette auf *ROIR* und die vom *Maximumrocknroll* herausgegebene LP *Welcome To 1984*, auf denen ungarische (BIKINI), polnische (DEZERTER), tschechische (A 64) und jugoslawische (U.B.R., DISTRESS) Bands neben spanischen, brasilianischen oder skandinavischen zu hören waren. Mitgenommen wurden sie aber nicht einfach nur als Exoten, oder um sie solidarisch-paternalistisch ein wenig anzuschieben. Dass sich westliche Rezipienten (oder zumindest die Kompilateure von Samplern) überhaupt für sie interessierten, hatte auch damit zu tun, dass Osteuropa im Punk vom ästhetischen Nicht-Ort zum interessanten Unort aufgestiegen war, und erstmals sogar als Projektionsfläche für jene invertierten Popträume herhalten musste, die natürlich erst Punk als (wenigstens gelegentlich) dialektisch agierende Bewegung träumen konnte. Immerhin war er die erste Jugendkultur, die sich offen zur eigenen Ent-

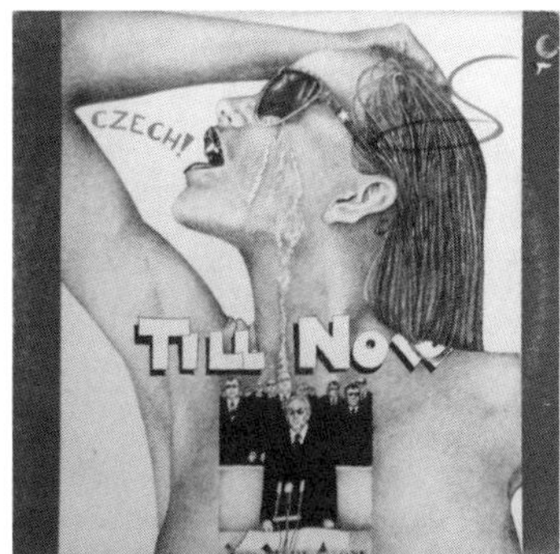

Compilation-LP *Czech! Till Now You Were Alone*, 1987, *Old Europa Cafe* (Aufnahmen von 1984, veröffentlicht beim Kassettenlabel *Fist Records*)

fremdung bekannte. Zumindest im frühen Punk war Entfremdung ein neues, geiles Lebensgefühl, das sich der Industriekultur und ihrer Kulturindustrie verdankte, denen ja ohnehin nicht zu entkommen war. Erst spätere Punk-Generationen ruderten wieder zu den unverfänglichen Entfremdungskritikklischees der alteingeführten Zivilisationsweinerlichkeit zurück. Vermutlich war das auch, was Mykel Board in »How much Punk do you hear in Russia« hatte sagen wollen, bevor er sich in den Fallstricken einer ausschließlich an Antagonismen interessierten Kalter-Kriegs-Logik verhedderte.

Vor Punk war Pop in der Regel mit dem Versprechen auf das bessere, weil von Entfremdung befreite Leben gekoppelt, das an fast allen traditionellen Popsehnsuchtorten vermutet werden durfte: entspannt-dauerbekifft vor karibischer Sehnsuchtshorizont-Postertapete (im Reggae-Missverständnis des durchschnittlichen Marley-Tosh-Jimmy Cliff-Fans), im (sexuell-)vitalistisch überhöhten Black America von Soul und Funk, in den spirituellen Erfahrungsangeboten von Jazz bis Prog Rock, in der unendlichen amerikanischen Naturweite, die Neil Youngs Gitarre evozierte, in dem von Freaks und komischen Außenseitern bevölkerten »Weird Old America« von Bob Dylan, in der angeblichen Ursprünglichkeit diverser Weltmusiken, in der Stilsicherheit der Mods oder in neuen Formen des Zusammenlebens (von Fela Kuti bis GRATEFUL DEAD). Sie alle waren Zufluchtsorte vor der eigenen Lebenswelt, ihren Städten, Arbeitsverhältnissen, Fernsehprogrammen und Karrieremodellen.

Erst Punk entdeckte die widersprüchlichen Reize der spätkapitalistischen Wirklichkeit. Die von ihr produzierte Entfremdung war eine Kampfansage an das falsche Bewusstsein der Alternativen und zersetzte deren letztlich konter(kultur)revolutionäre Konzepte von Identität und Authentizität. Was dagegen sowieso immer schon kaputt und im Verfall befindlich war, musste niemand mehr ernst nehmen. Kulturelle Codes, die zuvor stets mit der Autorität des Bedeutungsvollen auftraten, waren plötzlich hohl und beliebig – Spielmaterial. Und selbst »die Zukunft«, das Super-Zeichen der bürgerlichen Gesellschaft bzw. die dem westlichen Freiheitsmodell inhärente Drohung, verwandelte sich im nuklearen Rüstungswettlauf in einen Witz, an den niemand mehr glauben, und für die also auch niemand mehr Vorkehrungen treffen oder Entbehrungen auf sich nehmen musste. »No Future« war ein Befreiungsschlag, weil die Bombe den Kids versprach, sie von einer Zukunft auf dem Arbeitsmarkt zu erlösen. Und: Dieses neue Poplebensgefühl war erstmals auf beiden Seiten des Eisernen Vorhangs zu haben; im Osten vielleicht sogar noch etwas intensiver, weil Verfall und Niedergang dort noch allgegenwärtiger waren als in den Städten des Westens.

Während der Osten also als Projektionsfläche für traditionelle Popversprechen nicht viel hermachte, wurde er für Punk zu einem faszinierenden Objekt, das popkulturell bearbeitet werden musste. Die osteuropäische Lebenswelt mit ihren Doppelbödigkeiten, ihrer substantiellen Entleerung und ihren interessanten Widersprüchen war auf gewisse Weise selbst Punk, vor allem als die dystopische Verwirklichungsform einer Gesellschaftsutopie und als die partielle Einlösung jener Orwellwelt, von der die Punks ja in ähnlicher Weise fasziniert waren. Beide waren von neuen, starken (Anti-)Zeichen bevölkert: einer kafkaesken Bürokratie, dem Bedrohlichen, Latent-Katastrophischen, dem Brutalen und Martialischen, dem Uniformierten, Grauen und Tristen, dem monumental Falschen und falschen Monumentalen, dem Totalen und Betonierten und dem Mangel. Dann natürlich die Mauer, ein ambivalentes Zeichen, immerhin beschützte sie die »freie« deutsche Jugend vorübergehend davor, eine deutsche Jugend sein zu müssen. Das alles noch mal gebrochen durch das Wissen darum, dass sich im Blick auf den Osten reales Elend und westliche Propaganda, die sich in seiner genüsslichen Abschilderung erging, gar nicht mehr voneinander ablösen lassen. Als derart dicht gepackter Signifikant wurde der Realsozialismus zum semiotischen Selbstbedienungsladen und zum *geistigen* Abenteuerspielplatz; denn natürlich wollten die allerwenigsten Westpunks wirklich »nach drüben« gehen (auch wenn sie die mehrheitsgesellschaftliche Aufforderung, genau das zu tun, natürlich als Bestätigung erlebten).

In dieser Konstellation wurde der Osten popkulturell erstmals so cool, dass Westbands sich WARSAW, ZOVIET FRANCE, KOSMONAUTENTRAUM, SOVIET SEX (drei Bands dieses Namens sind historisch belegt), POLITBURO, ZK, LENINGRAD SANDWICH, THE STALIN oder INDIANS IN MOSCOW nannten und Stücke wie »Moskau« (GRAUZONE) oder »Osten währt am längsten« (DEUTSCH AMERIKANISCHE FREUNDSCHAFT) aufnahmen. Ein weiterer Ost-Song der DEUTSCH AMERIKANISCHEN FREUNDSCHAFT lässt sich vielleicht sogar als Kommentar zu dieser neuen Form der Eastploitation lesen, die später konsequenterweise im postideologischen Schnickschnack zum Modeschmuck degradierter Parteiabzeichen verpuffte: »Die lustigen Stiefel (marschieren über Polen)«.

An dieser Stelle entstand auch das historische neue Phänomen der Fake-Ost-Band. WELTKLANG – ein Projekt des in Westberlin lebenden Wieners Thomas Voburka – verkauften ihre Single »VEB« Heimat als erste Synthieplatte aus der DDR, obwohl der Text des Stückes (die stoische Wiederholung des Satzes »Heimat bist Du großer Söhne«) ganz offensichtlich aus der österreichischen Nationalhymne stammte. Und Tom Dokoupil, gebürtiger Tscheche und als Mitglied von THE WIRTSCHAFTSWUNDER und RADIERER einer der bekanntesten Musiker des BRD-Untergrunds, firmierte auf dem *Ata Tak*-Sampler *Fix Planet!* mit weltweiten Beiträgen aus Italien (Maurizio Bianchi), Spanien (ESPLENDOR GEOMÉTRICO), Norwegen (FRA LIPPO LIPPI), Ungarn (VÁGÁZÓ HALOTT-KÉMEK) und der UdSSR (Peter X, Kolja Y) mit seinem Soloprojekt SILUETES 61 (von dem bereits Platten auf dem *Zick Zack*-Label erschienen waren) als tschechische Gruppe, obwohl das dazugehörige Stück im beschaulichen mittelhessischen Limburg an der Lahn aufgenommen worden war.

DAF *Die Kleinen und die Bösen*, 1980, *Mute*

In Großbritannien wiederum musste der berühmt gewordene Aufschrei des *Sunday Mirror* anlässlich der SEX PISTOLS -Single *God Save The Queen*: »They Must Be Russians!« gleich mehrfach als Bandname herhalten. In all dem bereitet sich jene Bühne vor, auf der dann endlich die erste Ostband erscheinen konnte, die nicht mehr lediglich als der Quoten-Ossi ihres Genres, sondern als eine seiner wichtigsten Vertreterinnen gelten muss: Mit LAIBACH (gefolgt von Bands wie BORGHESIA und AUTOPSIA) setzte erstmals eine breitere Rezeption des realsozialistischen Untergrunds im Westen ein, die dann 1989 freilich umso abrupter beendet wurde.

Compilation-LP *Fix Planet!*, 1981, *Ata Tak*

Mark Reeder

Ein Mancunian hinter der Mauer

Mark Reeder, der in Berlin lebende britische Produzent und DJ sowie Hauptheld des gefeierten Subkultur-Essayfilms *B-Movie. Lust und Sound in Westberlin 1979–1989*, berichtet von seinen konspirativen wie konzertanten Ausflügen in den Ostblock.

Ich wurde in Manchester geboren und lebte in einer Sozialbauwohnung am Rande der Stadt. Bereits im Kindesalter habe ich mich für Musik begeistert. Um diesen Hunger nach immer neuen Klängen zu stillen, jobbte ich als Teenager in einer kleinen Filiale von *Virgin Records* im Zentrum von Manchester. Außerdem spielte ich Bass bei der Punkband FRANTIC ELEVATORS, zusammen mit Mick Hucknall (später Frontmann von SIMPLY RED – Anm. d. Übers.). Danach, Ende der 1970er-Jahre, bin ich nach Berlin gezogen. Ursprünglich sollte es ein kurzer Besuch sein, um die dortigen Plattenläden nach raren Krautrock-Scheiben zu durchforsten. Weil ich mit einigen Mitgliedern von JOY DIVISION befreundet war, die ihr Dasein unter dem Namen WARSAW begonnen hatten, ernannten sie mich zu ihrem »Mann in Berlin«, als ich endgültig in die Mauerstadt zog. So wurde ich zu ihrem Promoter in Deutschland und konnte Rob Gretton, ihren Manager, überzeugen, im Anschluss an Konzerte in Holland sowie Köln auch im *Kant-Kino* in West-Berlin aufzutreten. Nachdem es mir nicht gelungen war, für die Songs von JOY DIVISION Airplay bei lokalen Radiosendern zu ergattern, hoffte ich, dass ein Liveauftritt das Berliner Publikum überzeugen würde, dass JOY DIVISION in der Tat die beste Band der Welt sei. Der Gig war rundum desaströs, aber die Band war an wenig Publikum gewöhnt. Sie waren einfach geflasht, in Berlin zu sein. Wir alle hatten Eltern, die in den Zweiten Weltkrieg involviert und davon betroffen waren. Das Thema Nazideutschland übte auf uns eine morbide Faszination aus, weil wir nicht nachvollziehen konnten, warum ein derart schonungsloses faschistisches Regime unhinterfragt akzeptiert werden konnte. Natürlich durfte bei einer Reise nach West-Berlin ein Abstecher in den sowjetischen Sektor, zur kommunistischen Ostseite der Mauer nicht fehlen. Ian Curtis war überglücklich, dass er das Brandenburger Tor von beiden Seiten aus sehen und eigenhändig Einschusslöcher aus dem Zweiten Weltkrieges in den rußschwarzen Ruinen auf der Museumsinsel ertasten konnte.

Bald fiel mir auf, dass niemandem, dem ich in West-Berlin begegnet war, etwas Positives zum Osten über die Lippen gekommen war. Sogar die, die sich als Sozialisten verstanden, hatten keine guten Worte für ihre Brüder und Schwestern jenseits der Mauer. Die meisten hatten gar nicht erst den Weg auf die andere Seite gewagt und wenn, dann nur, um arme »Ostverwandte« zu besuchen. Aber es fiel allen leicht, die Einwohner der DDR pauschal als Kommunisten abzuwerten. Diese Wissenslücke aber spornte nur noch mehr mein Interesse an Ost-Berlin und Osteuropa an. Es war keine *terra incognita* oder Niemandsland, wie ich bald entdecken würde. Mindestens einmal die Woche war ich dort, und es war für mich wie Sci-fi, allerdings als Zeitreise zurück in die 1950er-Jahre.

Nach meinen ersten Ausflügen lernte ich auch endlich jemanden kennen, der mich mit ein paar Punks bekannt machte, die am Rand der DDR-Gesellschaft lebten. Im Arbeiter- und Bauernstaat Deutsche Demokratische Republik, in dem jeder Arbeit hatte, existierten Punks offiziell nicht. Aber offensichtlich waren hier Leute, die genau das waren: Punks. Einige wohnten sogar in einem besetzten Haus im Prenzlauer Berg. Sie hatten es allerdings sehr schwer und wurden ständig von der Obrigkeit drangsaliert. Hier sah ich wahrhaftige Rebellion. Punk-Sein im Osten hatte nichts mit den Fashion-Punks in Großbritannien gemein. Das war wahrer Widerstand im Underground. Da das Regime ihnen die Musik vorenthielt, machte ich es mir zur Aufgabe, ihnen zu helfen, soweit ich konnte. Wenn sie nicht in den Westen konnten, um die Platten zu kaufen, die sie haben wollen, dann würde ich wenigstens Musik hineinschmuggeln. So konnten sie auch Sachen hören, die nicht einmal im Westradio gespielt wurden. Bei jeder Reise durch die Mauer schmuggelte ich nun Mixtapes nach Ost-Berlin. Mir war klar, dass diese Kassetten getauscht, kopiert und in der gesamten Deutschen Demokratischen Republik zirkulieren würden. Ich musste immer schmunzeln, wenn die Kopie einer Kopie einer Kopie von etwas, was ich aufgenommen hatte, Jahre später auf irgendeiner Party lief.

Meine klandestinen Aktivitäten waren aber nicht auf Ost-Berlin beschränkt. Weiter östlich gab es noch mehr zu entdecken. Bald erfuhr ich, dass man in diesen Ländern noch viel weniger hatte als im Bruderland DDR. Es gab so gut wie keinen Zugang zu westlichem Radio oder TV, ganz im Gegensatz zu den Ost-Berlinern. Ich bereiste Prag, Budapest und Bukarest. Weil ich keine Verwandten dort hatte, blieb mir Polen leider verschlossen, das zudem am Rand der Revolution stand, weswegen die Grenze geschlossen und scharfes Kriegsrecht verhängt wurde. Prag jedoch war Berlin am nächsten und ein Visum relativ leicht zu bekommen, also bin ich bei jeder Gelegenheit dorthin gefahren.

Meine erste Begegnung mit der Tschechoslowakei war wahrscheinlich über die Briefmarken, die ich als Kind sammelte. Damals hatte ich nicht den blassesten Schimmer, wo sich dieses Land befindet. Hinter irgendeinem Vorhang, wurde mir gesagt. Wo auch immer es lag, die Kinder auf den Briefmarken wirkten sehr glücklich, was mir als Gegensatz zu den trostlosen Umständen erschien, die ich ertragen musste. Alle Briefmarken, die ich von dort hatte, zeigten lächelnde Kinder oder faszinierende technische Errungenschaften. Wo auch immer die Tschechoslowakei war: Ich wurde sehr neugierig auf das Leben dort und beschloss eines Tages, nach Prag zu fahren. Mir war aber bewusst, dass ich dort als Feind aus dem kapitalistischen Westen betrachtet würde und immer auf der Hut sein müsste. So hatte jede Reise auf die andere Seite der Berliner Mauer und darüber hinaus ein *Great Escape*-Feeling (USA 1963, Action- und Kriegsfilmklassiker von John Sturges über einen Ausbruch britischer Kriegsgefangener aus einem Nazi-Straflager – Anm. d. Übers.).

Auf meinen vielen Reisen nach Prag freundete ich mich schließlich mit einigen bedeutenden tschechoslowakischen Dissidenten an, z.B. mit David Kopelent (Sohn des verfolgten Komponisten Marek Kopelent) und seinem Freundeskreis um die illegal erscheinende Satirepublikation *Revolver Revue* mit den Autoren Jáchym Topol und Saša (Aleksandr) Vondra. Sie hatten ein ausgeprägtes politisches Bewusstsein und gleichzeitig einen beißenden Humor. Für einen guten Spaß waren sie immer zu haben, selbst wenn sie dafür ins Gefängnis müssten. So wurde ich mit meiner Band DIE UNBEKANNTEN eingeladen, einen privaten Geheimgig zu spielen, der als Hochzeitsfeier getarnt war. Diese Menschen machten scheinbar alles, um der Obrigkeit eins auszuwischen. Er sollte an einem versteckten Ort stattfinden, im winzigen Dorf Lukov (bei Zlany), in der tiefsten tschechoslowakischen Provinz. Das Konzert fand in einem Gebäude statt, das zunächst wie ein Bauernhaus wirkte, in Wirklichkeit aber eine lange verwahrloste Gaststätte war. Das überwucherte Haus war eine Art Rasthof aus Napoleons Zeiten, gelegen an der Hauptlandstraße zwischen Dresden und Prag, und sah aus wie ein dringend renovierungsbedürftiges Alamo. Tief in den Gemäuern verlief ein langes Labyrinth von Tunneln, deren Ende nicht in Sicht war. Unten angekommen, sahen wir einige Fässer Bier. Köstliches Budweiser, das unsere Freunde dort verstaut hatten. Stolz wurde uns noch ein weiteres Geheimnis enthüllt. In der Scheune, eingesetzt als Deckenstützen, lagerten zwei gut erhaltene Autos, ein 1936er Praga und ein 1912er Tatra. Die Wagen wurden dort Ende des Zweiten Weltkrieges vor der einmarschierenden Roten Armee versteckt. Niemand hatte es gewagt, sie wieder herauszuholen. Außerdem gab es eine kleine Kanone, Kanonenkugeln und Fässer mit Schießpulver aus der Zeit der Schlacht von Austerlitz. Alles voll funktionstüchtig, wie uns gesagt wurde.

Für den Auftritt hatte ich Kassetten mit Aufnahmen unserer Sequencer- und Schlagzeugspuren hineingeschmuggelt. Nach zahlreichen Bieren spielten wir dazu auf geborgten Instrumenten (ich hatte eine Resonet-Gitarre aus tschechischer Herstellung und Alistair zupfte auf einem Jolana-Bass) vor einer anfangs erstarrten Ansammlung von *Czechoslovakia's Most Wanted*. Dann wurden wir amüsierte Zeugen eines von jeglichen westlichen Einflüssen unberührten und fast freejazzartigen New-Wave-Tanzstils. Niemand hatte zuvor so zu unserer Musik getanzt. Was ebenfalls berührte, waren tschechische Teenager, die zwar wenig Musik kannten, aber alle Texte des ersten VELVET UNDERGROUND-Albums einer Litanei gleich mitsangen. Sie trafen den Sound perfekt, ohne auch nur ein Wort Englisch zu sprechen. Stattdessen haben sie eigene anglikeske »Wörter« erfunden.

Wenn man schon vom »Wilden Osten« spricht: dieses Fest war in der Tat sehr wild und ausgelassen. Denn in Wirklichkeit war alles nur ein Vorwand, sich die Hucke vollzusaufen und Musik zu hören, auch wenn aufgrund einiger Gäste die Feier als politisches Statement gegen den Staat gedeutet werden konnte. Ein paar Tage danach, zurück in Prag, sahen wir unseren Kumpel Saša Vondra in der Gosse liegen – immer noch breit. Wenige Jahre später wurde er Pressesprecher der vom Staat gehassten Charta-77-Bürgerrechtsbewegung und verbrachte die letzten Monate des tschechoslowakischen Kommunismus im Gefängnis, zusammen mit dem Autor Václav Havel. Nach dem Ende der ČSSR wurde Saša außenpolitischer Berater von Havel, später dann Verteidigungsminister von Tschechien. Vielleicht wird er sogar eines Tages ebenfalls Präsident.

Kumpels zu haben, die sich gegen das verhasste kommunistische Regime politisch engagierten, war schon eine ernste Angelegenheit. Sie galten als hochgradig subversive Staatsfeinde. Wenn man aber mit ihnen befreundet war, erwarteten sie auch, dass man ihnen irgendwie helfen würde, wenn man kann. Eines Tages wurde ich daher um Hilfe bei einer klandestinen Aktion gebeten: ich sollte die neuesten Aufnahmen der tschechischen Underground-Band THE PLASTIC PEOPLE OF THE UNIVERSE herausschmuggeln. Die Band war der stalinistischen Regierung ein Riesendorn im Auge, also versuchte das Regime bei jeder Gelegenheit, die Gruppe zu zerstören. Musik über die Grenze hineinzuschmuggeln war aber eine Sache, sie *heraus*zuschmuggeln dagegen etwas komplett anderes. Ermutigt von Reeder's Digestive Biscuits (Spacecakes, die Reeder stets auf seinen Reisen in den Osten dabei hatte – Anm. d. Übers.), und getrieben von meiner Abenteuerlust, stimmte ich zu.

Dann wurde ich gebrieft. Die Musik war nicht auf Kassette, sondern auf einer Tonbandspule. Der Typ, der mir das Tonband übergeben würde, wurde aber rund um die Uhr von der Geheimpolizei überwacht. Oh wow! Das waren ja gute Nachrichten. Ich sollte im Haupteingang eines Geschäfts warten. Dort würde er einfach an mir vorbeilaufen und das Tonband in meine Tasche fallen lassen. Unter keinen Umständen sollte ich Augenkontakt haben oder ihn auch nur angucken. Er würde einfach vorbeilaufen. Es klang alles sehr aufregend und geheimnisvoll, aber mir war klar, dass die Sache schon recht ernst war. Die Tschechen haben die Macht der Musik sehr ernst genommen, insbesondere bei allem, was als Anti-Regime galt.

Der Morgen meiner geheimen Mission war angebrochen. Es war kalt und trist, der ideale Tag für eine Festnahme wegen illegaler Aktivitäten. Wie mir vorgeschlagen worden war, trug ich meinen Trenchcoat. Meine Freunde warteten abseits. Mir wurde mitgeteilt, dass der Kontaktmann in der Ferne verschwunden sei – er wurde verfolgt, von einem hinter ihm kriechenden Lada. Ich sollte einfach an den Schaufenstern entlang bummeln. Als ich mich am Geschäftseingang hinstellte, rauschte ein langhaariger Typ wortlos an mir vorbei. Mein Herz stand still und ich hielt den Atem an, bis der Lada vorbeigefahren war. Ich griff in meine Tasche und, wie von Zauberhand dort hineingelegt, war da eine kleine Tonbandspule. Ich war extrem aufgeregt. Wir mussten so schnell wie möglich weg aus dieser Umgebung und fuhren mit der Tram zu Davids Wohnung, um das Tonband dort bis zur Abreise zu verstecken. Am Abend haben wir uns in der nahegelegenen Pivnice *Klamovka* vollllaufen lassen. Aber die Mission war noch nicht erfüllt, denn ich musste das Tonband ja noch außer Landes schaffen. Ich war zwar zuversichtlich, dass ich das hinbekommen würde, Bammel hatte ich trotzdem. Sollte ich das Band irgendwo im Zug verstecken oder an meiner Person? Ich entschied mich für die zweite Option, denn ich wurde noch nie im Zug durchsucht und bezweifelte, dass es jetzt passieren würde. Das Risiko war es wert. Ich überquerte die tschechisch-deutsche Grenze und auch den Übergang von Ost- nach West-Berlin ohne weitere Vorkommnisse. Wieder in West-Berlin, habe ich das Tonband nach Kanada geschickt, wo die Songs auf Vinyl gepresst wurden.

Die Musikszene Prags wurde dann buchstäblich »Underground«, als einer meiner Freunde den Schlüssel zu den Katakomben unterhalb einer Prager Kirche von einem Kumpel bekam, der dort Reparaturarbeiten verrichtete, und ihn vervielfältigen konnte. Eine Zeitlang fanden hier unregelmäßig geheime Partys statt und ich hatte

Plakat der Show von KONTROLL CSOPORT, DIE UNBEKANNTEN und DIE TOTEN HOSEN, 1983. Archiv Tamás Szőnyei

das Privileg, dort unten einige Auftritte von tschechischen Psychedelic-Bands sehen zu können.

Ich war befreundet mit DIE TOTEN HOSEN, für die ich einige Konzerte gemischt hatte und zusammen mit Faust und Elmar als Tontechniker auf ihren Tourneen war, bis Ende der 1980er-Jahre. So kam es, dass ich für sie zusammen mit meinen Ost-Punkfreunden im Frühling 1983 einen Geheimgig im Lichtenberger Ortsteil Rummelsburg organisierte. Dieser Auftritt wurde als sogenannte »Blues-Messe« getarnt. Was ein bisschen wie Gottesdienste in den afro-amerikanischen Kirchen in den USA war, mit Gebet, Gesang und Rockmusik – nur dass es sich hier um ein nicht erlaubtes Punkkonzert handelte. In der DDR war es praktisch unmöglich, einfach elektronische Musikinstrumente zu kaufen, und wie man sich vorstellen kann, war es nicht einfach, das notwendige Equipment zusammenzufinden. Aber die Ost-Berliner Freunde konnten sich Gitarren, Schlagzeug und einen Verstärker von der Punkband PLANLOS leihen (bei deren Auftritt wir uns einnisten wollten) sowie etwas von einem Mitglied von FEELING B (von deren Mitgliedern einige später RAMMSTEIN gründeten).

Alistair und mir gelang es, die HOSEN in Dreiergruppen über die schwer bewachte Grenze nach Ost-Berlin zu »schmuggeln«. Mit den geborgten Instrumenten spielten sie ihren exklusiven Geheimgig vor etwa 30 handverlesenen »Ostler-Freunden«. Es war eine bewegende Erfahrung und ein famoser Coup für uns alle. Wir hatten zusammen das unerbittliche stalinistische System besiegt! Wir brachten ein bisschen »westliches Freiheitsgefühl« in den Osten und im Nachhinein hat sich herausgestellt, dass es der erste Auftritt einer West-Punkband in Ost-Berlin war. Ein paar Jahre später, 1988, haben wir diesen Coup wiederholt, nun auf einem Pankower Kirchhof. Dieses Mal war der Auftritt getarnt als »Konzert für hungernde rumänische Waisenkinder«. Wieder luden wir nur eine Handvoll Menschen zu diesem »Geheimgig« ein. Aber weil DIE VISION Vorgruppe war, konnte wohl niemand die Klappe halten. So tauchten Hunderte auf, darunter auch die Volkspolizei und viele Stasi-Spitzel (DIE VISION-Sänger Geyer war langjähriger IM der Stasi – Anm. d. Hg.). Inzwischen hatte ich mich mit ein paar US-Soldaten angefreundet, die Punkfans waren, und einer davon besaß ein Auto. Als Mitglied der Streitkräfte durfte er offiziell keinen Kontakt zu Ost-Berlinern haben. Als er nun in seiner Ausgehuniform bei diesem Gig mit VoPo-Anwesenheit auftauchte, war ihm echt mulmig. Sein Auto haben wir zum Schmuggeln von allerlei Zeug nach Ost-Berlin benutzt. Nun hatten wir die Gitarren der HOSEN und eine VHS-Videokamera dabei. Bedauerlicherweise hatte der Kameramann jedoch Angst und nahm nur einen Song auf, der allerdings sehr gut passte: »Disco in Moskau«.

1983 in Wien hatte ich während eines Gigs von MALARIA! mit Joachim Hulder, dem Manager der HOSEN, zudem über die Idee gesprochen, einmal in Ungarn aufzutreten. Wir fuhren dann die ganze Nacht durch nach Budapest, wo wir uns mit dem Fotografen und Künstler Janos Vetö trafen. Ich erklärte ihm, dass wir schon illegale Gigs in Prag und Ost-Berlin ohne besondere Vorfälle gemacht hatten. Vetö sagte, dass es zwar schwierig wäre und noch nie gemacht wurde, aber nicht völlig unmöglich sei. Ungarn war zwar auch ein sogenanntes kommunistisches Land, aber keinesfalls mit der DDR oder ČSSR vergleichbar, auch wenn es um solch wagemutige Unternehmungen ging.

Vetö schlug den angesagten *FMK* (*Club der jungen Künstler*) vor, dort würden 200 Personen hineinpassen. Der Club war ein berühmter Treffpunkt der Budapester Kunstszene. Blöderweise wurden die Karten aber unkontrolliert herausgegeben und so 1.000 Stück im Vorfeld verkauft. Das Konzert musste daher in den *Kogasz*-Club der ruhmreichen Budapester Karl-Marx-Universität (heute Corvin-Universität – Anm. d. Übers.) verlegt werden. Wir engagierten Loïc Arribart, einen französischen Freund, als Fahrer, und er kutschierte uns durch die Landschaft in seinem luxuriösen verrosteten, pissoir-weißen Citroën DS. Er hatte uns überzeugt, dass er ein professioneller Chauffeur sei, der auch schon mal Bryan Ferry und andere Stars durch Paris gefahren hatte. Sein Aussehen passte: schwarzgekleidet, mit kurzem, zurückgegeltem Haar. Mit seinem markanten Look wäre er glatt als Mitglied von KRAFTWERK durchgegangen. Dieses Image unterstrich er mit einer Prise aristokratischen Hochmuts, während er seinen riesengroßen 1960er-Jahre Citroën fuhr. Wir dachten, es würde mächtig Eindruck schinden, wenn wir in dieser Gangsterwagen-Ikone vorgefahren kommen. Wir ahnten jedoch nicht, dass uns ein Alptraumtrip bevorstehen würde. Nachdem wir endlich die österreich-ungarische Grenze überquert hatten, wurde Loïc in einem kleinen Dorf wegen zu schnellen Fahrens von einem schrankgroßen, übelgelaunten ungarischen Polizisten angehalten. Weil Loïc standhaft seine Unschuld beteuerte und angeblich nicht das nötige Bargeld dabei hatte, um uns aus der Situation zu »schmieren«, hat der Polizist still und leise unsere Pässe einkassiert und sagte: »No money, no passport, no travel.« Nach einem Schwall von Todes-

DIE TOTEN HOSEN in der Karl-Marx-Universität. Fotos: György Galántai, Archiv Artpool Art Research Center

Im *Club der jungen Künstler*, umgeben von Budapests Szenegrößen. Fotos: György Galántai, Archiv Artpool Art Research Center

drohungen, Beleidigungen und Flüchen hat Loïc kapituliert. Er bezahlte das Bußgeld, und wir rasten weiter nach Budapest.

Nach einer Höllenfahrt schafften wir es tatsächlich doch noch pünktlich zur Karl-Marx-Universität, um dort von einer Horde wütender Konzertgänger begrüßt zu werden, die erwartungsvoll auf den Konzertbeginn warteten. Die Behörden hatten behauptet, dass der Gig illegal wäre und demzufolge nicht stattfinden könnte. Aber es war nun klar, dass es zu Ausschreitungen kommen würde, wenn sie das Konzert wirklich absagen sollten. Also lief alles, damit die Obrigkeit den eigenen Arsch retten konnte. Für einen Soundcheck war keine Zeit. Wir haben aufgebaut, eingestöpselt und spielten, während das Publikum hineinströmte. Es war, als ob eine wütende Bestie entfesselt würde. Die meisten waren schon betrunken und schrien wild um sich. Wir absolvierten geduldig unser deprimierend lethargisches Synthpop-Set vor unbändig brüllenden Gesichtern und pöbelnden *Bunkos* (jugendliche Skinheads mit nackten Oberkörpern). Das Publikum hätte nicht unpassender oder feindseliger sein können. Aber eigentlich war es allen scheißegal. Wär's im Westen gewesen, wären wir sicherlich unter einem Hagel von Bierdosen von der Bühne vertrieben worden. Unser Glück, dass in Ungarn kein Dosenbier verkauft wurde. Es gab sogar höflichen Applaus (vielleicht waren sie auch nur glücklich, uns von hinten zu sehen).

Dann waren DIE TOTEN HOSEN dran. Ihr rauer, energiegeladener Punksound brachte wohl auch den unterdrückten Frust dieser wilden ungarischen Jugendlichen zum Ausdruck. Der Saal tobte. Es machte großen Spaß, dabei zuzusehen. Nach dem Gig (es trat noch die ungarische Post-Punk-Band KONTROLL CSOPORT auf, Anm. Hg.) wurde unsere Gage in ungarischen Forint ausgezahlt, die nicht nur im Westen wertlos waren, sondern ohnehin nicht ausgeführt werden durften. Wir bekamen soviel Geld, dass es schwer war, alles innerhalb einer Nacht auszugeben, zudem, da alles wegen der Osterfeiertage geschlossen hatte. Wir beschlossen mit den HOSEN, zu tanken und mit dem Rest schön essen zu gehen, in einem vornehmen Restaurant. Stattdessen sind wir aber doch noch im *Club der jungen Künstler* gelandet. Weil wir nicht wussten, wohin mit dem Geld, haben wir für alle Essen und Getränke ausgegeben.

Jahre nach dem Fall dem Mauer habe ich in meiner Stasi-Akte gelesen, dass sowohl der KGB als auch die Stasi mich als »subversiv-dekadentes Element« eingestuft haben.

Ein verdienstvolles Wirken, oder?

Ostpunk im Film

Eine Zusammenstellung von Natalie Gravenor und Claus Löser (unter kleiner Mithilfe von Ewgeniy Kasakow, Robert Mießner und Alexander Pehlemann)

Dass Musikverbreitung auch ein audiovisuelles Phänomen ist, ist nicht erst seit dem Erscheinen von Punk und Post Punk in den postmodernen und multimedialen Spätsiebzigern und Frühachtzigern evident, wenngleich diese Zeit besonders fruchtbar für einen Sound-and-Vision-Crossover war. Film und Video dokumentierten Festivals und Einzelkonzerte, waren Mittel zur Erklärung und Selbsterklärung verschiedener Musiksubkulturen für Außenstehende und eine Bestätigung der eigenen Existenz (Sichtbarwerdung) sowie gemeinschaftsstiftend für die Szeneakteure selbst. Image wurde durch Bilder erschaffen (bzw. durch das kontrollierte Vorenthalten derer). Das Bewegtbild stellte eine Erweiterung der eigenen künstlerischen Praxis auf mehrere Sinne dar. Dies war in den Ländern des realexistierenden Sozialismus genauso der Fall wie im Westen, auch wenn der Zugang zu Produktionsmitteln und Vertriebskanälen der Bilderproduktion reglementierter bzw. gar erheblich erschwert war. Die dabei entstandenen Filme und Videoarbeiten sind dabei nicht weniger bedeutend für die Musikkulturen, die sie abbilden oder sogar mit erschaffen, als Punk in Filmen im Westen.

Diese Auswahlfilmografie stellt signifikante zeitgenössische Werke aus Polen, Ungarn, der UdSSR, DDR und ČSSR sowie Slowenien (als derjenigen Republik Jugoslawiens mit der vielfältigsten alternativen Kulturszene) vor. Die Filme und Videos sind zum Teil gänzlich außerhalb offizieller Strukturen entstanden, mitunter auch in geduldeten Nischen und vereinzelt in großen staatlichen Studios, weil zu den jeweiligen Zeitpunkten die Kulturbürokraten eine Liberalisierung signalisieren wollten. Ergänzt werden die Einträge von retrospektiven Blicken auf die Punk- und Post Punk-Zeit, denn um die Jahrtausendwende setzte eine nostalgische Aufbereitung verschiedener Aspekte der Punk- und Post-Punk-Kultur in Ost wie West ein, die bis heute anhält. Interessant bei dieser Historisierung ist, wer die Geschichtsschreibung unternimmt, was thematisiert und was ausgelassen wird. Bei Punk im Osten kommt dazu noch ein schwelender Konflikt darüber, wer Opfer war oder nicht, wer Kompromisse mit der Obrigkeit eingegangen ist oder u. U. sogar die Ideale verraten hat (Stichwort: Geheimdienstspitzel).

Diese Filmografie erhebt keinen Anspruch auf Vollständigkeit, sondern lädt vielmehr zum Entdecken ein, wo immer diese Arbeiten verfügbar sind, ob in örtlichen Programm- und kommunalen Kinos, auf DVD oder im digitalen Archiv des Internets.

DDR

Punk und Undergroundfilm

Punks oder Punk kamen im offiziellen DDR-Spielfilm natürlich nicht vor. Erst nach dem Mauerfall – als die DEFA nominell noch existierte – trauten sich einige der etablierten Regisseure, Punks (oder auch Skins) als strubbelige (bzw. glatzköpfige) Außenseiter in ihr Personenarsenal aufzunehmen, so Egon Günther in *Stein* (1991) oder Helmut Dziuba in *Jana und Jan* (1992). Einige Jahre vorher, spätestens ab Mitte der 1980er-Jahre, fanden Punks allerdings umso stärkeren Eingang in die filmische Subkultur. Sie waren teils selbst aktive Mitglieder dieser Szene und drehten einige Schmalfilme. Super-8 war geradezu das ideale Ausdrucksmittel für diese DIY-Kultur. Dass die grobkörnigen, oft verwackelten und stets sehr authentisch wirkenden Aufnahmen sich hervorragend auf der Leinwand ausmachten und sich auch mit Elementen der Hochkultur gut verbinden ließen, hatten Derek Jarman mit *The Last of England* (1987) oder Gábor Bódy mit *Nachtlied des Hundes* (1983) bewiesen. Man befand sich also in bester Gesellschaft. Die bei der Dresdener Artpunk-Band ZWITSCHERMASCHINE singende Malerin Cornelia Schleime besetzte in *Das Puttennest* (1984) einige prominente Erfurter und Ost-Berliner Punks (Jens Ernst Tukiendorf, Mita Schamal, Christian Duschek) als Nebendarsteller. Sie übte damit auch einen konkreten Solidarakt mit den von Erich Mielkes Repressionen überzogenen Jugendlichen. Cornelia Klauß ließ in *Samuel* (1984) fast die gesamte Besetzung von DER DEMOKRATISCHE KONSUM auftreten. Obwohl die Musik in beiden Filmen von Eric Satie beziehungsweise Ludwig van Beethoven stammte, war die Kultur des Punk bzw. Post Punk auf diese Weise personell doch präsent. In Mario Achnicks *Kino* (1986) war dann DER DEMOKRATISCHE KONSUM zu sehen und auch zu hören, während Robert Conrad sein Greifswald-Requiem *Qualität und Tempo* (1987) als Super-8-Videoclip zur Musik der gleichen Band montierte. Tohm di Roes alias Thomas Roesler legte einige Songs seiner eigenen Formation KLICK & AUS unter die Bilder der 1983 entstandenen, narzisstischen Selbstdarstellung *7 × 7 Tatsachen aus dem hiesigen Leben des Dichters Tohm di Roes.*

Still aus *7 x 7 Tatsachen aus dem hiesigen Leben des Dichters Tohm di Roes*

Leider gibt es kaum Super-8-Aufnahmen von Live-Auftritten. Da synchrone Ton- und Bildaufnahmen mit dem vorhandenen Equipment technisch nicht möglich waren, wurde von vornherein darauf verzichtet. Video war wiederum in der DDR aus politischen Gründen kaum in der Hand von Privatleuten. Es existieren aber einige Aufnahmen aus dem offiziellen und halbstaatlichen Bereich; so wurden das 1988 von der FDJ initiierte *Beat Inn*-Festival in Berlin-Weißensee (u.a. mit den Bands DIE SKEPTIKER, KALTFRONT u.a.) sowie die von Christoph Tannert 1989 im Potsdamer Lindenpark organisierte *Art Between*-Show (u. a. mit ORNAMENT & VERBRECHEN, FRIGITTE HODENHORST MUNDSCHENK, MAGDALENE KEIBEL COMBO, TOM TERROR & DAS BEIL) auf VHS mitgeschnitten.

Zu den Themen Super-8 und Punk siehe auch: DVD *Gegenbilder* (*absolut Medien*), Buch *Strategien der Verweigerung* (Schriftenreihe der DEFA-Stiftung) und Archiv »ex.oriente.lux« (*ex-oriente-lux.net*).

ABER WENN MAN SO LEBEN WILL WIE ICH

DDR 1988, 21 min, Kurz-Dokumentarfilm
Regie: Bernd Sahling – Kamera: Le Dang Quan – Musik: REASORS EXZESZ – Produktion: Hochschule für Film und Fernsehen »Konrad Wolf« Potsdam-Babelsberg
Eine Perestroika hat es in der DDR nicht gegeben – außer an der Babelsberger Filmhochschule, wo der 1986 zum Rektor berufene Lothar Bisky (1941–2013) zum Entsetzen seiner konservativen Kollegen ein Höchstmaß an künstlerischen Freiheiten zuließ. Plötzlich konnten die Studierenden thematisch und formal aus dem Vollen schöpfen, sie durften sogar mit ihren Filmen in den Westen reisen. Neben Andreas Dresen, Andreas Kleinert oder Peter Welz war es vor allem Bernd Sahling, der die neuen Spielräume auslotete. Mit *Aber wenn man so leben will wie ich* brach er gleich mehrere Tabus. Er porträtierte einen im Jugendwerkhof gemaßregelten »auffälligen« Jugendlichen, der, gerade volljährig geworden, mit seiner Familie kurz vor der Ausreise in den Westen steht. Das besondere an Michael: er ist waschechter Punk mit Iro und einer Band namens REASORS EXZESZ. Der junge renitente Mann wird in seinem privaten Umfeld gezeigt (mit der Familie auf dem Sofa sitzend), sowie im Probenraum. Sein Fazit über die DDR fällt mehr als ernüchternd aus.

FLÜSTERN UND SCHREIEN – EIN ROCKREPORT

DDR 1988, 120 min, Dokumentarfilm
Regie: Dieter Schumann – Drehbuch: Dieter Schumann, Jochen Wisotzki – Kamera: Michael Lösche, Christian Lehmann – Musik: FEELING B, CHICORÉE, SILLY, DIE FIRMA, SANDOW – Produktion: *DEFA-Studio für Dokumentarfilme*
Als im Oktober 1988 dieser Film in die ostdeutschen Kinos gelangte, hatte die DDR noch ein Jahr bis zum Fall der Mauer vor sich. Die Jugendpolitik fiel damals widersprüchlich aus: Einerseits dominierten weiterhin die noch aus den 1950er-Jahren stammenden Parolen und Indoktrinationen, andererseits gab es Anzeichen, der massenhaften mentalen (und physischen) Abkehr der Jugendlichen von »ihrem Land« Gesten der Toleranz entgegenzusetzen. Die volkseigene Mode versuchte, sich westlichen Trends anzugleichen, im Radio lief plötzlich Musik, die eben noch auf dem Index gestanden hatte. *flüstern und SCHREIEN* gehört in das Umfeld dieser »Rettungsversuche«. Ursprünglich als Porträt der wenig renitenten Formationen wie SILLY geplant, fanden dann unangepasste Bands wie Aljoscha Rompes FEELING B oder SANDOW Einzug in den Film und verhalfen ihm zu musikalischer und szenischer Originalität. Kurze Zeit

vorher war es undenkbar gewesen, Jugendliche zu filmen, die auch nur annähernd wie Punks aussahen. Sie riskierten sogar, verhaftet und in den Westen abgeschoben zu werden. Nun wurden sie als zwar skurrile, doch in Maßen zu akzeptierende Teile der aktuellen DDR-Gesellschaft porträtiert. Schumann drehte 1994 als TV-Produktion *flüstern & SCHREIEN 1988/1994 – Feeling B und Sandow – zwei Ostberliner Bands zwischen Vergangenheit und Gegenwart*, auch oft nur *flüstern und SCHREIEN Teil II* genannt, der heute aus juristischen Gründen gesperrt ist. Leider, denn er zeigt ausführlich das (Nicht-)Ankommen der beiden Bands in der neuen Zeit und dabei nicht zuletzt die Entstehung von RAMMSTEIN als Antwort auf die Orientierungslosigkeit.

UNSERE KINDER

DDR 1989, 88 min, Dokumentarfilm
Regie: Roland Steiner – Drehbuch: Anne Richter, Roland Steiner – Kamera: Michael Lösche, Rainer Schulz – Produktion: *DEFA-Studio für Dokumentarfilme* – mit Christa Wolf, Stefan Heym u. v. a.
1985 begonnene, den Bogen bis in das Wendejahr 1989 schlagende Dokumentation jugendlicher Subkulturen in der späten DDR. Steiner wollte anfangs einen Film über die machen, die es offiziell nicht geben durfte – rechtsextremistische Jugendliche –, und sollte eine Fallstudie zu Grufties (man sagte damals noch nicht Gothics), Punks und rechten Skinheads vorlegen. Und, was ebenso neu war: selbstorganisierten Antifas, die über ihre Probleme im Schulsystem des selbsterklärten antifaschistischen Staates berichten. Das Zusammentreffen Christa Wolfs mit jugendlichen Neonazis zeigt den nicht mehr zu kittenden Riss zwischen den DDR-Idealen und der weitgehenden Desillusionierung ihrer letzten Generation. Auffällig: Im Gegensatz zu den Punks und Grufties handelt es sich bei den Rechten ausschließlich um Jungmänner. Der Film, er vermeidet Effekthascherei und ist dabei umso eindringlicher, ja beklemmender, konnte erst nach Erich Honeckers Rücktritt gezeigt werden. (RM)

SPERRMÜLL

DDR 1990, 78 min, Dokumentarfilm
Regie: Helke Misselwitz – Kamera: Thomas Plenert – Musik: BOLSCHEWISTISCHE KURKAPELLE SCHWARZ-ROT, SPERRMÜLL – Produktion: *DEFA-Studio für Dokumentarfilme*
Gleich nach ihrem Sensationserfolg von *Winter adé* (1988) machte sich Helke Misselwitz an die Dreharbeiten für ein weiteres Gruppenporträt. Diesmal galt ihr Interesse vier Jungs, die ihre frisch gegründete Band SPERRMÜLL nannten. Den Namen leiteten sie aus ihrer Vorliebe für selbst gefertigte Instrumente ab, als Baumaterial diente Weggeworfenes. Zu Beginn der Dreharbeiten waren die rasanten politischen Umbrüche der nachfolgenden Monate noch nicht erahnbar, diese greifen aber dann unmittelbar in das Geschehen ein. Im Zentrum des Films steht Enrico, genannt »Rizzo«, der noch bei seiner Mutter wohnt. Diese lernt einen Westler kennen und reist bald mit Rizzos kleiner Schwester aus. Rizzo bleibt. Nach

dem Mauerfall wehrt er sich redlich gegen das Gefühl des Überrolltwerdens durch die Warenwelt. Interessant, dass das Gruppengefüge der Band dabei sehr schnell kollabiert – so wie die gesamte Gesellschaft. Die Musik von SPERRMÜLL wird nicht in die Kulturgeschichte eingehen. Doch das filmische Porträt der kurzlebigen Band stellt sich inzwischen als immens aufschlussreiches Dokument über die Befindlichkeit junger, unangepasster Menschen im finalen Zustand des DDR-Sozialismus heraus.

STÖRUNG OST

Deutschland 1996, 77 min, Dokumentarfilm
Regie: Mechthild Katzorke, Cornelia Schneider – Kamera: Gusztáv Hámos, Tomas J. Blazek, Stephan Horst, Alfred Meissner – Musik: SENDESCHLUSS, PLANLOS, NAMENLOS, UNERWÜNSCHT, TAPETENWECHSEL, SKUNX, REASORS EXZESZ, RESTBESTAND, THE SEX PISTOLS – mit Eike Grögel, Bernd Michael Lade, Sabine Groh, Michael Boehlke, Micha Horschig, John Peel, Lorenz Postler, Lothar Bisky, Peter Wensierski – Produktion: Anita AV, *ZDF*
Die 1995 für das Fernsehen (*ZDF*) gedrehte Dokumentation war der erste Film, der sich rückblickend mit dem Phänomen der DDR-Punks, mit Akteuren, Förderern und Widersachern, mit den Lebensumständen und nicht zuletzt mit ihrer Musik beschäftigte. Das meiste hier erstmals zutage geförderte Originalmaterial tauchte später in anderen Filmen wieder auf. Die Grundidee – eine gemeinsame Bootsfahrt auf der Spree und auf dem Müggelsee – erweist sich als tauglich für diese Bestandsaufnahme und steht als Gleichnis für die hermetische Situation in der DDR. Das Ausmaß der Repression wird deutlich, unterschiedliche Strategien im Umgang mit der Staatsmacht werden nachvollziehbar.

ACHTUNG! WIR KOMMEN. UND WIR KRIEGEN EUCH ALLE. FEELING B, RAMMSTEIN UND ANDERE

Deutschland 1997–2001, 108 min, Dokumentarfilm
Regie: Carl G. Hardt (Roland Gernhard) – Kamera: Steffen Sebastian, Thomas Falk, Bernd Schadewald, Thomas Rist, Uri Bram, Torsten Schneider, Jean Molitor – Musik: FEELING B, RAMMSTEIN, IN EXTREMO, BLIND PASSENGERS, INCHTABOKATEBLES, FREYGANG, DIE SKEPTIKER, SANTA CLAN – Produktion: Carl G. Hardt
Carl G. Hardt alias Roland Gernhard hatte als ausführender Produzent für *flüstern und SCHREIEN* gearbeitet. Seinen eigenen, fast zehn Jahre später entstandenen Film deklarierte er als Fortsetzung des DEFA-Erfolgs, erreicht aber längst nicht die Schlüssigkeit des heute gesperrten *Teil II* von 1994. Seine Dokumentation, der als etwas stark konstruierter thematischer Faden der verstorbenen FEELING B-Bassist Christoph Zimmermann dient, vermittelt vor allem einen Eindruck davon, wie sich die Parameter des Musikmachens im wiedervereinigten Deutschland verändert haben. Lange Konzertpassagen und ein paar Backstage-Szenen vervollständigen das Ganze – eher ein typischer Fan-Film als eine analytische Annäherung. Einige der Bands, die zumindest teilweise Schnittmengen mit denen aus Dieter Schumanns Film aufweisen, hatten es in den Endneunzigern zu Erfolg gebracht, allen voran natürlich RAMMSTEIN. Diese waren es dann auch, die eine weitere Verbreitung von *Achtung! Wir kommen* mit ihrer Musik untersagten. Deshalb musste der Film mehrfach umgeschnitten werden,

FEELING B-Sänger Aljoscha Rompe

was ihm am Ende zu einer Collage machte, die den Charakter eines unrunden Stückwerks trägt. »Dieser Film ist eine Geschichte von und mit Musikern. Sie sind geboren im Kalten Krieg, im Reich des Bösen. Hinter dem Eisernen Vorhang haben sie geliebt, gelacht, gelebt. Und mit ihren Texten und Instrumenten haben sie Tausende wachgerüttelt. Am 9. November 1989 fiel der Eiserne Vorhang in Europa – mehr als 10 Jahre danach die filmische Bilanz einer Langzeitdokumentation. Eine Filmreise mit Aljoscha Rompe und Christoph Zimmermann.« (Carl G. Hardt)

WIE FEUER UND FLAMME

Deutschland 2001 94 min

Regie: Connie Walther – Drehbuch: Natja Brunckhorst – Kamera: Peter Nix – Filmmusik: Rainer Oleak – Produktion: *X Filme*

In *Wie Feuer und Flamme* verarbeitet die Christiane F.-Darstellerin Natja Brunckhorst ihre eigene Ost-West-Liebesgeschichte. Sie hatte etwa zur Zeit ihres *Bahnhof Zoo*-Ruhmes eine Beziehung mit Colonel, dem »Face« der Ost-Berliner Punkszene. Im Film heißt er »Captain« und das Brunckhorst-Surrogat Nele. Die Absolventin der Berliner Deutschen Film- und Fernsehakademie Connie Walther hatte in der Vergangenheit große Sensibilität für junge Frauen zwischen Kindheit und Erwachsenwerden bewiesen – man denke an die blutjunge Lavinia Wilson, die in Walthers Langfilmdebüt *Das erste Mal* über eine mädchenhafte Schwärmerei für Johnny Depp zu ihrer Identität und selbstbestimmten Vorstellungen von Liebe und Partnerschaft findet. Die Zeichen standen also gut für die Verfilmung von Brunckhorsts Romeo-und-Julia-Geschichte vor dem Hintergrund der Teilung Deutschlands. Tatsächlich aber werden in *Wie Feuer und Flamme* vor allem brav überlieferte Eckpunkte der Punkszene Ost abgehakt: illegale Konzerte in der Zionskirche (mit Songs der Band PLANLOS), die Kranzniederlegung für die Opfer des Faschismus zur Widerlegung der staatlichen Diffamierung von Punks als Nazis, Auseinandersetzungen der ungleichen Liebenden über Freiheit und Repression, Hereinschmuggeln einer begehrten DEAD KENNEDYS-Single, Herausschmuggeln von brisanten Filmaufnahmen für einen kritischen Beitrag im Westfernsehen (auch als Liebesbeweis der privilegierten Westlerin). *Gute Zeiten, schlechte Zeiten*-Teenieschwarm Antonio Wannek (der später bei Dominik Graf in *Der Felsen* die dunkle Seite seines Charismas zur Schau stellen konnte) und Anna Wertheau haben durchaus Chemie, aber der Zuschauer spürt nichts von Feuer und Flamme. Dafür sind die Figuren doch zu sehr Repräsentanten der jeweiligen deutschen Gesellschaften ohne Eigenleben. Manche Rezensenten bemängelten zudem die teleologisch-politisierte Darstellung einer Szene, die weniger die DDR zerstören, als von ihr einfach in Ruhe gelassen werden wollte.

Ein unglaubwürdiges Happy End wenige Tage nach der Wende – Anna kehrt aus den USA zurück, Captain wird aus dem Gefängnis entlassen, beide finden sich ohne allzu viel Mühe und knüpfen dort an, wo sie aufgehört hatten– verschwendet viel

Potential. Interessanter wäre das Aufeinandertreffen von lang gehegten Sehnsüchten und der neuen Realität, das Erkunden möglicher Sprachlosigkeiten und Missverständnisse auf persönlicher und gesellschaftlicher Ebene. Das ist aber vielleicht zu viel verlangt für einen Film, dessen Mainstream-Urheber (Produzenten Stefan Arndt und Maria Köpf sind die Köpfe hinter der damals einflussreichsten deutschen Produktionsfirma X-Filme) letzten Endes die Ost-Berliner Punkszene als unverbrauchte Kulisse für eine 08/15-Liebesgeschichte verwendet und damit nicht wenig Erfolg bei einer jugendlichen Zielgruppe hatte. Und wie auch bei dem tschechischen *Don't Stop* (s. u.) stellt sich hier die Frage, wie viel retrospektive Spielfilme vom Spirit der Subkulturen, in denen ihre Handlungen angesiedelt sind, wirklich wiedergeben können.

I'M ME – PUNK IN DER DDR

Deutschland 2006, 35 min, Kurz-Dokumentarfilm
Regie: Christina Laußmann, Julian Keck, Marcel Dietzmann, Stefan Strittmatter
Musik: PLANLOS, WUTANFALL, NAMENLOS, DIE SKEPTIKER – mit Rainer Börner, Eugen Balanskat – Produktion: *Humboldt-Universität Berlin*
Im Rahmen eines Forschungsprojekts für die Reihe »Gedächtnis DDR« an der Humboldt-Uni Berlin entstandener Kurzfilm, der einen interessanten, bisweilen vernachlässigten Aspekt der ostdeutschen Punk-Geschichte beleuchtet. Es geht diesmal nicht um die Repressionen durch das MfS oder die Musik, sondern um das Verhalten einstiger Akteure gegenüber der Staatsmacht und deren (finalen) Anbiederungsversuchen. Während die SKEPTIKER etwa erfolgreich eine »Staatliche Spielerlaubnis« (»Pappe«) beantragten und später einen FDJ-Fördervertrag eingingen, verweigerten sich die einstigen Mitglieder der Bands PLANLOS und NAMENLOS bis zuletzt.

OSTPUNK! TOO MUCH FUTURE

Deutschland 2006 – 93 min – Dokumentarfilm
Regie: Carsten Fiebeler, Michael Boehlke – Drehbuch: Henryk Gericke – Kamera: Robert Laatz, Daria Moheb Zandi – Musik: ANDREAS AUSLAUF, PLANLOS, NAMENLOS, WUTANFALL, L'ATTENTAT, ORNAMENT & VERBRECHEN, RESTBESTAND, ZWITSCHERMASCHINE, EINFACH, REASORS EXZESZ, PUNISHABLE ACT u. a. – mit Colonel, Mike Göde, Daniel Kaiser, Mita Schamal, Cornelia Schleime, Bernd Stracke – Produktion: *Egoli Tossell Film, Koppmedia, RBB*
Sechs junge Menschen Anfang der 1980er-Jahre in der DDR: Sie waren unangepasst und rebellisch, sie waren nicht Willens, die vorgefundenen Möglichkeiten realsozialistischer »Freizeitgestaltung« in Anspruch zu nehmen. Sie waren Punks. Ihr Auftreten wurde im »Arbeiter- und Bauernstaat« genau als die Provokation verstanden, als die sie auch gedacht war. Hatte bei Jugendfunktionären und Sicherheitskräften zunächst noch Ratlosigkeit gegenüber den Punks geherrscht, setzte sich spätestens ab 1983 eine restriktive Position durch. Bands wurden verboten, Punks auf offener Straße verhaftet, Freundeskreise vom Ministerium für Staatssicherheit systematisch unterwandert. Binnen weniger

Monate war die erste Generation von bekennenden Punk-Anhängern in der DDR kriminalisiert und aus der Öffentlichkeit verdrängt. Die Erzählungen von Colonel, Mike Göde, Daniel Kaiser, Mita Schamal, Cornelia Schleime und Bernd Stracke kulminieren in Erinnerungen an die staatlichen Repressionen, denen sie alle ausgesetzt waren. Von den sechs Interviewpartnern wurden vier zeitweilig inhaftiert, fünf verließen unter dem anhaltenden politischen Druck die DDR Richtung Westen, leiden teilweise bis heute unter traumatischen Folgen. Der Film befragt die ehemaligen Aktivisten nach ihren Motivationen und Erlebnissen, verschneidet die aktuellen Gespräche mit einer Fülle historischen Materials und unterlegt sie mit viel Musik. Dabei bedient sich *ostPUNK! Too Much Future* von Beginn an einer Filmsprache, die an den nervösen Stil des Punk erinnert. Statt mit einer herkömmlichen Exposition werden die Zuschauer umgehend mit einem turbulenten Mix aus Bild- und Musikfetzen konfrontiert, der weitgehend auf Orientierungshilfen verzichtet. Diese bruchstückhafte Collage resultiert auch aus der schlechten Materiallage. Aus der Not des Mangels wird eine Tugend: Schmalfilmsequenzen, verfremdete DDR-Propagandafilme, statische und animierte Fotografien sowie Fragmente von MfS-Überwachungsmaterial erleben ein effektives Recycling. Über große Strecken gelingt die Rekonstruktion des einstigen, nun längst verflossenen Lebensgefühls.

ELEKTROKOHLE (VON WEGEN)

Deutschland 2009, 95 min, Dokumentarfilm

Regie: Uli M. Schueppel – Kamera: Cornelius Plache, Uli M. Schueppel – Musik: EINSTÜRZENDE NEUBAUTEN – mit Blixa Bargeld, FM Einheit, Alexander Hacke, NU Unruh, Marc Chung, Ronald Galenza, Renate Ziemer, Robert Mießner, Juliane Behnfeldt, Heiner Müller, Ingo Brunner, Anja Jauert, Gozamba, Alexander Pehlemann, Claus Löser, Robert Richter u. a. – Produktion: Uli M. Schueppel, *RBB*

Am 21. Dezember 1989 gaben die EINSTÜRZENDEN NEUBAUTEN in Berlin-Lichtenberg ein Doppelkonzert: Die Mauer war gefallen, doch die DDR stand gerade noch. Kein geringerer als Heiner Müller hatte das Konzert mit eingefädelt, nun befand er sich mit der Band und hunderten erwartungsfrohen Zuschauern im Saal. Mit dabei auch der West-Berliner Filmemacher Uli M. Schueppel, der mit seiner VHS-Kamera die denkwürdige Begegnung zwischen Ost und West dokumentierte. 20 Jahre später rekonstruiert er das Ereignis, verschränkt private Momente und Zeitgeschichte zu einer überraschenden psychogeografischen Collage. Schueppel rekonstruiert gemeinsam mit den einstigen Besuchern des Konzerts deren Wege von ihren einstigen Wohnorten zum Veranstaltungssaal, gleicht damaliges Erleben mit der veränderten Realität ab. »Zunächst war völlig unklar, wie sich das Publikum in der offenen politischen Situation zusammensetzen würde. Gerüchten zufolge hieß es, die Eintrittskarten seien nicht in den freien Verkauf gelangt und nur den (Noch-)Mitgliedern der FdJ vorbehalten gewesen. Dann aber stellt sich heraus, dass der »Wilhelm-Pieck-Saal«

bei beiden, direkt aufeinander folgenden Konzerten restlos mit »wirklichen Ost-Fans« der NEUBAUTEN gefüllt ist. Wie lange haben sie darauf gewartet, dieses Konzert zu sehen? Woher kannten sie all die Songs auswendig? Wie haben sie die Eintrittskarten bekommen? Wie konnten sie diese bezahlen? Wer waren diese Fans und wie erlebten sie diesen 21. Dezember 1989 – in dieser Endzeit der DDR?« (Uli M. Schueppel)

ORNAMENT & VERBRECHEN. DIE GEBRÜDER LIPPOK

Deutschland 2015, 70 min, Dokumentarfilm

Regie: Claus Löser, Jakobine Motz – Kamera: Jakobine Motz – Musik: ORNAMENT & VERBRECHEN, ROSA EXTRA, TO ROCOCO ROT, TARWATER – mit Ronald Lippok, Robert Lippok – Produktion: Claus Löser, *Künstlerhaus Bethanien*

»Wir haben nichts zu verkaufen, wir haben keine Webseite, aber ihr wisst, wo ihr uns finden könnt.« Robert Lippok spricht diesen Satz am Ende eines Konzerts im Roten Salon der Berliner *Volksbühne* ins Mikrophon. Über der Szene wabert der Rauch einer Nebelmaschine. Sein Bruder Ronald steht neben ihm, legt die Trommelstöcke zur Seite. Noch während des Schlussapplauses klettern die beiden von der kleinen Bühne und mischen sich sofort unters Publikum. Viele Freunde und alte Bekannte sind darunter, die Atmosphäre ist fast intim. Eine Vertrautheit, die von ihren Wurzeln herrührt, als ORNAMENT & VERBRECHEN in Berlin, Hauptstadt der DDR, vor allem in Räumen der Kirche, in Hinterzimmern von Kneipen oder einfach in Wohnungen auftraten. Diese Konzerte damals in der DDR bedurften keiner Werbung, ihre Kunde verbreitete sich dennoch in Windeseile. Dabei sein zu können, war ein Privileg, auch ein Bekenntnis für eine andere Kultur. Die Grenzen zwischen Künstler und Zuhörer verschwammen, schon, weil der Raum so begrenzt war. Dies ist bis heute eine Seite ihres Auftretens in der Öffentlichkeit geblieben: die immer noch bestehende Nähe zu ihren Fans. Doch ebenso souverän bespielen sie große Säle, wie das *HAU* zur Eröffnung der *Club Transmediale* (*CTM*) im Januar 2014. Der Film zeigt die Gleichzeitigkeit von Nähe und Ferne, von Kybernetik und Chaos, von Konzept und Improvisation – Faktoren, die das Werk von ORNAMENT & VERBRECHEN wesentlich prägen. Es führt zu den privaten und musikalischen Anfängen (Ronald trommelte für ROSA EXTRA, eine der ersten DDR-Punk-Bands) und macht auch mit den aktuellen Nebenprojekten wie TO ROCOCO ROT oder TARWATER vertraut. Zuletzt führen aber alle Verästelungen wieder auf die beiden Brüder als Nukleus zurück: »ORNAMENT & VERBRECHEN ist eigentlich keine Band. ORNAMENT & VERBRECHEN tritt gelegentlich in Kraft.« (Ronald Lippok)

POLEN

KONCERT (KONZERT / CONCERT)

Polen 1982, 90 min, Dokumentarfilm

Regie: Michał Tarkowski – Kamera: Waldemar Szarek – Musik: Zbigniew Hołdys, Leszek Winder, Andrzej Ryszka, Jan Błędowski, Andrzej Nowak, Marek Piekarczyk, Ryszard Skibiński, Grzegorz Ciechowski – mit EASY RIDER, PERFECT, KRZAK, TSA, KASA CHORYCH, REPUBLIKA, MAANAM, BRYGADA KRYZYS, DEUTER, OGRÓD WYOBRAŹNI – Produktion: *Studio Filmowe im. Karola Irzykowskiego*

Collagenhafte Dokumentation des berühmten Festivals *Rockowisko,* das im November 1981 drei Tage lang in der Sportarena in Łódź stattfand. Gezeigt werden die Ankunft der Besucher, die Kontrollen am Einlass und Ausschnitte aus einzelnen Konzerten, teils mit videoartigen Sequenzen durchsetzt. Für die Punkszene in Polen war dieses Konzert legendär, weil zum ersten Mal Bands vor einem Massenpublikum auftreten konnten. Die Mischung insgesamt war sehr vielfältig, so gab es neben den geradlinigen Punknummern von DEUTER auch Art Rock von OGRÓD WYOBRAŹNI, New Wave von REPUBLIKA, Blues von EASY RIDER oder Pop von MAANAM. Dennoch wurde das Festival zum legendären Ereignis, das dank Michał Tarkowski für die Nachwelt festgehalten werden konnte.

JAROCIN 82

Polen 1982, 19 min, dokumentarischer Kurzfilm

Regie: Paweł Karpiński – Kamera: Leszek Winnicki – Musik: FBT, ATOMIC, REJESTRACJA, SS20 – Produktion: *Wytwórnia Filmów Dokumentalnych Warszawa*

Kurzdokumentation über die dritte Ausgabe des Festivals *Gesamtpolnische Schau der Musik der jungen Generation* in der großpolnischen Kleinstadt Jarocin, südlich von Poznań gelegen. Das »polnische Woodstock« zog vom 24. bis 26. August 1982 tausende Zuschauer aus dem In- und Ausland an, der kurze Film vermittelt wichtige Eindrücke von der damaligen Atmosphäre, mitten im 1981 ausgerufenen Kriegsrecht. Neben Konzertausschnitten u.a. von FBT, ATOMIC, REJESTRACJA und DEZERTER, die da noch unter ihrem später zur Veröffentlichung ihrer ersten Single auf Druck der Behörden abgelegten ursprünglichen Namen SS-20 auftraten, gibt es Interviews mit Musikern und Besuchern und atmosphärische Szenen vom Festivaltreiben. So durchlöchern sich aus Pogo-Begeisterung einige Gäste spontan Wangen und Ohrläppchen mit Sicherheitsnadeln. Der Film sucht durch seine Machart (vitale Handkamera, selbstgemalter, an D.I.Y. gemahnender Vor- und Abspann) die ästhetische Nähe zur abgebildeten Stimmung.

MOSKWA

Polen 1985/86, 16 min, Experimentalfilm

Regie, Kamera: Józef Robakowski – Musik: MOSKWA

Der polnische Video- und Experimentalfilm-Pionier Józef Robakowski (geb. 1939 in Poznań) gehörte zu den wenigen etablierten Künstlern, die stets den Austausch mit den nachrückenden Generationen suchten. Seit Anfang der 1980er-Jahre arbeitete er mehrfach mit der Hardcore-Punkband MOSKWA aus seiner Heimatstadt Łódz zusammen, unterstützte sie u.a. mit Auftrittsmöglichkeiten und dokumentierte ihre Proben auf Video. In den Jahren 1985/86 stellte er einen viertelstündigen Videoclip her, der mehrere der ultrakurzen Songs von MOSKWA visualisiert. Ausgehend vom (bewusst provokanten) Namen der Band erzählt er eine sehr eigene, extrem verknappte Geschichte der Sowjetunion, benutzt dafür ausschließlich vom Bildschirm mit Video aufgenommene Bilder – ein Found-Footage-Verfahren, das er auch 1985 bei den Videos *Sztuka to potęga!* (Kunst ist Macht) und 1988 bei *Pamięci L. Breżniewa* (Erinnerung an Leonid Breschnew) anwandte. (Beide Videos waren mit Musik der slowenischen Industrial-Band LAIBACH unterlegt.) *Pamięci L. Breżniewa* zeigte die Beerdigung Breschnew. Bilder dieser Zeremonie stehen auch am Anfang von *Moskwa*. Danach geht es im Schweinsgalopp in sieben Kapiteln weiter: Bildfragmente aus Sergej Eisensteins *Panzerkreuzer Potemkin* (1925), aus dem »Großen Vaterländischen Krieg« (1941–45), vom Weltraum-Triumph Juri Gagarins (1961), von Militärparaden auf dem Roten Platz in den 1980ern. Zuletzt sind Aufnahmen von Michail Gorbatschow zu sehen, umringt von Altkadern auf der Tribüne des Lenin-Mausoleums stehend. Ob damit irgendeine Hoffnung verbunden sein könnte, lässt das Video offen.

MOSKWA

JAROCIN, PO CO WOLNOŚĆ (JAROCIN. ROCK FÜR FREIHEIT / JAROCIN. ROCK FOR FREEDOM)

Polen 2016, 105 min, Dokumentarfilm
Regie, Buch: Marek Gajczak, Leszek Gnoiński – Kamera: Marek Gajczak, Wojciech Słota, Jerzy Pawleta – Musik: IZRAEL, MOSKWA, ARMIA, TSA, PIDŻAMA PORNO, BRYGADA KRYZYS, DEZERTER, SIEKIERA, REPUBLIKA – mit Walter Chełstwoski, Jurek Owsiak, Tomasz Budzyński, Robert Brylewski, Paul Landers, Krzysztof Skiba, Muniek Staszczyk
Abendfüllender Dokumentarfilm über das legendäre Festival in Jarocin. Der Film konnte auf zahlreiche Originaldokumente zurückgreifen, u. a. auf Paweł Karpińskis Kurzfilm von 1982. Diese alten Aufnahmen werden mit aktuellen Interviews verschnitten. Dabei spielt auch die Entwicklung des Festivals nach 1989 eine große Rolle, seine Kommerzialisierung, sein Untergang in Gewalt und Drogen, schließlich 2005 die Wiedergeburt als Retro-Event für die ganze Familie. Der Film ist ein wichtiges, Gegenwart und Vergangenheit verknüpfendes Dokument. Angesichts gegenwärtiger Restaurationen kommt solchen filmischen Rückblicken auf die sozialistische Vergangenheit allerdings eine merkwürdige Doppelbedeutung zu. »Volkspolen« wurde ja wegen seiner teilweise liberalen Innenpolitik und vor allem wegen der kreativ angeeigneten Freiräume von vielen DDR-Bürgern beneidet. Die Polen waren einfach immer die frechsten! Einer von ihren Bewunderern war damals Paul Landers, heute Gitarrist der Band RAMMSTEIN. Damals, als Jugendlicher, spielte er bei FEELING B und DIE FIRMA, und besuchte mehrfach das legendäre Rockfestival in Jarocin, um Konzerten polnischer Punkbands beizuwohnen, sowie einmal sogar, um dort zu spielen.

ZA TO ŻE ŻYJEMY, CZYLI PUNK Z WROCKA (FOR BEING ALIVE – PUNK FROM WROCŁAW)

Polen 2014, 72 min, Dokumentarfilm
Regie: Tomasz Nuzban – Musik: POE'ROCKS, ZWŁOKI, SEDES, KLAUS MITTFOCH, MIKI MOUSOLEUM u. a.

Der mit Staatsgeld und üppigem Quellenmaterial produzierte Dokufilm *Beats of Freedom* versuchte sich 2010 an einer Internationalisierung der Wahrnehmung polnischer Subkultur der 1980er und zugleich, dabei einen kompromisslosen Rock'n'Roll-Widerstandsmythos zu lancieren. Dass hier vor allem die Hauptstadtszene dargestellt und zudem rauer Straßenpunk ignoriert wurde, regte den spätgeborenen Regisseur Tomasz Nuba an, mit *Za to że żyjemy, czyli punk z Wrocka* eine Erzählung von unten hinzuzufügen, die vom Punk in Wrocław. Jene beginnt wie die von Punk in Polen allgemein 1978, mit POE'ROCKS, die recht traditionell rockten, aber nicht nur 1980 beim ersten New-Wave-Festival in Kołobrzeg antraten, sondern vor allem daheim die Kids ansteckten. Weiter ging es 1980 mit ZWŁOKI, die für den Film erstmals nach 30 Jahren auftraten und mit »Mesjasz« eine tolle antikirchliche Hymne hinterließen, dann kamen SEDES und ihr Mitgröhl-Hit »Wszyscy pokutujemy«, der 1983 das große (Staats-) Underground-Festival in Jarocin dominierte und die Filmtitelzeile lieferte. KLAUS MITTFOCH hingegen starteten im selben Jahr eine Art Post-Punk-Karriere und nahmen LPs auf, ohne ihren dann solo noch mehr aufstrebenden Sänger Lech Janerka als KLAUS MIT FOCH weitermachend. Was den Punky-Reggae-Vertretern MIKI MOUSOLEUM ob der radikal kritischen Texte kaum gelungen wäre, bei aller vergleichsweisen Offenheit der Kulturpolitik. Um nur Momente des Films aufzuzählen, der mit Comic-Elementen den Alt-Materialmangel ausgleicht, sowie die Altpunks natürlich im anders widersprüchlichen Jetzt abholt und dabei leider nur kurz die Frage nach der Relevanz von Punk heute anreißen kann. Ein schöner Beitrag zur permanenten Vertiefung der global/glokalen Punk-Kartographie. (AP)

I COULD LIVE IN AFRICA

NL 1983, 20 min, Dokumentarfilm
Regie: Jaques de Kooning – Musik: IZRAEL

Jacques de Kooning war ein junger holländischer Filmemacher und Drehbuchautor, der im Polen der Kriegsrechtszeit strandete und vom dortigen Punk-Underground fasziniert wurde, dem er offensichtlich sehr nahegekommen ist. In *I could live in Africa* begleitet er die gerade erst gegründete punky Reggae-Band IZRAEL, besucht ihre Proben, die noch viel Punk atmen und nie aufgenommene Stücke vorstellen, und erlebt mit, wie sie den Proberaum verlieren. Vor allem aber lässt er sie lange in einer Art Pseudo-Reasoning reden. Die punkigen IZRAELiten, darunter vor allem Robert »Goldrocker« Brylewski (Ex-KRYZYS und BRYGADA KRYZYS) und Paweł »Kelner« Rozwadowski (FORNIT, DEUTER), spielen dabei in teilweiser Adaption aufgeschnappter Reggae-Sprechweisen inklusive Patois-Anklangs ein ironisches Spiel der Überinterpretation ihrer (offensiv abgelehnten) Rolle als unterdrückte Band in einem unterdrückten Land, die einem unwissenden Filmemacher aus dem wohlhabenden Westen gegenüber sitzt, der sie sowieso nicht verstehen würde – was sie ihm auch offen sagen. Der Filmtitel ist eine dieser zwischen Überaffirmation und Selbstüberschätzung lancierten Aussagen (von Kelner), das Pendant dazu wäre, dass Brylewski meint, aus dem Westen würde man nichts (zum Essen) brauchen, höchstens Soja-Sauce. Und »herb from Africa«. Andererseits ist die filmisch eingefangene Tristesse im passenderweise dazu auch noch winterlichen Warschau ganz real, und Sequenzen wie die auf dem verlassen liegenden jüdischen Friedhof, die mit Aussagen über den einheimischen

Antisemitismus unterlegt sind, der auf die Band wegen ihres Namens projiziert wird, deuten an, dass durchaus auch alles sehr ernst ist. Bitter ernst, aber eben auch zum Lachen. Der leider nur etwa 20 Minuten lange Film ist von de Kooning selbst online gestellt worden, steht also für die Erkundung zur Verfügung. (AP)

ČSSR

Im Gegensatz zu Polen, Ungarn und Jugoslawien, wo Experimentalfilm und Videokunst (oft in Kollaboration mit Punk- und Post-Punk-Musikern) in staatlich geförderten Nischen Raum geboten wurde, entstand in der ČSSR eine alternative Bewegtbildpraxis, gelegentlich Undergroundmusik dokumentierend oder von dieser ästhetisch geprägt, im Abseits: bei Autodidakten, im Amateurfilmbereich, in Ausbildungsstätten wie der Filmhochschule FAMU, der Kunsthochschule AVU und der Technischen Hochschule ČVUT und im Kontext von oppositionellen Videomagazinen wie *Originalní Videojournal, Vokno* und *Videomagazine.*

HUDBA 85 (MUSIK 85)

ČSSR 1985, 113 min, 16 mm
Regie: Alexej Guha, Vladislav Burda, Petr Ryba – Musik: HUDBA PRAHA, PRECEDENS, GARÁŽ, BABALET, OZW, NAHORU PO SCHODIŠTI DOLŮ BAND, MÁMA BUBO, F.P.B., SOUBOR TRADIČNÍHO POPU (STP), DYBBUK, KRÁSNÉ NOVÉ STROJE, HOGO FOGO, F.P.B. – Produktion: *ESOP*

DYBBUK

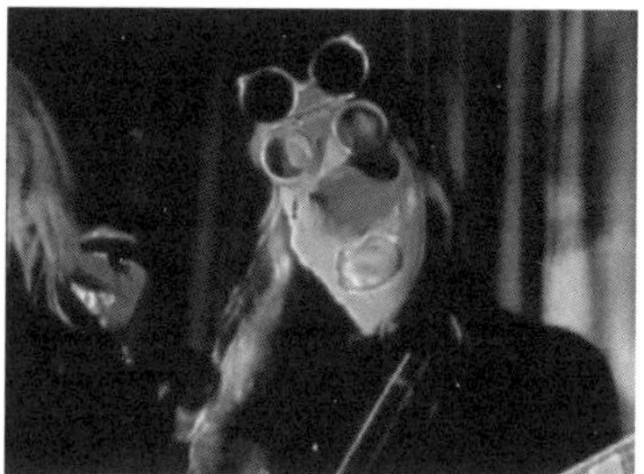

OZW

Das Orwell-Jahr 1984 warf seine Schatten bis in den Prager Underground und die sogenannte »Grauzone«. In diesem Jahr wurde die Jazzsektion des Musikerverbandes aufgelöst, die mit Publikationen und Auftrittsmöglichkeiten dem Unangepassten und Experimentierfreudigen ein Forum geboten hat, und ein im Zentralorgan *Tribuna* erschienener Schmähartikel gegen Punk und New Wave ließ Schlimmes befürchten. Außerdem saß die Angst nach der Verhaftungswelle 1976 ff. noch tief in den Knochen. So beschloss der Musikjournalist Josef Vlček, die Prager Szene mit filmischen Mitteln zu dokumentieren, solange die Protagonisten auf freiem Fuß waren. Vlček tat sich mit Freunden, Studenten der Prager Filmhochschule FAMU, zusammen und engagierte Amateurfilmer, die sonst in anderen künstlerischen Disziplinen unterwegs waren. Die Bands HUDBA PRAHA, PRECEDENS, GARÁŽ, BABALET, OZW, NAHORU PO SCHODIŠTI DOLŮ BAND, MÁMA BUBO, F.P.B., SOUBOR TRADIČNÍHO POPU (STP), DYBBUK, KRÁSNÉ NOVÉ STROJE, HOGO FOGO, bis auf die die Teplicer F.P.B. alle aus der Hauptstadt, boten ein breites musikalisches Spektrum: Punk, Post Punk, Avantrock, Synthpop und sogar ČSSReggae. Ebenso vielfältig waren die visuellen Umsetzungen – von Livemitschnitten bis Musikclips, bei denen die Band im Bild agiert oder Found Footage einsetzend. Diese disparat erscheinenden Segmente wurden durch in abgerockten Gebäuden experimentell inszenierte Zwischenmoderationen von Vlček verbunden. Damals wenig gesehen, wurde dieses einzigartige Artefakt in den Nuller Jahren vom tschechischen Fernsehen (Co-Regisseur Alexej Guha war inzwischen dort als Redakteur gelandet) für verschiedene televisuellen Pophistorisierungsprojekte ausgeweidet und erschien auf DVD. Heute sind die meisten Bandsegmente auf *YouTube*, was vermutlich beispielsweise die Wiederentdeckung und Neukontextualisierung von MÁMA BUBO als Mitteleuropa-Minimal-Wave befördert hat.

METROFILM

ČSSR 1984, 9 min, Super-8

Regie: Ivan Tatiček – Musik: NĚMÝ BOBEŠ

Der später vor allem als Videokünstler bekannt gewordene Ivan Tatiček arbeitete in den 80ern mit Super 8. Auf den Rolltreppen und in den Durchgängen der Prager Metro inszenierte Tatiček sozialistische Tristesse, urbane Entfremdung und einen Ausbruchsversuch daraus zur Musik von Vladimír Helebrant und der New-Wave-Band NĚMÝ BOBEŠ.

1984

ČSSR 1984, 36 min, Super 8

Regie: Čarodej OZ (d. i. Lubomír Drožď) – Musik: THE CURE, JOY DIVISION, GANG OF FOUR u.a

Čarodej OZ (zu deutsch »Zauberer von Oz«) war wie viele Künstlerkollegen in West und Ost in den 1980er-Jahren fasziniert von der Verbindung verschiedener Disziplinen und Grenzgängen zwischen den Medien. So hat er als Zauberer und unter anderen Künstlernamen wie Blumfeld S. M., Homeless & Hungry, Řehoř Samsa u. a. Musik, Text und Bewegtbild produziert und verwoben. *1984* ist Čarodej OZs filmische Verdichtung von Orwells »Roman-Fétiche«. In schwarzweißen Super-8-Bildern von Prager Plattenbauten und dem Strahov Stadion, mit Big Brother als handgemaltem Auge symbolisiert und zu Musik von THE CURE, JOY DIVISION, GANG OF FOUR u. a., deutet Čarodej OZ die Kernpunkte des Romans an und vermittelt kongenial die Paranoia und Überwachungsangst.

Musik, vor allem der dekonstruktivistische Einsatz von Pop und Rock der 1970er und Schaffung von Bilderwelten für Post-Punk-Klänge, spielt in Čarodej OZ' gesamtem Oeuvre eine wichtige Rolle. In zwei Filmen mit PLASTIC PEOPLE OF THE UNIVERSE, *Ruka* (Die Hand, 1986) und *Z kouta do kouta, Vrátí se* (Von Ecke zur Ecke, sie kehrt zurück, 1986) bebildert Čarodej OZ aktuelle Musik der 1970er-Underground-Heroen und ironisiert sie dabei, um sich als nächste Generation der Untergrundszene klar abzusetzen. Die Filme von Čarodej OZ waren in den 1980ern auf selbst organisierten informellen Filmfestivals und Wohnzimmerscreenings in Prag und anderen Orten in der ČSSR zu sehen. Ende der 1980er widmete er sich schwerpunktmäßig dem Samizdatjournal *Vokno* (Fenster), dessen Chefredakteur er 1990 wurde. (Einige von Čarodej OZs Filme wurden auf Video transferiert und als VHS-Beigabe zu *Vokno* publiziert.) Sein Filmoeuvre wurde vom *Center for Audiovisual Studies* der Film-Uni FAMU restauriert und digitalisiert. Die Filme wurden auf Festivals wie dem internationalen Dokumentarfilmfestival in Jihlava und weiteren Vorführungen öffentlich präsentiert.

UDAVAČ

ČSSR 1987, 2:30 min, VHS, Musik: BEZ LADU A SKLADU

Ein früher Musikclip der slowakischen Post Punk-/ Ska-Band BEZ LADU A SKLADU, gedreht auf VHS. Der damals 15-jährige Frontmann (und späterer Organisator des *Pohoda*-Musikfestivals im slowakischen Trenčín sowie Träger des höchsten Zivilordens der Slowakei für seine Kulturvermittlungsverdienste) Michal Kaščak spielt die Hauptrolle (mit ska-typischem Pork-Pie-Hut und Sonnenbrille) in einem DIY-Klassenzimmer-Spionagethriller und warnt vor einem Spitzel (der Titelfigur »udavač«). Der Clip wurde seinerzeit tatsächlich beschlagnahmt.

DON'T STOP

CZ 2012, 100 min, 35 mm

Regie: Richard Řeřicha – Kamera: Martin Žiaran – Produktion: Evolution Films – Filmmusik: Roman Helcl, Michal Pajdiak

Richard Řeřicha hat sich als Regisseur von Musikclips einen Namen gemacht, als Trickkameramann von Tom Tykwers Verfilmung von *Das Parfum* und Bildgestalter bei Filmen von David Ondříček, darunter der 1990er-Jahre Kultfilm *Samotáři* (Die Einzelgänger). Für sein Spielfilmdebüt wollte Řeřicha eine Art Kultfilm über die Punkszene der 80er machen, und so ist der semi-autobiografische *Don't Stop* entstanden. Im Mittelpunkt stehen die Teenager Miki und Dejvid, die in die Fußstapfen ihrer Idole THE CLASH treten und eine eigene Band gründen: EMILE BUISSON, benannt nach dem französischen Gangster, der in den 1950er-Jahren Staatsfeind Nummer Eins war und dem Jean-Louis Trintignant ein filmisches Denkmal setzte. In einer quasi-besetzten Garage leben und musizieren sie als Kollektiv und schaffen sich einen Freiraum außerhalb familiärer und gesellschaftlicher Zwänge. Am Ende sind es keine staatlichen Repressalien (die hier eher als absurdes Comic-Relief auftreten), sondern Konflikte untereinander über Drogenkonsum, Frauen und unterschiedliche Zielsetzungen, an denen EMILE BUISSON scheitern. Nach einem bitteren Streit treffen sich Miki und Dejvid zu Silvester 1983 wieder, auch THE CLASH sind inzwischen Geschichte ... (wenn man den Rauswurf von Mick Jones als Endpunkt definiert und die klägliche Boygroup um Strummer und Simonon bei der letzten Albumzuckung *Cut the Crap* verdrängt). *Don't Stop* vernachlässigt Eigenheiten von tschecho-

slowakischem Punk und New Wave zugunsten einer universell verständlichen und exportfähigen Coming-of-Age-Geschichte (der Film lief in Karlovy Vary und auf anderen internationalen Festivals), ist aber dennoch als erste fiktionale Darstellung einer Punkszene, die außerdem als weitestgehend losgelöst von dem sonst übermächtigen 1970er-Jahre-Underground um PLASTIC PEOPLE OF THE UNIVERSE gezeigt wird, zumindest diskussionswürdig.

VINYL GENERATION

CZ/USA 2016, 76 min, Digital

Regie: Keith Jones – Kamera: Gary Keith Griffin – Musik: ENERGIE G, DYBBUK, GARAŽ, Lou Reed, Frank Zappa

Der US-Regisseur Keith Jones (*Punk in Africa*) lebt seit Jahren in Prag und hat mit *Vinyl Generation* einen ersten umfassenden englischsprachigen Rückblick auf Post-Punk- und Avantrockszenen der ČSSR unternommen. Für »Westsozialisierte« ist der Film eine kompakte, wenngleich oberflächliche Einführung in den soziokulturellen und politischen Kontext. Die als »Normalisierung« bezeichnete bleierne Zeit zwischen Einmarsch der Warschauer-Pakt-Truppen 1968 und der Samtenen Revolution 1989 wird abgehandelt mit Archivaufnahmen von sowjetischen Panzern und Massenformationen von Turnerinnen bei der Spartakiade von 1980, eine etwas plumpe visuelle Äquivalenz zu den Erinnerungen im Off von Kunsthistoriker Otto M. Urban über seinen Wunsch, aus der erstickenden Konformität auszubrechen. Ansonsten wartet der Film auf mit rohen Schwarzweißaufnahmen der Punkband ENERGIE G, Ausschnitten aus *Hudba 85* (mit DYBBUK und GARAŽ) sowie Post-Revolutionsauftritten von den Idolen der früheren ČSSR-Underground-Generation, Lou Reed und Frank Zappa. Der Film ist nicht stringent strukturiert und vermittelt nicht wirklich adäquat, was die Szene umgetrieben hat. Aber *Vinyl Generation* versucht zumindest ansatzweise, einen Bogen zur Gegenwart und vor allem zu visuellen Künsten zu schlagen (was dem Film gelingt), westliche Undergroundikonen wie Lydia Lunch und Patti Smith einzubinden und die aktuelle repressive Situation in Russland zu beleuchten (was als hingeworfener Verweis verpufft).

TAKOVEJ BAREVNEJ VOCAS LETÍCÍ KOMETY (DER BUNTE SCHWEIF EINES FLIEGENDEN KOMETEN)

CZ 2015, 100 min, Digital

Regie: Václav Kučera – Kamera: Diviš Marek – Musik: PSÍ VOJÁCI

Als Titelmusik von *Vinyl Generation* ist eine Ballade mit zerbrechlichem Klavier und verzweifeltem Gesang zu hören: »Žiletky« (Rasierklingen) von PSÍ VOJÁCI (Hundesoldaten). Komponist, Texter und Sänger dieses Songs, einer melancholischen Wendehymne, ist der 2013 verstorbene Band-Frontmann Filip Topol, Protagonist des dokumentarischen Porträts *Takovej barevnej vocas letící komety*. Eine Fülle von bisher unveröffentlichtem Material – Texte, Fotos und Interviewaufnahmen von Filip Topol – wird mit ungewöhnlich distanzierten Erinnerungen seines Bruders, des renommierten Schriftstellers Jáchym Topol, sowie Statements von Filips letzter Partnerin Sylvie und anderen Freunden und Weggenossen verwoben. Was bleibt, ist allerdings das unbefriedigende Gefühl, der schillernden und für viele so bedeutenden Figur Topol doch nicht näher gekommen zu sein (selbst nicht bei den Passagen über seine Krankheit, die schmerzhaft, fast voyeuristisch erscheinen). Aber vielleicht will der Film eben vermitteln, dass Topol nur als kometenhafte Erscheinung greifbar war.

UNGARN

TRABANTOMANIA

Ungarn 1982, 11 min, experimenteller Kurzfilm

Regie, Buch, Kamera, Schnitt: János Vetö – Musik: TRABANT – Mit János Vetö, Péter Janesch, Lóránt Méhes, György Kozma, János Xantus, Árpad Hajnóczy – Produktion: *Béla-Balázs*-Studio, Budapest

Von TRABANT stammt möglicherweise die traurigste Musik des gesamten Ostblocks. TRABANT war dabei eine Band mit fluiden Grenzen, nach allen Seiten offen. Sie vereinte in sich Schnittmengen verschiedener anderer Gruppen und Aktivitäten, nicht nur musikalischer. János Vetös Kurzfilm macht dieses anarchistische Verfahren unmittelbar nachvollziehbar. Wir sehen TRABANT bei Proben in einer Budapester Wohnung, sowie Beispiele für die vielfältigen künstlerischen und multimedialen Unternehmungen ihrer Mitglieder. So wird man Zeuge bei der Herstellung von Samizdat-Kunst, erlebt den Umgang der Künstler untereinander, ahnt etwas von der Party-, Alltags- und Arbeitskultur im vergleichsweise liberalen Ungarn, erlebt schließlich die Musiker bei einer Session. Zwischen diese dokumentarischen Aufnahmen ist Found-Footage-Material, unter anderen von Tierdressuren, Maschinenhallen und von der Mondlandung montiert. János Vetö, 1953 in Budapest geboren, wurde zunächst als Fotograf bekannt, vor allem als Begleiter und Dokumentarist der berühmten Performances von Tibor Hajas (1946–1980). Parallel dazu arbeitete er mit Lóránt Méhes (dem Vater von Marietta) im Künstler-Duo Zuzu-Vetö und spielte in mehreren Bands.

KUTYA ÉJI DALA (NACHTLIED DES HUNDES / DOG'S NIGHTSONG)

Ungarn 1983, 145 min, 35mm, Spielfilm

R: Gábor Bódy – K: Johanna Heer – Musik: VÁGTÁZÓ HALOTTKÉMEK, A. E. BIZOTTSÁG, PALAIS SCHAUMBURG, Georg Friedrich Händel, Giuseppe Verdi – Mit Gábor Bódy, András Fekete, János Derzsi, Marietta Méhes, Zsolt Gubala, Attila Grandpierre, Gáspár Ferdinándy, Oliver Hirschbiegel, Frigyes Hollósi, Gabriella Seres, József Sótonyi, Árpád Szirmai, András Wahorn, Vera Baksa-Soós – Produktion: *Mafilm Budapest, Társulás Studió Budapest*

Mitten in der nächtlichen Landschaft steigen zwei Passagiere aus einem Überlandbus: ein Pfarrer, der im Begriff ist, sein neues Amt in der Gemeinde anzutreten, und ein junger, in der Nähe des Ortes im Observatorium arbeitender Astrophysiker. Wenige Schritte entfernt von der Haltestelle finden die beiden einen Mann im Straßengraben, der gerade versucht hat, sich das Leben zu nehmen. Seit 1956 während des Volksaufstandes auf ihn geschossen wurde, sitzt der kommunistische Veteran im Rollstuhl – dieses Daseins ist er nun endgültig überdrüssig, vehement wehrt er sich dagegen, gerettet zu werden. Nach dem Amtsantritt des Pfarrers ändern sich viele Dinge im Dorf. Er schließt mit dem Rollstuhlfahrer Freundschaft, gibt auch einer jungen, lungenkranken

Frau neue Lebenshoffnung. Die frustrierte Ehefrau eines Offiziers verlässt ihren Mann und bricht nach Budapest auf, um in einer Punkband zu singen. Ihr zurückgelassener Sohn verbringt viele Stunden mit dem Astronomen. Von einem deutschen Touristen bekommt das Kind eine Super-8-Kamera geschenkt und filmt damit seine Erlebnisse. Bald gibt es Gerüchte, dass der Pfarrer ein Hochstapler sein könnte. Die Polizei nimmt Ermittlungen auf, der Rollstuhlfahrer und die lungenkranke Frau sterben, der Pfarrer flieht. *Kutya éji dala* verkörpert nicht mehr und nicht weniger als ein Schlüsselwerk für die Symbiose von Punk, Kunst und Autorenfilm, im gesamten Ostblock ohne Vergleich. Gábor Bódys letzte Arbeit ist ein polyphones Epos, dessen Komplexität mit der bloßen Nacherzählung seines Inhalts nicht wiedergegeben werden kann. Der Film erzählt mehrere Geschichten gleichzeitig. Mal folgt er der einen, dann einer anderen Linie, verharrt kurz, wo sie sich kreuzen und verzweigen, um gleich wieder eine neue, unerwartete Richtung einzuschlagen. Es gibt zwar einen Krimi- und einen Eifersuchtsplot, doch sie entwickeln sich fast beiläufig, ohne unsere ungeteilte Aufmerksamkeit einzufordern. Eine solche narrative Handlung »verliert ihren Herrschaftsanspruch« (Dietrich Kuhlbrodt). Unscheinbare Details treten plötzlich in den Vordergrund. Die Kamera verweilt lange auf ausgezirkelten Tableaus. Konzertmitschnitte der Avantgarde-Punkbands A. E. BIZOTTSÁG (Albert Einstein Komitee) und VÁGTÁZÓ HALOTTKÉMEK (Die rasenden Leichenbeschauer) nehmen breiten Raum ein. *Kutya éji dala* ist ein Film extrem wechselnder Tempi, sich permanent ausdehnend und zusammenziehend, zwischen mikro- und makrokosmischen Strukturen pendelnd. Er ist vor allem eine Meditation über die »Geworfenheit des Menschen«. Der Hund fällt in den Klagegesang seiner Artgenossen ein und bellt den Vollmond an. Dennoch bleibt er einsam. Die Figuren in Bódys Film suchen nach einer tieferen Bestimmung jenseits ihres menschlichen Daseins. Und zuletzt kreisen sie doch nur um sich selbst. Im Film ist viel von Liebe die Rede, sie kommt aber nur als Leerstelle vor: in den zynischen Texten der Rockbands, in den Eifersuchtsattacken des Offiziers oder in den seelsorgerischen Gesprächen des falschen Pfarrers. Sein Aufenthalt im Dorf ist nur eine Etappe einer paradigmatischen Flucht ohne Anfang und Ende. Der Film wurde zum künstlerischen Testament Gábor Bódys, der sich im Oktober 1985 das Leben nahm. Sein letzter Spielfilm ist weit mehr als ein Dokument der allgemeinen Entropie oder der Verfasstheit eines Landes und seiner Menschen im Umbruch zwischen Tradition und (Post-)Moderne, zwischen Plan- und

A. E. BIZOTTSÁG 1982, Foto Attila Pácser, Archiv Artpool Art Research Center

Marktwirtschaft. Wesentliche ästhetische und autobiografische Themen von Bódys Schaffen laufen in diesem Werk zusammen. Seine systematischen Untersuchungen der Wechselbeziehungen verschiedener visueller Medien gipfeln im assoziativen Nebeneinander von Video-, Super-8- und 35-mm-Format. Sie schaffen differenzierte atmosphärische Ebenen. Ausgehend vom technisch hochwertigen Kinoformat als Matrix der Spielhandlung, legen sich die »schmutzigen« Formate als Folien über den Film. Sie schaffen so ein vielschichtiges Pasticcio von Wahrnehmungen, die sich wechselseitig verstärken oder auslöschen, in jedem Fall aber in Frage stellen. Wie etwas abgebildet wird, erscheint letztlich nur als Folge wechselnder Perspektiven. Widerspruch und Spekulation sind diesem System immanent. Dazu passt auch die Rolle, die sich Gábor Bódy selbst in diesem Film gegeben hat: er spielt den falschen Pfarrer, der sich in ein Doppelleben hineinmanövriert hat, aus dem es keinen Ausweg gibt.

JÉGKRÉMBALETT (ICE CREAM BALLET / EISCREME-BALLETT)

Ungarn 1984, 73 Minuten, 16mm, Spielfilm

Regie, Buch: András Wahorn – Kamera: Gábor Dobos, Béla Ferenczy, Barna Mihók – Musik: A. E. BIZOTTSÁG – Mit András Wahorn, László feLugossy, Béla Dorozsmai, István ef Zámbó, István Fogarasi, János »Dixi« Gémes, Ágnes Kamondy, Victor Máté, Rodolfo, Teri Losonczi, Erzsébet Kukta, Béla Dorozsmai – Produktion: *BBS*

Bizarres Musical aus der Endphase des Gulaschkommunismus: In seinem ersten und einzigen Spielfilm reizte András Wahorn, Mastermind der legendären Konzept-Band A. E. BIZOTTSÁG, die Grenzen der Zensur maximal aus. Dennoch wurde der Film nicht verboten. Ergebnis ist einer der merkwürdigsten offiziell produzierten Filme, die wohl je in einem Land des Ostblocks gedreht worden sind. Es gibt auch eine Handlung ... wenn diese auch sehr schwer nachzuerzählen ist. Mitten auf der Ringstraße liegen ein Mann (László feLugossy) und seine Frau im Bett, umgeben vom Budapester Alltagsverkehr. Irgendwann steht die Frau auf und verliert sich, auf Schlittschuhen unsicher staksend, im Großstadtverkehr. Später folgen mittelalterliche Ritterkämpfe und andere historische Szenen, überall liegen Leichen herum. Daran schließt eine Champagner-Party im Stil des 19. Jahrhunderts an. Und immer wieder tauchen Leute mit Schlittschuhen auf. Zuletzt strömen aus allen Richtungen diese Schlittschuhträger zusammen, um zu versuchen, auf Speiseeis Schlittschuh zu laufen. Am Ende des Films wissen wir immerhin, dass das nicht funktioniert. Das *Béla-Balázs*-Archiv vermerkt in seinem Katalog lapidar: »Der Film ist eine lose Sammlung von Kurzgeschichten, unterlegt mit der Musik von BIZOTTSÁG.« Der Soundtrack des Films galt in der DDR als Geheimtipp, da dieser als LP auf dem *Start*-Label erschienen ist und auch im Ost-Berliner *Haus der ungarischen Kultur* zu erwerben war.

ESZKIMÓ ASSZONY FÁZIK (DIE ESKIMOFRAU FRIERT / THE ESKIMO GIRL FREEZES)

Ungarn 1984, 115 min, 35mm, Spielfilm

Regie: János Xantus – Kamera: András Matkócsik – Musik: Gábor Lukin (TRABANT), János Másik (EURÓPA KIADÓ), Mihály Vig (BALATON, TRABANT) – Mit Andor Lukáts (János), Boguslaw Linda (Laci), Marietta Méhes (Mari), Kati Lázár (Maris Freundin), László Földes (Hobo), Mihály Vig – Produktion: *Dialóg Filmstúdió Budapest*

Dic »Eskimofrau« Mari verbirgt hinter ihrem scheinbar naiven Wesen eiskalte Be-

rechnung. Für den hochbegabten Konzertpianisten und Komponisten Laci wird die Begegnung mit ihr zum Verhängnis. Mari lässt ihn glauben, dass ihre gemeinsame Liebe eine Zukunft hat, hält aber gleichzeitig an ihrem Mann fest, einem sentimentalen und taubstummen Zooangestellten. Es entfaltet sich eine immer unentwirrbarer werdende Dreiecksgeschichte, die (typisch ungarisch) nur in einer Katastrophe enden kann. In der Titelrolle besticht Marietta Méhes, die auch als Sängerin bei TRABANT von sich reden machte, sowie in mehreren Filmen als Darstellerin zu bewundern war. Dieser Spielfilm ist kein wirklicher Punkfilm, gehört aber dennoch in diesen Kontext, da viele wichtige Akteure der Szene an seiner Entstehung mitgewirkt haben. Neben Marietta Méhes waren dies vor allem die drei für den Soundtrack verantwortlichen Musiker. János Másik spielte unter anderem bei EURÓPA KIADÓ, Gábor Lukin gehörte ebenso wie Mihály Vig zu TRABANT, die im Film auch zu sehen sind und deren (extrem rare) Soundtrack-7" ihr leider einziger Tonträger wurde. Mihály Vig war u. a. auch bei BALATON aktiv (und wurde später zum Komponisten für sämtliche Filme von Béla Tarr). János Xantus (1953–2012) war in den 1980ern fest in der Subkultur verankert, er wirkte aber auch in der etablierten ungarischen Kultur u. a. als Schauspieler, Film- und Theaterregisseur und arbeitete zum Beispiel mit István Szabó oder Gábor Presser zusammen.

SÖN ES GROSZ (SCHÖN UND GROSS / NICE AND BIG)

Ungarn 1985, 85 min, S-8/16mm, Spielfilm
Regie, Buch, Kamera, Produktion: Miklós Ács – Musik: KONTROLL CSOPORT – Mit Miklós Ács, Andrea Rinyu

Der Titel spielt mit den deutschen Worten »schön« und »groß«, die in Lautschrift übertragen wurden und so für den ungarischen Leser natürlich völlig unverständlich werden. Damit formuliert sich ein dadaistischer Ansatz, der mit der absurden Handlung teilweise auch eingelöst wird. Ein junges Paar lebt auf dem Dach eines Hochhauses, teils aus Mangel an anderem Wohnraum, teils aus Verweigerung gegenüber einer Integration im »richtigen Leben«. Das Domizil ist eine Art Baracke, es gibt weder Strom noch Wasser, auch das Verrichten der Notdurft wird zum täglichen Problem. Die anfängliche Euphorie schwindet mehr und mehr; irgendwie findet die verhasste Normalität dann doch Einzug. Der Regisseur, ein filmischer Autodidakt, spielt mit seiner Freundin selbst die Hauptrolle. Ihm gelingen wundervolle, parabelhafte Szenen, in denen das Auseinanderdriften von Innen und Außen, Intimität und Entfremdung, Individuum und Gesellschaft lakonisch eingefangen werden. Das provisorische Super-8-Format liefert dafür die perfekte ästhetische Gestalt und schafft ein tolles D.I.Y.-Dokument. In diesem Sinne ist der Film mehr vom Gestus her Punk als von seiner Handlung. Musikalisch prägen KONTROLL CSOPORT (in den Credits »Controll Band« genannt) und damit die prägnante Stimme von Ágnes Bárdos-Deák den Soundtrack. Zunächst war *Sön es Grosz* nur einigen ungarischen Insidern bekannt und wurde von diesen eher mit Skepsis aufgenommen. So konstatierte *Népszabadság* am 18. April 1986, dass »einige Handlungen, Situationen und Texte abstoßend« seien. Später entdeckte Hubert Bals, der legendäre Direktor des *Rotterdam Film Festivals*, das Werk, begeisterte sich und veranlasste eine Umkopierung von Super-8 auf 16mm. Dadurch konnte der Film 1988 noch eine kleine Festivalkarriere absolvieren und wurde für die Nachwelt gerettet.

ÉHES INGOVÁNY (HUNGRY SWAMP / HUNGRIGER SUMPF)

Ungarn 1989, 88 min, Super-8/VHS, Spielfilm
Regie, Buch, Kamera: Miklós Ács – Kamera: Andrea Rinyu, Kriszta Ványa, László Kósa, András Szőke, László Reich, András Bánfalvi – Musik: DEAD KENNEDYS, CRASS, QSS, KISANGYAL, U.K.SUBS, CSAJKOVSZKIJ, THE EXPLOITED, MARINA REVUE, MOSOI, TIZEDES ÉS A TÖBBIEK – Mit Juli Sándor, Andrea Rinyu, Aranka Pethő, Andi Karácsony, Krisztina Gyebnár, Erika Ében, Zsuzsa Németh, Adrienn Irányi, András Dina – Produktion: Miklós Ács, *BBS*
Nach der Vorführung von *Éhes Ingovány* auf der 21. *Ungarischen Filmschau* 1989 jubelte Derek Elley im *International Film Guide*: »Nur ein Film spiegelte wahrhaftig die Konfusion im gegenwärtigen Ungarn wider – *Hungry Swamp* von Miklós Ács. Eine wilde, zornige Collage auf Film und Video, voller Rockmusik, Gewalt und expliziten Geschlechtsteilen.« Durch den internationalen Achtungserfolg von *Sön es Grosz* hatte sich der damals 30-jährige Regisseur in der Lage gesehen, einen »offiziellen« Film für das *Béla-Balázs*-Studio in Budapest zu drehen. Er griff dabei teilweise auf das bewährte Super-8-Format zurück, experimentierte aber vor allem mit Video. Diesmal wurde die Handlung noch mehr reduziert. Irgendwie geht es um Sex und Gewalt ... die eher angedeutete Handlung dient hauptsächlich als Matrix für die vielen musikalischen Punk-Einspielungen. Neben lokalen ungarischen Hardcore-Bands wie TIZEDES ÉS A TÖBBIEK (Der Korporal und die anderen) oder MARINA REVUE sind auch internationale Größen wie die DEAD KENNEDYS und die U.K. SUBS zu hören. Dies führte leider dazu, dass der Film heute nicht mehr gesendet oder auf DVD vertrieben werden kann – denn selbstverständlich wurden keine Aufführungsrechte eingeholt.

EAST PUNK MEMORIES

Frankreich / Ungarn 2014, 78 min, Dokumentarfilm
Regie: Lucile Chaufour – Kamera: Bernhard Braunstein, Lucile Chaufour – Musik: AURORA, BANDANAS, CPG, ETA, QSS, KRETENS – Mit Balazs Kelemen, Miklos Toth, Imre Mozsik, Attila Marton, Zoltan Gyorgy Papp, Tamas Vanyi, Tamas Rupaszov, Attila Horvath, Jozsef Erds, Dezs Vojtko, Ildiko Asztalos, Tunde Torjek
Diese Dokumentation gibt endlich jenen ungarischen Punks eine Stimme, die keine LPs produzieren, nicht in Spielfilmen mitwirken und auch keine Konzerte im Westen geben konnten. »Du bist nur ein Straßenkind, du wirst niemals Parteisekretär werden!«, heißt es im Film programmatisch – eine scheinbar simple Aussage, die freilich für andere, mit der Hochkultur kokettierende Bands nicht ganz so klar zu treffen war.

Die französische Filmemacherin Lucile Chaufour hatte als junge Frau in den frühen 1980ern mehrfach Budapest besucht und war sofort begeistert von der dortigen, vitalen Punk-Szene. In privaten Räumen machte sie mit ihrer Super-8-Kamera und mit einem Kassettenrekorder extra für sie arrangierte Konzert-Aufnahmen, aus denen 1983 der Underground-Kurzfilm *T34 – Le Râle Des Genets* wurde. Zwanzig Jahre später kehrte sie zurück und traf die damaligen Helden wieder. Aus der Montage von damals und heute ergibt sich ein faszinierendes Zeitbild.

UDSSR

ЙЯ-ХХА! / JA-HHA!

UdSSR 1986, 22 min, Kurzfilm

Regie: Raschid Nugmanow – Kamera: Alexej Michailow – Musik: ALISA, ZOOPARK, KINO – Mit Viktor Zoi, Boris Grebenschtschikow, Mike Naumenko, Georgi Gurjanow, Konstantin Kintschew – Produktion: *Allrussisches Staatliches Institut für Kinematografie Moskau* (WGIK)

Dieser atmosphärisch dichte und technisch teils bewusst »schmutzig« gedrehte Kurzfilm von Raschid Nugmanow (*Igla*) erinnert an die berühmten 16-mm-Filme von Amos Poe, die dieser Ende der 1970er in New York gedreht hat. Was für Manhattan das *CBGB* war, ist zehn Jahre später für Leningrad das ehemalige Kesselhaus *Kamtschatka* – der wichtigste Rock-Club der UdSSR. An der Filmhochschule WGIK Moskau unter starkem zeitlichen und materiellen Druck entstanden, wurde *Ja-hha!* zum wirklich allerersten, halboffiziellen Filmdokument aus dem musikalischen Underground der Sowjetunion. Zu sehen sind sowohl wichtige Bands auf der Bühne, als auch einzelne Musiker in kleinen improvisierten Spielszenen. Der Wert des Films besteht nicht nur in dieser Pionierleistung, sondern vor allem in seiner Authentizität. Nugmanow war eben kein etablierter Regisseur wie Sergei Solowjow (*Assa*), der geschickt auf den dahinjagenden Zug der Jugendkultur aufsprang; Nugmanow war selbst Teil der Kultur, die er nun im Film widerspiegelte. Sein wilder, roher Kurzfilm ebnete ihm den Weg zum professionellen Spielfilm; schon ein Jahr später konnte er den fulminanten *Igla* realisieren.

VAI VIEGLI BUT JAUNAM? / ЛЕГКО ЛИ БЫТЬ МОЛОДЫМ? / LEGKO LI BYT MOLODYM? (IST ES LEICHT, JUNG ZU SEIN? / IS IT EASY TO BE YOUNG?)

UdSSR (Litauen) 1986, 80 Minuten, Dokumentarfilm

Regie: Juris Podnieks – Kamera: Kalvis Zalmancis – Musik: Mārtiņš Brauns – Produktion: *Kinostudio Riga*

Galt *Ja-hha!* bei seiner Fertigstellung noch als ein Geheimtipp, der nur wenigen Eingeweihten zugänglich war, so kann die Breitenwirkung von *Ist es leicht, jung zu sein?* gar nicht hoch genug eingeschätzt werden. Dieser Film erreichte in wenigen Monaten die heute unvorstellbare Zahl von 28 Millionen Zuschauern. Nach einem Open-Air-Konzert der litauischen Band PĒRKONS in der Kleinstadt Ogre im Frühjahr 1985 zerlegten heimreisende Jugendliche einen Vorortzug in seine Einzelteile. Sie wurden festgenommen und in einem öffentlich erhitzt begleiteten Prozess zu hohen Strafen verurteilt. Ausgehend von diesen Ereignissen geht der Film der Frage nach, ob die

Repräsentanten dieses Staates namens Sowjetunion überhaupt noch wissen, wie die nachrückenden Generationen denken und fühlen. Regisseur Juris Podnieks leistete, was die Institutionen verweigerten: den Dialog. Er sprach mit Jugendlichen verschiedener Herkunft und Bildung, mit jungen Müttern, Studenten, einstigen Wehrdienstpflichtigen und Hare-Krishna-Anhängern. Ihre spontanen und bestürzend offenen Aussagen zeigen ein hohes Maß an Verunsicherung, aber auch den Willen, sich nichts mehr gefallen zu lassen. Der sinnlose Afghanistankrieg, die Katastrophe von Tschernobyl, die Isolation durch die fortgesetzte bipolare Weltpolitik und vor allem die allgegenwärtige Doppelmoral der Herrschenden erzeugen ein massives No-Future-Gefühl. Auch wenn die Musik von PĒRKONS vielleicht nicht immer nach Punk klingen mag ...

ACCA / ASSA (ASSA)

UdSSR 1987, 148 min, Spielfilm
Regie: Sergei Solowjow – Kamera: Pawel Lebeschew – Musik: Boris Grebenschtschikow, KINO, AQUARIUM, BRAVO, Wesjolye Rebjata, Sojus Kompositorow – Texte aus dem Off: Nathan Eidelman – Mit Sergej »Afrika« Bugajew, Tatjana Drubitsch, Stanislaw Goworuchin, Dimitri Schumilow, Alexander Baschirow, Anatoli Sliwinkow, Victor Zoi – Produktion: *Mosfilm Moskau*

Winter 1980 im Kurort Jalta, auf der Halbinsel Krim: ein reicher Ganove im mittleren Alter verliebt sich im Krankenhaus in die junge Krankenschwester Alika. Diese ist aber mehr dem rebellischen Künstler Bananan zugetan und weckt dadurch die Eifersucht des älteren Mannes. Es entspinnt sich eine komplexe Handlung zwischen Liebesfilm, Gesellschaftssatire und Krimi. Daneben gibt es historische Szenen aus dem beginnenden 19. Jahrhundert. *Assa* ist ein Schlüsselwerk der Perestroika, das in den Kinos der DDR nicht gezeigt wurde. Hinter der teilweise verwirrenden und mitunter auch etwas langwierigen Handlung verbirgt sich eine klar herauslesbare Parabel: die des ewigen Ringens zwischen dem Alten und dem Neuen, dem Etablierten und Umstürzlerischen. Nicht zufällig bilden die jungen Leute im Film das Kraftzentrum. Wenn zuletzt Victor Zoi die Bühne des Ballsaals erklimmt und mit der Band KINO seinen Hit »Chotschu Peremen!« (Ich möchte den Wandel!) anstimmt, weitet sich das enge Etablissement zur Arena, und tausende Jugendliche singen mit. Regisseur Sergei Solowjow schien weder vorher noch nachher besonders an der künstlerischen Subkultur interessiert; aber mit *Assa* war er zum richtigen Zeitpunkt an der richtigen Stelle. Sein Kunstgriff bestand unter anderem darin, dass er der Musik eine Hauptrolle zukommen ließ: treibende Sounds, die gerade ungemein populär zu werden begannen, aber bislang offiziell kaum zu hören (und zu sehen) waren. Die Musik von KINO, AKWARIUM oder BRAVO waren ganz sicher kein Punk im westlichen Sinne, lösten aber in der Sowjetunion vergleichbare Eruptionen aus und vermitteln bis heute authentische Energie und Originalität. Neben den Musikern, die quasi sich selbst spielen, gibt es weitere Undergroundkünstler, vor allem aus der Leningrader Szene, die ihre Kreativität direkt oder indirekt in den Film einspeisten. In der Hauptrolle ist Sergej Bugajew zu sehen, der unter dem Pseudonym »Afrika« zu den wichtigsten frühen sowjetischen Performance-Künstlern zählte und später den russischen Pavillon auf der Biennale in Venedig bespielte. In den Film eingebettet sind auch einige Passagen aus Jewgeni Kondratjews berühmten Super-8-Film *Nainainana* (1984).

РОК / ROK (ROCK)

UdSSR 1987, 90 min, Dokumentarfilm

Regie: Alexei Utschitel – Buch: Juri Filonow – Kamera: Dimitri Mass – Musik: Boris Grebenschtschikow, Anton Adasinski, Viktor Zoi, Oleg Garkuscha – Mit AKWARIUM, AVIA, KINO, AUKTYON, DDT – Produktion: *Leningrader Dokumentarfilmstudio*

Regisseur Alexei Utschitel stammt von der Leningrader Dokumentarfilmschule, war zum Zeitpunkt der Dreharbeiten immerhin schon Mitte 30. Er kannte sich in der Szene aber wesentlich besser aus als beispielsweise Solowjow. Sein abendfüllender Dokumentarfilm mit eingeschnittenen, zusammenhangslosen Spielfilmszenen greift die Methode von Nugmanows *Ja-hha!* erfolgreich auf, spannt das musikalische Spektrum aber wesentlich weiter und arbeitet im professionellen 35mm-Format. Er hat damit eine immens wichtige Chronik eines im Umbruch befindlichen Landes erstellt und Jugendkultur als treibenden Faktor dieses Wandels erfasst. Es gibt in diesem Film traumhaft schöne und absurde Szenen, etwa wenn die Leningrader Band AUKTYON um Leonid Fjodorow (Gitarre) und Oleg Garkuscha (Gesang) vor der versammelten Belegschaft einer Fabrik ihr Stück »Kolpak« (Kappe) zum Besten gibt. Die »Herrschende Klasse« in Arbeitskluft sieht dem enthemmten, theatralischen Treiben auf der Bühne mit einer einzigartigen Mischung aus Faszination und Befremden zu.

ИГЛА / IGLA (DIE NADEL / THE NEEDLE)

UdSSR 1988, 82 min, Spielfilm

Regie: Raschid Nugmanow – Kamera: Murat Nugmanow – Musik: Viktor Zoi, KINO – Mit Viktor Zoi, Marina Smirnowa, Pjotr Mamonow, Alexander Baschirow, Archimed Iskakow, Gennadi Ljui, Rachimdschan Abdykadyrow – Produktion: *Kasachfilm Studio*, Alma-Ata

Nach einem längeren Aufenthalt in Moskau reist der aus Kasachstan stammende Student Moro erstmals wieder in seine Heimatstadt Alma-Ata (heute: Almaty). Dort angekommen, muss er feststellen, dass sich viele Dinge verändert haben – und das nicht zum Guten. Seine frühere, enge Freundin Dina scheint unter dem Einfluss von Kräften zu stehen, die sich seinem Zugriff entziehen. Bald erkennt Moro, dass Dina zum Junkie geworden ist. Sie wird von einem kalt berechnenden Arzt in verhängnisvoller Abhängigkeit gehalten. Moro entführt seine Freundin und unterzieht sie in den wüstenähnlichen Uferzonen des bereits zur Hälfte ausgetrockneten Aralsees einer Entgiftung. In Alma-Ata nimmt er den Kampf gegen die Drogenmafia auf. Nach anfänglichen Erfolgen ist er der weit verzweigten Übermacht der mafiösen Strukturen aber zunehmend weniger gewachsen. Moros Aufbegehren endet in einem heldenhaften, doch sehr ungleichen Showdown. *Igla* ist eines der kraftvollsten und originellsten filmischen Zeugnisse der Perestroika. Eigentlich für einen anderen Regisseur vorgesehen, wurde das Projekt kurzfristig Raschid Nugmanow übertragen. Er stand an der Moskauer Filmhochschule kurz vor dem Abschluss und hatte schon mit dem Kurzfilm *Ja-hha!* für Aufmerksamkeit gesorgt. Nun rekrutierte er aus dieser Szene die wichtigsten Mitwirkenden. Für die Hauptrolle des Moro konnte er den Leningrader Musiker Viktor Zoi gewinnen. Sein Gegenspieler, die Rolle des dämonischen Arztes, wurde mit Pjotr Mamonow besetzt, dem Kopf von SWUKI MU (Muh-Laute). Mit ihnen und weiteren Freunden aus der Subkultur flog Nugmanow nach Alma-Ata. Sie bürsteten das ursprünglich für einen eher konventionellen Kriminalfilm im Drogenmilieu konzipierte Drehbuch kräftig gegen den Strich, Improvisation stand im Vordergrund. Der Film irritiert durch von Hand übermalte oder zerkratzte Filmsequenzen, abrupte Schnittfolgen, an unerwarteten Stellen eingebautes akustisches und visuelles Fundmaterial oder eine dicht strukturierte, dem Bild gegenüber gleichberechtigte Tonspur. Diese Stilmittel geben dem Werk einen nervösen, doch souverän gehandhabten Collagencharakter. Was folgte, fügt sich auf fast makabre Weise in die Legendenbildung. Viktor Zoi kam, ganz in James-Dean-Manier, auf dem Höhepunkt seines Ruhmes im September 1990 bei einem Verkehrsunfall ums Leben. Pjotr Mamonow, der auch Bücher schrieb, Theater spielte, eine von Brian Eno produzierte LP veröffentlichte und mehrfach Hauptrollen für den russischen Regisseur Pavel Lungin spielte, zog sich für lange Zeit in die ländliche Einsamkeit zurück und wandte sich dem orthodoxen Glauben zu. Regisseur Raschid Nugmanow machte nach dem Zerfall der Sowjetunion in Kasachstan politische Karriere, zerrieb sich aber bald im Machtgefüge und emigrierte nach Paris. 2010 legte er unter dem Titel *Igla Remix* eine überarbeitete Fassung seines Klassikers vor.

SDOROWO I WETSCHNO. I DON'T BELIEVE IN ANARCHY (ЗДОРОВО И ВЕЧНО / GROSSARTIG UND EWIG)

CH, RUS 2015, 73 min, Dokumentarfilm
Regie: Natalija Tschumakowa – Kamera: Sid Iandowka – Musik: GRASCHDANSKAJA OBORONA, Janka

SLEDY NA SNEGU (СЛЕДЫ НА СНЕГУ/ SPUREN IM SCHNEE)

RUS 2014, 63 min, Dokumentarfilm
Regie: Wladimir Kozlow – Musik: GRASCHDANSKAJA OBORONA, KOMMUNISM, Janka u.v.a.m.

Mit dem Tod von Jegor Letow am 19. Februar 2008 ist der sibirische Punk endgültig Geschichte geworden. Zwar waren und sind noch mehrere Bands und Einzelmusiker aktiv, aber allen war klar, dass es ohne den bekanntesten Künstler nie wieder zu altem Glanz kommen würde. Für die verbliebenen Protagonisten begann die Zeit der Geschichtsschreibung: Interviews, Erinnerungen, Edition des Nachlasses. 2014 entstanden gleichzeitig zwei Dokumentarfilme zur Geschichte von Letow und seiner Band GRASCHDANSKAJA OBORONA (GrOb). *Sdorowo i wetschno,* der für den internationalen Markt den wie der russische Titel einem GrOb-Song entlehnten Zusatz *I don't believe in Anarchy* bekam, wurde von Letows Witwe Natalija Tschumakowa (geb. 1969) gedreht. Während sich auf dem Bildschirm schwarzweiße Fotos und Sowjet-Fernsehnachrichten abwechseln, erzählen die Weggefährten der ersten Stunden über die »heroische« Zeit des sibirischen Punk in der 1980er-Jahren.

Einen anderen Weg ist der russisch-weißrussische Schriftsteller und Drehbuchautor Wladimir Kozlow (geb. 1972) gegangen. In seinem Film *Sledy na snegu* stehen die Protagonisten der Szene zumeist auf der Straße und erzählen ihre jeweiligen Geschichten. Zu Wort kommen auch bisher wenig beachtete Gruppen wie FLIRT um Oleg Sursin oder KULTURNAJA REWOLUZIJA um Artur Strukow; sowie diejenigen, die selbst nicht auf der Bühne standen, aber bei der Organisation, bei Tonaufnahmen oder der Textproduktion entscheidende Rollen spielten. Einige davon hatten zu Letow ein durchaus gespanntes Verhältnis. Auffällig ist auch, dass, während Janka Djagilewa bisher als einziges weibliches Gesicht des sibirischen Punk der 1980er galt, in Kozlows Film mit der Organisatorin Gusel Nemirowa (Salawatowa) aus Tjumen oder der Moskauer Fanzine-Herausgeberin, Produzentin und Festival-Veranstalterin Natalija »Kometa« Komarowa auch andere Frauen exponiert präsent sind. Im Film wird konsequent auf eine Autorenstimme aus dem Off verzichtet, wichtige Ereignisse werden durch Texteinblendungen erläutert. Die Aufnahmen von wichtigen Auftritten und ein paar filmische Raritäten runden das Bild der sibirischen Szene ab. Kozlow hat zudem sämtliche Interviews in voller Länge auf seinem Youtube-Kanal zugänglich gemacht, woraus jemand eine Bootleg-Variante geschnitten hat, die unter *Eto bylo w Sibiri (Это было в Сибири. Гражданская оборона и Янка)* ebenfalls online zu finden ist. Zum Vergleich braucht es aber natürlich gute russische Sprachkenntnise. (EK)

SLOWENIEN

Wie in anderen jugoslawischen Teilrepubliken, ist Anfang der 1980er eine eng mit Theatermachern, bildenden Künstlern und Musikern verzahnten Videokunstszene in Slowenien entstanden. Nicht nur dokumentierten diese Werke subkulturelle Ereignisse, sie konstituierten diese sogar. Einhergehend mit dieser intermedialen künstlerischen Praxis war die Schaffung von alternativen Vertriebsstrukturen (z.B. *Forum Video*) und öffentlichen Räumen (*ŠKUC Gallery*, die sonntägliche Video-Bar im *Club Kapelica* und der *Disko FV*, die auch ein Gay-Treffpunkt war), in denen diese Kunst präsentiert und auch alternative Lebensformen erprobt wurden; die Künstler waren eng mit den sogenannten »neuen sozialen Bewegungen«, wie etwa der LGBT-Szene, verbunden.

PANKRTI: SLAVNI RAZGLAS

Slowenien 1984, 26 min, U-matic
Regie: Miha Vipotnik – Musik: PANKRTI
Miha Vipotnik ist ein Pionier der Videokunst in Slowenien. Über das slowenische Fernsehen *RTV*, für das er seit Ende der 1970er-Jahre regelmäßig arbeitete, hatte er Zugang zu den aktuellsten Bildmischern und Effektgeräten. Für die legendäre Ljubljaner Punkband PANKRTI produzierte er zu sieben (von insgesamt 12) Tracks ihres Albums *Rdeči* einen Clip. Vor allem das Video zur Coverversion des italienischen Arbeiterliedes *Bandiera rossa* sticht dabei heraus, als ein durch Solarisierungseffekte verfremdeter Performance-Clip.

SOVRAŽNIK (THE ENEMY)

Slowenien 1984, 4 min, U-matic/Computeranimation
Regie: Goran Devide – Musik: BORGHESIA
Sovražnik gilt als erster computeranimierter Musikclip Sloweniens, zu einem Instrumentaltrack der Industrial/EBM-Gruppe BORGHESIA, aus dem später der Song »A.R.« entstanden ist. Die fluoreszierend roten Linienanimationen von Quadraten, Sternen und stilisierten menschlichen Umrissen wurden in späteren Clips von BORGHESIA wie dem zu »Discipline« (1989) wiederverwendet.

NIET

Slowenien 1984, 20 min

Regie: Neven Korda, Radmila Pavlović – Musik: NIET

Kompilation von Musikclips der Punkgruppe NIET, gedreht beim *Novi Rock*-Festival 1984 sowie in den Arbeitervierteln und Straßen von Ljubljana.

TAKO MLADI (SO YOUNG)

Slowenien 1985, 31 min, U-matic

Regie: ZANK (Zemira Alajbegović, Neven Korda) – Musik: BORGHESIA

Videoalbum von BORGHESIA zu Songs der LPs *Clones* und *Ljubav Je Hladnija Od Smrti* (Love Is Colder Than Death): »Tako mladi« (So Young), »Divlja horda« (The Wild Bunch), »On« (He), »Preveč tenzije« (Too Much Tension), »Cindy«, »A. R.« und »ZMR«. Die Inszenierung transgressiver Sexualitäten im urbanen Raum prägt alle Clips, wobei die Umsetzungen von sonnendurchtränkten, hochstilisierten Anleihen bei der Mode- und Erotikfotografie bis zu viragierten, schattenreichen Schwarzweißaufnahmen der nächtlichen Stadt und mit Farbeffekten bearbeitetem Found-Footage-Material reichen. Das Regieteam ZANK gehörte bis 1989 zur Band und realisierte zahlreiche andere Videos an der Schnittstelle zwischen Dokumentation, Performance und Medienkunst.

LJUBLJANSKA HARD CORE SCENA

Slowenien 1984, 39 min, VHS

Regie: Andrej Lupinc, Radmila Pavlovič – Musik: TOŽIBABE, UBR, ODPADKI CIVILIZACIJE

TOŽIBABE

ISKANJE IZGUBLJENEGA ČASA (IN SEARCH OF LOST TIME)

Slowenien 1985, 26 min, VHS

Regie: ZANK (Zemira Alajbegović, Neven Korda) – Musik: EPIDEMIJA, III. KATEGORIJA

Zwei Kompilationen mit Clips von Ljubljaner Hardcore-Gruppen. Die erste wurde von der Galerie *ŠKUC* produziert, die zweite von *FV Video*. In beiden Videos sind die reine Frauenband TOŽIBABE und UBR, ODPADKI CIVILIZACIJE vertreten; EPIDEMIJA und III. KATEGORIJA sind in *Iskanje izgubljenega časa,* einem wilden Mix aus mit Effekten bearbeiteten Liveaufnahmen und Found Footage, zu sehen.

DEŽUJE (IT RAINS)

Slowenien 1986, 3 min, U-matic

Regie: ZANK (Zemira Alajbegović, Neven Korda) – Musik: TOŽIBABE

TOŽIBABE in ihrem bekanntesten Musikclip, inmitten von solarisierten Aufnahmen von Plattenbauten und unbefahrenen Bahngleisen agierend. An manchen Stellen verwenden ZANK geschickte Überblendungen, die zwei Bildebenen auf fast surreale Weise miteinander verbinden.

POBEDA POD SLUNCEM (VICTORY UNDER THE SUN)

Slowenien 1988, 62 min, 16mm – Regie: Goran Gajić – Musik: LAIBACH

Der erste abendfüllende Dokumentarfilm über LAIBACH, der im wesentlichen das Terrain absteckt (kollektive statt individuelle Identität, Überaffirmation, Spiel mit Symbolen, Verarbeitung der Traumata der Totalitarismen des 20. Jahrhunderts), das in späteren Filmen wie *Bravo* oder *Laibach – A Film from Slovenia* geremixed und aktualisiert wird. Filme, die LAIBACH in das Gesamtgefüge Neue Slowenische Kunst einbetten, sind der konventionell gemachte, aber informative *Predictions of Fire* (USA 1996, Michael Benson) sowie die zwei experimentellen Videos der slowenischen Philosophinnen und Videokünstlerinnen Marina Gržinić und Aina Šmid: *Transcentrala* (1993) und *Post-socialism + Retroavantgarde + Irwin* (1997). Im 21. Jahrhundert haben zwei weitere Dokumentarfilme andere Aspekte von LAIBACH untersucht. *Divided States of America* (2004) von Saso Podgorsek begleitet die Band bei ihrer USA-Tournee wenige Tage nach der Wiederwahl von George W. Bush. Wichtiger als die Liveaufnahmen sind die unterschiedlichen Reaktionen und Selbstreflektionen, die LAIBACH als Projektionsfläche bei seinen Fans hervorruft. *Liberation Day* (SI/NO/LV 2016) von Morten Traavik und Ugis Olte dokumentiert die Vorbereitungen und Durchführung von LAIBACHs geplanten zwei Konzerten in Pjöngjang als (angeblich, also nicht wirklich) erste Rockband, die je in Nordkorea aufgetreten ist. Traavik, gleichzeitig auch Initiator der Tournee, Bandmitglieder und Team kämpfen mit unzuverlässiger Technik, kurzfristiger Zensur und kulturellen Unterschieden. Bis zum Schluss bleibt es ungewiss, ob der Auftritt tatsächlich über die Bühne gehen wird. Ein Besuch Nordkoreas galt als letzter möglicher Tabubruch für die ewigen Provokateure, die inzwischen selbst zur Abschaffung ihrer Reibungsflächen beigetragen haben.

TRIUMF ŽELJE (TRIUMPH OF DESIRE)

Slowenien 1989, 62 min, U-matic

Regie: ZANK (Zemira Alajbegović, Neven Korda) – Musik: BORGHESIA

Videoalbum mit Clips zu den Songs »Document«, »G.U.M.« (Goli, Uniformirani, Mrtvi oder Naked, Uniformed, Dead), »Poppers«, »Triptych Futurists«, »No Hope No Fear«, »Discipline«, »Mud«, »She« und »Venceremos« von den LPs *No Hope, No Fear* (1987), *Escorts and Models* (1988) und *Resistance* (1990). Wie ihre Landsleute LAIBACH wurden BORGHESIA auch im Westen bekannt: durch einen Plattenvertrag mit dem belgischen Label *Play It Again Sam*, das in seiner Frühphase treibende Kraft des Genres EBM (Electronic Body Music) wurde, dem auch BORGHESIA zugeordnet wird. Im Vergleich zum früheren Videoalbum *Tako mladi* sind die Clips aufwändiger. Mehr Computeranimation kommt zum Einsatz; psychedelisch, wie bei Clips von manchen Acid-House-Tracks. Statt Straßenszenen gibt es Aufnahmen von mit Effekten nachbearbeiteten multimedialen Performances. Und bei Clips wie »Discipline« wird Found Footage, z. B. Reden von Slobodan Milošević, Chorgesänge von Jungpionieren, Aufnahmen von Panzern und Ausschnitte aus Filmen wie *Olympia* von Leni Riefenstahl eingesetzt, um gerafft die Nachkriegsgeschichte Jugoslawiens zu erzählen und den kommenden Bürgerkrieg vorwegzunehmen. Die Visuals sind slicker, aber gleichzeitig auch härter und expliziter geworden. Wer noch bei »Tako mladi« über die Sexualität der BORGHESIA-Mitglieder gerätselt hat, dürfte bei »Triumf želje« keine Fragen mehr haben.

STARO IN NOVO (OLD AND NEW)

Slowenien 1997, 66 min, U-matic

Regie: ZANK (Zemira Alajbegović, Neven Korda) – Musik: OTROCI SOCIALIZMA, O!KULT, BORGHESIA, GAST'R'BAJTR'S, VIDEOSEX, MARCUS 5, NIET, EPIDEMIJA, QUOD MASSACRE, TOŽIBABE

Aus ihrem reichhaltigen audiovisuellen Archiv haben Alajbegović und Korda einen Film über Subkulturen in Ljubljana zwischen 1982 und 1988 montiert. Liveauftritte und Clips von Bands wie OTROCI SOCIALIZMA, O!KULT, BORGHESIA, GAST'R'BAJTR'S, VIDEOSEX, MARCUS 5, NIET, EPIDEMIJA, QUOD MASSACRE, TOŽIBABE u.a. und Dancefloorszenen in den wichtigen Clubs *Disko Student* und *Disko FV* werden verwoben mit Politikerreden, Pornoausschnitten, Diskussionen mit Intellektuellen wie Slavoj Žižek, Aufnahmen der Eröffnungen der ersten Treffpunkte für Frauen und LGBT-Menschen, Audioschnipseln von *Radio Student*, Fotos und Plakaten zu einem schnellen, kurzweiligen, dichten Zeitdokument.

OUTSIDER

Slowenien 1997, 100 min, 35 mm

Regie: Andrej Košak – Musik: Šasa Lošić

Outsider spielt 1980 während der letzten Tage von Josip Broz Tito. Der Teenager Sead, Sohn einer slowenischen Mutter und eines bosnischen Vaters, zieht mit seiner Familie nach Ljubljana, weil sein Vater, ein Offizier, dorthin versetzt wird. Als »gemischtes« Kind ist Sead zunächst ein Außenseiter, bis er sich mit einer Gruppe von Punks anfreundet. Sie gründen eine Band, schreiben aufrührerische Songs wie »Anarchy All Over Slovenia« und werden wegen ihrer der Autorität verdächtigen Aktivitäten von der Polizei verfolgt. Die Filmmusik stammt von dem bosnischen Musiker Šasa Lošić, dessen Band BLUE ORCHESTRA ein Vertreter des sogenannten New Primitivism war, einer Sarajewo-spezifischen Spielart von Punk. *Outsider* war bis dato der bestbesuchte slowenische Film. Regisseur und Autor Košak ist eine authentisch wirkende Darstellung der Punksubkultur gelungen, die sich gleichzeitig mit dem drohenden Zerfall Jugoslawiens entlang ethnischer und anderer gesellschaftlicher Konfliktlinien auseinandersetzt.

GLASBA JE ČASOVNA UMETNOST, LP FILM PANKRTI – DOLGCAJT (MUSIC IS THE ART OF TIME, LP FILM PANKRTI – BOREDOM)

Slowenien 2005, 47 min, Digital

Regie: Igor Zupe – Musik: PANKRTI

Dieser Film rekonstruiert mit Archivmaterial und eigens geführten Interviews mit Bandmitgliedern und Weggenossen die Zeit zwischen dem ersten Konzert der Punkgruppe PANKRTI 1977 und den Aufnahmen ihrer ersten offiziellen LP *Dolgcajt* (Langeweile) von 1980. Die Struktur des Films orientiert sich an der Reihenfolge der Songs der Platte. *Music is the Art of Time* war als Reihe konzipiert, die LPs von wichtigen slowenischen Acts jenseits von LAIBACH vorstellen sollten. Der zweite Film, über die LP *Pljuni istini u očini* (Angst, der Wahrheit ins Auge zu sehen) der Gruppe BULDOŽER, wurde erst 2017 fertiggestellt.

KROATIEN

SRETNO DIJETE (HAPPY CHILD)

HR 2003, 97 min
Regie: Igor Mirković – Musik: AZRA, FILM, HAUSTOR, ELEKTRIČNI ORGAZAM, IDOLI, PANKRTI, PRLJAVO KAZALIŠTE
Der Regisseur Mirković hörte in seiner Jugend Ende der 1970er / Anfang der 1980er jugoslawischen Punk und New Wave, und der Film ist eine autobiografisch gefärbte Geschichte des Punks in Jugoslawien. Mirković interviewte Mitglieder von AZRA, nach deren Sänger er eigentlich fahndet, FILM und HAUSTOR aus seiner Heimatstadt Zagreb, ELEKTRIČNI ORGAZAM und IDOLI in Belgrad, PANKRTI und BULDOŽER in Ljubljana sowie jetzt im Ausland lebende Musiker wie Darko Rundek (ex-HAUSTOR, heute CARGO ORKESTAR) in Paris und Mirko Ilić in New York. Der Film ist nach einem Song der Zagreber Rockband PRLJAVO KAZALIŠTE benannt, der auf ihrer ersten LP erschienen ist.

ALBANIEN

IVI TIRANA PUNK

Albanien 2001, 45 min, Dokumentarfilm
Regie: Joni Shanaj – Musik: NICK CAVE & THE BAD SEEDS, P.I.L., EINSTÜRZENDE NEUBAUTEN, THE CRAMPS, HARMONIA & Eno
Die Geschichte des wahrscheinlich einzigen Punks in Albanien zur Zeit Enver Hodschas und danach. Eine Spurensuche, die in grauer, grobkörniger Ästhetik ein notwendigerweise unvollständiges Bild zeichnet. Ivi, geboren 1969, gestorben als Drogenabhängiger 1998, bleibt ein Phantom. War er schizophren, ein Spion? Kam er vom Mars? War er Anarchist? Oder eher der sanfteste Mensch, den man sich vorstellen kann, wie sich einer der Interviewpartner Shanajs erinnert. Das eine schließt das andere nicht aus. Shanaj fragt auf der Straße, er fragt sich durch den Freundeskreis, die Familie, Schule und Psychiatrie, um festzustellen, dass da jemand einen Eindruck hinterlassen hat. Die Gespräche sind gegen Archivaufnahmen aus dem Gleichschritt der Hodscha-Zeit geschnitten. In den Tagen Ivis hatte sich Albanien längst aus dem Warschauer Pakt verabschiedet. Die neue Zeit wird für den heiligen Narren Ivi zur nächsten Zumutung. Am Ende bewacht ein bewaffneter Uniformierter einen Schrottplatz. Als die Kamera auf Ivis Grabstein fährt, zeigt das Foto darauf einen jungen Mann, den man eher für einen Jazzmusiker oder Bibliothekar halten würde. (RM)

Diskografien

Nachschlag zur neuen Auflage, Stand Februar 2023

DDR

ANDREA'S AUSLAUF

Punk aus Suhl.

LP: *Schwarzer Humor* (*Major Label/ Truemmer Pogo/ Elbtal Records,* 2021) Reissue des Eigenrelease-Tapes von 1987. Für die LP mit gelinderter Schreibweise, ohne Apostroph.

KLICK & AUS

Berliner Art-Punk-Band mit Freiform-Momenten.

LP: *AIDS Delikat* (*Edition Tapetopia/ Play Loud!,* 2020). Auswahl-Reissue der Kassette von 1984

PARANOIA

Zusatzmaterial der Dresdener Punk-Legende, das bei der LP *1984* nicht berücksichtigt werden konnte. Darunter einige russische Songs!

7": *1984* (*Rundling,* 2020)

WUTANFALL

Leipzigs erste Punkband, raues Pogo-Material.

DLP: *81–83* (*Truemmer Pogo/ Elbtal Records,* 2019)

ROSA BETON

Punk mit Pop-Gespür und späterer Post-Punk-Tendenz.

LP: *Greatest Hits* (*Hörsturzproduktion/ Elbpower Records,* 2018), Reissue der Demo-Kassette von 1983

MC: *Demo 83* (*Edition Tapetopia/ aufnahme+wiedergabe,* 2022). Aufnahmen von 1983 plus Neueinspielungen der Songs von 2022. 2023 auch als LP

ROSA EXTRA

Frühe Berliner Art-Punk-Band mit experimentell-poetischen Texten.

LP: *Extrakte 1980–1984* (*Edition Iron Curtain Radio,* 2023), MC/online bei *Edition Tapetopia/ aufnahme+wiedergabe,* 2023

COMPILATIONS

3-LP: *Heldenstadt anders – Leipziger Underground 1981–1989* (*Truemmer Pogo/ Elbtal Records*) Leipziger Leistungsschau der 1980er mit Punk, Post Punk, Industrial, Darkwave usw. bis zu Metal-Sounds: WUTANFALL, L'ATTENTAT, H.A.U, DEFLORATION, EGACELL, DER SCHWARZE KANAL, DIE ZUCHT, NEU ROT, DELTA Z, ZORN, DIE (Z)ERBROCHENEN IGEL, NOTSTROM, KULTURWILLE, N.O.R.A. ALIAS TN, THE OVAL LANGUAGE u.v.a.m.

3-LP: *Too Much Future. Punkrock GDR 1980–1989* (*Edition Iron Curtain Radio,* 2021) Die ultimative DDR-Punk-Zusammenstellung, mit 80-seitigem Booklet! Mit SCHLEIM-KEIM, KONSTRUKTIVES LIEBESKOMMANDO, GEFAHRENZONE, NAMENLOS, SKUNKS, ROSA EXTRA, GRABNOCT, MENSCHENSCHOCK, RESTBESTAND, WUTANFALL, PLANLOS, DDR-TERRORSTAAT, ZERFALL, PARANOIA, KEIN TALENT, MÜLLSTATION, ANDREAS AUSLAUF, ERNST F. ALL, LETZTE DIAGNOSE, BETONROMANTIK, ROSA BETON, DIE FANATISCHEN FRISÖRE, VITAMIN A, VIRUS X u.v.a.m.

Die Erstauflage mit Allstars-Band EX-CERT live 2005 zur ersten »Too Much Future«-

Ausstellung, in der Zweitauflage (2023) ausgetauscht zugunsten einer Komplettierung des alten Materials, die zudem noch andere kleine Abweichungen hat.

LP: *We Are The Flowers In The Red Zone Vol. 1* (*Warsaw Pact Records/ Edition Iron Curtain Radio/ Trottel Records*, 2019)

Reissue der 1988er Kassette bei *QQRYQ Tapes* mit Punk aus der DDR, Polen und Ungarn: KEIN TALENT/NAMENLOS, WARTBURGS FÜR WALTER, ANDREA'S AUSLAUF (DDR), DEZERTER, TRYBUNA BRUDY, A.P.S.F. (Polen), DIE TROTTEL, BIZTONSÁGI TANÁCS (Ungarn)

POLEN

ABADDON

Solider schneller PRL-Punk.

LP: *Jarocin '84* (*Warsaw Pact Records*, 2019)

DEZERTER

Anarcho-Punk-Klassiker, gestartet 1982 als SS 20.

LP: *Rock Galicja '82* (*Pasażer*, 2021)

Offizielles Bootleg einer Show in Rzeszów während der legendären Rock Galicja-Tour Ende 1982, zusammen mit den Warschau-Punk-Bands TZN-XENNA und DEUTER.

LP *1986 Co Będzie Jutro?* (*Pasażer*, 2022)

Illegal zusätzlich zu den Songs für die Compilation *Fala* im Studio aufgenommene acht Songs vom Frühjahr 1986. Zugleich die letzten Aufnahmen mit dem ersten Sänger Skandal.

DEUTER

Frühe Punklegende aus Warschau.

LP: *Róbrege '84* (*Warsaw Pact Records*, 2019)

INSEKTY

Schneller, rauer Pogo-Punk.

LP: *Miejskie Rewiry 1983–85* (*Pasażer*, 2022) Reissue des *Demo 1983*, veröffentlicht 1989 als INSEKTY NA JAJACH

KARCER

Anarcho-Punk.

LP: *Demo 1985–87* (*Jimmy Jazz*, 2020)

LP: *Anarchiva* (*Jimmy Jazz*, 2022) Aufnahmen 1982–1987

KOLABORANCI

Demo der Post-Hardcore-Band aus Szczecin von 1988.

LP: *I My Kiedyś Będziemy Grać Przeboje* (*Jimmy Jazz*, 2021)

MOSKWA

Erstes Demo der Band, noch rasant schnell und brachial.

LP: *1984 Demo* (*Warsaw Pact Records*, 2018)

RED STAR

Punk.

LP: *Ranny Pacierz Towarzysza – Live 1985–1986* (*Warsaw Pact Records*, 2019)

REKRUT

Rauer Punk.

LP: *Demo '84 / Jarocin '84* (*Warsaw Pact Records*, 2021)

SIEKIERA

Brutales Frühwerk der Hardcore-Legende, die 1985 gen Coldwave mutierte.

LP: *Jarocin '84* (*Warsaw Pact Records*, 2020)

LP: *Demo Summer '84* (*Warsaw Pact Records*, 2021)

EP: *Róbrege '84* (*Warsaw Pact Records*, 2022)

STRESS

Punk.

CD: *84–95* (*Pasażer*, 2021), auf LP bei N.I.C., Dos Gatos, 2016

TILT

Früheste Studio-Aufnahmen des Warschauer Punk von 1980, die auch schon den Post Punk-Weg gen Reggae vorzeichnen.

EP: *On The Border Line* (*Warsaw Pact Records*, 2022)

TZN-XENNA

Schneller Warschau-Punk.

LP: *Róbrege '85* (*Warsaw Pact Records*, 2021)

WAŃKA WSTAŃKA

Punk mit hohem Funfaktor.

CD: *Na Żywca* (*Pasażer*, 2021) Reissue der *Polton*-Kassette von 1988

ZBOMBARDOWANA LALECZKA

Punk mit dunkler Post-Punk-Tendenz und gnadenloser Frauenstimme.

LP: *Jarocin '85* (*Warsaw Pact Records*, 2022)

COMPILATIONS

EP: *Jarocin '82* (*Warsaw Pact Records,* 2023)

Live-Aufnahmen des 82er Festival-Jahrgangs mit: KONTROLA W, BIKINI, SS20, WC

ČSSR

F. P. B.

Vielseitiger, teils experimenteller Punk aus Teplice.

LP: *Kdo Z Koho Ten Toho* (*Agentura A. M. P.,* 2019) Reissue der LP von 1991 mit verändertem Cover und neuen Begleittexten

LP: *Rockfest Live 1986* (*Papagájův Hlasatel Records,* 2021)

MICHAEL'S UNCLE

Früher Prager Hardcore.

LP: *Live Brno 1988* (*Papagájův Hlasatel Records,* 2022)

RADEGAST

Punk mit Hardcore-Tendenz.

LP: *Demos 86/89* (*Papagájův Hlasatel Records,* 2021)

TELEX

Klassischer 77er-Punk (der 80er).

LP: *Punk Radio (The Best Of)* (*Papagájův Hlasatel Records,* 2021) Reissue der CD/MC von 1996

UNGARN

A. M. D.

Hardcore.

LP: *Sucking Stalin Tour* (*Trottel Records,* 2022) Live in Wilhelmshaven, Mai 1989. Als MC und online bei *Drinking Beer in Bandanas Records.*

MARINA REVUE

Ungarns erste Hardcore-Band.

LP: *Sikoly A Mából* (*Trottel Records,* 2019) Reissue der Kassette von 1993 mit Material der Mitt-80er

TROTTEL

Post-Hardcore.

LP: *Borderline Syndroma* (*Trottel Records,* 2020) Reissue der ersten Mini-LP von 1989, die auf einer Kassette von 1988 basierte

BULGARIEN

НОВИ ЦВЕТЯ

Bulgariens erste Punkband.

LP: *Cold War Collection* (*Puke N Vomit Records,* 2019)

JUGOSLAWIEN/SERBIEN

ELEKTRIČNI ORGAZAM

Legendärer surrealer Punk, später gen New Wave und Rock.

LP: *S/T* (*Croatia Records,* 2021), Reissue der LP von 1981

IDOLI

Konzeptioneller Post-Punk/ New Wave.

LP: *Odbrana i Poslednji Dani* (*Croatia Records,* 2022), Reissue der LP von 1982

ŠARLO AKROBATA

Punk und Post-Punk mit Ska- und Dub-Einflüssen.

LP: *Bistriji Ili Tuplji Covek Biv a Kad* (*Croatia Records,* 2021), Reissue der LP von 1981

COMPILATION

LP: *Paket Aranžman* (*Croatia Records,* 2021).

Reissue der LP von 1981, Gründungsmoment der Belgrader Novi val mit ELEKTRIČNI ORGAZAM, ŠARLO AKROBATA und IDOLI

Ostpunk im Film

Eine Fortschreibung zur neuen Auflage von Natalie Gravenor

Die Welt ist heute eine andere als die von vor fünf Jahren, als die erste Auflage dieses Buchs erschienen ist. Die nachfolgenden Filme vertiefen bzw. ergänzen bereits dargestellte Topoi (z. B. der Leningrader Underground oder NSK) oder sind kürzlich wiederentdeckt worden.

UDSSR/RUSSLAND

Der Mythos um Viktor Zoi, KINO und den Leningrader Underground, dessen konstituierende Filme in der ersten Auflage ausführlich kommentiert wurden, wurde von verschiedenen retrospektiven Spiel- und Dokumentarfilmen fortgeschrieben. Die Musik von KINO fasziniert bis heute – 2020 galvanisierte die Perestroika-Hymne »Peremen« (Veränderungen) die Massenproteste gegen die auf Wahlfälschung beruhende Wiederwahl von Alexander Lukaschenko in Belarus.

ЛЕТО (LETO)/ SUMMER/SOMMER

Russland, Frankreich 2018, 128 min, Spielfilm

Regie: Kirill Serebrennikow – Kamera: Vladislav Opelyants – Musik: KINO, ZOOPARK

Das zeitweilig inhaftierte und unter Hausarrest gestellte (angeblich wegen Veruntreuung, vermutlich eher wegen Kritik an der Einschränkungen von LGBT-Rechten in Russland) Enfant Terrible des russischen Theaters und Films, Kirill Serebrennikow hat dieses post-moderne und surreale ›Biopic‹ gedreht. Im Mittelpunkt steht eine Dreiecksgeschichte um Viktor Zoi, seinem Mentor Mike Naumenko (Rockbarde und Mitglied von AKVARIUM und ZOOPARK) und seiner Frau Natascha. Direkte Zuschaueransprache, die das Gezeigte in Frage stellen und für die 1980er-Jahre stilechte Schwarzweissaufnahmen, mit bunter Strichanimation übermalt, machen den experimentierfreudigen, unangepassten Spirit der Leningrader Szene erfahrbar. Serebrennikow hat den Film unter Hausarrest fertiggestellt und beim Filmfestival Cannes einen Preis für besten Soundtrack eingeheimst - eine Würdigung derer, die sich in der Sowjetunion oder unter Putin gegen Unterdrückung aufgelehnt haben.

КРИТИК (KRITIK) /CRITIC/KRITIKER

Russland 2018, 100 min, Dokumentarfilm

Regie und Kamera: Andrei Airapetow

Porträt des russischen Musikers (zeitweilig Gitarrist der Band ZVUKI MU), Musikjournalisten, DJs, Moderators, Konzertveranstalters und Netzwerkers Artemi Troitski:

Schlüsselfigur des sowjetischen Rocks und New Wave, der den Underground gefördert und publizistisch begleitet und die ersten englischsprachigen Bücher über Rock in der UdSSR verfasst hat. Heute lebt er wegen seiner Ablehnung des Putin-Regimes in Estland. Der Dokumentarfilm präsentiert reichhaltiges Archivmaterial und Interviews verwoben mit Animation in stilechter DIY-Ästhetik. Die Dramaturgie ist eher wie ein bebilderter Lebenslauf als bewegende Lebensgeschichte, dennoch ist der Film ein wichtiger Beitrag zur russischen Rockgeschichtsschreibung. Airapetow hat 2019 einen Film über die sowjetische New-Wave-Band BRAVO und deren schillernden Frontfrau Zhanna Aguzarova fertiggestellt.

НАУХАУС (NAUHAUS)

Russland 2019, 90 min, Dokumentarfilm
Regie: Oleg Rakowitsch
Nauhaus erzählt die Geschichte der sowjetischen/russischen Art-Rock-/New-Wave-Gruppe NAUTILUS POMPILIUS. Frontmann Wjacheslaw »Slava« Butusow hat die Band als Student 1982 am Swerdlowsker Institut für Architektur (heute Ural Academy of Architecture) in Jekaterinburg gegründet. Aus der Schule ist nicht nur die Band, sondern eine ganze Kunstszene hervorgegangen. Viele Songs der Gruppe brachten das Lebensgefühl während der Perestroika zum Ausdruck. »Nau« hat ferner den Soundtrack zum im Donetsk gedrehten Sci-Fi-Film *Zerkalo dlya geroya* (*Spiegel für einen Helden*, 1987) beigesteuert sowie Songs zu dem Gangsterthriller *Brat* (*Bruder*, 1997), einem Klassiker des post-sowjetischen russischen Kinos. (Die ukrainische Folk-Punk-Band Band VV hat ebenfalls zum Soundtrack beigetragen.)

ЦОЙ (TSOI)

Russland, Lettland 2020, 98 min, Spielfilm
Regie: Alexei Utschitel – Kamera: Yuri Klimenko
Mit ROK (siehe Eintrag) hat Alexei Utschitel die wichtigen Perestroika-Ära Rock- und New-Wave-Bands dokumentiert. 1992 hat Utschitel mit *Last Hero* dem zwei Jahre zuvor verstorbenen Kino-Frontmann Viktor Zoi Tribut gezollt. 2020 widmete sich Utschitel erneut Tsoi im gleichnamigen Spielfilm: einem Road Movie aus der Sicht des Busfahrers, der im Autounfall in Lettland verwickelt war, bei dem Tsoi 1990 verunglückt ist. Danach muss er Tsois Leichnam nach Leningrad transportieren und zwangsläufig sich mit seiner Familie auseinandersetzen. Tsoi kommt als Figur nicht vor. Der Film vermittelt die tiefe Trauer, die Tsois Tod ausgelöst hat und den Mythos, der sich um das Rockidol rankt, ist aber kein Musikfilm.

РОК ЗА ГРАНУ ROK ZA GRANYU (ROCK AM ANSCHLAG)

Russland 2021, 80 min, Dokumentarfilm
Regie: Sergei Debizhev – Kamera: Anton Drozdov-Schastlivtsev, Sergei Debizhev – Musik: KINO, AKVARIUM, SERGEI KURIOKHIN, POP MECHANICS
Regisseur Debizhev hat diesen Film seinen Weggenossen Viktor Zoi, Boris Grebenshchikov und Sergei Kuriokhin gewidmet, den wesentlichen Protagonisten des sowjetischen und russischen Rocks der 80er/90er Jahre. Der Film verbindet aktuelle Interviews mit Musiker und Künstler Sergei »Afrika« Bugaev, Künstler, Schriftsteller und

Regisseur Viktor Tikhomirov, Produzentin Marina Albi, 1980er-Zeitkolorit-Archivmaterial und nicht zuletzt Bandaufnahmen des Regisseurs sowie Ausschnitte aus seiner Abenteuerfilmdekonstruktion mit Sozrealismusanleihen *Dva Kapitana II (Zwei Kapitäne)* von 1992, in dem Kuriokhin und Grebenschikow Hauptrollen spielten.

Verwunderlich ist, das Kuriokhins Unterstützung des querfrontigen, chauvinistischen Nationalbolschewismus und seiner Gallionsfigur Eduard Limonow nicht thematisiert wird. Grebenschikow äussert im Film sehr dezente Kritik an der heutigen Situation in Russland, dagegen hielt sich Debizhev in Interviews diesbezüglich eher zurück. Der teilweise mit Mitteln des russischen Kulturministeriums geförderte Film ist inzwischen vermutlich nicht zeigbar.

UDSSR/UKRAINE

In diesem Abschnitt geht es darum, wenige kartografierte Punkte inmitten von noch zu erschliessenden weissen Flecken der Punk-Film-Landschaft aufzuzeigen. Mit Mustache Funk von 2021 hat Regisseur/Journalist Witali Bardetski das bereits für den 70er Jahre Hard- und Psychedelic Rock ukrainischer Prägung getan. Mit ein bisschen Archivgraben könnte vielleicht Vergleichbares über die Punkzeit entstehen.

ТАНЦІ (TÄNZE)

Ukrainische SSR 1989, 2 min, Musikclip
Frühes Musikvideo der im Kapitel UdSSR/Ukraine erwähnten Folk-Punk-Kombo VV. Über die folgenden zwei Jahrzehnte würden VV ein ganzes Œuvre mit satirischen Clips (teilweise) erschaffen.

ZHORNA 24 – BRATI GADIUNKI

Ukrainische SSR 1990, 10 min, satirischer Dokumentarfilm
Regie: Sergei Bukhowski
Der angesehene Dokumentarfilmer Bukhowski, der sich nach der ukrainischen Unabhängigkeit Themen wie dem Holocaust und der großen Hungersnot gewidmet hat, machte erste Regieschritte mit Kurz-Dokus über Arbeitsbedingungen in einer Geflügelverarbeitung und einer Satirereihe. In dieser Ausgabe mit BRATI GADIUNKI, nimmt er sich der Lebensmittelversorgungsengpässe an mit einem Mix aus detounierten sowjetischen Propagandaaufnahmen, absurdem Voiceover und Aufnahmen der Band, die drei Songs singt: »Mischku vyazhei!« (der zum Aufpassen Ermahnte ist ›Mischa‹ Gorbatschow), »Roksolano« und »Amerika« (samt McDonald's-Verballhornung).

CHERVONA RUTA – 1989

Ukrainische SSR, USA 1990, 85 min, Dokumentarfilm
Regie: Kirillo Stetsenko – Musik: BRATI GADIUNKI, VIKA, KOMU VYNZ u. a.
Mitschnitt des ersten Chervona Ruta Rock- und Popfestivals in Czernowitz im September 1989, ein Meilenstein des ukrainischsprachigen Rocks. Im Film sind neben Pop und Folk Acts auch BRATI GADIUNKI, VIKA und KOMU VYNZ zu sehen.

JUGOSLAWIEN/SLOWENIEN

PANKRTI – DOLGCAJT
Slowenien 2005, 47 min, Dokumentarfilm
BULDOŽER – PLJUNI ISTINI U OČI
Slowenien 2017, 51 min, Dokumentarfilm
LAIBACH
Slowenien 2018, 53 min Dokumentarfilm
Regie: Igor Zupe (PANKRTI, LAIBACH), Varja Močnik (BULDOŽER) – Autor: Igor Bašin
Die Filmemacher*innen spüren Produktion, Kontext und Nachhall von Meilenstein-Platten des slowenischen Undergrounds nach: *Dolgcajt* (Langeweile, 1980) von PANKRTI, einer der ersten Punkplatten des Landes, *Pljuni istini u oči* (Fear of Looking Truth In the Eye, 1975) der zappaesken Proto-Punks BULDOŽER (siehe Einträge) und schliesslich *Laibach* über deren gleichnamiges offizielles Debüt (1985). Die Filmstruktur entspricht der chronologischen Trackreihenfolge. Jeder Film hat eine andere Bildsprache. Während die Filme über BULDOŽER und PANKRTI die Ästhetik der jeweiligen Bands aufgreifen, also surrealer, derber Humor und parodistische Fake-Kommentare bzw. DIY-Punk-Look, werden in *Laibach* Interviews und Archivmaterial in einem nüchternen, fast staatstragenden Rahmen angeordnet, als Gegensatz zum (oder Überaffirmation von?) LAIBACHs Radikalität.

Igor Zupe hat einige weitere Filme über den NSK-Kosmos gemacht, darunter *Time For A New State* (Co-Regie mit IRWIN, 2012), der den 1. NSK Citizens' Congress in Berlin dokumentiert, und *An Apology for Modernity* (2021) über den NSK-Pavillon bei der Biennale in Venedig, eine Intervention zu Diskursen über Migration, Grenzen und Zugehörigkeit.

JUGOSLAWIEN

KAKO JE PROPAO ROKNROL (WIE ROCK'N'ROLL RUINIERT WURDE / THE FALL OF ROCK 'N' ROLL)
Jugoslawien 1989, 98 min, Episodenfilm
Regie: Goran Gajić, Zoran Pezo, Vladimir Slavic – Kamera: Radan Popovic – Musik: Vladimir Divljan (IDOLI), Srđan Gojković (ELEKTRIČNI ORGAZAM), Dušan Kojić (DISCIPLINA KIČME)
Drei Episoden, die mit Clipästhetik und absurden Sketchen um die Belgrader New-Wave-Szene kreisen. Die zwei Jahre vor der Auflösung Jugoslawiens entstandene Komödie wurde zum Kultfilm der Transformationsära.

UNGARN

ELTÖRÖLNI FRANKOT (ERASING FRANK)

Ungarn 2021, 103 min, Spielfilm

Regie: Gábor Fabricius – Kamera: Tamás Dobos

Dieses beklemmende Drama spielt 1983 in Budapest. Frank ist Sänger einer fiktiven Punkband, die wegen regimekritischer Texte verboten wurde. Das hält ihn nicht davon ab, weiterhin klandestine Gigs zu spielen, bis er eines Tages doch verhaftet und dann zur Beobachtung in die geschlossene Psychiatrie eingewiesen wird. Mit Handkamera gedrehten Schwarzweißbildern und einem auf intensiver Recherche und tatsächlichen Erlebnissen beruhenden Drehbuch schildert Fabricius eindringlich den Missbrauch der Psychiatrie zur Unterdrückung von Andersdenkenden selbst im liberalsten der sozialitischen Länder. Gleichzeitig schlägt der Film einen Bogen zur heutigen Situation. Die Musik der fiktiven Band wurde eigens von Fabricius' Musikerfreunden, von denen einige seit den 1990ern aktiv sind, komponiert. Sie erinnert mitunter an reale Bands wie URH.

THERE WAS A TOWER – A PORTRAIT OF MIHÁLY VIG

Ungarn 2022, 103 min, Dokumentarfilm

Regie: Andras Kecza – Musik: TRABANT, BALATON, Mihály Vig

Porträt des ungarischen Musikers Mihály Vig, zentrale Figur der Budapester Postpunk-/New-Wave-Szene in den 80ern mit seinen Bands BALATON und TRABANT und Stammkomponist des ungarischen Regisseurs Béla Tarr. Vig spielt auch eine Hauptrolle in Tarrs Spielfilm *Sátántango*. Reichhaltiges Archivmaterial – Bandaufnahmen und Ausschnitten aus Spielfilmen wie *Die Eskimofrau friert, Sátántango* und *Werckmeistersche Harmonien* – und aktuelle Interviews zeichnen vor allem Vigs künstlerischen Weg nach. Auch nach über 40 Jahren Karriere geht er leise, aber entschlossen seinen Weg.

DDR

AUSWÄRTSSPIEL – DIE TOTEN HOSEN IN OST-BERLIN

Deutschland 2022, 75 min, Dokumentarfilm

Regie: Martin Groß – Kamera:

Bald nach ihrer Gründung vor 40 Jahren führen DIE TOTEN HOSEN, mit Hilfe ihres Tontechnikers Mark Reeder, die Stasi an der Nase herum. Die wilde Combo aus dem Westen wittert die Chance, gemeinsam mit den Ost-Punks der Band PLANLOS jenseits der Mauer ein Statement gegen das System zu setzen. Und so spielt die Band ein legendäres Geheimkonzert in einer Kirche, mitten in der damaligen DDR.

In Interviews mit den HOSEN, Reeder sowie Michael »Pankow« Boehlke, Michael Kobs und Bernd-Michael Lade von PLANLOS und animierten Sequenzen (Archivmaterial ist natürlich eher spärlich) wird die Planung und Ausführung der konspirativen Aktion rekonstruiert. Ost-West-Punkbegegnung auf Augenhöhe.

Zu den Autoren und Interviewpartnern

Agata Pyzik Autorin (*Poor but Sexy. Culture clashes in Europe East and West*, London, *Zero*, 2014) und Journalistin (u.a. *The Wire*). Schreibt an einer Monographie zur Band JAPAN und plant weitere Exkursionen in die Geschichte des (post-)sowjetischen Blocks. Lebt in Warschau.

Alexander Pehlemann Autor (*Go Ost! Klang – Zeit – Raum. Reisen in die Subkulturzonen Osteuropas*, Radio-Features), Herausgeber (*Zonic – Almanach für Kulturelle Randstandsblicke und Involvierungsmomente; Spannung. Leistung. Widerstand. Magnetbanduntergrund DDR 1979–1990; 1984! Block an Block. Subkulturen im Orwell-Jahr*), Kurator, DJ (AL-HACA SOUND SYSTEM), Kompiler (*Go Ost!, Polska Rootz*) und Netzwerker. Lebt in Leipzig.

Aneta Panek Geboren in Warschau. Studierte Kunstgeschichte in Paris. Lebt heute als freie Filmautorin, Performancekünstlerin (zuletzt: *Alchemy of Punk – a live punk opera*) und Medienforscherin in Berlin.

Attila Blága Musiker (PANSAMENT, NATION'S SLUM, BYZANT AT SUNSET) und Tarot-Forscher. Lebt in Bukarest.

Auge, bürgerlich Peter Lorenz Comic-Zeichner und -Bibliothekar (*Renate*) sowie Musiker (ROTE NELKEN, AUGE BLAU). Lebt in Berlin.

Bert Papenfuß Dichter, Szene-Netzwerker, Mitherausgeber diverser Zeitschriften (*SKLAVEN, Gegner, TorTour, Abwärts, Zweifel* u.a.), *Zonic*-Ko-Redakteur und (Ex-)Kneipenbetreiber (*Kaffee Burger, Rumbalotte continua*). Lebt in Berlin.

chA°s, bürgerlich Jürgen Gutjahr Leipziger Punk-Legende. Sänger von WUTANFALL und Krachmacher bei PFFFT...! Lebt in Berlin.

Christoph Baumgarten Autor und Journalist. Lebt in Wien.

Claus Löser Filmwissenschaftler (Experte für Underground-Film in der DDR und im Ostblock, war damals selbst Teil der Szene in Karl-Marx-Stadt), Betreiber des Archivs *ex.oriente.lux* und Programmgestalter (Kino *Brotfabrik*). Musiker bei DIE GEHIRNE. Lebt in Berlin.

Ewgeniy Kasakow Historiker, Doktorand an der Universität Bremen und Autor (*konkret, testcard, Phase 2, Zonic, Dekoder* ...). Lebt in Bremen.

Flake, bürgerlich Christian Lorenz Musiker (FEELING B, MAGDALENE KEIBEL COMBO, FRIGITTE HODENHORST MUNDSCHENK u.v.a., heute RAMMSTEIN) und Autor (*Der Tastenficker – An was ich mich so erinnern kann, Heute hat die Welt Geburtstag*). Lebt in Berlin.

Frank Apunkt Schneider Unfreier Autor (*Als die Welt noch unterging. Von Punk zu NDW, Deutschpop halt's Maul! Für eine Ästhetik der Verkrampfung*) und Herausgeber (*testcard. Beiträge zur Popgeschichte*). Lebt in Bamberg.

Heinz Havemeister Autor und Herausgeber (WIR WOLLEN IMMER ARTIG SEIN. *Punk, New Wave, HipHop und Independent-Szene in der DDR 1980–1990; Feeling B – Mix mir einen Drink, Punk im Osten*), Musiker bei der BOLSCHEWISTISCHEN KURKAPELLE SCHWARZ-ROT. Lebt in Berlin.

Henryk Gericke In den 1980ern Musiker bei THE LEISTUNGSLEICHEN, später Autor, Magazin-Macher (*Caligo, Braegen*), Mitbegründer des Verlags *Galrev*, Kurator diverser Ausstellungen zur DDR-Subkultur, Betreiber der *Staatsgalerie Prenzlauer Berg*, Herausgeber (*ostPUNK! Too much future*), Kompiler (zuletzt *Ende vom Lied. East German Underground Sound 1979–1990*), DJ. Lebt in Berlin.

Herne Pietzker Aktivist (Ex-AlösA) und noch immer Punk. Lebt in Berlin.

Ivailo Tontschev Szene-Aktivist, Journalist und Labelbetreiber (*AON Productions*). Lebt in Stara Zagora.

Jan Charvát Politologe und Soziologe. Experte für politischen Extremismus und Subkulturen. Autor von *The current political extremism and radicalism* und Herausgeber von *The ideology of the extreme right and its reflection in contemporary subculture*. Unterrichtet an der Karls-Universität in Prag.

Johannes Ullmaier Germanist, Autor (u.a. *Pop Shoot Pop. Über Historisierung und Kanonisierung in der Popmusik*) und Herausgeber (u.a. *testcard. Beiträge zur Popgeschichte, Luigi Russolo: Die Kunst der Geräusche*). Lebt in Mainz.

Jonas Oškinis In den frühen 1990ern Herausgeber des Fanzines *Koks nors kelias* und später beteiligt an Online-Projekten wie *Ore.lt* oder *ooooo.lt*. Arbeitet als Stadtführer und Kulturaktivist. Lebt in Kaunas.

Joonas Vangonen Forscht zu Punk seit 2013. Ursprünglich aus Tallinn, lebt nun in Berlin.

Jānis Daugavietis Arbeitet am Institut für Literatur, Folklore und Kunst der Universität Lettland. Lebt in Riga.

Konstantyn Usenko Autor, Musiker und DJ. Experte für sowjetischen Underground. Lebt in Warschau und Berlin.

Lauri Leis Musiker (VENNASKOND, PSYCHOTERROR, HOT COMMUNISTS). Machte 2010 bis 2017 bei *ER2* die Radioshow *Punkpolitsei*. Lebt in Tallinn.

Lük Haas Französischer Krisen- und Punk-Globetrotter mit Hauptwohnsitz in Genf. Betreibt seit 1993 das Global-Punk-Label *Tien An Men 89*. Autor für *Maximumrocknroll* sowie der ersten Diskografie des Ostblock-Punk.

Mark Reeder Musiker (THE FRANTIC ELEVATORS, DIE UNBEKANNTEN), Produzent, Labelbetreiber (*MFS*), Schauspieler in Jörg Buttgereit-Filmen (*Nekromantik*) und sich selbst darstellend im Essay-Film *B-Movie: Lust & Sound in West-Berlin 1979–1989*. Lebt in Berlin.

Martin Suicide Redakteur beim Online-Magazin *Kids And Heroes* und Macher der gleichnamigen Radioshow.

Miroslav Michela Historiker, arbeitet am Institut für tschechische Geschichte an der Karls-Universität in Prag und am

Institut für Geschichtswissenschaften an der slowakischen Akademie der Wissenschaften. Lebt in Prag.

Mirosław ›Maken‹ Dzięciołowski Szene-Aktivist und DJ (JOINT VENTURE SOUND SYSTEM), Radiomacher (*Strefa Dread*), Kompiler und Booker (u.a. des Reggae-Festivals in Ostróda). Lebt in Warschau.

Natalie Gravenor Kuratorin, Drehbuchschreiberin, TV-Programmplanerin und Autorin mit Schwerpunkt auf die Zusammenhänge von Film und Musik. Lebt in Berlin.

Natalja Herbst Studium der Slawistik (Russistik) und Osteuropäischen Geschichte in Mainz, Moskau und Zagreb.

Pavla Jonssonova Musikerin (PLYN, DYBBUK, ZUBY NEHTY) und lehrende Akademikerin mit Spezialisierung auf tschechische Subkultur. Lebt in Prag.

Petr Růžička Punk-Aktivist und »Manager«. Lebt in Dubí.

Petr »Hraboš« Hrabalik War Musiker bei NAŠROT und ist Mitbetreiber des Prager *Popmuseums*. Lebt in Prag.

Piotr Rypson Archäologe, Kunstwissenschaftler, Kurator, Journalist und Autor. Experte für elektronische Bildung und Stellvertretender Direktor für Forschung am Nationalmuseum. Lebt in Warschau.

Piotr Wierzbicki 1985–1990 Herausgeber des *QQRYQ*-Fanzines und Betreiber des gleichnamigen Underground-Tape-Labels, aus dem das von 1990 bis 1999 aktive Label *QQYRQ Productions* hervorging. Arbeitet heute als Stadtführer und lebt in Warschau.

Robert Matusiak Szene-Aktivist und Betreiber der Labels *Refuse Records* und *Warsaw Punk Records*. Lebt in Berlin.

Robert Mießner Historiker und Flaneur. Mitherausgeber von *1984! Block an Block. Subkulturen im Orwell-Jahr*. Seit 2005 Autor und Journalist (*taz*, *junge welt*) sowie Redaktionsmitglied diverser Organe (*DreckSack*, *Gegner*, *Abwärts*, *Zonic*). Lebt in Berlin.

Ronald Galenza Autor und Herausgeber (WIR WOLLEN IMMER ARTIG SEIN. *Punk, New Wave, HipHop und Independent-Szene in der DDR 1980–1990; Feeling B – Mix mir einen Drink, Punk im Osten*), Mitherausgeber von *Spannung. Leistung. Widerstand. Magnetbanduntergrund DDR 1979–1990*). Lebt in Berlin.

Tamás Rupaszov Musiker (TROTTEL, MARINA REVUE, PAPRIKAPAPRIKA) und Labelbetreiber (*Trottel Records*). Lebt in Budapest.

Tamás Szőnyei Journalist und Autor, früher Förderer des ungarischen New Wave. Arbeitet heute im Archiv der ungarischen Staatssicherheit und veröffentlichte zu den Komplexen von Staatssicherheit und Musik bzw. Literatur. Lebt in Budapest.

Yuriy Gurzhy Musiker (ROTFRONT u.a.), DJ (*Russendisko*, *Born in UA*, *Disko Kosmopolit*) und Kompiler (*Russendisko*, *Shtetl Superstars*, *Borsh Division* u.a.). Lebt in Berlin.

Norma Schneider

Punk statt Putin
Gegenkultur in Russland

Ein Porträt der russischen Gegenkultur.

192 Seiten

Alexander Pehlemann

Go Ost!
Klang – Zeit – Raum.
Reisen in die Subkulturzonen Osteruopas

Ein Ex-DDR-Provinz-Punk auf dem Weg durch die ehemaligen Provinzen des sowjetischen Empires und von Ex-Jugoslawien

224 Seiten, mit CD-Beilage

Alexei Monroe

Laibach und NSK
Die Inquisitionsmaschine im Kreuzverhör

Eine umfangreiche Dokumentation über Werk und Wirkung der slowenischen Künstlerkollektive

352 Seiten

Hahn/Willmann (Hg.)

Satan, kannst du mir noch mal verzeihen
Otze Ehrlich, Schleimkeim und der ganze Rest

Die Biografie von Otze, dem einzigen Star des DDR-Punk.

192 Seiten

Hahn/Willmann (Hg.)

negativ-dekadent
Punk in der DDR

Ein umfassender, vielstimmiger Sammelband zu einem bewegten Teil der DDR-Gegenkultur

272 Seiten

Frank Apunkt Schneider

Als die Welt noch unterging
Von Punk zu NDW

Eine Chronik zur Entstehung und Entwicklung von Punk und New Wave im deutschsprachigen Raum bis 1985. Mit kommentierter Diskografie und einer Kassettografie.

402 Seiten

www.ventil-verlag.de